Rechte Zeitverhältnisse

Dr. Philipp Rhein ist wiss. Mitarbeiter am Institut für Politikwissenschaft der Universität Kassel und Mitglied des Promotionskollegs »Rechtspopulistische Sozialpolitik und exkludierende Solidarität« an der Universität Tübingen.

Philipp Rhein

Rechte Zeitverhältnisse

Eine soziologische Analyse von Endzeitvorstellungen im Rechtspopulismus

Campus Verlag
Frankfurt / New York

Gedruckt mit freundlicher Unterstützung der Hans-Böckler-Stiftung.

Hans Böckler Stiftung
Mitbestimmung · Forschung · Stipendien

FSC
www.fsc.org
MIX
Papier aus verantwortungsvollen Quellen
FSC® C089473

Klimaneutral
Papier
ClimatePartner.com/13732-1910-1001

ISBN 978-3-593-51750-6 Print
ISBN 978-3-593-45464-1 E-Book (PDF)
ISBN 978-3-593-45463-4 E-Book (EPUB)

Umschlaggestaltung: Camus Verlag GmbH, Frankfurt am Main
Umschlagmotiv: © Deutsche Flagge auf Holz im Wasser, Getty Images / iStock Foto, Flaggenwelt, ID 1265005630
Satz: le-tex xerif
Gesetzt aus der Alegreya
Druck und Bindung: Beltz Grafische Betriebe GmbH, Bad Langensalza
Beltz Grafische Betriebe ist ein klimaneutrales Unternehmen (ID 15985–2104-1001).
Printed in Germany

www.campus.de

Perhaps we are also witnessing how nihilism goes when futurity itself is in doubt. Perhaps there is a form of nihilism shaped by the waning of a type of social dominance or the waning social dominance of a historical type. As this type finds itself in a world emptied not only of meaning, but of its own place, far from going gently into the night, it turns towards apocalypse.

Wendy Brown, In the Ruins of Neoliberalism

Inhalt

Einleitung

»Normal. Was ist das eigentlich heute? Früher hieß es ja immer, normal wär irgendwie langweilig. Stinknormal und irgendwie spießig. Aber heute? Ist nicht heute normal auf einmal das, was uns fehlt? Das, was wir eigentlich wollen? Denn die Welt um uns herum, die ist irgendwie so verrückt geworden. Und wir merken auf einmal, dass normal doch eigentlich etwas ganz Besonderes ist. Denn normal ist, seinen Nächsten ganz nah zu sein. Normal ist aufzustehen und seinen Job zu machen. Normal ist eine Heimat; sind sichere Grenzen, sind sichere Straßen. Oder: Freie Fahrt für freie Bürger. Und, ja, normal ist auch Deutschland. Normal ist einfach schön. Normal ist das, was wir alle wieder brauchen. Eine normale Zukunft. Klingt gut, oder? Deutschland. Aber normal.«

(AfD TV 2021)

Im Begleittext des zentralen Kampagnen-Videos der AfD im Bundestagswahlkampf 2021 wird nicht nur Normalität versprochen. Wer genau hinsieht, oder besser: hinhört, und wer sich nicht von den verwackelten, sepiafarbenen Videoeinspielern zu Beginn – Bildschnipsel bundesdeutschen Familienlebens der 1970er Jahre – verleiten lässt, hier eine Nostalgieproduktion zu sehen, der erkennt, dass die politische Botschaft einen anderen Ton anschlägt: In der Vergangenheit, so wird betont, sei die Rede von Normalität spießig gewesen. »Aber heute?« Es wird behauptet, dass die Welt heute eine ganz andere sei – eine in der nahezu unvermittelt (»auf einmal«) »Verrücktheit« hereingebrochen sei. Zum Ausdruck gebracht wird eine kollektive Verlusterfahrung von Normalität und artikuliert wird zugleich eine kollektive Erfahrung mit der Zeit der Gegenwart selbst – einer Zeit, in der das Normale eben »nicht mehr normal« (Lessenich 2022) ist, in der wesentliche gesellschaftliche Parameter eines Normalitätserlebens weggebrochen seien: heterosexuelle Familienhegemonie, »Normalarbeitsverhältnis« und Erwerbsgesellschaft, ethnisch möglichst homogen, nationalbewusst und sicher durch geschlossene Grenzen (und den Ausschluss alles Nicht-Normalen im Inneren). Die von der AfD in Aussicht gestellte Wiederherstellung von Normalität als Antwort in und auf eine »verrückt gewordene« Welt hat dabei eine andere Schlagrichtung als mit »rückwärtsgewandt« oder »nostalgisch« wirklich charakterisiert wäre. Schließlich ist die hier herbeigesehnte Normalität ganz anderer Qualität als die spießige Normalität des Gestern. Die AfD-Normalität betont geradezu, nicht (mehr) die Regel noch die empirische soziale Regelmäßigkeit zu sein. Ihr Akzent liegt auf einer »heterodoxen« (Bourdieu 1976, S. 318–334) Normalität der Zukunft und nicht etwa einer konformistischen Normalität (Whyte 2002 [1956]) einer nivellierten Mittelstandsgesellschaft (Schelsky 1954) der Vergangenheit. »Eine normale *Zukunft*« (AfD TV 2021; Hervorheb. PR), kein status quo ante. Die Betonung liegt auf »Zukunft«.

Was dokumentiert sich in dieser eigentümlichen Zukunfts-Normalität, die so gar nicht ins Bild passt einer spießig-nostalgischer Ewiggestrigkeit, das häufig vom Rechtspopulismus gezeichnet wird? Immerhin herrscht eine Vorstellung vor, nach der der Rechtspopulismus mit seinen scheinbar gestrigen Normalitätsbehauptungen ein rückwärtsgewandtes Phänomen sei, weil er einen nostalgischen »Wärmestrom« (Bloch 1985 [1935]) der Geschichte in Aussicht stelle.

Als solchen bezeichnete Ernst Bloch in den 1930er Jahren die Wirkung der faschistischen Ideologie der Nationalsozialisten. Ein »Wärmestrom« verspricht anomische Erfahrungen von »Ungleichzeitigkeit« (Bloch 1985 [1935], S. 45–204) zu beseitigen, denn »[d]as *subjektiv* Ungleichzeitige, nachdem es lange bloß verbittert war, erscheint heute als *gestaute Wut*« (Bloch 1985 [1935], S. 116; Hervorheb. i. Orig.). Damals wie heute gebe es Gruppen, die mit der Modernität der Moderne, mit ihrer Komplexität, Liberalität und Geschwindigkeit nicht zurecht kämen und für ihre soziale Identität »zeitinadäquaten Ideologien« (Geiger 1930) verfielen und sich in einen retro-utopischen Wärmestrom der faschistischen, bzw. rechtspopulistischen Ideologie stellten: Ihre »anfällige Lage« lebe von dem Empfinden »nicht bloß der Zurückgebliebenheit, sondern zuweilen einer echten ›Ungleichzeitigkeit‹ [...], nämlich eines Restseins aus früheren Zeiten« (Bloch 1985 [1935], S. 16).

So stellt man sich auch heute den Rechtspopulismus vor. Nicht nur Volksaufstand (Möller 2020), sondern auch eine rückwärtsgewandte Utopie einer romantisierten, idealen Welt des »heartland« seien seine Markenzeichen (Taggart 2000). Viele Autor*innen sind sich sicher: Keinesfalls verfolge der Rechtspopulismus »eine zukunftsgerichtete Utopie noch systemimmanente Modernisierungsziele, sondern die konservative Verteidigung eines status quo ante« (Priester 2011, S. 190). Insgesamt ziele der Rechtspopulismus »auf die Wiederherstellung eines vermeintlich goldenen Zeitalters der Vergangenheit [ab]. Seine Parole lautet: ›zurück zu sicheren Verhältnissen‹« (Selk 2019, S. 110). Rechtspopulist*innen werden für regressiv und restaurativ gehalten (Koppetsch 2018a, S. 385).[1] Es gibt dieser Sichtweise nach keine Zweifel: »Rechte Weltbilder sind auf die Vergangenheit gerichtet, sie prämieren das ›Alte‹, die vermeintliche Tradition, durch Bezugnahme auf historische Erzählungen und traditionelle Moralkodizes.« (Koppetsch 2017, S. 215) Sie verfolgten eine »rückwärtsgewandte Utopie« (Priester 2012, S. 5–6) und produzierten dazu pessimistische Gesellschafts- und Zukunftsbilder (Koppetsch 2017, S. 216). Nostalgie spiele vor allem bei den antidemokratischen »Verlockung[en] des Autoritären« (Applebaum 2021) der letzten Jahre eine zentrale Rolle (vgl. auch Becker und Stach 2021, S. 7–8; Fn. 4).

Woher kommen diese Diagnosen, zumal sie häufig ohne empirische Validität auskommen? Zwar finden sich daneben auch zahlreiche Forschungen über Wähler*innen rechtspopulistischer- und Rechtsaußen-Parteien, die ihnen Nostalgie (Betz und Johnson 2004; Lantermann 2016; Vries und Hoffmann 2018; Gest et al. 2018), Pessimismus (Steenvoorden und Harteveld 2017; Vries und Hoffmann 2020) und Angst (Pokorny 2018; Wirz 2018; Pickel 2017; Wodak 2015) attestieren. Aber beide – die zeitdiagnostischen Überlegungen und die empirischen Forschungen – suggerieren letztlich, dass rechtspopulistische Parteien und Bewegungen Vergangenheitssehnsüchte und Zukunftsängste bedienten. Die vorliegende Arbeit zeigt, dass dies nicht nur nicht den Zeitvorstellungen und den Geschichtsbildern jener Menschen entspricht, die die gegenwärtig relevante rechtspopulistische Partei in Deutschland, die AfD, wählen. Mehr noch: Im Kern verhindert eine solche Vorstellung ein besseres Verständnis der sozialen Ursachen, die den Vormarsch des Rechtspopulismus erklären – und sie unterschätzt die Demokratiebedrohung, die von ihm ausgeht. Indem die vorliegende Arbeit eigene Empirie erzeugt, um die Handlungsmotive und -orientierungen von AfD-Wähler*innen genauer zu erklären, wird gezeigt, welche gesellschaftlichen Ursachen dem Rechtspopulismus zugrunde liegen. Sie

1 Den Schriften von Cornelia Koppetsch wurden schwerwiegende Plagiate nachgewiesen. Dies trifft insbesondere, aber nicht ausschließlich für das Buch »Gesellschaft des Zorns« (Koppetsch 2019) zu. Mit Zitationen aus ihrem Werk wird in dieser Arbeit daher möglichst sparsam umgegangen. Die Schriften werden dennoch in Bezug auf die für originär erachteten Gedanken Koppetschs herangezogen.

werden auf der Ebene sozialer Zeitverhältnisse gefunden. Wenn die Arbeit also mit Einspruch gegen die hier vertretene These einer prinzipiellen Zukunftsgerichtetheit im Rechtspopulismus rechnet, dann kann dieser Einspruch selbst als Symptom verstanden werden. Denn wenn sich empirisch doch Anhaltspunkte für eine grundsätzliche Zukunftsbefasstheit des Rechtspopulismus finden, dann muss erstens unser Bild von ihm ergänzt werden; und zweitens lässt sich etwas über unsere gesellschaftlichen Zeit- und Zukunftsbilder insgesamt herausfinden, sofern wir uns die antidemokratischen Bedrohungen des 21. Jahrhunderts insgesamt partout nur als vergangenheitsversessen vorstellen können oder wollen.

In diesem Sinne wird der Rechtspopulismus auch als extreme Erscheinungsform einer regressiven Abwehr einer »Verlustwut« (Reckwitz 2021; Reckwitz 2022) aufgefasst. Eine solche kollektive Verlusterfahrung bezieht sich auf ein wahrgenommenes Abhandenkommen sozialer Stabilität, verlässlicher Wachstums- und Fortschrittsversprechen (deren Kehrseite die Angst vor sozialen Abstiegen ist), aber auch sozialer – männlich-patriarchaler und heterosexuell-weißer – »Normalitäts-« , ja Hegemonieselbstverständlichkeiten. Auf dieser Linie analysiert Wendy Brown (2019) den Rechtspopulismus als Reaktion auf kollektive Entthronungserfahrungen und Dominanzverlust, die nihilistisch empfunden und gedeutet werden. Allerdings erkennt Brown auch, dass kollektive Verlusterfahrungen den Aufstieg rechter Bedrohungen noch nicht hinreichend erklären. Sie sieht die antidemokratischen Positionen des neoliberalen Erbes der vergangenen Jahrzehnte am Werk

> »The combination of neoliberalism's debrecation of the political and the social and a desublimated, wounded white masculinity together generate a disinhibited freedom, one symptomizing ethical destitution even as it often dresses in religious righteousness or conservative melancholy for a phantasmatic past.« (Brown 2019, S. 171)

Brown erkennt die im Rechtspopulismus vorzufindenden Vergangenheitsbezüge – neben den dort häufig auch anzutreffenden religiösen Semantiken und/oder aggressiven Freiheitsdiskursen (vgl. hierzu insbesondere Amlinger und Nachtwey 2022) – als Verkleidung und losen Bezugspunkt. Im Kern sei das, was sich im Rechtspopulismus ausdrückt, nihilistische Verlustwut ohne Zukunftsaussicht im Schatten neoliberaler Kultur: »It has only revenge, no way out, no futurity« (Brown 2019, S. 178).

Ähnlich sieht das auch Reckwitz (2022), der die kollektiven sozialen Verlusterfahrungen als sozialen Zukunftsverlust begreift:

»Verluste lassen sich eher verschmerzen, wenn man davon ausgehen kann, dass es sich lediglich um eine vorübergehende Krise handelt, die zugunsten des weiterlaufenden Fortschrittsmotors wieder überwunden wird. Gegenwärtig verliert jedoch das Fortschrittsversprechen in seiner bisherigen Form grundsätzlich an Glaubwürdigkeit.« (Reckwitz 2022, S. 80)

Statt zu fragen, worin ein solches Verlusterleben letztlich besteht, das den Rechtspopulismus zu erklären vermag, und statt darauf hinzuweisen, dass etwa verloren geglaubte Normalitäten so normal nie waren (Lessenich 2022), soll in dieser Arbeit eher die Frage gestellt werden, warum Verlusterleben oder Verlusterzählungen heute politisch so relevant geworden sind. Weshalb werden derartige Verluste als so evident empfunden, dass darüber antidemokratisch, antiliberal und anti-politisch (Hochuli et al. 2022; Glaser 2018) aufbegehrt wird. Welches »doing loss« (Reckwitz 2021) wird im Rechtspopulismus also betrieben?

Dabei stößt die empirische Analyse dieser Arbeit auf die Bedeutung kollektiver Erfahrung nicht nur *in der Zeit*, sondern auf Erfahrungen des Verlustes *von Zeit* selbst. Für Brown und Reckwitz kennzeichnet eine Zukunfts-, bzw. Fortschrittslosigkeit diesen Erfahrungshaushalt in der Gegenwartskultur, das auch den Nährboden für die Verbreitung eines antidemokratischen Rechtspopulismus bereitet. In der vorliegenden Arbeit wird in dieser Hinsicht die Verarbeitung von Erfahrungen und Umgangsweisen mit dem Erleben von Zeit selbst im Rechtspopulismus untersucht. Dabei wird die These entwickelt, dass im Rechtspopulismus die Wut über den Verlust einer temporalen Ordnung der Gesellschaft zum Ausdruck kommt und dabei um diese Ordnung gerungen wird. Gesellschaftliche Zeitordnungen sind der Entfaltungsraum für gesellschaftliche Ordnungs- und Normalitätsvorstellungen, sie sind Begrenzungsraum für Visionen und Utopien; sie stecken Erwartungshorizonte in der Zukunft und die Geltungsbereiche von Erfahrungsräumen in der Vergangenheit ab; sie wirken als sozial strukturierende Wissens- und Kommunikationsstruktur. Gesellschaftliche Zeitverhältnisse lassen sich in sozialer Hinsicht als kulturelle Vorannahmen und Bedeutungskomplexe begreifen, die »menschliches Wollen, Handeln, Fühlen und Deuten steuer[n], ohne dass diese Grundlagen vom Individuum selbst bewusst reflektiert werden« (Assmann 2013, S. 19). Aufgrund ihrer gesellschaftlichen und kulturellen Prägung wird Zeit in Form unterschiedlicher kollektiver Erfahrungen von den Gesellschaftsmitgliedern erlebt und gedeutet und sie prägt auf diese Weise die je gegenwärtigen Bilder Einzelner auf Vergangenheit und Zukunft. Auf diese Weise spielen gesellschaftliche Zeitverhältnisse nicht nur in den expliziten Erwartungen und Handlungsentwürfen, sondern in den impliziten Handlungsorientierungen von Akteuren eine Rolle und werden auf diese Weise auch politisch. Damit sind sie Gegenstand politischer und sozialer Auseinandersetzungen und sie kommen insbesondere als programmatische Geschichtsbilder und implizite Zukunftsentwürfe insbesondere in politischer Kommunikation und politischen Programmen von Parteien und Bewegungen vor (vgl. insbesondere Seefried 2022).

Zeit und gesellschaftliche Zeitordnungen haben aber auch eine immanente Bedeutung für soziales Handeln und sie spielen eine wichtige Rolle für alltägliches Handlungswissen und in den impliziten Handlungsorientierungen bzw. handlungsleitenden Weltanschauungen. In soziologischer Hinsicht ist daher nicht nur von Bedeutung, dass Zeit im Bewusstsein entsteht (Husserl 2013 [1928]), sondern dass Zeit eine intersubjektive Dimension hat. Zeit ist eine Sinndimension menschlicher Deutungsvorgänge (Elias 2014) und durch ihre zeitliche Strukturiertheit erhält die Alltagswelt für Menschen den Charakter von Wirklichkeit (Berger und Luckmann 2021 [1966], S. 29–31). Zeitliche Sinnbildungen beziehen sich demnach nicht nur auf die Kohärenzerfordernis zur Herstellung von Ich-Identitäten, sondern Zeitsinn steht Menschen in Gesellschaft auch als soziale Verständigungsstruktur zur Verfügung (Rüsen 2003). Zeit wird entsprechend sogar als Resultat des spezifischen Charakters sozialen Handelns selbst entdeckt (Bergmann 1981; Luhmann 1984, 377–487). Darüber hinaus spielen zeitliche Sinnbildungen auf der Ebene handlungsleitender Orientierungen als Geschichtsbilder oder »Weltanschauungen« (Mannheim 2004) eine wichtige Rolle. In dieser Hinsicht werden in der vorliegenden Arbeit vor allem die temporalen Komponenten der Handlungsorientierungen von Wähler*innen der AfD genauer untersucht. Schließlich liegen ihren Weltwahrnehmungen und ihrem (regressiven) Aufbegehren, ihrer Verlustwut und ihrem Krisenerleben eine spezifische Konfiguration von Zeit- und Selbstbildern zugrunde.

Qualitativ-empirische Analysen, die das Phänomen des Rechtspopulismus auf der Ebene der habituellen und erfahrungsbasierten Handlungsorientierungen oder Weltanschauungen erforschen, liegen weiterhin nicht viele vor. Sofern in dem Feld qualitativ-empirisch gearbeitet wird, werden häufig Ideologien, Welt- oder Gesellschaftsbilder, also mehr oder weniger explizite Handlungsentwürfe und -begründungen der Akteure in den Blick genommen (Mullis und Miggelbrink 2022; Amlinger und Nachtwey 2022;

Nachtwey und Heumann 2019; Altreiter et al. 2019; Menz und Nies 2019; Sauer et al. 2018; Dörre et al. 2018; Bose et al. 2018; Hochschild 2016; Cramer 2016; Loos 1998). Eine exemplarische Ausnahme stellt die Arbeit von Kumkar (2018) dar, der die Dokumentarische Methode zur Habitusrekonstruktion von Anhänger*innen der Tea-Party Bewegung in den USA einsetzt. Auf dieser Ebene bewegt sich auch die vorliegende Arbeit. Empirische Grundlage sind ausführliche, narrative Interviews mit AfD-Wähler*innen, die mit der Dokumentarischen Methode insbesondere nach Bohnsack (2003) und Nohl (2017) ausgewertet wurden. Die wesentliche Stärke dieser Methode für die Erforschung rechtspopulistischer Handlungsorientierungen liegt in ihrer praxeologischen Erkenntnisweise, die zwischen einem handlungsleitenden implizit-habitualisierten Wissen und Theorien und rationalisierenden Modellen unterscheidet, die die Akteure selbst über ihre Praxis entwickeln (Bohnsack 2012, S. 121). Sie stellt damit gerade für eine qualitativ-interpretative Forschung über Rechtspopulismus ein geeignetes Analyseinstrument zur Verfügung, mit dem die in diesem Feld empirisch unvermeidlichen Rationalisierungen ihrer AfD-Wahl und die häufig moralisch begründeten Handlungsentwürfe der Befragten gut zu handhaben sind. Gesucht wird mit der Dokumentarischen Methode daneben nämlich auch nach impliziten Handlungsorientierungen, habituellen Selbstbildern oder Zeitvorstellungen, die mit den Motiv-Berichten der Interviewten in Verbindung stehen. Indem gezielt das Verhältnis von moralischen oder rationalisierenden Handlungsbegründungen und zugrundeliegenden, vordiskursiven Orientierungen abgeklopft wird, steht am Ende nicht nur die Reproduktion der Selbstbeschreibung der Befragten zu erwarten, sondern auch eine praxeologische Analyse, die über die impliziten Handlungsorientierungen Auskunft geben soll. Auf diesem Wege entwickelte sich die leitende Idee dieser Arbeit sukzessive im zyklisch-iterativ angelegten Forschungsprozess: Er startete mit der Erwartung, dass die Diagnosen über scheinbar pessimistische Rückwärts- und Vergangenheitsorientierungen im Rechtspopulismus etwas über ihr Deprivations- (Gidron und Hall 2017; Rooduijn und Burgoon 2018; Sthamer 2018) und Desintegrationserleben (Anhut und Heitmeyer 2005; Heitmeyer 2018) aussagen und dass sich darüber das Phänomen Rechtspopulismus besser verstehen lassen müsste. Allerdings trat bei dem im Kern auf theoretischem Sampling und qualitativ-induktiver Analyseorientierung (Strübing 2021, S. 31–34; Strübing 2018b) aufbauenden Vorgehen *empirisch* etwas anderes immer klarer in den Vordergrund: Die Analyse der narrativen Interviews mit Wähler*innen der AfD, die die empirische Basis dieser

Studie bilden, machte sukzessive deutlich, dass sich an ihren rechtspopulistischen Gesellschaftsbildern eine Art »Verlustwut« als Reaktion auf die gesellschaftlichen Zeitverhältnisse der Gegenwartsgesellschaft ablesen lässt. Von durchschlagender Bedeutung erwiesen sich nämlich zusehends die temporalen Sinnstiftungen der untersuchten Fälle.

Jaster (2020) zeigt in einer phänomenologisch angelegten zeitsoziologischen Untersuchung, wie populistische Bewegungen von der Fluidität von Erfahrungen profitieren: Neues wird im Erfahrungsschatz des Bewusstseins nicht nur auf Grundlage des Alten integriert, sondern auch das Alte und vergangene Erfahrungen werden so uminterpretiert, dass dem Neuen Sinn verliehen werden kann. In dem Sinne sind nicht nur materielle Bedingungen entscheidend für den Blick auf Vergangenheit und Zukunft – veränderte, mitunter neuerdings bedrohliche Zukunftsvorstellungen prägen umgekehrt auch den Blick auf die Vergangenheit. Entsprechend beuten populistische Bewegungen »the radical contingency of the present as an amalgamation of the past and desired future« (Jaster 2020, S. 759) aus, indem sie ein spezifisches Sinnangebot in der Vermittlung der entstehenden Beziehung von Vergangenheit und Zukunft darbieten. In dem Sinne findet auch die vorliegende Arbeit, dass nicht nur das *Gesellschafts-* sondern vor allem auch das *Geschichts*bild der untersuchten AfD-Wähler*innen eine entscheidende Rolle spielt. Nicht die materiell unterlegten Deprivationserfahrungen oder kollektive Erfahrungen wirtschaftlicher und sozialer Ungewissheiten sind entscheidend, sondern wie sich daraus eine Krise im kollektiven Erleben von Zeit selbst entwickelt. Sie treten bei den hier untersuchten AfD-Wähler*innen als ausgeprägte Endzeitvorstellungen in Erscheinung.

Die Ergebnisse dieser Arbeit sind das Resultat einer interpretativ-verstehenden Analyse, die dieses kollektive Zeiterleben über die Erfahrungen der interviewten AfD-Wähler*innen rekonstruiert und seine Bedeutung in der politischen Weltanschauung der untersuchten AfD-Wähler*innen herausarbeitet. Sie sind auch das Resultat einer Methode, die in erster Linie auf die verstehende Durchdringung von kollektiven Erfahrungen abzielt: Der Dokumentarischen Methode (Bohnsack 2003). Mit ihr wird ein methodischer Fokus explizit auf implizite, vorreflexive Handlungsorientierungen gelegt und auf die Frage, mit welchen »konjunktiven Erfahrungsräumen« (Mannheim 1980, S. 214; Przyborski und Wohlrab-Sahr 2014, S. 288–289) sie zusammenhängen. Solche Erfahrungsräume sind theoretische Konstrukte, die die empirischen Einzeläußerungen und die idiosynkratischen Erlebnisse auf einen Begriff bringen, mit dem sich ihre Gesellschaftlichkeit verstehen lässt. Das methodische Typenbildungsverfahren der Dokumentarischen Methode versucht diese sozialen Erfahrungshintergründe im Hinblick auf charakteristische Handlungsorientierungen systematisch abzubilden. Entsprechend werden in *Kapitel 4* zunächst die handlungsleitenden Sinnstiftungen der befragten AfD-Wähler*innen vergleichend analysiert und typisiert. Schon hier allerdings werden die Unterschiede in den Erfahrungswelten der Befragten deutlich, sodass die Verbindung der Handlungsorientierungen und Selbstbilder mit den unterschiedlichen Erfahrungswelten der Befragten anschließend in *Kapitel 5* spezifiziert werden kann. Dabei werden die mit den typischen Selbstbildern in Verbindung stehenden Zeitorientierungen der untersuchten AfD-Wähler*innen präzisiert. Das zentrale Ergebnis, das auf diesem Wege zutage gefördert wird, lautet: Endzeit- und Opfer-Selbstbilder sind für alle Fälle, unabhängig von den unterschiedlichen materiellen Lebenslagen und Identitäten »kompatibel« – und diese Sinnkonfiguration, die in der abschließenden Analyse (*Kapitel 6*) als *chiliastische Utopie* auf den Begriff gebracht wird (siehe weiter unten), scheint ihr AfD-Mobilisierung zu erklären. Sie wird darüber hinaus als Resultat eines Zusammenspiels spezifischer biografischer Erfahrungen und eines gesellschaftlichen Erfahrungsraums der Spätmoderne interpretiert. In ihm scheint die Zeit wieder so aus dem Tritt, dass sich eine »rebellisch schiefe […] gestaute[] Wut« einer »anachronistischen«, faschistischen »Verwilderung[]« (Bloch 1985 [1935], S. 117) eines subjektiven Ungleichzeitigkeitsempfindens politisch im Rechtspopulismus zu formieren scheint. Nur heute scheint es so, als ob nicht zu viel Ungleichzeitigkeit, sondern zu viel Gleichzeitigkeit einen problematischen »Zeitrausch« (Nowotny 1989, S. 28) hervorbringe. Die vielen Gleichzeitigkeiten werden auch als »Beschleunigung« (Rosa 2005) besprochen und für liberale Demokratien mache sie sich als Problem der »Desynchronisation« (Rosa 2012, S. 357–373; Reckwitz und Rosa 2021, S. 201–223; Bohmann et al. 2018) bemerkbar. Schließlich beruhen demokratische Gesellschaften auf »nichtartikulierten Vorstellungen vom zeitlichen Verhältnis zwischen den politischen, ökonomischen, wissenschaftlichen und kulturellen Teilsystemen der Gesellschaft« (Rosa 2012, S. 361). In weiterer Abstraktion dieser Ordnungsproblematik lässt sich dann sagen, dass wir es mit einer »Gesellschaft der Gegenwarten« (Nassehi 2011) zu tun haben. Demnach staue sich bei anfälligen sozialen Schichten weniger eine Wut über das Ungleichzeitig-Sein bzw. das »Restsein« (Bloch 1985 [1935], S. 16) darin, sondern über die schwer zu begreifende Komplexität der Gegenwart und die noch schwerer zu ertragende Kontingenz der Zukunft.

Jedenfalls wird vermutet, dass es immer weniger zu gelingen scheint, im Gesellschaftsgeschehen eine sinn- und bedeutungsvolle »Geschichte« auszumachen. Sie verlieren »den Charakter *gerichteter, planbarer* Zeitverläufe« (Rosa 2005, S. 449; Hervorheb. i. Orig.). Damit ist folgenreich die moderne Verwebung von linearer Zeitkultur, Fortschrittssemantik und politischen Gestaltungsansprüchen gegenüber einer entwicklungsoffen vorgestellten Zukunft erschüttert. Diese kulturelle Erschütterung wächst sich zur kollektiven Erfahrung des Verlustes eines politischen Richtungsindexes (ebd., S. 220) aus: Politische Ereignisse werden zu situativen Episoden, die sich nicht länger in eine genuine geschichtliche Erfahrung transformieren lassen. Es ist die Rede von einem kulturellen Erleben der Richtungslosigkeit oder gar vom »Ende der Geschichte« (Steenblock 1994; Jung 1989; Ther 2019; Fukuyama 1989). All das münde also, so der naheliegende Schluss, in einem regressiven Reflex, in einer große Regression (Geiselberger 2017), in einem »Retrotopia« (Bauman 2017) und die rechtspopulistischen Formationen sind ihre bedrohliche und demokratiegefährdende Seite.

Die Rede von (Un-)Gleichzeitigkeit, Beschleunigung und Desynchronisation, von komplexen Gegenwarten und vom politisch folgenreichen Verlust eines geschichtlichen Richtungsindexes zur Charakterisierung der spätmodernen Zeitkultur reflektiert, dass die kollektive Erfahrung von und mit Zeit problematisch geworden ist. Auf solche Erfahrungen stößt auch die vorliegende Analyse mittels der Dokumentarischen Methode. Mit *Spätmoderne* (Giddens 1992) wird in dieser Arbeit also in erster Linie ein gesellschaftlicher Erfahrungsraum bezeichnet, der sich im Hinblick auf kollektive Zeiterfahrungen und kulturelle Orientierungen im Hinblick auf Zeit und Geschichte charakterisieren lässt. In ihm wird auf breiter Basis kollektiver Erfahrbarkeit ein einst hegemonial-fragloses Fortschritts- und Wachstumsversprechen überlagert von der bedrohlichen Ahnung, dass Zukunft nicht länger der Horizont normativer Verbesserung der eigenen Lebenslage oder der der Nachkommen, und nicht mal mehr die Fortsetzung der eigenen »normalen« Lebensführung, bzw. der weißen, männlichen, heterosexuellen etc. Kleinfamilienprivilegien sein könnte. Zukunft avanciert zum Risiko (Beck 1986) und zum kollektiven Katastrophenszenario (Horn 2020). Und weil die gesellschaftlich-kulturelle Erfahrungswelt der Vor-Spätmoderne, d. h. der (Nachkriegs-)Moderne, nicht gänzlich verschwunden oder verdrängt, allenfalls überlagert und den Selbstverständlichkeiten ihren temporalen Koordinaten beraubt ist, kennzeichnet den spätmodernen Erfahrungsraum eine eigentümlich »paradoxe Zeitlichkeit« (Reckwitz und

Rosa 2021, S. 91–98), in dem ein Regime des Neuen und Besonderen (Reckwitz 2017) beständig mit seiner Negativität, einem Verlustbewusstsein und einer bedrohlichen Zukunft, konfrontiert ist. Im Rechtspopulismus steigern sich diese paradoxen Erfahrungswelten zu einer regelrechten »Verlustwut«.

Der Erfahrungsraum der Spätmoderne beginnt seit etwa den 1970er Jahren (Reckwitz 2019, S. 17–24) strukturprägend zu werden und die Erfahrungswelten der Nachkriegsmodernen zu überlagern. Doering-Manteuffel und andere sprechen von der »Epoche nach dem Boom« (Doering-Manteuffel und Raphael 2012; Doering-Manteuffel et al. 2016): Sie ist gekennzeichnet durch ein »Ende der Illusionen« (Reckwitz 2019) über die Fortschrittsversprechen, Wachstumsselbstverständlichkeiten und positiven Zukunftserwartungen ganzer Generationen, wie sie in der Nachkriegsmoderne – in der Zeit des »Booms« – prägend und eingeprägt wurden. Dahinter steht eine breitangelegte Reorganisation des Kapitalismus und seiner fiskal- bzw. finanzpolitischen Regulationsstruktur sowie der nationalen Wohlfahrtsstaaten und ihrer Erwerbsgesellschaften. Hinzu tritt ein ökologisches Krisen- und Riskobewusstsein:

»Bereits seit den 1970er Jahren, symbolisiert durch die Veröffentlichung Die Grenzen des Wachstums des Club of Rome, allerspätestens aber mit dem [sic] Epochenjahren 1989/90 dürfte einsichtig geworden sein, dass unsere Welt nicht mehr die ist, die man sich lange vorgestellt hat. Gerade in dem Moment, in dem der westliche, auf Fortschritt, Demokratie und Moderne getrimmte Kapitalismus seinen vermeintlich größten Triumph erlebte, wurden ihm in aller Deutlichkeit seine Grenzen aufgezeigt. Wenn es schon nicht die Rückkehr von Nationalismen und religiösen Fundamentalismen (und zwar nicht nur in ihrer islamischen Variante) deutlich gemacht haben sollten, dann lässt spätestens der Klimawandel kaum noch einen Zweifel darüber zu, dass wir uns von lange gepflegten Selbstverständlichkeiten verabschieden müssen – die Frage ist nur noch, wie ein solcher neuer Wirklichkeitsentwurf aussehen wird.« (Landwehr 2014, S. 13)

Der Erfahrungsraum der Spätmoderne verändert nicht nur den Charakter, wie Zeit kollektiv erlebt wird. In ihm spitzen sich soziale Konflikte entlang dieses kulturellen Zeiterlebens immer mehr zu. In den letzten Jahrzehnten lässt sich insbesondere im Hinblick auf den Klimawandel und die sozialen Konflikte um Klimagerechtigkeit immer deutlicher beobachten, wie Auseinandersetzungen umso heftiger geführt werden, je mehr sich das Zeitfenster zur Bearbeitung der Klimakrise schließt. Sie sind Indiz für ein spätmodernes gesellschaftliches Spannungsverhältnis zwischen einer, aus dem Erfahrungsraum der Nachkriegsmoderne geerbten und noch immer wirkmächtigen aber trägen Routine der Fortschritts- und Wachstumsorientierung einerseits, und einer zunehmend düster und bedrohlich wirkenden Zukunftskultur. Und auch im Rechtspopulismus scheint sich Analoges abzuspielen, allerdings unter umgekehrten Vorzeichen: Er beutet womöglich eine Wuterfahrung über abhandengekommene Normalität, Lebensweise und männlich-weiße Hegemonie aus, die von einem Erwartungshorizont genährt ist, in dem diese Identitäten womöglich keine Zukunft haben.

Die vorliegende Arbeit glaubt also, dass der Rechtspopulismus ein neuer »Wirklichkeitsentwurf« (Landwehr 2014, S. 13) im Erfahrungsraum der spätmodernen Zeitverhältnisse ist. Der zeitgenössische Rechtspopulismus, so die zentrale These dieser Arbeit, beutet bestimmte konjunktive Erfahrungen mit den gesellschaftlichen und kulturellen Verhältnissen der Spätmoderne aus. Allerdings ist dies weniger im Sinne einer Wut über den Verlust von Vergangenheit zu begreifen. Womöglich verhält es sich im Rechtspopulismus gerade andersherum: Der gegenwärtigen Blick der AfD-wählenden spätmodernen Erfahrungsträger*innen auf eine für sie bedrohliche Zukunft prägt auch ihren Blick auf Vergangenheit und modifiziert ihn – wobei die sinnstiftende Verbindung zwischen diesen Zeitebenen als »Verlustwut« erfahren und vom Rechtspopulismus entsprechend symbolisch aufgewertet, programmatisch artikuliert und befeuert wird. Dabei profitiert er von pessimistischen oder dystopischen, vor allem aber apokalyptischen Gesellschafts- und Zukunftsbildern seiner Wähler*innen, gerade weil von seinen partei- oder bewegungsförmigen Organisationen keine Beseitigung materieller und sozialer Unsicherheit, von Desintegration oder gar Deprivation erwartet wird. Vielmehr, so zeigt es die Analyse, findet in ihm eine Sammlung selbsterklärter Auserwählter und Renegat*innen mit ausgeprägten Endzeitvorstellungen statt.

Methodisch gelangt die Arbeit zu diesem Ergebnis über die Frage nach dem konjunktiven Zeitbewusstsein oder der Zeitorientierung der hier untersuchten AfD-Wähler*innen. Im Prozess der empirischen Forschung trat diese Sinn- und Handlungsdimension immer mehr in den Vordergrund. Aus einer wissenssoziologischen Perspektive auf Zeiterfahrungen gewinnt die Vergangenheit ihre Qualität einer sinn- und bedeutungsvollen Geschichte (Rüsen 1994, S. 5) v. a. durch die Verarbeitung von Erfahrungen mit der Art und Weise wie Zukunft vom je gegenwärtigen Standpunkt aus gesehen wird. Diese Standpunkte variieren aufgrund unterschiedlicher kollektiver Erfahrungsräume innerhalb des Erfahrungsraums der Spätmoderne. Vergangenheitsbilder ändern sich dabei unter dem Eindruck gesellschaftlich geprägter aber je spezifischer Erfahrungen mit Zukunftserwartungen – und die Verbindung, die von diesen Bildern aus zur Gegenwart und erhofften oder befürchteten Zukunft hergestellt wird, gerinnt mitunter als Weltanschauung zu einem umfassenderen Denksystem. Mannheims (2015 [1929]) Begriff der *Utopie* liefert die wissenssoziologisch-theoretische Grundlage zu einem solchen Verständnis (Kapitel 3). Mit seinem Begriff lassen sich indessen nicht nur Weltanschauungen empirisch rekonstruieren und unkritisch beschreiben. Im Lichte der Kritik v.a. Horkheimers (1987) an Mannheim wird in Kapitel 3 seine Wissenssoziologie als Instrument diskutiert, mit dem insbesondere ein Beitrag zu einer kritischen Theorie der spätmodernen Gegenwartsgesellschaft geleistet werden kann. Schließlich erlaubt es gerade Mannheims geschichtsphilosophische Sparsamkeit auf Seiten der AfD-Wähler*innen eine kollektive Erfahrung empirisch zu entdecken, nach der Geschichte ihren Charakter als zusammenhängender Verlauf verloren und eine privilegierte Stellung im teleologischen Fortschrittsprozess abhandengekommen gekommen ist. Die Empirie, die diese Arbeit also generiert, untersucht durch die Formen des utopischen Bewusstseins hindurch, das die AfD mobilisiert, auf welchen impliziten, d.h. vor-diskursiven und vor-programmatischen Vorstellungen, Erfahrungen und Erwartungen der Rechtspopulismus aufruht und inwiefern es ihm gelingt, spezifische Erfahrungen in und mit dem Erfahrungsraum der Spätmoderne auszubeuten. AfD-Wähler*innen, so zeigt die Analyse, verarbeiten diese Erfahrungen in einer »kupierte[n] Apokalyptik« (Vondung 1988), die außer den utopisch blassen elitären Selbstaufwertungen und Auserwählten-Selbsterzählungen ohne echte Erlösungsaussicht auskommt. Darin aber ist der Rechtspopulismus eine elementare Bedrohung für die Demokratie, sofern mit diesem Zeitbewusstsein demokratische Mechanismen des sozialen Ausgleichs und Konsenses als nicht mehr zukunftsfähig angesehen und per se abgelehnt werden.

In diesem Sinne ist in dieser Arbeit auch von »Rechtspopulismus« die Rede: Er hat gegenüber dem Begriff »Rechtsextremismus« noch immer den Vorteil, dass damit weniger die Assoziation eines extremen »Randphänomens« im politischen und gesellschaftlichen Spektrum hervorgerufen wird, und eine Untersuchung von als »rechtspopulistisch« klassifizierten empirischen Phänomenen, wie im Falle der vorliegenden Arbeit, Weltanschauungen thematisiert, die einer Mitte der Gesellschaft nicht nur nicht fremd, sondern vielmehr dort mitunter sogar ursprünglich und ansässig sind (Lipset

1962; exemplarisch Decker et al. 2015).[2] In dieser Arbeit wird Rechtspopulismus zuvorderst (aber nicht ausschließlich) zur Charakterisierung der AfD ebenso wie der Weltanschauung ihrer Wähler*innen verwendet – allerdings nicht in der Absicht damit der programmatischen oder personellen Aufstellung der Partei oder ihrer politikwissenschaftlichen Klassifizierbarkeit gerecht zu werden (vgl. Rhein 2022b).[3] Mit dem Begriff soll in dieser Arbeit vielmehr eine zeitgenössische politische Formation kennzeichnet werden, die Ausdruck einer Zeitkultur und Gesellschaft insgesamt ist, die exemplarisch durch die Weltanschauungen und Zeitorientierungen der Wähler*innen der AfD hindurch untersucht werden soll. Mit Rechtspopulismus wird hier also ein politisch relevantes, soziales Phänomen bezeichnet, das charakteristisch ist für die spätmoderne Gegenwartsgesellschaft.[4] Die vorliegende

---

2 Gleichwohl wird sich diese Unterscheidung gegenüber des Verdachts der diskursiven Trivialisierung bewähren müssen: Ein als Rechtspopulismus besprochener Rechtsextremismus werde damit lediglich die ungefährlichere »light«-Variante konstruiert Kohlstruck (2008, S. 211). Dennoch lassen sich Unterschiede zwischen beiden Phänomenbereichen benennen für eine prägnante Darstellung vgl. Schroeder et al. (2020, S. 9–13).

3 Es gibt gute Gründe, die AfD als populistisch zu beschreiben, auch wenn damit ihre Merkmale, Strategien und ihr Personal keineswegs hinreichend charakterisiert sind (Biskamp 2019, S. 465–466). Diese Arbeit stellt die Klassifikation der Partei und ihres Personals als »rechtsaußen« (Quent 2019) oder als rechtsextremistisch (Pfahl-Traughber 2019) und die innerparteilichen Radikalisierungen nicht grundsätzlich in Abrede. Nach ihrer programmatischen Aufstellung und ihrer parlamentarischen Praxis ist sie aber auch als rechtspopulistisch, in wirtschafts- und sozialpolitischen Fragen sogar als ordoliberal zu klassifizieren (Pühringer et al. 2021).

4 Damit sei nicht gesagt, dass der Populismus keine Geschichte habe und dass sich keine (Ideen-)Geschichte des Populismus schreiben ließe (vgl. hierzu insbesondere Faber und Unger 2008; Kelly 2017; Möller 2020; Rosanvallon 2020). In dieser Arbeit jedoch wird Rechtspopulismus als Ausdruck typisch spätmoderner Konfigurationen in den betreffenden Sozialstrukturen (vgl. Koppetsch 2019; Reckwitz 2017) meist global-nördlicher Nationalstaaten verstanden, bzw. als Resultat deren polit-ökonomischer Voraussetzungen für die Anpassung an ein Globalisierungsgeschehen (Manow 2018). Die Diskussion um den Begriff Rechtspopulismus und seine spezifische Epochen-Kennzeichnung ist indessen schon älter. Heitmeyer (2001) erwartete für das frühe 21. Jahrhundert einen neuen »Rechtspopulismus« – neu im Vergleich zu einem bis Ende der 1990er Jahre in Deutschland prominent durch die NPD und die Republikaner repräsentierten parteiförmigen Rechtsextremismus. Der neue Rechtspopulismus entspreche neuen autoritären Versuchungen und rechtsautoritären Einstellungen, die sich in mehreren Milieus der Mitte breitgemacht haben und damit nicht nur eine Sache der Deprivierten sei. Vester et al. (2001) konstatierten in dieser Hinsicht schon früh »›vertikale Koalitionen‹ zwischen verschiedenen ›Fraktionen‹ der unteren bis zu den oberen Klassenmilieus« (ebd., S. 187). Heitmeyer (2001, S. 527) sah entsprechend auch eine Chance für einen Politikstil, der diese »vertikale Koalition« von Rechtspopulist*innen mehr und mehr zu mobilisieren in der Lage sei. Zur Diskussion um Populismus als besonderen Politikstil oder Performanz mit Mobilisierungsabsicht siehe insbesondere Mof-

Arbeit erklärt den Rechtspopulismus in dieser Hinsicht als Ausdruck ihrer spezifischen Zeitkultur, denn sie entdeckt in der eigens generierten Empirie unter AfD-Wähler*innen eine kollektive Zeitorientierung, die seinen Erfolg erklären.

Damit werden die im *ersten Kapitel* besprochenen, vielfältigen anderen Erklärungen des Rechtspopulismus, die insbesondere die Rolle von Angst und sozialer und materieller Unsicherheit herausstellen, nicht für falsch gehalten. Zu Beginn meiner eigenen empirischen Forschungsarbeit wurde auch erwartet, dass Deklassierungserleben, Deprivation und Angst in den Erzählungen der Interviewpartner*innen zum Vorschein kommen würden. Da der Forschungsprozess an der Strategie des theoretischen Samplings orientiert war und sich in einem zyklisch-iterativen Vorgehen schrittweise den empirisch relevanten Aspekten in den Handlungsorientierungen der Fälle annäherte, konnte aber zunehmend festgestellt werden, dass sich solche Erklärungsansätze im Hinblick auf mein eigenes empirisches Material für zu unterkomplex erwiesen. Vor allem mit dem häufig herangezogenen Konzept oder Erklärungsmodell der Modernisierungs- oder Globalisierungsverlier*innen steht nicht nur die neue Forschung zur rechtspopulistischen Wähler*innenschaft nicht mehr in Einklang – mit Deprivation und Angst ließ sich auch das narrative Interviewmaterial dieser Arbeit, mit dem die Funktionsweise des Rechtspopulismus aus einer interpretativ-verstehenden Perspektive rekonstruiert wird, analytisch nicht zum Sprechen bringen. Von der seit mehreren Jahrzehnten wirkmächtigen Globalisierung- und Modernisierungsverlierer*innen-Theorie hat die Forschung eine weitverbreitete Vorstellung geerbt, die die kollektiven Erfahrungen in der Spätmoderne zumindest bei Rechtspopulist*innen zu materialisieren versucht und dabei den Kern ihrer kollektiven Erfahrungen übersieht. Denn häufig werden die Dispositionen der Nachfrage nach rechtspopulistischem Politikangeboten als Reaktion auf eine Betroffenheit in Zeiten multipler Krisen (Demirović 2013) verstanden. Ausgehend von den

fitt (2016) und Minkenberg (2018). Allerdings weist Vester (2017, S. 31) später darauf hin, dass die gesellschaftliche Einflusszone des Rechtspopulismus sozialstrukturell begrenzt sei. In Betracht zu ziehen sind also die »Milieustammbäume«, d. h. die sozialstrukturellen Entwicklungslinien bestimmter Milieus, um den gesellschaftlichen Einflussbereich des Rechtspopulismus genauer zu verstehen. Es wird in summa also deutlich, dass Rechtspopulismus in der vorliegenden Arbeit als Bezeichnung für ein politisches Phänomen benutzt wird, das auch mit sozialstruktureller Modernisierung und polit-ökonomischen, bzw. wohlfahrtsstaatspolitischen Entwicklungen der vergangenen Dekaden wesentlich zusammenhängt (vgl. auch Kapitel 2.3).

empirischen Ergebnissen dieser Arbeit jedoch lassen sich solche Krisenzeit-Diagnosen auch als Verarbeitungen einer *Zeitkrise* lesen.

Diese Lesart wird sodann im *zweiten Kapitel* theoretisch vertieft. Dort wird die zentrale These dieser Arbeit, dass nämlich der Rechtspopulismus eine spezifische Verarbeitungsform eines gesellschaftlichen Erfahrungsraums der Spätmoderne sei, und dass sich dies an den zeitbezogenen Weltanschauungen, d.h. den Utopien seiner Wähler*innen ablesen lässt, gesellschaftstheoretisch fundiert. Es werden die gesellschaftsstrukturellen Faktoren hinter und die historische Besonderheit der modernen Zukunfts- und Fortschrittskultur besprochen sowie die Ursachen für die Erosion einer solchen Zeitkultur in der »Epoche nach dem Boom«. Es wird ausführlich dargestellt, wie ein Erfahrungsraum der Spätmoderne gesellschaftlich prägend wurde und eine Fortschrittskultur zu überlagern und mit ihrer Negativität sowie ihrem Verlust zu konfrontieren begann. In historischer Hinsicht waren und sind die Vorstellungen von Geschichte und Fortschritt die prägenden Temporalitätssemantiken der Moderne und darin für politische Programme und Zukunftsversprechen von zentraler Bedeutung. Das »Zeit«- (Assmann 2013) oder »Historizitätsregime« (Hartog 2015) der Moderne betreibt eine historisch beispiellose Aufwertung der Zukunft (Hölscher 2020) als Horizont und Fluchtpunkt einer sozialen Praxis und kollektiver Erfahrungen, die, trotz immer wiederkehrender Kritik, ungebrochen vom Modell der normativen Verbesserung geprägt war (Reckwitz 2021). Die programmatische Gestaltung von Zukunft und die Kommunikation verzeitlichter Utopien ist in auf diese Weise charakterisierbaren modernen Gesellschaften zum Kerngeschäft des Politischen geworden. Obgleich diese beispiellose Zukunftskultur nie ungebrochen und nie unangefochten bestand, schwingt sich in den Nachkriegsjahrzehnten der westlichen Industrienationen ein modernes und modernisierungstheoretisch fundiertes Fortschritts-, Wachstums- und Prosperitätsdenken noch einmal zur gesellschaftlich prägenden Zeitkultur empor. Nicht nur die Erwartung sozialen Aufstiegs, gesellschaftlichen Teilhabe und immerwährenden Wachstums prägen den Erfahrungsraum der Erwerbsgesellschaft der Nachkriegsjahrzehnte, sondern damit verbunden auch eine zur »Normalität« erklärte, v.a. auf männlich-patriarchalen, ethnisch-weißen Privilegien und auf der heterosexuellen Kleinfamilie aufbauenden Lebensführung. Ihre erklärte »Normalität« (vgl. Lessenich 2022) ist auch Festschreibung der Imagination, eine privilegierten Stellung im teleologischen Geschichtsprozess der Moderne innezuhaben. Den Erfahrungsraum der Spätmoderne zeichnet aus, dass diese Imaginationen und ihre temporalen Koordinaten ins Wanken geraten. Es scheinen nunmehr Praktiken und ein Zeiterleben zu dominieren begonnen zu haben, in denen die normative Zukunftsausrichtung ihre Strahlkraft und ihre integrierende Wirkung verloren hat. Die spätmoderne Gegenwart hat sich immer mehr gegenüber einer zunehmend sich verdunkelnden Zukunft, von der man sich immer weniger zu erwarten getraut, zu bewähren. Vor diesem Hintergrund lässt sich die zentrale These der Arbeit entwickeln, mit der die Empirie schließlich auch zum Sprechen gebracht wird: Dass nämlich in der Nachfrage, in den Handlungsorientierungen und Weltanschauungen der AfD-Wähler*innen vor allem eine spezifische kollektive Erfahrung dieser spätmodernen Temporalität verarbeitet wird, die sich mit Reckwitz (2022; 2021) und Brown (2019) als nihilistische »Verlustwut« auf den Begriff bringen ließe und die in dieser Arbeit als *chiliastische Utopie* empirisch rekonstruiert wird *(Kapitel 6)*.

Damit wird die empirische Konfiguration aus habituellen und erfahrungsgesättigten Selbstbildern und diskursiven Gesellschafts- und Geschichts-, bzw. Endzeitbildern der untersuchten AfD-Wähler*innen auf den Begriff gebracht: Sie glauben Erfahrungen der Ausgrenzung, Bedrohung und Stigmatisierung zu machen und sie kleiden diese Erfahrung in apokalyptische Bilder und Endzeitvorstellungen. In »Reinform« ist mit Chiliasmus eine eschatologisch tradierte, revolutionäre Geschichtsutopie gemeint, die das nahe Ende erwartet bei der gleichzeitigen Hoffnung auf ein 1000-jähriges Reich unter der Herrschaft von Auserwählten. In der Tat sehen sich die untersuchten AfD-Wähler*innen selbst als soziale Nonkonformisten, als Elite und Opfer zugleich. Sie glauben beständig Ausgrenzung und Stigmatisierung zu erfahren, Opfer von Bedrohungen und Anfeindungen zu sein, zugleich aber eine elitäre Stellung für sich verbuchen zu können, weil sie hinter dieser vorgeblichen Ausgrenzung durchschauen, »was wirklich vor sich geht«. Sie betreiben damit eine negative Privilegierung: Ihr empfundenes Ausgegrenzt- und Stigmatisiertsein konstruieren sie als Bedingung der Möglichkeit für eine spätere Privilegierung. Sie temporalisieren ihre negative Privilegierung, d.h. sie erzeugen mit ihrer viktimisierenden Selbstdeutung zugleich ein exklusives Privileg, das aber auf eine bestimmte Geschichts- und Zukunftsvorstellung zugeschnitten ist – eine (mitunter revolutionäre) meta-historische Zukunftserwartung. Die Gegenwart deuten sie in apokalyptisch-endzeitlichen Begriffen und Bildern und in dekadenten Niedergangszenarien. Die Geschichte ist ihnen gewissermaßen auf die falsche Bahn geraten: Liberalisierung und Individualisierung, Globalisierung und Migration, Emanzipation und Klimabewegung sind ihnen untrügliche Anzeichen einer aus den Fugen geratenen Geschichte. In Anbetracht von vorgestellter Endzeit und unausweichlichem Untergang, in Erwartung und Vorbereitung einer Zeit nach dem Untergang ist ihnen die AfD die »letzte Chance« zur »entscheidenden Tat«: Die Krisenverdichtung der Gegenwart fassen sie als historisch günstigen Augenblick auf, in den hinein sie nunmehr ohne Rücksicht auf – im doppelten Sinne zu verstehende – Verluste [!] ihre narzisstischen Kränkungen über Privilegien- und Identitätsverluste artikulieren können. Schließlich würden sich die Krisen jetzt so verdichten, dass das Ruder herumgerissen werden müsse und keine demokratischen und pluralistischen »Befindlichkeiten« mehr berücksichtigt werden könnten.

Dabei zeigen sie im Kern eine umgekehrte Verlustwut: Sie begehren weniger gegen einen vergangenheitsorientierten Verlust auf, sondern gegen einen Zukunftsverlust. Das heißt die chiliastischen AfD-Wähler*innen sind weniger nostalgisch und rückwärtsgewandt als gemeinhin behauptet. Im Gegenteil: Die Weltsicht und Handlungsorientierung von Rechtspopulist*innen sind destruktiv, katastrophisch und von Untergangsphantasien durchsetzt. In diesem apokalyptischen Panorama kultivieren sie ein elitäres Auserwählten-Selbstverständnis: Nach dem erwarteten Untergang, dem Ende der Geschichte oder der Zerstörung dieser Gegenwart erhoffen sie ihre Zukunft. Den chiliastischen AfD-Wähler*innen ist also eine Kombination von nonkonformistischen Elite- und Opfer-Selbstbildern eigen, die sich mit (mitunter revolutionären) meta-historischen Zukunftserwartungen verbinden.

Inspiriert von Mannheims (2015 [1929], S. 184–191) wissenssoziologischem Idealtypus einer revolutionären und ahistorischen Utopie,[5] wurde der Utopie-Begriff des Chiliasmus in dieser Arbeit empirisch über das spezifische Sample dieser Studie gewonnen. Dieses weist einen Schwerpunkt auf Fällen aus Württemberg auf und spricht insofern nur über einen (regional)

5 Die geschichtsphilosophische Ausgestaltung dieser chiliastischen Sehnsüchte prägte und transformierte für Mannheim seither neuzeitliche und moderne Utopien: Den Liberalismus, Konservatismus, Sozialismus und auch den Anarchismus und Faschismus (Lichtblau 2007). Auch für Bloch (1985 [1935], S. 140–145; 1973) ist der Chiliasmus Utopie, obgleich sich Bloch, anders als Mannheim, weniger für den »säkularen Kern chiliastischen Handelns« interessiert (Heyer 2007, S. 247). Insbesondere Saage (2013; 2004) kritisiert dieses Denken und verteidigt einen normativ-ideengeschichtlichen Utopie-Begriff nach Morus gegenüber Bloch und Mannheim (vgl. die Diskussion in Kapitel 3.1).

begrenzten Ausschnitt von AfD-Wähler*innen. Allerdings hat diese Sample-Spezifik auf einen historisch-kulturellen konjunktiven Erfahrungszusammenhang schließen lassen, der mit der pietistischen Prägung dieser Region zusammenhängt (*Kapitel 6.3*). Der religionsgeschichtlich mit dem württembergischen Pietismus verbundene Chiliasmus ließ sich demnach als säkulare Utopie verstehen und damit das empirische Material dieser Studie zum Sprechen zu bringen. Es ließ sich damit auf den Begriff bringen, wie sich die Fälle dieser Studie die Gegenwart vorstellen: Sie glauben nicht an eine bruchlose Fortsetzung oder Restauration des Gestern und sie sehnen sich auch nicht nostalgisch danach. Die chiliastischen AfD-Wähler*innen sind vielmehr Aussteiger*innen aus dem spätmodernen Zeitregime und sie wählen die Partei, weil sie ihnen die Gegenwart in den Horizont endzeitlicher Dringlichkeit rückt und beständig den »Ernstfall« (Schmitt 1932) ausruft. Darin hoffen sie auf das Ende der spätmodernen Gegenwart und erleben sich schon heute als zukünftige Elite: »Deutschland. Aber normal«.

Was sagt uns schließlich der Befund dieser Arbeit? Was lässt sich damit über die Einschätzung des und den Umgang mit Rechtspopulismus und verwandter demokratiefeindlicher, antipluralistischer und -liberaler Bewegungen lernen? Die vorliegende Analyse beschreibt sie als spezifische Verarbeitungsformen von Erfahrungen mit der Gesellschaft der Spätmoderne und ihren Zeitverhältnissen. Die AfD versorgt ihre Wähler*innen mit einer gesellschaftlichen Sicht- und Hörbarkeit ihrer nihilistischen Verlustwut und sie artikuliert ihr kollektives Unbehagen über die Ungewissheit, ob in Zukunft, in einer als gänzlich anders befürchteten Zeit, sie noch in ihrer unwidersprochen hegemonialen sozialen Identität und Lebensform der Vergangenheit und Gegenwart fortzuleben vermögen. In ihren Vorstellungen hätten daher in der Vergangenheit schon destruktive, bösmeinende, dekadente Kräfte an den Verhältnissen sozialer Normalität und am historischen Chronos Hand angelegt und den normalen Gang der Geschichte auf gefährliche Abwege gelenkt. Im Rechtspopulismus bündeln sich demgegenüber apokalyptische Zeitbilder und kairologische Erwartungen für einen mitunter revolutionär vorgestellten Umschwung dieser Verhältnisse. Mit diesem Zeit- und Geschichtsdenken aber machen sie sich für ein Kernelement demokratischer Gesellschaften unansprechbar: Die gesellschaftliche Aushandlung von Zukunft gehört zum politisch-demokratischen Projekt der Moderne. Es befindet sich in einer Krise womöglich ungekannten Ausmaßes und der Rechtspopulismus betreibt auf dieser Bühne ein lustvoll-destruktives Schauspiel eines Endes der Geschichte. Sie beschwören Endzeitszenarien herauf und orientieren sich an diesen, um damit einen »historisch« günstigen Augenblick zu behaupten, in den hinein sie ihre autoritären, antipluralistischen und rassistischen Affekte »begründen«. Schließlich spielt gerade die Vorstellung, dass die Krisen sich in der Gegenwart nun so verdichtet hätten und die Geschichte derart auf Abwege geraten sei, dass das Ruder herumgerissen werden müsse und keine pluralistischen und demokratischen »Befindlichkeiten« mehr berücksichtigt werden könnten, eine zentrale Rolle.

Eine Einsicht lässt sich daraus schon vorweg gewinnen: Eine Empörung über das vermeintlich nostalgisch Ewiggestrige ihrer Weltanschauung verharmlost das Phänomen. Und in der politischen und gesellschaftlichen Auseinandersetzung mit Rechtspopulist*innen wird es weniger darauf ankommen, ihre ideologischen Inhalte oder programmatischen Inhaltsleeren zu demaskieren; und noch weniger darauf, die vermeintlichen Ängste und Sorgen »besorgter Bürger*innen« auf demokratischen Abwegen ernst zu nehmen. Es gilt vielmehr zu verstehen, dass, mit Mannheim gesprochen, im Rechtspopulismus Utopien am Werk sind und dass das Bild, das sich AfD-Wähler*innen mitunter von sich selbst machen, nämlich als unterdrückte und ausgegrenzte Minderheit, ihr utopisches Interesse »an der Zerstörung und Umformung einer gegebenen Gesellschaft« (Mannheim 2015 [1929], S. 36) prägt. Rechtspopulist*innen sind Aussteiger*innen aus den demokratischen Spielregeln der spätmodernen Gegenwartskultur und sie verweigern daher auch jede demokratische Gestaltung einer Zukunft. Die Zeit ist ihnen »reif« und die – im doppelten Wortsinne – »rechten« Zeitverhältnisse gekommen um für eine auserwählte Elite eine Zukunft vorzubereiten.

Obwohl in dieser Studie also Menschen, die die AfD wählen oder gewählt haben, eine zentrale Rolle spielen, ist sie keine genuine Arbeit über die AfD. Vielmehr nimmt sie den Fall AfD als empirischen Gegenstand um darüber etwas über die Gesellschaft zu verstehen, die sie hervorgebracht hat. Für sie, so ist zu hoffen, kommt diese Studie gleichsam zur rechten Zeit.

1. Krisenzeit oder Zeitkrise? Rechtspopulismus in ›entsicherten‹ Zeiten

Vor nunmehr über 20 Jahren warnten Dietmar Loch und Wilhelm Heitmeyer vor einer neuen autoritären Versuchung, die das kommende 21. Jahrhundert prägen werde (Loch und Heitmeyer 2001). Mit Blick auf Ralf Dahrendorfs (1997) Diagnose, der die zu Ende gehenden 1990er Jahre an der Schwelle zu einem autoritären Jahrhundert sah, blicken Loch und Heitmeyer auf die Entwicklung der liberalen westlichen Demokratien voraus. Sie erwarten, dass die Globalisierung die sozialen und politischen Zustände – gemeint sind die wohlhabenden Nationalstaaten des globalen Nordens – auf vielfältige Weise umkrempeln werde. Erfahrungen politischer Souveränitäts- und biografischer *Kontrollverluste* würden autoritären, demokratie- und menschenfeindlichen Kräften zum Durchbruch verhelfen. Denn einerseits werde das spätkapitalistische Versprechen autonomer und flexibler Lebensführung zunehmend als An- und Überforderung sowie als Verlust stabiler sozialer Verortung erfahren und sich zu sozialer Polarisierung und kollektiven Orientierungslosigkeiten auswachsen (Sennett 1998). Andererseits werden auf der politischen Ebene in den zu »Postdemokratien« (Crouch 2015, 2021) erstarrten liberalen Demokratien erhebliche Legitimations- und Demokratiedefizite und eine demokratische Regression (Schäfer und Zürn 2021) prognostiziert, die sich, infolge eines zu erwartenden nationalstaatlichen Souveränitätsverlusts, zu einer generellen Unzufriedenheit mit der Leistungsfähigkeit der Demokratie und des politischen Systems auswachsen würden. Auf dieser Linie wird der Rechtspopulismus als Reaktion auf eine Hegemonie eines postdemokratischen Liberalismus gedeutet (Jörke und Selk 2018). Dem zugrunde lägen vielgestaltige Erfahrungen von Kontrollverlusten, die zur Demokratieentleerung beitrügen, mit der Konsequenz, dass sich die unheilvolle Koalition aus autoritärem Neoliberalismus,[1] sozialer Desintegration[2] und Demokratieentleerung verschärfen und »neue autoritäre Versuchungen durch staatliche Kontroll- und Repressionspolitik wie auch rabiater Rechtspopulismus befördert werden« (Heitmeyer 2001, S. 500).

In diesem Krisenpanorama wird der neue autoritäre Populismus als Rückkehr des Politischen (Laclau 2005; vgl. exemplarisch auch den Band von Panizza 2005) nach langen Jahren des postdemokratischen, ja postpolitischen Liberalismus aufgefasst. Die »Stunde der Populisten« schlage dann, wenn es gelinge, dieses Legitimationsproblem erfolgreich zu politisieren und zu skandalisieren (Jörke und Selk 2017, S. 67). Komplexe und opake Prozesse politischer Entscheidungsfindung ließen sich immer seltener auf einen demokratischen Mehrheitswillen zurückführen, was in liberalen Demokratien zu Legitimationsproblemen und zur Konjunktur von Verschwörungstheorien und Ängsten führe, die einen »Illiberalismus der Furcht« beförderten (Selk 2019).

In diesem Kapitel wird, mit Blick auf den Stand der Forschung zu den gesellschaftlichen Ursachen des Rechtspopulismus, die These herausgearbeitet, dass der Rechtspopulismus keine neuralgische Angst- und Kontrollrückgewinnungsreaktion von Globalisierungs-»Opfern« ist und in dem Sinne auch weniger als eine Rückkehr des Politischen zu verstehen ist. Immerhin versteht man ihn aus dieser Perspektive vor allem nur als Resultat einer postdemokratischen und globalisierungsbedingten wirtschaftlichen *Krisenzeit*. Womöglich aber ist er, mehr noch, Ausdruck einer *anti-politischen* Ab-

---

1 Der autoritäre Charakter des neoliberalen Kapitalismus gründet für Heitmeyer auf dessen scheinbar uneingeschränkter Macht, ökonomische Imperative und die Gültigkeit der kapitalistischer Prinzipien gegenüber in Institutionen und gegenüber Individuen und dem sozialen Gefüge und der Demokratie durchzusetzen (Heitmeyer 2001, S. 500). Damit produziere der ökonomische Imperativ in der Folge nach innen gerichtete Hierarchien, und nach außen eine radikale Abschließung und Abwehr gegen andere Gruppen.

2 Desintegration ist ein Effekt »nicht eingelöste[r] Leistungen von gesellschaftlichen Institutionen und Gemeinschaften, existenzielle Grundlagen, sozialer Anerkennung und persönliche Integrität zu sichern« (Anhut und Heitmeyer 2005, S. 75). Desintegration ist somit auf das Instabilwerden von Anerkennungserwartungen im sozialen, beruflichen und politischen Bereich bezogen. Instabile und temporäre Beziehungen, unsichere Integration in den Arbeitsmarkt und prekäre Berufsbiografien sowie das Unsicherwerden gesellschaftlicher Verständigung über gemeinsame Wert- und Normenhorizonte sind Ausdruck von Desintegrationsprozessen (Heitmeyer 1994, S. 46). Nicht nur Desintegrationserfahrungen, sondern auch Desintegrationserwartungen sind dabei schon ausschlaggebend für die Entstehung von Vorurteilen, gruppenbezogenen Abwertungen und politischen Rechtsorientierungen (Heitmeyer 1994).

lehnung der liberalen Demokratie in toto. So jedenfalls deuten Hochuli et al. (2022) den Rechtspopulismus und sie sehen in ihm eine kollektive Wutreaktion auf die Postdemokratie und eine Ablehnung der Konsens-Politik und der formellen Politik überhaupt. Sie zeigen, dass der Rechtspopulismus vor allem auch mit den Temporalstrukturen der Gegenwartsgesellschaft zu tun hat, mit ihrem proklamierten Geschichts-Selbstbild: deren Ende nämlich. Sie kommen zu dem überraschenden Schluss: »Der Populismus wurde durch das Ende der Geschichte geboren und hat am Ende des Endes der Geschichte die Post-Politik entthront.« (Hochuli et al. 2022, S. 49)

Damit wird der Rechtspopulismus zum Anzeiger des Endes dieses Endes der Geschichte,[3] jener zentralen und wirkmächtigen Selbstbeschreibung, die die Spätmoderne über ihre historische Situation hervorgebracht hat (vgl. dazu die ausführlichere Diskussion in Kapitel 2.3) – und er ist damit nicht nur das Phänomen einer *Krisenzeit*. So legt es auch mein eigenes empirisches Material nahe. Wendet man nämlich darauf Kategorien, Begriffe oder Theorien von Postdemokratie, Desintegration und Krisenzeit – die Erklärungsmuster Angst, relative Deprivation und/oder Desintegration – an, dann lässt es sich nur äußerst unzureichend zum Sprechen bringen. Aus den narrativen Interviews mit den untersuchten AfD-Wähler*innen dieser Studie geht eher hervor, dass es sich beim Rechtspopulismus nicht nur um ein Phänomen einer Krisenzeit, sondern einer tieferliegenden *Zeitkrise* handelt.

1.1. Verlier*innen der Modernisierung

Die These, dass der Rechtspopulismus weniger eine Rückkehr des Politischen und weniger eine Angstreaktion und ein Versuch zur Rückgewinnung

3 Vgl. hierzu auch, wie Krastev und Holmes (2019) die Entstehung eines politisch relevanten, antiwestlichen Ethos in den postkommunistischen Ländern Osteuropas erklären: Dieser sei das Ergebnis der jahrzehntelangen »Erzählung« von der historischen Alternativlosigkeit des westlichen Liberalismus am Ende der Geschichte nach 1989 und seiner nunmehr enttäuschten und frustrierten Nachahmer*innen. »Nachahmer*innen« des Westens habe es zwar schon immer gegeben, aber insbesondere nach '89 habe sich der liberale Westen als global-historische Alternativlosigkeit präsentiert und aufgedrängt. Nunmehr seien etwa in Ungarn und Polen, insbesondere aber Russland und auch in den USA selbst ein Umschlagen in eine kollektive Weigerung zu beobachten, vor dem liberalen Westen die Knie zu beugen und aggressive Gegenreaktionen auf ein liberalwestliches Nachahmungsimperativ .

globalisierungsbedingter Kontrollen über Politik und kollektive und individuelle Identitäten ist, sondern eine *Zeitkrise* verarbeitet, lässt sich bereits aus den Diskussion entwickeln, die ihn seit den 1990er Jahren als sogenanntes Modernisierungs- oder Globalisierungsverlier*innen-Phänomen beschreiben.[4] Man sieht in rechten Bewegungen aus dieser Perspektive eine politische Artikulation von »Opfern« (Klönne 1989; Schacht 1990) oder »Verlierer*innen« gesellschaftlicher Modernisierung (Falter 1994; Hadler 2004; Spier 2010; Ulbricht 2020).[5] Häufig wird die Nachfrage nach rechten Politikangeboten als direkte Ableitung von wirtschaftlichen Lebenslagen modelliert: Die sogenannten Verlier*innen oder Opfern gesellschaftlicher Modernisierung seien aufgrund eines Transformationsdrucks und daraus erwachsender beständiger Umorientierungsbedarfe – etwa durch die parallele Abwertung beruflicher Qualifikationen und damit verbundene Statusverluste (Winkler 1996) – ökonomisch und sozial betroffen und entsprechend für extrem rechte politische Angebote disponiert (Betz 1994). Die sogenannte Modernisierungsverlierer*innen-These besagt zwar, dass Menschen im Prozess des sozialen Wandels eine ständige Anpassungsleistung erbringen müssten und dass damit in immer schnelleren Abständen Statusbedrohungen einhergingen. In der Wahlforschung wurde jedoch schon früh angenommen, dass subjektive Deprivationsgefühle, mehr als die objektive soziale Lage, Politikverdrossenheit, politische Protesthaltung und »rechtsextremistische Denkmuster« beförderten (Falter 1994).

In dieser Richtung lässt sich der Rechtspopulismus als Modernisierungs- bzw. Globalisierungsverlierer*innen-Phänomen in sozialpsychologischer Hinsicht als Resultat kollektiver »relativer Deprivation« verstehen (Lipset 1955; Rippl und Baier 2005; Wolf et al. 2006; Heyder und Gaßner 2012;

4 Scheuch und Klingemann (1967) formulierten schon früher eine »Theorie des Rechtsradikalismus in westlichen Industriegesellschaften«. Aufgrund beständig widersprüchlicher Anforderungen, die durch die Erfordernisse kapitalistischer Rationalität und normenbasierter gesellschaftlicher Integration an das Individuum herantragen würden, bilde sich eine Affinität für rigide und autoritäre Orientierungsangebote. Die Autoren begreifen Modernisierung als desintegrierenden Gesamtprozess. Die Studie von Scheuch und Klingemann entwickelte sich später zur sogenannten »Modernisierungsverlierer*innen«-These (Ulbricht 2020).

5 Ihre Vorgänger hat diese meist auf Grundlage empirischer Befunde diskutierte Theorie in den klassischen Studien, die die Rolle gesellschaftlicher Schicht- oder Klassenstrukturen im Hinblick auf die Wahlerfolge der NSDAP in den 1930er Jahren analysierten (Geiger 1930; Geiger 1932; Lipset 1962; Bell 1963). Analysiert wird hier die Bedeutung gesellschaftlicher Schichtungsstrukturen, wobei der Nationalsozialismus über ideologische Verwerfungen gesellschaftlicher Mittellagen erklärt wurde.

Gidron und Hall 2017; Tutić und Hermanni 2018; Pickel 2019; Burgoon et al. 2019). Thematisiert werden mit diesem Konzept soziale Vergleichsprozesse, die bei Menschen zu Vorurteilen und abwertenden bis rassistischen Einstellungen führen[6] (Davis 1959; Runciman 1961; Runciman 1966; Vanneman und Pettigrew 1972; Walker und Pettigrew 1984; Walker und Smith 2002; Pettigrew et al. 2008) – und zwar unabhängig davon, wie sich die objektive Lage in diesem Vergleich wirklich darstellt. Entscheidend ist vielmehr, dass sich beim Vergleich mit anderen gesellschaftlichen Gruppen eine subjektive Benachteiligungswahrnehmungen einstellt (Olson et al. 1986; Walker und Smith 2002). Nationalistisch-rassistische Einstellungen spielen vor allem dann eine Rolle, wenn etwa die Lage »der Deutschen« mit den in Deutschland lebenden »Ausländer*innen« verglichen wird (Wolf et al. 2006; Klein und Müller 2016). Entsprechende politische Bewegungen oder Parteien beuten demnach nicht etwa individuelles, sondern kollektives Benachteiligungsempfinden aus (Lipset 1955; Gurr 1970; Vanneman und Pettigrew 1972; Power 2018), sowie damit zusammenhängende gruppenbezogenmenschenfeindliche und rassistische (Blumer 1958; Zick 1997; Pettigrew 2002; Wolf et al. 2006; Pettigrew et al. 2008)[7], bzw. als »rechtsextrem« bezeichnete Einstellungen (Decker und Brähler 2006; Decker et al. 2018;

6 Das Theorem Relativer Deprivation baut auf der Theorie sozialer Vergleiche nach Festinger (1954) und Tajfel (1979) auf. Demnach gebe es ein grundlegendes Bedürfnis nach einer positiv bewerteten sozialen Identität, das über möglich günstig bilanzierte Vergleiche auf interpersonaler (Festinger) oder intergruppaler (Tajfel) Ebene abläuft. Relative Deprivation postuliert grundlegend einen subjektiven Zustand, der Emotionen und Kognitionen formt und Verhalten beeinflusst, wobei diese analytisch als Reaktionen auf interpersonale und intergruppale Vergleiche interpretiert werden (Pettigrew 2002). In der sozialpsychologischen Forschung gerät damit gleichsam subjektives Stressempfinden als auch das Entstehen gruppenbezogener Vorurteile in den Blick (Walker und Smith 2002). Für Güttler (2000, S. 168) ist von relativer Deprivation zu sprechen, »wenn über soziale Vergleichsprozesse mit anderen Personen in einer Referenzgruppe ein Individuum feststellt, dass es hinsichtlich seiner Erwartungen und Wünsche vergleichsweise benachteiligt, unzufrieden oder enttäuscht ist. […] Zwischen Erwartungen und Möglichkeiten zur Wunschbefriedigung oder zwischen dem, was man hat und dem, worauf man glaubt, einen berechtigten Anspruch zu haben, wird subjektiv eine Diskrepanz wahrgenommen, die zu dysfunktionalen Gefühlen der Unzufriedenheit oder des Ressentiments gegen andere führt. Nicht objektive oder strukturelle Diskrepanzen (z.B. soziale Ungleichheit, soziale Spannungen, Statusunterschiede oder ökonomische Unterschiede in der Ressourcenverteilung), sondern subjektiv wahrgenommene bzw. eingeschätzte Diskrepanzen generieren eine RD respektive eine soziale, politische oder ökonomische Unzufriedenheit!«

7 Vgl. auch die Ergebnisse der sozialpsychologisch ausgerichteten »Realistic Conflict Theory«: Sherif et al. 1988 [1954]; Sherif und Sherif 1979; Bobo 1983; Bobo 1988; Esses et al. 1998.

Heyder und Gaßner 2012; Stöss 2010; Rydgren 2007; Rippl und Baier 2005). Das auf relativer Deprivation aufbauende Desintegrations-Theorem erklärt mit größerer sozialtheoretischer Reichweite die Entstehung bestimmter Einstellungsmuster gruppenbezogen menschenfeindlicher Art, bzw. rechte Gewaltbereitschaft (Anhut und Heitmeyer 2005; Sitzer und Heitmeyer 2007).[8]

Entsprechend wurde der Einfluss relativer Deprivation auch auf die Wahl radikal rechter und weniger auf die Wahlentscheidung für linke Parteien mehrfach nachgewiesen (Rooduijn und Burgoon 2018; Burgoon et al. 2019). Auch im speziellen Fall der AfD werden Effekte relativer Deprivation diskutiert (Droste 2019; Hertel und Esche 2019). AfD-Wähler*innen seien überdurchschnittlich unzufrieden mit der wirtschaftlichen Lage und zeigten ein ausgeprägtes materielles Ungerechtigkeitsempfinden (Brenke und Kritikos 2017). Subjektiv empfundene sozioökonomische Deprivation zeichnete sich demnach als starker Prädiktor für die Affinität zur AfD ab (Tutić und Hermanni 2018; Pickel 2017). Bei der AfD Wähler*innenschaft zeigt sich insgesamt, dass weniger die objektive soziale und wirtschaftliche Lage eine Rolle spielt, sondern die Einstellungen und die Wahrnehmung der gesellschaftlichen Zustände. Lengfeld weist darauf hin, dass nicht die objektive Schlechterstellung an sich, sondern deren subjektive Bewertung dazu führe, sich der AfD zuzuwenden (Lengfeld 2017, S. 223; Lengfeld 2018, S. 302). Eine nähere Betrachtung der Wähler*innenschaft der AfD in Sachsen-Anhalt 2016 bringt Pickel (2017) zu dem Schluss, dass die subjektive Bewertung der sozialen Umwelt von großer Bedeutung sei. Bei der AfD Wähler*innenschaft zeige sich insbesondere, dass es bei der »Wirkung sozialer und wirtschaftlicher Lagen auf das Wahlverhalten der Bürger [...] nicht auf die objektiven Tatsachen [ankommt], sondern auf die Einstellungen und Wahrnehmungen der gesellschaftlichen Zustände durch die

8 Das Instabilwerden sozialer Beziehungen und Lebenszusammenhänge, eine prekäre Integration in Arbeit und Beruf sowie das Unsicherwerden gesellschaftlicher Verständigung über gemeinsame Wert- und Normvorstellungen (Heitmeyer 1994, S. 46) spielten demnach eine zentrale Rolle. Nicht primär objektiv-materielle Faktoren werden dem Desintegrationskonzept zufolge als ausschlaggeben für rechte Mobilisierung gesehen, sondern »die nicht eingelösten Leistungen von gesellschaftlichen Institutionen und Gemeinschaften, existenzielle Grundlagen, sozialer Anerkennung und persönliche Integrität zu sichern« (Anhut und Heitmeyer 2005, S. 75). Obwohl Desintegration auf dem Konzept relativer Deprivation aufbaut, bleibt eine begriffliche Abgrenzung zwischen Desintegration und relativer Deprivation letztlich unscharf (Rippl und Baier 2005, S. 649).

Bürger« (Pickel 2017, S. 104). Insgesamt zeigt die Studienlage, dass eine ausgeprägte subjektiv empfundene sozioökonomische Deprivation als ein starker Prädiktor für die Affinität zur AfD gilt (Tutić und Hermanni 2018).

1.2. Krisenpanorama, Kontrollverluste und autoritäre Versuchungen

Sofern relative Deprivation der sozialpsychologische Unterbau der Modernisierungsverlier*innen-These darstellt, ist mit dem Befund, dass rechte Mobilisierbarkeit auch unabhängig von realen, abhängig jedoch von empfundenen Deklassierungen stattfinden kann, auch die These der unter die Räder der globalen Modernisierung Gekommenen differenzierter umzugehen. Demnach reagierten »die ›Modernisierungsverlierer‹ [...] auf die Bedrohung ihres sozialen Status mit einem Gefühl der subjektiven Deprivation, welches wiederum zu einer Abwehrreaktion führt, u.a. zur Wahl von rechtspopulistischen Parteien, die eine starke (symbolische) Aufwertung ihres sozialen Status vornehmen.« (Ulbricht 2020, S. 266) Für diese gefühlten Status- und biografischen Kontrollbedrohungen und ihre autoritär-nationalistischen und populistischen Erscheinungsformen werden aus Sicht der Modernisierungsverlier*innen-These dennoch materialistische Ursachen angegeben. Obgleich der Zusammenhang zwischen den ökonomischen Krisen der entsicherten Jahrzehnte des 21. Jahrhunderts (Heitmeyer 2018) und den Erfolgen rechter politischer Kräfte als komplex und vielschichtig gilt (PROKLA-Redaktion 2016), werden die autoritären Verwerfungen des 21. Jahrhunderts auf krisengetriebene »Entsicherungen« unsicher gewordenen Zukunftserwartungen zurückgeführt. In dieser Situation profiliere sich gerade der Rechtspopulismus mit einer »Krisenpolitik rechtsaußen« (Virchow und Häusler 2018) als »Krisenbearbeiter« (Opratko 2017; vgl. auch Bieling 2017).

Wie die Diskussion um den Rechtspopulismus als »working class«-Phänomen (Rydgren 2013) zeigt, kann im Zentrum dieser Konstellation eine »Krise der Arbeit« und daraus entstehende »neue Unsicherheiten« (Castel 2011) verortet werden. Deregulierungen von Normalarbeitsverhältnissen, die Institutionalisierung von Prekarität (Dörre 2006; Castel und Dörre 2009; Marchart 2013; Stuth et al. 2018) sowie individualisierender und aktivierender Umbau der Sozialsysteme (Lessenich 2008; Böhle und Lessenich

2018, S. 725–733; Lessenich 2019) bilden eine bereits häufig diskutierte Hintergrundstruktur der autoritären Versuchungen der entsicherten Jahrzehnte (vgl. exemplarisch Sommer 2010).[9] Nachtwey (2016, S. 119–179) zeigt, wie gerade die Erschütterung der Arbeitsverhältnisse als Hauptursache für die Formierung der »Abstiegsgesellschaft« am Werk sind. Die Erosion von Normalarbeitsverhältnissen, die Stagnation der Lohnentwicklung und rückläufige Tarifbindungen führe dazu, dass immer weniger eine durch Erwerbsarbeit sichergestellte stabile und verlässliche Integration zu erwarten hätten:

> »Arbeit verändert in der regressiven Modernisierung ihren Charakter, aus der vormals Quelle des Aufstiegs entspringt nun die Gefahr sozialer Abstiege. Erwerbsarbeit gewährt zunehmend weniger Menschen Sicherheit, Status und Prestige sowie die Möglichkeit einer kontinuierlichen Lebensplanung. Die Abstiegsprozesse haben sich in immer neuen Schüben auf größer werdende Segmente der Gesellschaft ausgeweitet.« (Nachtwey 2016, S. 121)

Im Kernbereich der Erwerbsarbeit würden also Kontroll-, Anerkennungs- und Sicherheitserwartungen verletzt.[10] Flankiert wird die Krise der Ar-

9 Außerdem konnten arbeitssoziologische Studien in Deutschland zeigen, dass sich eine »arbeitsweltliche Grundströmung« identifizieren lasse, »ohne die die soziale Verankerung und auch politische Dynamik des Rechtspopulismus nicht zu erklären wären« (Sauer et al. 2018, S. 25). In betrieblichen Erfahrungswelten stellten sich so langfristige, permanente Krisenwahrnehmungen und pessimistische Zukunftsperspektiven ein, die sich in »adressatenloser Wut« und »betrieblicher Ohnmachtserfahrrungen« artikulieren können – und dies auch unabhängig davon, ob die jeweiligen betrieblichen Arbeitsplätze konkret gefährdet sind (Detje et al. 2011; Detje et al. 2013). Sie sind keine unmittelbaren und direkten Reflexe von ökonomischen Krisenprozessen, aber essenziell für rechtspopulistische Mobilisierbarkeit (Sauer et al. 2018). Auch Menz und Nies (2019) gehen davon aus, dass in der Arbeitswelt Erwartungen an (politische) Handlungsmächtigkeit auf das Feld der Migrationspolitik verschoben werden, beziehungsweise, dass der Rechtspopulismus als Versuch gewertet werden könne, aus erlebter betrieblich eingeschärfter Ohnmacht Handlungsmacht wiederherzustellen.

10 Dies drückt sich Jörke und Nachtwey (2017) zufolge auch in einer Krise der Sozialdemokratie aus, die die Autoren als Ursache hinter den Erfolgen rechtspopulistischer Parteien in Europa identifizieren. Sie argumentieren, dass es beispielsweise aufgrund der sozialstrukturellen Diversität der Wähler*innenschaft der AfD nicht angemessen sei, von einer rechtspopulistischen Arbeiter*innenpartei zu sprechen. Allerdings seien die Erfolge der Partei nicht nur durch kulturell-identitäre oder rassistisch-autoritäre Motivlagen erklärt, sondern durchaus mit vertikalen Umverteilungsinteressen korreliert, die historisch von der Sozialdemokratie vertreten und zuletzt vernachlässigt worden seien. Im Wesentlichen argumentieren Jörke und Nachtwey, dass die Dualisierung der Arbeitsmärkte in sichere vollzeitbeschäftigte Arbeitsmarktinsider und prekäre und entsicherte Arbeitsmarktoutsider von der neoliberalen Agenda der Sozialdemokratie in Europa mitzuverantworten sei. Dies habe Globalisierungsgewinner*innen und -verlier*innen hervorge-

beitsgesellschaft von einem neuen Wohlfahrtsstaat, der arbeitsrechtliche Flexibilisierung und Ausweitung atypischer Beschäftigungen immer weniger durch sozialstaatliche Schutzmechanismen abfedere. Der »neue Wohlfahrtsstaat« fungiere nicht länger als statuserhaltender Angsthemmer, sondern begleite »strukturell unsicherer gewordenen Lebens- und Arbeitsverhältnisse in vielerlei Hinsicht mit weniger Absicherung sowie mit [...] neuartige[n] Ungewissheiten« und scheint darüber »die Erfahrungen von Kontrollverlusten über die Gestaltbarkeit der eigenen Lebensverhältnisse die Attraktivität rechtspopulistischer Positionen erhöht zu haben« (Betzelt und Bode 2018, S. 10). Abstiegsgesellschaft und Angst im neuen Wohlfahrtsstaat kennzeichneten demnach die Desintegrationsprozesse der entsicherten Jahrzehnte. Ängste vor sozialem Abstieg hätten sich in der Zeit auch in der Mittelschicht breit gemacht (Lengfeld und Hirschle 2009; Kraemer 2010; Schöneck et al. 2011; Koppetsch 2013; Schimank et al. 2014). Lengfeld und Hirschle (2009) zeigen, dass in den zwei Jahrzehnten seit 1990 für breite Teile der Mittelschicht in Deutschland nicht die reale Bedrohung, sondern maßgeblich die Angst vor dem Absturz zugenommen habe. Unabhängig von Berufsgruppen und dem damit jeweils verbundenen sozialen Status hätten die Sorgen um die wirtschaftliche Zukunft seit Beginn der 1990er-Jahre zugenommen. Einen überproportionalen Anstieg solcher Ängste beobachten die Autoren jedoch in der »mittleren Mittelschicht«. Solche Ängste in der entsicherten Abstiegsgesellschaft frustrierten Kontroll-, Anerkennungs- und Sicherheitserwartungen und bereiteten damit einem regressiven und autoritären Aufbegehren den Weg.[11] Abstiegsangst

bracht, sodass heimatlos gewordene ehemalige Anhänger*innen der alten Sozialdemokratie auf besondere Weise disponiert seien jene rechten Parteien zu wählen, die neuerdings eine sozialprotektionistische und globalisierungskritische Agenda besetzten. Die Hinwendung der Modernisierungsverlier*innen zu den rechtspopulistischen Parteien in Europa erfolge demnach vor dem Hintergrund einer Krise der Sozialdemokratie.

11 Die Befunde von Dörre et al. (2013; 2018) stehen in Einklang mit der Diagnose der Abstiegsgesellschaft sofern sie ein arbeitsweltlich eingeübtes, krisengetriebenes dichotomes Gesellschaftsbild unter Lohnabhängigen offenlegen. Sie nähmen hierarchische Klassenbeziehungen in der Arbeitswelt wahr, aber in ihrem Gesellschaftsbild sei ihnen »die gemeinsame Aufstiegsperspektive und damit auch die Deutungshoheit für Ereignisse in der ›großen Welt‹ abhanden gekommen« (Dörre et al. 2018, S. 69). Dörre interpretieren diese Situation als »Saatboden eines neuen Faschismus« (ebd., S. 57, 78). Das betriebliche und gewerkschaftliche Engagement rechter Arbeiter*innen sei von arbeitsweltlich verankerten Protestmotiven getrieben und gegen diffuse Marktmächte gerichtet. Aber anstatt eben eine Kritik an Arbeit und Ausbeutung zu formieren, operierten rechte Arbeiter*innen mit einer bipolaren Sichtweise und Kausalannahmen wie »Umvolkung« oder »Einwanderung in die Sozialsysteme« (ebd., S. 79). Daraus folgern Dörre et al., dass bei den

und der wahrgenommene Zerfall des ökonomischen Gefüges im Kontext eines europäischen Krisengeschehens habe der AfD 2014 auch den Weg bereitet (Nestler und Rohgalf 2014, S. 411). Sie repräsentiere ein entsprechend reaktionäres Aufbegehren der Abstiegsgesellschaft, sofern sie »die Krise des Sozialen, die Abstiegsängste aufgegriffen [...] und sie an eine eben reaktionäre Krisenverarbeitung andocken« konnte (Friedrich 2017, S. 42).

Empirische Untersuchungen der Abstiegsängste in Deutschland zeigen indessen ein differenzierteres Bild. Abstiegsängste hätten demnach nicht beständig zugenommen, sondern seien streckenweise sogar rückläufig (Lengfeld und Ordemann 2017; Lengfeld 2019). Diese Befunde bilden den Hintergrund dafür, dass die Modernisierungsverlierer*innen-These im Falle der AfD-Wähler*innenschaft auch als widerlegt angesehen wird (Lengfeld 2017; 2018; Rippl und Seipel 2018). Demnach hätten ökonomische Ängste allein, die für die Modernisierungsverlierer*innen-These sprächen, deutlich weniger Bedeutung für die Hinwendung zur AfD als kulturelle Faktoren und identitär-nationalistische Überfremdungsgefühle.[12] Andere Untersuchungen kommen zu dem entgegengesetzten Schluss: »Modernisierungsverlierer*innen« wiesen tendenziell eine stärkere Neigung zur Wahl der AfD auf als Personen aus höheren Statuslagen (Lux 2018a).[13]

---

rechten Arbeiter*innen und Interessenvertreter*innen ein »Gesellschaftsbild ohne Gesellschaft« (ebd., S. 76–78) vorliege. »Gesellschaft ist als Kategorie subjektiv unbedeutend. Relevant sei allein die Bipolarität von Volk und System« (ebd., S. 77).

12 Lengfeld (2017, 2018) zeigt, dass formal gering Gebildete, Arbeiter*innen oder Bezieher*innen kleiner Einkommen die AfD weniger häufiger wählen als andere Parteien, was »tendenziell auf eine stärkere AfD-Wahlabsicht von Personen mit mittlerer und höherer Statuslage hin[weist]« (Lengfeld 2017, S. 209). Es sei zwar plausibel, dass Menschen die AfD mitunter auch aus wirtschaftlichen Gründen wählten. Sie täten es jedoch weit häufiger, weil sie sich durch Zuwanderung in ihrer individuellen und kulturellen Identität bedroht fühlen (Lengfeld 2018, S. 307).

13 Auch Kohlrausch (2018) kritisiert die Interpretationen Lengfelds insbesondere wegen dessen Operationalisierung von Abstiegsängsten als Angst vor Arbeitslosigkeit. In der Tat misst Lengfeld (2019) »Abstiegsangst« ausschließlich über die Frage nach der Angst vor Arbeitsplatzverlust: »Weil allgemein wertgeschätzte Positionen in einer Erwerbsgesellschaft eng an die Erwerbstätigkeit geknüpft sind, sollten Personen sich unter anderem dann vor sozialem Abstieg ängstigen, wenn sie in näherer Zukunft fürchten müssen, ihren Arbeitsplatz zu verlieren. Als wissenschaftlicher Allgemeinplatz gilt, dass ohne Arbeit der gewohnte Lebensstandard nicht zu halten ist, soziale Kontakte verloren gehen, und viele Betroffene sich schämen, im Beruf versagt zu haben. Abstiegsangst geht daher, so meine Annahme, zu weiten Teilen auf die Unsicherheit des eigenen Arbeitsplatzes zurück.« (Lengfeld 2019, S. 61) Kohlrausch kritisiert, dass soziale Verunsicherung und Statusängste in der Bevölkerung weiter verbreitet seien, als dies die Abfrage von Arbeitslosigkeitsangst abbilden könnte kann. Im Kern kommt sie zu dem Ergebnis, »[...], dass Abstiegsängste bei Bevölkerungsgruppen am stärksten ausgeprägt sind, die über ein geringes Einkom-

Entsprechende Kontroll-, Anerkennungs- und Sicherheitsverluste spielten demnach im Zusammenhang mit rechtspopulistischer Mobilisierung weiterhin eine zentrale Rolle. Immerhin neige genau jene Gruppe besonders stark zur AfD, die von der positiven Einkommensentwicklung der letzten 25 Jahre weitgehend abgekoppelt gewesen sei und deren Meinung im politischen Entscheidungsprozess der letzten Jahre kaum eine Rolle gespielt habe (Lux 2018b; Hertel und Esche 2019). Dennoch wird auch darauf hingewiesen, dass sich die AfD insgesamt diffuse Ängste zunutze mache und ihr Erfolg sei ein Ergebnis von nicht notwendigerweise durch objektive Lagen erklärbaren Statusängsten (Kohlrausch 2018). Und in der Tat unterscheiden sich AfD-Wähler*innen unter soziodemografischen Gesichtspunkten nicht erheblich von Wähler*innen anderer Parteien (Weßels 2019; Biskamp 2020).[14] Insgesamt lässt sich also festhalten, dass die AfD-Wähler*innenschaft nicht überdurchschnittlich abgehängt oder benachteiligt ist. Ihre ausgeprägten Zukunftsängste und ihr Pessimismus hingegen sind ein Alleinstellungsmerkmal.

1.3. Die Angst der AfD-Wähler*innen

Negative Zukunftserwartungen wirkten sich dauerhaft negativ auf die Demokratieentwicklung aus und Erfahrungen, womöglich aber sogar »nur« Erwartungen individuell-biografischer Kontrollverluste, sowie Unsicherheiten und Ängste spielten demnach eine zentrale Rolle bei der rechtspopulistischen Ansprechbarkeit. Diesen Zusammenhang von gesellschaftlicher Krisenwahrnehmung, Angst- und Bedrohungsgefühlen und rechter politischer Mobilisierung haben die Studien der Reihe »Deutsche Zustände« (Heitmeyer 2002; Heitmeyer 2012) konstatiert und ausführlich beschrieben.

---

men verfügen und sich am unteren Rand der Gesellschaft verorten. Gleichwohl betrifft insbesondere die Sorge, den eigenen Lebensstandard nicht langfristig halten zu können, nicht nur Geringverdiener. Sie reicht bis weit in die Mittelschichten hinein und betrifft auch Personen, deren Nettoeinkommen vermuten lässt, dass sie keinen unmittelbaren Anlass haben, sich in ihrer sozialen Existenz bedroht zu sehen.« (Kohlrausch 2018, S. 22)

14 »Eine sozialdemographisch verankerte Unzufriedenheit, die der AfD in die Hände gespielt hat, lässt sich nicht erkennen. Dazu sind die sozialdemographischen Effekte bei der AfD zu klein. Damit kann anders als bei der Abkehr von den Parteien durch Nichtwahl für die Abwendung von den sogenannten etablierten Parteien und der Zuwendung zur AfD keine spezifische sozialdemographische Erklärung angeboten werden.« (Weßels 2019, S. 205)

Sie zeigen wie krisenhafte Entwicklungen im Erwerbsleben – Angst vor Arbeitsplatzverlust, Arbeitslosigkeit oder prekäre Beschäftigung – und daraus resultierende zunehmende Labilität sozialer Beziehungen sowie ein Verlust des Vertrauens in das politische System zusammenhängen. Krisenbezogene Angst- und Bedrohungsgefühle führen zu Syndromen gruppenbezogener Menschenfeindlichkeit (Mansel et al. 2006) und subjektive Benachteiligungs- und Ausgrenzungsgefühle werden mit kollektiven Abwertungen von Menschengruppen kompensiert (Wolf et al. 2006, S. 67). Bereits die Angst vor dem Verlust des Arbeitslatzes im Deutungspanorama ökonomischer Globalisierungsprozesse kann ein Wahlmotiv für Rechtsaußen-Parteien sein (Mughan et al. 2003). Ein partei- oder bewegungsmäßig organisierter Autoritarismus wird in dieser Hinsicht als Reaktion auf individuelle oder gesellschaftliche Kontrollverslusterfahrungen interpretiert.

»Sie erzeugen eine Nachfrage nach politischen Angeboten, die darauf abzielen, die Kontrolle wiederherzustellen, und zwar durch die Ausübung von Macht und Herrschaft sowie über Ausgrenzung und Diskriminierung bzw. gruppenbezogene Menschenfeindlichkeit.« (Heitmeyer 2018, S. 84)

Auf dieser theoretischen Spur lässt sich der Rechtspopulismus im Hinblick auf darin enthaltene und verarbeitete Zukunftserwartungen untersuchen, um zu verstehen, »welche individuellen und kollektiven Interpretationen über die Ursachen von Zukunftsproblemen sich durchsetzen« (Heitmeyer 2001, S. 511). Für die AfD-Anhänger*innenschaft im Speziellen wird dabei erwartet, dass Ängste – vor Desintegration und Depravierung, bzw. vor ökonomischen und biografischen Kontrollverlusten – die entscheidenden Ursachen ihrer rechtspopulistischen Mobilisierbarkeit seien.

Sthamer (2018) analysiert die AfD-Wahlabsichten als Effekt relativer Deprivation im Zusammenhang mit spezifischen Zukunftserwartungen. Sie zeigt, wie einerseits Ungerechtigkeitsempfindungen und andererseits negative ökonomische Zukunftserwartungen einen positiven Einfluss auf die AfD-Wahlabsicht haben. Es wurde auch an anderer Stelle auf die Rolle konkreter Ängste vor Arbeitsplatzverlust und eines grundsätzlich pessimistischen Blicks auf die eigene wirtschaftliche Situation als AfD-Wahlmotivation hingewiesen (Hambauer und Mays 2018; Lorenzen et al. 2018). Ängste vor Statusverlust und Abstieg hängen demnach unmittelbar mit rechtspopulistischer Mobilisierbarkeit zusammen (Dietl 2018, S. 123) und charakterisierten die AfD gar als »Partei der kleinen Leute und Ängstlichen« (Hambauer und Mays 2018, S. 150).

Es geht dabei nur um die konkrete *Erfahrung* sozialer Ausgrenzung oder sozialen Abstiegs, sondern vielmehr um die *Angst* davor – und diese mitunter diffusen Angstgefühle beute die AfD erfolgreich aus (Kohlrausch 2018, S. 5). Sthamers (2018) Ergebnisse kommen in der Hinsicht zu dem differenzierteren Befund, dass Prekaritätserwartungen, »etwa die Erwartung, in den nächsten fünf Jahren in eine finanziell schwierige Lage zu geraten oder arbeitslos zu sein, zwar in unteren Einkommensgruppen verbreiteter« sei, dass diese Erwartung jedoch »besonders für Personen mit mittlerem Einkommen einen Einfluss auf die AfD-Wahlabsicht« haben (Sthamer 2018, S. 586).

Es geht bei der AfD-Wahl also weniger um die Erfahrung (in) einer objektiven sozialen Lage allein, sondern um eine Erwartung sozialer Zurücksetzung – die gerade in mittleren sozialen Lagen autoritäre und regressive Ausschläge hat. Wie Hilmer et al. (2017) zeigen, spielen hier relative Deprivation und Zukunftsangst offenkundig zusammen, sofern sich AfD Wähler*innen unabhängig von ihrem realen Einkommen in der Gesellschaft niedrig einordnen und sich um die Gestaltbarkeit der eigenen Erwerbsbiografie in der Zukunft sorgten:

> »Weniger reale Entbehrungen, sondern vor allem eine Kombination aus wahrgenommenem Abstieg in der Vergangenheit und Abstiegsängsten – auch in der Arbeitswelt – in Bezug auf die Zukunft, die dazu führen, dass Menschen AfD wählen oder es grundsätzlich in Erwägung ziehen.« (Hilmer et al. 2017, S. 6)

Auch andere Studien zeigen, dass nicht nur die objektive ökonomische Lage und das Bild, das sich AfD-Wählende von ihrer Zukunft machen, auffällig auseinanderfallen (Bergmann et al. 2017; Droste 2019). Vielmehr seien AfD-Wähler*innen im Vergleich zu Wähler*innen anderer Parteien auffällig pessimistischer und zukunftsängstlicher (Pokorny 2018; Lorenzen et al. 2018). Die AfD lässt sich demnach als Partei der besonders pessimistischen Durchschnittsverdiener*innen (Bergmann et al. 2017, S. 61) charakterisieren:

> »Etwa ein Drittel der Befragten mit AfD-Wahlabsicht erwartet eine Verschlechterung der eigenen wirtschaftlichen Lage – fast doppelt so viele wie unter allen Befragten. Noch pessimistischer sind die AfD-Anhänger mit Blick auf die allgemeine wirtschaftliche Lage: Im Jahr 2016 schätzen fast zwei Drittel die Zukunft schlechter ein als die Gegenwart.« (Bergmann et al. 2017, S. 63)

Unabhängig von der eigenen wirtschaftlichen Lage weisen AfD-Wählende demnach einen ausgeprägten Pessimismus und eine überdurchschnittliche Zukunftsangst auf. Dieses Merkmal scheint den Rechtspopulismus überhaupt zu charakterisieren (Vries und Hoffmann 2020). Steenvoorden und Harteveld (2017) zeigen in einer vielbeachteten Studie für die Wähler*innenschaft von Rechtsaußen-Parteien in Europa einen ausgeprägter Pessimismus als Alleinstellungsmerkmal: Sie stehen – auch unter Kontrolle soziodemografischer und sozioökonomischer Faktoren – in dieser negativen Zukunftserwartung den Wähler*innen demokratischer Mitte-Parteien sogar diametral entgegen.

1.4. Fazit: Zeitkrise statt Krisenzeit. Warum Angst- und Deprivationsdiagnosen zu unterkomplex sind

Angst, Bedrohungsempfinden, relative Deprivation, d.h. nicht notwendigerweise von der objektiven sozialen Lage abhängige, sich in mittleren Soziallagen aber mitunter verschärfende Erfahrungen und/oder Befürchtungen des sozialen Kontrollverlustets, des Zurückfallens, des sozialen Abstiegs, der Identitätsbedrohung oder diffuse Zukunftsangst sind im Kern die entscheidenden Faktoren, die die Entstehung und den Zulauf rechtspopulistischer Bewegungen und Parteien wie der AfD in den zurückliegenden Jahrzehnten erklären. Mit dem Konzept und dem Erklärungsmodell der Modernisierungs- oder Globalisierungsverlier*innen sind sie jedenfalls nur äußerst unzureichend zu erklären. Es unterstellt, dass der Rechtspopulismus in erster Linie die Verarbeitung einer *Krisenzeit* sei. In der Forschung kristallisierte sich jedoch zunehmend heraus, dass der Zusammenhang zwischen Krise und Rechtspopulismus vor allem über prekäre Zukunftserwartungen und Pessimismus vermittelt zu sein scheint, die in mittleren sozialen Lagen verbreiteter sind. Die Forschungen zu den sozialen und sozialpsychologischen Ursachen des Erstarkens eines neuen Rechtspopulismus im Allgemeinen und der AfD im Besonderen legen entsprechend die Erwartung nahe, dass die autoritäre Versuchung in den entsicherten Jahrzehnten des 21. Jahrhunderts (Heitmeyer 2018) vor allem an der Schnittstelle von Desintegrationserleben und verdunkelten Zukunftsaussichten entsteht. Für Anhänger*innen der AfD im Speziellen wird grundsätzlich ein angstdominiertes und pessimistisches Gesellschafts- und Zukunftsbild als charakteristisches Alleinstellungsmerkmal konstatiert (vgl. Koppetsch 2017, S. 216).

Doch so eindeutig sind diese Befunde nicht. Jedenfalls dürfen pauschale Angst-Motive als zu unterkomplex gelten, um das Phänomen des Rechtspopulismus im Allgemeinen und die AfD im Besonderen zu verstehen. Für die politische Mobilisierung ist »die Erklärungsleistung von Angst und Demobilisierung insgesamt eher gering bis gemäßigt« (Flemming 2020, S. 237). Möglich ist sogar ein gegenteiliger Effekt: Ausgeprägte Ängste scheinen eher dazu zu führen, dass Menschen einer politischen Wahl ganz fernbleiben (Flemming 2020, S. 238–239). Auch bestätigt sich die exklusive Bedeutung von Ängsten für die rechtspopulistischen Mobilisierungen nicht (Droste 2019; Lübke 2019). Es gebe eben nicht »*die eine* Angst, die alles erklären kann. Vielmehr scheint es ein komplexes Zusammenspiel ökonomischer, sozialer und kultureller Sorgen und Ängste einerseits und tatsächlicher sozioökonomischer Risiken andererseits zu sein, das den Nährboden für populistische Bewegungen bereitet.« (Delhey und Lübke 2019, S. 24; Hervorheb. i. Orig.) Rechtspopulismus kann also mitnichten als Resultat einer desintegrierten Gesellschaft der Angst (Bude 2014) gelten und für seine Wähler*innen ist er nicht nur eine Politik (mit) der Angst (Wodak 2015). Tatsächlich ließen sich auch im empirischen Material dieser Arbeit politisch handlungsleitende konjunktive Erfahrungen nicht in Form von Ängsten rekonstruieren. Überhaupt zeigte sich im Laufe der Forschung, dass Angst als Thema zum Teil von den Interviewten selbst aufgegriffen und dabei explizit zurückgewiesen wurde (vgl. insbesondere Rhein 2022a). Was in meinem Material sukzessive zu entdecken war, war nicht etwa, wie ursprünglich erwartet, Deprivation und auch nicht Deprivation in der Zukunft (Angst), sondern eine bestimmte Wahrnehmung eines Verlustes von Zukunft und einer Gegenwart in der Krise. Im Zentrum der Erfahrungswelten und Orientierungen der untersuchten AfD-Wähler*innen steht damit weniger eine *Krisenzeit* als vielmehr eine *Zeitkrise*. Die Wahrnehmung von Zeit und der zeitlichen oder geschichtlichen Selbstverortung im gesellschaftlichen Geschehen scheint nicht nur unabhängig von objektiv-materiellen Bedingungen zu sein, sondern insbesondere in weniger wirtschaftlich und sozial bedrohten Soziallagen besonders prekär geworden zu sein. Eine theoretische Einordnung dieses Befunds findet im nächsten Kapitel statt. Was in den Erfahrungswelten von Rechtspopulist*innen auf besondere Weise durchzubrechen scheint, sind die gesellschaftlichen Zeitstrukturen, die in der Spätmoderne in eine Krise geraten sind. Sie treten bei ihnen eine nihilistische Verlustwut los.

2. Verlustwut im Erfahrungsraum der Spätmoderne. ›Zeit‹-Diagnosen des Rechtspopulismus

Der Rechtspopulismus ruht auf kollektiven Verarbeitungen einer *Zeitkrise* in Krisenzeiten. Die Debatten um die vermeintlichen Modernisierungs- oder Globalisierungsverlier*innen im Rechtspopulismus haben im vorausgehenden Kapitel jedenfalls gezeigt, dass er nicht einfach autoritäres Aufbegehren sozial und materiell Bedrohter in *Krisenzeiten* ist. In den gesellschaftstheoretisch und historisch angelegten Erklärungen des Rechtspopulismus wird auf höherer Abstraktionsebene entsprechend argumentiert, dass es beim Rechtspopulismus um Status- und Kulturfragen im Hinblick auf Deklassierungserleben in einer Sozialstruktur im Wandel geht (Reckwitz 2017; Koppetsch 2019) – um das Aufbegehren einer »alten« (Reckwitz 2019, S. 63–133), »ungleichzeitigen« (Bloch 1985 [1935]) Mittelklasse. Diese These wurde vor allem für die AfD-Wahl empirisch bekräftigt (Lux 2022).[1] Unter dieser Perspektive erscheinen Rechtspopulist*innen weniger als materiell

1 Sofern sich industrielle Berufe als Merkmal für die Zugehörigkeit zu einer »alten Mittelklasse« verstehen lässt, zeigen auch andere Studien, dass dort Rechtsaußen-Parteien überdurchschnittlich häufig gewählt werden (Spier 2010, Rydgren 2013; Oesch und Rennwald 2018; Bornschier 2018). Biskamp (2020) konnte diesen Befund explizit für die AfD bestätigen. Er zeigt, dass AfD-Wähler*innen unter den Produktionsarbeiter*innen mit Abstand am stärksten vertreten sind. Gerade aber weil etwa Arbeiter*innen in tarifgebundenen Betrieben in der deutschen Industrie und Handwerk nicht zwangsläufig zu den ökonomischen Verlierer*innen in den letzten Dekaden gehören und weil sie nicht auffällig von Lohn- und Einkommensentwicklungen abgekoppelt waren (Bispinck 2014), zeigt sich, dass nicht die reale materielle Entwicklung ausschlaggebend zu sein scheint für den Zusammenhang zwischen Arbeiter*innenschaft und Rechtspopulismus. Vielmehr gehe es dabei um die Art und Weise wie deren Stellung in der Erwerbsgesellschaft das ökonomische und soziale Krisen- und Transformationsgeschehen zu verarbeiten zulässt: »Eine Möglichkeit, mit der ständigen Transformation von Gemeinschaften sowie sonstigen Ordnungs- und Orientierungsrahmen, mit zunehmender gesellschaftlicher Unübersichtlichkeit und Grenzverwischung ›klar zu kommen‹, ist die Konstruktion von Überschaubarkeit und Eindeutigkeit durch rigide rechtsextreme Einstellungsmuster.« (Götz 1997, S. 394)

bedrohte Modernisierungsverlierer*innen denn als »Kulturalisierungsverlierer« (Reckwitz 2017, S. 351; vgl. auch Bornschier 2010; Bornschier und Kriesi 2013), die in ihrer Lebensform und ihrer Identität in den letzten Jahrzehnten vermeintlich erfahrbar in die Defensive geraten seien.

Das Reflektieren über einen solchen Wandel der Verhältnisse ist indessen »ohne eine bestimmte Vorstellung von sozialer Zeit nicht möglich.« (Dimbath 2016, S. 19). Die sozialen Deklassierungen werden in zeitlicher Hinsicht schließlich als Verlust erfahren – und das, was im Rechtspopulismus passiert, und was in der sogenannten Modernisierungsverlierer*innen-These diskursiv zu kulminieren scheint, hat folglich mit kollektiven Erfahrungen eines Verlustes von gesellschaftlichen Normalitätsvorstellungen (Lessenich 2022), Identitäten, Hegemonialitäten und Lebensformen zu tun:

»Was in der postindustriellen Gesellschaft ganz grundsätzlich verschwindet und folglich zum Gegenstand von Verlusterfahrungen wird, sind diejenigen Strukturmerkmale, die konstitutiv für die industriellen Moderne gewesen sind und von deren Auswirkungen viele profitiert hatten: Der Verlust der Industriegesellschaft bedeutet auch einen Verlust der Arbeiterkultur, der prosperierenden Industriestädte, der nivellierten Mittelstandsgesellschaft, des Wohlfahrtsstaates mit seiner ›Gesellschaft der Gleichen‹ (Rosanvallon), des Patriarchats und der dominanten Nationalkultur. Diese Veränderungen summieren sich seit den 1980er-Jahren in den westlichen Ländern zu einem historisch neuen Schub von Statusverlusten, mitsamt der dazu gehörigen Sinn- und Machtverluste. Diese Verdichtung von Verlustempfindungen wird unter einem Etikett wie dem der ›Modernisierungsverlierer‹ allenfalls behelfsweise zusammengefasst.« (Reckwitz 2021)

Was sich im Rechtspopulismus auf- und entlädt, ist demnach eine Verlustwut (Reckwitz 2021; Reckwitz 2022): Nicht kollektives materielles und soziales Bedrohungserleben, sondern die Erfahrung einer dauerhaft verlorenen Vergangenheit, mit der die Parameter der Identität einer ganzen Gesellschaftsklasse untergegangen sind, stehen im Zentrum des Rechtspopulismus.

Aber es ist nicht nur die Vergangenheit, die verloren ist. Im Folgenden wird vor allem die These entwickelt, dass es sich beim Rechtspopulismus um eine nihilistische (Brown 2019) Verlustwut handelt: Er ist ebenso sehr ein Aufbegehren gegen den Verlust von Zukunft – gegen das Erleben, dass die eigene kulturelle Lebensform und Identität, mit ihren Normalitätsannahmen und Hegemonialitätsansprüchen, keine Zukunft haben könnte. Dieses Erleben steht, so wird in diesem Kapitel gezeigt, im Panorama einer spätmodernen Zeitkultur, in der sich gesellschaftliche Zukunftsaussichten zunehmend verdunkeln, moderne Fortschrittsversprechen kollabieren und sich eine singularisierte Zeit in einer vergangenheitsüberschwemmten, breiten Gegenwart (Gumbrecht 2010) breit zu machen scheint. Und womöglich verhält es sich beim Rechtspopulismus sogar andersherum: Mit den verdunkelten Zukunftsaussichten der Gegenwartskultur hat sich sukzessive auch der Blick auf die Vergangenheit verändert und sie erscheint nun im Lichte unwiederbringlichen Verlusts. Damit wäre er weniger Ausdruck eines Vergangenheitsverlustes allein, sondern eines Verlusts von Zeit überhaupt. Inwiefern dies zutrifft, wird erst die empirische Analyse (vgl. Kapitel 4 und 5) zeigen können. In diesem Abschnitt geht es zunächst darum, die kulturellen Koordinaten der Zeitkultur der Gegenwartsgesellschaft genauer zu erkunden, die das Zeiterleben von Rechtspopulist*innen durchwirken.

Dabei helfen zunächst gesellschaftstheoretische Überlegungen, die den evolutionären Zusammenhang von moderner Gesellschaft und den gesellschaftlich dominanten Zeitvorstellungen, die darin hervorgebracht werden, beschreiben. Auf welche Weise Zeit erfahrbar und vorstellbar wird, auf welche Weise sie Gegenstand von Reflexion wird und wie sie als Institution gesellschaftlicher Erwartungen auftaucht, hängt mit der Struktur von Gesellschaft zusammen. Aber auch die Eigenschaft von Gesellschaft als kapitalistische trägt dazu bei, dass die prägende Zeitvorstellung in der Moderne in den Bildern einer universellen Geschichte und von Fortschritt geronnen ist. In der Spätmoderne ist diese Konstruktion brüchig geworden. Im Kern lässt sich diagnostizieren, dass in den 1970er Jahren eine Transformation begonnen hat, die die spätmoderne Gegenwarts- und Zeitkultur bis heute prägt. Mit der Rekonstruktion dieses Wandels in diesem Kapitel wird die These vertreten, dass in ihrer Temporalität die *Spätmoderne* einen *kollektiven Erfahrungsraum* aufspannt, der auch die Erfahrungswelten der hier untersuchten AfD-Wähler*innen prägt. Er tut dies, so zeigt es die anschließende empirische Analyse des qualitativen Interviewmaterials, auf eine spezifische Weise, bzw. wird die spätmoderne Temporalität als Erfahrung von Rechtspopulist*innen auf eine besonders drastische Weise verarbeitet. Jedenfalls geht eine Erfahrung einer Zeitkrise in die Handlungsorientierung der AfD-Wähler*innen ein und prägt ihre Weltanschauung: Sie kleiden diese Erfahrung in apokalyptischen Bildern und Endzeitvorstellungen aus und sie verknüpfen mit der AfD eine elitäre Vorstellung einer Sammlung von »Auserwählten«.

2.1. Die Temporalität gesellschaftlicher Strukturen der Moderne

Zeit ist ein *soziologischer Grundbegriff* (Bergmann 1981a) und die Temporalität moderner Gesellschaft wurde vielfach und mit unterschiedlicher Schwerpunktsetzung untersucht (Adam 1990; Adam 1998; Adam 2005; Nassehi 2008 [1993]; Nowotny 1989; Rosa 2005; Schauer 2023). Im Kontext soziologischer Analysen politischer Gegenwartsphänomene wird Zeit jedoch selten systematisch analysiert.[2] Die grundlegende Erkenntnis der Betrachtungen über Zeit als sozialer Sachverhalt lautet, dass Zeitbewusstsein und Zeitgebrauch von der sozialen Struktur abhängen, in denen sie sich herausbilden (Sorokin und Merton 1937; Moore 1963; Elias 2014). Umgekehrt erlaubt es eine Analyse von Formen des Zeitbewusstseins und des Zeitgebrauchs auch gesellschaftlichen Strukturwandel zu beschreiben und zu verstehen. Entsprechend lässt sich argumentieren, dass »Modernisierung nicht nur ein vielschichtiger Prozess *in der Zeit* ist, sondern zuerst und vor allem auch eine strukturell und kulturell höchst bedeutsame Transformation der Temporalstrukturen und -horizonte selbst« (Rosa 2005, S. 24; Hervorheb. i. Orig.).

Um diesen Zusammenhang zwischen Zeit und Moderne, zwischen Gesellschaftsstruktur und ihrer Temporalität aufzuklären – und darüber zu einer Analyse des Rechtspopulismus zu gelangen – soll hier zunächst nachvollzogen werden, wie es zur kulturell und politisch dominierenden *Temporalitätssemantik* der Moderne kam. Damit ist der »kulturelle Vorrat« (Kirchmeier 2012, S. 115) an Bedeutungen gemeint, der gesellschaftlich über Zeit verfügbar und üblich ist, und eine bestimmte Verständigung über Zeitgebrauch und Zeitverständnisse erlaubt (vgl. Luhmann 1980a). Anhand des Bedeutungswandels von Begriffen über Vergangenheit und Zukunft lässt sich also die Veränderungen in der Gesellschaftsstruktur untersuchen (Koselleck 1989). Mit Temporalität soll zudem die Erfahrung von und Erwartung über Zeit von Menschen in Gesellschaft bezeichnet werden, und die spezifische Sinnstiftung, die sie zwischen Vergangenheit, Gegenwart und Zukunft vornehmen (vgl. Ogle 2019, S. 319).[3] Es ist allerdings davon

2 In der Zeitschrift »Time and Society« finden sich vereinzelt zeitsoziologische Beiträge, die sich unter zeitanalytischen Aspekten mit dem Phänomen des Populismus auseinandersetzen (siehe jüngst Vostal 2019; McIntosh 2020; Jaster 2020).

3 Zur definitorischen Unterscheidung zwischen Zeit und Temporalität schreibt Ogle (2019): »›Time' is understood here as the time measured by clocks, calendars and natural timekeepers such as the sun and the moon. ›Temporality‹ is taken to describe how past, present and future relate to one another, for instance through repetition and cyclical temporalities or ruptured and discontinu-

auszugehen, dass jede (historische) Epoche mehrere Temporalitäten kennt, wobei zu bestimmten Zeiten auch bestimmte Zeitvorstellungen dominant werden. Hier interessiert, welche Temporalitätssemantiken in der Moderne politisch folgenreich wurden und wie sie auch die spätmoderne Gegenwartskultur prägen. Temporalitätssemantiken bündeln und verdichten damit auch Erfahrungen von Menschen und geben ihrem Zeiterleben einen Begriff. Die vorherrschende und politische wie kulturell dominierende Temporalitätssemantik der Moderne ist eine entwicklungsoffene, sich aber linear aus der Vergangenheit heraus entwickelnde, universelle und singuläre Zeit der Weltgeschichte mit offener Zukunft (Rosa 2005, 27; 281). Eine solche Zukunft entspricht auch einem teleologischen Geschichtsbild, sofern sie kontingent, aber (politisch) gestaltbar erscheint. Allerdings hat diese Zeitvorstellung selbst eine Geschichte. Aus heutiger Sicht ist sie das Resultat spezifischer Strukturmerkmale moderner Gesellschaft: Ihre zentralen Temporalitätssemantiken *Geschichte* und *Fortschritt* stehen in Zusammenhang mit ihrer differenzierten Gesellschaftsstruktur und ihrer kapitalistischen Verfasstheit. Entsprechend gilt, dass

»die Fähigkeit sich selbst in eine Zukunft hinein zu entwerfen keine anthropologische Konstante, keine Vorgegebenheit menschlicher Existenz schlechthin ist, sondern eine historisch spezifische Denkform. Wir wissen zwar nicht, wie lange diese Form noch bestehen wird, aber wir können erkennen, wie und wann sie entstanden ist.« (Hölscher 2020, S. 11–12)

2.1.1. Vormoderne Temporalität

Eine Historisierung gesellschaftlicher Zeit zeigt, wie sich soziale Zeitvorstellungen im Laufe der Geschichte verändern. Der Wandel von Zeitvorstellungen wurde in der Soziologie mit dem Wandel der Gesellschaftsstruktur in der Moderne in Verbindung gebracht – und dabei interessiert etwa

»[…] wie das europäische Gesellschaftssystem der frühen Neuzeit durch Veränderungen seines Zeitbewusstseins auf eigenen strukturellen Wandel reagiert und damit semanti-

ous temporalities, and through experiences and expectations. ›Temporality‹ can be described as a form of experience and thought among historical actors, and it can be applied as a category of analysis through which the historian today understands certain developments in the past.« (Ogle 2019, S. 314–315)

sche Bedingungen für die Verarbeitung von Erfahrungen schafft, die ihrerseits die Transformation der Gesellschaft weiterführen können.« (Luhmann 1980b, S. 256)

Ausgangspunkt ist die Beobachtung, dass sich an der neuzeitlichen Schwelle der europäischen eine historisch neuartige Zeitvorstellung durchzusetzen und politisch und gesellschaftlich dominant zu werden begann, die für die gesellschaftsstrukturelle und politische Entwicklung bis in die spätmoderne Gegenwartsgesellschaft von eminenter Bedeutung ist. Dieser Übergang von Zeitvorstellungen und Zeitsemantiken mittelalterlich-europäischer Gesellschaften bis in die Moderne wird häufig als »Ablösung einer zyklischen durch eine lineare Zeit gesehen« (Dux 2017 [1989], S. 292).[4] Damit wird die Beobachtung beschrieben, dass erst in der Neuzeit die vormals verklammerten gesellschaftlichen Zeithorizonte von Vergangenheit und Zukunft auseinandertraten (Koselleck 1989, S. 349–375), das heißt genauer, dass sich das gesellschaftliche und historische Denken in einer Zeitstruktur zu verorten begann, in dem Vergangenheit und Gegenwart als getrennte Zeiten vorgestellt wurden und Zukunft vor allem mehr *futurum* denn *adventus*, mehr als werdender, entwicklungsoffener Zeitraum begriffen wurde (Hölscher 2020, S. 19–37). Diese Zeitvorstellungen müssen insofern als »neu«-zeitlich verstanden werden, als die ständisch stratifizierte Gesellschaftsordnung und ihre christlich-religiöse Integration den Zukunftshorizonten und Kontingenzerfahrungen der mittelalterlichen Welt enge Grenzen setzte.[5]

4 Das europäische Mittelalter kann Dux zufolge als »ergiebigste Periode für die Untersuchung der Entwicklung des Zeitverhältnisses« (Dux 2017 [1989], S. 264) behandelt werden – immerhin ein »Zeitgebilde« mit variabler Datierung von 1000 Jahren, das als Epochenmerkmal hat, »keineswegs mehr an die Jetztzeit heran[zu]reichen« (Fried 2013, S. 8) –, da im frühen Mittelalter das Denken noch beherrscht war von einer naturwüchsig-zyklischen Grundstruktur von Zeit, während am anderen Ende, an der Schwelle zu Neuzeit, die abstrakte Zeit des Universums stand (Dux 2017 [1989], S. 264).

5 Dem entspricht, dass linguistische Untersuchungen zeigen, dass etwa im Althochdeutschen noch keine und im Mittelhochdeutschen lediglich umschreibende, aber selten zur Anwendung gekommene Formen des grammatikalischen Futur zu finden sind (Harm 2001). Zwar fanden die europäischen Gesellschaften mit dem Lateinischen eine Sprache vor, die Begriffe und Verbformen kannte für das, was kommen wird (Hölscher 1999, S. 34). Jenseits dessen, ist die Verwendung des Futur nur in periphrastischen Formen nachzuweisen: »Während das Althochdeutsche (ebenso wie die anderen altgermanischen Sprachen auch) im wesentlichen (sic) nur das Präsens zur Bezeichnung des Futurs kennt, bilden sich im Mittelhochdeutschen periphrastische Futurformen mit soln und seltener wellen + Inf. heraus, die allerdings teilweise noch eine deutlich modale Nebenbedeutung enthalten.« (Harm 2001, S. 288) Insgesamt kann angenommen werden, dass sich unter Bedingungen lokal begrenzter Wirtschaftsräume noch kein temporales Koordinationsproblem auf breiter Basis für mittelalterliche Gesellschaften ergab. Darüber hinaus ar-

Dies gilt in einem gewissen Grade vermutlich auch für die eschatologische Heilserwartung des christlichen Denkens, das trotz der aus heutiger Sicht darin enthaltenen Vorstellung von zukünftigen Dingen nicht als historisches Denken im modernen Sinne begriffen werden kann (Blumenberg 1964; Dux 2017 [1989], S. 275–278).[6] Sie ließ in der Regel kein offenes, innerweltliches Zukunftsdenken zu, sofern sie explizit nicht mit dem Neuen bzw. Kontingenten in der Welt rechnete (Nassehi 2008 [1993], S. 274). Eschatologie ist eher als eine Art der Kontingenzverhinderung zu betrachten, in dem kein Ereignis als Hinweis auf geschichtlichen Verlauf außerhalb der Heilsgeschichte und der Unveränderlichkeit der Welt erfahren und gedeutet werden konnte. Für Koselleck hat die Eschatologie »und ihre kirchliche Verwaltung [...] die Spannung zwischen Erfahrungen und Erwartungen in einer Weise verschränkt, dass sie nicht auseinanderklaffen konnten« (Koselleck 1989, S. 361).

Demgegenüber vertritt Löwith (1983) die Auffassung, dass die moderne Geschichtsphilosophie und das moderne Geschichtsdenken einen eschatologisch-heilgeschichtlichen Ursprung haben (vgl. Kapitel 6.1) – in dem Sinne nämlich, dass die durchaus prägenden Vorstellungen eines *telos* und einer Universalität von Geschichte dem Glauben an den heilgeschichtlichen Endzweck entspringen:

---

gumentiert Nassehi (2008 [1993], S. 276), dass die die gesellschaftliche Differenzierungsstruktur ständischer Stratifikation die geburtlich festgelegte Zuweisung sozialer Positionen und zugleich die Organisation der Arbeitsteilung festlegte. Durch diese unabänderlichen Rollen- und Positionsarrangements im feudalen Schichtungsgefüge waren soziale Unterschiede gleichbedeutend mit sachlichen Differenzen im arbeitsteiligen Gesellschaftsgeschehen und unter diesen Bedingungen kommt kein Bedarf für die Organisation oder Abstimmung unterschiedlicher Zeitperspektiven auf (ebd., S. 276). In der Konsequenz entspinnt sich die sozial festgelegte alltägliche Struktur der Zeit als zyklische Angelegenheit – in Synchronität mit einer Naturzeit, die menschliche und sozial festgelegte Handlungsabläufe vorgab. Eine Zukunft im modernen Sinne, »das heißt im Sinne neuartiger, nicht bloß sich wiederholender Ereignisse, gab schon der Kreislauf des Lebens und der zyklischen Abläufe in der vormodernen Gesellschaft kaum frei« (Hölscher 2020, S. 31).

6 Für Blumenberg (1964) stand fest, dass sich die christlich-mittelalterliche Eschatologie nicht als Vorreiterin eines modernen Geschichts- und v. a. Fortschrittsbewusstseins begreifen lässt: »Es gibt keine Anhaltspunkte für eine Umsetzung der Eschatologie in die Fortschrittsidee. Die entscheidende formale Differenz ist diese: die Eschatologie redet von einem in die Geschichte einbrechenden, ihr selbst transzendenten und heterogenen Ereignis; die Fortschrittsidee extrapoliert von einer der Geschichte immanenten und in jeder Gegenwart mitpräsenten Struktur aus in die Zukunft.« (Blumenberg 1964, S. 243). Vgl. hierzu auch die Diskussion in Kapitel 6.1.

»Nur innerhalb dieser eschatologischen Umgrenzung des historischen Prozesses wurde die Geschichte auch ›universal‹. Ihre Universalität beruht nicht schon auf dem Glauben an einen allmächtigen Herrn, sondern auch darauf, dass er der Menschheitsgeschichte Einheit verleiht, indem er sie von Anfang an auf ein letztes Ziel hin lenkt.« (Löwith 1983, S. 26)

Löwiths These, dass das moderne politische und historische Denken eine säkularisierte Form einer auf »die letzten Dinge« hin orientierten Heilsgeschichte sei, provoziert die selbstermächtigte und aufgeklärte moderne Fortschrittskultur, in der eine kollektive Vorstellungen offener und gestaltbarer Zukunft und fortschreitender normativer Verbesserung zumindest als soziale Praxis lange Zeit ungebrochen existierten (Reckwitz 2019; Reckwitz 2022). Allerdings zeigt die empirische Analyse dieser Arbeit, dass im Rechtspopulismus ein »eschatologisch umgrenzte[s]« Zeit- und Geschichtsbewusstsein mit utopischer Ausrichtung durchaus zum Vorschein kommt, das sich als *chiliastisch* darstellt (vgl. Kapitel 6.1). Mit Chiliasmus ist im ursprünglichen Sinne eine innergeschichtlich orientierte Eschatologie bezeichnet, die jedoch in der Gegenwart in säkularer Gestalt in Form eines Zeiterlebens fortzubestehen scheint und dort bei Rechtspopulist*innen als Verarbeitung eines kollektiven Erfahrungsraums der Spätmoderne zu entdecken ist.

2.1.2. Fortschritt und Geschichte: Zur Temporalität der Moderne

Die geschichtliche Grunderfahrung der Moderne, und zugleich das historisch Neuartige daran, lässt sich als soziales Zeiterleben beschreiben, das auf eine entwicklungsoffene und in eine kontingente, sich aber linear aus der Vergangenheit herausentwickelnde Zukunft orientiert ist. Die Vorstellung einer singulären und universellen Geschichte prägt seit der von Koselleck (1989) »Sattelzeit« getauften Epochenschwelle die gesellschaftliche Zeiterfahrung. Im kollektiven Erleben und in politischen und sozialen Praxisfeldern tritt die modalzeitliche Ordnung von Vergangeheit und Zukunft, von Erfahrung und Erwartung so auseinander, dass eine Vorstellung von Zukunft als fundamental anderer, neuer und normativ fortgeschrittener Zeit sozial dominant zu werden begann:

»Seit der zweiten Hälfte des 18. Jahrhunderts häufen sich zahlreiche Indizien, die auf den Begriff einer neuen Zeit im emphatischen Sinne hinweisen. Die Zeit bleibt nicht nur die Form, in der sich alle Geschichten abspielen, sie gewinnt selbst eine geschichtliche Qualität. Nicht mehr in der Zeit, sondern durch die Zeit vollzieht sich dann die Geschichte. Die Zeit wird dynamisiert zu einer Kraft der Geschichte selber. Diese neue Erfahrungsformel setzt freilich einen ebenso neuen Begriff von Geschichte voraus, nämlich den Kollektivsingular der Geschichte die seit rund 1780 ohne ein ihr zugeordnetes Objekt oder vorgeordnetes Subjekt – als Geschichte an und für sich – gedacht werden konnte.« (Koselleck 1989, S. 321)

Die neuzeitliche Entdeckung einer abstrakten naturwissenschaftlichen, kosmologischen Zeit der planetaren Bewegungen (Dux 2017 [1989], S. 264)[7] trug historisch besehen nicht nur zur zunehmenden Abstraktion und Herauslösung von Zeit aus natürlichen Abläufen bei, sondern auch zur Säkularisierung von Zeit (Rohbeck 2015, S. 25–26). Mehr und mehr gewann Zeit den Charakter eines eigenständigen und generalisierten Mediums auch geschichtlicher Abläufe. Zeit transformierte sich von einer Form von Geschichten (im Plural) zum Medium der Geschichte (im Singular) (Koselleck 1989). In ihr und durch sie ließ sich nun eine (Welt-)Geschichte als menschengemachter Prozess vorstellen, und so findet im 19. Jahrhundert eine »beispiellose Entfaltung eines politisch-sozialen Zukunftshorizonts« (Hölscher 2020, S. 91–133) statt. Mit der Singularisierung von Geschichte eröffnete sich nicht nur eine neue Zentralperspektive aufs große Ganze der Weltgeschichte (Assmann 2013, S. 77). Mit der Singularisierung und Universalisierung auch der Vorstellung gesellschaftlichen Fortschritts als weltgeschichtliche Kategorie im Singular (Maier und Koselleck 1975) wurde Zukunft eine Sache der Politik:

»Während man zuvor immer nur vom Fortschritt der Kunst, der Technik, schließlich der Zeit oder der Geschichte sprechen konnte, wird es im 19. Jahrhundert geläufig und üblich, den Fortschritt alleine zu bemühen. Damit wird der Ausdruck zum politischen Schlagwort, zu einem Schlagwort, das zunächst parteibildend und bewußtseinsstiftend wirkte, das aber schließlich mehr und mehr von allen Lagern beansprucht wurde. Denn seit dem 19. Jahrhundert wird es schwer, sich politisch zu legitimieren, ohne zugleich fortschrittlich zu sein.« (Koselleck 2010, S. 174)

Die Vorstellung einer Gestaltbarkeit von Geschichte wird zur politische Idee schlechthin. Utopien und Zukunftsentwürfe sind fortan Inhalt politischer Programme und Gegenstand politischer Bewegungen. Der Begriff der »Be-

7 Newtons »Mathematischen Grundlagen der Naturphilosophie« von 1686 behandelt Zeit als mathematische Konstante, als absolute physikalische Größe. Analog hierzu behandelt Kant in der Kritik der reinen Vernunft Zeit als apriorische Anschauungsform, als angeborene Erlebnisform, die ihm als eine Grundlage für Erkenntnis per se gilt (Dux 2017 [1989], S. 39).

wegung« vereint in diesem Zusammenhang die Vorstellung von Zukunft »als das Produkt geschichtlicher Wirkungskräfte [und] als gestaltungsfähiger und zumindest teilweise vorhersehbarer Zustand und Prozess« (Hölscher 1989, S. 22). Bewegung und Revolutionen sind die philosophischen und politischen Ausdrucksformen einer auf beständigen Zeitbruch und Etablierung und Inszenierung des Neuen ausgerichteten Zeitkultur der Moderne (Assmann 2013, S. 165). Marx bringt dieses neuzeitliche Zeitregime auf dem Punkt: Die Vergangenheit wird von der Gegenwart und der Zukunft ferngehalten, ihr Fernhalten gar für den revolutionären Prozess politisch als notwendig erachtet:

> »Die soziale Revolution des neunzehnten Jahrhunderts kann ihre Poesie nicht aus der Vergangenheit schöpfen, sondern nur aus der Zukunft. Sie kann nicht mit sich selbst beginnen, bevor sie allen Aberglauben an die Vergangenheit abgestreift hat. Die früheren Revolutionen bedurften der weltgeschichtlichen Rückerinnerungen, um sich über ihren eigenen Inhalt zu betäuben. Die Revolution des neunzehnten Jahrhunderts muss die Toten ihre Toten begraben lassen, um bei ihrem eigenen Inhalt anzukommen.« (Marx 1960 [1852], S. 117)

Die Tatsache, dass es an erster Stelle sozialistische Denker*innen des 19. Jahrhunderts waren, die Verbindungen zwischen der Emphase einer offenen Zukunft und revolutionärer, politischer Praxis stifteten (Hölscher 1989; Schölderle 2017, S. 113–129; Hölscher 2020, S. 99–133), zeigt an, dass die moderne, zukunftsobsessive Zeitlichkeit und ihre Temporalitätssemantiken Fortschritt, Geschichte und Utopie vor allem auch mit der kapitalistischen Verfasstheit von Gesellschaft in der Moderne zu tun haben (Ogle 2019).

2.1.3. Zeit im Kapitalismus

Ein Merkmal der Sattelzeit ist nach Koselleck (1989, S. 362) die »Verzeitlichung« von Geschichte: Zeit tritt nunmehr als Medium einer singulären Weltgeschichte in Erscheinung. Ihr Fortschreiten wird in eins als geschichtlicher Prozess und dieser als Fortschritt erfahren. Diese neue Zeit-Erfahrung prägt sich auch über die Verbreitung und Verfestigung einer inhaltsleeren, abstrakt-mechanischen (Uhren-)Zeit ein. Als technisches Artefakt abstrahiert vor allem die mechanische Uhr Zeit auf einer gesellschaftlichen Ebene: »In dem Maße, wie die mechanische Uhr für alle Welt hörbar der Natur das Monopol als Zeitgeberin streitig machte, erschien am Denkhorizont die Möglichkeit einer Zeit, die nicht mehr Abbild der Naturzeit war, sondern für sich selbst stehen konnte.« (Schauer 2023, S. 65) Diese Denkmöglichkeit von Zeit als abstrakt mess- und verwertbares Medium ist eine Bedingung für die entsprechende Verfügung über Zeit in der kapitalistischen Ökonomie, die, vermittels der Institution der Arbeitszeit, Zeit vom Arbeitsgegenstand abkoppelt und als Regulativ einsetzt. Thompson (1967) beschreibt für das ausgehende achtzehnte und frühe neunzehnte Jahrhundert einen Umbruch in der kapitalistischen Organisation von Zeit. Die Regulierung der Fabrikarbeit habe ein Zeitbewusstsein auf breiter Basis verändert und zur Durchsetzung und Internalisierung einer disziplinierenden abstrakten Uhrenzeit geführt. Eine solche abstrakte und standardisierte Zeit sei zunehmend in pädagogischer Praxis eingeübt (Adam 1995, S. 59–83) und als Medium der, bzw. warenförmiges Tauschmittel zur Übersetzung von Arbeit in Geld (Adam 1990, S. 104–126) behandelt worden.

Postone (1993) arbeitet detailliert heraus, dass eine historische Zeit (Geschichte im Singular) untrennbar mit dem Verhältnis von Zeit und Wertbildung in kapitalistischen Gesellschaften verbunden ist (vgl. auch Miller 2004). Darin überlagere eine »abstrakten Zeit«, die dominante Zeitform des Kapitalismus, eine »konkrete Zeit«, die für vorkapitalistische Gesellschaften charakteristisch sei.[8] Postone (1993, S. 201) beschreibt konkrete Zeit als Funktion des Herstellungsprozesses von Gebrauchswerten:

> »[T]his temporality is a substantive function of production – the amount of time actually required to produce a particular product. This time is a function of objectification and not a norm for expenditure.« (Postone 1993, S. 297)

Im Kapitalismus habe konkrete Zeit eine Entsprechung im Gebrauchswert und sei damit eine Funktion von Gebrauchswertorientierung: Abstrakte Zeit sei hingegen auf die Verausgabung von Arbeitskraft bezogen und gewinne in dieser Funktion die Qualität einer einheitlichen, kontinuierlichen, homogenen, »leeren« Zeit, die unabhängig von Ereignissen oder (Produktions-)Prozessen sei. Bei der abstrakten Zeit finden Ereignisse innerhalb der Zeit als unabhängiger Rahmen statt, wobei die Zeit eine mathematische Zeit ist, die in gleiche, konstante, nichtqualitative Einheiten unterteilt werden kann (ebd., S. 202). Als nunmehr verrechenbares, abstraktes Medium lasse sich »von der Zeit selbst nichts mehr erwarten, außer dies: dass sie

8 Ogles (2015) detailreiche Studie über die Globalisierung der abstrakten Zeit zeigt, wie das kapitalistische Zeitregime auch in Zusammenhang mit der globalen und kolonialen Ausbreitung einer uniformen, abstrakten Zeit steht.

permanent vergeht und also ein knappes Gut ist« (Nassehi 2008 [1993], S. 310). Damit überschichte eine abstrakte und linear vorgestellte Zeit als dominante Zeitorientierung im Kapitalismus eine Aufgaben- oder ereignisorientierte Zeit (Thompson 1967). So ist einerseits die »Maßlosigkeit der Dynamik des Kapitals« in der prinzipiell endlosen Wertbildung mit einer linearen Zeit mit offener Zukunft kompatibel (Zoll 1988, S. 85). Da sich aber andererseits die zeitlichen Maßstäbe zur Bestimmung der Wertgröße an der gesellschaftlich notwendigen Arbeitszeit bemessen, müsse sich mit der Steigerung der Produktivität der quantifizierte Zeitrahmen der abstrakten Zeit die produktivitätsbedingte Bewegung der abstrakten Zeit auf einer übergeordneten – geschichtlichen – Zeit abbilden. In anderen Worten: Geschichte und Fortschritt sind so nicht nur kompatibel mit der abstrakten Zeit des Kapitals, sondern sie sind gleichsam das Produkt einer auf Zeiteffizienz und Zeitvorsprüngen ruhenden Produktions- und Akkumulationslogik.

Zusammengefasst sind die im Kapitalismus angelegten Steigerungsprinzipen des Wachstums und der Beschleunigung als kulturprägend und strukturbildend für die Lebens- und Gesellschaftsformation der Moderne anzusehen (Rosa 2005, S. 256–279). Dazu gehört auch, dass beide Zeitformen, die abstrakte und die konkrete, im Kapitalismus erhalten bleiben und ihre dialektische Beziehung mitunter Ausdruck sozialer und politischer Konflikte ist (vgl. auch Miller 2004; Sewell 2008). Entsprechend arbeitet Martineau (2015) nicht nur heraus, inwiefern die Singularisierung von Geschichte (und Fortschritt) ihrerseits geschichtlich mit dem Kapitalismus verbunden sind, sondern er gibt auch zu verstehen, dass soziale Konflikte in kapitalistischen Gesellschaften stets die Gestalt über die Verfügungsmöglichkeiten von Zeit annehmen und als dialektischer Prozess von Entfremdung und Wiederaneignung beschrieben werden können:

»Measured and organised time therefore goes hand in hand with its alienation in our modern temporal order for the simple reason that time is measured and organised not by us, but by capital, not for us, but for capital. Our times are therefore subject to the imperatives of the law of value. Reclaiming human concrete times of emotions, work, social relationships, human bodies, friendships, love, parenting, childhood, laughter, sleep, childbirth, childrearing, food production, art, the concrete time of our ecosystems, and so on, thus forms an integral part of the reclaiming of our lives and our world.« (Martineau 2015, S. 168)

2.1.4. Temporalisierung von Komplexität

Die politisch so folgewirksamen Kollektivsingulare Geschichte und Fortschritt und die tiefgreifende Veränderung des neuzeitlichen Zeitbewusstseins, die sie zum Ausdruck bringen, lassen sich auf anderer Ebene auch als Ergebnis einer evolutionären Entwicklung gesellschaftlicher Differenzierung erklären. Die neuzeitliche Zeiterfahrung und ihr Geschichtsbewusstsein können »als semantisches Korrelat des strukturellen Umbaus der Gesellschaft von stratifikatorischer in funktionale Differenzierung begriffen werden, wobei Temporalisierung der Komplexität den Zusammenhang vermittelt« (Luhmann 1980b, S. 263).[9] Die neuzeitliche Differenzierungsform europäischer Gesellschaften lässt sich daran ablesen, dass »[s]achlich Unterschiedliches gleichzeitig geschieht und dass sich nebeneinander verschiedene Ereignistemporalitäten, unterschiedliche Beobachtungszeiten und Eigenzeiten herausbilden« (Nassehi 2008 [1993], S. 289). In einer Gesellschaft, in der Politik und Religion, aber auch Wissenschaft und Ökonomie als autonome und nach eigener Rationalität und Funktionalität operierende Praxisfelder in Erscheinung treten, wird Zeit, so pointiert es Luhmann, zu einer Funktion sozialer Komplexität: Die Gesellschaft der Moderne stimmt ihr komplexes Geschehen zeitlich aufeinander ab, indem sie auf eine abs-

9 Temporalisierung von Komplexität bezeichnet dabei die Beobachtung, dass soziale Systeme Zeit deshalb ›konstruieren‹, weil Systeme Selektionen von Möglichkeiten vornehmen und »weil Selektion erst in der Abhebung gegen eine durchgehaltene Möglichkeitsstruktur sich als Ereignis profiliert« (Luhmann 1975, S. 109). Die Selektion von möglichen sinnhaften Ereignissen wird in der Konsequenz als Zeit erfahrbar.

trakte und lineare Zeit zurückgreift.[10] Die Vorstellung offener Zukunft ist vielmehr das Resultat sozialer Komplexität selbst (Luhmann 1980b, S. 291).

Das Problem, auf das die Temporalisierung von Komplexität, d.h. die Integration der ungleichzeitig ablaufenden sozialen Welt durch eine einheitliche Weltzeit reagiert, ist die Tatsache, dass Vergangenheit und Zukunft zwar an einer linearen einheitlichen Weltzeit abgelesen und vereinheitlicht werden, dass sie aber beobachtungsabhängig, gleichzeitig als gegenwärtige Horizonte von Handeln (Bergmann 1981b) oder von Systemereignissen (Nassehi 2012) existieren. In moderner Gesellschaft finden sich entsprechend unterschiedliche Zukunfts- (und Vergangenheits-)Perspektiven gleichzeitig nebeneinander, die ihrerseits beobachtungsabhängige gegenwärtige Perspektiven auf Vergangenheit und Zukunft haben (Luhmann 1975) und sich von dort aus dennoch als gleichzeitige Gegenwarten von zukünftigen und vergangenen Gegenwarten unterscheiden müssen.[11] Geschichte und

10 Diesen Zusammenhang beschreibt auch Norbert Elias (2014), der die Lösung des Komplexitätsproblems moderner Gesellschaften im Zivilisationsprozess identifiziert. Zeit beschreibt er als transgenerational erlernte menschliche Syntheseleistung und als solche als Ergebnis eines Zivilisationsprozesses. Er zeigt, wie sich Zeit als Funktion von Komplexität in die erlernte und anzivilisierte menschliche Syntheseleistung einschreibt: Sie ist das begriffliche Symbol jener allmählich fortschreitenden Synthese, »für ein ziemlich komplexes In-Beziehung-Setzen unterschiedlicher Geschehensabläufen« (Elias 2014, S. 14). Adam (1995, S. 59–83) zeigt in dem Zusammenhang beispielsweise, dass die herrschende Zeitdisziplin, die in schulischer und pädagogischer Praxis eingeübt wird, schon im Reglement benediktinischer Mönche angelegt war und im Weiteren eng mit der Uhrenzeit verwoben wurde. Parallel also zum evolutionären Komplexerwerden von Zeit in moderner Gesellschaft und der Temporalisierung von Komplexität findet ein zivilisatorischer Prozess statt, der die zeitliche Präzisierung des Verhaltens in einer komplexeren Welt anpasst. Elias spricht von einer »enge[n] Verknüpfung zwischen Zeiterleben und Zivilisation« (Elias 2014, S. 126). Den hinter dem Zivilisierungszwang stehenden gesellschaftlichen Strukturwandlungsprozess benennt Elias – analog zur funktionalen Differenzierung – als komplexer werdende soziale Interdependenzgeflechte (ebd., S. 166). Bei Luhmann heißt es nicht zufällig, dass durch »die zunehmend funktionale Systemdifferenzierung [...] Zahl, Verschiedenheit und Interdependenz [sic!] von Systemgeschichten so sehr« zunähmen, dass eine koordinierbare Zeit zur Vermittlung gefunden werden müsse (Luhmann 1975, S. 111).

11 Luhmann spricht in diesem Zusammenhang von einer »Mehrfachmodalisierung« von Zeit (Luhmann 1975, S. 112): Damit ist gemeint, dass in der modernen Temporalstruktur gegenwärtige Gegenwart von vergangener Gegenwart und von zukünftiger Gegenwart unterschieden werden kann. Ferner lässt sich die gegenwärtige Gegenwart auch als nicht-identisch mit der vergangenen Gegenwart gegenwärtiger Zukunft erleben (ebd., S. 114), d.h. die gegenwärtige Gegenwart ist prinzipiell eine andere als die, die aus der Perspektive der Vergangenheit noch als Zukunft vorgestellt wurde. Die Mehrfachmodalisierung von Zeit in der Moderne ermöglicht nicht nur die Abstimmung komplexer System-Eigenzeiten, sondern sie erklärt auch, wie linear vorgestellte Ge-

Fortschritt erscheinen unter dieser Perspektive als moderne Semantiken dieses Integrationserfordernisses:

> »Im Begriff der Geschichte und des Fortschritts – beide als Kollektivsingulare, die die Geschichten und die Fortschritte in Wissenschaft, Moral, Kunst, Recht, Politik und Ökonomie universalisieren – wird den einzelnen Systemgeschichten ein universalistisches Gerüst gegeben, das ihrem Legitimations- und Selbstvergewisserungsbedarf nachkommt.« (Nassehi 2008 [1993], S. 294)

Diese Einheitszeit-Semantiken ermöglichen unter dieser Perspektive in einer funktional differenzierten, modernen Gesellschaft eine Koordination in der Sachdimension unterschiedlicher Handlungsfelder in Gesellschaft. So laufen etwa ökonomische Erwartungen an politische Entscheidungen über Rahmenbedingungen unternehmerischen Handelns nicht ins Leere – es lässt sich nun kalkulieren, wann was geschieht und die eigenen Zeitpläne können darauf eingestellt werden. Fortschritt und Geschichte operieren also als temporale Semantiken gesellschaftlicher Einheit – sie machen glauben, dass sich die »Identität der Welt oder eines Systems im Nacheinander verschiedener Zustände« festhalten lasse (Luhmann 1975, S. 105).

Mit der Theorie funktionaler Differenzierung lässt sich nicht nur beschreiben, welche gesellschaftlichen *Strukturen* die Bedingung der Möglichkeit einer kulturell verbreiteten »Entdeckung der Zukunft« (Hölscher 2020) (in Westeuropa seit dem 17. Jahrhundert) sind. Das vorherrschende kulturelle Zeit- und Geschichtsverständnis der Moderne als entwicklungsoffene, sich aber aus der Vergangenheit heraus in die Zukunft sich entwickelnde Zeitlinie etablierte sich auf Grundlage komplexer Gesellschaftsstruktur. Es lässt sich darüber hinaus auch etwas über die sozial integrierende *Erfahrbarkeit* von Zeit in dieser Gesellschaft verstehen[12]: Zum prinzipiellen

schichte diese Koordinationsfunktion erfüllt. Leanza (2011) spricht analog von einer »Historizität der Zukunft«.

12 Schauer (2023) kritisiert die systemtheoretische Perspektive in dieser Hinsicht und argumentiert, dass sich der Erfahrungscharakter der Zukunft in der Moderne damit nicht vollständig begreifen lässt. Sie betont, dass mit einer solchen differenzierungstheoretischen Analyse der modernen Zeitsemantiken Geschichte und Fortschritt noch zu wenig zum Ausdruck gebracht sei, wie sehr die – semantisch verfügbare – »Idee einer Gestaltbarkeit von Geschichte den politischen und gesellschaftlichen Horizont moderner Gesellschaften« geprägt habe (Schauer 2023, S. 235). Ähnlich hat schon Rosa (2005, S. 391–396) argumentiert. Allerdings macht er, anders als Schauer, ein weitausgreifendes Theorieargument und behauptet, dass funktional differenzierte Gesellschaften auch politisch gesteuerte Gesellschaften seien. Nassehi (2008 [1993], S. 17) hält dagegen, dass funktionale Differenzierung kein politisches Programm und kein Gesellschaftsideal

Komplexitätserleben eines Nebeneinanders unterschiedlicher Zeitgestalten (Assmann 2013, S. 193) gehört auch, dass sie auf dem linearen Zeitstrahl der kulturell dominanten Zentralperspektive aufs große Ganze der Weltgeschichte (ebd., S. 77) erlebt zu werden vermögen. Entsprechend weist Koselleck (2010, S. 159–181) darauf hin, dass der gesamtgeschichtliche Reflexionsbegriff Fortschritt eine kollektive *Erfahrung* der Moderne auf den Begriff bringt: Des (immer schnelleren) Überholtwerdens von Erfahrungen durch das Neue. Rosa (2005, S. 295–310) zeigt ausführlich, wie die funktionale Differenzierung und ihre Temporalisierung von Komplexität zu Erfahrungen von Zeitknappheit aufgrund begrenzter Verarbeitungsmöglichkeiten der komplexen Ungleichzeitigkeit, von beschleunigtem sozialen Wandels und darüber vermittelt des Lebenstempos führt. Damit wird die Erfahrung nicht nur von *Fortschritt*, aber auch von *Beschleunigung* zu einem prägenden Erleben von Zeit in der Moderne.[13]

2.2. Zwischenfazit

Mit der Theorie funktionale Differenzierung und mit der Unterscheidung von Zeitformen im Kapitalismus lässt sich auf soziologisch-gesellschaftstheoretischer Linie das Dominantwerden der Vorstellung einer universellen, singulären Geschichtsvorstellung und einer linearen Zeitmodalität seit der Neuzeit erklären, die sich in eine kontingente und entwicklungsoffene Zukunft hineinentwickelt. Die Kollektivsingulare ›Geschichte‹ und ›Fortschritt‹ lassen sich sowohl als temporale Zentralsemantiken zur Integration der komplexen (und ihre Komplexität temporalisierenden) Gesellschaft (Luhmann 1980), als auch als das Produkt einer inhärent kapitalistischen Verwertungs-Dynamik verstehen. Jenseits dieser Beschreibung der modernen Zeit*struktur* war das zentrale Argument des zurückliegenden Abschnitts, dass Geschichte und Fortschritt darüber hinaus auch kollektive Zeit*erfahrung* prägen und ausdrücken: Politische Gestaltbarkeit der offenen Zukunft

sei, sondern empirische Beschreibung einer mit Perspektivendifferenzen konfrontierten sozialen Gegebenheit.

13 Allerdings betont Koselleck auch, dass die Rede von Fortschritt »nur eine partielle Erfahrung« wiedergibt (Koselleck 2010, S. 180), sofern die Industrienationen des globalen Nordens ihr Fortschrittsprojekt in dem Maße universalisierten, wie ihnen dessen imperiale und koloniale Nebenfolgen unsichtbar blieben.

einerseits, Entfremdung in der verdinglichten, abstrakten Zeit und Beschleunigung sozialen Wandels andererseits sind die Erfahrungkorrelate der modernen Zeitstruktur. In diesem Sinne ist Fortschritt nicht nur Modell und Semantik moderner Gesellschaften seit der Sattelzeit, sondern zugleich Modus einer kollektiven Erfahrung und bestimmend für soziale Praxis in den sozialen Feldern der Moderne: »Mag der Fortschrittsbegriff selbst bereits seit dem 19. Jahrhundert immer wieder Kritik erfahren haben, die soziale Praxis der Moderne ist bislang ungebrochen vom Modell der normativen Verbesserung geprägt« (Reckwitz 2021)

Für das Analyseziel der qualitativen Erforschung des modernen Rechtspopulismus im Kontext seiner spätmodernen Zeitstruktur sollte ein Verständnis dafür gewonnen werden, wie sich Zeiterleben im historischen Kontext der Moderne darstellt. In der empirischen Analyse stoßen wir zudem auf einen weiteren Befund, der in Zusammenhang mit dem modernen Geschichtsdenken gestellt wird, nämlich der Tatsache, dass AfD-Wähler*innen auf eine kollektive Erfahrung, nach der das moderne, auf Fortschritt und Zukunft eingestellte Zeiterleben in die Krise geraten sei, mit einer Form des Zeiterlebens reagieren, die der von Löwith (1983) beschriebenen Form ihres eschatologischen Ursprungs näher kommt. Das zentrale Argument dieser Arbeitet lautet also: Die chiliastische Utopie der AfD-Wähler*innen (vgl. Kapitel 6) ist ein spätmoderner Versuch der Wiederaneignung von Zeit (vgl. Martineau 2015), der Gewinnung einer Zentralperspektive, der Verarbeitung einer Erfahrung einer qualitätslosen, abstrakten Zeit, die sich in der Spätmoderne nicht mehr über die Temporalitätssemantiken Fortschritt und Geschichte auflösen lässt und in der auch die demokratisch-revolutionäre Utopie zur Verhandlung über die Zukunft verblasst zu sein scheint.

2.3. Die Verdrängung der Moderne: Der Erfahrungsraum der Spätmoderne

»Dass die Geschichte an ihr Ende gekommen sei, stellt die vielleicht bedeutsamste Selbstbeschreibung dar, die die spätmoderne Gesellschaft über ihre historische Existenz hervorgebracht hat. Dieses Ende wird weder im modernen Sinne als Vollendung noch im vormodernen Sinne als Weltende gedacht. Vielmehr verbirgt sich hinter den zahlreichen Diagnosen eines Endes der Geschichte die Sorge vor dem Erlöschen ihrer Sinnhaftigkeit.«
(Schauer 2023, S. 229)

Seit den 70er Jahren des 20. Jahrhunderts lösen sich die Temporalitäts-Koordinaten der Moderne auf. Als Selbstbeschreibung spätmoderner Gesellschaft ist das ›Ende der Geschichte‹ nicht nur ein Kassandraruf von Intellektuellen (vgl. Niethammer 1989)[14], sondern kollektive, soziale Erfahrung spätmodernen Zeiterlebens (Esposito 2016), die sich als Verlust der Sinnhaftigkeit von Geschichte und ihres Richtungsindexes und als Gefühl eines »rasenden Stillstandes« (Virilio 2015) beschreiben lassen.

Mit der kapitalistischen Vergesellschaftung und der funktionalen Differenzierung wurden zwei Bedingung der Möglichkeit moderner Zeitverhältnisse und Geschichtsbilder genannt. Wie anhand der Diagnosen der inhärenten Beschleunigungsdynamik und vom konflikthaften Verhältnis von abstrakter und konkreter Zeit bereits deutlich wurde, ist die Temporalität der Moderne keineswegs auf unabänderliche Gleise gestellt. Im Gegenteil: Das dominierende Fortschrittsdenken wurde stets begleitet von einer Kritik am geschichtsteleologischen Optimismus (Rohbeck 2015, S. 36–37; Koselleck 2010, S. 159–181). Im 20. Jahrhundert kulminieren diese Temporalitätskrisen in einer »negativen Geschichtsteleologie (Rohbeck 2015, S. 140). In Anbetracht des Faschismus bedeutete Fortschritt auch das Versinken der Menschheit in eine »neue Art von Barbarei« (Horkheimer und

14 Zwischen dem geschichtsphilosophischen Pessimismus und historischen Skeptizismus des rechtskonservativen Gehlen bis zur »no future«-Punkbewegung der 1970er und 80er Jahre lassen sich ebenso Verbindungen herstellen (zur Geschichte der Autonomen und der Punk-Subkultur vgl. Hezel [2017]), wie zwischen dem Ende der Geschichte, das Fukuyama zuerst triumphal (1989), später deutlich differenzierter (Fukuyama 1992) ausruft, und dem Geschichtsbild von Carl Schmitt und der Konservativen Revolution (vgl. Manemann 2002).

Adorno 1988 [1947], S. 1; Benjamin 2010).[15] Diese Geschichtsreflexionen in kritischer Absicht gegenüber dem Fortschrittsglauben sind auch vor dem Hintergrund zu verstehen, dass der Faschismus selbst eine Reaktion auf die Temporalität der Moderne darstellt. Darauf weisen insbesondere jüngere Untersuchungen über die »fascist temporalit[ies]« des 20. Jahrhunderts hin (Griffin 2007; Griffin 2015; Esposito und Reichardt 2015; Doering-Manteuffel 2017). Dem historischen Faschismus lässt sich eine paradoxe Zeitlichkeit attestieren, die zwischen Revolution und Ewigkeit oszilliert: Seine ideologische Vorstellung und Praxis ist auf die revolutionäre Eroberung einer meta-historischen und mitunter als Ewigkeit vorgestellten Zukunft – in Gestalt eines mythisch aufgeladenen 1000-jährigen Reichs – gerichtet, um damit zugleich aus der Geschichte auszusteigen (vgl. auch Vondung 2013). Die hybride Temporalität des Faschismus – seine ausgeprägt revolutionäre Zukunftsobsession in Kombination mit meta-historischen Zeitvorstellungen und mythischem Vergangenheitskult – lassen sich als palingenetischer Mythos auf den Begriff bringen: »[A]n ultranationalist variant of palingenetic myth is not just one feature among many, but fascism's (ideal-typically conceived) definitional core.« (Griffin 2015, S. 17) Die faschistische Vorstellung einer Eroberung der Zukunft und eines Ende der Geschichte stehen in Verbindung mit dem Ideologem einer Wiedergeburt der Nation in einer anderen, meta-historischen Zeit.

In diesem Zusammenhang ist vor allem die religiöse Aufladung der faschistischen Temporalität bemerkenswert, die schon Voegelin (1996 [1938]) herausgearbeitet hat. Ähnlich zu Löwiths (1983) These, dass Geschichtsphilosophie die säkularisierte Fortsetzung der Heilsgeschichte sei, zeigt auch Voeglin, dass politische Massenbewegungen und Ideologien im 20. Jahrhundert mit messianischen Vorstellungen aufgeladen sind, und für beide kehrt sich dieser Tatbestand im Faschismus ungeschminkt nach außen. Mitunter wird dessen meta-historischer Futurismus auch als »Chiliasmus« diskutiert

15 Für die Dialektik der Aufklärung (Horkheimer und Adorno 1988 [1947]) muss präzisiert werden, dass Fortschritt dort nicht per se als Verfall, sondern der geschichtlich-zivilisatorische Verfall, das Versinken der Menschheit in eine »neue Art von Barbarei« (ebd., S. 1), als inhärente Möglichkeit des Fortschritts und somit eher als Kontingenz, denn negative Teleologie gedacht wird. Mit der Rede von der Neuartigkeit der Barbarei ist indessen nicht nur ihre Fortschrittsimmanenz bezeichnet, sondern auch eine Zeitdiagnose gestellt. In dem Sinne lässt sich die Zeitdiagnose der Dialektik der Aufklärung als Verfall begreifen; für ihre Geschichtsphilosophie hingegen gilt dies nicht so ohne Weiteres.

(vgl. Vondung 2013, insbes. S. 119–120; vgl. auch Rhodes 1980; Hölscher 2020, S. 267–274).

Wie hält sich vor diesem Hintergrund die Eingangsbehauptung, dass es vor allem seit den 1970er Jahren des 20. Jahrhunderts zur entscheidenden Transformation der temporalen Strukturen der Gegenwart kommt?

»Man könnte nun vermuten, dass nach dem Zweiten Weltkrieg und dem Holocaust eine weitere Schwächung des linearen oder auf Kontinuität abhebenden Fortschrittdenkens erfolgt sei, weil […] die Erfahrung des massiven Wandels der eigenen Zivilisation mit einiger Wahrscheinlichkeit auch zu deren Historisierung führt, also zu ihrer Infragestellung, zur Relativierung eben all dessen, was man einst für selbstverständlich erachtet hatte. Tatsächlich ist aber genau dies nicht eingetreten. Ab den 1950er Jahren begann in den westlichen Sozialwissenschaften die Zeit der Hegemonie der Modernisierungstheorie, eine ganz eigene Interpretation der Geschichte und des historischen Wandels, die verkoppelt war mit einer Forderung von Zeit und Zeitlichkeit, bei der man sich doch stark an simplifizierte geschichtsphilosophische Konstruktionen erinnert fühlte, die im Laufe des 19. Jahrhunderts scharf kritisiert waren.« (Knöbl 2022, S. 140)

Das Festhalten und die Wiederkehr des lineares, auf Kontinuität abhebenden Fortschrittsdenkens fand nicht nur in den sie begleitenden sozialwissenschaftlichen Gesellschaftstheorien, sondern vor allem auch im kollektiven Bewusstsein der kapitalistisch-westlichen Nachkriegsgesellschaften – begleitet von ihren antikommunistischen Fortschrittsnarrativen und ihren Expansionismen – insgesamt statt. Dieses Wiederaufleben eines längst verabschiedeten Argumentationsmusterns hat, so Knöbl (2022, S. 139–190) mit einem spezifischem Epochenkonzept zu tun, das nicht nur die (Gesellschafts-)Wissenschaft, sondern das gesellschaftliche Selbstverständnis insgesamt prägte: Das Konzept der Moderne.

Dieses wirkmächtige Epochenkonzept geht einher mit einer teleologischen Betrachtung der eigenen historischen Situiertheit, nach der Geschichte als Prozess auf die Gegenwart zulaufe und daher notwendigerweise weiterhin zu »fortgeschrittenen« Gesellschaften führen müsse. In der Vorstellung der vorläufige Endpunkt der Geschichte im geschichtlichen Prozess zu sein ist eine kollektive narzisstische Selbstaufwertung enthalten. Die Frage, wie Geschichte eigentlich weitergehe und wie zukünftiger Wandel aussehen könne, bleibt demgegenüber eigentümlich ausgeklammert.

Dieses persistente, teleologische Fortschrittsdenken wurde zwar seit dem 19. Jahrhundert immer wieder von Kritik und von Diagnosen begleitet, die in der blinden Geschichtsteleologie zugleich ein Ende der Geschichte erkannten (Steenblock 1994). Diese Diagnosen eines Endes der Geschichte waren jedoch meist kulturpessimistische Intellektuellendiskurse. Dies änderte sich entscheidend seit den 1970er Jahren (Esposito 2016). Dass sich geschichtlicher Fortschritt erschöpft habe, wird nunmehr zu einer kollektiven *Erfahrung*. Posthistoire und ›Ende der Geschichte‹ reflektieren damit eine soziale Erfahrung der Entkoppelung von Zeit und Sinn. Sie sind nicht notwendigerweise endzeitliche Festlegungen darauf, dass Geschichte für immer zum Stillstand gekommen sei und in der Zukunft nichts mehr passieren würde – aber sie thematisiert das Ende der modernen Erwartungen an die Zukunft und den geschichtlichen Prozess. Die Diagnose – und mehr noch die Wahrnehmung – eines Endes der Geschichte reflektiert tatsächlich einen Abschied von der um die Fortschrittsidee zentrierten, gerichteten, verzeitlichten Geschichte der klassischen Moderne (Rosa 2005, S. 478). Ihr »kulturelles Zeitregime« (Assmann 2013) hat sich seit den 1970er Jahren erschöpft:

»Die Erwartungen an die Zukunft sind bescheiden geworden. Sie hat erheblich an Leuchtkraft verloren, seit wir sie nicht mehr so selbstverständlich zum Fluchtpunkt unserer Wünsche, Ziele und Projektionen machen könne. [...] Es sind aber nicht nur bestimmte Zukunftsvisionen in sich zusammengebrochen, sondern das Konzept Zukunft hat sich tiefgreifend verändert. Es ist die Ressource Zukunft selbst, die heute auf dem Prüfstein steht und neu bewertet wird.« (Assmann 2013, S. 12)

Sofern also Erfahrungen mit der Zeit und erlebbare kollektive, geschichtliche Selbstverortungen zunehmend prekär wurden, soll mit dem Begriff der Spätmoderne ein in dieser Hinsicht spezifischer »konjunktiver Erfahrungsraum« (Mannheim 1980, S. 214; Przyborski und Wohlrab-Sahr 2014, S. 288–289) bezeichnet werden. Mit Spätmoderne wird hier mitnichten also eine zeitdiagnostische Epochenbehauptung gemacht,[16] sondern es sollen die ubiquitären kollektiven und generationalen Erfahrungen (vgl. Mannheim 1970 [1928]) hervorgehoben werden, die die kulturellen Orientierungen im Hinblick auf Zeit und Geschichte charakterisieren. Und

16 Für diese Problematik ist Knöbls (2022) Plädoyer für eine soziologische Selbstaufklärung über das geschichtsphilosophische und historistische Erbe der Sozialwissenschaften aus dem 19. Jahrhundert instruktiv. Dazu gehören v.a. ihre Epochen- und Prozessbegriffe, mit denen Gesellschaft und gesellschaftlicher Wandel beschrieben werden. Wie oben am Beispiel der Wiederkehr des Konzepts der Moderne nach dem Zweiten Weltkrieg beschrieben, haben insbesondere auch die Sozialwissenschaften einen epistemologischen Effekt mit politischer Reichweite auf die Selbstbeschreibung von Gesellschaft und ihrer historischen Selbstverortung. Insbesondere darüber habe die Soziologie Rechenschaft abzulegen. Aus diesem Grund ist beim Gebrauch des Begriffs Spätmoderne in dieser Arbeit reflexive epistemologische Vorsicht geboten.

darin unterscheiden sie sich von den vom Konzept der Moderne geerbten Fortschrittsteleologien und ihren narzisstischen historischen Selbstaufwertungen erheblich. Das Abhandenkommen bedeutungsvoller Zukunft, und das Erlöschen der Sinnhaftigkeit von Geschichte überhaupt werden erlebt und erfahren. Dafür lassen sich eine Reihe politökonomischer, technologischer, kultureller und sozialstruktureller Faktoren ausmachen, die das konjunktive Posthistoire-Erleben strukturbildend für die Spätmoderne machen.

2.3.1. Ende der sozialen Moderne und der Verlust von Zukunft

Für die konjunktive Erfahrung eines Endes der Geschichte und des Abhandenkommens der »Ressource Zukunft« in den westlichen, kapitalistischen Industrienationen lassen sich eine Reihe gesellschaftsgeschichtlicher Entwicklungen in der zweiten Hälfte des 20. Jahrhunderts nennen: Eine historisch einmalige Phase wirtschaftlichen Wachstums, die Expansion des Sozialstaates, die Entfaltung sozialer und wirtschaftlicher Staatsbürgerrechte (Marshall 1992 [1950]) und soziale Mobilität charakterisierten die »soziale Moderne« (Nachtwey 2016) der Nachkriegsjahrzehnte in den westlichen Industrienationen. Im wohlfahrtsstaatlichen »Wachstumsstaat« der fordistisch-keynesianischen Nachkriegsjahrzehnte sorgte ein »sozialkorporatistisches Regulierungsparadigma« (Reckwitz 2019, S. 252–256) für eine Sicherung vergleichbarer Lebensverhältnisse und Wohlstandsteilhabe. Weil es zwischen den 1950er und 1970er Jahren zu einer unvergleichlichen Zunahme der Produktivität, des Konsums und der Einkommen aus lohnabhängiger Arbeit kam (Castel 2000, S. 326) leistete sich der kapitalistische Staat den Ausbau eines umverteilenden Wohlfahrtsstaates und staatlich regulierter Arbeitsmarktpolitik und gewährte vor allem den Mitgliedern ihrer Arbeitsgesellschaft die Erfahrung, bzw. Erwartung stabiler Zukünfte. Für einen Großteil der (männlichen, weißen) lohnabhängigen Bevölkerung in den kapitalistischen Nachkriegsgesellschaften war im »Dispositiv« einer »großbetriebliche[n] Unternehmensorganisation, Sozialversicherung, Mitbestimmung in Unternehmen und Betrieb, Tarifautonomie und Kündigungsschutz« eine bessere Zukunft stets als berechenbare Verlängerung der Gegenwart vorstellbar, in der »der eigene Lebensstandard und der der eigenen Kinder sich kontinuierlich weiter verbessern und im Fall unvorhersehbarer Schicksalsschläge zumindest nicht einschneidend verschlechtern würde« (Eversberg 2016, S. 453). Fortschrittsteleologie konstituiert damit auf spezifische Weise eine konjunktive Erfahrung in der Lohnarbeitsgesellschaft:

»Durch seinen Konsum, seine Investitionen in dauerhafte Güter, seine Inanspruchnahme von Krediten geht der Arbeitnehmer Tag für Tag von einem immerwährenden Wirtschaftswachstum aus und knüpft sein Schicksal ganz konkret an den unendlichen Fortschritt. In der Lohnarbeitsgesellschaft ist die Vorwegnahme einer besseren Zukunft in der Struktur der Gegenwart verankert. Das gilt um so mehr, als der Lohnabhängige darauf hoffen kann, seine Wünsche, indem er sie auf die nachfolgenden Generationen projiziert, zeitverzögert verwirklichen zu können: Was ich nicht erreicht habe, das erreichen meine Kinder.« (Castel 2000, S. 326)

Dieser Erfahrungsraum und seine politökonomische Regulationsstruktur wurde (in Reaktion auf die Erschöpfung der nachfrage- und binnenmarktorientierten politischen Ökonomien der westlichen Industriestaaten) durch einen grundlegenden Formenwandel des Kapitalismus seit den 1970er Jahren endgültig überwunden und die »soziale Moderne« wurde von einer neuen, spätmodernen Form verdrängt. »Der kurze Traum immerwährender Prosperität« (Lutz 1989) der (westeuropäischen) Nachkriegsjahrzehnte kam in den 1970er und 1980er Jahren an ein Ende – und damit auch die Gewissheit einer fortgesetzten Modernisierung, die sich durch sozialstaatliche Steuerung flankieren ließe. Es brach die »Epoche nach dem Boom« (Doering-Manteuffel und Raphael 2012) an. Mit der Abkehr vom Bretton-Woods-System und dem politökonomischen Paradigmenwechsel zum antikeynesianischen Monetarismus war das Ende der stabilen ökonomischen Nachkriegsordnung in Europa besiegelt. Mit der Verschiebung der Verantwortung von der wirtschaftspolitischen Nachfragesteuerung des Staates zur Geldmengenregulation durch die Zentralbanken wurde ein wirtschaftspolitisches Konzept der Unabhängigkeit des Marktes vom Staat verfolgt (Yergin und Stanislaw 1999) und individuellen Interessen von Kapitaleignern der Vorrang vor sozialer Sicherheit von Lohnabhängigen eingeräumt. Was hier in den kapitalistischen Industrienationen stattzufinden begann, war eine Umstellung einer Verwaltung und Sicherstellung von Zukunft und Fortschritt (für die Lohnabhängigen) hin zu einem beständigen Kaufen von Zeit (Streeck 2015) um die prinzipiell destabilisierenden Konflikte und Krisen im Verhältnis von Demokratie und Kapitalismus aufzuschieben. Gleichwohl findet damit nicht nur das Kaufen von Zeit, d. h. eine durch Einsatz von Ressourcen, respektive durch Geldschöpfung erwirkte Aufschiebung der demokratisch-kapitalistischen Systemkrise statt, sondern auch ein

Erkaufen der Fortsetzung »gesellschaftlicher Normalität«, im Sinne eines Fortbestehens demokratisch-kapitalistischer, d. h. auch weißer, männlicher Lohnarbeits-Vergesellschaftung – mit dem Ergebnis, dass »der Zugriff auf das menschliche Arbeitsvermögen, im eigenen Land und an dessen verlängerten Werkbänken andernorts, härter und kompromissloser werden musste, eben um die wiederholten monetären Wetten auf die Zukunft auch aufgehen zu lassen« (Lessenich 2022, S. 48).

Damit wurde sukzessive auch das vormalige Versprechen der Integration in die Arbeitsgesellschaft als Recht und damit die kulturellen und kollektiven Zukunftsverfügungen aufgekündigt und durch Bedingungen verschärften Wettbewerbs ersetzt. Die individuelle Lohnarbeits-Erwerbsbiografie wird seit 1970er Jahren als immer zukunftsverdunkelter erfahrbar – und die »Gekaufte Zeit« wird zum Signum für ein neues Temporalitätsbewusstsein, in dem sich das eigene Schicksal immer weniger an Fortschrittsteleologie und immerwährendes Wirtschaftswachstum knüpfen ließ: Die vormals mit kollektivem Zukunftserleben ausgestattete »Masse der Arbeitenden« erlebte fortan eine »Enteignung der Zukunft« (Eversberg 2014, S. 35). Die zunehmend spürbaren Veränderungen auf den Arbeitsmärkten seit den 1970er Jahren hatten erhebliche Auswirkungen auch auf die Erwartungshorizonte der jungen Generation, die an der Schnittstelle des Epochenumbruchs ein »Wegbrechen der Zukunft« (Eversberg 2016, S. 459–470) erlebten.

Die Veränderungen, die sich hier auf politökonomischer und kultureller Ebene abspielten, und die die Epoche »nach dem Ende des ›Goldenen Zeitalters‹« (Krebs und Lipietz 1998) bzw. die »Epoche nach dem Boom« einleiteten, wird vielfach als »Strukturbruch« bzw. »soziale[r] Wandel von revolutionärer Qualität« (Doering-Manteuffel und Raphael 2012; auch Esposito 2017b) besprochen. Die 1970er Jahre gelten als entscheidende Dekade tiefgreifender Verschiebungen, Veränderungen und Brüche im Gefüge der Gegenwart: Die Gewissheit der Moderne und der Glaube an die fortgesetzte Modernisierung durch sozialstaatliche Absicherung waren ebenso in eine tiefe Krise geraten wie der Glaube an die Revolution, an den Fortschritt und die Gestaltbarkeit von Geschichte. 1972 wies an prominenter Stelle der Club of Rome auf die Grenzen des wirtschaftlichen und des Bevölkerungswachstums hin (Meadows et al. 1972) und rückte damit prominent eine krisenhafte Zukunftsahnung ins öffentliche Bewusstsein (Wolfrum 2006, S. 327). Es war dies zwar

»[…] nicht das erste Mal in der Geschichte der Menschheit, dass ihr die Apokalypse vorhergesagt wurde. Aber es war das erste Mal, dass mittels eines computerisierten ›Weltmodells‹ in verschiedenen Szenarien der ›Zusammenbruch‹ des globalen ›Systems‹ spätestens innerhalb der nächsten einhundert Jahre prognostiziert wurde.« (Sarasin 2021, S. 16)

Dazu tragen, nach Ulrich Beck (1986), auch die wissenschaftlich-technisch produzierten Risiken der Industriegesellschaft bei. Eine bedrohliche Zukunft bestimmt darin die gesellschaftliche Gegenwart mehr als vormals die Vergangenheit[17]: »Das Zentrum des Risikobewußtseins liegt nicht in der Gegenwart, sondern in der Zukunft. In der Risikogesellschaft verliert die Vergangenheit die Determinationskraft für die Gegenwart. An ihre Stelle tritt die Zukunft.« (Beck 1986, S. 44)

In der Gesellschaft des Risikobewusstseins ragt eine bedrohliche Zukunft – »eine Zukunft, die es zu verhindern gilt« (Beck 1986, S. 44) – in die Gegenwart hinein. Die Temporalisierung gesellschaftlicher Komplexität, die sich für moderne Gesellschaften als charakteristische Zeitstruktur beschreiben lässt, erscheint zunehmend als Externalisierung ungelöster Probleme in die Zukunft:

»Moderne Gesellschaften scheinen sich generell dadurch auszuzeichnen, dass sie ihren Problembestand nicht mehr in der Gegenwart, sondern nur in einer projizierten Zukunft kompatibel machen können. Ökologische Fürsorge, wirtschaftliche Prosperität, soziale Sicherheit, der Kampf gegen Hunger und Armut – all dies lässt sich gegenwärtig nur durch Selektionsstrategien bewältigen, die bestenfalls noch in einer imaginierten Zukunft zusammenlaufen können, gleichzeitig aber der Zukunft wieder die Lasten der Gegenwart aufladen. Die Zukunft als ›Müllhalde der Gegenwart‹, als temporaler Verschiebebahnhof gegenwärtig unlösbarer Widersprüche – so stellt sich heute jener Zeithorizont dar, auf den alles Handeln gerichtet ist.« (Neckel 1988, S. 479–480)

Im spätmodernen Erfahrungsraum wandelt sich nicht nur die kollektive Zukunftserwartung von einem Versprechen auf Fortschritt zu einer »Müllhalde der Gegenwart«. Vielmehr verändert sich unter diesem Zukunftshorizont das Gegenwartserleben selbst: Statt »Vorwegnahme einer besseren Zukunft in der Struktur der Gegenwart« (Castel 2000, S. 326) wird die Gegenwart unter der Erwartung seiner zukünftigen Müllhalde potentiell als drängende und bedrängte Zeit erlebbar.

17 Doering-Manteuffel und Raphael (2012) behaupten sogar, das Buch reflektiere eine chiliastische Atmosphäre der 1980er: »Das Buch spiegelt die nach 1980 gewaltig zunehmende, bisweilen in chiliastische Dimensionen vorstoßende Diskussion über Technikfolgen und Umweltbelastung« (Doering-Manteuffel und Raphael 2012, S. 85).

2.3.2. Die breite Gegenwart der spätmodernen Gesellschaft der Singularitäten

Sozialwissenschaftliche Diagnosen einer Krise der Zukunft und eines Endes der Geschichte sind Ausdruck eines gesellschaftlichen »Wandels des temporalen Imaginariums« (Esposito 2016), der in den 1970er Jahren einsetzte und der sich auch mittels der Weihen entsprechender Zeitdiagnosen zum dominanten spätmodernen Zeitregime aufschwingen konnte. Becks »Risikogesellschaft« kann vor dem Hintergrund als womöglich prominenteste soziologische Reflexion des »Chronotopos« (Bachtin 2017 [1973]) des Posthistoire verstanden werden – der kollektiven Erfahrung, dass sich geschichtlicher Fortschritt erschöpft hat und sich zu einem Bedrohungsszenario in der Zukunft aufstaut. Das Ende der sozialen Nachkriegsmoderne beginnt an dem Punkt, an dem Zukunft in den kollektiven und kulturellen Erfahrungswelten keinen ungebrochen positiven Horizont mehr darzustellen vermag. Sofern nicht nur der spätmoderne Erfahrungsraum in dieser Hinsicht, sondern auch mit dem Epochenbegriff der Moderne ein »Chronotopos« (Sarasin 2021, S. 416) verstanden wird – »Moderne« und »Spätmoderne« also durch ihre temporalen Strukturen, d. h. die kollektiven und strukturell verankerten sowie kulturell dominanten Zeitwahrnehmungen hindurch beschrieben und charakterisiert werden – ist davon auszugehen, dass sie in ihren Temporalstrukturen historisch veränderbar sind. Der gesellschaftshistorische Prozess, bei dem sich die historisch durchaus überlagernden Erfahrungsräume der (Nachkriegs-)Moderne und der Spätmoderne als zwei unterschiedliche Erfahrungswelten zu konstituieren begannen, lässt sich mit Schauer (2023, S. 229) als erneute »Sattelzeit« qualifizieren, »in der es erneut«, nach der tiefgreifenden Umbruchphase um 1800, »zu einer tiefgreifenden Umstellung der Zeitwahrnehmung der Gesellschaft kommt«. Für die spätmoderne Erfahrungswelt ist eine sukzessive Auflösung jener typisch modernen Verbindung von Zeit und historischem Sinn – der sinnstiftenden Verbindung von Geschichte und poltisch-gesellschaftlicher Richtungserfahrung – charakteristisch. Diese kollektiven Erfahrungen haben strukturelle Ursachen: Seit den 1970er Jahren lassen sich entscheidende Veränderungen im strukturellen Geflecht der modernen Gesellschaft beschreiben (vgl. exemplarisch Sarasin 2021), die sich mit den Theorien der Singularisierung (Reckwitz 2017), der Laufbahneffekte (Bourdieu 1987 [1979]) und des »Cultural Backlash« (Norris und Inglehart 2019) im Folgenden in ihrer sozialstrukturellen Dynamik und ihrem kulturellen Konfliktgehalt noch besser verstehen lassen. Sie erklären auch, wie der Erfahrungsraum der Spätmoderne zu einer Veränderung kollektiver Zeitwahrnehmung führt und wie die Erzählung und das Erleben erschöpfter Geschichte und Fortschritts in der Spätmoderne gesellschaftlich strukturbildend wurden sich zu einem konjunktiven Erfahrungsraum verdichten konnten.

2.3.2.1. Sozialstruktur und Deklassierung

Aus Sicht der Gesellschaftstheorie der Singularisierung (Reckwitz 2017) beginnt seit den 1970er Jahren eine soziale Logik des Besonderen gesellschaftlich strukturbildend zu werden. Ihr zentrales Merkmal sei eine umfassende Prämierung des Einzigartigen gegenüber dem (auch mit der Produktions- und Konsumtionslogik der fordistisch-keynesianischen sozialen Moderne assoziierten) Allgemeinen. Die nunmehr postindustrielle Marktlogik valorisiere das Nicht-Standardisierte, das Besondere und Einzigartige auf Güter- und Dienstleistungs- und Aufmerksamkeitsmärkten (Reckwitz 2017, S. 154). Ökonomie, Technologie, Arbeitswelt und Lebensstil seien von dieser Logik der Singularitäten durchdrungen. Sie manifestiere sich auch im Wandel der Sozialstruktur postindustrieller Gesellschaften. Reckwitz beschreibt sie als kulturelles Gefüge, in dem die relative Deklassierung einer alten nichtakademischen Mittelklasse durch den Aufstieg einer neuen akademischen Mittelklasse in der kulturellen Ökonomie der Singularitäten zu beobachten sei (ebd., S. 273–370). In biografischer, technologischer und konsumbezogener Hinsicht, d. h. im Lebensstil und der biografischen Selbstrepräsentation komme Anerkennung schließlich zunehmend nur dem Einzigartigen, Einmaligen und Besonderen zu. So könne sich gerade die alte nicht-akademische Mittelklasse, »obwohl sie materiell weiterhin durchaus gut situiert sein mag, in der kulturellen Defensive wahrnehmen.« (ebd., S. 369) Ihre politisch-gesellschaftlichen Zukunftshorizonte würden »nurmehr in fatalistischen Begriffen abgesteckt« (ebd., S. 361).

Reckwitz' Sozialstrukturdiagnose argumentiert mit dem Effekt *sozialer Laufbahnen*. Bourdieus Sozialraumtheorie (Bourdieu 1991; Bourdieu 1987 [1979])[18] und die empirische Untersuchung der Sozialstruktur Deutschlands

---

18 Bourdieus Theorie des »Laufbahn-Effekts« (Bourdieu 1987 [1979], S. 190) ist aus seinen empirischen Analysen einer spezifischen sozialen Konfiguration erwachsen: Die französische Sozialstruktur der 1960er und 70er Jahre mit ihrer differenzierten und heterogenen Mittelklasse steht exemplarisch für eine mobile Aufstiegsgesellschaft der europäischen Nachkriegsmoderne, die

durch Vester et al. (Vester et al. 2001) beschreiben v.a. deren politische Effekte.[19] Soziale Laufbahnen stellen die Verbindung zwischen sozialer Struktur und dem mobilitätsorientierten Verhalten der Akteure darin her. Gemeint sind gerade keine individualbiografischen Lebensläufe, sondern von sozialer Herkunft abhängige »Möglichkeitsfelder« (Bourdieu 1987 [1979], S. 188) für soziale Mobilitäten, die für ganze Klassenfraktionen charakteristisch sind (Staab und Vogel 2014, S. 163).[20] Der Weg und die soziale Geschichte, die zur jeweils gegenwärtigen Position geführt haben, strukturieren demnach die Zukunftsaussicht und das Verhältnis, in dem Erfahrungsraum und Erwartungshorizont aufeinander abgestimmt werden. In Sozialstrukturen moderner Gesellschaften ist entsprechend eine strukturelle Ungleichzeitigkeit eingebaut: Sie sind charakterisiert von einer

---

durch Bildungsexpansion und eine klassenübergreifende Öffnung von Zukunftshorizonten charakterisiert war (Staab und Vogel 2014, S. 163). Um zu verstehen, weshalb die soziale Laufbahn bei Bourdieu – neben den diachronen Positionszuweisern der Kapitalverteilung (Bourdieu 2005) – den Stellenwert einer eigenen Sozialraumdimension gewinnt, ist zu beachten, dass der französische Originalterminus »trajectoire« eher »Flugbahn« (vgl. Bourdieu 1974, S. 49) im Sinne der physikalischen Bewegung wie in elektromagnetischen Felder oder in der Himmelsmechanik meint, und weniger »Laufbahn« im Sinne eines Ergebnisses biografischer Entscheidungen (Staab und Vogel 2014, S. 163). Damit legt Bourdieu nahe, dass Erfahrungen mit dem zeitlichen Durchgang durch das soziale Schichtungsgefüge als unabänderliche und unausweichliche Kräfte erfahren werden und weniger das Resultat individualbiografischer Strategien sind. Bourdieu selbst bemerkt dazu: »[...] die aus der Mechanik gegriffenen Metaphern, deren wir uns bedienen mussten, um einer nicht leicht zu benennenden Wirklichkeit näher zu kommen, lassen leicht darüber hinwegsehen, dass die Vorstellungen, die sich die Akteure von der Zukunft ihrer eigenen Position machen, und die ihrerseits von deren objektiver Zukunft, aber auch von den entsprechenden Vorstellungen anderer Akteure abhängt, über die objektive Zukunft der betreffenden Position mit entscheiden [sic]« (Bourdieu 1987 [1979], S. 537–538).

19 »Laufbahn-Effekte« wurden auch an anderer Stelle bei Untersuchungen von Sozialstrukturen konstatiert (Groh-Samberg 2014; Kunze 2008; Eribon 2017; Vester et al. 2001).

20 Bourdieu selbst polemisierte gegen sozialwissenschaftlichen Biografieanalysen und Lebensgeschichten als sozialwissenschaftlicher Gegenstand: »Den Versuch zu unternehmen, ein Leben als eine einzigartige und für sich selbst ausreichende Abfolge aufeinander folgender Ereignisse zu begreifen, ohne andere Bindung als die an ein Subjekt, dessen Konstanz zweifellos lediglich in der des Eigennamens besteht, ist beinahe genauso absurd wie zu versuchen, eine Metro-Strecke zu erklären, ohne das Streckennetz in Rechnung zu stellen, also die Matrix der objektiven Beziehungen zwischen den verschiedenen Stationen.« (Bourdieu 1990 [1986], S. 80) Von der sozialen Laufbahn abzusehen und nur die Lebensgeschichte zu betrachten ignoriere nicht nur die objektiven Beziehungen, in die Einzelne in ihrem Lebenslauf eingebunden sind, sie setzte auch eine »narzisstische« Alltagsvorstellung von der höchsten Wirklichkeit des Individuums in den Wissenschaften fort (vgl. auch Fuchs-Heinritz und König 2014, S. 157–159).

Gleichzeitigkeit ungleicher Zukünfte.[21] Es gibt demnach eine Verbindung zwischen der dynamischen, d. h. geschichts- und positionsabhängigen Perspektive auf Zeit und Geschichte einerseits und den Weltanschauungen und politischen Einstellungen andererseits. Das Verhältnis von sozialer Position und politischer Positionierung lässt sich demnach also über die soziale Laufbahn, die soziale Geschichte sozialer Akteure verstehen – »weil die Wahrnehmung der sozialen Welt und zumal der eigenen Zukunft in ihr generell durch den individuellen wie kollektiven Werdegang, vermittels über Erfahrungen des Aufstiegs oder des Abstiegs, determiniert ist« (Bourdieu 1987 [1979], S. 716). Bourdieu zeigt, dass die Genese der sozialen Position, also die diachronen Stellungsmerkmale, und vor allem der Neigungswinkel (sozialer Auf- oder Abstieg), der zu dieser Position geführt hat, die entscheidende Information über den »Zusammenhang […] von sozialer Klasse und religiösen oder politischen Überzeugungen« (Bourdieu 1987 [1979], S. 191), respektive über die die Genese politischer Weltsichten beinhaltet. Nur im Medium der Zeit lassen sich so »Erfahrungen, Beziehungen, Strategien, Lernen, Praxis, Investieren usw. verstehen« (Vester et al. 2001, S. 191). Die Weiterentwicklung und empirische Anwendung der Bourdieu'schen Sozialraum-Theorie und der Theorie der Laufbahn-Effekte auf Deutschland durch Vester et al. (2001)[22] hat auch zu einer Analyse der »Einflusszone

21 Wie in der Einleitung dieser Arbeit bereits dargelegt, haben darauf schon Ernst Bloch (1985 [1935]) und Theodor Geiger (1949) hingewiesen: Moderne Sozialstruktur ist geprägt von einer Pluralität sozialer Trennungslinien, an denen bestimmte historische Produktionsweisen, Reproduktionsstrategien und Weltsichten hängen und die für die älteren Traditionslinien mittelständischer Schichten mitunter zu »Zeit-inadäquaten Ideologien« führen (Geiger 1930).

22 Die Konzeption von Laufbahn-Effekten übertragen Vester et al. (2001) auf die bundesrepublikanische Sozialstruktur. Sie führen dabei explizit eine historische Dimension in die Sozialstrukturanalyse ein, sofern sie die untersuchten sozialen Milieus als historische Erben der Stände, Klassen und Schichten konzipieren , die sie nach Ausdifferenzierung und Modernisierung untersuchen (Schneickert 2018, S. 192). Dazu untersuchten sie mit Bourdieus Instrumentarium der Sozialraumanalyse die Bundesrepublik der späten 1980er und frühen 1990er Jahre und arbeiten insbesondere Milieustammbäume – und damit die Strukturen der »akkumulierten Geschichte« – der deutschen Sozialstruktur heraus (Vester et al. 2001; Vester 2002). Das Hauptergebnis ihrer Arbeit ist die Rekonstruktion der Stabilität und Trägheit der Sozialstruktur und sozialstruktureller Milieustammbäume. Untersucht wird darauf aufbauend das Verhältnis von sozialem Raum und dem »Feld der gesellschaftspolitischen Bewegungen und ideologischen Lager«: In den rekonstruierten Sozialraum – mittels der Kombination einer vertikalen Herrschaftsachse und einer horizontalen Achse der Kultur und Lebensführung (Vester et al. 2001, S. 26–32) – werden die Lebensstile und kulturellen Praktiken hineinprojiziert und insbesondere deren Verquickungen mit dem »Feld der gesellschaftspolitischen Bewegungen und ideologischen Lager« untersucht.

der Rechtspopulisten« geführt (Vester 2017).[23] Koppetsch (2017; 2019) verbindet systematisch Vesters Sozialstrukturanalyse mit Bourdieus Theorem der die politischen Lagerbildungen bedingenden Laufbahnen und Zeiteinstellungen (Koppetsch 2019, S. 137–141) und leitet daraus den Schluss ab, dass das »gemeinsame Stellungsmerkmal« der hinter diesen Lagern versammelten Milieus eine abwärtsmobile soziale Flugbahn sei, weshalb mit dem eigenen Lebensstil verbundene Normalitätsvorstellungen und Privilegien als gefährdet wahrgenommen würden (Koppetsch 2019, S. 142). Die sozialstrukturdiagnostische These Koppetschs lautet im Wesentlichen, dass der spätmoderne Rechtspopulismus das Resultat einer mit Globalisierung und Transnationalisierung von Sozialstruktur zusammenhängenden mobilitätsbedingten Schließung und Eintrübung von Zukunftshorizonten sei (vgl. auch Eribon 2016).[24] Das politische Angebot der AfD im Speziellen fungiere darin gerade für die in ihren Deklassierungserfahrungen vereinten und auf der vertikalen Schichtungshierarchie durchaus gleichmäßig verteilten sozialen Milieus als »Re-Klassifizierungsangebot« (Koppetsch 2019, S. 115) oder Re-Klassifizierungslinse zur Wiederherstellung von verloren geglaubten symbolisch-hegemonialen gesellschaftlichen Verhältnissen.

Das Ergebnis lautet: Es sind nicht die sozialen Milieus, die zerfallen, sondern deren politische Repräsentation.

23 Vester zieht für diese neuere Analyse empirisches Material aus den 1990er Jahren heran. Er verwenden qualitative und quantitative Daten für Westdeutschland seit 1982 (Vester et al. 2001), anfangs aus der gemeinsamen Arbeit mit dem SINUS-Institut in Heidelberg. Die Traditionslinien der Milieus wurden darin zunächst historisch und qualitativ ausgearbeitet und dann in einer Repräsentativerhebung für Westdeutschland 1991 die Zuordnung und Verteilung der Milieus untersucht (Vester et al. 2001, S. 33–34).

24 Rückblickend wird sie auch als »Reaktion auf eine Zeitenwende« verstanden, die unter sozialstrukturanalytischen Aspekten als »Konterrevolution [...] gegen die Folgen von Globalisierungs- und Transnationalisierungsprozessen« (Koppetsch 2019, S. 23) beschrieben wird. Heitmeyer (2001) erwartete schon früh, dass Globalisierung die nationalgesellschaftlich verfassten politischen und sozialen Zustände auf vielfältige Weise umkrempeln würden, mit dem Ergebnis weitreichender Erfahrungen politischer Souveränitäts- und biografischer Kontrollverluste (vgl. Kapitel 1). Soziale Wert- und Anerkennungsordnungen ließen sich nicht länger verlässlich und stabil halten. Die daraus resultierenden Desintegrationserfahrungen trügen dazu bei, »[]dass neue autoritäre Versuchungen durch staatliche Kontroll- und Repressionspolitik wie auch rabiater Rechtspopulismus befördert werden.« (Heitmeyer 2001, S. 500) In einem Wort: die erwarteten Prozesse weitreichender Desintegration im Zuge der Globalisierung bereiteten einem neuen autoritären Rechtspopulismus den Weg. Sie scheinen mit einer Form des »Wegbrechens der Zukunft« (Eversberg 2016, S. 459–470) zusammenzuhängen.

2.3.2.2. *Breite Gegenwart der Spätmoderne*

Eine Transformation (und Transnationalisierung) der Sozialstruktur (Koppetsch 2019) und eine Kulturalisierung von Ungleichheit und Deklassierung (Reckwitz 2017, S. 350–370) sind zwei Merkmale des Erfahrungsraums der Spätmoderne. Mit der Theorie der Laufbahnen lässt sich genauer erklären, worin die kulturalisierten Klassenkonflikte in der Gesellschaft der Singularitäten gründen: Sie entstehen auf der zeitlichen Ebene als Resultat von Laufbahneffekten. Auf dieser Folie lässt sich sodann auch der Rechtspopulismus deuten. Lux (2022) zeigt entsprechend, dass eine alte Mittelklasse in der Tat anfälliger für die AfD sei als die Vertreter*innen der postindustriellen Wissens- und Kulturökonomie einer neuen Mittelklasse. Aus Sicht von Inglehart und Norris (2016; Norris und Inglehart 2019) hänge diese Entwicklung wesentlich mit dem postmaterialistischen Wertewandel in westlich-demokratischen Industriegesellschaften seit den 1970er Jahren (Inglehart 1977) zusammen. Frieden-, Frauen- und Öko-Bewegung, Ausdruck eines auch politischen Kultur und Wertewandels, statteten die kollektiven Forderungen nach Individualität, Selbstverwirklichung, Freiheit und Diversität zunehmend mit gesellschaftlicher Sichtbarkeit aus. Inglehart und Norris zeigen, inwiefern die Unterstützung für rechtspopulistisch-autoritäre Politikangebote in Zusammenhang steht mit diesem inter- bis intragenerationalen Wertewandel. Er beschwöre insbesondere bei älteren Kohorten eine politische Gegenreaktion (»cultural backlash«) herauf.

> »This perspective emphasizes that populist support can be explained primarily as a social psychological phenomenon, reflecting a nostalgic reaction among older sectors of the electorate seeking a bulwark against long-term processes of value change, the ›silent revolution‹, which has transformed Western cultures during the late twentieth century. This account predicts that support for populism will be especially strong among those holding traditional values and retro norms, including older generation and the less-educated groups left behind by progressive cultural tides.« (Inglehart und Norris 2016, S. 13)

Norris und Inglehart (2016) zeigen, dass rechtspopulistische Parteien im internationalen Vergleich vornehmlich von älteren, zur ethnischen Mehrheitspopulation zählenden (auch niedriger gebildeten, männlichen und eher religiösen) Wähler*innen gewählt werden.[25] Dabei ist hervorzuheben, dass sie

25 Sie erachten die Kombination aus demografischen und sozialen Indikatoren in Zusammenhang mit »cultural values« als aussagekräftigste Merkmalskombination zur Erklärung der Zustimmung zu rechtspopulistischen Parteien in Europa und den USA. Die »cultural values«, von de-

den rechtspopulistischen cultural backlash nicht nur als Abwehrreflex gegen die seit den 1970er Jahren fortschreitende »Silent Revolution« (Inglehart 1977) deuten, sondern auch gegen deren beschleunigtes Tempo:

> »The evidence examined in this study suggests that the rise of populist parties reflects, above all, a reaction against a wide range of rapid cultural changes that seem to be eroding the basic values and customs of Western societies. Long-term processes of generational change during the late twentieth century have catalyzed culture wars, for these changes are particularly alarming to the less educated and older groups in these countries. [...] it would be a mistake to attribute the rise of populism directly to economic inequality alone.« (Inglehart und Norris 2016, S. 30)

Damit sprechen Inglehart und Norris ein für die Spätmoderne konstitutive kollektive Erfahrung einer »Steigerung der Verfallsraten von handlungsorientieren Erfahrungen und Erwartungen« (Rosa 2005, S. 133) an. Der Wertewandel werde im fortschreitenden Generationengeschehen als »beschleunigt« wahrgenommen, v.a. weil die eigene generationale Selbstverortung als zunehmend weniger hegemonial, selbstverständlich und zukunftsträchtig erlebt wird. In dieser Hinsicht argumentiert Rosa (2005, S. 49–50), »dass die in der Moderne konstitutiv angelegte soziale Beschleunigung in der ›Spätmoderne‹ einen kritischen Punkt übersteigt, jenseits dessen sich der Anspruch auf gesellschaftliche Synchronisation und soziale Integration nicht mehr aufrechterhalten lässt«. Die Spätmoderne lässt sich dieser Perspektive nach als Epoche der Gegenwart beschreiben, bei der der Beschleunigungsprozess der Moderne und das gesellschaftliche Wandlungstempo einen Umschlagpunkt erreicht hätten, der sich im Zeitmaß des Verhältnisses zwischen Geschwindigkeit sozialen Wandels und Generationenwechsel zeigt: Die Spätmoderne zeichne sich vor allem durch ein *intragenerationales Tempo* des soziokulturellen Wandels aus (ebd., S. 176–194).

In ihrer ausführlicheren Nachfolgeanalyse erweitern Norris und Inglehart (2019) ihren Befund des rechtspopulistsichen »cultural backlash« um die These, dass eine traditionell konservative Wähler*innenschaft am meisten

---

nen die Autoren in diesem Zusammenhang sprechen, wurden über sogenannte »cultural value scales« abgefragt, »associated with populist ideology, including attitudes toward immigration, global governance, trust in national governments, authoritarian values, and self-positioning on the left-right ideological scale« (Inglehart und Norris 2016, S. 26). Die kulturellen Werte, die den Ausschlag zu geben scheinen für die Wahl rechtspopulistischer Parteien, werden in anderen Worten mit »populistischen Ideologien« gleichgesetzt. Damit ist letztlich nur gesagt, dass rechtspopulistische Parteien von Menschen gewählt werden, die eine »populistische Ideologien« vertreten.

fürchte, selbst zur Minderheit im intergenerationalen Wertewandel zu werde. Die Autor*innen erwarten insbesondere, dass diese Angst vor der »silent revolution« und eines »intergenerational population replacement« (Norris und Inglehart 2019, S. 87–131) eine autoritäre Dynamik in Gang setze:

> »We hypothesize that long term cultural changes have reached a tipping point where members of the former cultural majority, who still adhere to traditional norms, have come to feel like strangers in their own land. People with socially conservative values have lost their cultural hegemony, activating feelings of resentment towards groups blamed for change.« (Norris und Inglehart 2019, S. 91)

Die treibende Kraft hinter dem rechtspopulistischen Aufschwung ist demnach die Angst vor kulturellem Hegemonieverlust im Prozess des (beschleunigt erlebten) Wertewandels – mehr noch die Angst (älterer Kohorten) vor einem ›Aus-der-Zeit-Fallen‹. Die kulturalisierten Klassenkonflikte ungleichzeitiger Mittelklassen (Reckwitz 2021, S. 63–134) lassen aus dieser Perspektive im Rechtspopulismus ein intergenerationales Ressentiment als Ausdruck eines wütenden Aufbegehrens gegen den Verlust der privilegierten Stellung im historischen und intergenerationalen Fortschrittsprozess erkennen.

Aus der Perspektive der hier zugrunde gelegten Theorie, die die Moderne und Spätmoderne als »Chronotopoi« (Rosa 2005; Schauer 2023; Esposito 2017a, 2017b; Sarasin 2021, S. 416), bzw. als »Zeit-« (Assmann 2013) oder »Historizitätsregime« (Hartog 2015) begreifen, die sich über die kollektiven und kulturell vorherrschenden Erfahrungen von Zeit und geschichtlicher Selbstverortung charakterisieren lassen, stellt sich der von Norris und Inglehart herausgearbeitete »backlash« als generationale und sozialstrukturelle Dynamik der sukzessiven Überlagerung, Gleichzeitigkeit und noch immer andauernden Ablösung eines kollektiven Erfahrungsraums der (Nachkriegs-)Moderne vom Erfahrungsraum der Spätmoderne dar. Da diese Erfahrungsräume hier im Hinblick auf ihr darin kulturell vorherrschendes, kollektives Zeiterleben charakterisiert werden, lässt sich der kulturalisierte Klassenkonflikt als Konflikt im Verschwinden des Geltungsbereichs jenes Erfahrungsraums auffassen, in dem die eigene kollektive Identität auf ein Zeitbewusstsein abgestimmt war, in dem Erfahrungsraum und Erwartungshorizont auf bestimmt Weise abgestimmt sind – auf eine Weise, die nicht nur in einer Gegenwart beständig auf eine bessere Zukunft hoffen darf, sondern v.a. auch eine geschichtsteleologisch begründete kollektive narzisstische Selbstaufwertung gestattet, sofern die eigene Gegenwart beständig als der notwendige Fluchtpunkt der Geschichte vorgestellt wird. Im spätmodernen Erfahrungsraum wird das privilegierte, moderne Zeiterleben auf mehrfache Weise erschüttert und das kollektive Temporalitätserleben der (Nachkriegs-)Moderner wird überlagert und abgelöst.

Aus Perspektive der Gesellschaftstheorie der Singualarisierung (Reckwitz 2017) stellt sich die von Inglehart (1977) und Inglehart und Norris (2016) herausgestellte »Silent Revolution« des postmaterialistischen Wertewandels als Anzeichen einer gesellschaftsstrukturprägenden Dynamik der Singularisierung dar. Eine Logik des Besonderen beginnt strukturprägend zu werden. Diese Strukturierungsprinzip transformiert nicht nur die Sozialstruktur und die politischen und sozialen Wertbindungen, sondern die Temporalität der spätmodernen Gesellschaften selbst. Ihr Signum ist eine »singularisierte Zeit« (Reckwitz 2017, S. 61). Deren Eigenschaft lässt sich verdeutlichen in der Gegenüberstellung zu jener sozialen Zeit, die für Erwerbsarbeit und Lebensführung in der klassisch-fordistischen Nachkriegsmoderne typisch war. Gegenüber der kollektiven Orientierung an einer Rationalisierung von Zeit und der Standardisierung vergleichbarer Zeitintervalle (Arbeitstag und Arbeitswoche), kapriziert sich die »singularisierte Zeit« im postindustriellen Kulturkapitalismus auf die Aufwertung einzigartiger Zeit*punkte*. Es scheint als würde darin die abstrakte, uniforme und standardisierte Zeit des Kapitalismus wieder zurückgedrängt und von einer aufgaben- oder ereignisorientierten Zeit überlagert (vgl. Thompson 1967; vgl. Kapitel 2.1.3), ohne dass dies allerdings eine Befreiung aus einem kapitalistischen Zeitregime per se wäre. Vielmehr bestimmt nun eine kurze kulturelle Halbwertszeit des Besonderen den postindustriellen Kulturkapitalismus (Reckwitz 2017, S. 111–179). Zeitlichkeit in der klassischen Moderne – insbesondere in ihrer Funktion der Arbeitsorganisation – lasse sich demgegenüber kennzeichnen durch ein gleichmäßiges Füllen und routinisieren von Zeiträumen. Unter dieser Perspektive nimmt die Gegenwart einen instrumentellen Charakter »als Beitrag zur Erreichung eines zukünftigen Ziels, während die Vergangenheit abgeschlossen und überholt erscheint«, (ebd., S. 40) an. Der sich in seiner Einzigartigkeit zu bewährende Zeitpunkt der spätmodernen Gesellschaft hingegen ist gegenwartsorientiert – und gerade nicht mehr instrumentell auf die Zukunft ausgerichtet (ebd., S. 62). Im Gegenwärtigen findet das Singuläre statt: »Die singularisierte Zeit hat somit die Form eines Ereignisses, das aktiv und intensiv erlebt wird.« (Reckwitz 2017, S. 61) Sie ist die Zeitform einer »Sofort-Kultur« und einer Kultur der Augenblicklichkeit, die die schnelle Lieferung ubiquitärer Güter, Erlebnisse, Empfindungen und Erfahrungen und die sofortige Befriedigung von Wünschen verspricht

(Tomlinson 2007). Darin und damit findet eine Aufwertung der Gegenwart und Verbreiterung der Gegenwart statt. Die singularisierte Zeit trägt Merkmale einer »erstreckten« (Nowotny 1989, S. 47–76) oder »breiten« Gegenwart (Gumbrecht 2010). Der singuläre Gegenwarts-Moment der breiten Gegenwart, der seines vormals instrumentellen Charakters als Durchgang zu einer Zukunft entledigt ist, drückt den Verlust einer sinnstiftenden Verbindung zwischen Erfahrung und Erwartung aus. Dazwischen erstreckt sich nunmehr eine Gegenwart, von der zugleich erwartet wird, dass sie die Erfahrung des Singulären mit sich bringt. Hartog (2015) nennt dieses kulturelle Zeit-»Regime«, das an die Stelle des neuzeitlich-modernen mit seiner teleologischen Forschrittsobsession getreten sei, »Präsentismus«. Gemeint ist damit eine kulturell prägende Vorstellung »that only the present exists, a present characterized at once by the tyranny of the instant and by the treadmill of an unending now« (Hartog 2015, S. xiv–xv). Gleichwohl ist dem Präsentismus der Spätmoderne die Zukunft »a time of disasters, and one we have, moreover, brought upon ourselves« (ebd., S. xviii).

In diesem Spannungsfeld erscheint die Temporalität der Spätmoderne bei genauerer Betrachtung auch als hochgradig paradox (Reckwitz und Rosa 2021, S. 91–98), denn ihr Regime des Präsentischen, Neuen und Besonderen (Singulären) ist gleichzeitig mit seiner Negativität, einem Verlustbewusstsein und einer Vergangenheitssehnsucht, verbunden. Gumbrecht (2010, S. 16) spricht von einer »vergangenheitsüberschwemmten« Gegenwart: »Zwischen dieser uns überflutenden Vergangenheit und jener bedrohenden Zukunft ist, drittens, die Gegenwart zu einer sich verbreitenden Dimension der Simultanitäten geworden.« Die breite Gegenwart der Spätmoderne sei demnach gekennzeichnet von einem obsessiven Vergangenheitsbezug einerseits und einer Zukunftsverschlossenheit andererseits. Als Resultat der Überlagerung, Gleichzeitigkeit und Ablösung des modernen Erfahrungsraums durch den spätmodernen und entstehender Erfahrungsfriktionen habe *Nostalgie* Konjunktur – und Nostalgie werde insbesondere von Rechtspopulist*innen aufgegriffen, gesteigert und ausgebeutet (Reckwitz 2019, S. 11–15). Auf die Verquickung von Nostalgie und Rechtspopulismus weisen auch zahlreiche Studien hin (vgl. etwa Gest et al. 2018). Steenvoorden und Harteveld (2017) zeigen beispielsweise, dass Pessimismus die Wahl von populistischen Rechtsparteien erkläre, weil er mit der nostalgischen Ideologie der Parteien resoniere:[26]

»Societal pessimism is a characteristic of voters' worldviews that cannot be explained by objective conditions alone; this concern is constituted by perceptions of unmanageable changes in Western societies and the alleged erosion of old certainties.« (Steenvoorden und Harteveld 2017, S. 29)

Im Kern wird argumentiert, dass Pessimismus gar ein Alleinstellungsmerkmal der Wähler*innen rechtspopulistischer Parteien sei. In dieser Eigenschaft verhielten sich rechtspopulistische Wähler*innen sogar gegensätzlich zu konservativen, oder rechtskonservativen Wähler*innen (Steenvoorden und Harteveld 2017, S. 40). Dieses scheinbare Alleinstellungsmerkmal von Rechtspopulist*innen hänge damit zusammen, dass ihr nostalgischer Pessimismus eine bestimmte, retro-utopische Zukunftsvision darstellt, die den Rechtspopulismus kennzeichne und die mit weitreichenden gesellschaftlichen Veränderungen verbunden wäre:

»Political radical right parties are attractive to citizens who are societally pessimistic, because they provide a clear vision of how society should change, namely returning to how it used to be before the social changes that have occurred in recent decades.« (Steenvoorden und Harteveld 2017, S. 29)

Bereits im ersten Kapitel wurde der Zusammenhang von Pessimismus, Zukunftsangst und rechtspopulistischer Ansprechbarkeit diskutiert. Zeitdiagnosen des Rechtspopulismus schreiben einer spätmodernen Konjunktur von Nostalgie eine wichtige Rolle zu: Während die Moderne ihren Blick noch hoffnungsvoll in die Zukunft wendete und ihre Hoffnungen in den Begriff des Fortschritts legte, werde in der Spätmoderne Zukunft zu einer Projektionsfläche von Ängsten und Sorgen (Bauman 2017). Für Rechtspopulist*innen fungiere Nostalgie »als Abwehrmechanismus beschleunigter Lebensrhythmen und historischer Umwälzungen und bestehe im Wesentlichen aus dem Versprechen, jene ideale Heimat aus der Vergangenheit wiederherzustellen« (Koppetsch 2018b). Sie kultivierten ein »*Regime des Alten*, indem beständig die Vergangenheit thematisiert wird, in deren Licht

26 In die Untersuchung wurden entsprechende »Populist Radical Right Parties« und ihre Wähler*innen in den europäischen Länger Belgien, Dänemark, Finnland, Frankreich, die Niederlande, Norwegen, Schweden und die Schweiz einbezogen. Es ist also zu beachten, dass die AfD und ihre Wähler*innen darin nicht vorkommen.

die Gegenwart und Zukunft betrachtet werden« (ebd., S. 398; Hervorheb. i. Orig.).

Diese These kann die empirische Analyse der vorliegenden Arbeit allerdings nicht ohne Weiteres bestätigen (vgl. Kapitel 5 und 6). Nostalgie spielt bei den untersuchten AfD-Wähler*innen keine hervorgehobene Rolle. Vielmehr verarbeiten sie eine kollektive narzisstische Kränkung, die im Erfahrungsraum der Spätmoderne auf das Verhältnis von Zukunft und Gegenwart gerichtet ist. Hier wird die Gegenwart und die eigene Position darin zunehmend weniger als historische Notwendigkeit erfahren – weniger noch verspricht die Zukunft eine Fortsetzung oder Wiederaufrichtung einer sozial und historisch privilegierten Stellung. Mit Reckwitz lässt sich dies so verstehen, dass der Rechtspopulismus im Sinne der Logik der Singularität durch Referenzen auf eine katastrophische Zukunft die Gegenwart gewissermaßen negativ singularisiert: Den Fällen dieser Studie gilt die Gegenwart als einzigartig schlechte und bedrängte Zeit, aus der es auszubrechen gelte. Von einer »besseren« Vergangenheit allerdings wähnen sie sich mitunter sogar abgeschnitten. Aus dem Grund erklärt sich auch der empirische Befund dieser Arbeit, dass der Rechtspopulismus mehr ein Kampf um Zukunft als um die Wiederaufrichtung einer Vergangenheit sei.

2.4. Fazit: Rechtspopulismus im Kontext des Erfahrungsraums der Spätmoderne

Der spätmoderne Erfahrungsraum beginnt seit den 1970er Jahren den Erfahrungsraum der (Nachkriegs-)Moderne zu überlagern. Die moderne Temporalitätserfahrung, die an der Schwelle der Sattelzeit zur Moderne kulturell prägend wurde, gerinnt in den kollektivsingulären Konzepten Geschichte und Fortschritt. Sie prägen die soziale Praxis nicht nur in politischen Bewegungen – auch die kapitalistische Wirtschaft, die moderne Wissenschaft und die Technik sind inhärent fortschrittsorienterte und gesellschaftlich prägende soziale Felder. Obgleich immer wieder gebrochen und kritisiert, schwang sich die fortschrittsteleologische Geschichtsvorstellung auch nach dem Zweiten Weltkrieg in den westlich-kapitalistischen Industriegesellschaften erneut zur bestimmenden Zeitkultur empor. Die soziale Nachkriegs-Moderne war bestimmt durch eine kollektive Zeiterfahrung, in der soziale Positionen und Identitäten einerseits als (notwendige)

Resultate der Geschichte, und andererseits als Durchgang in eine (bessere) Zukunft erlebt werden konnten. Diese Möglichkeit eines privilegierten kollektiven Selbsterlebens in temporaler Hinsicht wird mit dem Erfahrungsraum der Spätmoderne zunehmend überlagert und verdrängt. Die kollektive Erfahrung von und mit Zeit verändert sich: Zukunft scheint darin weder als Versprechen noch Ressource für die Gegenwart mehr erlebt zu werden, sondern als eine bedrohliche Anhäufung von ökonomischen, ökologischen und sozialen Nebenfolgen unseres gegenwärtigen Lebens. Zeit wird in der Spätmoderne zunehmend als »präsentisch« (Hartog 2015) und singularisiert (Reckwitz 2017) und in einer »breiten Gegenwart« (Gumbrecht 2010) festgefahren erfahren:

»In diesem Chronotypen [sic!] ist, erstens, die Zukunft kein offener Horizont für Möglichkeiten mehr. Vielmehr ist sie gefüllt mit Gefahren, die sich konvergierend auf die Gegenwart zubewegen. Zudem lassen wir, zweitens, die Vergangenheit nicht mehr hinter uns, eher wird die Gegenwart, metaphorisch gesprochen, von der Vergangenheit überschwemmt. Das liegt unter anderem auch daran, dass dank der uns zur Verfügung stehenden digitalen Medien alle Vergangenheit gewissermaßen speicher- und archivierbar geworden ist. Zwischen jener blockierten Zukunft und dieser ›aggressiven‹ Vergangenheit mutiert die Gegenwart, drittens, von einem kurzen Moment des Übergangs zu einer breiten Gegenwart der Simultanitäten, in der tendenziell alles gleichzeitig gegenwärtig ist. Der Chronotop der breiten Gegenwart zeichnet sich, viertens, dadurch aus, dass nun denkbar ist, dass Zeit kein absolutes Agens von Veränderungen mehr ist.« (Esposito und Gumbrecht 2017, S. 256)

Das Bild einer solchen präsentischen, breiten Gegenwart drückt die kollektive Zeit-Erfahrung aus, die die spätmoderne Gegenwart auszeichnet: Ein Verlust der Gespanntheit der vergangenheitsbegründeten Gegenwart hin auf Zukünftiges. Diese dadurch vergangenheitsüberschwemmte spätmoderne Gegenwart kann das Vergangene nicht auf das Zukünftige hin deuten und sinnstiftend verarbeiten. Damit geht auch der kollektive Sinn für und die Erwartung von historischen Abläufen zunehmend verloren. Dass Geschichte an ihr Ende gekommen sei (Fukuyama 1989; Fukuyama 1992; Niethammer 1989) ist die ausdrucksstarke Selbstbeschreibungen dieser spätmodernen Gegenwartsgesellschaft. Darin macht sich immer mehr die Wahrnehmung eines richtungslosen Zeitgeschehens breit:

»Politisch wie lebenspraktisch erzeugt diese spätmoderne Form der *verzeitlichten Zeit*, die durch hohe, kaum planbare und nur in geringem Maße kontrollierbare Veränderungsraten gekennzeichnet ist, den Eindruck des *rasenden Stillstandes*: Die Dinge ändern sich, aber sie entwickeln sich nicht; es gibt unerschöpfliche Optionsräume, aber da sie beständig ihre Gestalt verändern, keine langfristigen Strategien, sie kumulativ zu nutzen. Die Bewegung wird ziellos und kontingent, ja erratisch; sie verliert ihren temporalen, sachlichen und politischen Richtungsindex.« (Rosa 2012, S. 218; Hervorheb. i. Orig.)

Die Diagnosen einer präsentischen, breiten Gegenwart der Singularitäten und das Erleben einer Richtungslosigkeit des historischen und politischen Geschehens drücken im Kern aus, dass die Beziehung zwischen den Zeithorizonten, für die die Moderne das Bild einer Linie geprägt hatte, heute gestört ist (Schauer 2023, S. 242). Die Schwäche des Fortschrittsparadigmas zeigt sich darin, dass es im spätmodernen Erfahrungsraum die Kraft verliert, die Vergangenheit auch in ausreichendem Umfang zu vernichten. Zugleich aber entstehe die paradoxe Situation, dass sich darin ein permanentes Verlusterleben breit mache, von dem die Konjunktur der Nostalgie zeuge. Die Überlagerung und sukzessive Verdrängung des modernen durch einen spätmodernen Erfahrungsraum lässt sich in der gesellschaftlichen Tragweite, die dieser Prozess hat, als erneute »Sattelzeit« qualifizieren (Schauer 2023, S. 229).

Mit diesen Diagnosen und Charakterisierungen dessen, wie sich gesellschaftliche Zeitverhältnisse verändern, wie Zeit kollektiv erfahren und verarbeitet wird und welche Sinnstiftungen diese gesellschaftlich geprägten Zeiterfahrungen zulassen, ist auf den Begriff gebracht, welche kollektiven Erfahrungen von und mit Zeit sich in unserer Gegenwartsgesellschaft ausprägen. Es ist aber v.a. damit zu rechnen, dass – abhängig davon welche Erfahrungen sich genau mit dieser spätmodernen Zeitkultur, respektive mit der Überlagerung und Verdrängung moderner Zeit, einstellen – sich mit Erfahrungen veränderter Zukunftsaussichten auch der kollektive Blick in die Vergangenheit ändert. Damit lässt sich die paradoxe Zeitkultur der Gegenwart erklären: Einerseits gelingt es in ihr immer weniger, Vergangenheit im fehlenden Spannungsverhältnis von Gegenwart und Zukunft auch zu vernichten und sie mit Zukunfts-Sinn zu versehen; andererseits prägen Verlusterfahrungen bis Verlustwut (Reckwitz 2021; Reckwitz 2022) die Gegenwart und sie sind, wie Inglehart und Norris (2016; Norris und Inglehart 2019) zeigen, auch Treiber für einen rechtspopulistischen »backlash«. Kollektive Erfahrungen einer dauerhaft verlorenen Vergangenheit, mit der die Parameter der Identität einer ganzen Gesellschaftsklasse untergehen, und nicht kollektives materielles und soziales Bedrohungserleben, stehen im Zentrum des Rechtspopulismus.

Sofern aber ein kollektiver Blick in die Zukunft auch das entsprechende Bild der Vergangenheit ändert (Jaster 2020), gilt auch, dass mit sozialgeschichtlichen Rekonstruktionen aus der Vergangenheit vorsichtig umzugehen ist. In anderen Worten: Die These, dass die Konjunktur von Nostalgie – bzw., dass sie v.a. im Rechtspopulismus Konjunktur habe – ein Verlusterleben anzeige, nimmt kollektive Verlust*deutungen* als Verlust*erfahrung* womöglich zu ernst. Denkbar ist auch, dass es sich um kollektive retrospektive Konstruktionen handelt, bei denen in der Gegenwart plötzlich mehr verloren geglaubt wird, als jemals wirklich zu verlieren war. Vielmehr geht es also nicht um den Verlust von Vergangenem und Vergangenheit, sondern um einen Verlust von Zeit selbst – d. h. um einen Verlust einer ehemals unproblematisch auf Zukunft und Fortschritt eingestellten Zeitkultur. Dies bringt gehörige Folgewirkungen mit sich, weil damit auch die eigene historisch privilegierte Stellung, die sich im teleologischen Fortschrittsdenken imaginieren lässt, verloren geht.

Im Rechtspopulismus, so die hier entwickelte These, formiert sich nicht nur eine Wut über den Verlust von Vergangenem in einer spätmodernen Zeitkultur. Vielmehr verarbeitet er ein kollektives Verlusterleben der Zukunft. Er ist Erscheinungsform eines nihilistischen (Brown 2019) Verlustbewusstseins, in dem die eigene kulturelle Lebensform und Identität, mit ihren Normalitätsannahmen und Hegemonieansprüchen, als durch Zukunftslosigkeit bedroht erlebt wird.

Weil die Koordinaten gesellschaftlicher Selbstverständigung – über geschichtlichen Sinn und Fortschritt – in der Spätmoderne abhandenzukommen scheinen, formiert sich im Rechtspopulismus ein politisches Projekt, das Utopien zur Überwindung dieser Zeitkrise mobilisiert. Diese Hypothese steht im Zentrum der vorliegenden Arbeit. Sie gibt daher auch der *empirischen* Forschungsfrage die entscheidende Richtung: Welche Zeiterfahrungen stehen hinter der Wahlentscheidung für die AfD und inwiefern lassen sie sich als Ausdruck eines Erfahrungsraums der Spätmoderne verstehen?

3. Zur Analyse des utopischen rechtspopulistischen Bewusstseins und seiner Erfahrungsräume

3.1. Wissenssoziologie der Zeit

Aus den vorhergehenden Kapiteln sollte die Einsicht gewonnen werden, dass Rechtspopulismus als Phänomen eines Erfahrungsraum der Spätmoderne – insbesondere einer Krise kollektiven Zeiterlebens darin – noch tiefergehender zu erforschen ist. Nicht kollektives materielles und soziales Bedrohungserleben stehen im Zentrum des Rechtspopulismus, sondern die Erfahrung einer bedrohten und bedrohlichen Zukunft und einer deshalb verloren geglaubten Vergangenheit, mit der die Parameter und Privilegien der Identität einer ganzen Gesellschaftsklasse untergehen. Sie sind das Resultat einer Überlagerung eines kollektiven Erfahrungsraums der (Nachkriegs-)Moderne durch einen spätmodernen Erfahrungsraum. Die im Zentrum dieser Arbeit stehende rekonstruktive Analyse narrativer Interviews mit AfD-Wähler*innen ist sukzessive auf die Bedeutung eines entsprechenden Verlusterlebens der ehemals strukturell verankerten sinnstiftenden Verbindung von Zeit und Sinn in deren Weltanschauungen gestoßen. Im Analyseprozess wurde schrittweise immer deutlicher, dass die Art und Weise, wie sie Zeitverhältnisse problematisieren und wie implizite Zeitvorstellungen ihren Handlungsorientierungen zugrunde liegen, in Zusammenhang stehen mit ihrer Nachfrage nach dem rechtspopulistischen Politikangebot der AfD. Die Analyse des empirischen Materials interessierte sich also mehr und mehr für Zeit in wissenssoziologischer Hinsicht, d.h. für Zeit als »Orientierungsmittel« (Elias 2014; Rüsen 2003) und die impliziten, habituellen Sinnstiftungen, die in Bezug auf die Vergangenheit und Zukunft vorgenommen werden. Infolgedessen wurde die im vorherigen Kapitel dargelegte Theorie der sukzessiven Überlagerung der in temporaler Hinsicht charakterisierten Erfahrungsräume der Moderne und Spätmoderne entwickelt.

Die Analyse und Typisierung von Handlungsorientierungen der hier untersuchten AfD-Wähler*innen wird mit der auf wissenssoziologischen Theorien aufbauenden Dokumentarische Methode betrieben. Ihrem methodischen Vorgehen liegt eine nützliche wissenssoziologische Unterscheidung zugrunde: Es lässt sich konsequent und fokussiert das Zusammenspiel von Alltagstheorien, d. h. den mehr oder minder expliziten Handlungsentwürfen und den impliziten Orientierungen der Akteur*innen untersuchen (Bohnsack 2012). Diese Unterscheidung wird in der Auslegung und Anwendung der Dokumentarischen Methode, wie sie hier erfolgt, für das empirische Problem fruchtbar gemacht, dass die Interviewten Zeitverhältnisse in der Regel auf der Ebene expliziter Alltagstheorien über Zeit und Geschichte problematisieren (beispielsweise als »Dekadenz«, »Verfall« und »Untergang«); aber im Zusammenspiel mit ihren impliziten, handlungsleitenden habituellen Selbstbildern, die die anschließende Analyse (vgl. insbesondere Kapitel 4) offenlegt, ergibt sich ein empirisch vollständigeres Bild der Zeitorientierungen, bzw. vom »utopischen Bewusstsein« (Mannheim 2015 [1929], S. 182) der Fälle. Mit Utopie bezeichnet Mannheim den Zusammenhang zwischen kollektiven Zeitwahrnehmungen, d. h. Geschichts- und Zukunftsvorstellungen, und der politischen »Weltanschauung« (Mannheim 2004). Das rekonstruktive Verfahren der Dokumentarischen Methode ist eng mit Mannheims Wissenssoziologie verwoben (Bohnsack 2017, S. 29–62). Daher ließ sich auch mit dem Instrumentarium der Dokumentarischen Methode der Fokus der Analyse zunehmend auf die *Utopien* der AfD-Wähler*innen lenken.

3.1.1. Soziale Lagerung und konjunktive Erfahrung

Im Zentrum des Analyseinteresses stehen damit die Fragen, welche spezifischen Erfahrungen innerhalb des Erfahrungsraums der Spätmoderne die untersuchten Fälle gemeinsam haben und wie sie darüber im politischen Programm und der Ideologie der Partei AfD übereinkommen. Auf welche Weise beziehen sie sich als Problemlösung in diesen Erfahrungszusammenhängen auf die AfD und welche impliziten Handlungsorientierungen spielen dabei eine Rolle?

Solche impliziten, vor-diskursiven Orientierung hinter dem Bezug auf politische Programme und Parteien bezeichnet Mannheim als »Weltanschauung« (Mannheim 2004). Sie sind weniger theoretisch-diskursive Weltbilder, sondern erfahrungsbasierte, habituelle Denkstile als Resultat historisch und gesellschaftlich rückgebundener Erfahrungen sozialer Akteure. Entsprechend versteht Mannheim unter »Weltanschauung (eines Zeitalters, einer Gruppe) […] eine strukturell verbundene Reihe von Erlebniszusammenhängen, die zugleich für eine Vielfalt von Individuen die gemeinsame Basis ihrer Lebenserfahrung und Lebensdurchdringung bildet« (Mannheim 1980, S. 101). Es gilt also herauszufinden für welche spezifischen (spätmodernen,) konjunktiven Erfahrungszusammenhänge die AfD von ihren Wähler*innen als Lösung angesehen wird. Mit Mannheim lässt sich entsprechend sagen, dass weder individuelle Erlebnisse eine Parteiwahl bedingen, noch dass sie Ausdruck eines gemeinsamen Interesses sein muss.

»Gemeinschaftserlebnis entsteht nur dort und von dem Zeitpunkt an, wo die verschiedenen Individuen zumindest gewissen äußeren Schicksalen gegenüber (in unserem Beispiel: dem Politischen gegenüber) denselben Erlebniszusammenhang in sich vollziehen. Aus diesem gemeinschaftlich vollzogenen Erlebnisstrecken, die das Individuum in solchen Fällen ganz explizit nicht als die seinen, sondern als der Gemeinschaft angehörig erlebt, steigen dann jene Gebilde hervor, die man politische Ideologien, Parteiprogramme usw. nennt.« (Mannheim 1980, S. 78)

Politische Ideologien und Programme – die Unterstützung der AfD – entspringt einem »Gemeinschaftserlebnis«, bestimmten Erfahrungen, die das Individuum zwar als seine individuell-biografischen erleben mag, aber auch als kollektiv-geteilt erfährt. Individuelle Erfahrungen, so wie sie sich empirisch am Einzelfall zeigen, weisen entsprechend immer auch auf einen »konjunktiven Erfahrungsraum« hin. Solche Erfahrungsräume »orientieren« das Handeln von Menschen, ohne es zu determinieren: »[A]lle gemeinsamen Erlebnisse, die sich auf außenweltliche Dinge (Landschaften, Menschen, Politik usw.) beziehen«, so Mannheim, »werden auf diesen Erfahrungsraum bezogen und bekommen auf ihn hin ihre Orientierung« (Mannheim 1980, S. 214). Orientierung meint in diesem Zusammenhang allerdings »nicht nur ein Sich-Orientieren an bestimmten politischen Gehalten […], sondern zugleich ein bestimmt geartetes Erleben und Denken« (Mannheim 1984, S. 107). Kulturgebilde wie politische Ideologien oder Programme orientieren individuelle Erlebnisse und konstituieren im politisch-kulturell vergemeinschaftenden Erleben einen »Erfahrungsraum«. Damit lässt sich erwarten, dass Menschen politische Angebote auf eine ähnliche Weise wahrnehmen und bewerten, und zwar in Abhängigkeit von ähnlichen Erfahrungen und einer ähnlichen Geschichte, die sie miteinander teilen.

Aus diesem Grund stehen in der Wissenssoziologie Mannheims sogenannte »konjunktive Erfahrungen« als elementare und primordiale Formen von Sozialität (Przyborski und Wohlrab-Sahr 2014, S. 285) im Mittelpunkt (Mannheim 1980, S. 201–312).[1] Fragt man also mit der Dokumentarischen Methode nach Erfahrungen sozialer Akteure, dann will man damit nicht individuelle Sozialisationsgeschichten und Erlebnisreihen offenlegen, sondern auf konjunktiv-soziale »Erfahrungsräume« (Mannheim 1980, S. 214; Przyborski und Wohlrab-Sahr 2014, S. 288–289) stoßen. Wie im zweiten Kapitel herausgearbeitet wurde, lässt sich die Spätmoderne und ihre Temporalität als ein konjunktiver Erfahrungszusammenhang begreifen. In ihr wurde das Zerbrechen der sinnstiftenden Verbindung von Zeit und Sinn zu einer kollektiven Grunderfahrung. Mit der Dokumentarischen Methode lässt sich die Spätmoderne in dieser Hinsicht als »Erfahrungsraum« operationalisieren.

Erfahrungsräume sind theoretische Konstrukte, die strukturähnliche kollektive Erfahrungen auf den Begriff bringen sollen, von denen sich empirisch sagen lässt, dass sie mit ähnlichen sozialen Positionen und Lagerungen zu tun haben – dass also Menschen Erfahrungen machen, die aufgrund vergleichbarer sozialer Lebensumstände einander ähnlich sind. Sie haben dann gemeinsam an einem Erfahrungsraum teil. Entsprechende soziale Lagerungen lassen sich allerdings nicht nur über synchrone Stellungsmerkmale im Sozialraum entdecken, sondern auch über die diachronen Lagerungen im generationalen Wandlungsgeschehen (Mannheim 1970 [1928]). Klassen und Generationen sind soziale Lagerungen in einem historisch-sozialen Raum, doch mit dem Generationenbegriff verweist Mannheim auf die

1 Mit der Konjunktivität von Wissen und Erfahrung adressiert Mannheim eine soziologisch-erkenntnistheoretische Grundfrage: »Wie ist es möglich, dass das einzelmenschliche Bewusstsein aus sich Gebilde herausstellt, die keineswegs in der monadischen Verschlossenheit des Einzelbewusstseins verharren, sondern Gemeingut einer Gemeinschaft werden, deren Einzelglieder sich zu einer Einheit untereinander und mit den nachfolgenden und vorangehenden Generationen zusammenschließen? […] Wie weit reicht in die einzelmenschliche Existenz die sozial- und kulturell affizierbare Sphäre? In welchen Arten von Bewusstseinsakten wird Kultur als soziales Phänomen gesetzt?« (Mannheim 1980, S. 136–137)

zeitliche – und nicht die materielle –[2] Bedingtheit bestimmter, begrenzter und abhängiger »Arten und Weisens des Erlebens, Denkens, Fühlens und Handelns« (Mannheim 1970 [1928], S. 528).[3] Generationenlagerungen sind »Dispositionen«, die eine ähnliche Genese haben und ähnliche Praktiken und Bewertungs- und Wahrnehmungsschemata hervorbringen, »die objektiv ›geregelt‹ und ›regelmäßig‹ sind, ohne irgendwie das Ergebnis der Einhaltung von Regeln zu sein, und genau deswegen kollektiv aufeinander abgestimmt sind, ohne aus dem ordnenden Handeln eines Dirigenten hervorgegangen zu sein« (Bourdieu 1987, S. 99). Wenn also die Interviewten, wie in *Kapitel 5* und 6 zu sehen sein wird, einen Zeitenbruch in den 1970er Jahren verorten, dann hat dies mitnichten mit rein individuellen Lebensgeschichten zu tun, die in diesem Jahrzehnt entscheidende Wendepunkte erlebten. Vielmehr sind diese Narrationen in Abhängigkeit ihrer Teilhabe an der Geschichte der Spätmoderne zu verstehen.

Mit dem Generationen-Begriff arbeitet Mannheim die Charakteristik diachroner Stellungsmerkmale heraus, die sich zwar zu manifesten politisch formatierten »Generationseinheiten« verfestigen können (Mannheim 1970 [1928], S. 544–555).[4] Grundsätzlicher aber lässt sich mit dieser Perspektive deutlich machen, dass Weltanschauungen das Ergebnis von sozialen Lagerungsprozessen und historischen Prozessen sind. Das heißt im Falle der vorliegenden Untersuchung, dass ein strukturähnliches Erleben der Verdrängung und Überlagerung eines modernen durch und von einem

2 Mannheim spricht von »Parallele[n] zwischen dem Klassenphänomen und dem Generationsphänomen« (Mannheim 1970 [1928], S. 549). Ähnlich wie man durch die Stellung im Produktionsprozess eine Klassenlage hat, so ist man »[d]urch die Zugehörigkeit zu einer Generation, zu ein und demselben ›Geburtenjahrgange‹ […] im historischen Strome des gesellschaftlichen Geschehens verwandt gelagert« (ebd., S. 527).

3 Die Genese der sozialen Position, also die diachronen Stellungsmerkmale, d. h. auch ob sozialer Auf- oder Abstieg zur jeweiligen Position geführt haben, beinhalten die entscheidende Information über den »Zusammenhang[] von sozialer Klasse und religiösen oder politischen Überzeugungen« (Bourdieu 1987 [1979], S. 191). Im Hinblick auf rechtspopulistische Mobilisierbarkeit haben wir in Kapitel 2 bereits herausgearbeitet, dass nicht nur die diachronen Lagerungsveränderungen im Klassengefüge, sondern auch (inter-)generationales Wandelungstempo, pessimistische Mobilitätserwartung und verdunkelte Zukunftsaussichten überhaupt von Wichtigkeit sind.

4 Mit Generationseinheiten wäre nach der Diktion von Mannheim die Überlagerung von Generations*zusammenhängen* mit weltanschaulich-politischen Strömungen, bzw. sozialmoralischen oder politisch-ideologischen Lagern (Vester et al. 2001) gemeint. Bohnsack begreift Generationseinheiten hingegen als lediglich spezifischen Anwendungsfall gesellschaftlicher Erfahrungsräume. Er spricht allgemeiner von Milieuzusammenhängen und Milieueinheiten (Bohnsack 2017, S. 228–229).

spätmodernen Erfahrungsraum auch die Identität und sozialen Selbstverortung von AfD-Wähler*innen prägt, und zwar abhängig davon, auf welche bestimmte Weise und in welcher Konstellation von Erfahrungsräumen dies erlebt wird. Allerdings:

»Nicht das Faktum der in derselben chronologischen Zeit erfolgten Geburt, des zur selben Zeit Jung-, Erwachsenen-, Altgewordenseins, konstituiert die gemeinsame Lagerung im sozialen Raume, sondern erst die daraus entstehende Möglichkeit an denselben Ereignissen, Lebensgehalten usw. zu partizipieren und noch mehr, von derselben Art der Bewußtseinsschichtung aus dies zu tun.« (Mannheim 1970 [1928], S. 536)

Der Erfahrungsraum der Spätmoderne wirkt sich also erstens nicht uniform auf die Handlungsorientierungen der Akteure aus, sondern abhängig von bestimmten konjunktiven Erfahrungen, die darin gemacht werden – d.h. von weiteren Erfahrungsräumen, die sich darin konstituieren. Schließlich ist für soziale Praxis von einer multidimensionalen Konstellation von Erfahrungsräumen auszugehen (vgl. Bohnsack 2017, S. 102–141). Zweitens gilt, dass am Erfahrungsraum der Spätmoderne nicht nur bestimmte Geburtskohorten teilhaben. Da er ein auf ein bestimmtes kollektives Zeiterleben bezogenes theoretisches Konstrukt ist, ist es aus empirisches Sicht durchaus von Interesse auch Fälle jüngeren Alters hinzuzuziehen um die Fortwirkung des Erfahrungsraums der Spätmoderne bis in unsere Gegenwart zu erforschen. Aus diesem Grund finden in der empirischen Untersuchung explizit auch jüngere AfD-Wähler*innen Berücksichtigung. Sofern auch bei ihnen strukturähnliche Orientierungsmuster zu finden sind wie bei den älteren Fällen, lässt sich zeigen, dass es sich bei der spätmodernen, rechtspopulistischen Verlustwut nicht nur um ein Phänomen von Generationszusammenhängen handelt, sondern um ein umfassenderes soziales Phänomen, das sich in unserer Gegenwartsgesellschaft zuspitzt.

Mit dem Begriff Erfahrung im Kontext ihrer »Konjunktivität« bzw. von multidimensionalen »konjunktiven Erfahrungsräumen« ist also auch eine Konstruktion der Akteure selbst gemeint, die von bestimmten sozialen Lagerungen abhängt. Dieser Aspekt ist für die weitere Analyse wichtig, sofern die Analyse der narrativen Einzelinterviews mit AfD-Wähler*innen auf ebendieses Konjunktive hin untersucht werden. Darin muss entsprechend berücksichtigt werden, dass Erfahrungen weder vollkommen unabhängig sind von den sozialen Strukturen, in denen sie hervorgebracht werden, noch sind sie bloß mechanischer Ausdruck von diesen. Erfahrungen werden von den Akteuren auch »entdeckt«, bzw. – in Anbetracht politischer Ideologien und Programme – interpretativ konstruiert. Sie sind in diesem Sinne fluide: Sobald neue Erfahrungen gemacht werden, werden diese nicht nur auf Grundlage eines festgefügten Erfahrungsschatzes integriert. Vielmehr gilt auch das Umgekehrte: Auch das Alte wird beständig uminterpretiert um der neuen Erfahrung Sinn zu verleihen. Mit Jaster (2020) lässt sich zeigen, was diese Erfahrungskonzeption für ein Verständnis des Rechtspopulismus bedeuten kann: Veränderte und bedrohliche Zukunftsvorstellungen in der Spätmoderne prägen und verändern auch den Blick auf die Vergangenheit. Populistische Bewegungen beuten diese »radical contingency of the present as an amalgamation of the past and desired future« (Jaster 2020, S. 759) aus, indem sie ein spezifisches Sinnangebot zur Vermittlung der entstehenden Beziehung von Vergangenheit und Zukunft machen: Vergangenheit wird als Verlust gedeutet weil die Zukunft verschlossen erscheint. Weiße, deutsche und auf die heterosexuelle Kleinfamilie hin projizierte Identitätsprivilegien, die in der Erwerbsgesellschaft der Nachkriegsmoderne als jeweiliger Endpunkt von Geschichte vorgestellt und als »normal« fixiert wurden (Lessenich 2022) – und dies über viel längere Zeit hinweg blieben, als die Verlustwütigen glauben machen wollen –, werden vom Rechtspopulismus sukzessive als zukunftslos bedroht gedeutet und repräsentiert.

3.1.2. Zeiterleben und utopisches Bewusstsein

Sofern für die Arbeit mit dem empirischen Material vom theoretischen Konstrukt konjunktiver Erfahrungsräume ausgegangen wurde, die das Handeln von Menschen insbesondere auf politische Ideologien und Programme hin orientieren, ohne sie zu determinieren, und sofern dabei konjunktive Erfahrungen auch als Konstruktionen der untersuchten AfD-Wähler*innen verstanden wurde – mit der Folge, dass in dieser Hinsicht auch ihre Vergangenheit als fluide und formbar angenommen werden muss –, entdeckte die Analyse sukzessive, dass ein bestimmtes konjunktives Zeiterleben im Zentrum ihrer Handlungsorientierungen steht. Dabei ließ sich zunehmend die Frage in den Vordergrund stellen, wie sie Vergangenheit im Angesicht ihres Zukunftsbildes erleben und darstellen und welche Verbindung sie in dieser Modalität herstellen. Die Bedeutung eines solchen politischen Zeiterlebens beschreibt Mannheim (1970 [1928]) bereits in seiner Auseinandersetzung mit dem Generationen-Begriff. Er zeigt, dass insbesondere ein bestimmtes Zeiterleben Einzelne an soziale Strukturen sowie an politisch-weltanschauliche Strukturzusammenhänge bindet (Schoeck 1950). Er nennt diese zeitbezogenen Orientierungen auch das »utopische Bewusstsein« (Mannheim 2015 [1929], S. 169–225) und er typisiert es darüber, wie Menschen die historische Zeit gliedern und wie sie innerhalb dieser Gliederung ihren Ort und ihre Zukunft ausmachen. Entsprechend ist das utopische Bewusstsein mit einem »spezifisch geartete[n] Aktionswille[n]« (ebd., S. 182) verbunden. Utopien und die Handlungsorientierungen, die sie hervorbringen, erklären auch historischen Wandel. Während Ideologien für Mannheim nämlich Vorstellungen sind, die mit der Wirklichkeit nicht übereinstimmen und darin auch »de facto niemals zur Verwirklichung des in ihnen vorgestellten Gehaltes gelangen« werden (ebd., S. 171), sind Utopien Vorstellungen, die darauf gerichtet sind, »die historische Seinswirklichkeit durch Gegenwirkung in der Richtung der eigenen Vorstellung zu transformieren«. (ebd., S. 172) In genau dieser Hinsicht ist auch bei den untersuchten AfD-Wähler*innen zu sehen, dass sie – abhängig von ihren spezifischen konjunktiven Erfahrungsräumen – Vergangenheit und Gegenwart im Panorama eines Zukunftsverlustes problematisieren und in ihrem »Aktionswillen« auf ebendiese Zukunft gerichtet sind.

Mannheims wissenssoziologischer Utopie-Begriff eignet sich also für eine qualitativ-empirische *Analyse* von konjunktiven Zeitorientierungen und darüber zur *Erklärung* der Handlungsorientierungen der AfD-Wähler*innen. Er lässt sich als zeitbezogener modus operandi des Erlebens, Wahrnehmens und Bewertens, d. h. als zeitliche Komponente eines kollektiven Habitus begreifen und darin zu Untersuchung der Handlungsorientierungen und Sinnstrukturen von AfD-Wähler*innen fruchtbar machen. Mit Mannheims Utopie-Begriff kann gezeigt werden, wie ihre Perspektiven auf die Gesellschaft und ihre Selbstverortung darin von der Verbindung abhängen, die sie zwischen Vergangenheit und Zukunft herstellen. Das heißt andersherum: Wie sie »die historische Zeit glieder[n], das hängt von ihrer Utopie ab« (Mannheim 2015 [1929], S. 182). Mit dieser Perspektive lässt sich also eine bestimmte Konfiguration von Selbstbildern und Zeitvorstellungen von AfD-Wähler*innen empirisch rekonstruieren, die etwas über den spätmodernen Erfahrungsraum zu verstehen gibt, den sie verarbeiten. Sofern der Rechtspopulismus in dieser Hinsicht auf seine sozialen Ursachen hin untersucht wird, wollen die empirischen Ergebnisse letztlich als Beitrag zu einer kritischen Theorie der Gegenwartsgesellschaft verstanden werden.

Mannheims wissenssoziologischer Utopie-Begriff, der sich für eine empirische Analyse von rechtspopulistischen Handlungsorientierungen fruchtbar machen lässt, wird allerdings auch als relativistisch (Saage 2003, S. 388–411; Saage 2004) und als »konservatives Klischee« (Heyer 2007, S. 249) kritisiert. Diese Kritik hat ihre Ursprünge in der Auseinandersetzung der Vertreter der ersten Generation der Frankfurter Schule mit Mannheims Wissenssoziologie (Dubiel 1975). Sie diente ihnen als Kontrastfolie ihrer Selbstbeschreibung. Insbesondere Horkheimer, aber auch andere Vertreter der Frankfurter Schule kritisieren an Mannheim einen erkenntnistheoretischen Relativismus und einen unkritischen und harmonistischen Idealismus (Barboza 2010): Indem es ihm nur darum gehe, verschiedene Denkstile aufzudecken und historisch zu verorten, weiche er einer dialektischen Ideologiekritik aus. Vielmehr seien Ideologie und Utopie bei Mannheim lediglich Begriffe, die eine intellektuelle Ordnung in eine letztlich harmonisch gedachte Pluralität von Denkstilen bringe. Damit verneine er letztlich die »Notwendigkeit von Revolutionen und der Utopien in einer angeblich alternativlos gewordenen Gesellschaft« (Heyer 2007, S. 250). Horkheimer (1987) wirft Mannheim entsprechend auch eine idealistische Geschichtsphilosophie vor. In seiner Diktion (Horkheimer 1988) vertrete Mannheim eine »traditionelle Theorie« und keine »kritische Theorie«, da es ihm nicht darum gehe die Denkstile im Hinblick auf ihre ideologischen Widersprüche in der kapitalistischen Gesellschaftstotalität zu kritisieren, sondern sie lediglich zu verstehen und zu »relationieren« (vgl. Dubiel 1975, S. 225–227), ohne an der Veränderung der Gesellschaft mitzuwirken.[5]

Im Zusammenhang einer empirischen Forschungsarbeit über das Zeitbewusstsein von Rechtspopulist*innen rechtfertigt sich ein Gebrauch von Mannheims Wissenssoziologie und seines wissenssoziologischen Utopie-Begriffs jedoch in mehrerlei Hinsicht. *Erstens* sind Ideologie und Utopie nach Mannheim konflikttheoretische Relationsbegriffe und vor allem in ihrer Beziehung zueinander zu verstehen. Während Ideologie mitunter eine Weltsicht der Herrschenden in Legitimationsabsicht ihrer Herrschaft sei, sei Utopie dagegen das Denken der unterdrückten Gruppen – oder solcher, die sich dafür halten –, die »so stark an der Zerstörung und Umformung einer gegebenen Gesellschaft interessiert sind, dass sie unwissentlich nur jene Elemente der Situation sehen, die diese zu negieren suchen« (Mann-

5 Barboza (2010, S. 167) hingegen zeigt, dass sich nicht ohne Weiteres behaupten lässt, dass Mannheim konservative Harmonie-Klischees betreibe und die Soziologie entpolitisiere. Immerhin stellt seine Wissenssoziologie eine Instrument zur konsequenten selbstreflexive Standortbestimmung Soziologietreibender dar.

heim 2015 [1929], S. 36). In Zusammenhang mit der Untersuchung von Utopien von Rechtspopulist*innen konnte mit dieser Relationierung in der vorliegenden Studie empiriesensibel, vorsichtig und methodisch offen umgegangen werden. Die methodische Anwendung von Mannheims wissenssoziologischem Utopie-Begriff hat gerade nicht zu dem Ergebnis geführt, dass AfD-Wähler*innen Modernisierungsverlier*innen seien oder aufgrund materieller und sozialer Not eine utopische »Notwehr« betreiben würden. Außerdem haben sich Angst- oder Deprivationsvermutungen als einseitige Forscher-Unterstellung erwiesen (Rhein 2022a). Schließlich sind Utopien auch für Mannheim nicht automatisch zu identifizieren mit dem Progressiv-Herrschaftskritischen, sondern beinhaltet immer auch ein Moment oder die Potenz eines reaktionären Kampfs gegen das Bestehende.[6] Und so hat sich im Laufe des Forschungsprozesses gezeigt, dass die Utopien der AfD-Wähler*innen unabhängig von ihrer objektiven sozialen Lage durchaus mit einem Selbstbild zusammenhängen, in dem sie sich als unterdrückte und ausgegrenzte Minderheit stilisieren und ihre Utopie gerade deswegen auf die »Zerstörung und Umformung einer gegebenen Gesellschaft« (Mannheim 2015 [1929], S. 36) gerichtet ist.

Zweitens: Zu diesem Ergebnis kommt die Analyse insbesondere, weil Mannheim die wissenssoziologisch-methodologischen Grundlagen formuliert, auf deren Grundlage sinnverstehende empirische Forschung betrieben werden kann, die zu einem sehr weiten Grade offen ist für die Frage nach den Sinnstrukturen und konjunktiven Erfahrungen, ohne unkritisch zu sein. In der Ausarbeitung dieser Grundlegung durch Bohnsack (1989; 2003) zur Dokumentarischen Methode steht ein methodisches Instrumentarium zur Verfügung, mit dem Empirie betrieben werden kann, mit der, empirisch gesättigt, einer kritischen Theorie der spätmodernen Gesellschaft zugearbeitet werden soll. Mit dieser Offenheit gelingt es nämlich das empirische Interview-Material auch zum Sprechen zu bringen und Besonderheiten darin aufzuspüren, die durch ein dialektisch-geschichtsphilosophisches Theorieinstrumentarium verdeckt bliebe. Schließlich ließ sich, *drittens*, hinter der empirisch rekonstruierten Konfiguration von Selbstbildern und Zeitvorstellungen von AfD-Wähler*innen etwas über den spätmodernen Erfahrungsraum verstehen, den sie verarbeiten. Dieses Ergebnis

6 Diese Kritik steht auch im Mittelpunkt von Poppers (1997) Überlegungen über die totalitären Potentiale politischer Utopien mitsamt ihrem Geltungsanspruch, eine historische Notwendigkeit und eine Totalrevision der gesellschaftlichen Wirklichkeit durchzusetzen.

steht in Spannung zum Vorwurf von Horkheimer (1987) und anderen, die Schwäche der Mannheim'schen Wissenssoziologie bestehe darin, eine idealistische und keine dialektische Geschichtsphilosophie zu haben. Denn mit Mannheims geschichtsphilosophisch sparsamer und empirietauglicher Wissenssoziologie konnte empirisch entdeckt werden, dass gerade die teleologischen, geschichtsphilosophischen Prämissen, die auch im historischen Materialismus stecken, in der Spätmoderne gerade problematisch bzw. überlagert worden sind (vgl. Gertenbach 2013, S. 211–212). Geschichtliches Fortschrittsdenken – insbesondere auch in ihrer modernisierungstheoretischen Vulgärfassung sowie im kollektiven Erfahrungsschatz – und damit auch ein gesellschaftlicher Konsens über die Welt und die historisch privilegierte Stellung darin kommt im spätmodernen Erfahrungsraum zunehmen abhanden (vgl. Kapitel 2) – und mit Mannheims Instrumentarium ließ sich durch die Formen des rechtspopulistischen utopischen Bewusstseins der untersuchten AfD-Wähler*innen hindurch dieses Abhandenkommen auch als die spätmoderne Hintergrundstruktur für die rechtspopulistischen Demokratiebedrohungen der Gegenwart entdecken. Diese Erkenntnisse begreifen sich als Beitrag zu einer kritischen Theorie der Gegenwartsgesellschaft, denn »derjenige, der anfängt, die historischen und sozialen Hintergründe seiner Utopie zu durchschauen, könne nicht mehr mit uneingeschränkter Überzeugung für diese kämpfen.« (Barboza 2010, S. 171)

3.1.3. Praxeologische Rekonstruktion konjunktiver Erfahrungsräume

Die Beantwortung der Forschungsfrage, was sich in den habituellen, utopischen Handlungsorientierungen der AfD-Wähler*innen über das Verhältnis des Rechtspopulismus zum Erfahrungsraum der Spätmoderne verstehen lässt, hängt davon ab, dass sich aus dem empirischen Material auch implizite Handlungsorientierung rekonstruieren lassen und nicht nur die Alltagstheorien der Befragten reproduziert werden. Für die Analyse des empirischen Materials dieser Studie wird entsprechend die Perspektive einer praxeologischen Wissenssoziologie (Bohnsack 2017) eingenommen. Die vorliegende Untersuchung politisch handlungswirksamer Einstellungen oder Handlungsorientierungen von AfD-Wähler*innen mittels einer narrativen Interviewstrategie hatte nämlich mit der Schwierigkeit zu tun, dass nicht nur Erfahrungen oder biografische Erzählungen zutage gefördert werden konnten. Obwohl die Interviews versuchten, die biografisch-erfahrungsbezogenen Elementen hinter den politischen Präferenzen oder Einstellungen der Interviewpartner*innen hervorzulocken, glitten die Interviews immer wieder auch ab in ausführliche programmatisch und argumentative Passagen, in denen die Interviewten ihre Ideologie rechtfertigten. Aus diesem Grund konnte das empirische Material auch nicht mit narrationsanalytischer Methodik zufriedenstellend bearbeitet werden (vgl. auch Kapitel 3.2.2). Mit der Dokumentarischen Methode hingegen gelingt es, den unvermeidbaren Doppelcharakter des Materials zu bewältigen und im Hinblick auf die zentrale Fragestellung zu analysieren. Denn sofern die Analyse am Verstehen politischer Überzeugungen und politischer Handlungsorientierungen interessiert ist, ist in Betracht zu ziehen, dass sowohl programmatisch-ideologische als auch implizit-habituelle Wissensformen eine Rolle spielen. Für eine wissenssoziologische Analyse von Praxisformen ist die Unterscheidung von implizitem, atheoretischem (Mannheim 2004) und alltagstheoretisch verfügbarem Wissen und (zweckrational gefassten) Common-Sense-Theorien (Schütz 1971) – Alltagstheorien und Handlungsentwürfen, welche die Akteure selbst entwickeln und mit denen sie, nach Schütz, auch ihre Handlungskoordinationen im Alltag leisten – von zentraler Bedeutung (Bohnsack 2017, S. 63–101). Die Dokumentarische Methode rekonstruiert die implizit-habitualisierten Handlungsorientierungen entlang dieser Differenzierung (Bohnsack 2012, S. 121). Sie entspricht auch der Unterscheidung von kommunikativem und konjunktivem Wissen, die Mannheim (1980) vorgeschlagen hat.[7] Demnach kann man sich ein kommunikativ-generalisierendes Wissen als die Alltagstheorien, Rationalisierungen, Reflexionen und normativen Aussagen der Befragten vorstellen. Die interviewten AfD-Wähler*innen gaben also häufig über die Intentionen und Motive ihrer Handlungsentwürfe – Schütz (1971) nennt die zukunftsbezogenen Handlungsentwürfe »Um-zu«- und die vergangenheitsbezogenen Reflexionen »Weil-Motive« –, die zu ihrer AfD-Wahl führten, Auskunft. Über die impliziten Orientierungen ist dann häufig wenig in Erfahrung zu bringen. Aber ohne diese Ebene rekonstruieren zu können, lief die Analyse

7 Mannheim spricht in dem Zusammenhang auch von einer »Doppelheit von Vorstellungen und Begriffen über dieselben Realitäten«: »[E]inmal die völlig konjunktiv gebundenen Vorstellungen und Begriffe, und, über diese geschichtet, die der kommunikativen Ebene angehörenden Bedeutungen. Ein konjunktives Denken älteren Ursprungs und ein kommunikatives Denken durchdringen sich und trachten sich gegenseitig zu absorbieren.« (Mannheim 1980, S. 294)

Gefahr nur »dünne Paraphrasen, schlichte Reproduktionen der Selbstbeschreibung des Feldes und oberflächliche Subsumption unter theoretische Kategorien« (Strübing 2018a, S. 210) zu liefern.

Neben den ex-post Rationalisierungen der Befragten zielte die Analyse also auf die Rekonstruktion des *konjunktiven und atheoretischen Wissens* der Befragten (Mannheim 2004). Gemeint sind implizite Orientierungen, die das Denken und das praktische Handlungswissen bestimmen. Dieses handlungsleitende Wissen wird in der Sozialisation auf der Grundlage geteilter Erfahrungen erworben und ist deshalb erfahrungsbasiertes, habituelles Wissen (vgl. Bohnsack 2013a). Es lässt sich jedoch nicht im Sinne eines Handlungs*entwurfs* bestimmen, sondern im Sinne eines kulturellen generativen Prinzips genetisch rekonstruieren. Es handelt sich mehr um einen Stil oder *modus operandi* (Bohnsack 2010b, S. 60) des Handelns, Denkens und Bewertens. Nach Mannheim lässt sich der Begriff der Utopie, bzw. des utopischen Bewusstseins als ein solcher *modus operandi*, als Zeit-Sinn oder Praxis-Wissen verstehen. In der folgenden Untersuchung trat diese Form des athoretischen Wissens sukzessive immer stärker in den Vordergrund.

Worauf die Dokumentarische Methode mit ihrem Rekonstruktionsziel des konjunktiven Wissens im Kern abzielt, ist zu zeigen, wie Individuen oder Angehörige sozialer Gruppen in gesellschaftlichen Kontexten agieren, ohne sich beständig und ausschließlich an (zweckorientierten) Handlungsentwürfen orientieren:

> »Der Weg des Erkenntnisgewinns über die alltägliche Praxis ermöglicht es, jenseits der subjektiv angeführten Begründungen der Einzelnen tiefer liegende und sozial geformte Muster zu entdecken, die das Wissen um das Zusammenspiel von gesellschaftlichen Strukturen und individuellen bzw. gemeinschaftlichen Handlungen erweitern.« (Kleemann et al. 2013, S. 155)

Forschungsleitend ist also die Frage, *wie* es im Bereich der politischen Weltanschauungen und Einstellungen zu entsprechenden Überzeugungen und Handlungsentwürfen kommt, die im Interview mitunter als Weil- und Um-zu-Motive vorgetragen werden.

Die Bedeutung dieser Unterscheidung zwischen kommunikativem und konjunktivem Wissen muss im vorliegenden, auf narrativ-verbalen Daten aufbauendem qualitativem Forschungsdesign explizit hervorgehoben werden. Schließlich besteht die zentrale Herausforderung im Umgang mit dem empirischen Material dieser Studie darin, die Doppelstruktur zu erkennen und sie für die Auswertung und Ergebnisdarstellung fruchtbar zu machen: Das heißt also, es werden die Alltagstheorien der Interviewten – ihre rationalisierenden Modellen der (theoretischen) Verständigung über die und Begründung der AfD-Parteiwahl – von dem sie hervorbringenden atheoretischen Erfahrungswissen – Orientierungsrahmen auf Basis konjunktiver Erfahrungen – unterschieden und sukzessive aufeinander bezogen. Über die Praxis einer Parteiwahl lässt sich schließlich auf beiden Ebenen Auskunft erhalten und es ist mit einem Zusammenspiel dieser beiden Ebenen zu rechnen. Bohnsack (2017) hat den in diesem Zusammenhang wichtigen Hinweis gegeben, dass die (zweckrational gefassten) Common-Sense-Handlungsentwürfe immer auch eine legitimatorische Funktion erfüllen, und zwar in dem Sinne, dass die methodologische Konstruktion und sozialwissenschaftliche Unterstellung von Zwecken zu einer tautologischen Legitimation führt: »Handeln wird als ein Bewirken jener Wirkungen verstanden, auf die mit dem Zwecke Bezug genommen wird.« (Bohnsack 2017, S. 88) – wobei etwaige Zweckunterstellungen Gefahr laufen, das Handeln der Befragten zu rechtfertigen. Für die vorliegende Analyse ist diese Feststellung von zentraler Bedeutung: Es gilt eine Rekonstruktion und damit eine Attribuierung von Motiven im Sinne zweckrationaler Um-zu-Motive zu verhindern, sofern damit die thematisierte und im Zentrum der Analyse stehende Parteiwahl auch legitimiert würde.

Aus diesem Grund ist die zentrale Unterscheidung zwischen habituell-konjunktivem Wissen und dem kommunikativen Wissen der Common-Sense-Theorien von eminenter Bedeutung für diese Arbeit. Sie wurde in den bisher vorliegenden qualitativen Studien der Rechtspopulismus-Forschung noch kaum genau unterschieden. Häufig bleiben das kommunikative Wissen und die Alltagstheorien der Untersuchten im Vordergrund. Während Nachtwey und Heumann (2019) beispielsweise die »politische Ideologie« rechtspopulistisch mobilisierter zivilgesellschaftlicher Akteure untersuchen, legen Sauer et al. (2018) mit ihren Expert*inneninterviews unter Gewerkschaftsmitgliedern nur Theoretisierungen über Andere offen. Eine Ausnahme bildet Kumkar (2018), der die Dokumentarische Methode bei der Untersuchung von Tea-Party-Anhänger*innen konsequent zur Anwendung bringt.

Gegenstand der anstehenden Analyse ist das Verhältnis der atheoretisch-konjunktiven und habituell verfügbaren »*Orientierungsrahmen im engen Sinne*« von AfD-Wähler*innen zu deren vorgelagerten, rationalisierenden Modellen der (theoretischen) Verständigung über und Begründungen *der* Wahl der Partei (»*Orientierungsschemata*«) (Bohnsack 2012; Bohnsack 2013b, S. 246).

Die Analyse zeigt sukzessive, dass ein utopisches Bewusstsein oder ein konjunktiver Zeit-Sinn auf der Seite des Orientierungsrahmens im engen Sinne mit einer »historischen Zeitsicht«, das heißt expliziten Geschichtstheorien, zusammenhängt (siehe Abbildung 1).

3.1.4. Dokumentarischer Sinngehalt und Einklammerung des Geltungscharakters

Der Unterscheidung zwischen habituell-konjunktivem Wissen und dem kommunikativen Wissen der Common-Sense-Theorien entsprechen auch die Unterscheidung zwischen den beiden Sinnformen des *immanenten* und *dokumentarischen Sinngehalts*. Sie ist der »Dreh- und Angelpunkt der methodologischen Grundbegriffe« der Dokumentarischen Methode und das wesentliche strukturierende Prinzip aller ihrer Auswertungsschritte (Przyborski und Wohlrab-Sahr 2014, S. 283).[8] Die Differenzierung zwischen

8 Im Zuge der Auseinandersetzung mit dem Weltanschauungsbegriff unterscheidet Mannheim drei »Sinnschichten« (Mannheim 2004, S. 113). Die immanenten Sinnebenen erfassen die Motive der Handlenden. Diese kommen nach Mannheim sowohl in einem »Objektsinn« sowie einem »intentionalen Ausdruckssinn« zum Vorschein. Der *Objektsinn* bezieht sich auf das, was sich aus Gesagtem oder Beobachtetem objektivierend festhalten lässt, um darin sich ausdrückende allgemeine Bedeutungen oder gesellschaftlich institutionalisierte Normen oder Rollen. Mannheim selbst führt das Beispiel eines fiktiven Begleiters auf, der auf offener Straße einem »Bettler« ein »Almosen« überreicht. Der Objektsinn ist dann als Institution »Hilfe« erfassbar und das Verständnis des Sinnes Hilfe »setzt weder die Kenntnis der ›Innenwelt‹ meines Freundes noch der des Bettlers voraus, sondern nur jenen objektiven sozialen Zusammenhang, durch den und in dem es Bettler und Besitzende gibt« (ebd., S. 115). Der *intentionale Ausdruckssinn* hingegen bezieht sich auf den subjektiv gemeinten oder intendierten Sinn einer Handlung. In den Blick geraten kommunikative Selbstdarstellungen. Der intentionale Ausdruckssinn nach Mannheim »ist im Unterschied von der ersten dadurch charakterisiert, dass sie keineswegs jene Ablösbarkeit vom Subjekt und des realen Erlebnisstrom besitzt, sondern nur darauf bezogen, nur aus diesen ›Innenweltbezug‹ heraus ihren völlig individualisierten Sinn erhält« (ebd., S. 116). So besehen könne man sich des intendierten Ausdruckssinns nicht völlig sicher sein, und ihn deshalb auch nie ganz erfassen (Kleemann et al. 2013, S. 160).

Kruse (2015, S. 442–444) kritisiert in diesem Zusammenhang jedoch, dass die Unterscheidung von intentionalem Ausdruckssinn und objektivem Sinn, die jeweils für die Analyse identifiziert und eingeklammert werden sollen, und dokumentarischem Sinngehalt, letztlich nicht präzise genug sei. Erstens sei das, was als intendiert vom dokumentarischen Sinngehalt unterschieden werde, für diejenigen, die den dokumentarischen Ausdruckssinn analysieren, bereits eine Interpretation; dementsprechend ließe sich zweitens annehmen, dass der Objektsinn selbst bereits auf einen dokumentarischen Sinn verweise, der im Objektsinn lediglich kommunikativ genera-

diesen beiden Sinngehalten leitet die methodische Rekonstruktionsarbeit der Dokumentarischen Methode an (Strübing 2018a, S. 164). Für die Analyse der Orientierungen und Erfahrungsräume von AfD-Wähler*innen ist diese Unterscheidung instruktiv, denn der *dokumentarische Sinngehalt* lässt sich definieren als das »was eine Äußerung implizit über Orientierungen, Relevanzen, Normalitätsannahmen, Weltsichten – kurz: über das Alltagswissen von Sprechenden – zum Ausdruck bringt« (Kleemann et al. 2013, S. 160). Im Handlungskontext offenbart sich, nach Mannheim, der Dokumentsinn der Handlung des Gegenübers durch »das, was durch seine Tat, auch von ihm unbeabsichtigt, sich für mich über ihn dokumentiert« (Mannheim 2004, S. 116).

Die Unterscheidung der Sinnformen macht deutlich, auf welche rekonstruktive Analyseeinstellung man sich mit der Dokumentarischen Methode einstellt: Es bedeutet die konsequente und methodologisch fundierte Umstellung des Analyseinteresses vom *Was* zum *Wie* des Handelns (Bohnsack 2017, S. 13). Es interessiert nicht vornehmlich, was der Inhalt des Handelns ist, welche Argumentationen und Rationalisierungen (in Form von »Um-zu« oder »weil«-Motiven) die Interviewten über ihre AfD-Wahl aufbringen, sondern *wie*, d. h. vor dem Hintergrund welcher impliziten Orientierungen sie dies tun. Mit dem Fokus auf das Wie des Handelns, den *modus operandi*, stellt sich die Frage, wie sich aus der Interpretation der Interviews und auch den argumentativen Rationalisierungen und moralisch vorgetragenen Gesellschaftsbildern der AfD-Wähler*innen »ein zutreffendes Verständnis der sie hervorbringenden Kultur erarbeiten« lässt (Strübing und Schnettler 2004, S. 101). Es soll darin entdeckt werden, was sich über sie »dokumentiert«, d. h. welche impliziten Orientierungen ihre politische Wahl hervorbringen.

Die Unterscheidung der zwei Sinnebenen und die Ausrichtung des Analysefokus auf den dokumentarischen Sinngehalt macht die »Einklam-

---

lisiert werde (ebd., S. 79). Kruse stellt daher die Frage, ob es überhaupt einen kommunikativ-generalisierten und einen objektiven Sinn gebe: »Insgesamt gesehen gäbe es damit nur noch eines: dokumentarischen Sinn – der sich stets über die spezifische kompositionelle Nutzung sprachlicher Mittel ausdrückt und welcher sich in der Dualität des Sozialen – i. S. v. Subjekt vs. Gesellschaft oder Handlung vs. Struktur – auf unterschiedlichen Ebenen dynamisch verankert« (ebd., S. 443). Er schlägt daher begründetermaßen eine grundlegende Fokussierung auf den »Aspekt des Ausdruckssinns als solche[m]« (ebd., S. 79) vor. Letztlich jedoch bestätigt Kruses Kritik genau oben Behauptetes: Die Analysearbeit der Dokumentarischen Methode stellt die Differenz zwischen immanentem Sinngehalt und Dokumentsinn in den Mittelpunkt und für die Rekonstruktionsarbeit ist diese Unterscheidung wesentlich.

merung« eines immanenten Sinngehalts und objektiven Geltungscharakters in der Analyse notwendig (vgl. Mannheim 1980, S. 88–93). Die dokumentarische Analyseeinstellung will also explizit nicht der Wahrheit oder normativen Richtigkeit von empirischen Aussagen nachspüren:

»Das heißt, es interessiert nicht, ob die Darstellungen [der Interviewten; Anm. PR] (faktisch) wahr oder richtig sind, sondern es interessiert, was sich in ihnen über die Darstellenden und deren Orientierungen dokumentiert. Die Suspendierung der mit dem immanenten Sinngehalt verbundenen Geltungsansprüche, die ›Einklammerung des Geltungscharakters‹ ist konstitutiv für eine Methode, die auf den Prozess der (erlebnismäßigen) Herstellung von Wirklichkeit, also auf die Frage nach dem Wie, zielt und nicht darauf, Was diese Wirklichkeit jenseits des milieuspezifischen Er-Lebens ist.« (Bohnsack 2014, S. 64)

Mit der Einklammerung des Geltungscharakters stellt die Dokumentarische Methode ein wichtiges Instrumentarium zur Untersuchung der impliziten Handlungsorientierungen rechtspopulistischer Wähler*innen bereit, denn sie gibt die wichtige Analyseorientierung vor: Die argumentativen Passagen bzw. das teilweise ausgiebige Referieren programmatischer Inhalte der Interviewten werden »eingeklammert«, d. h. sie werden als Argumentationen und Rechtfertigungen markiert und als solche zunächst vorgehalten. Durch das Hinzuziehen anderer, narrativer oder beschreibender Passagen aus den jeweiligen Fällen lässt sich dann sukzessive auch in den argumentativen Passagen danach suchen, was sich sonst über die Interviewten, über ihre impliziten Welt- und Selbstbilder im Gesagten dokumentiert (zur Textsortentrennung vgl. Kapitel 3.3.1).

3.2. Datengenese

Im Zentrum der Analysearbeit der dokumentarischen Interpretation steht die »Explikation der Orientierungen, die die Praxis der jeweiligen konjunktiven Erfahrungsräume strukturieren« (Przyborski und Wohlrab-Sahr 2014, S. 290). Mit der Wahl der Dokumentarischen Methode als Analyseinstrumentarium geht dabei eine gewisse Schwerpunktsetzung in Richtung der Frage nach der Wirkung von Kollektivität und sozialen Strukturen einher (Strübing 2018a, S. 42). Vor diesem Hintergrund erklärt sich, weshalb die Dokumentarische Methode prominent im Zusammenhang mit der Auswertung von Gruppendiskussionen Anwendung gefunden hat (Bohnsack et al. 2010; Nentwig-Gesemann 2010; Bohnsack 2009; Przyborski 2004; Bohnsack

1989). Dennoch ist eine exklusive Anwendung auf Gruppendiskussionen methodologisch nicht festgelegt und entsprechend wurde die Methode so weiterentwickelt, dass sie auch zur Analyse von Einzelinterviews herangezogen werden kann (Nohl 2017; Nohl 2016; Nohl 2013b; Nohl 2005; Franz und Griese 2010; Maschke und Schittenhelm 2005; Weiß 2006). Bohnsack formuliert eine methodologische Begründung für ein solches Vorgehen selbst so:

»Sofern Individuen in die Untersuchung einbezogen werden, gewinnen diese ihre Funktion oder Bedeutung primär als Träger oder Repräsentanten kollektiver Erfahrungsräume oder Typiken also unter anderem der Generations-, Bildungsmilieu-, der Gender- und Entwicklungstypik, aber beispielsweise auch einer Migrationstypik oder (als Differenzierung der Bildungstypik) auch der Berufs- oder Professionstypik, etwa derjenigen des Erfahrungsraums von Lehrpersonen an Gymnasien oder von SozialarbeiterInnen. Diese kollektiven Erfahrungsräume sind eigentlicher Gegenstand der Analyse. Das Individuum konstituiert sich gleichsam als Schnittmenge unterschiedlicher Erfahrungsräume oder Typiken, und wir erfassen das Individuum – je nach Erkenntnisinteresse und Fragestellung – jeweils immer nur aspekthaft mit Bezug auf einen spezifischen Erfahrungsraum, den wir in der komparativen Analyse dann genauer identifizieren und in seiner Überlagerung durch andere Erfahrungsräume rekonstruieren können.« (Bohnsack 2017, S. 118–119)

Gerade weil das Konzept des konjunktiven Erfahrungsraums ein hohes Maß an theoretischer Abstraktion mitführt, lässt sich die rekonstruktive Suche danach durchaus auf Einzelinterviews anwenden. Ziel und Herausforderung ist dabei, vom Einzelfall wegzukommen und das jeweilige Textdokument als Dokument eines überindividuellen, sozialen (konjunktiven) Zusammenhangs zu begreifen. Aufgabe ist es dann, »nicht nur einen Fall besonders gut zu kennen, sondern seine wesentlichen Orientierungsrahmen zu identifizieren, die sich vom Fall abheben und auch in anderen Fällen finden lassen« (Nohl 2017, S. 9).

Mit dem vorliegenden, auf einem Sample von Einzelfällen beruhenden Forschungsvorhaben und der Suche nach sozialen Strukturen, die durch sie hindurch untersucht werden sollen, wäre auch eine Ausgangssituation für eine Analyse mit der Methode der Objektiven Hermeneutik (vgl. Wernet 2009) gegeben. Die Wahl der Dokumentarischen Methode für das Forschungsvorhaben dieser Arbeit begründet sich indessen, so sollte bisher deutlich gemacht werden, aus ihrer Sensibilität für die unterschiedlichen Sinnebenen des sozialen Handelns und für ihr praxeologisch-wissenssoziologisches Design. Das heißt, es interessieren nicht nur die

Handlungsentwürfe und auch nicht die objektiven Strukturen hinter dem Handeln der AfD-Wähler*innen. Gesucht wird also nicht, wie bei der Objektiven Hermeneutik, nach der Normen- und Regelgeleitetheit ihres Handelns (vgl. Przyborski und Wohlrab-Sahr 2014, S. 249–251), sondern nach implizitem, atheoretischem Wissen, das in ihren Erfahrungswelten begründet ist. Beide, die Dokumentarische Methode und die Objektive Hermeneutik, interessieren sich zwar für hinter den empirischen Äußerungen liegende Strukturen (vgl. Kleemann et al. 2013, S. 113–116). Aber gegenüber der Dokumentarischen Methode operiert die Objektive Hermeneutik mit einem ausgeprägten Normen- und Regelbezug bei der Untersuchung latenter Sinnstrukturen. Einzelhandlung werden hier als Hervorbringung von Regeln, die die Akteure unbewusst befolgen und reproduzieren, gesehen und daraufhin untersucht (vgl. Oevermann 2001). Für ein Unterfangen, dass die Logik der Praxis von Rechtspopulist*innen verstehen will, wäre eine so ausgerichtete Methode nicht hilfreich, denn damit würde letztlich eine hermeneutische Analyse rechtspopulistischer Ideologie und Programmatik betrieben. Demgegenüber bleibt die Dokumentarische Methode offen für die »notorischen Diskrepanz zwischen Regel und Praxis« (Bohnsack 2017, S. 104), d. h. für die Unterscheidung, dass die habituellen Komponenten des Handelns auf kulturelle und milieuspezifische Besonderheiten in der Handlungsorientierung verweisen und sich mit dem Ideologisch-Programmatischen nicht zwangsläufig in Deckung befinden müssen. Erst diese Sensibilität für die Aneignungsweisen und die generative Vermittlung von Regel (bzw. Ideologie und Programmatik) und Habitus lassen ein Verständnis darüber zu, dass die Logik der Praxis der Wähler*innen der AfD womöglich nicht identisch ist mit der Logik der Ideologie der AfD – und dennoch bei Akteuren aus ganz unterschiedlichen Lebenslagen zu verfangen vermag. Dies bestätigt sich in den folgenden Analysekapiteln (vgl. insbesondere Kapitel 5 und 6). Darin wird auch ein weiteres Problem ersichtlich, dass mit der Wahl der Objektiven Hermeneutik einherginge: Mit ihrer Fokussierung auf die latenten Sinnstrukturen, also die Spuren objektiver Realitäten und normierender Regelstrukturen, unterstellt sie, dass die Forschenden über dieselben kollektiven Wissensbestande und Deutungsrahmen wie die Untersuchten verfügten – und »dies hat ein systematisches Ausblenden des methodologischen Problems des Fremdverstehens zur Folge« (Kleemann et al. 2013, S. 148). Fremdverstehen bleibt aber gerade für die Untersuchung von Rechtspopulist*innen eine wichtige Analysehaltung, denn erstens soll damit davon ausgegangen werden, dass sich lebensweltlich spezifische

Orientierungsmuster finden lassen; und zweitens sollen die rechtspopulistischen Orientierungen auch befremdet werden, um ihre Spezifik zu erkennen.

3.2.1. Material

Die Materialbasis der vorliegenden Studie bilden 12 ausführliche narrative Interviews (Küsters 2009; Schütze 1976) mit Wähler*innen der AfD, die aus einem Korpus von insgesamt 17 geführten Gesprächen ausgewählt und einer detaillierten Untersuchung zugeführt wurden. Die Interviews wurden alle im Zeitraum von Juli 2019 bis April 2020 – also im Wesentlichen noch vor dem Ausbruch der Corona-Pandemie zum Jahresbeginn 2020 – geführt (zur Auswahl der Interviews vgl. Kapitel 3.2.3). Die einzelnen Interviews dauerten in der Regel deutlich länger als 1 ½ Stunden, sodass sich insgesamt an die 40 Stunden Interviewmaterial daraus ergaben. Die Erhebungsstrategie mittels narrativer Einzelinterviews begründet sich aus dem schwierigen und von Misstrauen gegenüber dem Forscher und seinem Forschungsprojekt geprägten Feldzugang in einem politisch sensiblen Themenfeld. Das Finden der Interviewpartner*innen war also ein aufwändiger Prozess, der von der Schwierigkeit begleitet war, bilaterale Vertrauensverhältnisse zu generieren. Nicht selten wurde die sensible Situation im Interview von den Interviewten selbst thematisiert. Gruppendiskussionen schienen daher unter forschungspragmatischen Gesichtspunkten kein gangbarer Weg.

3.2.2. Interviewgestaltung

Die *Interviewstrategie* war durchwegs offen und narrativ angelegt.[9] Die Erzählaufforderung (Schütze 1983) für jedes Interview zielte auf Erlebnisspuren hinter der Wahl der AfD ab. Die Einstiegsfrage lautete in Abwandlungen stets: »Wie ist es in ihrem Leben dazu gekommen, dass Sie die AfD – eine noch sehr junge Partei – gewählt haben? Gab es vielleicht ein Initialereignis

9 Dabei wurde das Prinzip der Authentizität berücksichtigt (Misoch 2019, S. 254–255): Die Erhebungssituation wurde möglichst natürlich gestaltet, einerseits durch die Wahl des Ortes, die vollständig den Befragten überlassen wurde, andererseits durch eine natürliche Gesprächshaltung, die ein authentisches Interesse an den Interviewten zeigte.

in ihrem Leben?« Die eröffnende Erzählaufforderung zeigte also ein Interesse des Interviewers an der Lebenssituation und an der politischen Biografie der Befragten an. Schon nach wenigen Interviews wurde deutlich, dass die Motivation der Befragten an den Interviews mitunter auch darin bestand, die ideologisch-programmatischen Inhalte der Partei zu rechtfertigen, bzw. den Interviewer »aufzuklären«. Die zentrale Aufgabe der Interviewführung bestand daher beständig darin, biografische oder gegebenenfalls nicht-biografische narrative Elemente bzw. Stegreiferzählungen hervorzukehren und Narrationen anzuregen.[10] Außerdem wurden zwei Beobachtungsprotokolle von teilnehmenden Beobachtungen auf Veranstaltungen eines AfD Orts- und eines AfD-Kreisverbandes angefertigt und zwei Gesprächsprotokolle von Telefongesprächen zum Zwecke der Interviewvereinbarung geführt, bei denen es am Ende nicht zum Interview kam. Darüber hinaus wurde ein standardisierter Fragebogen zur Erhebung der soziodemografischen Merkmale eingesetzt, der an die Interviewpartner*innen ausgegeben wurde.

3.2.3. Sampling und Materialgewinnung

Im zyklisch-iterativen Analyseprozess und der Sukzession in der Materialgewinnung trat die Bedeutung des rechtspopulistischen utopischen Bewusstseins schrittweise in den Vordergrund und prägte damit auch die theoretische Rahmung der Arbeit (vgl. Einleitung und Kapitel 1). Ihre Ergebnisse gehen damit auf die Strategie der sukzessiven Entwicklung eines kontrastierenden Samples im Verlauf des Datenerhebungsprozesses zurück. Die Gewinnung der Interviewpartner*innen orientierte sich also am theoretischen Sampling (Strübing 2021, S. 31–34; Glaser und Strauss 2009 [1967]; Strübing 2018b). Eine Vorabfestlegung des Samples auf bestimmte Merkmale jenseits der AfD-Wahl hätte sich auf Merkmale festlegen

10 Da dies nicht immer ohne Weiteres oder nur episodisch gelang, scheidet eine Narrationsanalyse für die Analyse des empirischen Materials aus. Es wäre sicher interessant und fruchtbar, die lebensgeschichtlichen Erfahrungsmuster und die biografischen Darstellungen der Akteure mit ihrer politischen Positionierung zu untersuchen. Doch erstens war es schwer, narrative Anteile im Interview überhaupt aufrechtzuerhalten. Und zweitens lassen sich auch die nicht-narrativen, ideologisch-programmatischen Ausführungen mit der Dokumentarischen Methode einordnen und analytisch fruchtbar machen, sofern sie in Verhältnis gesetzt werden zur konjunktiven Handlungslogik der untersuchten.

müssen, »deren Angemessenheit und Relevanz noch völlig offen sind« (Strübing 2018a, S. 129). Stattdessen wurde die Entscheidungen über die Zusammensetzung des empirischen Materials schrittweise getroffen.

Das Verfahren des theoretischen Samplings kommt insbesondere im Rahmen des Forschungsprogramms der Grounded Theory eine zentrale Bedeutung zu (Morse und Clark 2019; Morse 2007). Allerdings weist Strübing (2018b, S. 229) auf den Einsatz des theoretischen Samplings auch in der Dokumentarischen Methode hin, insbesondere weil es auch hier seine Stärke als »ein in mehrfacher Hinsicht Qualität sicherndes und kontrollierendes Verfahren« entfaltet. Auch die vorliegende Studie, die mit der Dokumentarischen Methode an die Auswertung und Aufbereitung des Materials herantritt, arbeitete »mit der Vorstellung von in aufeinander folgenden Problemlösungsschritten herzustellenden Modifikationen, Differenzierungen und Erweiterungen des theoretischen Modells« (Strübing 2021, S. 34). Die Tatsache, dass sich der Fokus der Forschung in dieser Arbeit weg von der initialen Annahme über einen Zusammenhang relativer Deprivation und Rechtspopulismus hin zur Bedeutung von Zeitwahrnehmungen und Zeitstrukturen verschoben hat, hat mit diesem iterativ-zyklischen Vorgehen zu tun.

Während sich Morse und Clark (2019) ›theoretical sampling‹ mehr als eine intentionale Reflexion auf die Auswahl der Fälle vorstellen, weisen andere (Truschkat et al. 2011; Dimbath et al. 2018) auf die forschungspragmatischen und -praktischen Limitationen des Einsatzes theoretischen Samplings hin, die auch dieser Studie Anpassungen und Modifikationen und ein ›learning by doing‹ abforderten.[11] Dies hat vor allem damit zu tun, dass der Feldzugang durch das Misstrauen der Interviewpartner*innen oft gehemmt war, wodurch Kontaktaufnahmen und Interviewanfragen in der Regel nur vermittelt über Kontaktpersonen erfolgreich verliefen. Zu Beginn der Erhebungsphase unternahm ich den Versuch, durch das Verteilen von Flyern Interessierte für die Teilnahme an einer Interviewstudie zu gewinnen. Diese Flyer waren neutral formuliert und legten nicht offen, dass explizit nach AfD-Wähler*innen gesucht wurde. Dadurch aber, dass ich die Flyer in Regionen und Stadtvierteln verteilte, für die sich überdurchschnittlich hohe AfD-Er-

11 Die Limitationen haben einerseits mit der zeitlich begrenzten Finanzierung des Promotionsprojektes zu tun; andererseits waren nach Ausbruch der Corona-Pandemie im Jahr 2020 eine Rückkehr ins Feld und weitere Interviews vorläufig ausgeschlossen.

gebnisse bei den letzten Wahlen feststellen ließen,[12] gab es das Versprechen, dass sich hier auch interviewbereite AfD-Wähler*innen zurückmelden würden. Dieses Vorgehen erwies sich als wenig erfolgreich. Nur (bzw. immerhin) zwei Kontaktaufnahmen mit Interviewpartner*innen gelangen über diesen Weg. Aus diesem Grund suchte ich parallel andere Zugangswege zum Feld. Hierbei erwiesen sich einerseits der Zufall, andererseits die gezielte Kontaktaufnahme mit Menschen, die sich auf lokaler Ebene für die AfD engagieren, als hilfreich.

Durch Zufall ergaben sich private und berufliche Kontakte zu AfD-Wähler*innen. Mit einem dieser Zufallskontakte, der sich zunächst als interessierter Hörer eines universitären Vortrags von mir ausgab, gab es im Sommer 2019 einen längeren Mailaustausch. Schließlich gab sich die Person, nachdem sich ein Vertrauensverhältnis aufgebaut hat, selbst als AfD-Sympathisant zu erkennen und war bereit zu einem Interview mit mir.[13] Dieser Interviewpartner erwies sich als wichtige Kontaktperson, die mir zahlreiche weiteren Interviewpartner*innen vermittelte. Im weiteren Fortgang der Forschung war es zum Zwecke der schrittweisen Entwicklung des Samples, d.h. zur »Erweiterung des Personenkreises und des Wissens« wichtig, durch die Vertrauenspersonen im Feld weiterempfohlen zu werden (Girtler 2001, S. 115–116). Erforderlich war durchgehend eine offen-kommunikative Haltung mit einem erkennbaren Interesse gegenüber den Informant*innen. Dadurch aber, dass sich über diesen Wege eher ein vorstrukturiertes Feld, bzw. Netzwerk öffnete, das eher dem empirischen Sampling eines Schneeball-Verfahrens (Przyborski und Wohlrab-Sahr 2014, S. 59) glich, und vor allem dadurch, dass sich hier über die Zeit nur noch minimale Kontraste zwischen den Fällen abzubilden begannen, wurde es im Sinne des theoretischen Samplings immer wichtiger, auch Fälle jenseits des erschlossenen Netzwerks einzubeziehen. Aus diesem Grund forcierte

---

12 Dazu wurden zunächst zahlreiche geografische Wahldaten in unterschiedlichen Regionen Württembergs herangezogen, die die kommunalen Wahlämter zur Verfügung stellen. Darüber konnte mitunter genau festgestellt werden, in welchen Landkreisen, Orten und Stadtvierteln und zuletzt auch in welchen Straßenzügen die AfD viel gewählt wurde. Nachdem dieses Vorgehen aber wenig erfolgreich war, wurde es auch nicht mehr auf andere Regionen ausgeweitet.

13 Die Kontaktperson begründete ihre anfängliche Zurückhaltung damit, dass sie habe herausfinden müssen, ob ich politischer Aktivist oder gar ein Mitglied der Antifa sei. Am Anfang behauptete die Person, nur ihre Eltern würden die AfD-Wählen. Später habe sie sich davon überzeugt, dass ich »ungefährlich« sei und offenbarte sich mir im Weiteren selbst als AfD-Sympathisanten.

ich im nächsten Schritt Kontaktaufnahmen mit Kreis- und Ortsverbänden der AfD.

Dabei half mir einerseits erneut die erwähnte Kontaktperson, die mich zu Ortsverbandstreffen der AfD mitnahm, um mir dort die Möglichkeit zu eröffnen, weitere Kontakte zu finden. Andererseits kontaktierte ich selbst auch andere Orts- und Kreisverbände, um über diesen Weg an weitere Personen zu gelangen. Auch über diesen Weg war es möglich, Kontakt- und Vertrauenspersonen zu gewinnen und an weiteren Veranstaltungen teilzunehmen, über die ich wiederum zahlreiche Interviewkontakte knüpfen konnte. Dabei forcierte ich im Laufe des Forschungsprozesses immer mehr Kontakte zu Fällen, die mir eine größere Kontrastierung im Hinblick auf Geschlecht und Lebenssituation zu den bisherigen Fällen ermöglichten. So schien es mir beispielsweise nach einer Weile nötig, mehr Frauen als Interviewpartnerinnen zu gewinnen, da sich bisher fast nur Männer mittleren und höheren Alters als besonders gesprächsbereit zeigten. Auch suchte ich gezielt nach jüngeren Personen und nach Fällen, deren materielle Lebenssituation weniger privilegiert ist als die des Großteils der meist gutsituierten männlichen Interviewpartner. Auch die Religiosität spielte eine Rolle. Insbesondere über die erwähnte Kontaktperson gelang ich vornehmlich in Kontakt mit freikirchlich-evangelikalen und ausgewiesen gläubigen Christ*innen. Dieses Faktum ist zunächst nicht überraschend, denn die AfD hat eine nennenswerte Wähler*innen-Basis unter rechten oder rechtskonservativen Christ*innen (Bednarz 2018, S. 218–240).[14] Auch im Hinblick auf diese Kategorie war es ab einem bestimmten Zeitpunkt wichtig, weniger explizit freikirchlich-christlich assoziierte Interviewpartner*innen zu akquirieren.

Am Ende weist das realisierte Sample aufgrund der schwierigen Feldzugänge und der forschungspraktischen Limitationen einen Überhang von Interviewpartner*innen aus Württemberg auf. Für diese Fälle, wie insgesamt, gilt jedoch, dass sie hinsichtlich der soziodemografischen Merkmale mit den statistischen Ergebnissen der sozialdemografischen Merkmalsverteilung der AfD-Wähler*innen in Baden-Württemberg korrespondieren (vgl. Baden-Württemberg Stiftung 2019). Die wenigen Fälle in meinem Sample, die nicht aus Württemberg stammen, wurden als Kontrastfälle im Analyseprozess berücksichtigt.

---

14 Zur Selbstbeschreibung und zum Selbstverständnis vgl. auch das Buch vom Vorstand der Vereinigungen »Christen in der AfD« Joachim Kuhs (Kuhs et al. 2020).

Die (regionale) Limitation des Samples hat also mehrere Gründe: Erstens hängt sie mit der Strategie des theoretischen Samplings selbst zusammen. Ich suchte schrittweise nach Fällen, die entweder minimal oder maximal Kontrastives zu meinen je vorläufigen Konzepten und Ideen beitrugen. Ich fand diese Interviewpartner*innen über die Wege der Felderschließung, die ich insgesamt beschritten hatte. Unter Gesichtspunkten des theoretischen Samplings erschien es lange Zeit nicht nötig, die weitere Suche nach gesprächsbereiten AfD-Wähler*innen geografisch zu streuen. Dies wäre, zweitens, auch an forschungspraktische Grenzen gestoßen. Da ich explizit ausführliche, narrative Interviews anstrebte – und nicht etwa nur halb verdeckte en-passant Gespräche mit AfD-Sympathisant*innen beispielsweise am Rande von Wahlkampfveranstaltungen oder Wahlkampfständen – war der Weg zur Materialgewinnung unerwartet viel aufwändiger und zeitintensiver als gedacht. Die nötigen Vertrauensverhältnisse konnten auch aufgebaut werden, weil ich mehrmals zu denselben Orten fahren konnte und für Interviewtermine vor Ort sein und flexibel auf Terminzusagen reagieren konnte. Zuletzt spielen die forschungspragmatischen Entscheidungen eine Rolle: Die Aufbereitung der Interviews, die Protokollierung und die Transkription der mitunter sehr langen Interviews wurde vollständig von mir durchgeführt. Der Forschungsprozess konnte nicht erheblich verzögert und verlängert werden dadurch, dass im Zuge dieser zeitaufwändigen Arbeit auch noch intensive Felderschließungen außerhalb von Württemberg betrieben worden wäre.

Für die folgende Analyse wurden 12 der insgesamt 17 für diese Studie geführten Interviews einer genaueren und ausführlicheren Analyse unterzogen (vgl. Tabelle 1). Sie stehen auch im Mittelpunkt dieser Arbeit. Die restlichen fünf Interviews sowie die Feldprotokolle wurden aus mehreren Gründen aus der detaillierten Analyse ausgespart, obgleich sie einen wichtigen Hintergrund darstellten, vor dem die anderen Interviews gelesen und analysiert wurden.[15] Sie bildeten schon im Zuge des zyklisch-iterativen Prozesses des theoretischen Samplings jeweils wichtige Referenzpunkte für die Entwicklung präliminärer Konzepte und Erkenntnisse. Im Zuge der detaillierten Analysearbeit entschied ich, dass eines der fünf letztlich nicht berücksichtigten Interviews aufgrund langer und ausführlicher Passagen über die Religiosität der interviewten Person zu wenig Neues beitrug. Unter

15 Teile dieses in der vorliegenden Arbeit nicht berücksichtigten Materials wurden an anderer Stelle verarbeitet (Rhein 2022a).

	Beruf	**Alter**	**Haushaltseinkommen (netto)**	**Eigenes Einkommen (netto)**	**Bildung**
Friedrich (& Hannelore)	Selbstständig, Klimatechniker	64	6.500 – 7.000 €	4.5000 – 5.000 €	FH, Ausbildung
Bernd	Selbstständig, Gärtnermeister	42	3.500 – 4.000 €	3.500 – 4.000 €	Realschule, Ausbildung
Gitti (& Lennard)	Arbeitssuchend, ehemals Floristin	k.A.	500 – 1.000 €	500 – 1000 €	Hauptschule, Ausbildung
Gertrud	Arbeitssuchend	57	1.000 – 1.500 €	500 – 1.000 €	Hauptschule, Berufsschule
Xaver	Maschinenbau, lohnabhängig	k.A.	5.000 – 5.500 €	4.000 – 4.500 €	Abi, FH
Immanuel	Facharbeiter Automobilkonzern	k.A.	2.500 – 3.000 €	2.500 – 3.000 €	Abi, Lehre/Ausbildung
Kerstin	Versicherung, selbstständig	k.A.	4.500 – 5.000 €	4.500 – 5.000 €	Hauptschule, Lehre/Ausbildung
Albert	Technischer Redakteur	38	3 500 – 4 000 €	2.500 – 3.000 €	FHS, Ausbildung
Ludwig	Selbstständiger Elektriker	59	4.500 – 5.000 €	2.000 – 2.500 €	Hauptschule, Meister
Laura	Zahnärztin	30	2.500 – 3.000 €	2.500 – 3.000 €	Abi, Studium
Boris	Arbeitssuchend, ehemals Kaufmännischer Angestellter	k.A.	k.A.	k.A.	Studium, Ausbildung
Markus	Selbstständig, Immobilienbrache	k.A.	k.A.	k.A.	k.A.

Tabelle 1: Übersicht über die soziodemografischen Merkmale der Interviewten
Die Spalten »Beruf« und »Bildung« sind hier einerseits so wiedergegeben, wie die Befragten sie selbst ausfüllten. In manchen Fällen wurden Ergänzungen entsprechend der Selbstauskünfte aus den Interviews ergänzt (z. B. Immanuel, Gitti, Boris, Markus). Bei Friedrich und Gitti war jeweils noch eine weitere Person beim Interview anwesend und Teil des Interviews. Hier beziehen sich die Angaben nur auf Friedrich, bzw. Gitti.
Quelle: Eigene Darstellung

forschungspragmatischen Gesichtspunkten erschien mir eine Transkription und Berücksichtigung in der Analyse als zu mühsam und zeitaufwändig und in keiner Relation zum erwarteten analytischen Gewinn stehend. Gleiches gilt für ein Interview mit einem 18-jährigen Erstwähler. Bei ihm scheiterte die narrative Interviewstrategie, da kaum Erfahrungserzählungen generiert werden konnten. Für die restlichen drei Fälle stellte sich heraus, dass hier zu viele Doppelungen zu den anderen Interviews vorhanden war und keine wesentlich neuen Aspekte zutage gefördert werden konnten. Sie hätten die komparative um Passagen minimal kontrastive homologer Anschlussäußerungen ergänzt, aber auch verkompliziert. So wurde auch, zweitens, aus Gründen der Straffung des Gangs der Argumentation auf Heranziehung dieser Fälle verzichtet.

3.2.4. Reflexion und Forschungsethik

Qualitatives Forschen bedeutet sich auf ein *kommunikatives und interaktives Verhältnis zu* den Beforschten einzulassen (Girtler 1992, S. 39–40; Helfferich 2011). In solchen Situationen kommt es immer wieder zu »Beziehungsproblemen« im Feld (Wolff 2009, S. 336–339). Bei der qualitativen Erforschung von rechtspopulistischen Wähler*innen tritt, so hat sich im Forschungsprozess gezeigt, dieses Beziehungsproblem vor allem als Feldzugangshürde auf. Damit wird ein zentrales Problem dieser Forschung, das hier reflektiert werden muss, offenkundig: In einem Feld, in dem nicht nur aus Sicht des Forschers unsympathische, sondern rechte, mitunter rassistische, elitäre und geschichtsrelativistische Positionen und Ideologien der Interviewpartner*innen im Zentrum stehen, hat die Forschung mit einem Scheitern aufgrund gegenseitiger Antipathien, Vorurteilen und/oder Ressentiments zu rechnen. Denn aus Sicht der Interviewten werde ich als Forscher nicht nur als Gegner in ihrer politischen Weltanschauung verdächtigt, sondern bin »[w]ie jeder Fremde […] vom Standpunkt des Feldes aus zunächst ein Mensch ohne Geschichte, der sich nur schwer in die dort gewohnten Kategorien einordnen lässt und dessen Loyalität zweifelhaft bleibt.« (Wolff 2009, S. 339) Gegen diese Widerstände ging es im Forschungsprozess darum, eine kommunikative Haltung, Authentizität und ein offen vermitteltes und erkennbares Interesse gegenüber den Informant*innen zu demonstrieren, denn nur so war überhaupt die Gewinnung von Interviewpartner*innen und damit das Gelingen der gesamten Erhebungs- bzw. Feldarbeit zu erwarten (Przyborski und Wohlrab-Sahr 2014, S. 56–58). Zumal die Forschung wesentlich mit der Gefahr zu tun hatte, einen angemessenen Grad empirischer Sättigung (Strübing 2018a, S. 209–210) zu verfehlen und stattdessen nur die Selbstbeschreibungen, Argumentationen und ideologischen Rechtfertigungen der interviewten AfD-Wähler*innen zu reproduzieren. Um die Herausforderung der Hervorbringungen von Stegreiferzählungen und narrativen Elementen zu erreichen, galt es gegen alle inneren und äußeren Widerstände immer auch »als ›netter Kerl‹ angesehen zu werden« (Girtler 2001, S. 94).

Dass dies gelang, lässt sich auch exemplarisch an zwei Schlusspassagen aus den Interviews verdeutlichen, in denen meine dem narrativen Interviewsetting entsprechende zurückgenommene Interviewführung auffallend positiv evaluiert wird:

1384[16] ALBERT: Ich hab alles von meinem Zettel, alles abgelesen, was ich sagen wollte, hab
1385 ich alles sagen können. Ja, Sie haben mir sehr viel, äh, Freiraum gelassen, super
1386 Interview, muss ich echt sagen, also, nicht die ständige Fragerei, sondern ich konnte
1387 da fast die ganze Zeit, also wunderbar haben Sie das gemacht. Ich hab, ich hab mich
1388 wirklich vielleicht ein bisschen in Rage geredet (lacht).

1389 INTERVIEWER: Ach, iwo.

1390 ALBERT: Ich hoff, ich war nicht zu emotional. Ist ja auch mit Emotionen verbunden,
1391 wobei ein Freund der Sachlichkeit bin, eigentlich. Schon auch. Aber im/ Danke, es
1392 war eigentlich jetzt, ich habe jetzt eigentlich glaube ich, alles, was ich sagen wollte,
1393 auch sagen können.

1394 INTERVIEWER: Super. Ja. Gut.

1395 ALBERT: Haben Sie ja alle Antworten bekommen, die sie haben wollten.

1396 INTERVIEWER: Ich hatte ja keine Fragen

1397 ALBERT: (lacht) Stimmt auch. Das ist der Vorteil (lacht)

16 Die den zitierten Interviewpassagen voranstehenden Zeilennummerierungen ergeben sich aus den selbst angefertigten Interview-Transkripten. Sie werden hier aus Gründen der besseren Zitierbarkeit der Passagen mit angegeben.

Albert evaluiert zum Abschluss des Interviews das offene, narrative Setting positiv. Meine narrative Intervieweinstellung, das heißt die geübte Zurückhaltung und das interessierte Nachfragen werden »dankend« aufgenommen. Er hebt bemerkenswerterweise hervor, dass er trotz fehlender Gegenrede meinerseits im Laufe des Interviews emotional geworden sei und sich in »Rage« (Albert: 1388) geredet habe – ein Hinweis auf einen starken affektiven Erzähldruck, der bei Albert im Hintergrund steht und der offenbar mit der Erwartung zu tun hat, durch »ständige Fragerei« (Albert: 1386) nicht ausgelebt werden zu können. Dieser Affekt findet sich auch bei Laura, einer jungen, Anfang 30-jährigen angestellten Zahnärztin, die sogar Gefühle der Erleichterung artikuliert:

994 LAURA [...] ich fühl mich eigentlich grad ganz befreit, weil ich
995 mal jemanden hatte, mit dem ich da ein bisschen drüber/ Also (.) weil du bist jetzt
996 auch nicht jemand, der irgendwie neben mir sitzt und so (.) okAY (..) Und mich so
997 anschaut und, ähm, du stellst sehr objektive Fragen. Da ist kein subjektiver Subton
998 drunter. Weißt du wie ich meine. Und in den Medien (.) wärst du eigentlich der
999 perfekte Kandida-at, um irgend ne Talkshow zu machen, weil du bist nicht subjektiv.
1000 Also du bist es wahrscheinlich, aber (.) du stellst die Fragen nicht subjektiv. Hatte bei
1001 dir jetzt nicht das Gefühl (.) unverstanden zu sein oder, oder irgendwie, ähm, dass du
1002 mir die Fragen so blöd hinlegst, dass ich irgendwie nur so dumm drauf antworten
1003 kann.
[...]
1011 Wir haben über sehr viel gesprochen. Aber Lob an dich (.) weil, ähm, es
1012 hätte auch anders verlaufen können, das Gespräch. Und ich hab neulich mit nem
1013 besten Freund von mir geredet, der hat mir die Fragen immer so hingelegt, dass ich
1014 eigentlich nur in seine Richtung antworten KONNTE. Weil das war so, schon so
1015 gemein ausgelegt irgendwie. Und du hast halt jetzt ganz objektive Fragen gestellt

Lauras Reaktion zeigt exemplarisch, unter welcher emotionalen Anspannung die Fälle mitunter stehen. Sie assoziiert meine narrative Intervieweinstellung mit »Objektivität« und fühlt sich dadurch (erstmalig?) anerkannt. Lauras Erwartungshorizont für die Interviewsituation ist der eines journalistischen Interviews: Sie scheint davon ausgegangen zu sein, investigativ befragt zu werden, statt auf ein zuhörendes Gegenüber zu treffen. Bei beiden, Laura und Albert, ist schon hier zu sehen, worin auch die Motivation an der Interviewteilnahme besteht und was sich im Laufe der Analyse bestätigt hat: Lauras affektive Reaktionen zum Abschluss der Interviews und ihre Interviewmotivation hängen mit einem bestimmten Selbstbild zusammen.

Sie nimmt sich als sogar schon von Freunden als »gemein« (Laura: 1015) und hinterlistig Behandelte wahr (vgl. ausführlicher Kapitel 4 und 5).

Diese positiven Evaluationen, die die Interviewpartner*innen am Ende der Interviews vornahmen, gilt es forscherseitig zu reflektieren: Weshalb gelangten die Befragten zu dieser positiven Bewertung der Interviewsituation? Welche Rolle nahm ich als Forscher selbst im Feld ein und wie ist es mir (habituell) gelungen, die entsprechende Ansprache- und Gesprächsatmosphäre zu kreieren? Es ist zu betonen, dass ich keine Strategie der »Maskerade« oder Täuschung wählte (Sekuler 2014), sondern ich praktizierte Zurückhaltung und Offenheit und unternahm den Versuch einer Einklammerung des Geltungscharakters ihrer Aussagen während des Interviewsettings. Schon zum Zwecke der Anbahnung von Interviews war es allerdings geboten eine höflich-kommunikative und offene Haltung einzunehmen und vertrauenswürdig zu erscheinen.[17] Ich präsentierte mich als politisch-neutrale Forscherpersönlichkeit, die in Erfahrung bringen wolle, was die Wähler*innen der AfD ›wirklich‹ bewege und hierbei, so eine Antwortstrategie auf Fragen nach meiner politischen Verortung, zunächst auf eine politische Einordnung verzichten möchte. Es gehe mir, so eine ehrliche und offene Antwort von mir, eher um die biografischen Aspekte und ich habe weniger vor, die programmatischen Inhalte zu diskutieren oder diese politisch zu bewerten.

Hier stellt sich die Frage, wie forschungsethisch damit umzugehen ist, dass es meinem Forschungsprojekt darum geht, den Erfahrungssinn der AfD-Wähler*innen durch »eine (nicht durch bloße theoretische Erfahrung zu entdeckende) Theorie der Bedeutung des Eingeborenseins« (Bourdieu 1987, S. 40), wie es Bourdieu nennt, zu erschließen – das hießt also durch zurückhaltende Widerspruchslosigkeit mitunter den Eindruck zu erwecken, ich mache mich mit den rechten Weltanschauungen der Befragten gemein. Darin stellt sich das forschungsethische Problem der Integrität und Schadensvermeidung (Unger 2014, S. 28–31) nochmal in anderer Hinsicht:[18] Womöglich trage ich durch das offene Forschungsinteresse zu

17 Die Offenlegung der eigenen Forschungsmotivation muss im Themenfeld politischer Soziologie und der Erforschung von Rechten durchaus selbstkritisch ausfallen. Ich verweise hier auf eine Forschungsmotivation einer »Erforschung des Eigenen« (Jeggle 2014): In diesem Fall als der eines in ein bestimmtes Milieu sozialisierten teilnehmenden Beobachters, der etwa mit dem Sprachgebrauch und der Werthaltung der Beforschten vorreflexiv, heißt durch familiäre und Milieuprägung bekannt ist und sich zu Forschungszwecken habituell darauf einzustellen weiß.

18 Insgesamt war der Ethik-Kodex der Deutschen Gesellschaft für Soziologie und des Berufsverbandes deutscher Soziologinnen und Soziologen (DGS/BDS 2014) leitend für diese Arbeit.

Normalisierung und Anerkennung politischer Äußerungen und Einstellungen bei, gegen die ich außerhalb der Forschung klare Haltung zeige. Unabhängig davon wurde das Prinzip der informierten Einwilligung durch eine schriftliche Einwilligungserklärung zur Datenerhebung, -verarbeitung und -speicherung befolgt. Darin sichere ich außerdem eine vollständige Anonymisierung und die Möglichkeit zu, die unterschriebene Einwilligung jederzeit zurückzuziehen.

Für den gesamten Forschungsprozess und die Erstellung der Arbeit stellten die Gütekriterien wie sie Strübing et al. (2018) für die Qualitative Sozialforschung vorschlagen eine zentrale Orientierung bereit:[19] Mit dem Ziel meinen Gegenstand und die fortwährende theoretische Perspektivierung darauf über den Forschungsprozess hinweg angemessen und transparent zu entwickeln, den interaktiven Prozess der empirischen Sättigung zu bewältigen und die Gültigkeit und den Erkenntniswert der Arbeit nachvollziehbar zu dokumentieren (Strübing 2018a, S. 215). Hierfür wurde unter anderem kommunikative Validierung durch wiederkehrendes »Peer Debriefing« (Misoch 2019, S. 254, 257) angestrebt, um die Gültigkeit und die intersubjektive Nachvollziehbarkeit der Interpretationen sicherzustellen.[20] Im Sinne der Nachvollziehbarkeit der Regelgeleitetheit des Analyse- und Auswertungsvorgehens wird im Folgenden noch das Analyseverfahren ausführlich dokumentiert.

---

19 Die Diskussion über die Entwicklung und Anwendung angemessener Gütekriterien ist inzwischen weit gediehen. Einen Überblick liefert Misoch (2019, S. 247). Häufig gibt die Feststellung Anlass, dass Objektivität kein ohne Weiters auf die qualitative Forschung zu übertragender Maßstab zur Gütebemessung sein kann: »Die Unmöglichkeit von Objektivität ist ja nicht ein Mangel, sondern Ausgangspunkt qualitativer Forschung, daher kann es nicht um anzustrebende Objektivität gehen, sondern um einen anzustrebenden angemessenen Umgang mit Subjektivität.« (Helfferich 2011, S. 155) Allerdings glaubt Misoch durch »Redefinition« Objektivität trotzdem für qualitative Forschung festhalten zu können (Misoch 2019, S. 247–249), die sie dann unter anderem als kontrollierte Subjektivität, intersubjektive Nachvollziehbarkeit der Ergebnisse, Verfahrensdokumentation und Regelgeleitetheit einkreisen will.

20 Hier sind die regelmäßige Teilnahme an der Forschungswerkstatt von Prof. Dr. Jörg Strübing, den Doktorand*innen-Kolloquien bei Prof. Dr. Stephan Lessenich und des Promotionskollegs »Rechtspopulistische Sozialpolitik und exkludierende Solidarität« an der Universität Tübingen zu nennen, in deren Rahmen ich wiederholt (nicht nur) mein empirisches Material im Kreise interessierter und kompetenter Doktorand*innen diskutieren durfte; außerdem eine Interpretations-Gruppe (»Mikro-AG«) der Hans-Böckler-Stiftung mit Schwerpunkt auf dem Verfahren der Dokumentarischen Methode.

3.3. Vorgehensbeschreibung

Die forschungspraktischen Schritte der Dokumentarischen Methode korrespondieren mit der Mannheim'schen Unterscheidung der Sinnebenen (vgl. Kapitel 3.1.4). Die einzelnen Analyseschritte werden unterschiedlich definiert, sodass entweder von vier Schritten (Auswahl und Transkription des Interviews; Formulierende Interpretation; Reflektierende Interpretation; Komparative Analyse und Typenbildung) die Rede ist (Przyborski und Wohlrab-Sahr 2014, S. 292–305) oder nur von zwei Arbeitsschritten (formulierender und reflektierender Interpretation) (Bohnsack 1989). Den Kern aber bilden in jedem Fall die formulierende und die reflektierende Interpretation. Es sind dies die Schritte, die den Weg bereiten zu einer abschließenden »soziogenetischen Typenbildung«, die die Erfahrungsräume rekonstruiert (vgl. Kapitel 5 und 6). Mein analytisches Vorgehen orientiert sich an der Anwendung der Dokumentarischen Methode auf narrative Interviews, wie dies von Nohl (Nohl 2017; Nohl 2016; Nohl 2013b; Nohl 2006; Nohl 2005) vorgeschlagen wird. Nohl setzt sich explizit mit der Frage auseinander, wie narrative Interviews reflektierend interpretiert und dabei in Richtung einer Typenbildung rekonstruiert werden können.

3.3.1. Textsortentrennung

Ein hilfreiches Instrument zur Organisation des empirischen Materials ist die Textsortentrennung wie sie Schütze (1976) vorgeschlagen hat und die auch Nohl (2017, S. 18–19) nahelegt. Dabei werden in den Interviews Passagen unterschieden, die hauptsächlich Erzählungen, Argumentationen oder Beschreibungen beinhalten. *Erzählungen* stellen Handlungs- und Geschehensabläufe dar. Sie haben meist einen Anfang und ein Ende. Es geht dabei um Ereignisse, die durch Zeit- und Ortsbezüge gekennzeichnet sind. Nohl orientiert sich dabei an Fritz Schütze, der einen engen Zusammenhang zwischen (Stegreif)Erzählung und Erfahrung annimmt:

> »Gerade weil er seine Erzählung komplettieren (in ihrer Gestalt schließen), kondensieren und detaillieren muss, verstrickt sich der Erzähler in den Rahmen seiner eigenen Erfahrung und lässt damit in den Erzählungen einen tiefen Einblick in seine Erfahrungsaufschichtung zu.« (Nohl 2017, S. 25)

Beschreibungen können in Erzählungen eingelassen sein, sind aber allgemeiner dadurch gekennzeichnet, das wiederkehrende Handlungsabläufe oder feststehende Sachverhalte dargestellt werden. *Argumentationen* hingegen sind »(alltags-)theoretische Zusammenfassungen und Stellungnahmen zu den Motiven, Gründen und Bedingungen für eigenes oder fremdes Handeln« (Nohl 2005, o. S.).

Mit der Dokumentarischen Methode richtet sich das rekonstruktive Interesse vor allem auf das »konjunktive Wissen« und konjunktive Erfahrungsräume. Konjunktives Wissen, bzw. der dokumentarische Sinngehalt lässt sich im Kontext narrativer Interviews vor allem durch eine genaue Berücksichtigung erzählender und beschreibender Interviewpassagen erschließen. Grundsätzlich ist aus Sicht der Dokumentarischen Methode »den argumentativen Textsorten mit ihrer Betonung von Handlungsmotiven und -gründen mit Skepsis« zu begegnen (Nohl 2017, S. 18–19). Dies gilt umso mehr für den speziellen Fall dieser Studie, denn die streckenweise ausführlichen Elaborationen und ideologischen Rechtfertigungen der Befragten lassen sich nicht ohne Weiteres und unkritisch als empirische Hinweise auf ihr konjunktives Erfahrungswissen behandeln.

Textsorte	***Wissensform***
Erzählung	Konjunktives, praktisches Wissen
Beschreibung	
Argumentation (Bewertung)	Theoretisches, kommunikatives Wissen

Tabelle 2: Textsortentrennung und Wissensformen
Quelle: Eigene Darstellung nach Nohl (2017, S. 32–35)

In der Analyse wurde also gezielt nach Erzählpassagen Ausschau gehalten. Aber auch die in den Erzählungen eingelassenen Beschreibungen werden berücksichtigt. Die Textsortentrennung ist für die Analyse von Einzelinterviews von zentraler Bedeutung. Sie dient als Begründung und Leitfaden für die Auswahl jener Textpassagen, die erstens einer thematischen Feingliederung auf der Ebene der formulierenden Interpretation unterzogen und zweitens für die komparative Sequenzanalyse im Rahmen der reflektierenden Interpretation berücksichtigt werden.

3.3.2. Komparative Sequenzanalyse

Mit der dokumentarischen Methode werden die Einzelfälle »primär als Träger oder Repräsentanten kollektiver Erfahrungsräume« (Bohnsack 2017, S. 118) behandelt. Da also nicht die individuelle Lebensgeschichte hinter der AfD-Wahl im Zentrum steht, werden die Interviews von Beginn an fallvergleichend analysiert. Die komparative Analyse im Rahmen gilt entsprechend als »Königsweg des methodisch kontrollierten Fremdverstehens« (Nohl 2013a; Nohl 2017, S. 9; vgl. auch Strübing 2018a, S. 128). In der vorliegenden Analyse wurde also möglichst früh eine »Constant Comparative Method of Qualitative Analysis« (Glaser 1965) betrieben. Es schien nämlich von Beginn an wichtig,

> »[...] verbale Daten nicht nur hinsichtlich ihrer Funktionalität in Bezug auf einen Fall bzw. eine (etwa die lebensgeschichtliche) Dimension zu interpretieren, sondern sie in ihrer Mehrdimensionalität (zu der selbstverständlich auch, aber eben nicht nur die sich im Fall dokumentierende Lebensgeschichte gehören kann) zu erfassen. Dazu ist es allerdings notwendig, bereits zu Beginn der Interpretationsarbeit nicht bei dem Einzelfall zu verbleiben, sondern schon die Sequenzanalyse verbaler Daten im Rahmen der komparativen Analyse durchzuführen.« (Nohl 2005, o. S.)

Gerade für das empirische Material dieser Studie, das in Form von Individualinterviews vorliegt, ist eine komparative Sequenzanalyse von zentraler Bedeutung (Bohnsack und Nohl 2013). Konkret bedeutet dies, dass sich die Art und Weise, d. h. wie beziehungsweise in welchem Orientierungsrahmen ein Thema in einem Interview abgehandelt wird, am besten dadurch rekonstruieren lässt, dass man andere Interviewpassagen, in denen dasselbe Thema – beispielsweise in kontrastierenden Orientierungsrahmen – behandelt wird, danebenhält. Dieses Vorgehen kommt insbesondere im Schritt der sinngenetischen Typenbildung zur Anwendung (Bohnsack 2013b, S. 251–255) und entsprechend wurde auch in der anstehenden Analyse vorgegangen.[21] Vor dem zentralen Analyseschritt der (sinn- und

21 Kreitz (2010) weist richtigerweise darauf hin, dass eine komparative Analyse allein, so wie sie etwa hier mit dem Verfahren der Dokumentarischen Methode durchgeführt wird, keine hinreichende Grundlage empirisch fundierter Typen- und Theoriebildung sein könne, sondern dass es bereits vorab einer Theorie bedarf, um die abduktiven Schritte zur Typen- und Theoriebildung zu begründen. In dieser Arbeit liefert die praxeologische Erkenntnisweise der Dokumentarischen Methode mit ihrer zentralen Unterscheidung zwischen objektivem und dokumentarischem Sinn selbst diese theoretischen, bzw. wissenssoziologisch-methodologischen Grundlagen.

soziogenetischen) Typenbildung wurde aber zunächst noch das Material in seiner Oberflächenstruktur erschlossen. Dies leistet die formulierende Interpretation, die am Anfang der Materialanalyse steht.

3.3.3. Formulierende und Reflektierende Interpretation

Nohl (2017) schlägt drei wesentliche Analysestufen vor, die sich jeweils in Unterschritten aufgliedern lassen. Dabei ist die Unterscheidung zwischen formulierender und reflektierender Interpretation anleitend. Dabei wendet ich eine konsequent fallvergleichende Analysestrategie an. Die Ergebnisse werden dann in Form von Typen, insbesondere mehrdimensionalen, soziogenetischen Typologien zusammengefasst. Das schrittweise Vorgehen gestaltet sich dann wie folgt:

Stufen	**Zwischenstufen**
Formulierende Interpretation	Thematischer Verlauf und Auswahl zu transkribierender Interviews bzw. Interviewausschnitte
	Formulierende Feininterpretation eines Interviewabschnitts
Reflektierende Interpretation	Formale Interpretation mit Textsorten-trenung
	Semantische Interpretation mit komparativer Sequenzanalyse
Typenbildung	Sinngenetische Typenbildung
	Soziogenetische Typenbildung

Tabelle 3: Analytisches Vorgehen
Quelle: Eigene Darstellung nach Nohl (2017, S. 30)

Die Unterscheidung zwischen immanentem und dokumentarischem Sinn steht im Zentrum der Dokumentarischen Methode (vgl. Kapitel 3.1.4). Entsprechend lassen sich die Interpretationsschritte auch auf die beiden Sinnebenen beziehen: Der immanente Sinngehalt lässt sich thematisch identifizieren und entsprechend über den ersten Interpretationsschritt der formulierenden Interpretation aufbereiten. Die reflektierende Interpretation soll dann den dokumentarischen Sinngehalt rekonstruieren, indem hier auf die Herstellungsweisen bestimmter Erzählungen und Argumentationen fokussiert wird.

Die *formulierende Interpretation* sortiert und ordnet zunächst, was gesagt wurde und rekonstruiert die im Interview hervorgebrachten Themen. Sie verbleibt noch gänzlich im Bereich des immanenten Sinngehalts, bzw. der/die Interpret*in bewegt sich innerhalb des Orientierungsrahms der befragten Person (Bohnsack 2010b, S. 134). Der thematische Verlauf der Interviews wurde festgehalten, indem der Text nach Ober- und Unterthemen gegliedert wurde und es wurde ebenso vermerkt, ob das jeweilige Thema von der befragten Person oder von mir initiiert wurde (ebd., S. 135). Ziel ist es, den immanenten, also den »kommunikativ-generalisierte[n] Sinngehalt in einer klar verständlichen Sprache« einzufangen und am Ende auch eine thematische Feingliederung der Textdokumente zu erstellen (Przyborski und Wohlrab-Sahr 2014, S. 294). Gelegentlich wird vorgeschlagen, diese Feingliederung nur bei jenen Passagen vorzunehmen, die für die reflektierende Interpretation herangezogen werden.

Nohl (2017) schlägt die Dokumentation des thematischen Verlaufs bereits dem Analyseschritt der formulierenden Interpretation zu. Dieser Schritt ist bei Przyborski und Wohlrab-Sahr noch davor angelegt (Przyborski und Wohlrab-Sahr 2014, S. 292–293). Beide sind sich aber einig darin, dass dieser Schritt noch vor der Transkription der Interviews beginnt. Die Interviews sollen abgehört und der thematische Verlauf tabellarisch festgehalten werden. Mittels dieser thematischen Verläufe lassen sich vorab die Themen identifizieren, die in unterschiedlichen Fällen behandelt werden und sich daher gut für die komparative Analyse eignen (Nohl 2017, S. 30). Nohl (2017, S. 30) schlägt dann vor, die Transkription mit den entsprechenden Abschnitten zu beginnen. Przyborski und Wohlrab-Sahr (2014, S. 292) hingegen sind der Ansicht, dass narrative Interviews vollständig transkribiert werden müssen.

Ich schlage einen Mittelweg ein. Dabei lehne ich mich an Kruses Vorschlag für eine dokumentarische Analyse an, »10 bis 25% des Korpus vollständig sequenziell fein zu analysieren im Sinne einer wirklich offenen bzw. öffnenden Analysephase« (Kruse 2015, S. 462). Im weiteren Verlauf habe ich dann Teiltranskriptionen von ausgewählten Interviewpassagen aus anderen Fällen vorgenommen. Die Auswahl der Passagen orientiert sich dann einerseits inhaltlich am weiteren und in den bisherigen (reflektierenden) Interpretationsschritten gewonnen Erkenntnisinteresse, d. h. es werden weitere komparativ interessanten Passagen ausgewählt. Andererseits werden auf der formalen Ebene die narrativen Elemente in den Interviews besonders berücksichtigt. Insgesamt wurden neun der 17 Interviews vollständig transkribiert, vier weitere wurden auf Grundlage ausführlicher Verlaufsprotokolle teiltranskribiert (darunter auch die in der Analyse berücksichtigten Fälle Xaver, Markus und Kerstin) und von vier weiteren (in der Analyse nicht ausführlicher berücksichtigen Fällen) liegen ausführliche Verlaufsprotokolle vor. Die Transkription erfolgte mit der Software f4 auf Grundlage eigens erstellter und für praktikabel gehaltener Transkriptionsregeln, die sich an Kruse (2015, S. 362–363) orientieren.[22] Unter Zuhilfenahme der Software MaxQDA[23] wurde das Interviewmaterial analysiert.

Der Analyseprozess ist ein zyklisch-iterativer Prozess und verläuft ebenso wenig wie der Erhebungsprozess streng linear. Vielmehr wird immer wieder »neues«, d. h. bis zum zwischenzeitlichen Arbeitsstand unberücksichtigtes Material mittels der formulierenden Interpretationsschritte aufbereitet, um es in den komparativen Analyseprozess einzuspeisen. Dazu wird nach den (Teil-)Transkriptionen mit MaxQDA stets die formulierende Feininterpretation angefertigt und jeder Abschnitt sequenziell nach markanten Themenwechseln durchgesehen, um so Ober- und Unterthemen zu identifizieren. Die *reflektierende Interpretation* zielt anschließend auf die »Rekonstruktion und Explikation des Rahmens ab, innerhalb dessen das Thema abgehandelt wird, auf die Art und Weise, wie, d. h. mit Bezug auf welches Orientierungsmuster, welchen Orientierungsrahmen das Thema behandelt wird« (Bohnsack 2010b, S. 135). Vor allem in diesem wichtigen Analyseschritt war auf die Einklammerung des Geltungscharakters der Aussagen zu achten (Strübing 2018a, S. 165). Auf dieser Ebene findet also der systematische Wechsel der Analyseeinstellung vom *Was* zum *Wie* statt

---

22 Dadurch, dass es bei der Transkription vornehmlich um die Aufbereitung der sequenziellen Ordnung des Gesagten ging, um dies einer vornehmlich einer inhaltlichen Analyse zuzuführen (Knoblauch und Kahl 2018), wurden nur basale Elemente des akustischen Materials dargestellt. Dazu gehören Sprechpausen, Abbrüche, Überschneidungen von Redebeiträgen und Betonungen. Auch wurde der teilweise ausgeprägte Dialekt der Befragten berücksichtigt, wobei hier ein praktikabler Mittelweg eingeschlagen wurde. Das Transkript wurde so angefertigt, dass erkennbar ist, dass die Person grundsätzlich im Dialekt spricht und besondere Redewendungen oder Betonungen wurden ebenso dokumentiert. Insgesamt wurde die Zielsetzung der Lesbarkeit verfolgt, sodass nicht überall detailliert die dialektale Sprechweise im Transkript durchscheint.

23 Es ist zu betonen, dass die Software MaxQDA für den Zweck der Dokumentarischen Methode mit ihren Analyseschritten insgesamt wenig geeignet ist. Es gibt einige Vorschläge von Nutzern der Software, die ihre Erfahrungen dokumentierten und technische Verfahrensvorschläge für den Einsatz der Software für die Dokumentarische Methode machen (Sander 2013; Damm 2016). Daraus gingen einige inspirierende Anstöße für meine Forschung hervor, sodass am Ende ein eigener praktikabler Umgang mit der Software entwickelt wurde.

– wie wird ein Problem oder eine Problemstellung verarbeitet, in welchem Orientierungsrahmen wird ein Thema oder ein Argument abgehandelt oder vorgetragen? Hier sind es stets die politischen Programme oder Inhalte der Parteien oder die moralisch eingefärbten Gesellschaftsvorstellungen der AfD-Wähler*innen, die zum Teil viel Raum in den Interviews einnehmen und die im Zuge der reflektierenden Interpretation eher danach betrachtet werden, wie, bzw. unter Heranziehung oder impliziter Wirkung welcher Orientierungsrahmen sie vorgetragen werden. Mit Bezug auf welche Orientierungsrahmen behandeln die AfD-Wähler*innen einen politischen Sachverhalt oder vor welchem Hintergrund verhandeln sie ihre moralischen Empörungen? Um dies herauszuarbeiten, wird beständig nach drei grundlegenden Strukturierungsmerkmalen der Diskursorganisation gesucht: positive Gegenhorizonte, negative Gegenhorizonte und Enaktierungspotentiale (Kleemann et al. 2013, S. 161; Przyborski und Wohlrab-Sahr 2014, S. 295–302).

Die reflektierende Interpretation zielt also bereits auf die Rekonstruktion »generativer (Sinn-) Muster«, die Bohnsack auch Habitus nennt (Bohnsack 2013b, S. 248; Nohl 2013b, S. 38). Auf dem Weg zu einer sinngenetischen Typenbildung wird dabei in zwei Schritten vorgegangen, bei denen, erneut, die »constant comparison« zur Anwendung kommt: Zunächst werden fallintern alle Passagen verglichen, die dasselbe Thema – beispielsweise Klimawandel und Fridays for Future – verhandeln, dann werden thematisch ähnliche Passagen aus anderen Fällen oder Interviews herangezogen. An der Stelle beginnt die sinngenetische Typenbildung und es kommt im Weiteren zum Wechsel des tertium comparationis, des Dritten, worin die Fälle oder die Passagen verglichen werden: Zunächst ist es das Thema, dann wird es der Orientierungsrahmen selbst, unter dem das Thema verhandelt wird (Przyborski und Wohlrab-Sahr 2014, S. 304). Bohnsack et al. (2019, S. 32) fassen den Zusammenhang zwischen Wechsel des tertium comparationis und der beginnenden Typenbildung so zusammen:

> »Sobald der rekonstruierte Orientierungsrahmen nicht mehr nur auf einer fallinternen komparativen Analyse basiert, sondern auch eine fallübergreifende umfasst, sich also von der fallspezifischen Besonderheit löst, reden wir von Typus. Wir leisten auf diese Weise eine sinngenetische Typenbildung auf einer allerersten Stufe. Auf der nächsten Stufe einer sinngenetischen Typenbildung wird der derart abstrahierte Orientierungsrahmen oder Typus selbst zum Tertium Comparationis.« (Bohnsack et al. 2019, S. 32)

Im Weiteren werden die so abstrahierten Orientierungsrahmen, also die *modi operandi*, mit denen die Fälle ihre Themen und Moralen vortragen, spezifiziert und weiterentwickelt, indem sie gegeneinander abgegrenzt werden. So lässt sich an unterschiedlichen Umgangsweisen beispielsweise mit dem Thema »Angst vor Berufsverbot« gut zeigen, worin sich die Orientierungsrahmen unterscheiden und worauf dies zurückzuführen ist (vgl. Kapitel 5.1). Hervor treten sukzessive die unterschiedlichen habituellen Selbstbilder der Fälle, die wiederum ihre konjunktiven Erfahrungen anzeigen. Und an dem Punkt der Analyse lassen sich dann die konjunktiven Erfahrungsräume – das Analyseziel – spezifizieren und typisieren.

3.4. Analyseziel

Die vorliegende Analyse zielt mit der Dokumentarischen Methode auf eine praxeologische Typenbildung der handlungsleitenden Wissensformen von AfD-Wähler*innen (Bohnsack 2017; Bohnsack 2013b; Bohnsack 2010a). Rekonstruiert werden konjunktive Erfahrungsräume, die die spezifische Gestalt ihrer utopischen Weltanschauungen erklären, die insbesondere als Endzeitvorstellungen in Erscheinung treten. Damit soll ein empirischer Beitrag zu einer kritischen Theorie der spätmodernen Gegenwartsgesellschaft als gesellschaftlicher Erfahrungsraum geleistet werden.

Die mit der Dokumentarischen Methode zu leistenden Typenbildung trägt insofern dazu bei, als die konkreten empirischen Einzelfälle dieser Studie in den Kontext ihrer sozialer Bezugsrahmen und Sinnstrukturen (Ecarius und Schäffer 2010, S. 7) gesetzt werden, um die Variationsbreite der rekonstruierten gemeinsamen Orientierungen darzustellen. Für die Typenbildung in der Dokumentarischen Methode gilt insbesondere, dass sich in einem einzelnen Fall mehrere Typen überlappen und ein einzelner Fall am Ende nicht als »Stellvertreter« für einen Typus herangezogen werden kann (Nentwig-Gesemann 2013). Am Ende soll also eine verallgemeinerbare und theoriefähige Erkenntnis über den Rechtspopulismus jenseits der konkreten Einzelfälle stehen.

Die praxeologische Erkenntnisweise der Dokumentarischen Methode unterscheidet, zum Zwecke der Rekonstruktion von Erfahrungsräumen, zwischen einem handlungsleitenden implizit-habitualisierten Wissen einerseits und Theorien und rationalisierenden Modellen andererseits, die die Akteure selbst über diese ihre Praxis entwickeln (Bohnsack 2012, S. 121). Diese Unterscheidung erweist sich insbesondere in Hinblick auf die Felderfahrungen und -schwierigkeit in diesem Forschungsvorhaben als besonders hilfreich: Die Interviewpartner*innen argumentierten streckenweise sehr ausführlich und rationalisierten ihrer AfD-Wahl durch geschlossene Welt- und Gesellschaftsbilder. Die Dokumentarische Methode erlaubt es darüber hinaus die impliziten Handlungsorientierungen (und nicht nur die »Um-zu-Motive«) bei den untersuchten AfD-Wähler*innen zu rekonstruieren. Dabei traten die zugrundeliegenden (End-)Zeitvorstellungen und habituellen Selbstverortungen immer mehr hervor. Weil die Dokumentarische Methode also insbesondere auf die Rekonstruktion von impliziten, weniger argumentativ vorgetragenen Handlungsorientierungen abzielt, und weil mit ihr

»[...] (subjektive) Zweckrationalität des Handelns und dessen Sinngehalt im Sinne der ›Weil-Motive‹ von Schütz nicht isoliert voneinander betrachtet, sondern als ein im Erlebniszusammenhang fundierter Gesamtprozess herausgearbeitet werden, um damit die Genesis der Sinngehalte transparent zu machen, können Typiken gebildet werden, die nicht auf der Struktur von Fällen, sondern vielmehr auf der Struktur von konjunktiven Erfahrungsräumen beruhen.« (Nentwig-Gesemann 2013, S. 307)

Die Dokumentarische Methode stellt also ein Analysemodell bereit, nach dem die empirisch unvermeidlichen rationalisierenden (und moralisch begründeten) Handlungsentwürfe, die die AfD-Wähler*innen über ihre Parteiwahl abgeben, gut zu handhaben sind – in dem Sinne nämlich, dass am Ende nicht nur die Selbstbeschreibung der Befragten reproduziert werden, sondern auch eine praxeologische Analyse geleistet wird. Denn nach Bohnsack untersucht die praxeologische Erkenntnisweise der Dokumentarischen Methode das Spannungsverhältnis, bzw. die *»notorische Diskrepanz«* zwischen dem konjunktiven Erfahrungswissen von Akteuren – deren Habitus – und institutionalisierten Erwartungen, Rollen und Identitätserwartungen (Bohnsack 2017, S. 103–108). Die Interviewten haben mit solchen Erwartungen zu tun, weil sie in ihrer Eigenschaft als AfD-Wähler*in in den Fokus der Forschung geraten sind und sich gegenüber mir, dem Forscher, mitunter auch entsprechend kompetent über die Programmatik der Partei zeigen wollen. Auf dieser Ebene präsentieren sie auch bestimmte Theorien, die sie über Geschichte und Gegenwart entwickeln. Die Analyse konnte dahinter aber weiterhin auch ein utopisches Bewusstsein oder einen habituellen Zeit-Sinn zutage fördern – also implizite Vorstellungen über Zeit und Geschichte, die vor allem auch mit bestimmten habituellen Selbstbildern zusammenhängen.

Im ersten Schritt (*Kapitel 4*) werden, nach dem oben beschrieben Verfahren, Orientierungsrahmen *sinngenetisch typisiert*. Schon hier kommen habituelle Selbstbilder zum Vorschein, die in Spannung zu den rationalisierenden Um-Zu-Motiven der Befragten stehen und sich als generatives Handlungsprinzip erweisen. In *Kapitel 5* werden anschließend diese Orientierungsrahmen auf ihre Entstehungs- und Erlebnishintergründe befragt (*soziogenetische Typenbildung*). Das heißt es werden die Strukturen, die die Erfahrungen und das Erleben der Akteure prägen, herausgearbeitet. Rekonstruiert werden hier also konjunktive Erfahrungsräume. Sie sind diejenige Struktur, bzw. die soziale Lagerung, die die soziale Genese von konjunktiven Orientierungen erklären. Mit sozialer Lagerung sind Dispositionen gemeint, ein »im Erlebniszusammenhang fundierter Gesamtprozess« mit dem die Genesis der Sinngehalte erklärt werden kann (Nentwig-Gesemann 2013, S. 307). Es geht in diesem Schritt der soziogenetischen Typenbildung also um die Erklärung, weshalb die Befragten, in Anbetracht der Programmatik, die ihnen die AfD anbietet, bestimmte, gemeinsame Erfahrungen »entdecken« und damit ihre AfD-Wahl in Verbindung bringen. Dabei ist aber wichtig, dass nicht »objektive Bedingungen des Handelns« gesucht werden: »Vielmehr gilt es, die (zum Teil implizit bleibenden) Schilderungen der Erforschten daraufhin zu untersuchen, welche spezifischen Erfahrungszusammenhänge als Ort der Genese ihrer Orientierungsrahmen zu betrachten sind.« (Nohl 2013b, S. 38)

Konjunktive Erfahrungsräume sind eben nicht nur das Produkt gemeinsamen oder strukturidentischen Erlebens aufgrund sozialstruktureller Ähnlichkeiten,

> »sondern immer auch des gemeinsamen oder strukturidentischen Erlebens der ubiquitären oder notorischen Diskrepanz zwischen Regel und Praxis, also zwischen den normativen Erwartungen – im Bereich von Organisationen auch: den Programmen und der Corporate Identity – einerseits und dem kollektiven Habitus, dem Orientierungsrahmen im engeren Sinne, andererseits« (Bohnsack 2017, S. 104).

Für die vorliegende Untersuchung wird daraus der Schluss gezogen, dass das politische Programm der AfD, bzw. die Partei und ihre »Corporate Identity« bewertet und klassifiziert werden, und zwar vor dem Hintergrund von als gemeinsam entdeckten Erfahrungen, die ihrerseits nicht erfunden sind, sondern mit sozial unterschiedlich gelagertem, habitualisiertem konjunktivem Erfahrungswissen zusammenhängen. Hier werden Erfahrungsräume im Sinne einer Doppelstruktur von Orientierungs*schemata* (den kommunikativen Handlungsentwürfen in Bezug auf die rechtspopulistische Programmatik und den theoretisch verfügbaren, rationalisierenden und moralisierenden Gesellschaftsvorstellungen) und Orientierungs*rahmen* im engen Sinne (implizite Handlungsorientierungen, habituelles Handlungswissen bzw. habituelle Selbstbilder) untersucht. Mit diesem Instrumentarium lässt sich das Analyseraster wie folgt darstellen:

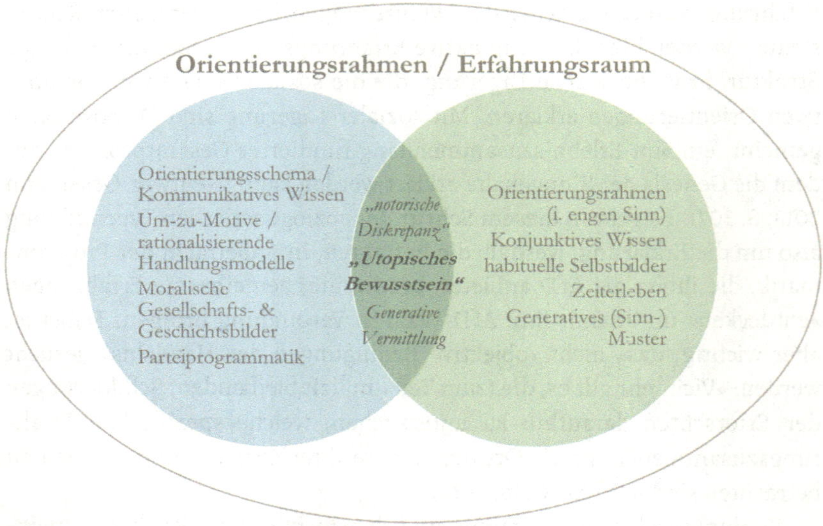

Abbildung 1: Analyseziel Orientierungsrahmen und Erfahrungsraum
Auf dem Weg zur praxeologischen Typenbildung werden die Orientierungsrahmen als Verhältnis von Orientierungsrahmen (i. engen Sinn) und Orientierungsschemata nach Bohnsack (2018) konzipiert.
Quelle: Eigene Darstellung

Die folgende Analyse soll darüber hinaus etwas über den Erfahrungsraum der Spätmoderne zu verstehen geben, bzw. darüber, wie die Befragten diesen ›übergeordneten‹ Erfahrungsraum verarbeiten. Sofern er über eine kulturelles Zeiterleben spezifiziert wird (vgl. Kapitel 2), geraten gerade die kollektiven Formen des Zeiterlebens der hier untersuchten Fälle in den Fokus, die sich vor allem als Endzeiterleben artikulieren. Sie werden mit Mannheim als historisches Zeiterleben, bzw. als Utopie (Mannheim 2015 [1929]) auf den Begriff gebracht (vgl. Kapitel 3.1). In der Analyse werden daher nicht nur explizite »Alltagstheorien« über Zeit und Geschichte untersucht, wenn das analytische Augenmerk auf die zeitlichen Aspekte der Orientierungen der Fälle gelenkt wird, sondern es wird ein implizit-handlungsleitender, habitueller Zeit-Sinn in den Blick genommen, der in ihren Endzeitbildern zum Vorschein kommt. Dementsprechend ließ sich mit Mannheim *Utopie* auch als ein zeitbezogener und politisch relevanter *modus operandi* des Erlebens, Wahrnehmens und Bewertens begreifen. In *Kapitel 6* wird dieser Aspekt nochmals im Mittelpunkt stehen. Über die in Kapitel 5 rekonstruierten Erfahrungsräume, Selbstbilder und Zeitorientierungen lassen sich nämlich weiterhin Gemeinsamkeiten entdecken, die der Erfahrungsraum der württembergischen Basistypik zu erklären versucht. In Kapitel 6 wird die Utopie der untersuchten Fälle als *rechtspopulistischer Chiliasmus* beschrieben und es wird diskutiert, inwiefern damit Erfahrungen der spätmodernen Temporalität verarbeitet werden.

4. Zwischen Selbstviktimisierung und Selbstelitisierung. Rechtspopulistische Sinntypen

Im folgenden ersten Analyseschritt werden zwei Sinntypen rekonstruiert: ›Die Durchschauenden‹ und ›die Opfer‹. Es handelt sich um zwei voneinander abgrenzbare Formen von Selbstbildern. Sie bilden die Grundformen einer im Weiteren noch zu differenzierenden Typologie der untersuchten AfD-Wähler*innen, in die die unterschiedlichen Formen ihrer Endzeitvorstellungen, die in Verbindung stehen mit ihren Selbstbildern (vgl. Kapitel 5), eingehen.

Den ›Durchschauenden‹ ist ein elitäres Selbstbild zu eigen. Die Fälle dieses Typus glauben das Geheimnis der als historisch schlecht aufgefassten Gegenwart ›durchschaut‹ zu haben, d. h. über ein exklusives Hinterbühnen-Wissen zu verfügen und über die »Wahrheit« (Ludwig: 191) Bescheid zu wissen. Diese schlechte Gegenwart beschreiben sie mit den rationalisierenden dichotomen Kategorien Normalität versus Abnormalität, Erfahrenheit versus Dogmatismus, Rationalität versus Emotionalität. Mitunter identifizieren sich die Fälle dieses Typus sogar damit, dass sie mit ihrem elitären Durchschauen und ihrem exklusiven Wissen auch gesellschaftlich ausgegrenzt würden – als bestärke sie diese Erfahrung in ihrem elitären Selbstverständnis. Darin unterscheidet sich dieser Typus fundamental vom Sinntypus ›Opfer‹. Dessen Fälle zeigen sich nicht elitär-selbstgewiss, sondern bedroht. Ihr zentrales Orientierungsschema ist ein dichotomes Gesellschaftsbild der Spaltung. In einer gespaltenen Gesellschaft begreifen sie sich als Opfer von Ausgrenzung und Stigmatisierung oder von Entsolidarisierung und sie wähnen sich darin als Minderheit. In dieser Selbstwahrnehmung als bedrohte Minderheit ist ihre Orientierung auffällig nicht-populistisch.

Im Folgenden werden diese Typen über einen konsequent vergleichenden Analysevorgang konstruiert: Zunächst werden fallintern Passagen verglichen, die dasselbe Thema verhandeln (beispielsweise: Fridays for Future), dann werden thematisch ähnliche Passagen aus anderen Interviews herangezogen. Sukzessive wird das tertium comparationis gewechselt: Anstatt nur thematisch ähnliche Passagen zu vergleichen werden dann auch ähnliche Orientierungsmuster miteinander abgeglichen. So wird am Ende eine ›typische‹ Konstellation von Orientierungsschemata und Orientierungsrahmen über die Fälle hinweg sichtbar. Die Spezifizierung beider Sinntypen gelingt vor allem entlang der deutlichen Unterschiede der habituellen Selbstbilder: Von der elitären Selbstgewissheit des Typus der ›Durchschauenden‹ unterscheidet sich das vulnerable Opfer-Selbstbild, bzw. die mitunter drastische Selbstviktimisierung des Typus ›Opfer‹ sehr deutlich.

Die sinngenetische Analyse lässt bereits die sozial unterschiedlichen Lebenslagen hinter den Orientierungen der Typen erkennen. Diese sind verstärkt Gegenstand der soziogenetischen Analyse im nächsten Kapitel (Kapitel 5). Dort wird nicht nur die Soziogenese dieser Orientierungen erarbeitet, sondern auch ein Verständnis über die Gemeinsamkeit, die die beiden Sinntypen zweifellos haben: ihre Endzeitvorstellungen. Die Gegenwart wird als historisch schlechte Zeit aufgefasst. Ob sie nun eine (unmittelbare) Bedrohung ist oder die Bedingung der Möglichkeit die eigene elitäre Privilegierung zu erfahren (oder zu behaupten) – beiden Typen überschneiden sich in dieser Sicht auf die Gegenwart und die historische Zeit. Diese Gemeinsamkeit ist Ausgangspunkt für die Rekonstruktion eines konjunktiven Erfahrungsraums einer Basistypik dieser Studie, deren Utopie über die unterschiedlichen Lebenslagen hinaus als rechtspopulistischer Chiliasmus beschrieben wird (Kapitel 6). In den anschließenden Kapiteln 5 und 6 also wird über die Soziogenese der typischen Orientierungen hinaus die zentrale Frage dieser Studie beantwortet: Was ist mittels der Orientierungen der untersuchten AfD-Wähler*innen über den Erfahrungsraum der Spätmoderne und ihrer Zeitkrise zu erfahren?

4.1. Die ›Durchschauenden‹

Die ›Durchschauenden‹ kultivieren ein elitäres Selbstbild. Die Fälle dieses Typus glauben aufgrund ihrer Erfahrenheit oder ihrer Normalität die Schlechtigkeit der Gegenwart erkannt und vor allem durchschaut zu haben. Nicht selten parallelisieren sie die Gegenwart daher mit dem historischen

Nationalsozialismus. Dieser Gestus des ›Durchschauens‹ zeichnet diesen Typus im Kern aus. Sie begreifen sich als diejenigen, die die Zeichen der Zeit erkennen. Damit gewinnt ihre rechtspopulistische Mobilisierung den Charakter einer Sammlung von Auserwählten. Sie verstehen sich als die ›Unkonventionellen‹, die Besonderen, als die Statthalter*innen einer abhandengekommenen oder unterdrückten, mitunter ewigen Normalität. Sofern sie aufgrund ihrer elitären Exklusivität glauben, das Geheimnis hinter dieser schlechten Zeit zu kennen, haben sie auch eine Aussicht darauf, dass sich ihre abhandengekommene Normalität zukünftig wieder durchsetzen werde.

Fridays for Futur und Klimapolitik sind die thematischen Folien, auf denen dieses Selbstbild entwickelt wird. Das Orientierungsschema – die vordergründigen Theoretisierungen – dieses Typus besteht entsprechend aus den dichotomen Klassifikationen vernünftig versus unvernünftig, normal versus unnormal, Erfahrenheit versus Dogmatik, Rationalität versus Emotionalität. Fridays for Future und Klimapolitik[1] sind den Fällen dieses Typus die untrüglichen Anzeichen der herrschenden Unvernünftigkeit, Unerfahrenheit und Emotionalität.[2] Entlang der rationalisierenden Selbstzuschreibungen des Reichseins an Erfahrenheit und Rationalität kommt die implizite Vorstellung als ›Durchschauende‹ und Inhaber*innen eines exklusiven Hinterbühnen-Wissens zum Vorschein, das sich die Fälle dieses Typus von sich selbst machen. Ihre mitunter starken Normalitäts-Klassifikationen gehen demnach Hand in Hand mit einem Selbstbild, wonach sie diejenigen seien, die über Verborgenes informiert wären, ganz als ob sie, und nur sie, über ein Geheimnis Bescheid wüssten.

1 Dass das Thema Klimapolitik eine so zentrale Rolle in den Interviews einnimmt, hat auch damit zu tun, dass die Interviews zwischen Juli 2019 und Anfang 2020, also zur vorpandemischen Hochzeit der Klimabewegung Fridays for Future geführt wurden. Dabei fällt auf, dass dieser Themenkomplex in nahezu allen Interviews zur Sprache gebracht wird, ohne dass die klimapolitische Programmatik der AfD selbst explizit referiert wird. Damit lässt sich gut zeigen, dass es den Interviewten weniger um Klimapolitik selbst zu tun ist, sondern sie anhand dieses Themas ihre moralischen Vorstellungen und Selbstbilder besonders gut auszubreiten in der Lage waren.

2 Die Herausstellung von Rationalität und Sachlichkeit und die negative Orientierung an Emotionalität und irrationaler Dogmatik wurde von den Interviewten nur an wenigen Stellen explizit als Geschlechterfrage verhandelt. Die Assoziation von als »emotional« markierter Klimapolitik beispielsweise als Resultat der Tatsache, dass die Bundeskanzlerin Angela Merkel eine Frau sei, wurde lediglich in einem der vier in dieser Arbeit nicht berücksichtigten Interviews herausgestellt. Insgesamt fallen geschlechtliche Markierungen in den Handlungsorientierungen der untersuchten Fälle nicht auf.

Die Spezifizierung dieser Orientierungen hin zum Sinntypus wird im Folgenden über vier typische Erscheinungsformen nachvollzogen. Zunächst wird gezeigt, wie die Orientierung an beruflicher Erfahrenheit als positiver Horizont für die Klassifizierung politischer Programme funktioniert, d.h. wie beispielsweise die Behauptung der eigenen beruflichen Erfahrenheit mit Behauptungen über (partei- oder klima-)politischem Dogmatismus kontrastiert werden. Im Unterschied zur eigenen Erfahrenheit wird den Anderen lediglich »kopierte Meinung« (Immanuel: 461) und »Nachgeplappere« (vgl. Bernd: 673) attestiert. Das »Klimathema« werde zur dogmatischen »Ersatzreligion« (Bernd: 719) stilisiert. Diese Erfahrenheitsorientierung akzentuiert auch starke Normalitätsvorstellungen. Klimaschutz und Klimapolitik werden als irrationale und emotionale Kurzschlussreaktion gedeutet. Sie stellt sich dieser Orientierung als unnormal dar, weil sie irrational sei und Menschenunmögliches verlange.

Im nächsten Schritt lässt sich deutlich machen, dass die Orientierung an beruflicher und Lebenserfahrenheit mit einem Selbstbild als Inhaber*innen eines zwingenden Wissens über Verborgenes und Hinterbühnen-Geschehen verbunden ist. Die Kenntnis darüber, dass Dinge in der Gesellschaft anders lägen als sie einer Mehrheit erschienen, das mache die eigene Erfahrenheit sichtbar. Ganz als ob Erfahrenheit einen Schleier lüfte und offenbare, was wirklich in der Welt vor sich gehe. Dieses exklusiv ›geoffenbarte‹ Wissen sei aber nur Wenigen zugänglich. Der Darstellung der Fälle zufolge ist es auch nicht ausgesucht und auch nicht gewählt, sondern habe sich biografisch unausweichlich eingestellt. Die Unterscheidung zwischen den Wissenden und den Unwissenden, zwischen Durchschauenden und Nicht-Durchschauenden drückt sich in der Rede von ideologischer Verführbarkeit und Manipulation aus. So verstünden beispielsweise die Aktivist*innen von Fridays for Future nicht nur nichts von der sachlichen Problematik des Klimas und seien aufgrund ihrer Emotionalität und Erfahrungslosigkeit auch nicht ernst zu nehmen. Mehr noch: All diese Eigenschaften entlarvten den Klimaaktivismus als Angelegenheit der Unwissenden und Manipulierten. An ihnen lasse sich demnach die gefährliche Schlechtigkeit der Zeit ablesen. Häufig wird in diesem Zusammenhang ein Vergleich mit dem historischen Nationalsozialismus bemüht. Die unterstellte Verführbarkeit und Manipulierbarkeit der Jugend, von Fridays for Future- und anderen Aktivist*innen wird historisch parallelisiert. Der NS-Vergleich dient der Markierung der schlechten Zeit der Gegenwart. Die ›Durchschauenden‹ glauben sich im Bilde über das Geheimnis dieser historisch schlechten Zeit und betreiben mit der AfD eine elitäre Sammlung von auserwählten Apokalyptiker*innen.

4.1.1. Selbstbild: »Unkonventionell« und »durchschauend«

Die Gegenüberstellung von Erfahrenheit versus politischem Dogmatismus ist ein häufig anzutreffendes und besonders dominantes Orientierungsschema. Dieses dichotome Denken wird zunächst exemplarisch über die Kontrastierungen von beruflicher Erfahrenheit, die sich die Fälle selbst zuschreiben, und (partei- oder klima-)politischem Dogmatismus aufgezeigt. Exemplarisch verhandelt Bernd das Thema Plastikmüll und die klimaschädliche Wirkung von CO_2. Seine Berufserfahrung setzt er als positiven Orientierungspunkt, der letztlich zu einer Zurückweisung der behaupteten Schädlichkeit von Plastik und CO_2 führt. Der Orientierung an der eigenen Berufserfahrung als positiver Horizont steht der negative Gegenhorizont gegenüber, der als (partei- oder klima-)politischer Dogmatismus konstruiert wird. In Politik und Alltag wird ein Defizit an Selbstdenken und stattdessen eine Häufigkeit an »Nachplappern« (Bernd: 673) oder an lediglich »kopierten Meinung[en]« (Immanuel: 461) konstatiert. Das Klimathema und Fridays for Future werden als »Ersatzreligion« (Bernd: 719) proponiert. Bernd sieht in seinem Alltag und in der Politik eine Vorherrschaft von Dogmatismus, demgegenüber er sein konkretes Erfahrungswissen aufwertet.

4.1.1.1. »...nicht nur konventionell irgendwas...« – Die Anderen denken zu wenig

Bernd ist selbständig und betreibt eine eigene Bio-Gärtnerei und einen dazugehörigen Bio-Naturkostladen. Die Klima- und Umweltthemen nehmen in seinem Interview viel Raum ein. In einer ersten Passage wird das Thema im Kontext einer politisch-programmatischen Abgrenzung zu den Grünen aufgeworfen. Bernd beschreibt sich darin selbst, auf die Parteifarbe anspielend, als »beruflich sehr grün« (Bernd: 170) und begründet dies damit, dass er selbst Bio-Landwirtschaft betreibe. Aber nicht nur weist er die liberale Werthaltung der Grünen zurück, sondern kritisiert vor allem deren aus seiner Sicht falsche und überzogene Umweltschutz-Politik. Er hält sie für einen aktivistischen Schnellschuss und für zu unüberlegt:

169 BERND: Weil jetzt ham wir ja die Grünen sehr
170 stark. Nur ich bin ja als beruflich sehr grün. Also ich mach ja Bio sogar, also ich mach
171 ja nicht nur konventionell irgendwas, sondern ich mach ja Bio und bin ja damit quasi
172 von meiner, äh, ähm, beruflichen Seite grün, also für Umweltschutz und so weiter
173 und für (.) für Gesundheit, auch bei Lebensmittel, (unv.) Gentechnik und so weiter
174 und so fort. Da kann ich die Grünen schon unterstützen, wenn man so will, oder find
175 das auch gut. Aber, äh, die ham halt immer noch im Paket das andere noch mit
176 dabei, die ganze Liberalität, was wir vorher gesagt ham. Und deshalb wähl ich quasi
177 dann/ Also mir sind die moralischen Seite wichtiger, vom moralischen (unv.) oder so,
178 ähm, oder auch Islam-Einstellungen oder so, mir wichtiger wie jetzt dass man mit
179 Plastik hier, äh, ob man jetzt Zeitungspapier nimmt oder Plastikgugge [Plastiktüten; Anm. PR] nimmt oder so.
180 Das ist für mich zweitrangig. Oder ob die Kohleflöze da jetzt zugemacht werden oder
181 nicht, das ist nicht SO wichtig. Was ich manchmal denke auch, die denken zu wenig.
182 Da hat man hier das Kohlek/ äh, die Atomkraft hier zugmacht, und in Frankreich
183 bauen sie nochmal zwei. Das kanns doch nicht sein. Der ganze Wind, das ganze
184 Risiko kriegen wir ab, und wir zahlen teuer Strom. Für was denn? Wenn man das
185 jetzt peu à peu mal sinnvoll reduziert und sagt, ja, das ist an sich schlecht, das ist
186 vielleicht auch risikoreich, wir gucken, dass man das 2035 oder was langsam
187 abschaltet oder oder irgendwie was. Aber da wird das hoppla hopp irgendwie
188 entschieden und CDU dann, ja, damits noch ein paar Stimmen kriegt, auch noch
189 schnell durchgesegnet, damit die Leute nicht die Grünen wählen. Ha, das kannst
190 doch vergessen. Das ärgert mich bissle.

Die Passage beginnt mit der Gegenüberstellung *politisch – beruflich*: Die Grünen seien (in Bernds Bundesland Baden-Württemberg) *politisch* sehr stark; Bernd selbst begreift sich dementgegen als »beruflich sehr grün« (Bernd: 170). Die zentrale Proposition dieser Passage verbirgt sich demnach hinter dieser Dichotomie: Bernd kontrastiert die eigene Berufserfahrung mit der politischen Programmatik der Partei. Er nimmt damit zugleich eine Autorität in Anspruch, hinsichtlich ökologischer Themen kompetent – und kompetenter als die Partei – zu sein, denn schließlich betreibe Bernd Bio-Landwirtschaft. Der Hinweis darauf, dass er »nicht nur konventionell irgendwas« (Bernd: 171) mache ist dabei in mehrerlei Hinsicht bemerkenswert: Mit »konventionell« meint Bernd zunächst »konventionell« im Sinne »konventioneller Landwirtschaft«. Und weil er unkonventionelle Bio-Landwirtschaft betreibe, gebe es auch zwischen Bernd selbst und den politischen Themen der Grünen (Gesundheit, Lebensmittel, Gentechnik) Parallelen. Gleichzeitig drückt sich mit dem Hinweis auf die Konventionalität ein Selbstbild aus, das wir im weiteren Verlauf nicht nur bei Bernd immer wieder sehen werden: Die Fälle dieses Typus gerieren sich als ausgesprochen unkonventionell.

Für Bernd steht entsprechend auch nicht die Bio-Landwirtschaft und auch nicht der Umweltschutz im Mittelpunkt. Wie die anschließende Zurückweisung der Programmatik der Grünen zeigt – des liberalen programmatischen »Paket[s]« (Bernd: 175) der Partei –, ist Bio-Landwirtschaft für Bernd also eher eine Sache des Unkonventionell-Seins und weniger die eines »grünen« Berufsethos. Schließlich weist er die Kohleenergie- und Umweltthemen als »zweitrangig« (Bernd: 180) zurück; er nimmt sie auch zum Anlass sein Selbstverständnis als Unkonventioneller auszubreiten. Vordergründig behauptet er zwar zunächst, dass ihm das moralische Große und Ganze wichtiger sei als die als trivial-nebensächlich herabgewürdigten Umweltpolitik-Themen.[3] Mit der folgenden Transposition (»Was ich manchmal denke auch, die denken zu wenig.« [Bernd: 181]) kommt der zentrale Orientierungsgehalt zum Vorschein: Die Konventionellen, jene, die auf der Seite der Politik stünden, »denken zu wenig«. Daher seien sie auch nicht mit dem Großen und Ganzen der »moralischen Seite« (Bernd: 177) befasst, sondern lediglich mit den Umwelt-Trivia. Im letzten Abschnitt der Passage ist entsprechend die Kritik an scheinbar überstürzter – und zwar im doppelten Sinne: zu schnell (»hoppla hopp«) und zu unüberlegt (»die denken zu wenig«) – Umweltpolitik der Grünen Thema.

4.1.1.2. *»...versteh ich auch nicht, dass manche Gärtner das nicht blicken...« – Unkonventionalität als Selbstbild*

Dieser Orientierungsgehalt taucht bei Bernd auch im Hinblick auf die klimabezogenen Auswirkungen von CO_2 wieder auf. CO_2 könne für Bernd den Klimawandel nicht verursachen, weil ihm seine eigene Berufserfahrung das Gegenteil beweise. Als Gärtner wisse er, dass CO_2 dem Pflanzenwachstum zuträglich sei und man CO_2 sogar zum Düngen einsetzen könne, um Erträge zu steigern. Darüber hinaus erklärt er sich damit auch den Tatbestand, dass Gras auch neben Autobahnen wachse. Die Klimaerwärmung könne da-

3 Die an der Stelle (Bernd: 179) proponierte und als trivial konstruierte Frage nach dem Einsatz von Plastiktüten (»Plastikgugga«) oder Altpapier taucht später im Interview erneut auf (Bernd: 727–766) und die entsprechende Sequenz wird in der Analyse weiter unten noch berücksichtigt (vgl. Abschnitt 4.1.1.3). Dort wird dann zu sehen sein, dass diese Frage nicht nur, wie hier, als trivial-nebensächlich, sondern zudem als umweltpolitischer Dogmatismus konstruiert wird.

mit nicht auf CO_2 zurückgeführt werden. Erneut also kommt bei Bernd ein Orientierungsgehalt zum Vorschein, in dem die eigene berufliche Erfahrung einen Gegenhorizont zur politischen Rede vom Klimawandel darstellt:

BERND: Wenn ich mal die Autobahnen angucke, wächst da Gras oder nicht? Des sieht doch fast gleich aus wie n Meter oder oder 50 Meter daneben. Da frage ich mich, was sollten denn die Autos so viel Schädliches bringen? Oder wenn zum Beispiel über CO_2. Manche Gärtner düngen mit CO_2, gibt 30 Prozent mehr Ertrag, 30 Prozent mehr Ertrag, bei Tomaten zum Beispiel. Die düngen mit 300 ppm. Wir ham vielleicht 450 oder so und es steigt ein bissle. Aber dass das steigt, ist quasi gesundheitsförderlich, für die Pflanze auf jeden Fall. Ich sag immer, wenn man mit der Pflanze spricht, stoßt man CO_2 aus, wachsen die Pflanzen besser. Nä, wenn man mit denen schwätzt, nicht weil die was verstanden haben, sondern weil man CO_2 ausstoßt. So, also, (unv.) verstehe ich auch nicht, dass, dass manche, ach, wenn manche Gärtner das nicht blicken. Aber, also an dem CO_2 liegts nicht. Also hundert pro nicht, dass, dass Klima wärmer wird, so.

Bernd argumentiert hier, dass CO_2 dem Pflanzenwachstum zuträglich sei und er exemplifiziert seine Behauptung der Nichtschädlichkeit von CO_2 durch den Bezug auf die Dünge-Praxis seiner eigenen Arbeit und die seiner Zunft. Gemeint ist die häufig in Gewächshäusern eingesetzte Kohlenstoffdioxid-Düngung durch CO_2-Zusatz in der Luft. Der ppm-Wert (parts per million) bezieht sich daher auf den Anteil von CO_2 in der Luft eines Gewächshauses. »Manche Gärtner« (Bernd: 629) heißt es zunächst, würden mit 300 (»ppm«) düngen, um Erträge zu steigern. Die erste Person Plural im Folgesatz bezieht sich hingegen auf Bernds eigenen Betrieb und die Messungen des CO_2-Gehalts in seinen eigenen Gewächshäusern, die er dort vornimmt. Der Wechsel des Personalpronomens zeigt an, dass Bernd selbst nicht mit CO_2 düngt, sondern nur »manche« – andere – »Gärtner«. Außerdem stellt Bernd fest, dass der bei ihm gemessene CO_2-Anteil steigen würde, und zwar ohne sein düngendes Zutun. Aber weil er selbst nicht mit CO_2 düngt, profitiert er vom Anstieg des CO_2, wohingegen andere seines Berufstandes CO_2 künstlich zusetzen würden. Bernd drückt dies dadurch aus, dass er von der »gesundheitsförderliche[n]« (Bernd: 632) Wirkung des CO_2-Anstiegs spricht, und nicht, wie zuvor im Zusammenhang mit »manche[n] Gärtnern«, von förderlich für die Ertragssteigerung. Eine weitere Differenzierung folgt: Bernd behauptet, dass aus der Perspektive seines beruflichen Handlungswissens das Sprechen mit einer Pflanze deshalb wirke, weil man der Pflanze damit CO_2 zuführe. Er ruft den bekannten Topos auf, dass das

Sprechen mit Pflanzen eine positive Wirkung habe, um argumentativ zu elaborieren, dass darin unter Gesichtspunkten seiner eigenen beruflichen Erfahrenheit sogar eine Wahrheit zum Ausdruck komme.

Auch in dieser Sequenz ist die Argumentation Bernds mit einem Selbstbild als Unkonventioneller verbunden. Er versteht sich als jemand, der den Zusammenhang zwischen CO_2 und Pflanzenwachstum »blicke[]« (Bernd: 636) – ganz im Gegensatz dazu, dass »manche Gärtner« diesen Zusammenhang »nicht blicken«, und zwar obwohl sie derselben Zunft angehörten. Zum »blicken« gehört demnach nicht nur eine gewisse berufliche Erfahrenheit, sondern offenbar mehr. Für Bernd lässt sich jedenfalls feststellen, dass er sich nicht nur als Unkonventioneller, sondern zudem auch noch als jemand geriert, der etwas durchschaut, was andere nicht durchschauen. Damit sitze er nicht, wie seine Kolleg*innen, der vorgeblich falschen Behauptung über die Klimaschädlichkeit von CO_2 auf.

4.1.1.3. *Gegenhorizonte: »Kopierte Meinung…« und »Nachplappern«*

Bernds politische Handlungsorientierungen sind also charakterisiert durch ein Selbstbild als jemand, der etwas durchschaue und darin eine auffällige Gewissheit über die Wahrhaftigkeit der eigenen Erfahrenheit erfahre. Etwas nicht zu durchschauen – die Behauptungen über Klimaschädlichkeit von CO_2 beispielsweise – setzt Bernd gleich mit Nicht-Nachdenken und – despektierlicher – als »nachplappern« (vgl. Bernd: 673):

671 BERND: Also ich bin der Meinung, dass die Leute, jedenfalls das was man hört,
672 oder auch das/ Wenn ich mit den Leuten ins Gespräch komme, dann hab ich das
673 Gefühl die plappern das nach, was sie hundertmal gehört haben.

Eine homologe Orientierung findet sich auch bei Immanuel. Er spricht, ebenfalls im Kontext des Themas Klima und Klimaschäden, analog von »kopierte[r] Meinung«. Auf die Nachfrage des Interviewers, was er mit »kopierter Meinung« meine, exemplifiziert Immanuel:

498 INTERVIEWER: Ich habe mich nur gefragt, also wenn du sagst, du MERKST dann
499 beispielsweise, das ist eine kopierte Meinung. Woran merkt man, dass das eine
500 kopierte Meinung ist? Was heißt kopierte Meinung?

501 IMMANUEL: Kopierte Meinung ist für mich, also wenn jemand einen, so einen
502 Schlagsatz, ähm, gibt ja auch oft so Schlagworte, ähm, was war n das letztens, hab

ich einen Kollegen, hat gesagt Klimaflüchtlinge. So. Ich hab mich mit dem Thema noch gar nicht so befasst gehabt, aber das hat er einfach so in die Runde geworfen. Und (.) da hab ich dann so ein bisschen nachgehakt und hab halt gemerkt irgendwie, das war halt nur so reingeworfen, aber er hat sich damit selber noch nicht auseinandergesetzt. Ich auch nicht. Aber ich hab zu dem Thema und nichts gesagt

Immanuel erzählt von einer Interaktion mit einem seiner Arbeitskollegen, der im Rahmen einer Zusammenkunft mit mehreren Personen den Begriff »Klimaflüchtlinge« gebraucht habe, wobei Immanuel der Ansicht war, dass der damit gemeinte Sachverhalt von dem Kollegen nicht durchdacht war und der Begriff lediglich aufgegriffen und scheinbar undurchdacht weitergeben wurde. Umwelt- und Klimaschutz stellt sich in diesem Orientierungsmuster folglich nicht mehr nur als trivial-nebensächlich, sondern mehr noch auch als dogmatisch-»nachgeplapperte« oder kopierte Meinung dar. Dahinter steht ein elitär anmutendes Selbstbild, demzufolge sich Bernd und Immanuel als diejenigen begreifen, die die Behauptungen über das Klima durchschauten, sie nicht »nachplapperten« oder undurchdacht kopierten.

Dies wird nochmals deutlich, wenn Bernd später diesen Orientierungsgehalt mit dem positiven Horizont seiner eigenen Arbeitspraxis erneut elaboriert. In folgender Erzählung berichtet Bernd vom sinnvollen Einsatz von Plastiktüten (»Plastikgugg«) in seinem Gemüse-Verkauf. Einerseits gebe es Kund*innen, die auf zahlreiche separate Tüten bestünden; andererseits sei das Verpacken von Salat in Zeitungspapier schädlich. Der Einsatz von Plastik sei demnach nicht per se zu verdammen. Vielmehr müsse gezielt darüber nachgedacht werden, wo Plastik unverzichtbar sei und wo Plastikverpackungen gegen Kartonagen eingetauscht werden können. So differenziert würden aus der Sicht von Bernd darüber jedoch selten Überlegungen angestellt:

BERND: Genau, also das sind so Sachen, die denken dann zu wenig und es wär sinnvoll zu sagen, zu denken, Plastik weniger vermeiden. Also jetzt zum Beispiel jetzt gerade im Laden. Ich hab manche Kunden, das kann ich nicht verstehen, dann muss ich den den den Ackersalat extra einpacken, den Batavia extra, in Plastikgugg, und dann noch noch die Tomate in ne Plastikgugg, und so, und und dann am Schluss einen großen Plastikbeutel um alle Plastikgugg in einen Plastikbeutel reinzutun. Hab ich manche Kunden gehabt. Da hätt ich auch auf die Palme kommen können. Dann sag ich den Bataviasalat könnt man zum Ackersalat reintun, das ist groß genug, das bringt man da auch noch rein. Man braucht nicht vier/ ja, dann hab ichs schön sortiert in meinem Kühlschrank, brauch ich immer nur

824 eine Gugg rausnehmen, des hält wunderbar frisch, so also. Jetzt ist ja da drin schon
825 positiv geworden, es gibt noch wenige Leute, die so denken, manche haben dann die
826 extra Netzle und so, das macht ja schon Sinn. Ich muss schon sagen, also grad so
827 Blättlesalat, das in ein Zeitungspapier oder so, dann muss mans zuhause gleich
828 rausmachen. Aber in einer Plastikgugg hälts viel länger frisch, weils die Feuchtigkeit
829 halt HÄLT. Und deshalb verkauf ichs nicht so gern in Zeitungen, dann gehen sie
830 noch einkaufen, fahren mim Fahrrad zwei Stunden durch die Sonne und dann ist der
831 Ackersalat schlecht geworden und nicht mehr frisch. Und nur weil man Zeitung
832 genommen hat mit Druckerschwärze, wo auch nicht ganz so gesund aussieht, und
833 dann den Ackersalat, da frag ich mich, ist eine Plastikgugg viel gesünder gewesen
834 wie in der Druckerschwärze. Da denk ich auch manchmal, also die denken
835 manchmal zu wenig, irgendwie. Da find/ so des, so Richtung Mainstream, ähm, nicht
836 alles so machen was die anderen für sinnvoll und gut, sondern auch mal selber
837 denken, sagen, ist das wirklich sinnvoll, meine Gurke in Druckerschwärze einpacken
838 zu lassen. Oder oder wärs nicht günstiger in einer Plastikgugg. Jetzt hab ich gestern
839 einen Kassettenrecorder ausgepackt. Plastik natürlich, schön Styropor an der Seite,
840 dann nochmal, dass auch wirklich nichts hingeht. So, kann ich ja verstehen, will ja
841 auch keinen Kassettenrecorder wo überall verkratzt ist, kauf ich ja grad frisch ein.
842 Also man kanns ja natürlich auch in eine Zeitung irgendwie einwickeln, wär auch
843 noch möglich. Dann könnt man sich jetzt nochmal drüber unterhalten, ok, dann
844 macht man jetzt den Kassettenrecorder vielleicht mit Kartons, bissle, dass das nicht
845 verkratzt wird, das tät ja gehen. Aber jetzt bei meinen Produkten mit Salat und so, da
846 muss man sich schon sagen, ist es sinnvoll, gut für den Menschen oder das Produkt,
847 oder, so, dann kann man ja sagen, es gibt ja des Plastik und es gibt ja auch des
848 Plastik. Muss es des Plastik sein oder kann man auch, ich kenn mich nicht so aus,
849 ein gesünderes Plastik gibts ja vielleicht auch, und so weiter und so fort. Genau, aber
850 da komm ma ja vielleicht noch da hin. Will gar nicht so sehr ins Detail gehen.

Bernd behauptet, dass seine Kundschaft in Sachen Umweltschutz und beim Einsatz von Plastiktüten zu wenig selbst nachdächte und sich stattdessen dogmatisch verhalte. Dabei geht es thematisch nicht nur um Umweltschutz und Plastikvermeidung, denn auch diejenigen, die zu viele Plastiktüten für ihre Einkäufe benutzten, kritisiert Bernd. Die zentrale Proposition findet sich in der Mitte der Passage: »also die denken manchmal zu wenig, irgendwie. […] so Richtung Mainstream, ähm, nicht alles so machen was die anderen für sinnvoll und gut, sondern auch mal selber denken« (Bernd: 834–837). Einen Hinweis auf das gemeinte Kollektivsubjekt »die« (Bernd: 814; 834) liefert der Beginn der Passage (Bernd: 790). Dort antwortet Bernd auf die vorausgegangene Verständnis-Nachfrage des Interviewers bezüglich des Plastik-Recyclings: »also, die Leute/ ich seh halt an dem wie sie, jetzt zum Beispiel Plastik, wie sie sich verhalten und was sie sagen, dass sie das nicht selber gedacht haben, wie schlecht das ist, sondern sie haben das quasi von irgendwelche Medien vorgekaut kriegt.« (Bernd: 790–793) Bernd spricht also in der gesamten Passage (Bernd: 790–851) über Menschen, die aus seiner Sicht nicht selbst denken würden. Allerdings geht es Bernd nicht darum, eine konkrete Gruppe zu adressieren. Hinter der Rede vom erfahrungslosen und »nachgeplapperten« »Mainstream« (Bernd: 764; 835) verbirgt sich das entscheidende elitären Selbstbild Bernds: Er kann als einer von Wenigen die richtige und angemessene Verwendungsweise von Plastikverpackungen beurteilen; er denkt selbst nach und sieht, anders als Andere, vom Standpunkt seiner alltäglichen Berufstätigkeit aus, dass Andere blind und dogmatisch durch die Welt liefen. Die Rekonstruktion bis hierher lässt einen Orientierungsrahmen erkennen, der einerseits aus den dichotomen Klassifikationsschemata Erfahrenheit versus Dogmatismus und Selbstdenken versus »Nachplappern« besteht; andererseits steckt dahinter ein elitäres Selbstbild, nach dem sich die Fälle als Authentische, »Unkonventionelle« und Durchschauende gerieren.

4.1.2. Hinterbühnen-Wissen

Dieser Orientierungsrahmen ist auch bei den Fällen Friedrich und Ludwig besonders ausgeprägt. Sie behaupten, dass ihr elitäres Erfahrenheitswissen exklusiv und zwingend sei, sofern sie es sich nicht selbst ausgesucht hätten, sondern nur eingeweiht seien, weil sich ihnen biografisch offenbart hätte, was sich hinter den Kulissen abspiele. Bei beiden wird jeweils schon in den Interview-Eingangspassagen sichtbar, dass sie sich explizit auf ihre Lebenserfahrung beziehen.

4.1.2.1. »...was die nobelen Fraun im Kübelchen da unten neben der Spülmaschine drin haben« – Erfahrenheit

Friedrich greift die offene und biografisch-narrative Proposition der Eingangsfrage umgehend auf und validiert die Bedeutung von Lebenserfahrung für seinen als erfolgreich bewerteten politischen Werdegang, der von einer Tätigkeit als Co-Vorsitzender der lokalen CDU-Mittelstandsvereinigung bis zu AfD-Engagement reiche:

49 INTERVIEWER: Wie ist
50 es in ihrem Leben dazu gekommen, dass sie sich für die, für die AfD engagieren? Was
51 war so, was waren so Stationen? Können Sie da irgendwie was dazu sagen?

53 FRIEDRICH: Also, ich sag mal, wenn man es nur rein politisch sieht, jeder hat ja eine
54 Lebensgeschichte, und es ist ja richtig, dass sie sagen, wie sagt man, sozialisiert,
55 andere sagen, du sammelst Erfahrungen oder Niederlagen oder alles miteinander. Ich
56 war 20 Jahre lang in der CDU, war stellvertretender Kreisvorsitzender von der
57 Mittelstandsvereinigung. Wir haben den Herrn Merz bei uns hier in [Wohnort] gehabt
58 und, äh, wir waren durchaus erfolgreich. Ähm, wirtschaftlich geht es uns gut, also wir
59 sind nicht reich, aber es geht uns gut.

Friedrich schreibt seiner eigenen Lebensgeschichte eine politische Bedeutung zu: Er nennt Sozialisation und gesammelte Erfahrungen als Hintergrund für sein heutiges AfD-Engagement. Im nächsten Kapitel werden wir sehen, dass eine solche Betonung von Biografie und Erfahrung im Anbetracht des Fragestimulus nicht zwangsläufig erfolgen muss. Die hier folgende Berichtsequenz über die Einladung von Friedrich Merz zeigt, dass Friedrich seine biografisch-politische Vergangenheit als erfolgreiche Zeit sieht. Daraufhin wechselt Friedrich, übergeleitet von einer assoziativen Brücke (»ähm«; 58), in die Gegenwart und erzählt von seiner persönlichen Situation. Die erste Person Plural an dieser Stelle (»uns«; 58) bezieht sich auf Friedrich und seine im Interview anwesende Frau Hannelore. Der politische Erfolg der Vergangenheit wird mit der persönlichen Situation der Gegenwart verbunden. Mit dieser Brücke wird der Orientierungsgehalt vom Beginn bekräftigt, wonach die persönliche Geschichte und die eigenen Erfahrungen als von Bedeutung für die eigene politische Biografie validiert werden. Seine Betonung der erfolgreichen Vergangenheit und der gegenwärtigen Wohlsituiertheit stehen demnach in Kontrast zur Validierung zu Beginn – ganz als ob Friedrich betonen wolle, dass seine AfD-Geschichte mit seiner Lebenserfahrung zusammenhängt, und nicht mit einer persönlichen Geschichte von Niederlagen und Not.

Eine homologe Sequenz der Validierung der Erfahrungs-Proposition der Interview-Eingangsfrage findet sich auch bei Ludwig. Ludwig steigt zunächst mit dem Hinweis ein, die Gesprächssituation als Gelegenheit zu nutzen, um ausschweifend zu erzählen. Er greift daraufhin, homolog zu Friedrich, die lebensgeschichtliche Erzählaufforderung explizit auf und leitet eine erste Erzählsequenz auch so ein:

36 INTERVIEWER: Aber wie hat sich das bei Ihnen im Leben sozusagen
37 entwickelt, dass Sie jetzt bei der AfD sind? Gab es irgendein Initialereignis oder
38 irgendwas oder was? Wie? Wie ist es dann, ist es einfach in Ihrem Leben dazu
39 gekommen? Das ist alles.

40 LUDWIG: Das ist jetzt a Sach, Sie geben mir freie Bahn. Ich bin manchmal, auch bei
41 meiner Frau, gefürchtet als Schwätzer. Das / {gleichzeitig} Ja ich, ich kann nur
42 profitieren (lacht).} Das darf jetzt natürlich gerne / Der Lebenslauf war folgender: ich
43 bin nur ein Hauptschüler. Ich sage jetzt auch: nur Hauptschüler. Meine Mutter ist
44 damals zum Rektor gegangen und ja, Realschul wenigstens und so, dann hat der
45 gesagt: man braucht auch gute Hauptschüler. Und da stehe ich heute noch hin dazu.

Noch bevor Ludwig mit seiner Erzählung startet, präsentiert er eine Selbstbeschreibung: Er sei bekannt – und »gefürchtet« (Ludwig: 41) – als »Schwätzer« (ebd.). Ludwig nimmt damit gleich zu Beginn des Interviews die Rolle von jemandem ein, der von Anderen abgelehnt wird. Gleichzeitig scheint er sich mit dieser Rolle des Abgelehnten zu identifizieren. In der anschließenden Erzählung orientiert er sich dann, anders als Friedrich, an einer Chronologie. Ludwig wählt den Erzählbeginn bei seiner schulischen Ausbildung. Indessen, auf die vorbereitende Bemerkung »Der Lebenslauf war folgender« folgt zunächst keine Erzählung des Lebenslaufs, sondern – seinen höchsten Schulabschluss (»Hauptschüler«, Ludwig: 43) betreffend – eine Art rechtfertigende Geste (»ich bin nur Hauptschüler«, Ludwig: 42–43). Wieder steht also die Präsentation einer Selbstbeschreibung im Mittelpunkt. Und obgleich sich der erzählte Grund für Ludwigs schulischen Werdegang auf eine Interaktion zwischen Ludwigs Mutter und einem Schulrektor bezieht – folglich also auf eine Direktive eines Rektors zurückgeht –, der dem Anspruch der Mutter auf eine Realschul-Bildung des Sohnes widersprochen habe, macht sich Ludwig dessen Argument zu eigen: Er selbst stehe »heute noch hin dazu« (Ludwig: 45), was dieser Rektor der Mutter geraten habe. Ludwig identifiziert sich ostentativ mit seinem niedrigen Schulabschluss.

Den Übergang von der Schulzeit in die anschließende Zeit der Lehre leitet Ludwig im Fortgang des Interviews dann so ein:

53 LUDWIG: Aus der Hauptschule naus gekommen, da haben wir eine Lehrstelle zug'sichert
54 kriegt, bei einem Elektriker in [Ort]. Dann hat der Mann meinen Vater / gell, mein
55 Vater war bei [Energieversorgungsunternehmen]. Hat also auch Beziehungen gehabt
56 dementsprechend. Hat auch Stromgeld kassiert. Da kommt auch bei mir das Wissen

57 her, dass Leute alles haben, nur kein Geld. Des war meinem Vater seine Aussage.
58 Des habe ich dann selber hinterher auch noch gesehen. Dann hat der Mann erklärt
59 meinem Vater, wo der gefragt hat wegen der Lehrstelle: Ja, er hat für sich selber
60 kaum mehr Geschäft, also keine Lehrstelle gehabt.

Geplant, bzw. zugesichert war Ludwig eine Lehrstelle bei einem Elektriker in der Nähe seines Herkunftsortes. Diese Zusage habe Ludwigs Vater erwirkt, der vermittels seiner Tätigkeit als Kassierer des Stromgeldes über entsprechende Kontakte verfügte. Letztlich kam diese Lehre dann nicht zustande, da der ausbildende Elektriker angab, kein »Geschäft« (Ludwig: 60), also kein Geld für eine Lehrstelle zu haben. Diese zunächst verhinderte Ausbildungsbiografie scheint eine frühe biografische Erfahrung im Hintergrund von Ludwigs Überzeugung darzustellen, dass Menschen (über ihre wirklichen Verhältnisse) nicht die Wahrheit sagten. Ludwig habe dieses Wissen von seinem Vater vermittelt bekommen, der dies selbst wiederum über seine Berufserfahrung gewonnen habe. Auch hier begegnen wir dem Gestus des Bescheidwissens und Durchschauens: Hinter Ludwigs Erzählung steht also auch hier ein Selbstbild als jemand, der Geheimnisse bzw. Lügen durchschaue. Im weiteren Lebensverlauf habe Ludwig auch durch seine Berufserfahrung diese vom Vater übernommene Orientierung validieren können. Seine Arbeit als Elektriker führte Ludwig in Haushalte, um dort Gerätereparaturen vorzunehmen, und er berichtet, wie er damit die entsprechende berufliche Erfahrung gewonnen habe, die ihn vorgeblich Verborgenes sehen ließ. Der berufliche Zugang zu Haushalten habe ihn häufig hinter Kulissen der nach außen hin »noblen« (Ludwig: 155; 157) Haushalte blicken lassen:

LUDWIG:
153 (.) Ich habe also kann man sagen im Leben schon viel mitbekommen. Da entwickelt
154 sich dann auch so eine gewisse Menschenkenntnis, gerade durch die
155 Hausgerätereparaturen. Ich sehe, was die nobelen Frauen im Kübelchen da unten
156 neben der Spülmaschine drin haben und so, ich seh in die Haushaltungen rein, wo
157 außen alles ganz fein und nobel ist, aber wie es hintendrüben aussieht, das sehe ich
158 halt auch. Ich habe gearbeitet bei uns in [Stadtteil], das war fürs Landratsamt, ein
159 Asylantenheim haben wir ein großes gehabt (..) bin auch in solche Gebäude nei
160 kommen, ich habe die Verbräuche gesehen und auch andere Sachen gesehen (.) ich
161 habe in so viele Sachen rein gesehen im (.) im Leben und im Geschäft.

Ludwig kultiviert also gut erkennbar ein Selbstbild als jemand, der hinter die Kulissen blicke. Vermittels seiner Berufserfahrung vermochte Ludwig zu durchschauen, dass es hinter den Kulissen »in den Haushaltungen« deutlich weniger »nobel« (Ludwig: 155) zugehe, als der Anschein erweckt werde. Was Ludwig hier konkret über seine berufliche Erfahrung im Zusammenhang mit Hausgerätereparaturen erzählt, das ist auch für seine politische Orientierung von zentraler Bedeutung. Er spricht in diesem Zusammenhang auch allgemeiner von »Menschenkenntnis« (Ludwig: 154). Vor seiner AfD-Tätigkeit war er aktives Mitglied der Partei Die Republikaner. Ludwig erzählt, wie es dazu gekommen ist. In der folgenden Passage berichtet er, wie er über einen lokalen Kreisvorsitzenden der Republikaner, der auffällige Leserbriefe geschrieben habe, die von ihm selbst und seinem Vater zustimmend aufgenommen wurden, zu der Parteimitgliedschaft gelangt sei:

LUDWIG:
187 Ich war mal vor Jahren auch bei den Republikanern, wie ich vorher ja schon gesagt
188 habe, für die bin ich auch bei der Landtagswahl angetreten (...) und aus welchem
189 Grund? Das war damals der Kreisvorsitzende, der hat wirklich saubere Leserbriefe
190 geschrieben. Auch mein Vater hat das befürwortet, was der geschrieben hat, der hat
191 auch // einer der die Wahrheit sagt // mein Vater hat ja überall gesehen, wie es läuft
192 und geht und ich habe es auch genauso gesehen. Ich habe gewusst, was lauft. (...)
193 Dann habe ich mit dem Mann mal geredet, man ist sich einig geworden. Also gut,
194 klasse. Das passt zusammen. Dann war ich bei ihnen dabei.

Den Anstoß für Ludwigs Beitritt zu den Republikanern gab der damalige Kreisvorsitzende der Partei. Ludwig (und sein Vater) zeigten sich von dessen »sauberen Leserbriefen« (Ludwig: 189) beeindruckt, weil er »die Wahrheit« (Ludwig: 191) aufgeschrieben habe. Diese »Wahrheit« bringt Ludwig hier in Zusammenhang mit dem von ihm in Anspruch genommenem exklusivem Wissen über das, was eigentlich »läuft« (Ludwig: 191) und das, was (im Hintergrund) eigentlich vor sich gehe: »mein Vater hat ja überall gesehen, wie es läuft und geht und ich habe es auch genauso gesehen. Ich habe gewusst, was lauft« (Ludwig: 191–192).

4.1.2.2. *»...dann hat das eine andere Qualität in der Aussage...« – Exklusives Hinterbühnen-Wissen*

Auch Friedrich behauptet, homolog zu Ludwig, über ein in Lebens- und Berufserfahrung fundiertes exklusives Wissen über verborgenes Hinterbühnen-Geschehen zu verfügen. Im Rahmen einer längeren Erzählpassage (Friedrich: 1093–1174) kommt Friedrich auf einen guten Freund zu sprechen, der als Pilot bei der Bundeswehr tätig war und Auslandseinsätze in Afghanistan miterlebte habe. Über diesen Freund gelangte Friedrich an für brisant gehaltenes Wissen über scheinbare Verfehlungen in der Bundeswehr. Eine dieser Verfehlungen war eine Entscheidung auf der Ebene des Wehrbeschaffungsamtes. Ein hoch belastetes Bauteil an den Hubschraubern, welches den Rotorkopf am Hubschrauber befestige und wegen der hohen Belastung und der Verschleißgefahr häufig erneuert werden müsse, sollte nach Maßgabe des zuständigen Amtes auf dem freien Markt und somit zum billigsten Preis beschafft werden:

1149 FRIEDRICH: Und dann/ der Bolzen hat damals 110 Dollar gekostet,
1150 DOLLAR. Und dann haben die gesagt, nee, das ist zu teuer. Wir holen/ die die
1151 Bolzen muss man periodisch austauschen, damit die keinen Ermüdungsbruch
1152 kriegen. Also das ist Verschleißteil im Prinzip. Und, ähm, dann haben die sich dem
1153 gebeugt. Und ein paar Wochen später ist der Hubschrauber runtergefallen in
1154 Afghanistan und es waren sieben tot. Weil einer, ein Bürokrat, (.) gesagt hat, der
1155 Bolzen ist zu teuer.

Im Kern behauptet Friedrich hier, dass »Bürokrat[en]« (Friedrich: 1154) für den Tod von Bundeswehrsoldaten verantwortlich seien. Friedrich stellt eine Kausalität zwischen der preisorientierten Anschaffungsentscheidung des Wehrbeschaffungsamtes und dem Absturz eines Helikopters in Afghanistan her.[4] Friedrich behauptet, dass die Entscheidung des Amtes eine unausweichliche Direktive gewesen sei: man habe sich dieser schließlich »gebeugt« (Friedrich: 1153), d.h. also widerständig Folge leisten müssen. In der Folge sei der Helikopter abgestürzt. Die Konklusion dieser Sequenz wiederholt die Proposition hier: Es gebe eine kausale Kette zwischen der Entscheidung eines »Bürokrate[en]« (Friedrich: 1154) und Todesopfern. Friedrich suggeriert, dass eine erfahrungslose »Bürokrat[en]«-Logik letztlich Menschenleben koste. Auf diese Passage nimmt Friedrich später im Interview nochmals Bezug, um ein exklusives Hinterbühnen-Wissen zu behaupten, das er über dieses Vorkommnis habe:

4 Tatsächlich stürzte im Jahr 2002 ein Hubschrauber des Modells Sikorsky CH-53 (dieses Modell nennt Friedrich auch im Interview [Friedrich: 1120]) bei Kabul ab. Dabei kamen sieben Soldaten zu Tode.

1501 FRIEDRICH: Und wenn man die Akteure,
1502 da hab ich einen Vorteil, wenn ich die Akteure selber KENNE, wenn das einer in der
1503 Zeitung liest, hat er da keinen Bezug, aber wenn sie den Mann, der in Afghanistan in
1504 seiner Box[5] da durch die Gegend eiert, mit seinem Hubschrauber, halt persönlich
1505 kennen seit sie 21 sind, dann hat das eine andere Qualität in der Aussage, weil wir
1506 sind zusammen groß geworden, wir sind zusammen alt geworden, und ich weiß,
1507 dass der mich nicht anlügt, warum sollte er. Ja. So, und so geht's einem an allen
1508 Ecken und Kanten, und überall, nicht überall, aber an vielen Stellen sind die Leute
1509 unzufrieden und fangen an aufzumucken. Und wenn sie aufmucken, dann werden
1510 sie in die in die rechtsradikale Ecke gestellt. Und das ist nicht ok

Thematisch nimmt Friedrich hier auf die oben behauptete Kausalität Bezug, die zum Absturz des Helikopters in Afghanistan führte. An dieser Stelle nun proponiert Friedrich ein exklusives Geheimwissen: Weil Friedrich mit einer Person bekannt sei – er betont diese langjährige persönliche Bekanntschaft (»KENNE[N]« [Friedrich: 1502]) – die aus erster Hand über die Hintergründe des Absturzes zu berichten wusste, verfüge Friedrich über valides und investigatives Wissen besonderer Güte. Dieses Wissen habe »eine andere Qualität« (Friedrich: 1505). Auch Friedrich geriert sich hier erkennbar als jemand, der Missstände durchschaue. Mit der folgenden Transposition (»Ja. So, und […]« [Friedrich: 1507]) leitet Friedrich dann zu einer zweiten Teilsequenz über, in der er plötzlich seine persönliche Geschichte verallgemeinert: »so geht's einem an allen Ecken und Kanten« (Friedrich: 1507–1508). Hier geht es nun nicht mehr um den Hubschrauber-Vorfall, sondern darum, dass »überall« »Leute unzufrieden« seien und anfingen aufzubegehren. Verhandelt wird hier eher Friedrichs Selbstbild: »die Leute« die, wie er, die Missstände »an allen Ecken und Kanten« durchschauten, würden »auf[zu]mucken« (Friedrich: 1509) beginnen – allerdings mit dem Resultat, dass sie als »rechtsradikal[]« (1510) gebrandmarkt (Friedrich: 1508–1510) würden. Friedrich präsentiert hier also ein Selbstbild Teil einer Elite zu sein, die abgelehnt und stigmatisiert werde, weil sie Missstände durchschaue.

Der Orientierungsrahmen, der sich über die Fälle Friedrich, Ludwig und Bernd hinweg entdecken lässt, besteht einerseits aus einem rationalisierendem Orientierungsschema, in dem die Behauptung der eigenen Erfahrenheit eine wichtige Rolle spielt: Ihre Erfahrenheit sei das Gegenteil von Irra-

5 Zuvor erläutert Friedrich (1161–1163), dass mit „Box" das Einsatzgebiet eines Hubschrauber-Fluges gemeint ist.

tionalität, Dogmatismus und der blinden Hinnahme der Missstände im Verborgenen. Andererseits hängt damit ein habituelles Selbstbild, in der sich die Fälle als Inhaber eines exklusiven (Hinterbühnen-)Wissens und als Durchschauende einer »Wahrheit« (Ludwig: 191) gerieren zusammen.

4.1.2.3. *»Nö, [...] dass es ne Partei ist, die ganz normale Ansichten vertritt« – Normalität statt Biografie*

Bei Friedrich und Ludwig stehen zu Beginn des Interviews offene Validierungen der biografischen Proposition der Interview-Eingangsfrage. Dass ein solcher Einstieg keineswegs selbstverständlich ist, das zeigen zwei explizit heterologe Anschlussäußerungen. Die Eingangspassagen bei Kerstin und Albert demonstrieren, dass die Übernahme oder Validierung der biografischen Proposition der Eingangsfrage nicht automatisch gegeben ist. Albert elaboriert, heterolog zu Friedrichs Anschlussäußerung zu Beginn des Interviews, zunächst die grundsätzliche Bedeutung seiner Religion und der Bedeutung, die die Bibel für sein Leben und seine politische Orientierung habe und spannt damit einen gegenläufigen Horizont zur Fragestellung auf.

10 INTERVIEWER: [...] ob Sie mir beschreiben können, WIE es dazu gekommen ist, gab es ein
11 Initialereignis, äh, ist irgendwas im Leben passiert, irgendwelche Erfahrungen, die,
12 die dazu geführt haben, dass Sie den Weg, äh zu der Partei geführt, äh, gefunden
13 haben?

14 ALBERT: Mhm, ja, das ist eine gute Frage. Und vielleicht setz ich da ganz am Anfang,
15 ahm, so den Inhalt unseres Lebens oder meinen meines Lebens, weil das damit zu
16 tun hat. Also mein ganzes Leben, um was es sich eigentlich so dreht, was, sag ich
17 mal, der Kern oder das Zentrum unseres Lebens ist, wir sind bibelgläubig, haben ja,
18 ähm, einen Bezug zur Bibel und glauben an die Bibel als Gottes Wort. Was uns
19 eigentlich auch Weg-Weisung gibt, im Alltag.

Eine andere heterologe Einstiegssequenz findet sich bei Kerstin. Anders als Albert oder Friedrich findet sich dort allerdings noch ein anderer, neuer Orientierungsgehalt: Eröffnet wird weder mit Bezug auf Lebenserfahrung noch mit Bezug auf die Bibel (obgleich auch Kerstin »bibelgläubig« [Albert: 17] ist). Kerstin stellt vielmehr die Normalität der AfD heraus:

8 INTERVIEWER: Ähm (.) zum Einstieg fang ich meistens so an, dass ich, dass ich eben frage,
9 sozusagen mit dem Hinweis, wie gesagt, vom Interesse her, es ist ja noch ne junge
10 Partei {{gleichzeitig} Mhm}, ähm, ob Sie mir beschreiben können, wie's in ihrem
11 Leben dazu gekommen ist, dass Sie, äh, den Weg zur AfD gefunden haben? Was,
12 welche Entwicklung stand dahinter, oder gab's vielleicht auch ein Initialereignis oder
13 {{gleichzeitig} Nö} irgendwie sowas?

14 KERSTIN: Nö, es ist an und für sich nur dass es, äh, ne PARTEI ist, die ganz normale
15 Ansichten vertritt, ja. Und, äh, was leider früher auch CDU oder andere Parteien
16 hatten. Auch ganz früher die SPD, die war ja auch (.) also ganz NORMAL, ne, also
17 (lacht leicht), zwar schon sozialer, ist klar, aber, äh, das ist einfach, äh, sie sind alle
18 links rüber (.) gehüpft, ge. Ob das CDU ist, CSU. Und die AfD gibt's ja seit April 2013.
19 Und dort, bei der Bundestagswahl hab ich davon erfahren, AfD, und hab die dann
20 gleich gewählt. Fand ich gute Partei. Und die hatte ja 4,97 Prozent. Und ich glaube
21 sie war bestimmt über 5 Prozent. Ich glaube, dass man da eben auch manipuliert
22 hat. Also die war wirklich vier/ ich meine 4,97 oder sowas. Also das glaub ich bis heut
23 nicht, dass das nicht schon für 5 Prozent gereicht hat.

Normalität ist bei Kerstin ein zentraler Orientierungsgehalt. Obgleich ›Unnormalität‹ in der Frage gar nicht proponiert wurde, greift Kerstin gleich zu Beginn auf die Unterscheidung normal/unnormal zurück. Schon der allererste Beginn – sie verneint zwei Mal die Proposition der Frage mit »Nö« (Kerstin: 13; 14) – spannt mit dieser Antithese einen gegenläufigen Horizont auf: Lebensgeschichte, Entwicklung und Initialereignisse seien entsprechend nichts, was in Zusammenhang mit ihrer Erzählung über die AfD von Bedeutung wären. Von Bedeutung ist hingegen vielmehr der fragelose Standpunkt, d. h. die Normalität, die ihr die Partei repräsentiere. Kerstin elaboriert weiter, worin diese Normalität begründet sei: Es sei ein politischer Standpunkt, den zuvor andere Parteien abgedeckt hätten und der nun – nach einem vermeintlichen Linkssprung der anderen Parteien – von der AfD bezogen werde. Daran schließt sich aber eine Mutmaßung über den realen prozentualen Anteil der gewonnenen Stimmen bei der Bundestagswahl 2013 an. Kerstin ist davon überzeugt, dass die AfD bereits damals die 5%-Hürde überschritten habe. Sie elaboriert nicht, wer oder was das angeblich gefälschte amtliche Ergebnis zu verantworten habe. Der sequenzielle Anschluss an die Normalitäts-Proposition zuvor validiert letztlich diese Proposition: Die AfD bezieht lediglich einen Standpunkt der Normalität, der ihr aber systematisch aberkannt werde.

Bei Kerstin und Albert fällt auf, dass sie, indem sie nicht auf die biografische Proposition der Frage eingehen, einen zeitlichen Problemhorizont aufspannen, der ohne Geschichte und Lebenserfahrung auskommt. Sie behaupten eine zeitlose, aber unterdrückte Normalität, die die AfD heute repräsentiere. Zumindest was die in der Frage enthaltene Aufforderung zur Reflexion über den Zusammenhang zwischen Biografie und AfD-Wahl angeht, wählen beide eine gegenläufige Perspektive und heben die Übereinstimmung zwischen (biblisch begründeter) Normalität und der AfD hervor, so wie sie sie sehen. Kerstin deutet, ähnlich wie Friedrich, auch an, dass die Normalen ausgegrenzt seien, weil sie das AfD-Wahlergebnis von 2013 für manipuliert hält. Gerade die darin enthaltene starke Dichotomie von Normalität und Unnormalität lässt sich bei den beiden Fällen auch im Hinblick auf das tertium comparationis – Klimapolitik – noch weiter untersuchen. Mit zwei weiteren Anschlussäußerungen an die Proposition »Klimathema als Anzeiger gesellschaftlicher Dogmatik« lässt sich der Orientierungsrahmen weiter abstrahieren.

4.1.3. Normalität

Albert und Kerstin behandeln das Klimathema nicht nur als Anzeiger gesellschaftlicher Dogmatik, sondern proponieren noch akzentuierter die Dichotomie »Normalität versus Wahn«: Erfahrenheit orientiert demnach die Unterscheidung von Normalität – als positiver Horizont – und wahnhafter Unnormalität als negativer Gegenhorizont. Diese Orientierung drückt sich beispielsweise in der Unterscheidung zwischen Umweltschutz und Klimaschutz aus. Klimaschutz und Klimapolitik werden entgegen einem für normal gehaltenen Umweltschutz als irrationale und emotionale Kurzschlussreaktionen gedeutet.

4.1.3.1. »Lauter solche Dinge, die ganz NORMAL sind...« – »Normaler« Umweltschutz versus »wahnhafter« Klimaschutz

Albert, zum Zeitpunkt des Interviews 37 Jahre alt, ist bereits dreifacher Familienvater. Entsprechend thematisiert er ausführlich die Situation in Schulen und Kindergärten. Albert behandelt das Klimathema noch akzentuierter als Bernd beispielsweise nicht nur als Ausdruck einer vermeintlichen Dogmatik, sondern er verhandelt es in dem dichotomen Deutungsrahmen »Normalität versus Wahn«. Damit korrespondiert die Unterscheidung »Umweltschutz« und »Klimaschutz«:

1012 ALBERT: Und ich glaub, dass da ein ganz
1013 großes Missverständnis vorliegt. Sie habens auch gesehen im Fernsehen jetzt die
1014 Tage, zwischen Klimaschutz und Umweltschutz, ich glaube, dass da unzureichend
1015 unterschieden wird. Sie und ich, wir haben damals alle gelernt, keine Plastiktüte
1016 wegschmeißen, nicht den Ozean, Ozean schmutzig machen, die Socken nochmal
1017 anziehen, damit man sie nicht so oft waschen muss, äh, den Müll einfach nicht
1018 wegwerfen, äh, Strickpullis tragen oder nochmal ein Blatt umdrehen, dann kann man
1019 da noch was draufschreiben, muss man nicht gleich wegschmeißen. Man kann auch
1020 mal mit dem Fahrrad wo hinfahren, muss nicht immer sich von Eltern fahren lassen
1021 im großen SUV. Lauter solche Dinge, die ganz NORMAL sind, die mir auch mein
1022 Maßstab, das Wort Gottes, sagen. Ich lese auch in der Bibel solche Sachen, sei
1023 vernünftig, friss nicht immer nur Fleisch, ernähr dich normal, geh auch mit den Tieren
1024 NORMAL um, das sind alles Dinge auch vom Schöpfer her schon geregelt sind. Aber
1025 wir erliegen heute einem Wahn, sag ich Ihnen ganz ehrlich. Wir erliegen heute einem
1026 Wahn, dass Kinder angehört werden wie Propheten, dass das, dass Dinge gesagt
1027 werden und propagiert werden und in einem Chor von tausenden von Kindern
1028 vorgesungen werden, dass man jetzt ohne CO2, ohne CO2 und dass man nie mehr
1029 CO2 ausstößt, (.) OHNE wissenschaftliche Basis, OHNE wissenschaftliche Debatte
1030 und Untersuchung, OHNE dass man hier die Wissenschaft von BEIDEN Seiten
1031 ranlässt. Ich halte es nur für, also ganz im großen Stil für Ideologie.

Albert verbleibt in dieser Sequenz zwar im Modus der argumentativen Elaboration. Dennoch ist zu sehen, wie Klimaschutz – als gesellschaftliche Forderung und politisches Thema – konstruiert wird: In dichotomer Entgegensetzung zu einer Normalität.[6] Alberts Normalität ist nicht geschichtlich und nicht wandelbar, sondern mit einer Zeitlosigkeits- und Ewigkeitsbehauptung verbunden: »NORMAL [...], das sind alles Dinge auch vom Schöpfer her

6 An zahlreichen weiteren Stellen kommt bei Albert diese dichotome Normalitäts-Proposition (Normalität versus Wahn) vor. In einer späteren argumentativen Sequenz, in der Albert seine Erziehungszielvorstellungen aufzählt, ist von vernünftiger Normalität die Rede, die in Erziehungserfahrung begründet sei und der gegenüber Fridays for Future den Gegenhorizont darstelle:
1188 ALBERT: Vernünftig schaffen, freundlich sein zu seinem Nächsten, ihm helfen wo's geht,
1189 schaffen, Steuern zahlen, normal leben (.) nicht irgendwo irgendwelchen
1190 wahnsinnigen Ideen hinterherspringen, normal, vernünftig leben. Lernen in der
1191 Schule, vernünftige Sachen lernen und nicht auf die Straße rennen am Freitag und
1192 Fridays for Future machen, sondern LERNEN, Wissenschaft, Technik, Lernen und
1193 sich fleißig anstrengen.

schon geregelt sind.« (Albert: 1024) Prinzipiell könne diese Normalität auch die Sache einer Mehrheit sein, denn früher, so behauptet Albert, hätten »Sie und ich, wir haben damals alle gelernt« (Albert: 1015) sich in Sachen Umweltschutz »normal« zu verhalten. Nur weil diese Normalität heute nicht mehr praktiziert werde und weil stattdessen Ideologie und Wahn herrschen, sei diese ewige Normalität nicht ungültig. Im Gegenteil: Mit seiner ewigen Normalität durchschaut auch Albert die gegenwärtigen Missstände – er durchschaut unzureichende Unterscheidungen (Albert: 1013–1015), Wahn (Albert: 1025–1026), Ideologie (Albert: 1031), falsche Prophetie (Albert: 1026).

4.1.3.2. *Normalität als das »Menschenmögliche«*

Eine homologe Äußerung über Klimaschutz, die den dichotomen Orientierungsgehalt von Normalität und Wahn anzeigt, findet sich auch bei Kerstin:

KERSTIN:
216 Wir (.) Wir sind ein Land was immer schon auf Umwelt geachtet hat. (5 Sec.) Dass
217 man, dass man Dinge, die man, also/ Was man nicht tun sollte ist, dass man Plastik
218 ins Meer wirft. Natürlich nicht. Das kann ich verhindern. Ich kann verhindern, dass
219 der Rauch zum Schornstein ohne Filter rausgeht. [Auslassung 55 Sec.]
220 Das was wir mensch/ menschenmöglich machen können, wir trennen
221 unseren Abfall, wir, äh, haben Filter an unseren Schornsteinen, dass das gefiltert/
222 Wir haben Kläranlagen, dass es gereinigt wird. Das sind alles Dinge, die wir TUN
223 können. Aber was wir NICHT tun können, wir können nicht den Eisberg in in, am
224 Nordpol, äh, festhalten. Wie soll denn das gehen?

Kerstin polemisiert gegen Klimapolitik und damit auch gegen den damit aus ihrer Sicht verbundenen Normalitätsverlust, sofern aus ihrer Sicht damit Handlungsaufforderungen jenseits des Menschenmachbaren einhergingen. Homolog zu Albert findet sich hier die Unterscheidung zwischen Umweltschutz und Klimaschutz – auf einer ersten Ebene allerdings in Gestalt der Unterscheidung machbar/nicht machbar. Die Hyperbel am Ende der Sequenz (»wir können nicht den Eisberg [...] am Nordpol, äh, festhalten« [Kerstin: 223–224]) macht aber gleichsam deutlich, dass Kerstin auch zwischen realistischen und unrealistischen Maßnahmen unterscheidet, die als Ausdruck der Unterscheidung normal/unnormal gelesen werden kann. Kerstin stellt sich realistische Handlungsmöglichkeiten als die »menschenmöglich[en]« (Kerstin: 220), d. h. die konkret realisierbaren und »normalen« vor. Sie spricht über konkretes Umweltschutzhandeln: »Das sind alles Dinge, die wir TUN [betont; Anm. PR] können« (Kerstin: 222–223). Der positive Horizont sind für Kerstin konkrete Handlungsoptionen und der negative Gegenhorizont all das, »was wir NICHT tun können« (Kerstin: 223). Normalität assoziiert sie mit dem konkret »menschenmöglich« Machbaren. Mit dieser Bewertung orientiert sich Kerstin allerdings an einer Gegenwart, die sich das konkret Menschenmögliche nur als gegenwärtige Handlungsoption – und damit als Umweltschutz – vorstellt.

4.1.4. Manipulierte versus Durchschauende

Albert und Kerstin begreifen sich als Repräsentant*innen einer ewigen Normalität. Sie durchschauten deswegen auch die vermeintliche historische Abnormalität der Gegenwart. Diesem Gestus des Durchschauens entspricht, dass auf der Gegenseite von ›Manipulation‹ die Rede ist. Vor allem an jungen, unerfahrenen Aktivist*innen lesen Kerstin und Friedrich politische Verführbarkeit und Manipulation ab. Diese sind das Gegenteil des Durchschauenden. In folgender Sequenz schildert Kerstin ihre Erfahrungen mit einer von ihr als »Antifa« bezeichneten Gruppierung. Parallel spricht sie auch von »Jugendlichen« und »Schülern«. Deren vorgebliche Abwendung von Normalität sei darauf zurückzuführen, dass sie manipuliert seien:

168 KERSTIN: Die Antifa, die erleben wir unentwegt, wenn wir
169 (lacht ganz kurz bedeckt auf) mal ne Veranstaltung haben. Oder jetzt beim Marsch
170 des Lebens. Ha da müssen se mal schauen (..) was, was da für ne linkes Potential
171 ist. Und mir tut das ECHT leid. Ich denk immer wenn ich dann so rüberschaue und
172 die jungen Menschen seh, oh nee, warum SEID ihr das, warum MACHT ihr des? Die
173 Jugend BRAUCHEN wir. Und die ist dann so (.) daneben. Also mir tut das, äh,
174 richtig leid (...), dass es diese Antifa-Leute gibt. Dass die so/ die, die blicken das noch
175 nicht. Oder jetzt diese (.) Jugendlichen und SCHÜLER, da sind 10, 12-jährige Kinder
176 (.) äh mit der Klimahysterie. Das ist ja grausam. Die werden manipuliert. Die sind
177 manipuliert. Und das auch von oben. Die merkens bloß nicht.

Kerstin berichtet von ihren Erfahrungen die sie selbst »unentwegt« (Kerstin: 168) auf politischen Veranstaltungen und Demonstrationen mache und behauptet auf dieser Grundlage wiederholt, dass die von ihr bezeichneten Aktivist*innen lediglich »manipuliert« seien: »die werden manipuliert« (Kerstin: 176), »die sind manipuliert« (Kerstin: 177). Entsprechend des Selbstbildes als Durchschauende, das diesen Sinntypus im Kern charakterisiert, bedauert Kerstin (»mir tut das ECHT leid« [Kerstin: 171]), dass die Jugendlichen ihre Manipulation nicht auch durchschauten: »Die blicken das noch nicht« (Kerstin: 174–175), oder: »die merkens bloß nicht« (Kerstin: 177). Gleichzeit insinuiert das Adverb »noch« (Kerstin: 174) in der Behauptung »Die blicken das noch nicht« (Kerstin: 174–175), dass Kerstin potentiell für möglich hält, dass auch die Jugendlichen noch Erfahrungen sammelten und damit ebenfalls zu Durchschauenden würden. Für diesen Orientierungsgehalt findet sich an späterer Stelle bei Kerstin eine homologe Äußerung. Dort ruft sie die Proposition ›Manipulation‹ wieder auf. Daran schließt sich nun jedoch direkt die Antithese an, dass diese Manipulation grundsätzlich erkannt werden könne und dass die Bedingung dafür Lebenserfahrung, bzw. Älterwerden sei. Kerstin hält es für möglich, dass Älterwerden und entsprechende Erfahrungen bewirken können, dass die »Kinder« (Kerstin: 210) ihre Manipulation erkennen und durchschauen könnten:

210 KERSTIN: Denen Kinder wird erzählt, äh, du kannst dann nicht mehr atmen, äh, die die,
211 Hamburg wird überschwemmt, das ist doch alles/ Also es ist Blödsinn. Die werden
212 das schon noch mal merken, der eine oder andere, wenn sie älter werden.

214 INTERVIEWER: Was werden die merken?

215 KERSTIN: Ha dass sie aufm falschen/ dass das alles Humbug ist.

Hier ist sich Kerstin ganz sicher: Die jungen Aktivist*innen würden im Laufe ihres Lebens »schon noch mal« (Kerstin: 212) feststellen, dass ihre Annahmen über die Folgen des Klimawandels »Blödsinn« (Kerstin: 211) seien. Mit zunehmender Lebenserfahrung sei also zu erwarten, dass sie den »Humbug« (Kerstin: 215) durchschauen könnten, der ihnen heute erzählt werde. Kerstin will in dem Sinne auch nicht behaupten, dass die »Kinder« per se und unumkehrbar »aufm falschen« (Kerstin: 215) Weg seien, sofern sie diese Formulierung an der Stelle nicht zu Ende führt. Mit der Formulierung, dass die »Kinder« noch merken würden »dass das alles Humbug sei« (215) insinuiert sie stattdessen, dass ihnen der Weg zum Durchschauen der vermeintlich falschen Behauptungen, die sie verträten, jederzeit offenstehe, ja dass sie es später ohnehin durschauen würden.

Im Zentrum der Fälle dieses Typus steht die Orientierung am Motiv des Durchschauens, bzw. am Selbstbild als Durchschauende. Die jungen Aktivist*innen im Umfeld von Fridays for Future und »der Antifa« würden manipuliert und es fehle ihnen an entsprechender Erfahrung, um zu erkennen, dass sie manipuliert seien. Zur Proposition ›Manipulation‹ tritt bei Kerstin als auch Friedrich noch eine historische Parallelisierung hinzu: Sie steigern ihre Behauptung über Manipulation zu einem historischen NS-Vergleich. Damit geben sie einmal mehr ihr Selbstbild als Durchschauende zu erkennen: und zwar als Durchschauende einer historisch schlechten Zeit.

In folgender Passage, in der Kerstin erneut argumentiert, dass die von ihr hier wiederholt als »Kinder« (Kerstin: 181) bezeichneten Fridays for Future-Aktivist*innen lediglich »manipuliert« seien, taucht dieser historische NS-Vergleich auf. Sie liest an der vorgeblichen Manipulation der Fridays for Future-Bewegung den Zustand der Gegenwart ab: Sie habe so »fürchterlich[e]« (Kerstin: 27) Ausmaße erreicht, dass die gegenwärtige Zeit nur im Vergleich mit dem historischen Nationalsozialismus (»wie's [...] bei Hitler auch war« [Kerstin: 183–184]) angemessen zu beschreiben sei:

KERSTIN: Die Kinder meinen, also jetzt wieder diesen Klima/ die Kinder meinen wirklich, äh, das ist ihre Entscheidung, dass sie da auf die Straße gehen. NEE, das/ die werden manipuliert. Die werden (.) so manipuliert, wie's in in in, äh, bei Hitler auch war. Das muss man jetzt wirklich sagen. (..) Die wissen doch gar nicht, um, äh/ die WISSEN nix.

In dieser Passage fällt Kerstins affektive Emphase auf. Sie spricht zunächst erneut von »Kindern« und sie wiederholt alle schon zuvor besprochenen Behauptungen über deren vorgebliche Manipulation (Kerstin: 183) und Unwissenheit, ihre Unfähigkeit, diese Manipulation auch zu durchschauen (»die WISSEN nix« (Kerstin: 185). Mitgeführt wird auch eine Behauptung kindlicher Naivität und Unschuld. Sie »meinen« (Kerstin: 181) lediglich aus freien Stücken zu demonstrieren. Doch »NEE« (Kerstin: 182), betont Kerstin affektiv, im Kern handle es sich um Manipulation (sie wiederholt diese Proposition hier sogar zwei Mal) und die »Kinder« seien nicht in der Lage dies zu durchschauen. Die affektive Steigerung in dieser Sequenz mündet sodann in den historischen NS-Vergleich: die Manipulation dieser »Kinder« heute sei wie »bei Hitler« (Kerstin: 183). Nachdem sie diese historische Parallelisierung aufgeboten hat, unterstreicht sie selbst mit Emphase ihren Vergleich: »Das muss man jetzt wirklich sagen« (Kerstin: 184). Es kommt zum Ausdruck, dass Kerstin selbst ihren Vergleich als drastisch reflektiert. Andererseits hebt sie den Vergleich damit auf eine allgemeinere Ebene. Dieser betonende Nachsatz streicht heraus, dass ihr historischer Vergleich zugleich auch einer zwischen dem historischen Nationalsozialismus und der Gegenwart ist. Kerstin macht hier den Eindruck, als sei sie selbst affektiv berührt von ihrer Erkenntnis über den erschreckenden Zustand der Gegenwart, als erschauderte sie über ihr Durchschauen selbst.

Bei Friedrich finden wir eine homologe Orientierung. Auch er nimmt einen entsprechenden historischen Vergleich in Bezug auf die Bewegung Fridays for Future vor. Dieser findet, wie bei Kerstin, im Zusammenhang mit den Behauptungen über »Manipulation« und »Verführbarkeit« statt. Am Ende der Passage ruft Friedrich erneut seine Orientierung an Erfahrenheit auf: er stellt seine eigene Lebens- und Berufserfahrung dem vorgeblich erfahrungslosen und daher manipulierten Aktivismus der FFF-Bewegung gegenüber:

1579 FRIEDRICH: Die Fridays for Future, die
1580 werden instrumentalisiert, von der Presse, von den Lehrer, also nem Teil der
1581 Lehrerschaft {{gleichzeitig} Hannelore: Greta hats aufgebracht}. Greta ist dummes
1582 autistisches Kind. Ist egal. Das, äh, interessante an der Geschichte, GENAU die
1583 gleichen Leute, da sind ja auch 16, 17, 19-Jährige, da die Ober-Aktivistin, ja, äh
1584 die wirft ja der Regierung und uns allen vor, dass wir den Planeten zerstöret und
1585 überhaupt so leicht beherrschbar und manipulierbar sind. Was hat man unseren
1586 Vätern, Vorvätern, nachdem das Dritte Reich, das schlimmste aller Zeiten, vorbei
1587 war, vorgeworfen, wie sie sich mit 18, 19 auch so leichtgläubig hätten verhalten
1588 können. Das hättet ihr doch wissen müssen. Ich tu die nicht vergleichen, also nicht
1589 gegen/ also nicht falsch verstehen, ja, ich tu keinen Vergleich machen zwischen den
1590 Jungs die damals in der HJ oder im BDM oder die, wie das geheißen hat, ich war, bin
1591 ja noch nicht SO alt, äh, waren, ja, ABER die Verführbarkeit und die
1592 Manipulierbarkeit vor 80 Jahren war GENAUso hoch wie heute oder sogar weniger
1593 hoch. Ja. Und die lassen sich heute verführen und manipuliere und alles unter dem
1594 Deckmantel der Moral. Damals hat man es halt unter dem Deckmantel der
1595 Höherwertigkeit der angeblichen Rasse geführt. Aber das Grundprinzip der
1596 Verführbarkeit und des Verführens war exakt das gleiche. EXAKT dasselbe (...) Und
1597 denen bietet man ein Forum, ge, also, da, da/ also rein jetzt mal fachlich betrachtet
1598 fällt mir da gar nix mehr dazu ein. Und wenn du sagst, Grönland, was heißtn des.
1599 Boah, weiß ned. Dann sag ich, Grönland heißt Grünland. Und Grünland, warum hat
1600 Grönland wo so viel Eis hat, warum hat man das Grünland getauft. Weils rot war,
1601 wahrscheinlich, oder weiß, oder grün. Und was ist grün. Pflanzen. Und was war in
1602 Grönland früher. Pflanzen. Und warum hats in Grönland Erdöl. Worum hats auch
1603 Erdöl. Weil Bäume da waren.

Auch Friedrich wirft Fridays for Future vor instrumentalisiert (Friedrich: 1580) zu sein. Bei Kerstin war zuvor von »Manipulation« (Kerstin: 176–177) die Rede und auch bei Friedrich taucht im Weiteren das Wort »Manipulierbarkeit« (Friedrich: 1592) auf. Beide stellen mit dieser Proposition auch Verbindungen zum historischen Nationalsozialismus her. Friedrich führt zunächst aus, dass die Manipulationen von einem »Teil der Lehrerschaft« (Friedrich: 1580–1581) ausgingen. Diese Elaboration wird sogleich jedoch durch Hannelore unterbrochen, die entgegen Friedrich den Fokus auf Greta Thunberg lenkt. Da dies eine Antithese zu Friedrichs Proposition darstellt, in dem Sinne nämlich, dass eine einzelne Person die FFF-Bewegung »aufgebracht« (Friedrich: 1581) haben könnte, weist Friedrich umgehend und forsch Hannelores Antithese zurück, indem er darauf mit einer abwertenden Bezeichnung der Klimaaktivistin antwortet. Wie schon bei Kerstin, zeigt auch diese Passage Friedrichs eine gewisse Emotionalität an, wie bei Friedrichs Abwertungskaskaden zu sehen ist: »dummes [...] Kind« [Friedrich: 1581–1582], zuvor ist von »fools« [Friedrich: 1558], »Bekloppte[n]« [Friedrich: 1562], »Rotzlöffel« [Friedrich: 1567] die Rede. Dieser kurze Wortwechsel zeigt, dass Friedrich, anders als Hannelore, systemische und historische Zusammenhänge zu elaborieren sich vorgenommen hat. Mit einer rituellen Konklusion (»Ist egal« [Friedrich: 1582]), kehrt Friedrich zur ursprünglichen Elaboration seiner Behauptung zurück, dass die Fridays for Future-Aktivist*innen manipuliert und instrumentalisiert seien. Er geht dabei indirekter vor als Kerstin. Fridays for Future würden »uns allen« (Friedrich: 1584) vorwerfen, beherrschbar und manipulierbar zu sein. Daraufhin parallelisiert er diesen Vorwurf historisch: Ein identischer Vorwurf sei von der Nachkriegsgeneration auch der vorhergehenden Generation junger Erwachsener während des Dritten Reiches gemacht worden. Im weiteren Fortgang vergleicht Friedrich dann nicht die historischen Generationenverhältnisse, sondern die »Manipulierbarkeit« (Friedrich: 1592) der Kriegsgeneration und der Fridays for Future -Bewegung. Auf dieser thematischen Ebene wird ein expliziter Vergleich (»GENAUso hoch wie heute«, 1592; »exakt das gleiche. EXAKT dasselbe«, Friedrich: 1596) zwischen NS-Jugend (»Jungs die damals in der HJ oder im BDM [...] war[en]«, Friedrich: 1590) und Fridays for Future vorgenommen. Dass Friedrich in der zweiten Hälfte der Passage dann auf die mangelnde Expertise der Fridays for Future-Bewegung umschwenkt (es sei ihm »fachlich betrachtet« [Friedrich: 1597] unverständlich, weshalb dieser Bewegung Gehör geschenkt werde, denn die Fridays for Future-Aktivist*innen wüssten nicht einmal,

»ob feuchte oder trockene Luft schwerer ist« [Friedrich: 1568]) hat damit zu tun, dass er abschließend nochmal eine Begründung mitliefert, weshalb sie ihre Manipuliertheit nicht durchschauen würden. Friedrich ruft dazu die oben schon herausgearbeitete Orientierung an Erfahrenheit auf.

Auffälliger als der historische Vergleich zwischen NS und Fridays for Future, der im Zentrum dieser Passage steht, ist, wie Friedrich Gegenwart und Geschichte in Verbindung bringt: In der Gegenwart habe man es mit einer Generation zu tun, die sich so manipuliert zeige wie die NS-Jugend, dabei aber selbst in Anspruch nehme, wie die Nachkriegsgeneration ihren Vorfahren Manipulation vorhalten zu können. In Wahrheit aber sei es Friedrich und Friedrichs Generation, die die FFF-Generation historisch überleben werden und ihr historisch a posteriori diese Manipulierbarkeit werde vorwerfen können. Mit der historischen Parallelisierung zwischen der FFF-Bewegung und der NS-Jugend-Generation konstruiert Friedrich zudem eine Art historisches Muster der Wiederkehr dieses Zusammenhangs: auf eine manipulierte Generation folge eine Generation, die ihre Mütter und Väter anklage, und über diese Manipulierbarkeit Rechenschaft verlange. Die Konstruktion dieser Parallelisierung verweist demnach auf eine Erwartung Friedrichs, wonach es den FFF-Aktivist*innen eines Tages ebenso gehen werde, wie den Manipulierten im Nationalsozialismus. Er proponiert dies hier nicht als Warnung, sondern als aus seiner Sicht historisch informierte und begründet zu erwartende Zukunft. Die Passage zeigt das Zukunftsbild Friedrichs an: nach einem anstehenden Höhepunkt an Manipulation und Eskalation folge, wie beim historischen Vergleichsfall, ein Zusammenbruch und eine Neuordnung. Dieses Wesen von Geschichte und die Anzeichen ihrer Wiederholung in der Gegenwart zu durchschauen, das ist das zentrale Selbstbild und Orientierungsschema Friedrichs.

4.1.5. Zusammenfassung

Im Zentrum des Sinntypus der Durchschauenden, der hier fallübergreifend abstrahiert wurde, steht ein elitäres Selbstbild: Sie begreifen sich implizit als die Unkonventionellen und die Träger eines exklusiven, keinesfalls »nachgeplapperten« (Bernd: 673) Hinterbühnen-Wissens. Sie wissen Bescheid über die »Wahrheit« (Ludwig: 191) und diese Wahrheit ist ihnen auch eine Wahrheit über den Zustand der Zeit. Die Gegenwart wird mit der historischen NS-Vergangenheit parallelisiert, um sie als historisch schlechte Zeit offenkundig zu machen, die sie durchschauen und erkennen. Sie identifizieren sich mitunter sogar damit, dass sie mit ihrem elitären Durchschauen ausgegrenzt würden. Dieses Selbstbild als Durchschauende kommt hinter rationalisierenden Orientierungsschemata zum Vorschein: Mit den dichotomen Klassifikationen Normalität versus Abnormalität, Erfahrenheit versus Dogmatismus, Rationalität versus Emotionalität werten sie einen jungen Klimaaktivismus ab und gerieren sich darin als Statthalter einer abhandengekommenen oder unterdrückten, mitunter aber ewigen Normalität. Sofern sie aufgrund ihrer elitären Exklusivität glauben das Geheimnis hinter dieser schlechten Zeit zu kennen, haben sie auch eine Aussicht darauf, dass sich ihre abhandengekommene Normalität zukünftig wieder durchsetzen werde.

Sinntypus ›Durchschauenden‹	
Orientierungsschema (Alltagstheorie)	Dichotomien: Normalität versus Abnormalität, Erfahrenheit versus Dogmatismus, Rationalität versus Emotionalität
Orientierungsrahmen (mentales Selbstbild)	Elitäres Selbstbild: Durchschauende; Unkonventionelle; exklusives Hinterbühnen-Wissen
Orientierungsrahmen im weiten Sinne	Enthülltes Geheimnis der schlechten Zeit der Gegenwart und des historischen Normalitätsverlusts

Tabelle 4: Sinntypus ›Erfahrenheit‹
Quelle: Eigene Darstellung

4.2. Die ›Opfer‹

Mit dem Bild einer »Schlucht ohne Brücke« beschreiben Popitz et al. (1961, S. 201) das dichotome Gesellschaftsbild von Industriearbeitern der 1950/60er Jahre:

> »Auf der einen Seite befinden sich viele Menschen, auf der anderen nur wenige. Die Vielen versuchen manchmal – auch heute wieder –, die Schlucht zu überwinden. Aber die Teilung, die Dichotomie, lässt sich nicht rückgängig machen. Denn die Wenigen verfügen über den wertvolleren Teil, sie sind mächtiger und einig. Es hat also keinen Zweck, sich Illusionen zu machen: eine Verständigung oder ein Ausgleich ist hoffnungslos. Die Schlucht wird bleiben.« (Popitz et al. 1961, S. 201)

Dieses Bild versinnbildlicht einerseits treffend den Orientierungsrahmen der hiesigen Fälle des Sinntypus ›Opfer‹. Die Fälle darin machen sich ebenso ein Bild einer nachhaltigen Fraktur der Gesellschaft. Andererseits stellen sie sich die sozialen Verhältnisse darin gerade andersherum vor als die Industriearbeiter der 1950/60er Jahre: Aus Sicht der AfD-Wähler*innen sei sich in der gespaltenen Gesellschaft heute vielmehr eine große Mehrheit und eben nicht eine Minderheit »einig« und sei »mächtiger«. Es herrsche heute eine Mehrheit über eine Minderheit, zu der sie sich selbst rechnen.

Damit lässt sich auch für diesen Sinntypus das Zusammenspiel von Orientierungsschema und Orientierungsrahmen herausarbeiten: mit einem dichotomen Gesellschaftsbild beschreiben und theoretisieren sie das gesellschaftliche Geschehen um sich her. Gesellschaftsbilder legen grundsätzlich Wechselbeziehungen zwischen der spezifischen Verortung des*der Einzelnen in der Gesamtgesellschaft und dem Bild, das er*sie sich von dieser Gesellschaft macht offen.[7] In diesem Zusammenhang haben Gesellschaftsbilder, sofern sie zwischen individueller Lebenswelt und der »großen« Welt der Gesellschaft vermitteln, eine politische Relevanz. In diesem Sinne sind Gesellschaftsbilder »mehr als bloß politische Einstellungen oder Meinungen. Sie bleiben gebunden und geerdet in der alltäglichen Erfahrungswelt der Einzelnen und umfassen die Sicht auf die eigene berufliche und soziale Situation, ebenso wie Wertvorstellungen oder Vorstellungen von der eigenen Zukunft und des gesellschaftlichen Ganzen« (Bose et al. 2018,

7 Mit »Gesellschaftsbild« beschreiben bereits Popitz et al. eine wissenssoziologische Kategorie, die den in der Dokumentarischen Methode zu rekonstruierenden und typisierenden Orientierungsrahmen (Bohnsack 2017, S. 102–141; Bohnsack 2018) sehr nah kommt: Sie fragen nach sozialen Orientierungen der Arbeiter, nach den erfahrungsbasierten und -konstituierenden Funktion von Bildern, mit deren Hilfe erlebnisferne, komplexe gesellschaftliche Zusammenhänge individuell gedeutet und mit eigenen Erfahrungen verknüpft werden (Dreher 2018, S. XII). Damals wie heute interessiert, wie sich Menschen an Bildern von Gesellschaft orientieren und ihr Handeln danach ausrichten, denn Bilder werden »dadurch zu einem *soziologisch* bedeutsamen Tatbestand, dass [der Mensch; Anm. PR] an diesen Bildern sein Verhalten orientiert« (Dreitzel 1962, S. 186; Hervorheb. i. Orig.). Das aus soziologischer Sicht zentrale Element des Gesellschaftsbild-Begriffs besteht darin, dass die Vorstellung von Gesellschaft mit einer Selbstpositionierung in dieser bildhaft rekonstruierbaren Weltvorstellung verkoppelt ist. Gesellschaftsbild und soziales Selbstbild hängen demnach eng zusammen (ebd., S. 189). Schon Popitz et al. (1961) betonen die Interdependenz von Gesellschaftsbild und gesellschaftlicher Selbstverortung. Überhaupt bezeichnen sie als Gesellschaftsbild nur Vorstellungen, »aus denen eine bestimmte gesellschaftliche Verortung ersichtlich ist« (Popitz et al. 1961, S. 9).

S. 213). Gesellschaftsbilder dienen als Klassifikationsrahmen zur Deutung der sozialen Welt.

Das Gesellschaftsbild der Fälle dieses Typus ist eines der konflikthaften Spaltung: eine durch politische Meinungsdifferenz erzeugte »nachhaltige Spaltung« und verhärtete Fronten laufen quer durch die Gesellschaft. Die nachhaltig gespaltene Gesellschaft und die verhärteten Fronten werden innerfamiliär und im Freundeskreis erlebt. Darin sind sie aber nur Ausdruck eines gesellschaftlich gedeuteten Missstands. In diesem Gesellschaftsbild verorten sich die Fälle zudem mit einem mentalen Selbstbild (Orientierungsrahmen) (Bohnsack 2012). Diese Verortung kann durchaus unterschiedlich ausfallen: Laura und Immanuel stilisieren sich zu Opfern von Ausgrenzung und Stigmatisierung. Sie betreiben Selbstviktimisierung. Andere Fälle sehen sich in einer gespaltenen Gesellschaft auch als Opfer, jedoch im Sinne von Entsolidarisierung. Die Fälle mit prekären Lebensbedingungen verarbeiten frustrierte Solidaritätserwartungen. Wieder andere sehen gesellschaftliche Spaltung als katastrophisches Szenario, dem sie sich aber gerade nicht als Opfer ausgesetzt sehen, sondern auf die sie sich mit der AfD vorbereiten.

Gemeinsam haben sie, dass sie sich allesamt als Teil einer (ausgegrenzten oder alleingelassenen) Minderheit begreifen. Anders als die gängigen Populismusdefinitionen dies nahelegen (vgl. exemplarisch Mudde und Kaltwasser 2019), begreifen sie sich nicht als ungehörte Mehrheit oder »Volk«; es sind ihnen eher die Vielen (die »schön große [...] Front gegen die AfD« [Immanuel: 311–312], die »große Strömung der Gesellschaft« in der »stärkeren Position« [Laura: 201–202]), die sich qua ihrer Mehrheit als mächtiger erweise.

4.2.1. Verhärtete Fronten – ausgegrenzte Minderheit

Das zentrale Orientierungsschema der Fälle dieses Typus besteht in einem Bild einer nachhaltig gespaltenen Gesellschaft. Immanuel ruft dieses Bild gleich in der Eingangspassage des Interviews auf. Ganz zu Beginn versucht Immanuel seine eigene Wahlgeschichte zu rekapitulieren. Er erinnert sich dabei, dass er schon 2013 die AfD gewählt habe. Darauf folgt eine Berichtsequenz über das Bahnhofsprojekt »Stuttgart 21«, das eine biografische Bedeutung für Immanuel hat. Er erzählt hier, dass er wegen der Debatten um »Stuttgart 21« bereits vor mehr als zehn Jahren eine gesellschaftliche Frontenbildung ausgemacht habe. Verantwortlich für diese Frontenbildung sei eine allgemeine Emotionalisierung, die sich vor allem rund um das Bahnhofsthema S21 gezeigt habe:

IMMANUEL: Und dann, wo ich jetzt in [Wohnort], nach [Wohnort] gekommen bin, also 2008, da kam ja das mit Stuttgart 21 auf. Das war ja ein hitziges Thema, und da habe ich angefangen, mich wieder für Politik zu interessieren, mich mit denen Seiten zu beschäftigen. Und dann kam ich schon so ein bisschen ins Fragen, wie die Gegenseite also die Gegner von Stuttgart 21 viele Sachen so vermeintlich argumentiert haben, das fand ich schon irgendwie ein bisschen seltsam. Also nicht, dass auf der anderen Seite alles so richtig gelaufen wäre. Aber irgendwie diese Verhärtung der Fronten, viel Emotionen und so, das hat mich, ähm, schon irgendwie ein bisschen beschäftigt. Dass da auch nicht so sachlich, ähm, diskutiert werden konnte. Und, also viel auch so richtig zornig. Also, da gings ja wirklich hoch her, und da wurd man ja schon teilweise angegangen, wenn man irgendwo Befürworter für Stuttgart 21 war. Und es waren so Sachen, die mich schon geprägt haben, auf jeden Fall.

Immanuel erzählt, wie er aufgrund von Stuttgart 21 und der »hitzige[n]« (Immanuel: 31) Debatten darum re-politisiert wurde: »da habe ich angefangen, mich wieder für Politik zu interessieren« (Immanuel: 31–32). Dabei spielte aber das Bahnhofsprojekt selbst eine untergeordnete Rolle. Immanuel hebt vielmehr die Emotionen hervor, die in der Debatte darum eine große Rolle zu spielen begannen. An dieser Stelle taucht bei Immanuel erstmals die Dichotomie sachlich versus emotional auf: wer sachlich über das Thema S21 diskutieren wollte, der wurde »richtig zornig […] angegangen« (Immanuel: 38–39). Sachlich-politische Debatten seien durch die Emotionen der Anderen förmlich unterdrückt worden. Die Gegner von S21 hätten demnach nur »vermeintlich argumentiert« (Immanuel: 34). Immanuel spricht von einer allgemeinen »Verhärtung der Fronten« (Immanuel: 36). Ein Austausch, ein Kompromiss oder gar nur eine sachliche Debatte seien unmöglich geworden. Diese Konstellation habe auch jegliche neutrale Position ausgeschlossen, denn es konnte nicht sachlich diskutiert werden, ohne dass man »so richtig zornig« (Immanuel: 38) angegangen wurde.

Die vordergründige Paradoxie in Immanuels Darstellung verrät bereits viel über seine politische Handlungsorientierung: Obwohl Immanuel Emotionen in der politischen Debatte für unangemessen hält, hätte diese Emotionalisierung rund um das Thema S21 zu seiner Re-Politisierung geführt. Nach seinem Orientierungsschema geht es ihm dabei um die Versachlichung einer emotionalen Debatte. Dahinter steht aber die vermeintliche Ausgrenzung, die er als vorgeblich sachlicher Diskutant von Seiten der Emotionalen erfahren habe. Sie prägt sein Selbstbild. Diese Orientierung als Ausgegrenzter steht hier im Zentrum.

Diese Proposition der Verhärtung kehrt im Laufe des Interviews an unterschiedlichen Stellen wieder. So beispielsweise im Anschluss an eine weitere Erzählpassage später im Interview. Dort erzählt Immanuel von einem »entscheidende[n] Punkt« (Immanuel: 281) seiner politischen Entwicklung, der Zusammenkunft mit einem »typische[n] Grüne[n], so mit Sandalen mit Dreads« (Immanuel: 266), in einer öffentlichen Grünanlage, wo Immanuel zum Grillen verabredet war. Mit dieser Person sei Immanuel ins Gespräch über S21 gekommen. Er betont, dass er trotz der eigenen Vorurteile gegenüber dieser Person (»da macht sich bei mir halt schon auch immer ein Bild so im Kopf« [Immanuel: 267]) sich ein »supergutes Gespräch«, [Immanuel: 269–270]) ergeben habe:

263 IMMANUEL: Ich weiß, ich war noch, ähm, 2009 war das vielleicht, war ich mal hier im
264 [Namen einer lokalen Grünanlage], ähm, Grillen, und da da war das auch gerade
265 ganz aktuell, Montagsdemo und Halli Galli und dann kam da so einer auf mich zu.
266 Das war für mich so ein typischer Grüner, so mit Sandalen mit Dreads und so und da
267 macht sich bei mir halt schon auch immer ein Bild so im Kopf. Und dann kam er halt
268 her und einfach gefragt, ob er was abhaben kann vom Grillen, das fand ich total
269 frech, so, aber wir sind halt ins Gespräch gekommen, es war ein supergutes
270 Gespräch, was mich auch sehr geprägt hat, weil ich dachte eigentlich, es wär ein
271 klassischer Stuttgart 21 Gegner. Und er hat gesagt, er hat eigentlich noch gar keine
272 Meinung da drüber, versucht sich gerade eine Meinung zu bilden und mit Leuten zu
273 reden, und hat mir eigentlich auch n guten Spiegel vorgehalten, weil er gesagt hat,
274 hej, es wäre ja dumm, wenn ich mit dir nicht reden würde, weil ich könnte ja meine
275 Meinung sozusagen ergänzen oder korrigieren lassen. Also du könntest ja was
276 wissen, was ich nicht weiß, deswegen wäre es dumm, nicht mit dir zu reden. Und das
277 hat mir schon irgendwie, sag ich mal, so ne Schelle gegeben, so ein bisschen, also,
278 dass man mit Leuten sich unterhalten muss, ihren Standpunkt kennenlernen muss,
279 dass man, ja, sich auch korrigieren lassen muss, also dass man seinen Stolz
280 hintenanstellen muss, ähm, genau. Und das war halt/ das ist mir da, das war also
281 schon ein entscheidender Punkt irgendwie, dieses Gespräch. Also das fand ich sehr
282 interessant, und das hab ich immer weiter auch probiert und dabei oft halt
283 wahrgenommen, dass es gar nicht geht, dass man selber sehr verhärtet ist in seiner
284 Meinung und sich nicht korrigieren lassen will und manchmal vielleicht auch gar
285 keine Argumente hat, sondern nur an Emotionen. Dass man irgendwelche Parolen
286 hinterherschreit und so.

Anhand dieser Begegnung, die er als »entscheidenden Punkt« (Immanuel: 281) qualifiziert, breitet Immanuel seinen positiven Orientierungshorizont aus: Sich gegenseitig argumentativ überzeugen, miteinander reden, nicht von Vorurteilen und Emotionen leiten lassen und nicht »verhärtet« (Immanuel: 283) sein. Immanuel präsentiert sich hier als lernfähig und selbstkritisch. Das exakte Gegenteil sind für Immanuel die Emotionalen. Diese Passage dient entsprechend zur Vorbereitung seiner Opfer-Selbststilisierung. Seine Erfahrung und seine Selbstreflexion würden ihn jedenfalls nicht zum Aggressor machen, sondern zum Opfer der emotionalen Aggressoren, wie sie ihm auch in der eigenen Familie begegneten. Im direkten Anschluss an die Erzählung über die unerwartet positiv endende Begegnung mit dem »typische[n] Grüne[n] [...] mit Sandalen mit Dreads« (Immanuel: 266), berichtet Immanuel nämlich von einem negativen Erlebnis im eigenen familiären Umfeld. Erneut proponiert er die Verhärtung von Fronten. Er führt aus, wie es in der Familie über politische Themen zu unversöhnlichen Zerwürfnissen kam:

286 IMMANUEL: Und ich fand es auch extrem schade, bei uns in der Familie
287 beispielsweise haben wir unterschiedliche, sag ich mal, politische Lager und
288 Meinungen. Thema Flüchtlingskrise kam mal auf bei so einem Familientreffen und
289 dann haben wir uns arg zerstritten und im Nachhinein habe ich gedacht, das kann ja
290 nicht sein, also unterschiedliche Meinung ist ja schön und gut, aber können wir nicht
291 diskutieren, auch emotional, meinetwegen. Also mit ein bisschen Herzblut. Aber
292 danach muss man sich doch noch irgendwie begegnen können und das nicht
293 irgendwie mitnehmen. So, und da war schon ein bisschen (.) ja, so n nachhaltige (.)
294 Spaltung da. Und das hat mich auch beschäftigt.

Die gesellschaftliche Spaltung mit ihren verhärteten Fronten durchziehe bereits Immanuels Familie. Das »Thema Flüchtlingskrise« (Immanuel: 288) habe dazu geführt, dass man sich »arg zerstritten« (Immanuel: 289) habe. Er bedauert dies auch sehr (»ich fand es auch extrem schade« [Immanuel: 286]). Dennoch habe es trotz Immanuels gegenläufigem Wunsch auch in seiner Familie ein unversöhnliches Zerwürfnis gegeben.[8] Der Familienstreit münde-

8 Ein positives Gegenbeispiel – von politischen Debatten nicht affizierte persönliche Beziehungen – elaboriert Immanuel etwas später im Zusammenhang mit einer Erzählung über einen Freund:
301 IMMANUEL: Und jetzt hab ich zum Beispiel einen Freund,
301 der ist Sozialarbeiter, der hat am Bodensee studiert, das ist mein ältester Freund den
302 ich hab aus [norddeutsche Stadt] also das sind natürlich auch sehr enge Bande da.
303 Ähm, und mit dem kann ich ehrlich diskutieren. Ich meine, der hat sich mittlerweile

te in eine »nachhaltige Spaltung« (Immanuel: 293–294) – eine Spaltung, die nicht situativer oder temporärer Art, sondern »nachhaltig«, d. h. dauerhaft und beständig sei. Er macht dafür erneut die Emotionalen verantwortlich, die den Konflikt »mitnehmen« (Immanuel: 293) und denen man danach nicht mehr »begegnen« (Immanuel: 292) könne.

Bei Laura findet sich eine auffällig homologe Passage: Ein konfliktfreies Nebeneinanderstehen von politischen Meinungen, die einer – bei ihr als »moralisch« und nicht »emotional« bezeichneten – Beurteilung entzogen sein sollen: »ich fänd halt schön, wenn die ihre Meinung hätten und ich meine Meinung hab und dann wird drüber geredet. Aber auf, auf der gleichen Ebene« (Laura: 204–205). Auch bei Laura ist der Familienfrieden dadurch nachhaltig gestört:

286 LAURA: Und so hab ich das halt immer mehr gespürt und
287 dann innerhalb der Familie, meine Tante zum Beispiel, hat halt ne ganz andere
288 Haltung, die sie aber leider nicht eigenes erlesen hat, sondern die sie halt
289 übernommen hat, durch Medien, durch ihren Mann, labert alles hinterher, es ist ganz
290 furchtbar und (...) die sagt dann halt auch nur, (leise) die AfD, das sind alles Nazis
291 und jemand der die wählt is n schlechter Mensch. (...) Und ich hab dann gesagt, ich
292 hab die aber gewählt. Ja, dann sagt sie halt, [Laura], sehr schade, ich kenn dich,
293 deswegen nehm ich dich da raus. Aber im Grunde will sie auch mit solchen Leuten
294 nichts zu tun haben. Und so-o merkt man halt. Und ich dachte dann halt immer, es
295 liegt an meinen Eltern, weil die halt sehr impulsiv werden und wenn man mit denen
296 diskutiert, dann platzt meinem Papa gerne mal der Kragen und er wird halt sehr laut,
297 weil er halt wirklich sooo ne krasse Mein / also so ne krasse Ahnung hat und er halt
298 Leute echt nicht mehr ausstehen kann, die den moralischen Zeigefinger erheben und
299 er kann auch keine Leute mehr ausstehen, die irgendwie, ähm, keine Ahnung haben,
300 aber ihre Fresse ganz weit aufreißen, weil sie nichts gelesen haben.

Laura erzählt, ähnliche wie Immanuel, von einer Situation im Kreis der Familie, in der es über die AfD zu einem Zerwürfnis kam. Auch sie stellt die Situation als »Verhärtung« familiärer »Fronten« dar. Ausschlaggebend dafür sei aus Lauras Sicht nicht das »sehr impulsiv[e]« (Laura: 295), womöglich

---

304 politisch ganz anders orientiert. Der redet halt von, äh, bedingungslosem
305 Grundeinkommen, was mir völlig entgegensteht, und mit dem kann ich wunderbar
306 diskutieren, da kann man sich richtig fetzen, aber wir sind danach immer noch
307 Freunde und es belastet unsere Beziehungen nicht. Und das finde ich eigentlich
308 klasse und das würde ich mir auch (.) immer mehr wünschen, so dass das gehen
309 würde. Eben dieses Nebeneinander, ähm, ja, stehen lassen

provokative Gebaren ihrer Eltern, sondern die falsche Moralität ihrer Tante, der Laura »moralische Überheblichkeit« (Laura: 199, 262, 299) vorwirft. Gleichzeitig verbindet sie damit auch eine Behauptung, dass die »Moralität« der Tante eine lediglich kopierte, bzw. manipulierte sei, denn sie würde lediglich »alles hinterher[labern]« (Laura: 289). Dieses Schema – »Nachplappern« und uninformiertes »Kopieren« von Meinungen – spielt auch bei den ›Durchschauenden‹ eine wichtige Rolle. Allerdings ist dort ein selbstgewisses, elitäres Selbstbild damit verbunden. Bei Laura und bei Immanuel ist von dieser Selbstgewissheit nichts zu sehen. Gleichwohl findet sich auch bei ihnen die Common-Sense-Theorie, dass die Anderen nicht selbst denken und nur unreflektiert »Parolen« reproduzieren würden. Im Unterschied zu den ›Durchschauenden‹ kultivieren sie aber kein elitäres Selbstbild, sondern sie verarbeiten vielmehr eine Erfahrung des Ausgegrenztseins. Ihr Selbstbild ist das eines Opfers und nicht von selbstgewissen Inhaber*innen eines »Wahrheits«-Wissens.

4.2.1.1. *»…ich kann meine Meinung nicht mehr laut sagen…« – Selbstbild Opfer von Ausgrenzung*

Laura berichtet in ihrem Interview nicht nur von ihren familiären Streitigkeiten, sondern wiederholt auch von einem Zerwürfnis mit ihrer »beste[n] Freundin« (Laura: 167). Diese habe Laura als »Nazi« bezeichnet, nachdem sie herausfand, dass Laura die AfD gewählt hat. Laura berichtet, wie der »Nazi«-Vorwurf der Freundin zu einem längeren Beziehungsabbruch führte. Sie kommt im Laufe des Interviews immer wieder auf diesen Vorfall zu sprechen. So auch in folgender Passage, in der sie ihr Gesellschaftsbild und ihr habituelles Selbstbild ausbreitet: sie sieht sich als Opfer von Ächtung und Ausgrenzung. Dafür führt sie unter anderem die Situation mit ihrer Freundin an. Das Ausmaß der dahinterliegenden gesellschaftlichen Schieflage vermag Laura nur noch mit drastischen Vergleichen mit dem Nationalsozialismus zu artikulieren:

161 LAURA: Ich kann noch mehr erzählen. Weil es gibt noch Gründe,
162 WARUM ich sie gewählt hab. Jetzt red ich ja viel von meinen Eltern und den
163 Zusammenhängen. Ähm (…) also ich find einfach ganz schlimm, was in Deutschland
164 passiert. Und zwar nicht, dass hier 100 Millionen Flüchtlinge reinströmen, sondern,
165 dass DIE Leute, die das nicht wollen, oder die ne andere Haltung haben, bis aufs Ü-
166 bel-ste ausgegrenzt werden, dass Lehrer ihren Job nicht mehr ausüben können.
167 Dass ich meine beste Freundin verlier. Das find ich so schlimm, die Entwicklung und

168 mich erinnert des, und jetzt sag ich was Krasses, (...) mich erinnert des ehrlich
169 gesagt ans Dritte Reich. (...) Weil da wurden die Menschen, also alle sagen ja immer,
170 ähm, was die AfD is, erinnert ans Dritte Reich. Aber mich / bei mir isses genau
171 umgekehrt, bei mir isses so, was die Menschen da gerade machen, mit denen die die
172 AfD wählen, das erinnert mich ans Dritte Reich, weil, weißte, früher wurden die
173 Juden / erst wurde mit denen nicht mehr geredet, dann wurden die Freundschaften
174 gekündigt, dann durften se nicht mehr arbeiten und irgendwann wurden sie vergast.
175 Das ist jetzt ne krasses / krasser Vergleich, ich weiß. Aber ich hab grad auch schon
176 so das Gefühl, ich kann meine Meinung nicht mehr laut sagen. Jetzt hab ich die
177 gewählt, jetzt kündigt mir meine Freundschaft den / meine Freundin den Kontakt.
178 Wenn ich's in der Arbeit laut sagen dürfte, könnte ich wahrscheinlich meinen Beruf
179 kaum noch ausüben.

Diese in drastischer Sprache und unter hohem emotionalen Engagement vorgetragene Passage legt Lauras Orientierung an einem Gesellschaftsbild von Spaltung und ihr Opfer-Selbstbild als Ausgegrenzte und Bedrohte offen. Mit dem drastischen Orientierungsschema der Gleichsetzung von »denen die die AfD wählen« (Laura: 171–172) mit »d[en] Juden« (Laura: 172) während des Nationalsozialismus, findet sie eine Artikulation ihrer Affekte. Bemerkenswerterweise gibt sie selbst direkt zu Beginn den Hinweis, dass die »Gründe« (Laura: 161) für ihre AfD-Wahl nicht etwa in Fragen der Migration (von der sie nur im Modus der Übertreibung spricht) zu suchen sind: Laura findet die Tatsache, dass Menschen ausgegrenzt würden »ganz schlimm«, und zwar deutlich schlimmer als die Tatsache, »dass hier 100 Millionen Flüchtlinge reinströmen« (Laura: 163–162). Diese Ausgrenzungs-Proposition steht im Zentrum dieser Passage und Laura verbindet sie mir Erfahrungen, die sie mit Familie und Freund*innen gemacht habe. Sie exemplifiziert ihr Gesellschaftsbild der Spaltung und Ausgrenzung vornehmlich durch Rekurs auf das Zerwürfnis mit ihrer »beste[n] Freundin« (Laura: 167). Laura ist bewusst, dass ihre weitere Elaboration des Orientierungsgehaltes ›Ausgrenzung‹ nun drastisch, extrem, anstößig, grenzüberschreitend oder eskalativ ist: »und jetzt sag ich was Krasses« (Laura: 168) – und sie wiederholt dieses Eingeständnis sogar (Laura: 175). Damit tritt ihre Handlungsorientierung deutlich erkennbar in den Vordergrund: Laura verarbeitet Erfahrungen von vermeintlicher Ausgrenzung und sie kultiviert ein entsprechendes Selbstbild. Das will sie auch unmissverständlich mitteilen. Dazu dient ihr die historische Parallelisierung: »mich erinnert des ehrlich gesagt ans Dritte Reich.« (Laura: 168–169) Sie deutet folglich den »Nazi«-Vorwurf ihrer Freundin nicht (nur) als persönliche Beleidigung, sondern interpretiert ihn als Ausdruck einer breit angelegten Ausgrenzung. In diesem Zusammenhang ist ihre lustvoll-dramatische Elaboration der Deutung der Gegenwart als Wiederkehr des historischen Nationalsozialismus zu begreifen. Schließlich steht im Zentrum der weiteren Ausführungen das Thema Freundschaft. Laura steuert darin auf die Klimax zu, dass eine aufgekündigte Freundschaft schon die Vorstufe zum Massenmord sei (Laura: 172–174). Die Erfahrung mit ihrer Freundin stiftet den Zusammenhang zwischen dem historischen Orientierungsschema und ihrem Selbstbild. Laura betreibt eine nahezu ekstatische Selbstviktimisierung.

An anderer Stelle stellt sich Lauras Selbstbild noch deutlicher dar. Sie schreibt sich positive Persönlichkeitsmerkmale zu, um das Unrecht zu betonen, dass ihr trotzdem die Freundschaft aufgekündigt worden sei:

305 LAURA: Also ich rede mit dir auch n bisschen heftiger, weil
306 ich meine Meinung vertrete, aber wenn ich mit jemand andern rede, bin ich klein mit
307 Hut. Und ganz weich und, ähm, man kennt mich auch. Ich bin ganz liebens, also
308 liebens / eigenlogisch denkt (lacht), aber ich bin ganz liebenswerter Mensch, ich bin
309 ganz lieb zu den Menschen in meiner Umgebung. Ich bin nie aggressiv oder
310 irgendwas und ich dachte halt mir wird sowas nicht passieren. Jetzt hat meine beste
311 Freundin mir den Kontakt aufgekündigt. Verstehst du? Und des find ich so krass
irgendwie.

Trotz ihrer nach eigener Beschreibung »liebenswerten« (Laura: 308) Persönlichkeit habe Laura Ausgrenzung erfahren müssen.[9] Sie habe nicht erwartet, dass ihr »sowas« jemals »passieren« würde (Laura: 310). Sie streicht damit heraus, wie unzureichend selbst Freunde und Familie zwischen ihrer Person (die nicht nur der »beste[n] Freundin«, sondern insgesamt bekannt sei: »man kennt mich auch« [307]) und politischer Meinung zu unterscheiden wüssten.[10] Die erfahrene Ausgrenzung, so insinuiert Laura hier, könne nicht an

9 Diese Unterscheidung zwischen Persönlichkeit und politischer Meinung findet sich – wie oben (vgl. Kapitel 4.2.1) zu sehen war – als homologe Orientierung auch bei Immanuel. Er will den sozialen Nahbereich, vor allem Familie und Freunde von politischen Meinungsbekundungen nicht affiziert sehen und deutet politische Themen und politische Debatten als mit dem privaten unpolitischen Raum der Familie für unvereinbar. Wie zu sehen war, tritt bei ihm Emotion als Störfaktor, bzw. als negativer Gegenhorizont auf. Sie verunmögliche zwischen der sozialen Beziehung und der Sache, über die debattiert wird, angemessen zu unterscheiden.

10 Ergänzt werden muss, dass Laura, als sie von der Reaktion ihrer Tante berichtet (vgl. Kapitel 4.2.1), den entsprechenden positiven Horizont aufspannt. Die Tante habe zu Laura gesagt: »ich kenn dich, deswegen nehm ich dich da raus« (Laura: 292–293). Die Tante hätte demnach zwi-

ihrem Charakter liegen – man kenne sie schließlich als »weich« und »liebenswert«. Ihre Deutung, woran es liege, dass sie dennoch ›ausgegrenzt‹ werde, liefert sie selbst: Sie denke »eigenlogisch« (Laura: 308) und vertrete durchaus »bisschen heftiger« ihre »Meinung« (Laura: 305–306). Dafür glaubt sie, wird sie in Familie und Freundeskreis ausgegrenzt, bzw. mit einer »Moralkeule« (Immanuel: 236), wie es Immanuel nennt, vorgeblich gewaltvoll zum Schweigen gebracht.

4.2.1.2. *»...die moralisch in der viel stärkeren Position« – Selbstbild als Minderheit*

Das habituelle Selbstbild Lauras unterscheidet sich also deutlich von den ›Durchschauenden‹, sofern sie sich als ausgegrenzt und bedroht begreift. Beide, die ›Opfer‹ und die ›Durchschauenden‹ wähnen sich als Minderheit, doch statt daraus einen selbstgewissen Elitismus abzuleiten, begreifen sich die Fälle hier als ›Opfer‹. In der folgenden Passage verhandelt Laura exemplarisch dieses Mehrheiten-Minderheiten Bild und behauptet eine laute Mehrheit, die in einer Machtposition stehe und andere Menschen abwerte. Wieder taucht das Element »Moralität« auf: Die Abwertung finde nach Maßstäben und Spielregeln der Moral statt. In dieser Hinsicht sei die »große Strömung der Gesellschaft« in einer »stärkeren Position« (Laura: 201–202):

193 LAURA: Und (...) ja, und
194 was mich halt noch so aufregt is, dass die Leute halt so unendlich daherreden und
195 ihre Klappe ganz weit aufreißen und im Großen und Ganzen keinen blassen
196 Schimmer haben. Die haben sich wahrscheinlich nicht mal das Parteiprogramm
197 durchgelesen. Aber sie sind in der, in der, in der großen Strömung der Gesellschaft
198 grade gut aufgehoben. Und deswegen reißen sie ihren Schnabel so weit auf und (...)
199 sie sind moralisch die Richtigen, weil es ist natürlich viel leichter zu sagen, kommt
200 alle her, wir nehmen euch auf und helfen euch Menschen, als zu sagen, nee Moment
201 mal, kommt NICH alle her. Und deswegen sind die moralisch in der viel stärkeren
202 Position. Und was mir halt so missfällt is dass die halt immer ihren Finger erheben
203 und auf dich herabschauen. Und ich fänd halt schön, wenn die ihre Meinung hätten
204 und ich meine Meinung hab und dann wird drüber geredet. Aber auf, auf der gleichen

---

schen Lauras Person und ihrem politischen Verhalten unterschieden. Dennoch wird dies an der Stelle von Laura als unzureichend proponiert. Sie will demnach *mit* und *nicht trotz* ihrer politischen Meinung anerkannt werden. Moralität fungiert hier nicht nur als Anzeichen, sondern als Verursacher unzureichender Unterscheidung zwischen Meinung und Person.

205 Ebene. Und nicht nirgendwie so, ja, du bist n schlechter Mensch, weil du denkst so
206 und so. Und des, des, des sin so Strömungen, die regen mich alle so wahnsinnig auf.

Zu beachten ist, wie Laura ihre Orientierung an Moralität als Signum einer stärkeren Mehrheit argumentativ elaboriert. Der Grund (»deswegen« [Laura: 198]) für das dominante Gebaren (»Klappe ganz weit aufreißen« [195], »reißen sie ihren Schnabel so weit auf« [Laura: 198]) liege nämlich nicht in der moralischen Überzeugtheit selbst. Entscheidend sei für Laura vielmehr die bloße Tatsache, dass es sich um eine Mehrheit – eine »große Strömung« (Laura: 197) – handle. Für diese vermeintliche Mehrheit sei es schlicht »leichter«. Die Tatsache, dass es sich um eine Mehrheit handle, gereicht Lauras Deutung zufolge bereits hin, um mit allgemeiner Widerstandslosigkeit rechnen zu können. Bei Immanuel ist homolog von einer »schön großen Front gegen die AfD« (Immanuel: 311–312) die Rede, die ein unwidersprochenes »AfD-Bashing« (Immanuel: 312–313) betreiben könne:

309 IMMANUEL: [...] und was ich jetzt auch
310 im politischen Raum so seh, die Fronten verhärten sich immer mehr. Ich finde, das
311 ist mein Eindruck, der kann natürlich täuschen, aber dass sich so eine schön große
312 Front gegen die AfD gebildet hat. Und dass es immer/ bei allen ist legitim so AfD-
313 Bashing machen, auf die draufklopfen, das ist es auch politisch anerkannt. Das höre
314 ich auch bei Kollegen, wenn man was gegen die AfD sagt, da kommt man eigentlich
315 immer gut an. Also weil (.) viele vielleicht nicht wissen, dass des auch AfD Wähler
316 gibt, was ja auch nicht wenig Personen sind, aber so, wenn man in einer
317 Gesprächsrunde jetzt beim Kollegenkreis ist oder so, mal so nen Spruch gegen die
318 AfD fallen lassen, kommt eigentlich immer gut an, da gibts keinen, da gibts keinen
319 Widerspruch. Sondern, DIE sind unsachlich. Das hab ich schon öfter erfahren. Und
320 (.) das finde ich irgendwie, ff, ja, also, das ist nicht gut für eine Gesellschaft. Das
321 spaltet ja.

Immanuel elaboriert, worin diese »schön große Front gegen die AfD« bestehe: Es sei »legitim« (Immanuel: 312) und »anerkannt« (Immanuel: 313) auf die AfD und ihre Wähler*innen »drauf[zu]klopfen« (Immanuel: 313). Immanuel wirft hier einen zu Laura homologen Orientierungsgehalt auf: Es sei nicht die inhaltlich-moralische Überzeugtheit der vorgeblichen Mehrheit, die hinter deren offensivem Gebaren oder dem »AfD-Bashing« (Immanuel: 312–313) stehe, sondern die *bloße Tatsache des Mehrheit-Seins.* Entsprechend gebe es auch aus Immanuels »Kollegenkreis« (Immanuel: 317) keinen »Widerspruch« (Immanuel: 319). Die »unsachlich[en]« (Immanuel: 319) Aggressoren spalteten nicht nur den Kolleg*innenkreis, sondern die »Gesellschaft« (Immanuel: 320).

Im Anschluss an diese Passage breitet Immanuel die Orientierung an dem Bild einer unlauteren Mehrheit, die sich das widerstandslose Mehrheitsrecht zum »AfD-Bashing« herausnehme, weiter aus. Er erzählt von einem Jubiläums-Treffen aus seiner Zivildienst-Zeit und wie es auf dem Treffen wieder zu einem »AfD-Bashing« (Immanuel: 312–313) gekommen sei. Im Kern argumentiert Immanuel, dass das vermeintliche Mehrheitsverhältnis den Ausgrenzenden in der Situation »Sicherheit« (Immanuel: 333) gewährt habe:

327 IMMANUEL: Also zum Beispiel letztes Jahr, da hatten wir ein zehnjähriges
328 Jubiläum, sag ich mal, von meinem Zivildienst. Wir waren so 23 Leute, und da hat
329 man sich da halt wiedergesehen, manche vielleicht auch erst seit zehn Jahren. Das
330 war schon ganz nett, aber standen dann auch in so einer Gruppe und dann wurde
331 ein Witz über AfD Wähler gemacht. Und das hat mich so, hab ich so gedacht,
332 offensichtlich (.), ähm, kommt dieser Witz/ also er hat kein Problem damit, diesen
333 Witz zu machen, weil er sich in Sicherheit wähnt, dass er damit niemandem aufn Fuß
334 tritt, weil das ist sonst eigentlich ein korrekter und ein höflicher Kerl. Und er hatte
335 offensichtlich noch nicht sehr viel Kontakt mit AfD Wählern oder weiß es nicht, und
336 da hat er halt so einen Spruch fallen lassen. Dann hab ich zu ihm gesagt, du hör mal
337 zu, ich bin AfD Wähler und was du da sagst ist einfach, also, dumm. Es war auch
338 unsachlich. Und da habe ich so gemerkt irgendwie das, ähm, er hat sich damit, war
339 mein Eindruck, er hat sich damit in Sicherheit gewähnt, dass er jetzt einen Witz
340 machen kann, und da wird er keinen Gegenwind erfahren. Und auf der Arbeit hab ich
341 das auch schon öfter (.) gehört [...]

Immanuel attribuiert die Person, die den »Witz« (Immanuel: 331) über die »AfD-Wähler« (Immanuel: 331) habe fallen lassen, in der Passage auffällig positiv: Die Person sei »eigentlich ein korrekter und ein höflicher Kerl« (Immanuel: 334) und Immanuel vermutet, dass er den Witz nur gemacht habe, weil er »offensichtlich noch nicht sehr viel Kontakt mit AfD Wählern« (Immanuel: 335) gehabt habe. Immanuel erklärt sich also das Zustandekommen des Witzes dadurch, dass sich die ihm eigentlich sympathische Person lediglich »in Sicherheit« (Immanuel: 339) gewähnt habe – und zwar in einer Situation, in der Menschen aufeinandertrafen, die sich 10 Jahre lang nicht gesehen hätten. Aus den beiden letzten Passagen geht demnach hervor, dass Immanuel über ein Opfer-Selbstbild als Ausgegrenzter verfügt – als jemand, auf den »draufgeklopft« (Immanuel: 313) werde, und zwar von einer Mehrheit, die sich qua ihres Mehrheitsstatus dazu berufen fühle, Minderheiten wie Immanuel zu stigmatisieren.

4.2.2. Opfer frustrierter Solidaritätserwartungen

Das Gesellschaftsbild von Immanuel und Laura besteht in der Vorstellung einer nachhaltigen Spaltung und verhärteter Fronten. Spaltung und ausgrenzende Frontstellungen durchdrängen bereits die sozialen Nahbereiche von Familie, Freundschaften und Kolleg*innen. Anders als die ›Durchschauenden‹ begreifen sie sich als Opfer von Ausgrenzung in einer solchen Gesellschaft. So lässt sich im Weiteren auch der Orientierungsrahmen einer Reihe weiterer Fälle rekonstruieren. Das Opfer-Selbstbild bleibt das zentrale Element. Allerdings bekommt es hier weniger den Charakter eines selbstviktimisierenden Stigmatisiertseins. Die Fälle Gertrud, Boris und Gitti, begreifen sich als Opfer von Entsolidarisierung in einer gespaltenen Gesellschaft. In dieser gespaltenen Gesellschaft werden ihre Solidaritätserwartungen frustriert. Sie beklagen einen Verlust an Fürsorge- und Solidarverhältnissen. Alle drei verbindet die konjunktive Erfahrung von Erwerbslosigkeit. Insofern korrespondiert ihr Opfer-Selbstbild mit einer spezifischen prekären Lebenssituation. Sie beziehen seit längerer Zeit Sozialleistungen und ihre Erfahrungen mit den Institutionen des Sozialstaates verarbeiten sie als Ausgrenzung und Opfer von Entsolidarisierung. Auch sie betreiben eine nicht-populistische Selbstverortung, sofern sie sich nicht in der Mehrheit sehen.

4.2.2.1. *»Geklüngel« und »Seilschaft der Höherwertigen« – Opfer-Selbstbild und verweigerte Hilfe*

Gertrud verfügt über ein ausgeprägtes dichotomes Gesellschaftsbild. Und auch sie sieht dauerhaft-stabile und nicht leicht zu überwindende gesellschaftliche Spaltungen. Gertrud ist 57 Jahre alt und arbeitssuchend. Seit sie, nach eigenen Angaben, vor 20 oder 21 Jahren Opfer eines schweren fremdverursachten Verkehrsunfalls wurde, lebt sie von Sozialhilfe (nach SGB XII), wofür in der für sie zuständigen Kommunalverwaltung das Versorgungsamt zuständig ist. Diese Erfahrungsstrecke steht im Mittelpunkt des Falles Gertrud und ist wesentlich für ihre Orientierung gesellschaftlicher Spaltung und frustrierter Solidaritätserwartung.

Gertrud operiert zunächst mit einem populistischen Orientierungsschema. Sie proponiert eine Spaltung, die sie als Dichotomie zwischen gewählten Politiker*innen und dem Wahlvolk projiziert. Bei Gertrud ist die Rede von einer »abgeschlossenen Kaste« (Gertrud: 578, 639), einem »Geklüngel mit den Höherwertigen« (Gertrud: 424–425, 642) oder »Seilschaften« (Gertrud: 647), die diese »Höherwertigen« bilden würden, wobei »selten [...] für die Menschen [...] was Gutes rauskommt« (Gertrud: 704). In folgender Passage antwortet Gertrud auf eine Nachfrage des Interviewers zu einem früher im Gespräch von ihr als »Geklüngel« einer »Politiker-Kaste« pointierten Zusammenhangs:

637 GERTRUD: Also das Geklüngel ist ja eher diese
638 abgeschlossene Kaste, die, also, da gibts dann diese Gemeinderäte oder Stadträte
639 wo miteinander können und, äh, dann ist das, was ganz klar ist, das ist so oft jetzt,
640 ähm, ist, wär auch zu beweisen. Nur natürlich gibt es keiner zu. Dieses Geklüngel mit
641 den Höherwertigeren ist einfach, ähm, wenn du als sozusagen nicht, so wirst ja
642 eingeschätzt vielleicht ein bisschen, nicht so höherwertig wie jetzt der Herr [Richter],
643 wo ich gesagt hab in [Ort], dieses große Unternehmen zum Beispiel. Wenn ich jetzt
644 da, ähm, ein Anliegen hab mit dem Herrn [Richter], wirds immer zugunsten vom
645 Herrn [Richter] entschieden werden, oder zu anderen. Du hast keine Chance, weil
646 die wollen sich das nicht verscherzen. Die haben ja auch ihre Seilschaften.

Gertrud vermutet Machenschaften und »Klüngelein« von (Lokal-)Politiker*innen und Unternehmer*innen. Der genannte Herr [Richter] ist ein in Gertruds Gegend lokal prominenter Unternehmer im Straßenbau. Es war zuvor im Interview indirekt schon von diesem Unternehmer die Rede (Gertrud: 419–423). Dort erzählt Gertrud von dessen Versuch, einen Bürgermeisterkandidaten im Vorfeld der Wahlen zu Zugeständnissen für sein Unternehmen zu zwingen. Gertrud proponiert diese Machenschaften als eindeutige und beweisbare Tatsache (Gertrud: 640): Sie ›durchschaut‹ sie nicht, sondern erlebt sich als deren Opfer. Schließlich hat auch Gertrud ein hierarchisch-dichotomes Gesellschaftsbild, in dem es »abgeschlossene Kaste[n]« und »Höherwertige« (Gertrud: 640–642) und die Anderen, deren Opfer gebe. Die höherwertige »Kaste« oder »Seilschaft« würde immerhin zentrale und weitreichende Entscheidungen verantworten.

Es ist gut erkennbar, wie dieses Gesellschaftsbild Gertruds Erfahrungen und ihr politisches Handeln orientiert. In der Folge ihres Unfalls wurde Gertrud erwerbsunfähig und lebt seither von Sozialleistungen. Gertrud berichtet in folgender Passage etwa über die Belastungen der Reparaturkosten für ihr Auto. Im Zentrum steht die Proposition »Teilung der Gesellschaft« (Gertrud: 885). Es ist dort und im Weiteren zu sehen, dass und wie das dichotome Gesellschaftsbild im Kern von Gertruds Handlungsorientierungen steht:

880 GERTRUD: Oder wenn ein Auto/ es hat Gott sei Dank jetzt jemand
881 privat repariert. Wenn ich jetzt einen (unv.) hätte, in der Werkstatt machen lassen,
882 das das geht gar nicht, äh, die Stundenlöhne oder was die verlangen. Die MÜSSEN
883 das verlangen, aber das ist alles so weit auseinander. Und da bist einfach dann nicht
884 dabei, also die die Leute/ es muss ne gewisse, ähm, Einkommensschicht, schon
885 alleine dass diese Teilung der Gesellschaft verhindert wird, dass gewisse
886 Grundrenten eben absichern, dass, äh, also da kenne ich halt sehr viele Menschen,
887 auf dies noch zukommt. Wo ich ja auch jetzt erlebt hab, war vorher beim Paketdienst
888 UPS und hab dann natürlich auch ein bisschen besser verdient und mittlerweile ist
889 halt, äh, dieses, äh, dieses Versorgungsamt zuständig und und die gucken dir dann
890 halt immer nur, dass sie (unv.) mittlerweile schon schlimm, wenn bloß 80 Euro
891 weggehen, dann dann ist fast, dann, äh, dann. Da kommen dann die Gutachten, ah,
892 ihr gehts besser. Dann wird auch wieder Geld abgezogen. Da wird wieder so ein, so
893 ein Feststellungsmerkmal rausgenommen und, äh, dann/ letztes Mal sind 80 Euro
894 weg. Und da ist es dann nicht mehr viel da, wenn man dann nur 600 oder so hat

Gertrud theoretisiert hier den Umstand, dass sie ihr Auto nicht in einer regulären Werkstatt reparieren lassen kann. Sie erklärt, dass eine solche Dienstleistung aufgrund der Lohnkosten unerschwinglich sei. Die Betonung, dass es diese hohen Lohnkosten geben »müsse[]« (Gertrud: 882) zeigt zwar, dass Gertrud das Gesellschaftsgefüge als »so weit auseinander« (Gertrud: 883) begreift. Die argumentative Sequenz im Weiteren illustriert, dass sie gar der Ansicht ist, dass es einer gutverdienenden »Einkommensschicht« (Gertrud: 884) sogar bedürfe, um zu verhindern, was als zentrale Proposition nun auftaucht: eine »Teilung der Gesellschaft« (Gertrud: 885). Im Ergebnis wird ein Bild unüberwindbarer Spaltung proponiert. Diese Spaltung, so zeigt es die unmittelbar folgende Differenzierungssequenz, hat zudem exkludierende Folgen: »da bist einfach dann nicht dabei« (883–884). Gertrud begreift sich als Ausgeschlossene in einer gespaltenen Gesellschaft.

Sie erfährt dies auch in Bezug auf ihre medizinischen Versorgungsbedarfe. Ihr würden aufgrund nachteiliger medizinisch-psychologischer Gutachten beständig Leistungen des Versorgungsamtes gekürzt und die erforderliche medizinische Versorgung werde für sie damit noch unverfügbarer. Gertrud greift zu Beginn die Proposition ›Spaltung der Gesellschaft‹ wieder auf und führt dann weiter aus, wie sie darin zum Opfer werde. Im Mittelpunkt steht eine Berichtsequenz, in der Gertrud den fremdverursachten Verkehrsunfall und dessen Folgen zur Sprache bringt:

GERTRUD: Da franst dann irgendwie so die eine Seite so arg nach unten aus, äh, und die Reichen können dann diese, äh, Steuern vier, fünf Mal geltend machen, der Staat merkt das nicht, diese Cum-Cum-Geschäfte oder wie das alles heißt, und das ist nicht d/ mhm, das ist nicht nur ne Geldsache, denk ich. Aber es macht viel mim Geld auch. Weil der Mensch kann ja auch nur das ausgeben, was er hat. Und manchmal brauchts schon viel Phantasie, kann ich also selber auch bestätigen, wenn, ja, das Geld dann oft nicht reicht oder was kaputt geht oder so, und dann die Angst eben immer, hälts hoffentlich noch und, ja, es ist nicht ganz toll. Und dann eben, wenn ich jetzt das Geld hätte, hätt ich gesagt, ich (.) würde mit solchen Zähnen nicht (.) herum (.) laufen, Herr Rhein. Weil eben ich hatte vorher tolle Zähne, und das ist sowas auch von, ja, das hat auch mit Würde zu tun, dass man, äh, auch schon allein mit dem Essen oder alles und und der Staat eigentlich (.) sagt, wenn ein Anschlag ist, äh, sowas wie mir passiert ist, ist eigentlich die Bundesrepublik Deutschland dafür verantwortlich. Und das, und die eben 20 Jahre, jetzt, 21 Jahre, da sich weigern. Es geht um die Zähne und, äh, es sind jetzt fünf oder sechs Gerichtsverhandlungen und, ähm. Es geht dann, sagt die jetzt, die Richterin, die Frau [Name] hat gesagt, in [Ort], direkt den Herrn vom Versorgungsamt gefragt, ähm, der der Beklagte war, ähm, warum das noch nicht geregelt wurde. Das sei ja ein, also ein Unding schon, also wenn, ich habs ja geschildert. Dann sagt er, ja, es ist schon schlimm, aber es ist dieser blöde Paragraph eben, Schädigungs[unv.; -folge], Krankheits[unv.; -folge]. Das, das kriegen die nicht geregelt. Das können die halt immer hin und her schieben zu meinem Leid. Und das sind Sachen wo, da vertrau ich auch keinem etablierten Politiker mehr, muss ich ehrlich sagen, nach 20 Jahren (.) glaubst du nicht mehr dran

In der Folge des Unfalls wurden Gertruds Zähne und Kiefer beschädigt. Die ungeklärte Zuständigkeit für die Übernahme der zahnärztlichen Wiederherstellungsleistung der Zähne schränke ihre würdevolle (Gertrud: 924) Lebensführung ein. Mit dem Verweis auf das »Essen« (Gertrud: 925) nimmt Gertrud Bezug auf eine Erzählung vom Beginn des Interviews: die durch den Unfall beschädigten Zähne und Kieferknochen schränken sie beim Trinken und Essen so ein, dass sie insbesondere in der Öffentlichkeit keine Getränke zu sich nehmen könne. Die Passage lässt damit insbesondere erkennen, wie Gertruds Erfahrung mit den Institutionen des Sozialstaates – mit Versorgungsamt und Krankenkasse – ihre Erwartung an deren Solidaritätsleistungen frustriert. Das Ergebnis ist ein manifestes Bild gesellschaftlicher Spaltung und ein ausgeprägtes Opfer-Selbstbild. Dies kommt im weiteren Verlauf auch darin zum Vorschein, dass Gertrud in der anschließenden argumentativen Sequenz (Gertrud: 925–927) behauptet, der Staat habe die »Verantwortung« für die Wiederherstellung von Gertruds würdevollem Lebens: »eigentlich [ist] die Bundesrepublik Deutschland dafür verantwortlich« (Gertrud: 926–927). Weil Gertrud zuvor von ihrer »Würde« spricht, bezieht sich das Adverb »dafür« (Gertrud: 926) auch darauf. An einer homologen Stelle wählt Gertrud sogar die Formulierung, dass der Staat »geradestehen« (Gertrud: 1354) müsse:

1353 GERTRUD: wenn kein Täter gefunden wurde, wie bei mir, dann ist der Staat, so steht
1354 es, die Bundesrepublik Deutschland ist dann die (.) muss dafür geradestehen. Und,
1355 äh, die haben es nicht GETAN. Es wurde einfach, es wurde verweigert. Also die
1356 Zahngeschichte, die ganze Zeit verweigert.

Mit dieser eindeutigen Verantwortungszuweisung geriert sich Gertrud als passives Opfer eines nachlässigen Staates. So ist die von Gertrud explizit als leidvoll (Gertrud: 935) dargestellte Erfahrung nicht der Unfall selbst oder die dadurch entstandenen körperlichen und gesundheitlichen Einschränkungen, sondern eine nicht wahrgenommene oder verweigerte (»die haben das nicht GETAN. Es wurde einfach [...] verweigert« [Gertrud: 1355] bzw. »die [...] weigern« [Gertrud: 927] sich) politische Verantwortung. Die Verantwortung für Gertruds leidvolle Erfahrung sieht sie selbst in erster Linie beim Staat und beim Sozialsystem. Schließlich fällt auf, dass Gertrud den schweren Unfall und die unmittelbaren Folgen kaum thematisiert und die von ihr erwähnten zwei Dekaden umfassende Erfahrungsstrecke sich auf die »20 Jahre, jetzt, 21 Jahre« beziehen, in denen die Ämter »sich weigern« (Gertrud: 927) ihr entsprechende orthopädische oder zahnärztliche Leistungen zukommen zu lassen. Diese ausgeprägte Erwartungshaltung an die Verantwortungsübernahme der Politik oder des Staates für das persönliche »Leid« (Gertrud: 935) erweist sich als ausschlaggebend für Gertruds politischen Vertrauensverlust, wie sie am Ende konkludiert: »und das sind Sachen wo, da vertrau ich auch keinem etablierten Politiker mehr, muss ich ehrlich sagen, nach 20 Jahren (.) glaubst du nicht mehr dran« (Gertrud: 935–937) Dies ist die Konklusion der Passage, die mit der Proposition »gesellschaftliche Spaltung« beginnt (Gertrud: 914). Gertruds Vertrauen in den Staat und die Politik ist nachhaltig erschüttert. Sie geriert sie sich als passives Opfer in einer gespalten vorgestellten Gesellschaft.

4.2.2.2. *»...die blöden Debatten da, mit oder ohne Kopftuch...« – Die Solidarität der Anderen*

Gertruds Orientierungsschema liegt darüber hinaus die Erfahrung zugrunde, nicht nur vom Staat alleingelassen zu werden, sondern auch keiner kulturellen Solidargemeinschaft mehr anzugehören in dieser Gesellschaft. Gertrud erzählt von einer Begegnung mit einer »muslimischen« (Gertrud: 814) Familie auf dem Parkplatz eines Supermarktes, mit der sie wegen ihres Hundes, den sie in der Situation dabeihatte, in Kontakt kam. Gertrud denkt anschließend darüber nach, welche Bedeutung das Kopftuchs, das zwei der Frauen dieser Familie trugen, für sie hat. Sie gibt an, dem Kopftuch keine Bedeutung an sich beizumessen. Sie konstruiert dies als Anlass, den Verlust eines grundlegenden, solidarischen Sozialverhältnisses zu beklagen:

813 GERTRUD: Wir waren bei uns unten am Edeka, vor ein paar Tagen. Dann
814 ist sie [Gertruds Hund] so schön gelaufen. Dann war ne Familie, also muslimische,
815 da war der Mann, die Frau, die Tochter und die beiden Frauen mit Kopftuch. Und die
816 haben dann so schön mit der Bella und der Mann auch noch gelächelt. Dann hab ich
817 gedacht, die blöden Debatten da, mit oder ohne Kopftuch, es kommt auf das Gesicht
818 da drauf an, dass einen da anlächelt, das ist mir wichtig. Diese Ehrlichkeit oder diese,
819 diese Menschlichkeit und und, äh, nicht diese, ob jemand ein Kopftuch trägt oder
820 nicht. Das ist bitte dem überlassen. Wenn man das Gesicht SIEHT und und, äh, ist
821 also, äh, das ist, äh, so meine Einstellung. Es kommt mir immer auf diese, kann ich,
822 kann ich mit dem Menschen rechnen, kann ich da vertrauen, kann ich, äh, auf die
823 zählen oder ist es, äh, einfach nur ne nette Begegnung und nicht was, äh, ja, also so
824 stell ich mir eigentlich so das Weltbild vor, dass man sich so gegenseitig füreinander
825 da ist und hilft. Sollte sein aber ist leider nicht. Und ich denke da, mhm, wer solls
826 denn regeln dann vielleicht die Kirchen versagen, die Politik versagt. Also es wird
827 schwierig werden, ist meine Meinung. Es gibt bestimmt, ich ich will jetzt kein
828 Untergangsszenarien, aber ich glaube (...) ich glaub es wird nicht besser. Also ich
829 glaub es leider nicht. Es ist, es macht mich halt auch ein bisschen traurig und und
830 auch meine eigene Erfahrungen, und vielleicht auch das deswegen auch so negativ
831 schon ein bisschen durch, durchleuchtet.

Gertrud beobachtet eine harmonische Form wechselseitiger Sympathie bei jener Familie, die sie als kulturell fremd liest. Doch trotz dieser sichtbaren kulturellen Fremdheit erlebt Gertrud, dass sie selbst in eine Situation einbezogen wird, die sie unter den Nicht-Fremden ihresgleichen in einer gespaltenen Gesellschaft nicht erfährt. Sie erlebt eine Interaktion, die ihrem positiven Horizont entspricht: ein grundlegend sympathisch-harmonisches (die Rede ist von »anlächel[n]« und »Ehrlichkeit« [Gertrud: 818), aber vor allem auch solidarisches (»dass man sich so gegenseitig füreinander da ist und hilft« [Gertrud: 824–825]) und verlässliches (»mit dem Menschen rechnen«, »vertrauen«, »auf die zählen [können]« [Gertrud: 822–823]) Sozialverhältnis. Gertrud verbindet ihr Erlebnis, dass sie also ihren positiven Horizont eines verlässlichen und solidarisch-fürsorglichen Sozialverhältnisses bei den kulturell Anderen sieht, jedoch nicht mit einer abwertend-xenophoben Differenzmarkierung zu der »muslimische[n]« (Gertrud: 814) Familie. Schließlich bleibt der positive Horizont für Gertrud selbst im Bereich des Hypothetischen und sie sieht kein Enaktierungspotential. Sie wünscht sich dieses Sozialverhältnis, hält aber dessen Verwirklichung nicht für realistisch: »Sollte sein aber ist leider nicht.« (Gertrud: 825) Schließlich würde es Politik und Kirchen nicht gelingen, »es [...] zu regeln« (Gertrud: 826) – gemeint ist die Institutionalisierung eines »gegenseitig füreinander [D]a[seins]« (Gertrud: 824–825). Außerdem gibt ihre »eigene Erfahrung« (Gertrud: 830) – gemeint ist die Erfahrung mit den Institutionen des Sozialstaates in Folge ihres Unfalls – ihr keinen Anlass, positiv in die Zukunft zu blicken. Im Gegenteil, sie hat ein deutlich negatives und pessimistisches Zukunftsbild (»ich glaub es wird nicht besser« [Gertrud: 828])

4.2.2.3. *Exkurs: Entsolidarisierung versus anti-islamische Einstellungen*

Auch Boris verfügt über ein ausgeprägt dichotomes Gesellschaftsbild. Boris ist in der ehemaligen UdSSR geboren und in den frühen 1990er-Jahren – als Aussiedler oder Spätaussiedler (vgl. Boris: 414) – mit seiner Frau und einem ersten Kind nach Deutschland gekommen. Boris teilt mit Gertrud, dass er seit längerer Zeit erwerbslos ist. An der Stelle, an der sich Boris thematisch auch mit dem Thema Muslime in Deutschlang auseinandersetzt, findet sich eine zu Gertrud homologe Orientierung. Boris proponiert einen differenzierten Blick auf Muslime und Islam. Er nimmt dazu Bezug auf seine Erfahrung mit muslimischen Menschen in seinem Herkunftsland Kasachstan in der ehemaligen UdSSR:

135 BORIS: Und (.) deswegen es ist die Frage bloß, äh, ich glaube nicht,
136 dass die neue Partei alles richtig macht. Sie haben auch bemerkt, dass manche
137 Sache, was Islam betrifft und so weiter (..) Ja gut, ich vergleiche was in Russland
138 war. Ich hab selber aufgewachsen in (.) Umfeld wo die viel Muslima waren, aber (.)
139 ehrlich gesagt, die waren ganz anderer Art wie hier.

Boris ruft an der Stelle das für die AfD-Programmatik prominente Thema Islam auf und kritisiert den Umgang der AfD mit diesem Thema: »ich glaube nicht, dass die neue Partei alles richtig macht« (Boris: 135–136). In Bezug auf seine Herkunft – einem »Umfeld wo die viel Muslima waren« (Boris: 138) – weist er die pauschale Verurteilung von Muslimen zurück. Allerdings differenziert er auch und konstatiert, dass die Muslime hierzulande »ganz anderer Art« (Boris: 139) seien wie in Kasachstan. Boris erzählt dann weiter über eine muslimische Familie aus Algerien, an die Boris vor einiger Zeit einige Zimmer seines Hauses vermietet habe. Er habe sich dann gewundert, dass sie »kommen gleich mit Koran« (Boris: 144). Einen solchen missionarischen Koranbezug kenne er von den Muslimen aus der ehemaligen UdSSR nicht. Im Weiteren proponiert er dann jedoch einen differenzierten Umgang mit Muslimen auch in Deutschland:

165 BORIS: da gibt es auch Differenzen und äh (...) aber (.) so
166 (.) wie hier (.) in großen Städten seh oder zum Beispiel diese ganze Meldungen, was
167 ist passiert da, äh, wahrscheinlich, durch diese ganze Kriege was wir bekommen, die
168 Leute sind, die KOMMEN schon mit andere Voraussetzungen. Und ich hab das
169 gehört auch, zum Beispiel diese ganze (.) Muslimen in, äh, Kaukasus, in, äh,
170 Nordkaukasus, äh, Dagestan und Inguschetien und so weiter, die sind auch viel weit
171 entfernt wie Muslimen in Tatarstan oder Kasachstan. Deswegen kann man nicht über
172 alle Kamm scheren und sagen Islam ist gut oder (.)/ Okay, die Leute haben ihre
173 Religion. Sie dürfen hier machen, aber (..) Natürlich, man besucht auch hier, äh, in
174 Russland und in Tatarstan ich sehe wie die Regierung da ständig in Kontakt ist und
175 so. Man muss bloß unterscheiden zwischen Terroristen und normale (unv.). (..)
176 Deswegen, diese ganze Geschichte Islam, Deutschland und sowas. Ja gut, ich
177 glaube, das ist, das Thema ist bloß künstlich geputscht (7 Sec.) Und ich glaube die
178 Leute auch, die was schreiben, (..) die meinen gerade (.) dass terroristische Islam
179 gehört nicht zu hierher. Egal ob das Islam oder andere. Da können sie auch (lacht
180 leicht) Christen sein. Wenn die radikal sind und so weiter.

Muslime dürfe man für Boris nicht pauschal über einen »Kamm« scheren (Boris: 172). Überhaupt sei hierzulande das »Thema« (Boris: 177) »Islam« (Boris: 176) lediglich »künstlich« (Boris: 177) dramatisiert. Es zeigt sich, dass Boris und Gertrud in diesem für die AfD zentralen Thema zur Parteiprogrammatik gegenläufige Orientierungen aufweisen: Sie reproduzieren nicht die islamfeindliche Rhetorik der AfD und grenzen sich eher davon ab. Umso deutlicher tritt die eigentliche Orientierung hervor, die ihre AfD-Wahlmotivation erklärt: Sie beklagen einen Verlust von Solidarverhältnissen in einer Gesellschaft, die sie als gespalten erfahren.

4.2.2.4. *»…ich hab noch nie so-oo gesellschaftlich abgehängt gefühlt…« – Isolation und biografischer Tiefpunkt*

Frustrierte Fürsorge- oder Solidarerwartung steht auch bei Boris im Mittelpunkt, auch bei ihm erweist sich diese Orientierung als ausschlaggebend für die AfD-Wahl – und nicht etwa anti-islamische Orientierungen. Boris ist etwa Ende fünfzigjährig und arbeitssuchend. Zuvor war er als kaufmännischer Angestellter für verschiedene Firmen im Bereich Exportabwicklungen tätig. In Kasachstan in der ehemaligen UdSSR hat Boris ein Geschichtsstudium absolviert und als »Direktor eines Jugendclubs« (Boris: 255, 221) gearbeitet. Boris erzählt wiederholt von systematischer beruflicher De-Qualifizierung, die er seit seiner Übersiedlung nach Deutschland hierzulande erlitten habe. 2014 begann für ihn eine bis zum Interview andauernde Zeit, die von langen Phasen immer wiederkehrender Arbeitslosigkeit geprägt ist. Er thematisiert wiederholt seine soziale Isolation und er vergleicht wiederholt diese Zeit und seine Lebenssituation heute mit der Situation in der ehemaligen UdSSR. Überhaupt machte Boris im Vorlauf und während des Interviews den Eindruck eines Hilfesuchenden. Während des Interviews fragte er mich mehrfach, ob ich ihm freie Stellen vermitteln könne. Bei Boris lässt sich so insgesamt beobachten, wie er im Kern den Verlust von sozialen Nahbeziehungen und mehr noch von Solidarverhältnissen beklagt. In folgender Passage greife ich zunächst eine entsprechende vorausgegangene Erzählung Boris' auf und rekapituliere, ohne Fragestellung, das Gesagte. Daraufhin proponiert Boris, homolog zu Immanuel und Gertrud, zum wiederholten Male einen fehlenden sozialen Zusammenhalt in der Gegenwart.

454 INTERVIEWER: Jetzt, sie haben auch gesagt, dass so, so wie jetzt, ging es Ihnen auch
455 in, in Kasachstan oder in der UdSSR nicht. Ähm, auch zu den schwierigsten Zeiten
456 nicht. Ähm.

457 BORIS: Ja gut, wie gesagt, puh-ff, sogar in Perestroika Zeiten (.) wir haben viel mehr
458 (.) soziale Zusammenhalt gehabt. Du weißt es, gehst du zu eine Nachbarn, der
459 macht irgendwo, irgendwo Landwirtschaft. Zu andere, man hat/ Sie sehen selber,
460 wenn das schönes Wetter, ich verbringe viel in Garten und so weiter. Aber (…) da
461 hab ich Tomaten angebaut und so weiter. Es bringt Zeit, aber, (atmet tief aus)

Boris greift zunächst die Wiederholung des Interviewers auf und validiert seine vorausgegangene Erzählung (»wie gesagt« [Boris: 457). Noch einmal berichtet er davon, wie er die Diskrepanz zwischen seiner gegenwärtigen

Situation und seiner Zeit während der »Perestroika« (Boris: 457) in Kasachstan wahrnimmt. Im Zentrum steht die Proposition eines fehlenden sozialen Zusammenhalts heute. Er exemplifiziert, worin dieser Zusammenhalt früher bestanden habe: Nachbarschaftlicher Kontakt, der offenbar auch wichtig zur Überbrückung prekärer Versorgungslagen gewesen sei (weil der Nachbar »irgendwo Landwirtschaft« [Boris: 459] betrieb). Der anschließende Bericht über seinen eigenen Tomaten-Garten bezieht sich auf die Gegenwart. Bei dem Hinweis »Sie sehen selber« (Boris: 459) deutete Boris durch das offene Fenster hinaus in seinen Garten, in dem hochgewachsene Tomatenpflanzen zu sehen waren. Aber auf diesen Tomaten-Garten verweist er als negativen Gegenhorizonts: Er erfüllt für ihn heute lediglich die Funktion, Zeit totzuschlagen (»Es bringt Zeit« [Boris: 461]) – und nicht, wie früher, um sich nachbarschaftlich auszuhelfen. In diesem Sinne steigert der Partikel »sogar« (Boris: 457), den Boris eingangs verwendet, die Divergenz zwischen dem positiven und dem negativen Horizont: »sogar« in der »schwierig[st]en« (Boris: 390) Phase von Boris' UdSSR-Vergangenheit (Perestroika) habe es mehr sozialen Zusammenhalt gegeben als gegenwärtig in Deutschland. Damit stellt sich die Gegenwart für Boris – im Hinblick auf seinen positiven Horizont ›sozialer Zusammenhalt – als biografischer Tiefpunkt dar.

Auch in folgender Passage stiftet Boris einen Zusammenhang zwischen der Wahrnehmung eines fehlenden sozialen Zusammenhalts und der biografisch-zeitlichen Gegenwartsdeutung als Tiefpunkt. Voraus geht dem eine knappe Frage-Antwort Passage, in der ich die Wahlgeschichte Boris' seit seiner Übersiedlung nach Deutschland rekapituliere: Zuerst habe Boris die CDU unter Helmut Kohl gewählt. Danach kurzzeitig die SPD, bevor er die Teilnahme an politischen Wahlen ganz eingestellt habe. Ich frage, ob er mit der Wahl der AfD seither erstmals wieder gewählt habe. Boris bejaht, wobei er die Proposition der Fragestellung nicht validiert und stattdessen seine Motivlage für seine gegenwärtige Nähe zur AfD elaboriert. Im Mittelpunkt steht die Orientierung am fehlenden sozialen Zusammenhalt und der eigenen Erfahrung sozialer Isolation:

381 INTERVIEWER: Ja. Und jetzt wieder die AfD {{gleichzeitig} Ja, gut} gefunden,
382 sozusagen?

383 BORIS: Ja gut, ab und zu (.) suche ich mal Kontakt, ab und zu mach ich da Kreuzchen.
384 Mhm (..) Ja. Okay, aber, wie gesagt, das bleibt/ ich es, ich bin auch nicht so fest
385 überzeugt, weil ich noch keine feste Ergebnisse sehe. (..) Ich bin auf der Suche

praktisch. Es ist/ Sie können sie mir nicht ankreiden, das ist irgendwo/ aber was die alte Parteien (klopft auf den Tisch) Ich finde keine Lösung praktisch, können die mir anbieten. Und wie gesagt, die ganze Lebenssituationen (atmet tief aus) Und vor allem, pff, ich hab noch nicht so-oo gesellschaftlich sich abgehängt gefühlt. Egal, ob das in Russland, in schwierigen La/ äh, Jahren, Perestroika und so weiter und man hat irgendwo seinen Job, seine Nachbarschaft und so. Aber HIER? Hier bist du (4 Sec.) Wenn ich morgen irgendwo hier umfalle und verkomme, weiß ich nicht ob das jemand mich da (lacht kurz müde) findet. Wenn ich natürlich nicht wie ein Verrückter schreie. Es fehlen die Kontakte, es gibt keine richtige Bekanntschaft, kein richtige Freundschaft. Durch die ganze ARBEIT. Weil du, du arbeitest praktisch von sieben bis sieben, wenigstens. Und dann sind nur Kollegen. Okay, wenn ich mir eine ält/ jetzt älterer Kollegen anrufe und sage, (unv.) bist du abgeschnitten, was interessiert mich die. Ich hab sogar ein Kollege mal erzählt, ich rufe ich an und wollte ich ihn fragen, wie ist ihm nach OP gegangen oder zum Geburtstag gratulieren. Dann erzählt mir, was ist in Geschäft passiert. Sag okay, es ist (..) Aber (4 Sec.) Sogar, okay, wahrscheinlich ist es, dadurch dass es ganze Leben vielleicht versuche irgendwo in Sportverein. Ich fahre selber mein Fahrrad oder gehe ich spazieren und so. Durch die Augen durfte ich ab und zu keinen Sport treiben, damit kein Augendruck steigt. Aber, so richtig/ man geht in die Festen, aber im Kopf sowieso irgendwo anders. Und du fühlst nicht in diese Leben eingezogen.

Mit der Art, wie ich Boris nach seiner AfD-Geschichte frage, suggeriere ich, dass Boris nach langer Zeit der Nichtwahl mit der AfD nun ein passendes politisches Angebot »gefunden« (Boris: 381) habe und meine Frage impliziert, dass Boris erstmal eine stabile Parteibindung hat. Diese Proposition weist Boris direkt zurück (»ich bin auch nicht so fest überzeugt« und »Ich bin auf der Suche« [Boris: 384–385]). Zum Verständnis dieser Anfangssequenz muss ergänzt werden, dass ich Boris auf einer Veranstaltung eines Kreisverbandes der AfD kennengelernt habe. Indem Boris gleich zu Beginn erklärt, weshalb es dort zu unserer Zusammenkunft gekommen sei, legt er zugleich seine zentrale Orientierung offen: Er gehe zu solchen Kreisverbandstreffen, weil er »mal Kontakt« (Boris: 383) suche. Später berichtet Boris, es fehlten ihm »Kontakte [...] richtige Bekanntschaften [...] richtige Freundschaft[en]« (Boris: 394–395). Am Ende der Passage kehrt dieses Motiv – der positive Horizont – wieder: »ich bräuchte bloß Kontakte mit den Menschen« (Boris: 409–410).

Boris' biografisches Gegenwartserleben ist durch ein bisher ungekanntes Ausmaß an sozialer Isolation gekennzeichnet. Er fühle sich heute »gesellschaftlich [...] abgehängt« (Boris: 389), und zwar in einem Ausmaß, dass es ihm im Vergleich selbst zu den »schwierigen« (Boris: 390) Zeiten der Perestroika besser ging. Boris' Gegenwart ist demnach mehr als »schwierig«. Sein Zeitbewusstsein deutet die Gegenwart als biografischen Tiefpunkt. Die Ursache hierfür ist für Boris gesellschaftlich-systemischer Art und gerade nicht das Resultat individual-biografischer Fehlentscheidungen. Zunächst argumentiert er, dass die Arbeitsverhältnisse schuld seien an seiner Isolation (Boris: 395–396). Dies wird bekräftigt durch die anschließende Exemplifizierungs-Sequenz: Mit einem »ältere[n] Kollege[n]« (Boris: 397) scheiterte eine freundschaftliche telefonische Kontaktaufnahme. Boris zieht demnach Alltagstheorien über soziale Zusammenhänge (Arbeitswelt) heran, mit der er Isolation und Desintegration erklärt: »du fühlst nicht in diese Leben eingezogen« (Boris: 405) oder als »fünfte[s] Rad am Wagen« (Boris: 235):

227 BORIS: Das mit Alter, niemand wird dich irgendwo aufnehmen und sagen, okay, das
228 ist, (unv.) Und deswegen, ich (.) diese ganze Sache mit Arbeitsamt
229 und so weiter (..) hach, man spürt das, es gibt es Regeln, du passt in diese
230 Schublade, in diese Schublade, und man sagt okay, Leute, geben sie mir irgendwo
231 Ausweg aus dieser Sache. (5 Sec.) Ich verstehe die/ es ist gut gemeint, dass die, äh,
232 ältere Arbeitnehmer sind geschützt durch diese Kündigungsschutz und so weiter.
233 Aber dadurch, wenn du irgendwo in dieser Situa/ Situation bist, niemand stellt dich
234 ein in diesem Alter. Weil das auch (unv.), da sind die (.) Belastung (unv.)
235 Kostenfaktor. Und in einer Gesellschaft fühlen, okay, du bist fünfte Rad am (.)
236 Wagen.

Für Boris' Desintegrationserleben spielen seine berufliche Qualifikation und seine Erfahrungen mit dem Arbeitsamt eine zentrale Rolle. Im Kern thematisiert er also nicht nur den Verlust von sozialen Nahbeziehungen, sondern er proponiert – auf gesellschaftlicher Ebene – den Verlust von Solidarverhältnissen. Er erfährt sich als Opfer einer Erwerbsgesellschaft, in die er kaum mehr Chancen hat, integriert zu werden. Gleichzeitig bekundet er selbst Hilfsbereitschaft: Er sei – vor dem Hintergrund seiner Erfahrung als »Aussiedler« (Boris: 414) – bereit, sich für »Flüchtlinge« (Boris: 407) zu engagieren und ihnen Sprachunterricht zu erteilen. Dabei spielt der Aspekt des Zuverdienstes auch eine Rolle. Aber – erneut – er gibt an, nach »Kontakte[n]« (Boris: 417) zu suchen.

410 BORIS: Ich bin bereit auch die neuen, angekommenen Leute und dann
411 irgendwo sagen, okay ich geh in Verein und, pff, sogar einfache deutsche Grammatik
412 beizubringen. Ich weiß es auch, dass es nicht perfekt ist und so weiter.
413 siehts zum Beispiel jetzt die Schulen in Tübingen oder überall, soviel ich weiß (.)

414 damals, wo wir kamen, es gabs immer so für Aussiedler so Nachmittagunterrichten.
415 Und da sind die viele an/ ich war auch mal, wo ich/ ich kam bloß zu diese Unterricht,
416 und das war drei oder vier Stunden Nachmittag. Naja, gut, bezahlt wurde das nicht
417 irgendwo, bloß (.) so. Aber man hat Kontakte Leuten gehabt.

Unabhängig davon, dass sich Boris auch einen Zuverdienst als Sprachlehrer vorstellt, zeigt sich, dass Ressentiments gegen Geflüchtete oder muslimische Menschen bei Boris keine Rolle spielen – und sie auch nicht seine Motivation für die AfD-Wahl sind. Boris greift auf Erinnerungen an seine eigene Migrationsgeschichte zurück und zeigt eine gewisse Solidaritätsbereitschaft. Mit beiden, seiner Bereitschaft zum Engagement als auch mit seiner AfD-Wahl, verfolgt er vielmehr eine Strategie, sich Handlungsoption für einen Weg aus seiner sozialen Isolation vorzustellen.

4.2.2.5. *»Die Deutsche sind nicht gekommen, nur die Männer von Anatolien…« – Kulturelle und institutionalisierte Entsolidarisierung*

Ein Opfer-Selbstbild im Zusammenhang mit frustrierten Solidarerwartungen findet sich als homologe Sinnstruktur auch bei Gitti. Gitti ist mitte-50-jährig, alleinerziehend und arbeitssuchend. Ihr Sohn Lennard, der ebenfalls beim Interview anwesend war, besuchte nach Angaben von Gitti eine »Förderschule« und habe einen »Förderschulabschluss« gemacht (Gitti: 248). Lennard ist 17 Jahre alt und Erstwähler. Auch er hat, wie sie Mutter, die AfD gewählt.

Schon zu Beginn des Interviews taucht der Orientierungsrahmen ›Verlust von Solidarverhältnissen‹ auf. Zunächst fordert Gitti Lennard auf, auf meine Einstiegsfrage zu antworten (Gitti: 9). Sie hält sich selbst zunächst zurück. Erst nachdem sie Lennard eine Weile erzählen ließ, schaltet sie sich mit einer Antithese zu der Erzählung ihres Sohnes ein. Lennard erzählt ausführlich von seiner Tätigkeit in der Freiwilligen Feuerwehr und beklagt einen Respektsverlust vor Amtspersonen oder der Feuerwehr. Er exemplifiziert dies ausführlicher anhand einer als nicht-deutsch dargestellten Clique, die sich in der Regel am »Busbahnhof« aufhalten würde. Gitti unterbricht ihn genau an dieser Stelle:

77 LENNARD: Dann sind auch noch so Sachen wie zum Beispiel, dass man keinen
78 Respekt mehr hat. Also vor allem vor Einsatzkräften, Polizei, Feuerwehr,
79 Notfallsanitätern. Die Eltern schicken ihre Kinder raus auf den Busbahnhof, hier
80 drüben sieht man das beste Beispiel, da sitzen sie, machen Stress, also jetzt hier

81 gerade nicht, im Endeffekt sieht man jetzt nicht unbedingt, aber hauptsächlich sitzen
82 sie da drüben am gelben Haus, dann machen sie immer, tun sie einen anpöbeln,
83 rumstressen, oder bespucken, beleidigen oder sonst irgendwelche Sachen halt
84 machen. Drogen verticken, alles Mögliche halt, ETC.

85 GITTI: Machen Deutsche aber auch, ne.

86 LENNARD: Naja aber (...)

87 GITTI: Nur, das is halt ne ganze Clique meistens, mhm, sind mehr wo
88 zusammenhalten.

Der Diskursverlauf der Passage zeigt sehr deutlich, dass Gitti einen gegenläufigen Horizont zu Lennard aufspannt. Obgleich Lennard zunächst das Merkmal Nationalität in seiner Erzählung noch gar nicht aufgerufen hat, widerspricht Gitti seiner Darstellung mit dem Einwurf »Machen Deutsche aber auch« (Gitti: 85). Aggressives Verhalten sei ihr zufolge also nicht nur eine Sache der als nicht-deutsch gelesenen Personen des Busbahnhofs. Lennards Reaktion (»Naja«) drückt eine teilweise Zustimmung zur Antithese von Gitti aus. Das zeigt einerseits, dass sich beide einig sind darüber, dass jene »Kinder [...] auf de[m] Busbahnhof« nicht-deutsch zu lesen seien. Andererseits lenkt Gitti damit das Erzählgeschehen auf vorgebliche Unterschiede zwischen »Deutsche[n]« (Gitti: 85) und den »Ausländer[n]« (Gitti: 702, 703) – und zwar im Hinblick auf das Thema »Zusammenhalt«, wie der nächste Kommentar Gittis zeigt: die migrantisch gelesenen »Kinder [...] auf de[m] Busbahnhof« (Lennard: 70) verfügten, anders als die »Deutschen«, immerhin über einen cliquenmäßigen Zusammenhalt.[11]

---

11 Eine homologe Passage später im Interview bestätigt den Verdacht an dieser Stelle. Dort wird dieselbe Szene noch einmal erzählt, wobei explizit von »Ausländer[n]« (Gitti: 702, 703) die Rede ist. Außerdem wird auch dort das Thema »Zusammenhalt« aufgerufen:
700 LENNARD: Aber wenn ich jetzt halt so hier draußen unterwegs bin, ohne Uniform, also
701 ohne Ausrüstung, ohne Uniform, halt zivil, dann merk ich halt schon den Unterschied,
702 dass die halt, die Ausländer untereinander zusammenhalten. Oder das halt die
703 Deutschen mehr zu den Ausländern halten, anstatt untereinander. Dann merk ich
704 schon, dass das so Grüppchen für sich sind.
705 INTERVIEWER: Hast du da mal ein Beispiel für mich, wo dir sowas aufgefallen ist
707 LENNARD: Hier am Busbahnhof, da fällts einem schon sehr arg auf. Also da drüben ist
708 das gelbe Häuschen, da wo der Bus steht, das kleine gelbe Häuschen da. Und da
709 sitzen die immer, so in einer ganzen Reihe, oder stehen halt in einem Kreis
710 versammelt rum. Und die sind nur noch für sich so. Dann merkt mans, (unv.) der

Die Bedeutung dieses Orientierungsmusters »Zusammenhalt« wird im weiteren Gesprächsverlauf noch deutlicher erkennbar. Nach einer kurzen Fortsetzung von Lennards Redebeitrag wiederholt Gitti ihren antithetischen Einwurf. Diesmal schließt sich eine Erzählsequenz an, in der Gitti ihren positiven und negativen Horizont in Bezug auf das Thema Zusammenhalt ausbreitet:

100 GITTI: Kann man nicht verallgemeinern. Ich habe in [Ort] gelebt, [Lennard], da gibt's
101 viele türkische Leute. Ich hatte da ausm, aus Anatolien, die Frauen ganz schwarz
102 verschleiert, aber wehe es war was, da sind nur DIE angerannt gekommen, haben
103 sofort geholfen, die Deutschen nicht. {{gleichzeitig} Lennard: Naja, weil des des ist
104 nur durch dem was al/}

105 INTERVIEWER: Was war da?

106 GITTI: Bei Glatteis zum Beispiel. Da wohnte ich mittendrin in der Stadt am Berg und
107 und es gab Glatteis, ja, die Autos hats geschoben, also sind alleine runtergerutscht,
108 ne. Die Deutsche sind nicht gekommen, nur die, die Männer von Anatolien da, die
109 die, wo die Frauen sich den ganzen Tag nicht blicken lassen. Und die haben sofort
110 angepackt, ne. Also die haben sofort geholfen, dass da nicht die Autos, na, (unv.).
111 Also man kann das nicht verallgemeinern.

Gitti schildert eine Erfahrung mit »türkische[n] Leute[n]« (Gitti: 101), die ihr bei Glatteis zu Hilfe geeilt seien. Das zuvor aufgerufene Thema »Zusammenhalt« wird hier als Erzählung über (nachbarschaftliche) Hilfe weiterverarbeitet. Homolog zu Gertrud (vgl. Abschnitt 4.2.2.2) erlebt Gitti eine Hilfsbereitschaft bei jenen Leuten, die sie als nicht-deutsch und kulturell fremd liest. Doch trotz – oder gerade wegen – der konstatierten kulturellen Fremdheit erlebt Gitti deren Hilfsbereitschaft, die sie von den nicht-fremden Deutschen nicht erfährt: Die »türkischen« Nachbaren oder Anwohner seien es gewesen, die »angerannt gekommen« seien, und zwar »nur DIE« hätten »sofort geholfen, die Deutschen nicht« (Gitti: 102–104). Sie

711 Deutsche dazukommt, russische Leute, muslimische, afghanische, arabische, egal
712 was, kommt alles Mögliche zusammen.
713 GITTI: Und wenn dann halt einer kommt und pöbelt ihn an, dann machen die anderen
714 alle mit, ne. Auch Frauen, Mädels, junge Mädels machen da mit.
715 LENNARD: Und wenn dann die Deutschen hier sehen, was hier los ist, die machen gar
716 nix.
717 GITTI: Die helfen dann auch nicht. Die mischen sich dann nicht ein.

erlebt mit ihnen eine Interkation, die ihrem positiven Horizont entspricht: Ein gegenseitig hilfsbereites Sozialverhältnis, dem sie sich aber kulturell nicht zugehörig fühlt.[12] Die »türkischen« Nachbaren oder Anwohner praktizierten demnach mehr praktischen Zusammenhalt und mobilisierbare Solidarität als »die Deutsche[n]«. An anderer Stelle unterhalten sich Gitti und Lennard über diese unterschiedlichen Hilfsbereitschaften:

599 LENNARD: Heutzutage sind wir Deutsche halt in der
600 Minderzahl, wenn ich ehrlich bin. Es gibt immer weniger wo an Deutsche
601 zusammenhalten. Es ist immer mehr so, dass deutsche Jugendliche in meinem Alter
602 zu den anderen halten, zu den Türkischen, Russischen, Afghanischen und so. Aber
603 wenn's drum geht, dass wir zusammenhalten/

602 GITTI: Weil die alle ein, ein, äh {{gleichzeitig} Lennard: Dann ist gleich wieder}
605 Migrationshintergrund haben, deswegen halten die mehr zusammen, verstehst du.
606 Weil alle diese Chose durchhaben, auf gut Deutsch.

Lennard beklagt mangelnde Hilfsbereitschaft und Zusammenhalt unter den nicht-fremden »Deutsche[n]« (Lennard: 599) und konstatiert das Gegenteil bei den für nicht-deutsch Gehaltenen. Gitti validiert Lennard an der Stelle und erklärt diesen Zustand damit, dass die vermeintlichen ›Nicht-Deutschen‹ nicht trotz, sondern gerade wegen ihrer Fremdheit, wegen der gemeinsamen Migrationsgeschichte zusammenhalten würden und hilfsbereit seien. Als »Deutsche« machen zumindest Gitti und Lennard selbst keine derartigen gemeinsamen Erfahrungen mehr, weil sie in einer scheinbar dichotom-gespaltenen Gesellschaft leben und darin von ihresgleichen alleingelassen würden. Doch mehr noch: Lennard und Gitti begreifen sich als Opfer

12 Gitti verhandelt diese kulturelle Fremdheit und den Ausschluss aus der kulturell fremden Solidargemeinschaft der ›Nicht-Deutschen‹ an anderer Stelle noch expliziter:
GITTI: Kann nicht funktionieren, wenn wenn (.) wenn ich eine Schweinswurst ess und
350 der Nachbar dann daneben dann schreit, deine Schweinswust stinkt, hej, tu die weg
351 oder so, ja. Ist so. Dann, dann ergibt sich das eine, ne, so, ja halts Maul und was
352 weiß ich was, ja. So sind die Leute (lacht). Jetzt was überspitzt gesagt, ne. Du
353 brauchst doch bloß, bei der, äh, äh, dan/ also früher haben die Leute noch viel
354 geschlachtet. Mein Opa auch. Da wo mein Opa früher geschlachtet hat, jetzt wohnen
355 gegenüber Türken, ja, würde da jetzt noch einen Schweinekopf, hängen,
356 {{gleichzeitig} Lennard: Oh-f} oder ne halbe Sau oder so, ganze Sau aufgehängt
357 wäre da, was da, was da los wär, bei Achmed und Mehmed und trallala. Tu die Sau
358 weg oder sonst was, heißts da. Ja. Ich sag (.) ich sags nur wies is, ich seh halt diese
359 kulturellen Probleme.

nicht nur der Tatsache, dass sich die kulturell Eigenen nicht miteinander solidarisch zeigten, sondern dass sie im Zweifelsfall auch noch zu den ›Nicht-Deutschen‹ halten würden: »Es ist immer mehr so, dass deutsche Jugendliche in meinem Alter zu den anderen halten« (Lennard: 601–602).

Gitti erlebt dies in Gestalt frustrierender Erfahrungen auf dem Jobcenter. Gitti lebt von SGB II-Leistungen und ihre Erwartungen von Hilfe und Fürsorge (unter »Deutschen«) werden vor dem Hintergrund massiv enttäuscht. Ähnlich wie Gertrud setzt auch Gitti auf die sozialstaatliche Solidarität und erfährt, dass sie im Stich gelassen wird. Sie glaubt übervorteilt zu werden, indem jene hilfsbereiten »Ausländer« genau diejenige Solidarität praktizieren, die ihr selbst nicht zukommt und die sie vermisst – und dies genau an jenem Ort, an dem Gitti ihr vulnerables Solidaritätsdefizit erfährt: auf dem Jobcenter. Im Interview schildert sie wiederholt ihre Erfahrungen mit den entsprechenden Stellen auf Ämtern. Nicht viel später nach der Glatteis-Erzählung berichtet Gitti davon, wie sie aufgrund fehlender Hilfsbereitschaft und fehlenden Zusammenhalts gegenüber »ausländischen Mitbewohner[n]« (Gitti: 133) bei der Beantragung ihrer Sozialleistungen benachteiligt werde und den in solidarischem Zusammenhang stehenden ›Nicht-Deutschen‹ unterlegen sei:

129 GITTI: Das schlimme ist, [Lennard] ich seh's so, die ausländischen Mitbewohner hier
130 sind besser über ihre Rechte aufgeklärt als wir Deutschen. Wenn ich aufs Amt gehe,
131 wie mit der Wohnung, ich muss 20, 30 Mal laufen und werd immer wieder
132 weggeschickt, gibts nicht, gibts nicht. Kommt ein anderer Sachbearbeiter, gibt das
133 auf einmal, ne. Die, die Leute jetzt selber so, die ausländischen Mitbewohner, die
134 kriegen gesagt untereinander reden die das auch, ne, du da gibts das und das und so,
135 ne. Wir kriegen unsere Rechte nicht erzählt. In unserem eigenen Land.

137 INTERVIEWER: Das habe ich nicht verstanden. Was?

138 GITTI: Wir bekommen unsere Rechte nicht erzählt.

139 INTERVIEWER: Rechte. Ok.

140 GITTI: Und das bekommen die eben eher, ne. Und die helfen sich auch untereinander
141 eher, als das bei den Deutschen ist. Also die Kultur bei uns ist hundsmiserabel, die
142 geht unter, die geht baden.

Angesichts der scheinbar willkürlichen Amtspraxis sei man auf dem Jobcenter wesentlich von Informationen über seine eigenen Rechte und von informellen Netzwerken abhängig. In dieser Hinsicht hätten die »ausländischen Mitbewohner« einen Vorteil, denn – erneut –, »die helfen sich auch untereinander eher, als das bei den Deutschen ist« (Gitti: 141–142). Indessen, thematisiert wird hier nicht nur ein Mangel an gegenseitiger Hilfsbereitschaft (unter »Deutschen«). Homolog zu Boris proponiert Gitti einen Verlust von Solidarverhältnissen auf gesellschaftlicher, beziehungsweise kultureller Ebene: »die Kultur bei uns ist hundsmiserabel« (Gitti: 141). An der Stelle bezieht sich Gittis Konklusion noch auf die fehlende Hilfsbereitschaft unter »Deutschen« und die Schilderung strukturell benachteiligenden Verweigerungshandelns des Amtes. Später im Interview kommt Gitti auf diese Situation zurück und nun spricht sie von »Gerechtigkeit«, die ihr nicht widerfahre. Wir sind einer homologen Darstellung bereits bei Gertrud begegnet. Zur Erinnerung: Gertrud beklagt ein Verweigerungshandeln des für sie zuständigen Versorgungsamtes und eine nicht wahrgenommene oder verweigerte politische Verantwortung für ihr individuelles Leid. Entsprechend könnte folgende Passage ebenso gut von Gertrud stammen. Hier ist es aber Gitti, die zu dem Bericht über fehlende oder vorenthaltene Informationen und verweigerte Mietzahlungen des Amtes zurückkehrt.

1003 GITTI: Ja, also ich glaub das ganz, ganz große Thema ist einfach Gerechtigkeit, ne.
1004 Das, ähm, verstehen (unv.) und Gerechtigkeit.
1005 INTERVIEWER: Was meinst du damit?
1006 GITTI: Ja, insgesamt. Also eine, eine, wie soll ich sagen, eine GLOBALE Gerechtigkeit
1007 gibts ja nicht. Also das wird man auch nicht erreichen. Aber zumindest, ähm, in
1008 unserem Land, dass (.) für jeden müsste es offensichtlich sein, was einem zusteht
1009 und was nicht. Es müsste (.) zum Beispiel auf Behörden, auf Ämtern müsste
1010 ausgelegt sein, genau auf diesen Formaten, das steht mir zu, wenn ich Hilfe brauche,
1011 ja, das steht mir zu/ wo muss ich wann was beantragen, wenn ich umziehe. Und
1012 nicht dass du wirklich ein halbes Jahr lang hingehst und jedes Mal weggeschickt
1013 wirst und beim x-ten funktionierts dann. Das dürfte nicht vorkommen. Die ziehen uns
1014 hier wirklich, ähm, alles aus, ja, ähm, immer mehr Deutsche werden obdachlos, die,
1015 die, die, sag mirs gleich, die Diakonie hat mir erzählt, ich bin nicht der einzigste Fall,
1016 dem das so geht, ja, das auf einmal die Miete nicht mehr komplett überwiesen wird
1017 und so weiter. Sie haben, also das haben sie mir letztes Jahr gegen Weihnachten
1018 erzählt, viel mehr solche Fälle, dass immer mehr Menschen in die Obdachlosigkeit
1019 abrutschen deswegen. (..) Das dürfte nicht PASSIEREN. (..) Das ist heftig, ne.

Mit Gittis eröffnender Proposition »Gerechtigkeit« ist zugleich ihr Gesellschaftsbild offengelegt: Sie sieht sich in einer »global[]« (Gitti: 1006) ungerechten Welt. Sie werde darin im Stich gelassen. Kurz vor Weihnachten des vergangenen Jahres habe das Amt jede Zahlung an Gitti eingestellt – es wurde »weder Miete überwiesen noch uns Geld für Essen gegeben« (Gitti: 1030–1031). Sie begreift sich als Opfer eines Sozialstaates, der vor allem »immer mehr Deutsche« (Gitti: 1014) »in die Obdachlosigkeit« (Gitti: 1018) entlasse. Dieser Sozialstaat ist für Gitti demnach die Manifestation jenes fehlenden Zusammenhalts unter »Deutschen«, den sie über das gesamte Interview hinweg thematisiert. Hinter der Proposition »Gerechtigkeit« steht also eine frustrierte Solidaritätserwartung und das Bild einer entsolidarisierten Gesellschaft. Gittis Solidarerwartungen sind kulturell formatierten und deshalb sieht sie selbst keine Möglichkeit mehr, wie ihr Hilfe zukommen solle, denn die als kulturell-ethnisch eigen perzipierte Solidargemeinschaft, der sie eigentlich zuzugehören glaubt, habe diese Solidarität kulturell und institutionell aufgekündigt. Daraus geht sie als Opfer hervor. Dieses Opfer-Selbstbild wird noch dadurch verstärkt, dass Gitti zwar allenthalben ihre frustrierte Solidaritäts*erwartung* thematisiert, an keiner Stelle jedoch – wie Boris etwa – Solidaritäts*bereitschaft* anzeigt.

4.2.3. Zwischenfazit

Alle drei – Boris, Gertud und Gitti – verfügen über ein kulturell formatiertes Verständnis von Solidargemeinschaft, der sich zumindest die beiden Frauen als »Deutsche« zugehörig fühlen und von der sie enttäuscht sind. Alle drei aber begreifen sich als Opfer einer entsolidarisierten, gespaltenen Gesellschaft. Alle drei verbinden Erfahrungen insbesondere mit dem Sozialsystem, d. h. konkret mit Arbeits- und Versorgungsämtern. Bei dem konjunktivem Erfahrungsraum der drei Fälle handelt es sich nicht um bloße Verlustdiagnosen sozialer Nahbeziehungen oder Fürsorgeerfahrungen. Sie sind in ihren Erwartungen auf solidarische Unterstützung frustriert. Auch ihr Orientierungsrahmen ist nicht populistisch, sofern ihre Solidaritätsfrustration nicht in der vordergründigen Spaltungs-Diagnose durch ein »Geklüngel [der] Höherwertigen« (Gertrud: 640–641) aufgeht. Sie orientieren sich vielmehr an einem konjunktiven Orientierungsschema, in dem sie Gesellschaft als ein grundlegend solidarisches Verhältnis konzipieren. Dem sehen sie sich zugehörig – aber sie erwarten nicht, dass sie Solidarität und Zusammenhalt in Zukunft erfahren werden. Gertrud und Gitti verstehen die sozialstaatlichen Institutionen als Vermittlungsformen und als Akteur*innen derjenigen Solidaritätsleistungen, auf die sie als Zugehörige einer kulturellen Gemeinschaft Anspruch haben. Sozialstaatliche Leistungen – die ihnen zum Teil verwehrt werden – nehmen sie deswegen nicht primär als Leistungen des Staates, sondern als Vollzug, bzw. Missachtung einer dem Staat vorausliegenden Solidarität und gesellschaftlichen Zusammenhalts und interpretieren sie damit als Ausdruck einer wechselseitigen Schuldigkeit zwischen den in diesem Solidaritätsverhältnis miteinander verbundenen Menschen. Die daraus erwachsende Frustration artikuliert sich auch in Gestalt einer drastischen Gegenwartsdeutung: Die Zeitorientierung dieser Fälle sieht die Gegenwart mitunter als biografisch unvergleichbaren Tiefpunkt einer beständigen Abwärtsentwicklung.

4.2.4. Spaltung als Chance

Bei den Fällen dieses Typus – bei Immanuel und Laura ebenso wie bei Gertrud, Boris und Gitti – wird das Gesellschaftsbild Spaltung mit einem Selbstbild einer ausgegrenzten oder benachteiligten Minderheit, als Opfer von Stigmatisierungen bzw. Entsolidarisierung komplementiert. Allerdings findet sich ein homologes Gesellschaftsbild auch bei Fällen, die sich an einem anderen Selbstbild orientieren. Bei Xaver und Friedrich beispielsweise sind Vorstellungen von gesellschaftlicher Spaltung zu finden. Bei beiden lässt sich jedoch zeigen, dass mit dem Gesellschaftsbild Spaltung auch eine katastrophische, aber selbstgewisse Orientierung verbunden sein kann, insofern ihre Spaltungsdiagnose nicht mit Selbstviktimisierung einhergeht. Xaver erwartet eine anstehende gesellschaftliche Spaltung und deutet an, dass sie auch eine »Chance« (Xaver: 241) sein kann:

231 XAVER: Ähm, was Homosexualität und so
232 angeht, ist die Gesellschaft völlig anders. Also da kriege ich sehr viel sehr kritischen
233 Meinungen mit zu dem was die Politik da macht, äh, warum man hier so, äh, HETZT
234 (.) gegen, äh, Leute, die hier einfach, äh, ne konservative Meinung dazu haben oder
235 eine christliche Meinung haben. Aber es, ähm, durch diese schnelle Entwicklung und
236 diese Extreme, wie sie jetzt auftreten, mit diesen öffentlichen Hetzten gegen
237 Andersdenkende, äh, hab ich das Gefühl, es, äh, passiert sowas wie eine Spaltung
238 der Gesellschaft. Und die kommt aus meiner Sicht nicht aufgrund der sogenannten
239 Populisten, die die Gesellschaft spalten WÜRDEN, sondern die Populisten sind ein

240 Er-GE-bnis der politischen EntWICKlung, die zur Spaltung der Gesellschaft FÜHRT
241 und damit den Pop/ diesen sogenannten Populisten eine Chance gibt.

Bei Xaver tritt eine zeitliche Perspektive zu dem Gesellschaftsbild Spaltung hinzu: Rasante soziale Entwicklungen würden die Gesellschaft sehr bald zerreißen. Im Zentrum dieser Passage steht eine Mutmaßung über nicht näher elaborierte schwerwiegende, rasante und extreme, gesellschaftliche Entwicklung, die bereits in der Gegenwart (»wie sei jetzt auftreten« [Xaver: 236]) in angeblichen »öffentlichen Hetzen gegen Andersdenkende« (Xaver: 236–237) gemündet hätten. Diese vermeintlichen »Hetzen« seien Ausdruck einer sich gerade vollziehenden »Spaltung der Gesellschaft« (Xaver: 240). Diese Spaltung sei Xaver zufolge nun gerade nicht das Resultat »diese[r] sogenannten Populisten« (Xaver: 241) – damit meint Xaver eine aus seiner Sicht falsche Fremdzuschreibung für die AfD –, sondern deren Verursachung. Xaver spricht allerdings auch von deren »Chance« (Xaver: 241) und impliziert damit, dass die gesellschaftliche Spaltung, die er mehr als bedrohliches, kurz bevorstehendes Szenario entwirft, ein positives Gelegenheitsfenster sei. Eine homologe Passage findet sich bei Friedrich, der sehr ähnlich das Gesellschaftsbild Spaltung als endzeitliches Szenario auffasst:

393 FRIEDRICH: [D]as ist mit der Grund, nicht dass ich in die AfD eingetreten bin,
394 aber der Verfall der Sitten, der Kultur, der der Gesellschaft, des Zusammenhalts, der
395 sozialen Einrichtung, das ist eine KATAS-trophe. Und wenn man jung ist, das sag ich
396 jetzt als alter Mensch zu ihnen, merken sie das nicht. Wenn sie 20 Jahre älter werden,
397 betrachten sie das ein bissle anders, wenn sie 40 Jahre älter werden, dann betrachtet
398 Sie es nochmal anders, und wenn sie ganz alt sind, dann sind sie sowieso schon nicht
399 mehr zu retten. Aber das Problem an der Kante ist, die gesellschaftlichen Fliehkräfte
in
400 unserem Land gehen SO rabiat auseinander. Und das ist der Grund, warum ich sage,
401 so kann es nicht weitergehen, weil wenn die Entfremdung so weitergeht und jetzt auch
402 noch das letzte kulturelle, ich sags mal Band oder, oder Klebestreifen, oder was auch
403 immer, als größtes soziales Element der Staat vor die Hunde geht, und des will Frau
404 Merkel, das ist der ihr erklärtes Ziel. Die will diesen Staat Deutschland zerstören.

Das Gesellschaftsbild von Spaltung ist auch bei Friedrich mit einer Katastrophenerwartung verbunden. Sie haben mit Friedrichs AfD-Beitritt zu tun. Ähnlich wie Xaver ist auch für Friedrich die AfD ein Ergebnis der antizipierten Spaltung; und sie ist in diesem Katastrophenszenario auch ihm eine »Chance« (Xaver: 241) – zumindest in dem Sinne, dass die Spaltungskatastrophe Anlass für ein AfD-Engagement ist. Bei Friedrich und Xaver ist an das Gesellschaftsbild Spaltung also eine Selbstermächtigung und ein politischer Auftrag gebunden. Der Katastrophenerwartung sehen sie sich damit nicht als Opfer ausgesetzt, sondern sie glauben sich vorbereitet.

4.2.5. Zusammenfassung

Der Typus ›Opfer‹ konstituiert sich aus einem dichotomen Gesellschaftsbild und einem Selbstbild als Opfer dieser Spaltung. Die Fälle unterscheiden sich aber in ihrem Selbstbild: Laura und Immanuel verstehen sich als ausgegrenzte und stigmatisierte Opfer. Sie betreiben eine zum Teil ekstatische Selbstviktimisierung. Gertrud, Boris und Gitti vereint eine prekäre Lebenssituation und sie sehen sich als Alleingelassene in einer entsolidarisierten Gesellschaft. Gemeinsam haben alle, dass sie sich als eine ausgegrenzte Minderheit sehen. Darin lassen sich ihre mentalen oder habituellen Selbstbilder als nicht-populistisch beschreiben. Als Minderheit seien sie – auf unterschiedliche Weise – Opfer von Spaltung und Entsolidarisierung. Die Spezifik des Typus ›Opfer‹ ließ sich abschließend nochmals durch die Kontrastierung mit den Fällen Xaver und Friedrich erkennen. Auch sie verfügen über ein Gesellschaftsbild von Spaltung. Doch sie sehen darin ein katastrophisches Zukunftsszenario, das sie allerdings schon heute durchschauen und woraus sie einen selbstermächtigten Handlungsauftrag ableiten.

Sinntypus ›Opfer‹ *Orientierungsschema (Alltagstheorie)*	Dichotomes Gesellschaftsbild; Spaltung
Orientierungsrahmen (mentales Selbstbild)	Opfer-Selbstbild: Opfer von Ausgrenzung, Stigmatisierung, Entsolidarisierung; Alleingelassene; Selbstviktimisierung; Ausgegrenzte Minderheit; nicht-populistische Selbstverortung
Orientierungsrahmen im weiten Sinne	Bedrohung durch eine katastrophische Gegenwart

Tabelle 5: Sinntypus ›Spaltung‹
Quelle: Eigene Darstellung

Darüber hinaus kann mit dem Sinntypus ›Opfer‹ auf drei Dinge verwiesen werden. Erstens zeigt sich an keiner Stelle, dass die Fälle relativ depriviert seien (vgl. Kapitel 1). Sowohl die jungen, gut ausgebildeten und gutbezahlten Angestellten Immanuel und Laura als auch die erwerbslosen Fälle Gertrud, Gitti und Boris verarbeiten durch die AfD-Wahl kein Deklassierungserleben. Selbst Gitti und Gertrud glauben nicht, dass Deutsche im Vergleich zu »Ausländern« benachteiligt würden. Sie haben einen solidarischen Zusammenhang im Sinn, von dem sie Zuwendung erwarten und den sie durchaus als eine kulturelle Gemeinschaft konstruieren. Doch sie werden darin von ›ihresgleichen‹ im Stich gelassen und an der Solidarität der ›Nicht-Deutschen‹ können sie aufgrund kultureller Differenzen nicht teilnehmen. Noch weniger gilt dies für Boris. Und auch bei Laura und Immanuel ist zu sehen, dass sie sich nicht im Vergleich zu anderen depriviert sehen, sondern von einer Mehrheit ausgegrenzt fühlen.

Dies verweist, zweitens, auf den Befund, dass dieser Orientierungsrahmen eine nicht-populistische Selbstverortung nach sich zieht. Bei allen Fällen ist letztlich zu sehen, dass die habituellen Handlungsorientierungen dem typisch populistischen Merkmal einer Volk-Eliten-Dichotomie nicht entsprechen. Vielmehr sehen sich die Fälle als ausgegrenzte Minderheit, bzw. ihre frustrierte Solidaritätserwartung geht in dieser populistischen Dichotomie nicht auf. Ihre frustrierte Solidaritätserwartung ist kulturell formatiert und die Ursachen werden daher in fundamentalen innergesellschaftlichen Spaltungen gesehen und nicht in einer Volk-Elite-Dichotomie.

Drittens ließ sich zeigen, dass sich die Fälle dieses Typus in einer bedrohlichen Gegenwart wähnen, was insbesondere bei Lauras drastischen historischen Vergleichen der Gegenwart mit dem Nationalsozialismus zum Ausdruck kommt. Diese Zeitorientierung wird hier als *katastrophisch* charakterisiert, sofern damit zum einen die Feststellung verbunden ist, dass die Vergangenheit noch nie so schlimm gewesen sei wie die gegenwärtige Zeit (Boris). Zum anderen kommt ihnen diese katastrophische Zeit nahezu lebensbedrohlich vor, da mit ihren scheinbar missliebigen Meinungen zugleich ihre Person bedroht sei (Laura und Immanuel). Die Welt ist ihnen aus den Fugen und die AfD mache diesen Missstand offenkundig. Anders als die Fälle des Sinntypus ›die Durchschauenden‹ deuten sie die katastrophische Gegenwart als Bedrohung und begreifen sie nicht als enthülltes Geheimnis.

4.3. Fazit: Selbstviktimisierungen und Selbstelitisierungen

Die sinngenetische Analyse hat gezeigt, dass die AfD-Wähler*innen ausgeprägte Selbstviktimisierungen ebenso betreiben wie elitäre Selbstaufwertungen. Sie wurden im zurückliegenden Analyseschritt als die beiden Typen ›Die Durchschauenden‹ und ›Die Opfer‹ abstrahiert. Hinter diesen Sinnformen stehen spezifische Lebenssituationen und real-materielle Lebenserfahrungen. Während sich die (meist gutsituierten) Selbständigen als Elite gerieren, die insbesondere glauben, die Zeit »durchschaut« zu haben, leben die ›Opfer‹ – von Spaltung und Entsolidarisierung – in einer teilweise schon viele Jahre andauernden prekären Lebenssituation und in Abhängigkeit von Sozialleistungen. Dass dies kein exklusiver Faktor für die viktimisierenden Selbstbilder ist, zeigen die deutlich besser situierten Fälle Immanuel und Laura – beides gut ausgebildete, gutverdienende und am Anfang ihrer beruflichen Karriere stehende Angestellte. Auch sie stilisieren sich als Opfer von Ausgrenzung und Stigmatisierung. Sie haben in dieser Hinsicht mehr gemein mit den ›Durchschauenden‹, für die ein gutsituiertes Selbständigen-Dasein typisch ist.

Die unterschiedliche sozial-materielle Lebenslage der Fälle vermag diese auffällige Schnittmenge in den Selbstbildern allein nicht zu erklären. Der nun folgende Analyseschritt der soziogenetischen Typenbildung hat diese Situation zum Ausgangspunkt. Dabei sollen die Orientierungsrahmen nochmals systematisch auch auf die hinter ihnen liegenden Erfahrungswelten bezogen werden, um die spezifischen konjunktiven Erfahrungsräume zu verstehen, in denen diese Opfer- und Elite-Selbstbilder entstehen. Wie schon im zurückliegenden Kapitel 4 immer wieder zu sehen war, wird die Gegenwart von allen Fällen als historisch schlechte und bedrohliche Zeit gedeutet. Der Zusammenhang dieses Gegenwartserlebens soll in seinem Verhältnis zu den Opfer-, respektive Elite-Selbstbildern dabei noch genauer aufgeklärt werden. Das nächste Kapitel macht einen weiteren Schritt zur Beantwortung der zentralen Forschungsfrage: Mit welchen Zeitbildern verknüpfen sich die Selbstbilder der untersuchten Fälle und was sagt diese Verbindung über die Verarbeitung eines Erfahrungsraums der Spätmoderne?

Abbildung 2: Variation der Sinntypen
Quelle: Eigene Darstellung

5. Elitäre Apokalyptik und apokalyptische Selbstviktimisierung. Die Zeitorientierungen der AfD-Wähler*innen und ihre Erfahrungsräume

AfD-Wähler*innen viktimisieren und elitisieren sich: Sie begreifen sich als Opfer von Stigmatisierungen, Ausgrenzungen oder Entsolidarisierung; aber sie sehen sich auch als die Durchschauenden, als Elite, die die Zeichen der Zeit erkannt habe und besser Bescheid wisse als die Mehrheit – und mit dieser Erfahrenheit und diesem Durchschauen erführen sie bedrohliche Ablehnung. Damit gerieren sie sich als Apokalyptiker*innen. Ihre Selbstbilder stehen nämlich nicht für sich – sie sind verbunden mit endzeitlichen Zeitbildern. Im folgenden Analyseschritt wird diese Verbindung genauer aufgearbeitet. Dabei wird zunehmend deutlich, dass die Orientierungen der untersuchten AfD-Wähler*innen mit Zeitbildern verquickt sind, die den Erfahrungsraum der Spätmoderne kennzeichnen: »rapture Christianity, with ist end-times eschatology, is the religion of the age« (Brown 2019, S. 182).

Mit der vorausgegangenen Rekonstruktion der Sinntypen wurde die unverzichtbare Vorarbeit geleistet, um die Frage nach den sozialen Zusammenhängen und Konstellationen, in denen die Orientierungsrahmen der AfD-

Wähler*innen stehen, zu beantworten.[1] Dies ist Inhalt der soziogenetischen Analyse. Zu einer entsprechenden Typologie

»[...] gelange ich erst dann, wenn ich [...] den Erlebnishintergrund, den spezifischen Erfahrungsraum, in dem die – in spezifischen Interaktionsprozessen begründete – Genese dieser spezifischen Orientierungen zu suchen ist, und nicht nur die Orientierung selbst interpretierend zu erfassen, d. h. begrifflich theoretisch zu explizieren vermag.« (Bohnsack 2010b, S. 142)

Was als relevanter Erlebnishintergrund gilt und einen konjunktiven Erfahrungsraum aufspannt, das ist aus dem Material selbst zu entwickeln und kann nicht vorab entschieden werden. Allerdings spricht Bohnsack (2010b, S. 141) von Erfahrungsräumen als einem »gemeinsamen sozialräumlichen Erlebnishintergrund« und deutet damit an, dass Erfahrungsräume als sozialstrukturelle Kategorien einzugrenzen sind. Entsprechend legt Nohl (2013b, S. 53) eine »Suchstrategie [...] entlang gesellschaftlich etablierter Dimensionen von Heterogenität, d. h. entlang von gesellschaftlichen Klassifikationsordnungen« nahe. Aus der sinngenetischen Analyse (Kapitel 4) ging bereits hervor, dass die Typik der ›Durchschauenden‹ und die Typik der ›Opfer‹ mit unterschiedlichen Lebenslagen korrespondieren. Wie nun die unterschiedlichen Erlebnishintergründe mit den Selbstbildern zusammenpassen und inwiefern es hier Unterschiede und Überschneidungen gibt, dies klärt die folgende Analyse. Immerhin zeigte die Konfiguration der drei Typiken, auf die am Ende von Kapitel 4 schon ein Ausblick gegeben wurde, bereits, dass Erfahrungsräume mehrdimensional sind (Bohnsack

1 Mannheim hat dargelegt, dass der Soziologie zur Erfassung von Kulturgebilden eine sinngenetische Interpretation allein nicht ausreichen kann. Auf dieser Interpretationsebene gelinge noch keine »Funktionalitätserfassung« (Mannheim 1980, S. 87). Damit ist die Rekonstruktion konjunktiver Erlebniszusammenhänge, d. h. der konjunktiv-sozialen Elemente im Erleben gemeint. Funktionalitätsanalysen zielen auf einen inneren Erlebniszusammenhang, der durch Erfahrungen geprägt und geformt ist und wozu »die Kenntnis der äußeren Lebenslage und Schicksale dienlich sein« soll (ebd., S. 72–73). Die soziogenetische Interpretation zieht also notwendigerweise die »Lebenslage« in Betracht, um daraus das innere Erleben genauer verstehen zu können. Was Mannheim über Kunstwerke, »Gedankengebilde«, Weltanschauungen sagt, über politische Programme und Ideologien (ebd., S. 78), das gilt gleichsam für den Umgang mit verbalen Daten im Zusammenhang unserer Analyse: »Würden sie nur *Sinn* sein, so könnte man sie nur begreifen, d. h., sowohl ein Kunstwerk wie ein Gedankengebilde gäbe sich nur als ein *erfaßbares* Etwas, so ungefähr wie Zahlen, Zeichen: Man versteht, was sie meinen, aber sie lassen einen ›kalt‹, man geht nicht mit. Dass alle diese Gebilde auch *erlebt* werden können, bedeutet soviel, dass außer ihrem Sinngehalt auch der Erlebnis Zusammenhang, aus dem sie entsprungen sind, mehr oder minder mitgegeben ist.« (Mannheim 1980, S. 92; Hervorheb. i. Orig.).

2017, S. 102–141). Das heißt, dass Einzelfälle an mehreren Erfahrungsräumen teilhaben können und die Typologie der Dokumentarischen Methode verweist auf entsprechende Relationen, Überschneidungen und Aufeinanderbezogenheiten (Bohnsack 2017, S. 118).

Das verbindende Elemente zwischen den unterschiedlichen sozialen Erlebnishintergründen der Fälle, ihren Selbstbildern und der Gemeinsamkeit, dass sie alle die rechtspopulistische AfD wählen, wird in ihrem »utopischen Bewusstsein« (Mannheims 2015 [1929]; vgl. Kapitel 3) entdeckt – konkret in ihren unterschiedlichen endzeitlich eingefärbten Formen dieses Zeitbewusstseins. Es erklärt »[w]ie eine konkrete Gruppe, wie eine soziale Schicht die historische Zeit gliedert«, und wie sie sich in diesem Geschichtsbild selbst verortet (Mannheim 2015 [1929], S. 182). *Wie* also die in Kapitel 4 typisierten Formen des Erlebens und Denkens und die Selbstbilder mit der AfD-Affinität der Fälle dieser Studie zusammenhängen, das lässt sich nun genauer mit der Rekonstruktion des konjunktiven Zeiterlebens, bzw. der Utopien der Fälle dieser Studie verstehen. Und dabei zeigt sich, sie sind ausgesprochen endzeitlich veranlagt. Indem nun die Zusammenhänge zwischen den Orientierungsrahmen und den Erfahrungsräumen untersucht werden, lassen sich die in Kapitel 4 gewonnen Typen präzisieren. Das heißt, dass sich die AfD-Wähler*innen dieser Arbeit nun vor allem über ihre Zeiterfahrungen und -deutungen (und weniger beispielsweise über ihre Gesellschaftserfahrung in Abhängigkeit von ihrer Stellung im Erwerbsleben) typisieren lassen. Damit ist gemeint, dass sich die habituellen Selbstbilder und Selbstverortungen der Fälle im Zusammenhang eines bestimmten konjunktiven Erfahrungsraums über spezifische Zeitvorstellungen unterscheiden lassen (vgl. Abbildung 3):

– *Selbständige* (grün): Der Orientierungsrahmen der ›Durchschauenden‹ erweist sich typisch für den konjunktiven Erfahrungsraum der Lebenslage der Selbständigen des Samples. Er steht in Verbindung mit einer elitären Grundhaltung: Insbesondere die Selbständigen machen eine teils expressiv-freudig vorgetragene Erfahrung, mit ihrem ›unkonventionellen‹ Erfahrenheits-Wissen, ihrem Geheimwissen über das Hinterbühnen-Geschehen in der Welt abgelehnt zu werden. Im Folgenden wird sich dieser Zusammenhang noch deutlicher als separatistischer Nonkonformismus charakterisieren lassen. Allerdings scheint ihnen ihre Ablehnung historische Ausmaße angenommen zu haben, womit sie die Gegenwart als historisch schlechte Zeit begreifen. Indem sie aber

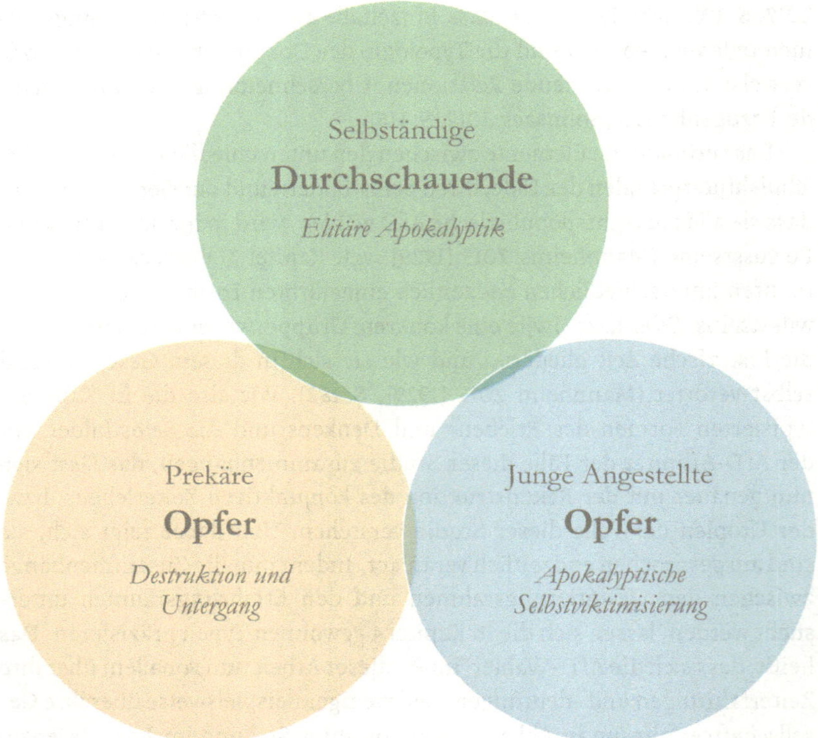

Abbildung 3: Variation der Sinntypen und ihre Zeitorientierungen I
Quelle: Eigene Darstellung

ein exklusives Wissen über Hinterbühnen-Vorgänge für sich verbuchen, kultivieren sie ein Selbstbild, in dem sie das Geheimnis dieser katastrophischen Gegenwart enthüllt hätten. Mit ihrem *elitären Selbstbild* und dem elitär-exklusiven Selbstbild als *Träger*innen eines Geheimwissens* entsprechen sie eine Charakteristik apokalyptischer Deutungen. Ihr Zeitbewusstsein ist das einer *elitären Apokalyptik*.

– *Junge Angestellte* (blau): Auch im Rahmen des dichotomen Gesellschaftsbilds der im Sample versammelten jungen, gut ausgebildeten und gutverdienenden Arbeitnehmer*innen und ihres ausgeprägten viktimisierenden Selbstbildes als Ausgegrenzte und Stigmatisierte wird die Gegenwart als historisch schlechte Zeit markiert. Allerdings fühlen sich diese Fälle von der Gegenwart bedroht. Wir nennen dieses Zeitbewusstsein eines expressiv negativen Gegenwartsverhältnisses *apokalyptische Selbstviktimisierung*.

- *Prekarität* (gelb): Das Zeitbewusstsein der ebenfalls an einem Gesellschaftsbild Spaltung orientierten prekären Fälle, die sich als Opfer von Entsolidarisierung begreifen, lässt sich als Untergangs-Wollen beschreiben. Ihre Zeitperspektive ist ausgesprochen *destruktiv*. Im Unterschied zu den jungen Angestellten fürchten sie weniger eine Katastrophe – angesichts ihrer prekären Lebenslagen wähnen sie sich bereits an einem Tiefpunkt. Sie wollen daher vielmehr einen Untergang und einen Neuanfang.

Mit der Unterscheidung zwischen dem Kunstwort »Apokalyptik« (›die Durchschauenden‹) und dem Adjektiv »apokalyptisch« (›die Opfer‹) wird auf einen Unterschied im Zeiterleben der Fälle der entsprechenden Typiken hingewiesen. Das griechische Wort »Apokalypsis« bedeutet »Enthüllung« oder »Offenbarung«; der daraus abgeleitete Begriff »Apokalyptik« hingegen meint allgemeiner eine Geisteshaltung (Schipper 2008, S. 74), die auf »die Enthüllung zukünftiger, am Ende einer Weltperiode eintretender Ereignisse« (Lanczkowski 2010, S. 189) bezogen ist. Mit »elitärer Apokalyptik« ist hier also eine soziale und historische, eschatologisch gefärbte Orientierung gemeint, in der die Selbstzuschreibung einer exklusiven Enthüllung des Geheimnisses der Geschichte und eines entsprechenden Wissens um das Ende der Geschichte und des Untergangs im Mittelpunkt steht. Sie charakterisiert den Typus der ›Durchschauenden‹. Das Adjektiv »apokalyptisch« hingegen bezeichnet demgegenüber die Art und Weise, wie die Fälle des Typus ›Opfer‹ ihren vulgären Katastrophen-Diskurs vortragen, der bei ihnen mit einer ausgeprägten Selbstviktimisierung verbunden ist. Dieses Geschichtsbild ist vulgär, sofern darin lediglich die Vorstellung zum Ausdruck gebracht wird, dass die Gegenwart katastrophisch sei, weil sie sich selbst als Opfer sehen. Hinter dem Katastrophischen entdecken sie kein Geheimnis der Geschichte – das tun nur die ›Durchschauenden‹, weil sie ein elitäres Selbstverständnis haben.

5.1. Die Jungen Angestellten- und die Selbständigen-Typik im Vergleich

Die unterschiedlichen Selbstbilder und die damit zusammenhängenden unterschiedlichen Formen utopischen Bewusstseins in ihren apokalyptischen Formen lassen sich in Zusammenhang bringen mit den Unterschieden in den sozialen Erlebnishintergründen der selbständigen, der prekären und der jungen angestellten AfD-Wähler*innen. Im Folgenden wird zunächst der Unterschied zwischen den Selbständigen und den jungen Angestellten herausgearbeitet, unter besonderer Berücksichtigung, wie ihre Zeitorientierungen und ihre Selbstbilder zusammenhängen. Im nächsten Abschnitt werden demgegenüber die Prekären und ihre Zeitorientierung untersucht.

5.1.1. Selbständigkeit

Ein konjunktiver Erfahrungszusammenhang der ›Durchschauenden‹ ist ihre Selbständigkeit. Dies gilt für die Fälle Bernd, Friedrich, Kerstin, Ludwig und Markus – sie sind alle Selbständige und ihnen entspricht das zentrale Orientierungsmuster der ›Erfahrenheit‹: Sie betonen mitunter explizit ihre Erfahrenheit im Kontext ihres beruflichen Werdegangs. Die Bedeutung eines konjunktiven Erfahrungsraums von Selbständigen lässt sich zudem historisch in einem Zusammenhang mit der Wahl von Rechtsaußen-Parteien bringen. Wahlhistorische Befunde zeigen etwa, dass sich der idealtypische Wähler der NSDAP in den frühen 1930er Jahren als ein auf dem Land lebender protestantischer Selbständiger charakterisieren lässt (Lipset 1962). King et al. (2008) bestätigen, dass die stärkste Neigung zur Wahl der NSDAP im Jahr 1932 die protestantischen Selbständigen in Gebieten mit überdurchschnittlich hoher Arbeitslosigkeit aufwiesen und sie zeigen, dass diese Gruppe in diesem Jahr fast geschlossen zur NSDAP wanderte. Historische Kontinuitäten zwischen dem Wahlverhalten der frühen 1930er Jahre und der Nachkriegszeit lassen sich für Baden-Württemberg jedoch nicht flächendeckend zeigen. Es muss betont werden, dass sich für das Bundesland allenfalls regional partielle Kontinuitäten zwischen Erfolgen der NSDAP und später etwa der NPD und aufzeigen lassen (Wagner 1997).

Dennoch, für den auf die Stellung im Erwerbsarbeitsleben bezogenen Erfahrungsraum Selbständigkeit und seiner Bedeutung für die Wahl von Rechtsaußen-Parteien und der AfD lassen sich einige Zusammenhänge herausstellen. Zwar stützen sich in den 1990er Jahren die Erfolge europäischer Rechtsaußen-Parteien in hervorgehobenem Maße auf Selbständige, da diese Gruppen empfängliche Adressaten der typischerweise neoliberalen Programme dieser Parteien zu der damaligen Zeit waren (Reitz und Jörke 2021, S. 296–300). Eine exklusive Nähe von Selbständigen zu extrem rechten Parteien konnte die Wahlforschung bisher jedoch nicht zeigen und es gibt allenfalls allgemeine Befunde darüber, dass kleine Selbständige (neben in erster Linie Arbeiter*innen und einfachen Angestellten) unter Wähler*innen von Rechtsaußen-Parteien überrepräsentiert sind (Arzheimer 2014, S. 553; Falter 1994, S. 64–67; 75–76). Die Wahlforschung zeigt allerdings, dass sich Selbständige (auch Landwirte) überhaupt überdurchschnittlich an politischen Wahlen beteiligen (Cabarello 2014, S. 467). Unter Selbstständigen finden sich traditionell die wenigsten Nichtwähler*innen. Vor dem Hintergrund überrascht die Überrepräsentanz der selbständig Tätigen in Sample dieser Studie nicht. Dies kann auch mit den Ergebnissen von Schmitt-Beck et al. (2019, S. 37) in Einklang gebracht werden, die in Baden-Württemberg im Vorfeld der Bundestagswahlen 2017 zwar keinen signifikanten Zusammenhang zwischen Selbständigkeit und AfD-Wahlwahrscheinlichkeit zeigen konnten. Ihr Ergebnis aber, wonach insbesondere politisch stark interessierte Wähler*innen in Baden-Württemberg unter den AfD-Wähler*innen zu finden sind, steht jedoch in Einklang mit diesem Befund. So werden wir im Folgenden exemplarisch bei Ludwig und Friedrich ein hohes Maß an politischer Wirksamkeitsüberzeugung und Engagement sehen.

Die Ergebnisse, die Biskamp (2020) über die Klassenwahl-Muster von AfD-Wähler*innen vorlegt, scheren im Hinblick auf die Selbständigen erwartungsgemäß nicht aus. Er zeigt entlang des Schemas von Oesch (2006; Oesch und Rennwald 2018), wie sich die AfD-Wahl nach Erwerbsklassen abbilden lässt (Bezugspunkt sind die Bundestagswahlen 2017). Zu sehen ist, wie im Vergleich zu den anderen Erwerbsklassen (ausgenommen der Arbeiter*innen) die Selbständigen-Klassen (und insbesondere die »self-employed professionals«) einen beträchtlichen prozentualen Anteil von AfD-Sympathisant*innen aufweisen. Auch hier ist zu sehen, dass die Selbständigen die wenigsten Nichtwähler*innen in ihren Reihen haben, was den prozentualen Anteil von AfD-Wähler*innen in Bezug auf alle Wahlberechtigen der Klasse (inklusive der Nichtwähler*innen) im Vergleich zu den anderen Klassen am stärksten ausfallen lässt: Selbständige stellen einen insgesamt kleinen Teil der Gesamtbevölkerung dar, sie nehmen aber häufiger als andere Klassen an politischen Wahlen teil, womit auch der prozentuale Anteil der AfD hier höher ausfällt als in den anderen Klassen.[2]

Die ausgeprägte Orientierung der Selbständigen des Samples an beruflicher Erfahrenheit prägt auf der Ebene des impliziten Wissens den Glauben an ein exklusives Hinterbühnen-Wissen und ihr Selbstbild als ›Durchschauende‹ aus. Wie vor allem in Kapitel 4 herausgearbeitet, halten sich die Fälle dieses Typus nicht nur für undogmatisch, unkonventionell und mündig-selbstdenkend, sondern auch für die Träger*innen einer überzeitlichen Normalität, die ihnen abhandengekommen zu sein scheint. Darin kultivieren sie einen exklusiv-elitären Minderheitenstatus. In der folgenden Analyse stellt sich diese Haltung mitunter als *ostentativer Nonkonformismus* dar. Die Selbständigen-Typik erlebt sich in einem historischen Ausmaß mit ihrem nonkonformistischen Erfahrenheits-Wissen als abgelehnt, ohne sich als Opfer zu stilisieren. Allerdings waren die Zeiten dieser Orientierung zufolge auch noch nie so schlecht wie in der Gegenwart. Weil sie aber glauben, mit ihrem exklusiven Erfahrenheitswissen das Geheimnis hinter der schlechten Gegenwart offenkundig gemacht zu haben, kultivieren sie eine elitäre Apokalyptik. Sie enthüllen ein Geheimnis der katastrophischen Zeit, aber sie werden damit abgelehnt.

5.1.2. Junge Angestellte

Die Subsummierung der Fälle Laura, Immanuel und Xaver unter den Begriff der »jungen Angestellten« soll einerseits zum Ausdruck bringen, was die Fälle vereint: Sie sind vergleichbar jungen Alters, stehen damit noch am Beginn ihrer beruflichen Karriere, sie sind gut ausgebildet und gutverdienend. Damit ist ihre materielle Lebenssituation – und ihre objektiv-materiellen Zukunftsaussichten – mit der der Selbständigen vergleichbar. Als abhängig Beschäftigte ist ihrer Existenz und ihre Selbstbeschreibung andererseits unsicherer als die der Selbständigen. Sie verarbeiten sie in ihren (durchaus drastischen) Opfer-Selbstbildern. Darin sind sie dem Typus der Prekären wiederum näher. Mit dem Begriff »Angestellte« ist hier also keine arbeits-, sozial- und tarifrechtliche oder soziokulturelle Merkmalsbeschreibung gemeint,

2 Damit ist nicht das prozentual stärkste Ergebnis aller Wahlberechtiger aller Klassen gemeint. Insgesamt stellen Arbeiter*innen mit Abstand den größten Teil der AfD-Wähler*innenschaft.

sondern eine relationale Kategorie zwischen den wohlsituierten und selbstüberzeugten Selbständigen und den Prekären.

In der Forschung wird häufig jedoch in diesem Sinne klassifiziert und so stellen Niedermayer und Hofrichter (2016, S. 272) in einer frühen Analyse der Zusammensetzung der AfD-Wähler*innenschaft fest, dass Angestellte über die Hälfte der AfD-Wählenden ausmachten. Auch Lengfeld (2017, S. 230) bestätigt diesen Befund und zeigt, dass Angestellte neben den Selbständigen, die dominante Gruppe in der AfD-Klientel sei: »Personen mit AfD-Wahlabsicht hatten eher einen mittleren Schulabschluss, waren häufiger Angestellte oder Selbständige und bezogen häufiger ein mittleres oder hohes Einkommen.« (Lengfeld 2017, S. 223) Solcher Art sind auch die jungen Arbeitnehmer*innen meines Samples: Sie verfügen über veritable Einkommen. Laura ist angestellte Zahnärztin mit einem eigenen Nettoeinkommen von 2.500 – 3.000 €. Immanuel macht keine Angaben zu seinem Angestellten-Status, aber aus dem Interview geht hervor, dass er als angestellter Facharbeiter bei einem Automobilhersteller arbeitet. Sein eigenes Haushaltseinkommen gibt er zwischen 4.500 € und 5.000 € an.[3] Xaver gibt als lohnabhängiger Maschinenbauer an, ein eigenes Lohneinkommen von 4.000 bis 4.500 € (bei einem Haushaltseinkommen von 5.000 – 5.500 €) zu erwirtschaften (vgl. Tabelle 1). Eine Ausnahme stellt Boris dar, der vormals als Angestellter im kaufmännischen Bereich tätig war, aber seit langer Zeit erwerbslos ist. In Bezug auf ihre Ausbildung sind die Angestellten meines Samples – anders als die Selbständigen – eher untypische AfD-Wähler*innen: Sie verfügen über mittlere bis hohe Ausbildungsabschlüsse (was selbst für Boris gilt). Zumindest zeigen die Daten von Biskamp (2020), dass »die Partei ihre meisten Stimmen von denjenigen erhält, die zwar einen Sekundärschulabschluss, aber kein Abitur oder eine Berufsausbildung, aber keinen Universitätsabschluss haben« (Biskamp 2020). Meine Fälle haben Abitur *und* eine Berufsausbildung (Xaver: Abitur und Fachhochschule; Immanuel: Abitur und Ausbildung), bzw. Abitur *und* Studium (Laura) absolviert.[4]

3 Im begleitenden Fragebogen zu den soziodemografischen Merkmalen der Interviewten bezog sich die Frage nach dem Einkomme ersichtlich auf das *Netto*einkommen. Die Zahlen, die Immanuel und andere allerdings angegeben haben, lassen vermuten, dass sich ihre Angaben doch auf das Bruttoeinkommen beziehen.

4 Damit bilden die lohnabhängigen Fälle dieser Studie nicht die statistische Mehrheit der AfD-Wähler*innen ab, die im Schnitt über ein unterdurchschnittliches Einkommen sowie über eine niedrige formale Bildung und niedrige berufliche Position verfügten (Lux 2018a; Hambauer und

Bei den nicht selbständigen Lohnabhängigen des Samples, insbesondere bei Laura und Immanuel (aber auch bei Xaver), herrscht ein ausgeprägt dichotomes Gesellschaftsbild vor (vgl. Kapitel 4.2). Sie sehen sich als Opfer gesellschaftlicher Spaltung und glauben sich in ihrem beruflichen, aber häufig auch in ihrem privaten Leben Gefahren ausgesetzt, denen sie nichts entgegenzusetzen hätten. Das gilt insbesondere für die sich noch in der ersten Phase der beruflichen Laufbahn befindenden jungen Angestellten Laura und Immanuel. Ihre apokalyptische Selbstviktimisierung kommt exemplarisch in der Behauptung zum Vorschein, Opfer ideologisch motivierter »Berufsverbote« zu werden.

5.1.3. Kontrastierende Analyse

Um im Folgenden die Spezifik der beiden Erfahrungsräume und ihrer spezifischen Zeitorientierungen aufzuzeigen, werden die Unterschiede zunächst entlang des thematischen tertium comparationis »Berufsverbot« – d. h. die thematisch aufgerufenen Befürchtungen ideologisch motivierter Arbeitsplatz- oder Jobverluste – aufgezeigt. Die Fälle der Selbständigen-Typik befürchten – teilweise in explizitem Bezug auf den eigenen Berufsstatus und in ausgeprägter Orientierung an Erfahrenheit – *keine* unmittelbar drohende Gefahr solcher Art. Gefahren einer gesellschaftlichen Spaltung und entsprechend katastrophische Erwartungen werden tendenziell auf eine nahe Zukunft bezogen. Den jungen Arbeitnehmer*innen hingegen erscheint die Situation gegenwärtig bereits als bedrohlich und schlecht. Ideologisch motivierte Arbeitsplatzverluste werden als akute Gefahr gedeutet. Die Gegenwart wird als katastrophische Zeit markiert und sie schreiben sich darin als Opfer ein.

In der kontrastiven Gegenüberstellung tritt das zentrale Merkmal des Zeiterlebens der Selbständigen-Typik deutlich hervor. Ein Wechsel des tertium comparationis hin auf das Thema »Klimapolitik« zeigt sodann,

---

Mays 2018; Brenke und Kritikos 2017). Die AfD werde also bevorzugt von Personen mit geringer und mittlerer Bildung, Arbeiter*innen und Arbeitslosen sowie jungen Menschen unter 30 Jahren gewählt (Kroh und Fetz 2016, S. 713): »Je besser die objektive sozioökonomische Lage eines Akteurs ist (im Sinne von Bildung, Einkommen, Erwerbsstatus und Stellung im Beruf), desto geringer ist die Wahrscheinlichkeit dafür, dass der Akteur eine Affinität zur AfD besitzt.« (Tutić und Hermanni 2018, S. 277)

dass die an Erfahrenheit orientierten Selbständigen eine *nonkonformistische Grundorientierung* aufweisen. Die konjunktive Erfahrung ist das Erleben des Abgelehntwerdens, das aber in dieser Gegenwart historisch schlimme Ausmaße angenommen habe.

5.1.3.1. Vulgäre Selbstviktimisierung: Angst vor Arbeitsplatzverlust

Laura sieht sich als Opfer von Ausgrenzung und Stigmatisierung und sie verarbeitet Erfahrungen aus Familien und Freundeskreis durch ein Bild gesellschaftlicher Spaltung und durch eine vulgär-katastrophische Selbstviktimisierung, bei der sie wiederholt einen Vergleich mit dem Nationalsozialismus bemüht:

884 LAURA: Es wiederholen sich Dinge in unserer Geschichte und es wiederholen
885 sich ganz stark Dinge der Ausgrenzung. Was früher passiert ist, dass, dass (leise)
886 Juden ausgegrenzt worden sind, ja (...) diffamiert worden sind, degradiert, dass man
887 mit ihnen nicht mehr geredet hat. Und jetzt passiert wieder was, wo du mit Menschen
888 nicht mehr redest, wo du sie ausgrenzt, des sin so Strömungen in der Gesellschaf /
889 also ich seh des mehr so gesellschaftlich. Und des find ich gefährlich.

Wiederholt hebt Laura ihre Erfahrungen mit ihrer besten Freundin hervor. Sie liest daran einen »gefährlich[en]« (Laura: 889) Zustand der Gesellschaft ab. Diese Formulierung findet sich auch bei Xaver (88), wie weiter unten zu sehen sein wird (vgl. Abschnitt 5.1.3.3). Darin – und im historischen Vergleich, den Laura hier erneut zieht – kehrt sie ihr Selbstbild als bedrohtes Opfer heraus. Sie markiert dieses Bild auch gegenüber mir, dem Interviewer, indem sie erklärt, weshalb sie das Interview, das an einem öffentlichen Ort geführt wird, nur flüsternd geben könne:

152 LAURA: [W]as
153 ich halt so schlimm find, ist einfach die Entwicklung, dass du mittlerweile, ich mein ich
154 sitz hier flüsternd im Loka-al (lacht), weil ich mich nicht mehr traue zu sagen, wen ich
155 gewählt hab und, ähm, weil ich mich nicht mehr traue meine Meinung laut zu sagen
156 weil ich Angst hab, sofort derartig difformier / di / ne, difformiert heißt das

158 INTERVIEWER: Diffamiert, ja

159 LAURA: Diffamiert zu werden. Oder degradiert oder ausgesperrt oder geschlachtet

Laura breitet hier erneut ihr Opfer-Selbstbild in der drastischen Form einer Klimax aus: »diffamiert [...] degradiert [...] ausgesperrt [...]« und schließlich »geschlachtet« (Laura: 159). Zwischen Mensch und »Meinung« (Laura: 155) werde in dieser gespaltenen Gesellschaft nicht mehr unterschieden, sodass letztlich sogar die physische Auslöschung drohe. Diese Selbststilisierung als unmittelbar bedrohtes Opfer ist bei den Selbständigen so an keiner Stelle zu finden. Entlang der Befürchtungsszenarien um die berufliche Stellung lässt sich der Unterschied deutlich erkennen. Laura behauptet, dass bereits heute angeblich »Lehrer ihren Job nicht mehr ausüben« (Laura: 166) dürften; und auch sie befürchtet, dass sie, wenn ihre AfD-Wahl publik werden würde, sie ihren Job als angestellte Zahnärztin verlieren würde:

175 LAURA: Aber ich hab grad auch schon
176 so das Gefühl, ich kann meine Meinung nicht mehr laut sagen. Jetzt hab ich die
177 gewählt, jetzt kündigt mir meine Freundschaft den / meine Freundin den Kontakt.
178 Wenn ich's in der Arbeit laut sagen dürfte, könnte ich wahrscheinlich meinen Beruf
179 kaum noch ausüben.

Laura sieht bereits in der Gegenwart die Gefahr von sogenannten Berufsverboten und ideologisch bedingten Arbeitsplatzverlusten (Laura: 178–179). Sie betrachtet sich selbst als davon bedroht.

5.1.3.2. Elitäre Apokalyptik: Endzeit statt Arbeitsplatzverlust

Ganz anders die Fälle der ›Durchschauenden‹: Sie nehmen stellenweise explizit Bezug auf ihre Selbständigkeit, um zum Ausdruck zu bringen, dass (noch) keine persönlichen beruflichen Nachteile oder gar Jobverluste zu befürchten seien. Bei Kerstin und Markus beispielsweise finden sich zwei homologe Passagen, die im Hinblick auf die Thematik angeblich drohender beruflicher Einschränkungen Bezug nehmen und die ihre Selbstständigkeit mitthematisieren. Darin kommt vor allem ihr Selbstbild und ihre Zeitorientierung zum Vorschein. In folgender Passage beschreibt Kerstin beispielsweise eine konkrete Situation, in der sie von einer Listen-Kandidatur für die AfD aufgrund ihrer beruflichen Tätigkeit zwar absehen habe müssen. Grundsätzlich sei sie jedoch von derlei Einschränkungen weniger betroffen als ihre Kund*innen:

154 KERSTIN: Aber, äh (...)
155 Es, es war auch hier diese Gemeinderatswahl und Kreistagswahl, wurd ich auch

156 gefragt, äh, ob ich, ähm, mich auf die Liste stell. Und dann hab ich gesagt ich kanns
157 jetzt beruflich nicht, aber irgendwie fatal. Wenn ich jetzt CDU oder C/ oder FDP wär,
158 völlig egal, da würde kein Mensch, äh, auf die Idee kommen mir zu kündigen, ja, oder
159 den Vertrag zu kündigen. Will jetzt nicht sagen, dass das bei [Name der
160 Versicherungsgesellschaft] passieren wird. Ich hoffe nicht. Aber (.) das ist doch (.)/
161 Es sind Leute schon da gewesen, die bei Mercedes gearbeitet haben, die, die wieder
162 ausgetreten sind, aus der AfD, weil sie, weil sie einfach auf ihre Stelle angewiesen
163 sind. Ham se Familie, na da kannste deine Stelle nicht verlieren, ne. Das ist schon,
164 das ist schon fast (.) wie 38 (..) äh, kauft nicht bei Juden. Kauft nicht bei AfD-
165 Mitglieder. Ja. (7 Sec.)

Kerstin befürchtet primär den Verlust von Kund*innen. Ihre eigene berufliche Situation begreift sie hingegen als weitgehend ungefährdet. Für die Exemplifizierung der Behauptung, dass AfD-Wähler*innen von beruflichen Einschränkungen bedroht seien, werden in der Folge »Leute« genannt, »die bei Mercedes gearbeitet haben« (Kerstin: 161). Gemeint sind an der Stelle entweder ihre Versicherungs-Kund*innen oder Menschen, die sich in der AfD engagiert haben. An dieser Stelle wird dann, ähnlich wie bei Laura, ein historischer Vergleich mit dem Nationalsozialismus aufgerufen. Diese Situation sei »fast (.) wie 38 (..) äh, kauft nicht bei Juden.« (Kerstin: 164). Zwar parallelisiert also auch Kerstin die Gegenwart mit dem historischen Nationalsozialismus. Ihr Vergleich fällt aber deutlicher weniger drastisch aus als der Lauras: Mit dem Adverb »fast« (Kerstin: 164) fällt Kerstins weniger unmittelbar aus als der von Laura. Anders als Lauras Aufrufung des Themas Nationalsozialismus, die ihre Orientierung am Bild einer apokalyptischen Gegenwart (sie vergleicht die Gegenwart unmittelbar mit dem Nationalsozialismus) anzeigt, gebärdet sich Kerstin hier deutlich weniger drastisch. Kerstin zeigt sich erschüttert über ihre Erkenntnis über den Zustand der Zeit, aber sie fühlt sich nicht bedroht. Dies hängt mit ihrer Selbständigkeit zusammen. Kerstin, wie den Fällen der Selbständigen-Typik, dient der NS-Vergleich letztlich als Expression ihrer Deutungen über den historisch schlechten Zustand der Zeit, mit der ihr Selbstbildnis untrennbar verbunden ist: Sie erfahren sich als durchschauende Elite die aber gerade deswegen abgelehnt und ausgegrenzt werde. Sie verkörpern eine elitäre Apokalyptik.

Homolog zu Kerstin ist auch bei Markus zu sehen, wie die Selbstständigkeit in Zusammenhang steht mit einer Gegenwartsdeutung, die nicht apokalyptisch ist. Die für real gehaltene Gefahr ideologisch motivierter beruflicher Einschränkungen thematisiert auch Markus, aber er glaubt aufgrund seiner

Selbständigkeit nicht unmittelbar betroffen zu sein. Und auch er sieht eine katastrophische Zeit als nahe, die er mit dem Nationalsozialismus vergleicht:

> MARKUS: Es geht am Arbeitsplatz weiter. Stellen Sie sich vor/ ich bin ja selbstständig, mir kann ja niemand. Aber du sagst sowas hier mal am Arbeitsplatz und sie identifizieren dich als AfD, es kann sein du verlierst deinen Arbeitsplatz. Wie WEIT, das muss ich ganz ehrlich/ man muss sich ja die Frage stellen, wie weit sind wir dann noch von den Nazi-Methoden weg? (..) Kennen Sie das, kennen Sie das, ähm, entsprechende, kennen Sie das entsprechende, ähm, Pendant. (..) Dann kann ich's Ihnen sagen. Die Nazis haben das auch gemacht. Wissen Sie was die gemacht haben. (..) Schreiben Sie, ich sag's Ihnen {{gleichzeitig} Ich bin, ich bin da} Haben Sie'? Kauft nicht bei den Juden ein. (...) Da wird mir anderst. Und wenn Sie dann die Antifa sehen, wie sie in Hamburg auf dem Gipfel gewütet hat, ja, wie weit sind die noch weg von den SA-Schlägertrupps. So.

Die Proposition dieser Passage taucht hier als rhetorische Frage auf: »wie weit sind wir dann noch von den Nazi-Methoden weg?« (Markus: 611) Sie bezieht sich sowohl auf die behauptete Gefahr des Arbeitsplatzverlustes oder beruflicher Einschränkungen von AfD-Wähler*in oder Mitglieder*innen. Damit konstruiert Markus eine Nähe und eine Parallele zwischen der Gegenwart und dem historischen Nationalsozialismus. Der Diskursverlauf zeigt dabei, dass diese Parallelisierung als Pointe einer argumentativen Elaboration angelegt ist. Markus muss auf meine ungeteilte Aufmerksamkeit warten, da ich nebenbei noch Notizen anfertige. Nachdem er sich dieser Aufmerksamkeit versichert hat (»Haben Sie?« [Markus: 614–615]) proponiert er im Gestus des Lüftens eines Schleiers oder einer Pointe seinen Vergleich mit der angeblichen Gefahr des Arbeitsverlustes: »Kauft nicht bei den Juden ein.« (Markus: 615) Es folgt eine dreisekündige Pause, die dem vorausgehenden Vergleich in der Gesprächssituation noch eine gewisse Bedeutungsschwere verleiht. Die gesamte Darbietung dieser Proposition folgt hier einer Erzähl- bzw. Argumentationsdramaturgie, die dem schon eingangs offengelegtem Nicht-Betroffensein Markus' entspricht. Er behauptet aus einer privilegiert-überlegenen Distanz zum Geschehen die (baldige) Wiederholung historischer Ereignisse. Die Fälle der Selbständigen-Typik haben eine katastrophisch-endzeitliche Naherwartung. Bei Markus ist entsprechend die elitäre Apokalyptik gut zu erkennen, sofern er über das Katastrophische Bescheid wisse, sich aber vom erwarteten Gang der Geschichte weder bedroht fühlt noch sich als Opfer begreift.

5.1.3.3. *»...aber man kann durchaus seinen Job verlieren...«*

Die Fälle der Angestellten-Typik operieren hingegen mit einem Zeithorizont, der deutlicher das katastrophische Wesen der Gegenwart zu markieren bemüht ist, um darin den eigenen bedrohten Opferstatus hervorzukehren. Eine homologe Passage zu Lauras NS-Vergleich findet sich bei Xaver.[5] Er behauptet, dass es keine Meinungsfreiheit mehr gäbe und dass ein ideologisch bedingter Jobverlust eine akute Gefahr sei. Auf dieser Ebene haben man gesellschaftlich bereits ein »äußerst kritische[es]« (Xaver: 85) Stadium erreicht:

XAVER: Ähm, und ich stimme mit der Mehrheit der Deutschen überein, das sagen ja auch die Statistiken, in der Frankfurter Allgemeinen, meine ich stands schon mal drin, dass wir eine ECHTE Meinungsfreiheit nicht mehr haben. Natürlich wird keiner umgebracht, wenn er seine Meinung sagt, aber man kann durchaus seinen Job verlieren. Oder man kann öffentlich hart und böse angegangen werden. Äh, ein AfDler hat schon mal, ähm, auf seiner (.) Friseur, äh, Salon-Tür, äh, eben Vorsicht AfD kleben gehabt. Das kennt man früher von den Judensternen, ja. Wir haben also schon Dimensionen erreicht, die sind äußerst kritisch. Und, ähm, und da, äh/ und das ist Teil dieser Entwicklung, die ich sehe, ähm, die mich NOCH mehr, äh, zu der Überzeugung bringen, dass man eher diese Partei wählen MUSS, weil das, was die anderen tun, das ist schon richtig gefährlich.

Bei Xaver ist erneut zu sehen, wie die behauptete Gefahr des ideologisch motivierten Jobverlustes – und aller anderen hier proponierten Eskalationsstufen – von den lohnabhängigen Angestellten bereits als akut wahrgenommen werden. Die präsentischen Adverbialkonstruktionen »nicht mehr« (Xaver: 80), »durchaus« (Xaver: 81) und »schon« (Xaver: 84) in der Passage zeigen, dass Xaver die apokalyptische Zeit schon in der Gegenwart verortet. Er behauptet sich hier zwar nicht selbst als Opfer, aber er macht sich die Sache des »Friseur[s]« (Xaver: 83), von dem er erzählt, durchaus zu eigen, denn »wir« – Xaver benutzt hier die erste Person plural – »haben schon solche Dimensionen erreicht« (Xaver: 84). Homolog zu Laura spricht auch Xaver davon, dass der Zustand der Gesellschaft bereits »richtig gefährlich« (Xaver: 87–88) sei. Er teilt damit das Bedrohungsempfinden von Laura und Immanuel und unterscheidet sich darin von den selbstgewissen Selbständigen.

5 Xaver hat im Interview wenige Angaben über seine berufliche Tätigkeit gemacht, aber aus dem begleitenden Fragebogen zu den soziodemografischen Merkmalen (vgl. Tabelle 1) geht hervor, dass Xaver lohnabhängig im Bereich Maschinenbau tätig ist.

Wie zu sehen war, lässt sich die Rolle unterschiedlicher sozialer Situiertheit entlang des tertium comparationis eines ideologisch motivierten »Berufsverbots« herausarbeiten, von dem die Interviewten sprechen. Es lassen sich dabei zwei unterschiedliche Formen von Zeitbewusstsein rekonstruieren. Beide Typiken, die Selbständigen und die Angestellten, liegen hierin sehr nahe beieinander, da sie beide auf der Ebene der Orientierungsschemata den gleichen historischen Vergleich proponieren. Auf der Ebene der Orientierungsrahmen und habituellen Zeitvorstellungen sind die Unterschiede erkennbar: Die Fälle der Angestellten-Typik artikulieren in expressiv-drastischer Manier ihre apokalyptische Selbstviktimisierung im Hier und Jetzt. Demgegenüber stehen die Selbständigen in dieser Hinsicht in einem distanzierten Verhältnis zur ebenfalls von ihnen behaupteten schlechten Gegenwart. Im Rahmen der Orientierung als ›Durchschauende‹ sehen sie sich von dem behaupteten Katastrophen-Szenarien nicht unmittelbar bedroht. Am Beispiel »Klimapolitik« als tertium comparationis wird im Weiteren der Unterschied zwischen der Angestellten- und der Selbständigen-Typik noch differenziert. Es ist dabei zu sehen, dass die ›durchschauenden‹ Fälle der Selbständigen-Typik ein *nonkonformistisches Selbstbild* pflegen. Darin kultivieren sie die Erfahrung des Abgelehntwerdens zu einer elitären Angelegenheit.

5.1.3.4. *»Klimapolitik« im Lichte der elitären Apokalyptik der Selbständigen*

Anders als die Angestellten-Typik, für die eine apokalyptische Selbstviktimisierung charakteristisch ist, zeichnet sich die Selbständigen-Typik einerseits also durch eine katastrophische Zukunftserwartung aus, andererseits ist ihr Verhältnis zur Gegenwart durch einen ostentativen Nonkonformismus gekennzeichnet. Eine Gegenüberstellung der Fälle Bernd und Immanuel zeigt, wie das Thema Klimawandel und Klimapolitik unter verschiedenen Orientierungen – in Abhängigkeit von der sozialen Situiertheit – verhandelt wird.

5.1.3.4.1. *Unmündiger Dogmatismus (Bernd)*

Bernd, der eine Bio-Gärtnerei und einen Bio-Naturkostladen betreibt, bezieht das Thema Klimapolitik durchgehend auf seine berufliche Tätigkeit und beansprucht ein Erfahrungswissen, das sich gegenüber der vermeintlichen bloßen Behauptung eines Klimawandels bewährt (vgl. Kapitel 4.1.1).

Dies zeigt die folgende längere Passage aus dem Interview mit Bernd nochmals prägnant auf. Zunächst zu deren Eröffnung: Nach einer kurzen Gesprächspause im Interview hebt Bernd erneut an und ruft das Thema Klimawandel von sich aus auf. Er begreift Klimawandels als bloße Behauptung, hinter der sich ein aus seiner Sicht unreflektierter Dogmatismus verbirgt. Bernd spricht entsprechend von »Klimareligion«:

717 BERND: Klimawandel, das wär auch ein Thema, oder ein Teil von unserem Thema.
718 Also ich weiß nicht. Der Klimawandel oder die Klimadings wird ja schon fast zu einer
719 Klimareligion. Ich weiß nicht, manchmal hat man das Gefühl, Ersatzreligion. Oder
720 nicht?

721 INTERVIEWER: Wie meinst du?
722 BERND: Dass das so wichtig und hergehalten wird, dass man die Umwelt schützen
723 muss und dass man keinen Strom mehr produziert, und was weiß ich nicht alles

Durch die Proposition »Ersatzreligion« markiert Bernd das Thema Klimawandel als Dogmatismus. Mit der rhetorischen Frage »Oder nicht?« (Bernd: 719–720) erheischt Bernd eine Validierung oder Antithese seiner Proposition. Ich stelle stattdessen eine Verständnisfrage, was mit »Ersatzreligion« gemeint sei. Aus dem daraus entstehenden Elaborationszwang erörtert Bernd zunächst nur knapp, dass Klimawandel als Thema »hergehalten« (Bernd: 722) sei, heißt also, dass Klimawandel (zu Rechtfertigungszwecken) lediglich behauptet werde.

Die Passage schreitet dann zunächst ohne weitere argumentative Elaboration fort. Stattdessen erzählt Bernd von einer Begegnung mit einem SPD-Minister in seinem Betrieb. Thematisch geht es nun um Papier- und Plastik-Recycling: Bernd kritisiert, dass Altpapier-Recycling per se für gut gehalten werde, obwohl dabei vermeintlich viel sauberes Wasser verbraucht werde – und im Gegenzug konzentriert sich eine öffentliche oder politische Aufmerksamkeit nahezu ausschließlich auf Plastik als problematisches Verpackungsmaterial. In dieser Erzählung kommt Bernds zentrales Orientierungsmuster zum Vorschein: Im Hinblick auf Umwelt- und Klimathemen liest Bernd ab, dass generell zu wenig und – erneut – zu dogmatisch nachgedacht und gehandelt werde. Bernd kultiviert sein Selbstbild als »Unkonventioneller« (vgl. Kapitel 4.1.1) in einer dogmatischen Welt:

724 BERND: Ich hat mal da den SPD-Freund gehabt, SPD-Minister, der
725 Türke.

726 INTERVIEWER: Ähm, von/

727 BERND: Von Baden-Württemberg. Der war mal bei mir den Betrieb angucken. Der ist
728 so auf grün oder so bissle, oder gern für Gärten. Hamma den Betrieb angeguckt und
729 dann hat man gesagt gehabt, ja weißt, die Leute denken gar nicht, dass beim, beim,
730 äh, Papier Recyclen SO viel Wasser verbraucht, gesundes, dass ich frage, obs
731 nicht, ob nicht ein Plastik gesünder wäre, in der Recycling, wie Altpapier. Da denkt keiner nach. Dann sag ich ja, so
732 isses. Sag ich (unv.) Altpapier, das ist verschimmelt, das Papier. Wie will man das
733 recyclen. Am besten man verheizts, dann hat man noch was davon. Oder gar gleich
734 auf den Kompost schmeißen. Wie das/ manchmal denkt man nur, haja, Plastik Plastik
735 Plastik, dann kriegt man 22 Filme reserviert wie die Fische sterben wegen dem
736 Plastik im Meer. Natürlich ist Plastik im Meer falsch. Ist doch klar, dass das schlecht
737 ist. Aber wenn man das Plastik ordentlich recyclet, dann kann mans
738 wiederverwenden. Jetzt grad im gärtnerischen Bereich, einigen Firmen, weil ja das
739 bei uns betrieblich kommen muss, dass man, äh, sogenannte Plastiktöpfe aus 100
740 Prozent recycelbarem Plastik ist. So, weißt also die nehmen den Topf wieder,
741 machen Töpfe draus für die Pflanzen. Da denk ich, ja also, dann ist doch das gesund
742 recyclet so oder so und für mich sinnvoller oder gesünder wie jetzt das Altpapier, wo
743 man so viel Altpapier vertun muss, oder so ähnlich. Da denkt man manchmal zu
744 wenig nach, das ist mein Eindruck. Nur weil das überall, Plastik ist verboten, so, und
745 aber Papier ist gesund, gefühlt.

Bernd verhandelt im Rahmen der Erzählung über eine vergangenen Betriebsbesichtigung eines SPD-Ministers die Themen Altpapier- und Plastik-Recycling. Er streift zu Beginn nur sehr lakonisch das Motiv oder den Grund für die Betriebsbesichtigung: Der SPD-Minister, den er fast abfällig als »den SPD-Freund« (Bernd: 724), bzw. den »Türke[n]« (Bernd: 725) nennt, sei bei Bernd vorbeigekommen, weil er »auf grün oder so bissle« (Bernd: 728), bzw. »gern für Gärten« (Bernd: 728) sei. Damit attestiert Bernd dem politischen Besuch lediglich ein oberflächliches Interesse. Bernd selbst hingegen hätte diese Situation zum Anlass genommen, über den Sinn von Plastik-Recycling zu räsonieren. Damit profiliert sich Bernd in seiner Darstellung gegenüber dem SPD-Minister. »Man« (Bernd: 729) habe bei dieser Besichtigung gesagt, dass »Leute« (Bernd: 729) über den Sinn von Plastik-Recycling zu wenig Überlegungen anstellen würden. Durch das Kollektivsubjekt »man« (Bernd: 729) drückt Bernd aus, dass dieser Gedanke zwar von ihm stammte, aber auf geteilte Zustimmung traf. Die Frage, ob Plastik-Recycling demgegenüber nicht gesünder sei, wird eindeutig mit der ersten Person Singular (Bernd) (Bernd: 730) verbunden. Dass darüber »keiner« nachdenke, wird hier ebenfalls von Bernd in der ersten Person Singular bestätigt (»Dann sag ich ja, so isses« [Bernd: 731–732]). Bernd positioniert sich in dieser Passage also als unkonventioneller Denker, der unkonventionelle, aber zustimmungsfähige Reflexionen über Recycling und den Einsatz von Plastik anstelle. Die Anderen dächten schließlich »zu wenig nach« (Bernd: 743–744). Dieses Unkonventionellen-Selbstbild steht in Verbindung mit Bernds beruflicher Tätigkeit und seiner eigenen Arbeit, dem »gärtnerischen Bereich« (Bernd: 738).

Daraufhin stelle ich eine Verständnisnachfrage und Bernd elaboriert weiter und er breitet das Orientierungsschema weiter aus, das am Ende seiner vorausgegangenen Ausführungen stehen: Der Dogmatismus und das Zu-Wenig-Nachdenken der Anderen im Gegensatz zu seinem eigenen Selbstbild.

INTERVIEWER: Achso {gleichzeitig} So. weißt} du meinst quasi lieber Plastik recyclen als es
747 ganz zu verbieten.
748 BERND: Genau. Also ich fänd so, äh, so Plastikphobie ist zu wenig über den
749 Tellerrand rausgeguckt. Das Plastik sinnvoll recyclen ist doch gesund, sag ich jetzt
750 mal. Natürlich kann vielleicht nicht alles recyclen was im Plastik gemacht wird, so,
751 oder ich finds auch toll dass man die Lebensmittel versucht nicht alles
752 fortzuschmeißen und so weiter, sondern dass man halt weniger einkauft, was mir
753 natürlich wieder schadet (lacht). Ich leb ja auch davon, dass die Leute viel kaufen
754 und möglichst nix essen damit sie wieder viel einkaufen müssen (lacht). Nein, nicht
755 ganz so, aber, ähm, man versucht ja die Kunden immer noch, wenns ein Kilo Paprika
756 ist billiger wie bloß 800 Gramm, nehmen sie doch noch zwei, drei oder so, günstige
757 Preis oder irgendwie was (lacht kurz). So aber, ähm, natürlich sollen die Leute
758 möglicherweise nur das essen, äh, kaufen was sie essen, natürlich. Aber ich guck ja
759 in meinen Kühlschrank auch rein. Kauf ich Sachen, ist noch gar nicht abgelaufen, ist
760 schon faulig oder andersrum, krieg ich auch nicht jeden Tag Wurst essen oder so,
761 dann hast halt mal bissle was gekauft und das wird halt schlecht. Ja warum, schmeiß
762 es den Hühner rein, die freuen sich, gibt leckere Eier. Also. Ist auch recyclet (lacht
763 kurz). So, genau. Ne, aber so ein paar Punkte wo ich sag, man muss manchmal
764 bissle mehr denken. Wär sinnvoll, als immer nur so Mainstream, wie halt so die
765 meisten sagen, und das macht man dann. Manchmal einfach bissle tiefer gehen, das
766 würd mir guttun. Das war so in meinem Sinne.

In Bezug auf das Thema Recycling und Umweltpolitik stilisiert sich der selbständige Unternehmer Bernd zum praktisch-erfahrenen Selbstdenkenden. Immer wieder kehrt Bernd in dieser Passage zu diesem Orientierungsschema zurück: »die Leute denken gar nicht« (Bernd: 729), »Da denkt keiner nach« (Bernd: 731–732), »Da denkt man manchmal zu wenig nach« (Bernd: 743–744), »zu wenig über den Tellerrand rausgeguckt« (Bernd: 748–749), »man muss manchmal bissle mehr denken« (Bernd: 764–765) – im Gegensatz zu Bernd selbst, der über die relevante Arbeits- und Berufserfahrung verfüge, um selbst zu denken. In dieser dichotomen Konstruktion zwischen den dogmatischen Vielen und dem praktisch-erfahrenen und selbstdenkenden Bernd stilisiert er sich zum oppositionellen Nonkonformisten. Anders als die vielen Anderen durchschaue Bernd, dass Plastik nicht per se schädlich sei und dass auch CO_2 kein (klima-)schädliches Gas sei (vgl. Kapitel 4.1.1). Bernd demonstriert in Bezug auf dieses Thema eine oppositionelle und in eigener Anschauung ausgewiesen undogmatische, heißt nonkonformistische Haltung.

5.1.3.4.2. Klimapolitik und apokalyptische Selbstviktimisierung: »Moralkeule« und Stigmatisierung (Immanuel)

Während Bernd das Thema Klimawandel und Klima- und Umweltpolitik über die Orientierungsmuster Erfahrenheit und Nonkonformismus verhandelt, charakterisiert die Angestellten-Typik bei diesem Themenkomplex eine apokalyptische Grundhaltung. In folgender Passage setzt sich Immanuel beispielsweise mit dem Thema Klimapolitik jenseits der Orientierung an Erfahrenheit auseinander. Das heißt er verhandelt das Thema »Klima« nicht wie Bernd in der dichotomen Gegenüberstellung dogmatisch vs. undogmatisch, sondern in der deutlich konflikthafteren dichotomen Deutung emotional versus rational. Der vermeintlich emotionale Diskurs über das Klimathema ist Immanuel Anzeiger einer »schlechte[n]« (Immanuel: 238) Zeit. Daran liest er vor allem gesellschaftliche Spaltung ab, die er auch als bedrohlich auffasst:

207 IMMANUEL: Ich find
208 Klimapolitik, ähm, also Atomausstieg war ja auch so ein Thema, das war auch, wo
209 ich gedacht hab, hej, da wird nicht nüchtern diskutiert, auch emotional, Fukushima
210 kam, und unsere Kanzlerin sagt, hier, wir wollen jetzt den Atomausstieg,
211 Energiewende, mit Gewalt, wo ich mir auch gedacht habe, eigentlich ist die Aufgabe
212 von, von einer Bundeskanzlerin ja, so ein Volk, das natürlich verunsichert ist, es ist
213 eine große Katastrophe geschehen, okay, aber eigentlich ist ja ihre Aufgabe, sag ich
214 mal, diese unruhigen Schafe so ein bisschen zu beruhigen, so mit nüchternen Fakten
215 auch, und sagen, hej, ok, wir können (unv.) beurteilen und (.) Wege einlegen,

216 einleiten, wie wir vielleicht von dieser Atomenergie wegkommen, wenn es denn
217 schlecht sein sollte. Und das war für mich irgendwie so ein, so eine
218 Kurzschlussreaktionen, überhaupt nicht rational. Da habe ich mir auch wieder daran
219 gestört und da fand ich einfach auch, dass viel von der AfD gekommen ist, die sagen,
220 hej, können wir das mal irgendwie (klatscht kurz einmal in die Hände) sachlich
221 diskutieren.

Klimapolitik ist für Immanuel Angelegenheit einer irrationalen und emotionalen »Kurzschlussreaktion« (Immanuel: 218). Er stellte Sachlichkeit und Emotionalität gegenüber (und verortet die AfD auf der Seite der Sachlichkeit). In Kapitel 4.2 war bereits zu sehen, dass mit dieser Dichotomie ein Selbstbild als bedrohte und ausgegrenzte Minderheit zum Ausdruck gebracht wird. Dieses Selbstbild spielt für die apokalyptische Gegenwartsdeutung eine zentrale Rolle. Ganz anders als Bernd entwickelt Immanuel ein apokalyptisches Bild der Gegenwart und liest am Klima-Thema ihre »schlechte Entwicklung« (Immanuel: 238) ab:

222 IMMANUEL: Das ist ja auch aktuell, mit der, mit der
223 Klimadebatte, ich kanns gar nicht mehr hören. Also ich arbeite hier bei einem großen
224 Automobilhersteller, ja, und da ist natürlich die ganze Thema mit Abgas und so, hat
225 man da brühwarm mitbekommen und (.) mit was für falschen Fakten da umgegangen
226 wurde. Ich kann mir das gar nicht mehr anhören, also hochemotional, überhaupt
227 keine Faktenlage und auch keine Diskussion, dass man sagt, hej, wir holen uns mal
228 verschiedene Meinungen ins Boot, ja, und können das nüchtern beurteilen. Da ist
229 viel einfach hochemotional. Ich merk, wie viele Leute auch unsachlich diskutieren,
230 weil sie einfach nur irgendwas, irgendwelche Schlagworte aus den Medien
231 übernehmen und gar nicht wissen, was so dahintersteckt, was das eigentlich
232 bedeutet. Und (.), ja, also, ich würde Klima jetzt (.) nicht der, nicht der, die Bedeutung
233 zumessen, dies aktuell hat. Also ich find wichtig, sich um die Umwelt auch zu
234 kümmern und Verantwortung auch zu übernehmen. Aber momentan, das ist ja
235 schon, hat ja schon so religiöse Züge angenommen, ähm, so auch Thema, dass man
236 irgendwie mit der Moralkeule geschlagen wird, wenn man eine Kreuzfahrt macht,
237 wenn man Fleisch isst, dass man sich für solche Dinge rechtfertigen muss. Und sehe
238 ich einfach eine schlechte Entwicklung und auch hier wieder am ehesten ne
239 Nüchternheit (.) bei denen, ja, bei der AfD so.

Immanuels Deutung Emotionalität versus Sachlichkeit und die Rahmung der Klimadebatte als religiös-dogmatisch (Immanuel: 235) verhält sich zwar vordergründig homolog zu Bernds Orientierungsmustern (Bernd: 719) – allerdings führt seine weitere Differenzierung in eine andere Richtung als bei Bernd. Immanuel eröffnet eine neue Proposition: Bei dem Klima- und Umweltthema geht es Immanuel nicht so sehr um die Behauptung eines vermeintlich unselbständigen, unmündigen Dogmatismus, sondern er will von Erfahrungen bedrohlich erscheinenden Gegenreaktionen berichten. Es werde bei anderer Meinung zu dem Thema »mit der Moralkeule« (Immanuel: 236) zugeschlagen. Immanuels Gewaltassoziation unterscheidet sich von Bernds Unmündigkeits- und Dogmatismus-Diagnose. Sie zeigt Immanuels Selbstbild an: Er begreift sich, nicht zuletzt aufgrund der Erfahrungen aus seinem Arbeitsumfeld als Opfer von Ausgrenzung und Stigmatisierung, wie er an anderer Stelle noch deutlicher zu erkennen gibt:

386 IMMANUEL: Und, ähm, man ist ja stigmatisiert, wenn man sagt, AfD-Wähler
387 oder Klimaleugner, sind ja alles so Begriffe, wo man Leute abstempeln will.
388 Ahm, oder oder fremdenfeindlich, wenn ich sag, können wir mal bitte über die
389 Einwanderungspolitik reden. Es ist ja, so du darfst gar keine andere Meinung haben,
390 als die vorherrschende, die momentan vorgegeben ist.

Immanuels Verhandlung des Klima-Themas geht weit über den unmündigen Dogmatismus, den Bernd behauptet, hinaus. Stigmatisierung und »Moralkeule« werden als Anzeichen der gesellschaftlichen Spaltung genannt, als deren Opfer sich Immanuel hier stilisiert.

In Bezug auf das thematische tertium comparationis »Klimawandel« zeigt sich einmal mehr, worin der Unterschied des Zeitbewusstseins zwischen der Angestellten- und der Selbständigen-Typik besteht: Die jungen Angestellten operieren mit einer vulgär apokalyptischen Semantik zur Beschreibung der Gegenwart und ihrer Situiertheit darin. Die Fälle der Selbständigen-Typik erfahren die schlechte Zeit der Gegenwart anders. Sie nehmen zur Kenntnis, mit ihrem Erfahrenheits-Wissen von der Welt abgelehnt zu werden. Darin zeigen sie eine nonkonformistische Grundorientierung. Sie orientieren sich an ihrer Berufserfahrenheit und kultivieren dabei eine oppositionell-separatistischen Haltung, in der sie eine tendenziell positiv besetzte Erfahrung machen, abgelehnt zu werden. Semantisch kann diese, wie bei Bernd, ausgekleidet sein im Selbstbild mündig-selbständigen Denkens in Entgegensetzung zu einem pseudo-religiösen Dogmatismus, oder, homolog hierzu, in Gestalt freudig-provokativer Wehrhaftigkeit, wie wir dies im Folgenden bei Ludwig sehen können.

5.1.3.5. Selbstbild: Nonkonformität

5.1.3.5.1. Der nonkonforme »Hydrauliker« Ludwig

Noch expliziter als Bernd demonstriert Ludwig eine ostentativ nonkonformistische Oppositionshaltung. Ludwig ist ein 59-jähriger selbständiger Elektriker. Er kultiviert ein habituelles Selbstbild als *Separatist,* der eine freudige Lust an *oppositioneller Nonkonformität* zeigt. Wie in Abschnitt 4.1.2.1 zu sehen war, ist sie auch der Grund für seine politische Karriere, die zunächst bei der Partei Die Republikaner begann und später zu lokalpolitischer Aktivität für die AfD führte. Ludwig beschreibt sich wiederholt als »Hydrauliker«, womit er seine Persönlichkeit und seinen Charakter hinter seiner rechten politischen Gesinnung und seinem rechtspopulistischen Engagement versinnbildlicht:

216 LUDWIG Ich bin jetzt zwar Elektriker, aber ich
217 kann auch sagen, ich bin Hydrauliker. Weil Druck erzeugt Gegendruck. Ich schreib
218 auch gerne mal böse Leserbriefe und warte auch, dass dann Reaktion kommt und
219 dann kann ich erst richtigstellen.

Im Zusammenhang mit dieser Selbstbeschreibung als »Hydrauliker« nennt Ludwig häufig die Leserbriefe, die er regelmäßig schreibe. Eine ähnliche Betätigung, die hohes politischen Engagement und politische Wirksamkeitsüberzeugung voraussetzt, sehen wir weiter unten auch bei Friedrich (vgl. Abschnitt 5.1.3.5.2). Beide sind lokalpolitisch für die AfD aktiv. Ludwig ist Gemeinderat in seinem Wohnort. Mit der obenstehenden Sequenz steigt Ludwig in eine Erzählung über ein großes Zentrallager einer Supermarkt-Kette ein, die der örtliche Bürgermeister in der Gemeinde ansiedeln habe wollen. Ludwig bezweifelt den wirtschaftlichen Sinn dieses Vorhabens, da im Nachbarort ebenfalls ein solches Lager einer anderen Kette existiere. Ludwig ist der Ansicht in seiner Funktion als Gemeinderat vom örtlichen Bürgermeister über das Unterfangen belogen worden zu sein, wobei er den Hydraulik-Vergleich wiederholt:

235 LUDWIG: Jetzt soll das Zentrallager in [Ort A] im Wald
236 gebaut werden. Und uns ist erzählt worden, also ich habe vorhin ja gesagt, wenn er
237 da dagegen ist er bremst die wirtschaftliche Entwicklung von [Heimatstadt]. Der
238 Mann lügt mich wieder an und Druck erzeugt Gegendruck. [...]
239 Das macht auch Freud.

Am Ende der Passage wartet Ludwig noch einmal mit diesem Vergleich auf – diesmal im Zusammenhang mit einer Kritik an den Lokalmedien und deren Berichterstattung. Ludwig bemüht hier erneut (vgl. Kapitel 4.1.2) das Motiv des besseren Hinterbühnen-Wissens, das er für sich in Anspruch nimmt:

254 LUDWIG: Man muss immer alles
255 sehen. Ich höre ja auch noch die Nachrichten. SWR4, Hausfrauensender wie er
256 g'schumpfen wird. Der bringt ein bisschen deutsche Musik, wo ich ein bissle was
257 verstand. (.) Dann kann man sich da richtig ein Bild draus machen, dann sieht man
258 richtig, wo wirklich was geht. Die Zeitung schreibt so, die Zeitung schreibt so, ich war
259 doch selber dabei, das war doch ganz anders. (..) Ein Wahnsinn, wenn man das
260 sieht. Gerade der Druck erzeugt Gegendruck. Das macht mich auch richtig / das
261 interessiert mich, da habe ich eine Freid daran.

Ludwig artikuliert seine »Hydrauliker«- und »Gegendruck«-Selbstbeschreibung freudig-expressiv: Der »Gegendruck« bereite Ludwig »Freude« (Ludwig: 239, 261).[6] Getragen ist diese separatistische Grundorientierung von den Orientierungsmustern ›Erfahrenheit‹ und ›Hinterbühnen-Wissen‹: Ludwig kenne die wahren Hintergründe und könne daher beurteilen, dass die mediale Darstellung nicht der Wahrheit entspreche. Wir haben in Kapitel 4.1.2 bereits gesehen, dass Ludwig wesentlich wegen seiner beruflichen Tätigkeit glaube zu wissen, was sich hinter den Kulissen abspiele. Ich frage Ludwig direkt nach der Herkunft dieser ostentativ nonkonformistischen Oppositionshaltung. Ludwig bestätigt zunächst, dass er gerne provoziere:

1199 LUDWIG: Ich provoziers zum Teil, ja, kann man auch so sagen. Das ist richtig.

1201 INTERVIEWER: Ja (lacht). Aber woher kommt das?

---

6 An anderer Stelle zeigt Ludwig, dass diese separatistische Grundhaltung bereits früh erworben war und sich schon in der Schulzeit eingeschliffen habe. Ludwig erzählt hier, warum er kein Englisch könne und dass er darauf stolz sei:
49 LUDWIG: Ich kann kei Englisch. Das war damals in der Schule hat es gegeben der
48 Unterschied: der, der es kann, der kanns und wir hatten da oben vermietet gehabt.
49 Lehrerin war oft oben und auch Lehrer. Da war eine berüchtigte strenge Lehrerin, die
50 hätte dann in der siebten Klasse oder war es fünft oder in der sechsten Klass wäre
51 das dann so gewesen, Englisch gegeben. Ein halbes Jahr habe ich Englisch gehabt
52 und dann bin ich mit einer 6 kugelrund heimgekommen. Ich war stolz drauf, ich hab
53 nicht mehr ins Englisch nei müssen.

1202 LUDWIG: Vielleicht: Druck erzeugt Gegendruck, weil: wenn man mich in der Zeitung
1203 nicht zu Wort kommen lässt und dann werd ich angegriffen, dann muss ich mir das
1204 Wort, äh, das Recht einräumen, dass ich wieder, mich wehren kann, dann hab ich
1205 das Recht, dass ich veröffentlicht werde. Dann komm ich drin. Und sonst kann mans
1206 mal vertuschen, jet/ mal, i/ die bringen auch nicht n/ net/, die bringen auch nicht
1207 jeden Leserbrief. (...) Leserbrief halt auch entsprechend sortiert. Obs passt, obs nicht
1208 passt. Und wenn ich mich auf einen Angriff wehren muss, dann müssen sie ihn fast
1209 bringen. (4 Sec.) Es heißt nicht, dass ich wegen dem no streitsüchtig bin, aber ich
1210 stell meine Argumente in Raum und dann kann jeder seine Argumente dagegen
1211 bringen. (..)

In dieser Sequenz fällt zunächst die Unterscheidung auf, mit der Ludwig hinsichtlich seiner Selbstbeschreibung operiert: Er unterscheidet zwischen »streitsüchtig«-Sein (Ludwig: 1209) und provokativ-wehrhaft-Sein. Ludwig begreift sich als provokativ-wehrhaft oppositionell. Damit meint er, dass »jeder seine Argumente dagegen bringen« (Ludwig: 1210–1211) könne. Diese Argumentation erinnert an Immanuels Dichotomie Emotionalität versus Sachlichkeit. Doch hier ist ein weiteres Mal zu sehen, dass sich der Orientierungsrahmen der Selbständigen-Typik davon unterscheidet. Ludwig will explizit mit seinen Provokationen (Ludwig nennt sie »Argumente«) abgelehnt werden. Dies bestätigt noch einmal der Abschluss dieser Passage. Dort führt Ludwig diese Haltung auf die Erfahrung mit einer Lehrerin zu Schulzeiten zurück:

1211 LUDWIG: Da hat vielleicht auch eine Lehrerin Mitschuld dran. Das war in der
1212 fünften Klasse glaub, also schon ewig her, (..) das war eine Lehrerin neu von der Uni
1213 kommen, 68er Lehrerin, die war selmal bei der SPD-Parteimitglied, haben uns dann
1214 beigebracht, dass um eine Opposition ist wichtig (...) das haben wir auch gemerkt
1215 (leicht lachend:) aber ich habs anders ausgelegt, als sies vielleicht willen hat. (..)
1216 (normal:) mit dem leb ich heut noch. Wir waren immer, ich und nochmal zwei drei
1217 andere, wo ihr dann schon dama/ 's Kontra gegeben haben. (..) Und das ist halt
1218 einfach in einem drinnen. Die Frau hats vielleicht anders bezwecken wollen. Wenn
1219 sie wisst, was ich jetzt heut mach, das wär ihr sicher nicht recht.

Ludwig integriert eine oppositionelle Haltung in seine Selbstbeschreibung: Die Lektion, dass »Opposition [...] wichtig« sei (Ludwig: 1214), habe er von seiner Lehrerin übernommen und lebe sie »heut noch« (Ludwig: 1216). Im weiteren Verlauf rahmt Ludwig diese oppositionelle Haltung dann explizit als nonkonformistisch: Er habe von seiner Lehrerin eine andere Lektion gelernt »als sies vielleicht willen hat« (Ludwig: 1215). »Die Frau hats vielleicht anders bezwecken wollen« (Ludwig: 1218). Damit nimmt Ludwig Bezug auf die extra genannte Parteimitgliedschaft der Lehrerin. Ludwig habe damals schon Opposition gegen die als linkspolitische Achtundsechzigerin markierte Lehrerin selbst bezogen und sich seine provokativ-wehrhafte Grundhaltung angeeignet und er stehe damit ganz entgegen der Zielsetzung dieser Lehrerin, der dies »sicher nicht recht« (Ludwig: 1219) sei.

Ludwigs provokativ-wehrhafte, nonkonformistisch-oppositionelle Haltung ist Ausdruck seiner separatistischen Grundorientierung, nach der er die Erfahrung des Abgelehntwerdens in der Welt kultiviert. Sie steht auch in Zusammenhang mit seiner Selbständigkeit: Durch seine berufliche Tätigkeit schreibt sich Ludwig ein Hinterbühnen-Wissen zu, dass er sich selbst als »Menschenkenntnis« attribuiert (Ludwig: 154). In Kapitel 4.1.2 war zu sehen, dass Ludwig die Bedeutung seiner Berufserfahrung beim Durchschauen von Verborgenem hervorhebt. Zur Erinnerung: Insbesondere seine Arbeit als Elektriker erlaubte es Ludwig zum Zwecke von Hausgerätereparaturen in Haushalte zu blicken und vermeintlich Verborgenes zu sehen.

5.1.3.5.2. »...bloß weil man ideologischen Träumereien nachhängt« – Erfahrenheit und Separatismus (Friedrich)

Die selbständigen Fälle des Sinntypus ›die Durchschauenden‹ machen die konjunktive Erfahrung, mit ihrer Erfahrenheit und ihrem Hinterbühnen-Wissen abgelehnt zu werden. Bei Bernd nimmt diese Erfahrung die Gestalt einer Gewissheit über die eigene undogmatische Vernünftigkeit in Sachen Klima- und Umweltschutz an. Bei Ludwig haben wir dies in Gestalt des lustvoll-freudig vorgetragenen Selbstbildes als »Hydrauliker« gesehen. Homolog dazu beschreibt auch Friedrich die prägende Erfahrung, dass er mit seinem beruflichen Erfahrenheits-Wissen abgelehnt worden sei. Auch er kultiviert das habituelle Bild eines oppositionellen Nonkonformisten.

Selbständigkeit und eine ausgeprägte Orientierung an Erfahrenheit verbinden also die Fälle Bernd, Ludwig und Friedrich. Letztere beide sind zudem parteipolitisch für die AfD aktiv und finden darin ein Betätigungsfeld für ihren Separatismus. Friedrich ist zwar nicht, wie Ludwig, mit dem Schreiben von Leserbriefen befasst, aber zu der Zeit, als er noch aktives CDU-Mitglied war, schrieb Friedrich Briefe an das Personal der bundespolitischen Spitze der Partei – unter anderem an »Frau Merkel persönlich« (Friedrich: 76) habe er »damals einen sehr, sehr langen Brief geschrieben, weil ich der Meinung war, dass die Frau uns in eine völlig verkehrte Richtung bringt und zwar in jedweder Beziehung« (Friedrich: 79–81). Er stellt einen pauschalen Zusammenhang zwischen einer kulturell ›beschädigten‹ Gesellschaft und der von Merkel mitverursachten, für falsch gehaltenen Familienpolitik her. Den »Auslöser« (Friedrich: 94), wie es in folgender Passage heißt, für Friedrichs Übertritt von der CDU zur AfD, stellt die Tatsache dar, dass seine Briefe keine Beachtung gefunden hätten:

94 FRIEDRICH: Was jetzt der Auslöser war/ ich hab dann der Frau Merkel, das habe ich
95 früher sehr gerne gemacht, auch mit anderen Leuten, dem Bundespräsidenten und so,
96 einen langen persönlichen Brief geschrieben und sie als offizielles CDU-Mitglied
97 gebeten, dass sie ihren Kurs überdenken möge. Und, äh, das Einzige, was da als
98 Antwort kam, war [Kurze Unterbrechung; der Hund bellt] Äh, war der Umstand, dass
die
99 Frau Merkel bedauert hat, dass ich als angeblich GENERÖSER Spender nicht mehr zur
100 Verfügung stünde.

Friedrich zeigt sich im weiteren Verlauf frustriert und enttäuscht, dass seine politische Heimat auf dieses Engagement nicht reagiert habe. Schließlich habe er vor dem Hintergrund seiner für hörenswert gehaltenen Lebenserfahrung die politischen Ratschläge erteilt:

107 FRIEDRICH:
108 Also ja, es ist ein Anteil Enttäuschung dabei und es ist natürlich auch, ich sags mal, je
109 älter man wird, umso, wenn man nicht gerade ganz schnell verblödet, auch einen
110 Gutteil Lebenserfahrung dabei.

Später im Interview kommt Friedrich auf seine Briefe zurück und elaboriert dabei nochmals seinen negativen Gegenhorizont: Anstatt auf Friedrichs erfahrungsbasierte Politikratschläge zu hören würde man »HEUT« (Friedrich: 426) lediglich »ideologische[] Träumereien« (Friedrich: 428) verfolgen. Er begibt sich damit gegenüber seiner ehemaligen politischen Partei, der CDU, in die Rolle eines abgelehnten Nonkonformisten:

423 FRIEDRICH: Diese unfassbare Borniertheit und
424 Beratungsresistenz gegenüber anderen Menschen, die es im Zweifelsfall auch gibt, die
425 es gut mit ihnen meinen. Die gibts. ZUHAUF. Ja. Und und wenn ich das angucke wie
im
426 Bundestag, im im Parlament jetzt HEUT noch mit einer Engstirnigkeit und und und
427 Verhaftetheit an Parteigrenzen lebensnotwendige Überlegungen NICHT angestellt

428 werden, bloß weil man ideologischen Träumereien nachhängt, zum Beispiel, das ist
429 beängstigend.

Friedrich verfügt aber – homolog zu Ludwig – über ein ausgeprägtes politisches Mitteilungsbedürfnis und er ist seit langer Zeit lokalpolitisch aktiv. An seine politischen Briefe knüpft Friedrich die Erwartung gehört zu werden. Schließlich stecke hinter seinen Ratschlägen ein »Gutteil Lebenserfahrung« (Friedrich: 110). Friedrich macht die Erfahrung, mit seinen gutgemeinten Ratschlägen abgelehnt zu werden. Friedrich zeigt sich zu einem Gutteil narzisstisch gekränkt darüber, dass seine selbstattribuierte erfahrenheitsbasierte Expertise ignoriert worden sei. Auf Grundlage eines – in seiner Selbständigkeit verwurzelten – dichotomen Orientierungsschemas von Erfahrenheit versus »[I]deologi[e]« (Friedrich: 428) tritt Friedrich in ein separatistisches Verhältnis zu den Entwicklungen in dieser seiner ehemaligen Partei und dem parlamentarischen Geschehen »im Bundestag« (Friedrich: 425–426), wie es sich für ihn darstellt. Mehr noch: die CDU sieht er nunmehr als Repräsentantin einer besonders problematischen Gegenwart. Die gegenwärtige Zeit (»HEUT« [Friedrich: 426]) habe in diesem Orientierungsrahmen ein historisches Ausmaß an »ideologische[r] Träumerei« (Friedrich: 428) erreicht.

Noch nie waren die Zeiten so schlimm wie in dieser Gegenwart. So sieht es auch Kerstin. Auch sie erfährt »fürchterlich[e]« (Kerstin: 26, 27) Ablehnung in dieser Welt. Bereits ganz zu Beginn des Interviews breitet sie diesbezüglich ihre Zeitorientierung aus:

26 KERSTIN: Und es ist echt fürchterlich was jetzt da abläuft,
27 ge. Diese Beschimpfungen und diese/ Das ist fürchterlich. Das ist/ Also (.)
28 Unverständnis, diese (.) äh, äh, Verleumdungen für, äh, und Verunglimpfungen, die
29 sind ja furchtbar. Also, ich hab/ ich bin jetzt/ ich sowas noch nie erlebt (.) ja. Ich bin in
30 einer Zeit aufgewachsen, 50er Jahren, 60er, 70er. Aber so eine Verhöhnung haben
31 wir noch nie gehabt. Selbst bei der NPD oder Republikaner, die hab ich auch schon
32 mal gewählt, früher, bei der Europaparlament, hab ich die mal gewählt. Also so eine
33 arge (.) hat's noch nie gegeben. Seit es die Bundesrepublik gibt. Wirklich nicht. So
34 eine Verunglimpfung der Leute. Wir sind ganz normale Leute, wie andere auch.

Kerstins Eingangspassage zeigt, dass sie die Gegenwart als historisch einmalig und beispiellos begreift: Die »fürchterlich[en]« (Kerstin: 26, 27) »Beschimpfungen« (Kerstin: 27), »Verleumdungen« und »Verunglimpfungen« (Kerstin: 28), die sie und andere AfD-Unterstützer*innen erführen, hätten ein historisch neues Ausmaß erreicht. Kerstin ruft zwei Zeithorizonte auf und parallelisiert sie. Ihr persönlicher Lebenslauf und die Geschichte der Bundesrepublik verbürgten ihre Zeitdiagnose: Die Gegenwart wird – zumindest in Bezug auf den Maßstab »seit es die Bundesrepublik gibt« (Kerstin: 33) und auf die Erfahrungsstrecke von Kerstins Lebensspanne – prinzipiell unvergleichbar und von einem Normalmaß der Ablehnung abweichend gedeutet. Zumal sie selbst angibt, in der Vergangenheit die Partei Die Republikaner unterstützt zu haben. Kerstins Aufzählung der ›normalen‹ Jahrzehnte ihres »Aufwachsens« (vgl. Kerstin: 30) endet in den 1970er Jahren. Dies liegt einerseits daran, dass Kerstin mit »[A]uf[]wachsen« (Kerstin: 30) ihre ersten drei Lebensjahrzehnte meint. Vor dem Hintergrund, dass Kerstin ihre biografische Zeit und die historische Zeit der Bundesrepublik parallelisiert, fällt andererseits auf, dass für sie die ›normalen‹ Dekaden der (bundesdeutschen) Geschichte ebenfalls in den 1970er Jahren enden. Sie extrapoliert nunmehr auf die historisch beispiellose Schlechtigkeit der gegenwärtigen Zeit: Noch nie seien insgesamt die Zeiten so schlimm gewesen wie in dieser Gegenwart.

Dem entspricht der historische Vergleich mit dem Nationalsozialismus, der (nicht nur) bei Kerstin und Friedrich auf zwei Ebenen auftaucht: Wie oben gesehen rufen sie einerseits selbst diesen Vergleich auf, um bestimmte Entwicklungen in der Gegenwart historisch zu parallelisieren und die historische Schlechtigkeit der Gegenwart zu markieren: Das ist schon, das ist schon fast (.) wie 38 (..) äh, kauft nicht bei Juden. Kauft nicht bei AfD-Mitglieder« (Kerstin: 163–165). Andererseits sehen sie, dass die AfD bzw. ihrer Unterstützer*innen als »Nazis« bezeichnet würden. Dabei fällt auf, dass die selbständigen Fälle, die eine positive Orientierungen an Erfahrenheit und ein nonkonformistisches Selbstbild als ›Durchschauende‹ aufweisen, die pejorativ gedeuteten Nazi-Vergliche persönlich nicht anficht. Sie deuten sie nicht als Bedrohung (wie beispielsweise Laura), sondern vielmehr als Ausweis der schlechten Gegenwart unter umgekehrten Vorzeichen. Sie lesen daran ein historisch beispielloses Maß des Abgelehntwerdens ab. Kerstin spricht in dieser Hinsicht von »Beschimpfung« (Kerstin: 27), die ihr unverkennbar als Anzeiger der Ablehnung gelten, die sie in der Welt erfährt:

148 KERSTIN: Das muss man sich mal vorstellen, das sind sieben Millionen
149 Wähler die AfD wählen oder irgendwas so, in der Gegend rum, denk ich mal. Die
150 werden in den öffentlichen Medien beschimpft. Das geht nicht. Ich beschimpf/ Also
151 ich würde niemals auf die Idee kommen, einen Wähler der grün wählt, ich würd

152 sagen, na, warum wählt der jetzt grün. Aber ich kann doch den ned be-SCHIMPFEN
153 (...) Ich kann auch zu dem Grünen ned sagen, du bist so n Schimpfwort, wie Nazi
154 oder so, ja. Das geht ned. Ja (..) Jeder soll das wählen, was er meint.

Kerstin betont, dass sie und »Millionen« (Kerstin: 148) anderer beispiellos beschimpft und abgelehnt würden, nur weil sie die AfD wählten. Erneut fällt auf, dass sie den hier gemeinten »Nazi«- (Kerstin: 153) Vergleich als Invektive begreift: Sie behandelt den darin steckenden historischen Vergleich als beliebiges »Schimpfwort« (Kerstin: 153). Der »Nazi«-Vergleich ist der Selbständigen-Typik eine Beschimpfung, den ›Opfern ist er eine Bedrohung.

Einer homologen Erfahrung begegneten wir auch bereits bei Friedrich (vgl. Kapitel 4.1.4). Er berichtet von Fridays for Future-Aktivist*innen als »Nazi« bezeichnet worden zu sein. Und auch bei Friedrich ist zu sehen, dass er den Vergleich im Orientierungsrahmen eines separatistischen Selbstbildes verhandelt: Er sieht sich nicht bedroht, aber mit seiner Erfahrenheit abgelehnt:

1564 FRIEDRICH: Aber die gleiche Demonstranten, ich ha/ im Wahlkampf haben wir HÖCHST interessante
1565 Auseinandersetzung gehabt, ge. Und dann wollte mir einer beibringen, wies Klima
1566 funktioniert, ich bin Klimaingenieur jetzt seit, zufällig seit 45 Jahren, ge, und so ein
1567 Rotzlöffel, der nicht weiß, wo, äh, Wass/ ob kalte, äh, ob ob feuchte oder trockene
1568 Luft schwerer ist, ja, der tut mir, als Klimaingenieur beibringen WOLLEN wies Klima
1569 funktioniert, das ist ja schonmal höchst amüsant. Aber mit einer AGGRESIVITÄT
1570 und Bissigkeiten, ja, bis zum Nazi, ge, also wie man ausm Klima noch {{gleichzeitig}
1571 Hannelore: Klimaleugner} Nazi ableiten kann, {{gleichzeitig} Hannelore: Die AfD sind
1572 die} das ist, da fallt einem nix mehr ei, ge.

1573 HANNELORE: Du warst der Klimaleugner.

1574 FRIEDRICH: Ja, das sowieso. Und Nazi sowieso. Und jetzt haben wir noch einen dabei
1575 gehabt, der ist, äh {{gleichzeitig} Hannelore: Beisitzer} Ja, was hat der für eine, 88,
1576 da war da irgendwas mit seinem Auto {{gleichzeitig} Hannelore: 18}, oder 18, da hat
1577 sein Geburtstag da zum Besten gegeben auf seiner Nummerntafel, kommt ab und zu
1578 vor, den hat man dann gleich zum Nazi erklärt, ne. Also ÜBER-gangslos.

Friedrich zeichnet hier ein Bild von den Fridays for Future Aktivisti*innen als expertisearme und erfahrungslose Aggressor*innen – ihnen gegenüber verortet er sich selbst als erfahren und vernünftig und zugleich als Opfer ihrer vorgeblichen Aggressionen. Friedrich ironisiert die Zusammenkunft – es ist erkennbar sarkastisch die Rede von einer »HÖCHST interessante[n] Auseinandersetzungen« (Friedrich 1564–1565) – und wertet die Aktivist*innen ab (»Rotzlöffel« [Friedrich: 1567]). Er hebt hervor, dass diese nichts von der Sache – »wies Klima funktioniert« (Friedrich: 1568–1569) – verstünden, darin aber besonders »aggressiv« (Friedrich: 1569), »bissig« (Friedrich: 1570) und eskalativ (»bis zum Nazi« [Friedrich: 1570]; und zwar »ÜBER-gangslos«; [Friedrich: 1578]) aufträten. Friedrich selbst sei »seit 45 Jahren« (Friedrich: 1566) hingegen »Klimaingenieur« (Friedrich: 1568).[7] Er verstehe daher etwas von der Materie, werde aber (gerade deswegen) »aggressiv« angegangen – und zwar »bis zum Nazi« (Friedrich: 1570), wie Friedrich hervorhebt. Daraufhin aber unterbricht Hannelore mit dem Hinweis, dass Friedrich auch als »Klimaleugner« (Hannelore: 1571) bezeichnet worden sei. Nachdem Friedrich seinen Satz beendet hat, wiederholt sie diese Bemerkung (Hannelore: 1573). Friedrichs Anschluss daran zeigt, dass er »Nazi« und »Klimaleugner« als zwei gleichwertige Invektiven begreift: »[Klimaleugner] sowieso. Und Nazi sowieso.« (Friedrich: 1574) Es geht Friedrich und Hannelore also in der Erzählung nicht darum, die Schwere des »Nazi«-Vergleichs zu betonen, sondern darum, die Schwere ihrer aggressiven Ausgegrenztheit zu betonen. Schließlich würden Menschen wie Friedrich – am Ende der Passage erzählt Friedrich noch von einem »Beisitzer« (Hannelore: 1575) – »ÜBER-gangslos« (Friedrich: 1578) »zum Nazi erklärt« (Friedrich: 1578). Damit betont er abschließend nochmal, dass nicht nur er allein Opfer dieser vermeintlichen Aggression und Ausgrenzung sei, sondern auch andere würden ihr zum Opfer fallen. So erfährt Friedrich den Zustand der Zeit.

5.1.3.6. Zwischenfazit

Den unterschiedlichen Stellungen im Erwerbsarbeitsleben entsprechen zwei Erfahrungsräume, denen zwei verschiedene (End-)Zeitorientierungen zuzuordnen sind. Sie wurden als *elitäre Apokalyptik* (Selbständigen-Typik) und als *apokalyptische Selbstviktimisierung* (junge Angestellten-Typik)

7 Mit Klimaingenieur oder »Klima Engineering« – heute auch als Studiengang angeboten – ist in der Regel eine Ingenieurstätigkeit gemeint, die sich mit energetischen und thermodynamischen Zusammenhängen in architektonischen und baulichen Zusammenhängen befasst. Ein*e Klimaingenieur*in ist von Professionswegen mitnichten also mit meteorologischen und atmosphärischen Fragen des Weltklimas befasst.

rekonstruiert. Die Selbständigen-Typik begegnet der Welt mit einer separatistischen Grundhaltung und einem ostentativen Nonkonformismus. Sie entsprechen dem Orientierungsrahmen der ›Durchschauenden‹. Die konjunktive Erfahrung des Abgelehntwerdens ist von zentraler Bedeutung für das habituelle Selbstbild dieser Fälle und sie nehmen sie zum Teil expressivfreudig auf. Gleichwohl verarbeiten sie diese Erfahrung auf unterschiedliche Weise: Während Ludwig beispielsweise emphatisch seine Erfahrenheit betont, um darin eine positiv bewertete Erfahrung zu machen von »Dogmatismus«, »Ideologie« oder »Mainstream« (Bernd 764; 835) abgelehnt zu werden, zeigt sich bei Friedrich eher eine Form narzisstischer Kränkung darüber, mit seinem besseren Erfahrenheitswissen abgelehnt zu werden. Über die konjunktive Erfahrung des Abgelehntwerdens nehmen sie darüber hinaus eine Deutung der Gegenwart vor: Das Ausmaß des Abgelehntwerdens habe ein historisch neues Ausmaß angenommen und sie qualifizieren ihre Erfahrungen als (historisch) beispiellos. Anders als die jungen Angestellten jedoch, die die gegenwärtige Zeit als katastrophisch beschreiben und die Ablehnung, die sie erfahren, als Bedrohung verarbeiten, hat sich für die Fälle der Selbständigen-Typik die Zeit in der Gegenwart zwar zugespitzt, aber sie sehen sich weder bedroht noch als Opfer. Indem sie aber ein exklusives Wissen über Hinterbühnen-Vorgänge für sich verbuchen (vgl. Kapitel 4.1.2), kultivieren sie ein Selbstbild, in dem sie das Geheimnis dieser katastrophischen Gegenwart enthüllt hätten. Bei der nonkonformistisch-elitären Apokalyptik scheint vielmehr noch eine weitere Form zum Zeitbewusstsein am Werk zu sein, dem sich die zugespitzte Gegenwart als Gelegenheitsfenster mit Zukunftsausblick darstellt.

Ein solches Zukunftsbewusstsein scheint auch bei der dritten Typik durch, die durch den konjunktiven Erfahrungszusammenhang der Prekarität gekennzeichnet ist. Deren Zeiterleben charakterisiert sich nicht als Apokalyptik oder als apokalyptisch. Sie enthüllen der Gegenwart ihr katastrophisches Wesen nicht, denn sie erfahren schon seit langer Zeit eine biografische Abwärtsbewegung. Sie seien schon seit geraumer Zeit Opfer in einer als gespalten gedeuteten Welt. Darin begreifen sie sich zwar auch als Opfer, und sie nehmen auch die konkrete Ablehnung, die sie erfahren, in der Grundstruktur nicht positiv auf. Doch anders als die jungen Angestellten breiten sie ihr Opfer-Selbstbild weniger expressiv aus. Ihnen ist die Gegenwart nicht »gefährlich« (Xaver, Laura), sie erwarten in ihren Frustrationen und Enttäuschungen über den Verlust gegenseitiger Fürsorge und Solidarität (vgl. 4.2.2) nichts mehr vom Lauf der Dinge. Sie wünschen nur noch Zerstörung und Untergang und einen radikalen Neubeginn herbei. Am Ende werden wir jedoch sehen, dass die darin enthaltene Zukunftsaussicht mit jener der Selbständigen zusammenzuhängen scheint: Beiden gilt die zugespitzte Gegenwart als Gelegenheitsfenster mit Zukunftsausblick. Damit werden wir uns im Kapitel 6 auf die Suche nach einem weiteren Erfahrungsraum begeben.

5.2. Destruktion und Untergang: Die Zeitorientierung der ›Prekären‹

»Wer nichts vor sich sieht und wer die Veränderung der gesellschaftlichen Basis nicht will, dem bleibet eigentlich gar nichts anderes übrig, als wie der Richard-Wagnersche Wotan zu sagen: ›Weißt Du, was Wotan will? Das Ende‹ –, der will aus seiner eigenen sozialen Situation heraus den Untergang, nur eben dann nicht den Untergang der eigenen Gruppe, sondern wenn möglich den Untergang des Ganzen.«

(Adorno 2019 [1967], S. 20)

Für die erwerbslosen Fälle (Gertud, Gitti, Boris) ist der »Untergang des Ganzen« die charakteristische Zeitorientierung. Für sie kann in Anschlag gebracht werden, dass ihr »Antizipieren des Schreckens« und ihr Zerstörungsphantasien »keineswegs nur psychologisches motiviert ist, sondern eine objektive Basis hat« (Adorno 2019 [1967], S. 20): Der konjunktive Erfahrungsraum spannt sich über dem gemeinsamen Merkmal der Erwerbslosigkeit auf. Die hier versammelten Fälle – Gertrud, Gitti und auch Boris – leben seit längerer Zeit von Sozialleistungen. Gitti ist zudem alleinerziehend verantwortlich für ihren Sohn Lennard. Sie alle vereint Erfahrungen mit den Institutionen des Sozialstaates. Alle drei sehen in der Tat nichts vor sich.

Boris bringt dieses charakteristische Zeitbewusstsein auf den Punkt: Nach langer Zeit der Erwerbslosigkeit bezweifelt Boris den Sinn von Weiterbildungsmaßnahmen, wie das Lernen von Sprachen – auch in Eigenregie –, um sich für einen Berufswiedereinstieg zu qualifizieren. Er sieht kein »Licht am Ende des Tunnels« (Boris: 239):

236 BORIS: Ich hab die viele kaufmännische Kursen gemacht, ich hab (unv.)
237 gemacht, Englisch und (.) lernst du Sprachen. Hab ich sogar versucht selber bissl

238 Chinesisch so, und so. WOZU DENN. Man sagt okay (macht ein kurzes fauchendes
239 Kehlengeräusch) (4 Sec.) Ich sehe nicht Licht am Ende des Tunnels. Wenn mir sagt,
240 okay, du gehst in diese Richtung, halte durch. Da kommst du zu Erfolg. Ich weiß,
241 dass jemand sich verantwortlich, äh, für sein Leben. Äh, ab und zu läuft nicht, was
242 man denkt und okay sagt, das und das hast du selber verbockt. Okay. Aber ab und
243 zu, ich weiß es, wenn ich mal, äh, frage, pfff, warum werde ich nicht übernommen,
244 warum das und jenes. Nein nein, sie haben tolle Leistung gemacht und so weiter,
245 aber wir haben anders entschieden.

Boris sieht weder Möglichkeiten in Eigenverantwortung noch über Maßnahmen des Jobcenters seine Chancen für eine Rückkehr ins Berufsleben zu erhöhen. Er ruft die Proposition Eigenverantwortlichkeit auf (»Ich weiß, dass jemand sich verantwortlich, äh, für sein Leben« [Boris: 240–241]). Doch er macht antithetische Erfahrungen: Trotz »tolle[r] Leistung[en]« (Boris: 244) werde er nicht übernommen. Er hat also vieles versucht, aber am Ende habe er es nicht »selber verbockt« (Boris: 242). Er macht die Erfahrung, dass er selbst nicht an seiner Situation schuld ist und dass er selbst daran nichts mehr ändern kann. Er sieht nichts mehr vor sich.

Auch Gertrud und Gitti sehen kein Licht am Ende des Tunnels. Sie antizipieren nicht nur den Untergang, sie wünschen ihn herbei. Die AfD wird von ihnen zuvorderst als destruktive Kraft gesehen. Dabei ist die gewollte Zerstörung die notwendig erachtete Bedingung für eine »Neuordnung« (Gertrud: 512). Ihr destruktives Zeitbewusstsein ist auf den bevorstehenden »Untergang des Ganzen« bezogen. – ähnlich wie bei der Selbständigen-Typik, mit dem Unterschied jedoch, dass die AfD hier als die Bedingung der Möglichkeit einer neugeordneten Post-Untergangs-Zukunft identifiziert wird. Ihnen schwant eine Zukunft nach dem Bevorstehenden. Aber die AfD bereitet hier nicht, wie bei den Selbständigen, ein Leben in Normalität für die Nachkommen nach einem Untergang vor – sie beschleunigt den für notwendig erachteten »Untergang des Ganzen« (Adorno 2019 [1967], S. 20).

5.2.1. Untergangsphantasien

Gertruds ausgeprägt dichotomes Gesellschaftsbild haben wir bereits in Kapitel 4.2.2 genauer behandelt. Die 57-jährige Gertrud wurde Opfer eines schweren fremdverursachten Verkehrsunfalls. Seit 20 oder 21 Jahren lebt sie von Sozialhilfeleistungen (nach SGB XII). Diese Erfahrungsstrecke steht im Hintergrund ihrer mit der AfD-Wahl verbundenen Orientierungsgehalte:

ein dichotomes Gesellschaftsbild und eine ausgeprägt pessimistische Zukunftsperspektive. Bereits zu Beginn des Interviews präsentiert Gertrud die wesentlichen Orientierungsgehalte, die im Laufe des gesamten Interviews immer wiederkehren. Im Zentrum steht eine ausgeprägt destruktive Zukunftsorientierung:

GERTRUD: Ja, es ist eigentlich, ich hab den Weg jetzt nicht gefunden, dass ich sag, die AfD ist jetzt meine Partei. Es ist eher diese, diese/ das sind die ganzen Ereignisse über die Jahre, mit diesen von uns gewählten etablierten Parteien. Die Menschen, die da immer nur reden, versprechen und eben, wenns dann konkret wird, wird nie Wort gehalten. Und, ähm, ich hab selber jetzt über 20 Jahre erfahren, ich bin Opfer eines Brückensteinwerfers bei [Ort] ähm, hab dann auch, kann mein Arzt beweisen, mein mein Psychotherapeut, dann hab ich jetzt über zehn Jahre immer mitgewirkt, mitgearbeitet, dass mein Leben wieder in geordnete Bahnen kommt. Und, äh, leider Gottes, ja, hats einfach nie geklappt. Ich hätte dringend schon vor Jahren Zähne gebraucht. Aber da hat zum Beispiel das Versorgungsamt, ich hab da direkt vorgesprochen, gesagt, ja gehen Sie erstmal zur Krankenkasse, was die bezahlen, und wenn, wenn, wenn die nicht kommen sie wieder zu mir. Und so ging das, oder zu dem Sachbearbeiter vom Versorgungsamt. So ging das über Jahre hin und her, und es wurde nichts geregelt, es wurde alles schlechter. Zwischendurch gabs halt dann die Gutachter, wo dann schreiben, von den Institutionen selber, ähm, ja, es ist schlimm, und hinterher steht dann eben drin, es wird besser, und es wird dann sogar noch Geld gekürzt. Und man kommt immer weiter, also in die Schraube nach unten.

Die Passage beginnt mit einer antithetischen Eröffnung. Gertud weist die Proposition der Einstiegsfrage (»Gab's ein Initialereignis oder sowas, wo sie den Weg gefunden haben zur AfD« [Interviewer: 11–12]) zunächst zurück. Sie habe diesen Weg nicht gefunden und darüber hinaus sei die AfD für sie keine Lösung für ihre Probleme. Gertrud identifiziert sich demnach nicht abschließend oder umfänglich mit der AfD. Sie beginnt dann, »die ganzen Ereignisse« (Gertrud: 18) aufzuzählen, die den zentralen Bezugshorizont ihres politischen Handelns ausmachen. Dabei kommt sie – ohne genauere Bestimmung – zunächst pauschal auf die Rolle der sogenannten »etablierte Parteien« (Gertrud: 19). Da eine Elaboration darüber ausbleibt, welche Ereignisse und welche Parteien gemeint sind, die zu ihrer Enttäuschung beigetragen haben, zeigt sich, dass Gertrud ihre persönlichen Erfahrungen unter einem Label versammelt: Ihre negativen Erfahrungen mit Behörden – zentral mit dem Versorgungsamt, Gutachtern und der Krankenkasse – bringt sie dabei schon ganz zu Beginn des Interviews in

Verbindung mit Politik und bestimmten »etablierten Parteien« (Gertrud: 19). Gertrud hebt damit ihre Erfahrungen auf eine systemische Ebene. Ihre persönliche Erfahrung wird anschließend lediglich als phänotypische Erscheinung (»ich hab selber jetzt über 20 Jahre erfahren« [Gertrud: 21]) eines übergeordneten politischen oder systemischen Zusammenhangs proponiert. Ihre persönliche Geschichte ist dann nicht nur die eines Scheiterns des staatlichen Versorgungssystems, sondern eine Geschichte, anhand der sich die Auswirkungen der »etablierten Parteien« (Gertrud: 19) zeige, die »immer nur reden, versprechen« (Gertrud: 19–20), aber unkonkret blieben und Hilfe verweigerten. Ihre enttäuschten Hilfe-Erwartungen erklären sich aus der Rolle, die Gertrud einnimmt: Sie stilisiert sich mehr als »Opfer« (Gertrud: 21) gesellschaftlicher und politischer Umstände denn als Opfer des »Brückensteinwerfers« (Gertrud: 22).

Mit dieser Selbstzuschreibung einer Opferrolle sind weitreichende Dinge impliziert: Als Opfer nimmt sie eine passive Rolle ein, das legitimen Anspruch auf aktive Hilfe erheben dürfe. Sie habe im medizinischen Rehabilitationsprozess zwar »mitgewirkt« (Gertrud: 23) und »mitgearbeitet« (Gertrud: 24), im Kern liege die Verantwortung dafür, dass das »Leben wieder in geordnete Bahnen kommt« (Gertrud: 24) an anderer Stelle. Hier leitet Gertrud dann auch auf den zentralen Institutionenkonflikt zwischen Versorgungsamt und Krankenkasse über, der sich an der Übernahme der Kosten ihrer im Zuge des Unfalls notwendig gewordenen zahnmedizinischen Behandlung entzündete und sie erzählt, wie sie darin zum Spielball zwischen den Institutionen wurde. Die Passage schließt mit einem Hinweis auf Gertruds Zeitorientierung: Sie empfindet ihr Leben (seit dem Unfall) nicht gleichbleibend schlecht, sondern es verschlechtere sich beständig: »man kommt immer weiter, also in die Schraube nach unten« (Gertrud: 33).

Gertruds Verbindung zwischen persönlicher Lebenserfahrung und Politik führt auch dazu, dass ihr Lebensweg »in d[er] Schraube nach unten« (Gertrud: 33) ihre Befürchtungen über das Zerbrechen der Demokratie (Gertrud: 472–474) motiviert. Ihre Zeitorientierung erscheint zunächst ausgewiesen pessimistisch:

473 GERTRUD: Und ich glaube (.), es werden
472 schwere Zeiten kommen. Ich glaube, was ich erlebt habe, Herr Rhein, es wird/ also
473 ich hab/ ich hoffe es nicht, aber ich glaube es schon, dass diese besten Zeiten
474 vorbei sind, dass die Demokratie irgendwann zerbricht, an diesen ganzen
475 Herausforderungen wo jetzt noch kommen und wenn die das nicht richtig den

476 Menschen, die Menschen nicht richtig mitnehmen und, also sei es Digitalisierung sei
477 es, äh, Migration, was ja eh schon immer jetzt immer als Problem angegeben wird
478 und, äh, es (unv.)/ es sind diese (.)/ da wird nichts geregelt. Es gibt diese
479 Regelungen nicht, also es gibt dann so kleine Gesetze, aber es gibt diese Regelung
480 nicht, und die Menschen wissen gar nicht mehr, was ist Sache, was geht, was geht
481 nicht und, ähm, ja. Also ich habe schon Angst, das ist meine Angst, dass alles mal
482 so/ Es wäre schon schlimm, wenn die AfD alles übernehmen würde oder so, als
483 stärkste Partei, für mich jetzt. Ich hab da schon Angst, dass dann Chaos oder, nicht/

Erneut verbindet Gertrud hier die Erwartung politischer Entwicklungen systematisch mit ihrer eigenen Erfahrung: »Was ich erlebt habe […] diese besten Zeiten sind vorbei […] die Demokratie zerbricht« (Gertrud: 473–474). Die pauschale Klage über fehlende »Regelungen« (Gertrud: 478–479) hat zudem einen homologen Bezug zu dem Regelungsdefizit der Übernahme ihrer zahnmedizinischen Behandlung.[8] Vordergründig verfügt Gertrud über eine ausgeprägt pessimistische Zukunftserwartung – nicht nur für ihr Leben, sondern auch für den Zustand der »Demokratie«. Es fällt zudem auf, dass darin der AfD eine bedeutend negativere Rolle zukommt als etwa bei den Selbständigen Markus oder Friedrich. Die AfD bedeute »Chaos« (Gertrud: 483). Doch diese Orientierung hält Gertrud gerade nicht davon ab, die AfD zu unterstützen – im Gegenteil: Die Chaos-Erwartung motiviert geradewegs Gertruds AfD-Wahl. Sie hat »Angst« – das betont sie gleich drei Mal (Gertrud: 481, 483) –, aber vor allem die immanenten und systemischen Probleme und Schieflagen in der Gesellschaft sind aus ihrer Sicht nicht anders zu überwinden als durch ein »Zerbrechen« (vgl. Gertrud: 474) und

8 An anderer Stelle artikuliert Gertrud erneut ihre politische Enttäuschung, die in Zusammenhang steht mit der langjährigen Leidensgeschichte ungeklärter Zuständigkeiten bei der Kostenübernahme ihrer zahnmedizinischen Behandlung. An der Stelle taucht explizit die Proposition eines Regelungsbedarfes auf:
926 GERTRUD: Und das, und die eben 20 Jahre, jetzt, 21 Jahre, da sich weigern. Es
927 geht um die Zähne und, äh, es sind jetzt fünf oder sechs Gerichtsverhandlungen und,
928 ähm. Es geht dann, sagt die jetzt, die Richterin, die Frau [Name] hat gesagt, in [Ort],
929 direkt den Herrn vom Versorgungsamt gefragt, ähm, der der Beklagte war, ähm,
930 warum das noch nicht geregelt wurde. Das sei ja ein, also ein Unding schon, also
931 wenn, ich habs ja geschildert. Dann sagt er, ja, es ist schon schlimm aber es ist
932 dieser blöde Paragraph eben, Schädigungs[unv.; -folge], Krankheits[unv.; -folge].
933 Das, das kriegen die nicht geregelt. Das können die halt immer hin und her schieben
934 zu meinem Leid. Und und das sind Sachen wo, da vertrau ich auch keinem
935 etablierten Politiker mehr, muss ich ehrlich sagen, nach 20 Jahren (.) glaubst du nicht
936 mehr dran

das Ende »der besten[] Zeiten« (Gertrud: 473). Ihr Zeitbewusstsein ist daher nur unzureichend als pessimistisch zu charakterisieren. Sie scheint eine ambivalente Hoffnung in diesen befürchteten Untergang zu legen.

Dahinter steht vor allem Gertruds langjährige (»über 20 Jahre« [Gertrud: 21]) Erfahrungsstrecke der beständigen Verschlechterung ihrer Lebensqualität. Um diese Erfahrung kreist Gertruds Verhältnis zur AfD. So zu sehen in folgender Passage, die sich nahtlos an die oben analysierte Eingangspassage anfügen könnte, entstammte sie nicht dem Beginn des letzten Drittels des Interviews. Hier werden die wesentlichen Orientierungsgehalte vom Beginn wiederholt und exemplifiziert. Hinzu kommt jedoch noch ein Selbstauskunft Gertuds über ihre AfD-Affinität. Sie spricht davon, wie sie sich die AfD vor dem Hintergrund ihrer langjährigen leidvollen Erfahrungsstrecke als »starke[n] Partner« (Gertrud: 1000, 1006, 1433) vorstelle:

1220 GERTRUD: Das macht dich so dann
1221 auch wütend. Ist genauso dieses 21-jährige ja wir gucken, sie kriegen schon, es
1222 klappt schon und und und, ähm, und und wir helfen schon und und es GEHT nichts.
1223 Und das macht mich, das hat mich eigentlich so zermürbt und ein Stück weit so, dass
1224 ich eben diese Gedanken hab, dass die Demokratie, ähm, dass es vielen Menschen
1225 so geht und, ähm, zerschlagen wird und manchmal hab ich auch die Phantasie (.)
1226 (akzentuiert) in die AfD einzutreten {{gleichzeitig} Mhm} (normal) Äh, es ist, ich
1227 glaube, äh (schnalzt mit der Zunge) (..) dass ich mal selber sehe, ja, was Sie meinen,
1228 wie, was können die richten. Wär das, was Sie fragen, der große, mhm, der größere,
1229 stärkere an der Seite? Hmf (4 Sec.) Ich hab schon ne Phantasie gehabt, dass ich
1230 selber in die AfD eintrete, dass ich (.) die Partei nehme, dass ich mich stärker fühle.

Gertrud wiederholt zu Beginn der Passage den zentralen Bezugshorizont ihres politischen Handelns: Wut und Zermürbung in Anbetracht einer »21-jährige[n]« (Gertrud: 1221) Leidensstrecke. Daraus erwachsen ihr erneut die Gedanken, dass »die Demokratie [...] zerschlagen wird« (Gertrud: 1224–1225). Wie die weitere Passage indessen zeigt, ist mit »Zerschlagung« der Demokratie für Gertrud kein Unglück gemeint, sondern ein *Akt der Zerstörung*. Wie noch zu sehen sein wird, assoziiert Gertrud mit der AfD die hoffnungsvoll besetzte Aussicht auf Chaos und Zerstörung.

Ihre »Phantasie« (Gertrud: 1225) in die AfD einzutreten, ist vor diesem Hintergrund zu verstehen. Es ist nun nicht mehr von »Gedanken« (über die »Zerstörung der Demokratie« [Gertrud: 1224]) die Rede, sondern von einem libidinös anmutenden Gedankenspiel: Phantasien kreisen, anders als Gedanken, um weniger Konkretes, mitunter Verbotenes oder Anrüchiges.

Gertrud setzt sich phantasierend mit der Idee auseinander in jene Partei einzutreten, die im Grunde für sie mit der Angst vor Chaos assoziiert ist. Ihr Ziel ist zwar, sich damit einen »größere[n]« (Gertrud: 1228) und »stärkere[n]« (Gertrud: 1229) Partner »an d[ie] Seite« (Gertrud: 1228) zu holen, das heißt sich selbst zu ermächtigen. Allerdings steht die AfD auch in Verbindung mit dem befürchteten Chaos und der Zerstörung der Demokratie. Ihre »Phantasie« erscheint an der Stelle wie ein Pakt mit dem Teufel oder ein Spiel mit dem Feuer. Wenig später kehrt Gertrud wieder zur bekannten Opfer-Proposition zurück:

1240 GERTRUD: Aber es gibt schon, also ich sag nicht alle sind schlecht. Aber
1241 was nützen die Guten, wenn die Schlechten blockieren. Ich seh das ja auch im
1242 Versorgungsamt, was auch so/ Ich hab ne nette Frau in [Wohnort] gehabt, die hat
1243 gesagt, ja um Gottes Willen Frau [Nachname von Gertrud], warum tun die das bis
1244 heute nicht. Ähm, ich sag denen immer wieder, denkt doch mal, wies den Leuten
1245 geht, die können nicht einfach so ins Leben zurück. Und die brauchen ja, äh, allein
1246 schon diese Zahnproblematik oder was eben, wenn du Opfer bist, was eben fehlt, die
1247 brauchen erstmal diese Sachen geregelt, dass sie in ein Café sitzen können und
1248 Kaffeetrinken und, ähm die war sehr engagiert, die Frau [Name] in [Wohnort]. Da
1249 hatte ich, äh, echt HOFFNUNG. Und aber was nützt das, wenn in [anderer Ort] dann
1250 einer, oder zwei warens dann über ihr, sind, die alles blo-CKIEREN. Und das macht,
1251 das macht auch unsere Demokratie, denke ich, so fertig, weil dieses Blockieren,
1252 dieses, ähm, einer wie der Hubertus Heil jetzt mit dieser, mit dieser Grundrente für
1253 Bedürftige, die ja von der CDU, bin mal gespannt, wann sowas kommt. Vielleicht
1254 müssen sie jetzt, haben sie wirklich Druck. Ich glaube sogar, dass sie jetzt, sie tun ja
1255 gerade zu irgendwas wieder debattieren, dass sie jetzt wirklich was/ Die MÜSSEN ja
1256 was hinkriegen, die können gar nicht mehr anders, ist meine Meinung, weil die AfD
1257 denen so im Nacken sitzt. Und die Leute werden dann nachher so enttäuscht und,
1258 äh, werden dann zur AfD gehen, weil die sagen dann, äh, was kann ich noch
1259 verlieren.

Gertrud glaubt, dass der Fehler – die Ursache für den befürchteten Untergang der Demokratie sowie für ihr persönliches Leid – im System selbst liege. Es gebe zwar vereinzelte gute Politiker*innen oder Mitarbeiter*innen in den Sozialstaatsinstitutionen (»ich sag nicht alle sind schlecht«, [Gertrud: 1240]). Aber die einzelnen Guten würden systemisch – entweder durch die Ämterhierarchien oder den parteiendemokratischen Aushandlungsprozess – »blockier[t]« (Gertrud: 1250). Die Demokratie kann demnach die Lösung dieses systemischen Problems nicht aus sich heraus bereitstellen. Jede Initiative von einzelnen Guten münde dabei zwangsläufig in Enttäuschung und am Ende bei Gertrud in das Gefühl, nichts mehr zu verlieren zu haben.

5.2.2. Destruktion und Neuordnung

Spätestens hier wird deutlich, dass Gertruds Zukunftsorientierung nicht pessimistisch ist. Im Zentrum dieses Falls steht vielmehr eine verboten-hoffnungsvolle, destruktive Zeitorientierung. Gertrud interpretiert ihr persönliches Leid als systemverursacht. Einzelne gutmeinende Initiativen würden von systemischen Zusammenhängen blockiert. Sie liest das an ihre individuellen Leid ab. Gertruds Zerstörungswille ist dominant – sie will die Zerstörung des systemisch gedachten Ganzen. Die AfD wird daher weniger als konstruktive, sondern zuvorderst als destruktive Kraft gesehen. Aus eigener Verletzung, Wut und Zermürbung heraus wird das Stürzen des Staatssystem zumindest in der »Phantasie« (Gertrud: 1225) in Betracht gezogen. Gertrud will die Zerstörung des Ganzen, weil eine Verbesserung ihrer Lage systemisch nicht in Sicht ist und weil sich Enttäuschung aufgeschichtet hat:

566 GERTRUD: Also die AfD ist nicht die Lösung, aber das geht ja auch gar nicht
567 und das sind unsere Gewählten und das ist die große Enttäuschung wo dann richtig,
568 wo du dann sagst, dann, da geht auch nix. Aber die kannst du gar nicht mehr
569 wählen, wenn sie dich so im Stich lassen, dann sollen die anderen alles zerdeppern,
570 was eigentlich blöd ist vom Gedanken her, aber ist dann so, wenn ich ehrlich bin, so
571 auch was mich angetrieben hat dazu, die AfD zu wählen.

Was also Gertruds AfD-Wahl motiviert, ist ein gegen die »etablierten Parteien« gerichteter Zerstörungsdrang (»alles zerdeppern« [Gertrud: 569]). Ihre Zeitorientierung ist nicht pessimistisch, sondern auf eine herbeizuführende Zerstörung gerichtet. Darin bleibt sie ambivalent, denn sie findet diesen Gedanken »eigentlich blöd« (Gertrud: 570). Gertrud hat durchaus Angst vor dem Untergang und würde sich wünschen, dass es auch anders ginge – aber sie hat letztlich keine Hoffnung mehr und hält eine Verbesserung aus systemischen Gründen für ausgeschlossen. In dem Sinne geht sie auch über das Motiv Protestwahl hinaus. Gertrud denkt systemisch und kommt daher zu dem Schluss, dass die Ursache für ihr Leid nicht auf den bösen Willen Einzelner zurückgeführt werden kann, sondern systemischen Charakters ist. Das

System und die »etablierten Parteien« sind zu zerstören. Gertrud expliziert an anderer Stelle diese Motivlage (Gertrud: 1380–1404).

1380 GERTRUD: Ich hab ja wirklich gesagt, bei der letzten Bundestagswahl, äh, NÖ,
1381 ich will, dass das aufhört, dass das zerstört wird. Wenn die AfD auch nichts kann,
1382 aber die können auch nichts. Da muss ne neu/ ne ganz neue Ordnung her. Das war
1383 so mein Gedanke. Und das ist dann nicht nur Protest oder denen zeig ichs mal.
1384 Natürlich schon auf ne Art. Aber dann gehts dann schon (.) dann bist dann so
1385 wütend, dass du (..) an die gar nicht mehr glaubst. Also ich glaub dann nicht mehr an
1386 die, weil ich kann die dann nicht mehr wählen. Und dann denk ich, ähm, nö, die
1387 brauchen nicht nur einen Tritt in den Hintern, die KÖNNENS gar nicht. Die müsst, da
1388 muss alles, die müssten WEG, also die müssten total/ so hatt ich bei der letzten/ ich
1389 hab jetzt einmal die AfD gewählt, und da hatt ich so gedacht. Weil ich dieses
1390 Gutachten wieder total, äh, wurde mir, ja so ad absurdum gedreht, als was ich gesagt
1391 hab. Und da war ich so wütend. Aus [Ort] das Gutachten, das war Ende 16 und es
1392 glaub 17 war die Bundestagswahl. Und aus diesem Grund dann, da hats mir wirklich
1393 gereicht, hab ich dann die AfD gewählt, also. Aber NICHT nur, dass ich sag, die
1394 kriegen jetzt mal nen sanften Druck, ich wollt die/ die hab richtig ne Wut gehabt, ich
1395 wollte die da richtig/ Ich hab die IMMER noch. Die kommt immer manchmal noch
1396 hoch. Und, äh, ich wollt die wirklich weg haben. Ich denk die alle, die Schwätzer, die,
1397 die nix tun, die, äh, denens egal ist, die haben ihre Pfründe, die haben ihre Pfo-
1398 Pfosten, ja, und Pfründe, ihre Geld/ und die, die kümmern sich nicht, da interessierst
1399 du nicht, da kommen dann diese Gedanken. Und das ist dann so richtig schon fast
1400 so ne, so ne Hasstirade. Also gegen die, äh, diejenigen wo, denen wo du nicht mehr
1401 vertraust, die du nicht mehr wählen kannst. Du bist ja gewählt/ Das war so mein
1402 Gefühl und (.) wenn ich es jetzt so erzähle, kommts so ein bisschen hoch. Also muss
1403 ich ganz EHRLICH sagen. Also es ist dann schon, weil du verzweifelst dann in (.) 20
1404 Jahren nichts TUN

Gertrud assoziiert mit der AfD einen ausgeprägten Zerstörungswunsch: »die müssten WEG, also [...] total/« (Gertrud: 1388). Diese Zerstörung (des politischen Systems) sei dann die Bedingung für oder der Anfang einer »ganz neue[n] Ordnung« (Gertrud: 1382). Gertrud ordnet diesen Zerstörungsgedanken selbst als Resultat ihrer »Verzweiflung« (vgl. Gertrud: 1403), ihres »Hasses« (vgl. Gertrud: 1400) und ihrer »Wut« (vgl. Gertrud: 1391, 1394) ein und suggeriert damit, dass sie eine Art Notwehr betreibe: Sie sei schließlich seit vielen Jahren auf der Strecke geblieben und daher sei vom System wie es ist nichts mehr zu erwarten. Es sei zwar »eigentlich blöd« (Gertrud: 570) alles zu zerstören, aber es gehe nun mal nicht anders.

Gertrud nimmt an der Stelle Bezug auf eine Begebenheit, die sie am Anfang des Interviews bereits ausführlich schilderte. Es geht dort um ein psychologisches Gutachten zur Weiterfinanzierung ihrer psychotherapeutischen Behandlung durch das Versorgungsamt. Gertrud erzählt dort lebhaft von der Szene. Kurz nach dem Tod ihres vorherigen Hundes im Dezember 2016 habe sie zu diesem Gutachtengespräch reisen müssen. In einem Zustand »schweiß-gebadet[er]« (Gertrud: 106) Erschöpfung nach überstandenen »schlimmste[n] Panikattacken« (Gertrud: 105) während der Anreise zu diesem Gutachtengespräch – Gertrud habe sich auf dem Weg dorthin verfahren und daher auch verspätet –, habe lediglich ein kurzes und oberflächliches Gutachtengespräch stattgefunden in dem Gertrud nicht angemessen ihren psychischen Zustand habe darstellen können. Auf diese Erzählung kommt Gertrud später im Interview dann noch einmal zurück. Sie stellt diese Begebenheit als zentralen Auslöser für den Affekt hinter ihrer AfD-Wahlmotivation dar:

495 GERTRUD: Also bei mir wars so, bei der letzten Bundestagswahl, da hatte
496 ich dieses schlimme Erlebnis in [Ort] mit diesen mit diesen Panikattacken. Und
497 dann kam dieses, ähm, Ergebnis denn wo alles wieder ad absurdum so war, also
498 nichts so wie ich es erzählt habe, sondern er alles so umdrehe, umgedreht wurde.
499 Und da hatt ich dann/ da war dann SCHON in dem Moment der Wille da, dass, dass
500 ich sag, äh, nicht, äh, eine Retourkutsche oder sonst was, nein, die müssen weg, das
501 geht nicht. Was ist das, was wird da mit einem gemacht? Die müssen/ is/ Also richtig,
502 da hatte ich richtig harte Gedanken in dem Moment. Weil die Enttäuschung so groß
503 war. Das, das, du kannst ja nix machen. Du bist dann in so einer Verwaltungsspirale
504 und, äh, kannst selber, wirst nicht gefragt und dann denkst, die brauchst du nicht.
505 Und ich hab dann schon mir richtig, also hatt ich richtig nachher Angst vor mir, muss
506 ich sagen, ich hatte da (.) schon so (.) ja (.) das kanns nicht mehr sein, wir, wenn
507 alles kaputtgeht, das müsste mal denen eine Lehre sein oder so kanns nicht mehr
508 weitergehen. Dann muss sich alles neu ordnen oder so. Schon so krasse Gedanken
509 irgendwie. Das System müsste, was ich eigentlich wiederum befürchte, hab ich
510 schon dann gedacht bei der Wahl, nicht jetzt, äh, ich geb mal ein bisschen eine
511 Retourkutsche, war schon ganz ganz hart. Also richtig, äh, das MUSS jetzt
512 kaputtgehen, es muss eine Neuordnung her, es muss, ähm, ich denk das ist auch bei
513 VIELEN (..) Köpfen drin, die (...) die stillschweigend die AfD wählen

Die Passage bringt deutlich zum Ausdruck, dass Gertruds AfD-Wahlmotivation nicht im Motiv des Protestes aufgeht und ihre Zeitorientierung auch nicht pessimistisch ist: Die Wahl der AfD will keine »Retourkutsche« (Gertrud: 500) sein. Vielmehr steht dahinter ein ausgeprägter Wille zur

Zerstörung und Beseitigung der »etablierten Parteien« (Gertrud: 19) und eines »System[s]« (Gertrud: 509), das beständig Enttäuschungen produziere. Gertrud liest dies zumindest an dem benachteiligenden psychologischen Gutachten ab. Sie kommt daraufhin zu dem – durchaus destruktiv-affektgeladenen – Schluss: »die müssen weg« (Gertrud: 500). Es *solle* nicht nur »alles kaputtgehen« (Gertrud: 507), es »MUSS« (Gertud: 511) – betont – »jetzt kaputtgehen«. Gertruds AfD-Affinität weist damit eine bemerkenswerte Übereinstimmung mit der rechtsradikalen »Antizipation des Schreckens« (Adorno 2019 [1967], S. 19) auf, von der mit Adorno schon eingangs die Rede war:

»Mit diesem Wort des Antizipierens des Schreckens glaube ich nun wirklich etwas sehr Zentrales berührt zu haben, das, soweit ich sehen kann, in den üblichen Ansichten über den Rechtsradikalismus viel zu wenig berücksichtigt wird, nämlich die sehr komplexe und schwierige Beziehung, die hier herrscht, zu dem Gefühl der sozialen Katastrophe. […] Auf der einen Seite wird nach der rationalen Dimension hin gefragt: ›Wie soll das weitergehen, wenn es etwa einmal eine große Krise gibt?‹ – und für diesen Fall empfehlen sich diese Bewegungen. Aber sie haben auf der anderen Seite etwas gemeinsam mit jener Art von manipulierter Astrologie von heute, die ich für ein sozialpsychologisch außerordentlich wichtiges und charakteristisches Symptom halte, dass sie nämlich in gewisser Weise die Katastrophe wollen, dass sie von Weltuntergangsphantasien sich nähern […] ich möchte doch dem hinzufügen […], dass dieses Verhalten keineswegs nur psychologisch motiviert ist, sondern auch seine objektive Basis hat. Wer nichts vor sich sieht und wer die Veränderung der gesellschaftlichen Basis nicht will, dem beliebt eigentlich gar nichts anderes übrig, […], der will aus seiner eigenen sozialen Situation heraus den Untergang, nur eben dann nicht den Untergang der eigenen Gruppe, sondern wenn möglich den Untergang des Ganzen.« (Adorno 2019 [1967], S. 19–20)

Obgleich Gertrud Unbehagen über diesen ihren Untergangs- und Destruktions-Affekt zeigt, verbindet sie damit jedoch auch eine Vorstellung über den Zweck der Zerstörung: »Dan[ach] muss sich alles neu ordnen« (Gertrud: 508). Die *Zerstörung ist der Anfang einer »Neuordnung«* (Gertrud: 512, 1382). Gertruds hoffnungs- und lustvolle, destruktive Orientierung führt – ähnlich wie bei der Selbständigen-Typik – eine Aussicht auf einen Zukunftshorizont jenseits der als notwendig erachteten Zerstörung mit: Die AfD betreibt für sie also nicht nur eine »kupierte Apokalypse« (Vondung 1988, S. 12, 106),[9] sie wird vielmehr als *Bedingung der Möglichkeit einer neugeordneten Post-Zerstörungs-Zukunft* angerufen.

9 Vondung (1988; 2013) weist auf die Verbindung von Untergang und Erneuerung, von Vernichtung und Erlösung im apokalyptischen Denken hin. Die Beschneidung um den finalen Zustand des Heils oder der Erlösung ist für Vondung ein Kennzeichen der säkularisierten Varianten des Apokalyptischen im 20. Jahrhundert.

Diese implizite nach-katastrophische Zukunftsorientierung tritt bei Gitti noch deutlicher hervor. An Gitti wurde, wie an Gertud, der Sinntypus ›Opfer‹ rekonstruiert. Auch Gitti wartet mit Vorstellungen über notwendige Zerstörungen und Neuordnungen auf. Die AfD beschleunigt auch für sie den notwendig erachteten Untergang. Entsprechend ist auch Gittis rechtspopulistische Zeitorientierung im Futur II zu formulieren: *Die Zerstörung werde die notwendige Voraussetzung für eine bessere Zukunft ihrer Kinder gewesen sein.* Die AfD *beschleunigt* den für *notwendig erachteten Untergang* und bereitet ein ›normales‹ Leben für die Nachkommen nach einem Untergang vor.

In folgender Passage verbindet Gitti ihre Hoffnung auf radikal-weitreichende Änderungen in der Zukunft mit ihrer AfD-Wahlmotivation. Sie hegt die Hoffnung, dass die AfD »erstmal […] aufräumen« (Gitti: 269–270) und »ein anderes Denken« (Gitti: 252) und »viel[e] [Ä]nder[ungen]« (Gitti: 253) herbeiführen werde:

GITTI: Also ich find, da gehört ein anderes Denken her. Es müsste so viel geändert und gemacht werden bei uns im Land. Und bei Kindern muss man anfangen und nicht bei Erwachsenen. (4 Sec.) Das mit dem Platz auf, äh, Kindergarten, ja. Jedes Kind hat ein Recht auf einen Kindergarten, jedes Kind sollte auch ein Recht haben, ne Mutti zu haben. Und das sollte, sollte bezahlt werden, diese Arbeit und Aufgaben. Weil du bist auch sonntags da, samstags da, das sollte man anerkennen, ne. Und nicht so, ja, hast ja nix gemacht, bist ja nur daheim. Ich habe meine, ich hab das ernstgenommen, ne. Für mich sind meine Kinder, das war mein Wunsch, mein Traum. Ne Familie zu haben. Hat nicht funktioniert mit Mann, egal. Aber, ähm, das heißt nicht, dass es deswegen WENIGER erfordert. Ja, man müsste wirklich sagen, gerade Frauen, die das alleine durchziehen, müsste eigentlich ne Sonderzulage bekommen. Er hat jahrelang Krupphustenanfälle gehabt, eine Woche lang. Nicht schlafen. Wirklich. Ich habe nur noch gelauert, aufgepasst nachts, kriegt er Luft, kriegt noch, atmet er noch, ja. Das ist so schlimm. Und das machen sie mal, ich weiß nicht wie oft, durch im Jahr. Das sind Sachen, das kann sich kein normaler Mensch vorstellen. Ja, also, das sind alles so die Kriterien. Diese, diese vielen vielen Jahres der, des Kämpfens, der Entbehrungen, alles, ja, wo mich sagen hat lassen, ich wähle anders, ja. Eine Partei, die wirklich irgendwo erstmal bei uns im Land aufräumen möchte.

Gitti fordert eine Anerkennung und eine finanzielle Entschädigung ihrer Erziehungsarbeit als Alleinerziehende. Sie verbindet diese Hoffnung auf eine ex post Aufwertung ihrer Lebenssituation mit dem Herbeisehnen radikal-weitreichender Änderungen in der Zukunft. So ist zu sehen, dass hinter der familienpolitischen Programmatik, die sie hier zum Besten gibt, bzw. der Forderung zuallererst »bei Kindern« (Gitti: 253) anzufangen, ein Orientierungsmuster von Destruktion und Neuordnung steht: Für Gitti muss grundsätzlich »im Land auf[ge]räum[t]« (Gitti: 270) werden und es müsse ein »anderes Denken her« (Gitti: 252). Es geht ihr um einen Bruch mit dem Bestehenden. Dabei fällt auf, dass sich Gitti nicht an antiquierten familiären Rollenmodellen orientiert und auch kein Zurück zur Kleinfamilie oder zu einem männlichen Alleinernährermodell propagiert. Im Gegenteil: Das Rollenmodell, das Gitti in dieser Passage proponiert, hat explizit keine restaurative Qualität – sie findet dafür keine Vorbilder in der Vergangenheit, die es wiederzubeleben gelte. Gitti stellt sich, vor dem Hintergrund ihrer eigenen Erfahrungen, eine quasi-emanzipatorische Mutterrolle vor und sie fordert eine neuartige Anerkennungsordnung, nach der Erziehungsarbeit analog zu Erwerbsarbeit honoriert sein solle. Sie stellt daher ihre persönlichen Entbehrungen als Allleinerziehende in den Vordergrund. Um diese Anerkennungsordnung einzusetzen, bedarf es keiner Restauration, sondern eines »andere[n] Denken[s]« (Gitti: 252), einer Partei, »die wirklich irgendwo erstmal bei uns im Land aufräumen möchte« (Gitti: 269–270). Gittis harrt einer neuen Anerkennungsordnung, die ihr Vorbild weder in Vergangenheit noch in der werdenden Zukunft hat – und insofern auch nicht in der Programmatik der AfD zu finden ist –, sondern durch Untergang und Neuordnung zu erreichen sei.

5.2.3. Vergangenheit als vergangene Zeit

Gittis Orientierung an einer Post-Zerstörungszukunft steht in enger Verbindung zu ihrer Biografie. Aufgrund eines zurückliegenden Herzinfarkts und ihres gesundheitlichen Zustandes sieht sie keine Zukunft mehr für sich selbst. Sie mache daher nur noch »das Nötigste« (Gitti: 320) – nicht zuletzt, um noch politisch aktiv sein zu können und ihren Sohn Lennard zum politisch Aktivwerden zu bewegen (Gitti: 322–323). Es fällt auf, wie sie sich in ihrem Orientierungsrahmen Zeit vorstellt: Ihre individual-biografische Vergangenheit bleibt nicht wiederherstellbare Zeit. Zentraler und vordergründiger ist die Orientierung an der Zukunft ihrer Kinder, für die sie auch offen rechtsextreme politische Positionen zu unterstützten bereit sei:

326 GITTI: [...] wie gesagt, ich, ähm, hab eigentlich nur noch so die Ziele,
327 was eigentlich meine Nachkommen anbelangt, das zu verbessern, na. Und das,

328 wenn's sein muss, mit meinem Leben oder mit, äh, mit aller Härte, ne. Und da/ Ich
329 würde auch zu jeder, äh, ich würde auch zu, wie heißt mans, ähm, NPD gehen oder
330 sonst was dafür. Wenn die sagen, hier, hallo, wir machen das, dass es meinem Volk
331 oder unserem Volk besser geht, ist mir jede Partei also recht. Also da, da steht ich
332 zu, na. Das ist mir dann/ weil wie gesagt, ich habe Kinder und ich liebe meine Kinder.
333 Und ich möchte haben, dass es denen gut geht.

Aufopferung, »Härte« (Gitti: 328) und das Eintreten für rechtsextreme Parteien sind für Gitti die Ultima Ratio um auf eine bessere Zukunft ihrer »Nachkommen« (Gitti: 327) hinzuwirken. Gitti glaubt nicht nur nichts mehr zu verlieren und selbst keine Zukunft zu haben, sondern sie kann auch an keine Vergangenheit anknüpfen.

Gitti erinnert sich im Interview wiederholt an ihre Vergangenheit als Teilnehmende an den Protesten im Kontext der Friedens- und Umweltbewegung Anfang der 1980er Jahre. Sie erwähnt später auch bei den Friedendemonstrationen gegen die Stationierung der Pershing-II-Raketen im Nachgang des Nato-Doppelbeschlusses mitdemonstriert zu haben.[10] Diese Erinnerungen sind ausnehmend positiv von ihr besetzt.

323 GITTI: Ich war früher auf Friedensdemos dabei. Die gibts ja leider nicht mehr
324 und so, ne. Startbahn West, was es alles gab früher, ach Gott. Friedensdemo (unv.).
325 War ne geile Zeit

Als Gitti ihren Weg zur AfD beschreibt, nimmt sie Bezug auf diese Vergangenheit, woraufhin ich mich über den Wandel in Gittis politischer Gesinnung erkundige. In der hierauf folgenden Antwortpassage wird deutlich, dass sich Gitti von dieser Vergangenheit abgeschnitten fühlt. Nunmehr herrscht eine Orientierung an Destruktion und Neuordnung bei ihr vor:

516 INTERVIEWER: Diese, diese Demos, die du jetzt genannt hast/ weil du gesagt hast,
517 dann, äh, das wäre jetzt die Fortsetzung wies früher war. Aber die kommen ja so ein

10 453 GITTI: Ja, wie gesagt, es war
454 schon immer irgendwo da, weil ich ja früher schon auf den Demos war, ja. Erstmal so 455 waren wir fürn Frieden, ja. Gegen Pershing und alles, was es gab (lacht), das wissen 456 viele Junge gar nicht, was alles war bei uns. Bei uns gabs doch bald ständig ne
457 Demo, ge, so. Und, ähm, äh, (.) (unv.) ja, überall. Und da war aber auch Ruhe und
458 Frieden. Da konnten Millionen Menschen bald zusammen sein, ne, also sagen wir
459 mal hunderttausende. Die haben nur getrunken, gekifft, ja, weißte, war Friede. Ja.
460 Keiner hat sich geschlägert. Heute gehste auf ne Demo, hej, boah, da gehts ab

518 bisschen aus einer anderen Richtung, oder? Also einfach/ oder {{gleichzeitig} Gitti:
519 Ja} die kommen politisch aus einer anderen Richtung so ein bisschen.

520 GITTI: Genau, genau. Aber da ist ja keiner und nichts mehr über. Also muss ich mich
521 wohl oder übel auch anders orientieren. Jetzt kann ich ja wieder, jetzt ist mein Sohn
522 groß, keine kleinen Kinder mehr, das heißt ich könnte Tag und Nacht Demos
523 machen, ne, oder mitgehen oder {{gleichzeitig} Lennard: (schnauft kurz)} Naja klar.
524 Aber du musst ja erstmal wissen, was WILL ich, ne. Wofür demonstrier ich. Ja. Und,
525 ich mein hier in Deutschland ist/ es brennt an allen Ecken und Enden, also im
526 Prinzip, ähm, einmal Deutschland komplett abbrennen, neu aufbauen. So seh ich
527 das gerade. Ist einfach so. Weil du weißt eigentlich gar nicht mehr, WO anfangen. Es
528 sind zu viele Baustellen in Deutschland, die (.) vom Untergang des Mittelstands, ja,
529 der kaum noch existiert, ähm, bis hin zu (...) wie sagt man denn, ähm, (8 Sec.) Der
530 Mittelstand geht unter und und und, ähm, (4 Sec.) ja, die, die (.) sag mirs (.) ich hab
531 das vergessen, Mensch, grad eben. Ähm, (...) du kannst, ähm (.) nichts mehr wirklich
532 komplett, ähm, machen, ja.

Auf die Frage, wie es zum »Richtungswechsel« (vgl. Interviewer: 518) in Gittis politischer Weltanschauung kam, antwortet sie direkt, dass »keiner und nichts mehr über« (Gitti: 520) sei von dieser Vergangenheit. Sie validiert damit zum einen die Proposition des politischen »Richtungswechsels« der Fragestellung. Schon zuvor hatte sie in Bezug auf die Friedensbewegung bedauert: »die gibt's ja leider nicht mehr« (Gitti: 323). Gitti ist von dieser Vergangenheit endgültig abgeschnitten. Es fällt damit zum anderen auf, dass Gittis Selbstwahrnehmung des Abgeschnittenseins von Vergangenheit nicht nur ihre Destruktions-, sondern auch ihre »Neuorientierung« (vgl. Gitti: 521) begründet[11]: »Deutschland komplett abbrennen, neu aufbauen.«

11 Die Verquickung der Forderung kompletter Zerstörung und Neuordnung mit der Deutung eines Abgeschnittenseins von Vergangenheit findet sich auch schon früher im Interview. Voraus geht folgender Passage eine Kritik am Bildungssystem und eine Klage über die in ihren Augen schlechte Bildung heutzutage. Es folgt unvermittelt eine Überlegung über den Begriff »Nazi« (Gitti: 163). Daraus leitet Gitti ab, »die Geschichte [...] ruhen zu lassen« (Gitti: 166), gemeint hier im Sinne von aus den Schul-Curricula streichen. Bemerkenswert ist die Verbindung zwischen der Forderung, den Kontakt zu Geschichte aufzugeben und dem »komplett[en]« (Gitti: 168) Neuaufbau Deutschlands:
162 GITTI: Es ist leicht,
163 die Deutschen als Nazis zu betiteln, weil für die anderen gibts keine Wörter, wo, die
164 ebenfalls Millionen oder Menschen hingerichtet haben, getötet haben, ne. In den
165 vorherigen Kriegen bis heute, ja, und, äh, ich sag irgendwo ist auch mal gut, ja. Man
166 sollte die Geschichte eigentlich ruhen lassen, dass man wirklich sagt, okay, die
167 können nichts dafür und und (.) Deutschland gehört eigentlich neu aufgebaut. So seh

(Gitti: 526) Gittis Zeitorientierung spannt sich zwischen den Polen einer nicht mehr verfügbaren Vergangenheit und einer nur auf Zerstörung und Neuordnung gerichteten Zukunft auf. Dabei ist hier gut zu sehen, wie dieser Orientierungsrahmen als habitualisierte Zeitvorstellung sogar ohne ein kohärentes oder elaboriertes Verständnis der AfD-Parteiprogrammatik auskommt: Die Passage franst entsprechend im zweiten Teil mit pauschalen Behauptungen über einen »Untergang des Mittelstands« (Gitti: 528) aus, bevor Gitti zuletzt gar nichts mehr einfällt. Es ist ihr Zeiterleben – und nicht die programmatischen Überzeugungen – die sie mit der AfD in Übereinstimmung bringt.

5.2.4. Fazit

Der Fall Gitti machte abschließend nochmals deutlich, durch welche Bilder und Zeitvorstellungen die typische Orientierung der Prekaritäts-Typik gekennzeichnet ist: Das habituelle Selbstbild der Fälle dieser Typik ist das ›Opfer‹. Sie begreifen sich als Opfer eines immanent unveränderbaren Systems. Entsprechend trachten sie nach der Zerstörung und des Untergangs des Ganzen. Ihre Zeitorientierung ist darin einerseits charakterisiert durch ein abgebrochenes Verhältnis zur Vergangenheit. Traditionelle Lebensformen, wie beispielsweise bestimmte heterosexuelle Kleinfamilienmodelle, stellen entsprechend nicht per se einen positiven Orientierungshorizont dar. Die Fälle der Prekaritäts-Typik erfahren eine Trennung und Unverfügbarkeit von Vergangenheit und sie richten den Blick eher nach vorne, wo sie noch eine Zukunft – die durchaus nicht ihre eigene, sondern eher die von nachkommenden Generationen ist – nach dem Untergang des Bestehenden sehen. Wie bei der Selbständigen-Typik so deutet sich auch hier an, dass die Gegenwart ein Gelegenheitsfenster mit Zukunftsausblick bietet. Dafür wird die AfD hier zuvorderst angerufen. Sie ist der »starke Partner« (Gertrud: 1000, 1006, 1433) auf dem Weg in den Untergang und sie ist sein Brandbeschleuniger.

---

168 ich das. Komplett neu. (...)

6. Rechtspopulistische Chiliast*innen

In Kapitel 5 wurde die Verbindung der viktimisierten und elitären Selbstbilder der AfD-Wähler*innen mit ihren typischen Endzeitbildern rekonstruiert. Die drei auf diese Weise typisierten Erfahrungsräume lassen sich sowohl im Hinblick auf die ihnen zugrundeliegenden objektiven Lebenslagen – die unterschiedlichen Stellung im Erwerbsleben und ihre Identitäten –, als auch in Hinblick auf die Selbstbilder und Zeitorientierungen gegeneinander abgrenzen:

Der Unterschiede der nonkonformistisch-elitären Apokalyptik und der destruktiven Zeitorientierungen zum Trotz haben aber gerade die Selbständigen- und die Prekaritäts-Typik eine auffällige Schnittstelle in ihren Zukunftsorientierungen. Es war zu sehen, dass sie sich die Gegenwart als Gelegenheitsfenster vorstellen, das ihnen einen Zukunftsausblick freigibt. Im Rahmen dieser Zeitorientierung rufen sie die AfD an. Nicht nur die Gemeinsamkeit der selbständigentypischen ›Zukunftsorientierung‹ und der prekaritätstypischen ›Destruktionsorientierung‹ gibt Anlass nach einem weiterer Erfahrungsraum zu suchen. Auch die mitunter religiös eingefärbten, apokalyptischen Zeitorientierungen hinter den selbstviktimisierenden und elitären Selbstbildern der Selbständigen und jungen Angestellten stoßen die Suche nach einem weiteren konjunktiven Erfahrungsraum an.

Dabei hilft die Feststellung, dass ein überwiegender Teil der Fälle des durch theoretisches Sampling (vgl. Kapitel 3.2.3) realisierten Samples dieser Studie aus Württemberg stammt. Weil sich darüber hinaus die religiös-apokalyptische Semantik ihrer Zeitorientierungen als auffällig erwies, führte die Suche nach einem konjunktiven Erfahrungsraum, der in Verbindung steht mit den bisher rekonstruierten Typiken, zur religiös-kulturellen Prägung der Herkunftsregion des Großteils des Samples. Für diesen Erfahrungsraum fallen sozialstrukturelle Merkmale oder Erwerbssituationen als

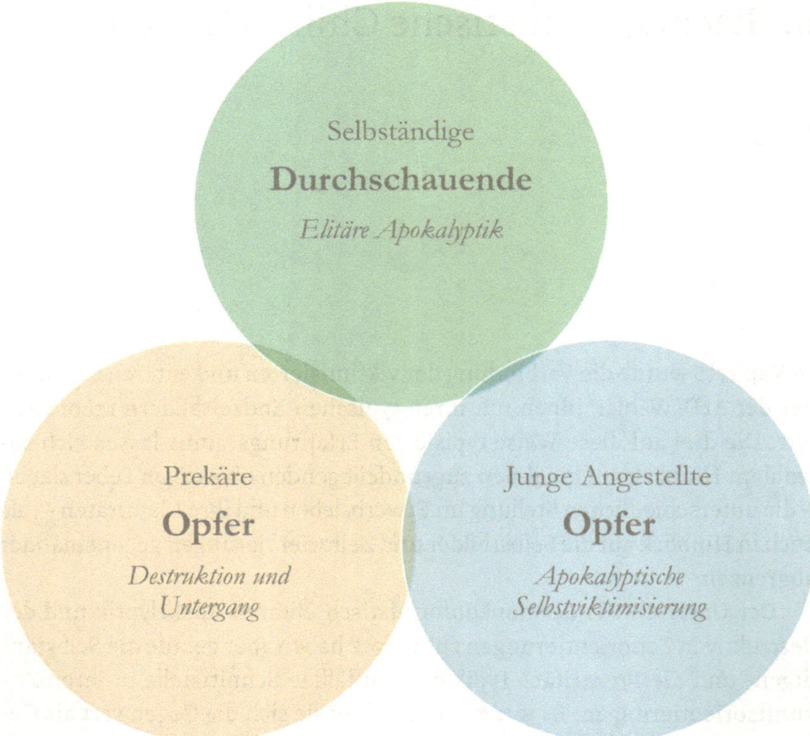

Abbildung 4: Variation der Sinntypen und ihre Zeitorientierungen II
Quelle: Eigene Darstellung

konjunktive Erfahrungszusammenhänge entsprechend aus. Rekonstruieren ließ sich – gewissermaßen ›quer‹ zu den sozialstrukturellen Merkmalen der Fälle – ein regional-kulturräumlich geprägter Erfahrungsraum, der als *württembergisch-pietistische Basistypik*[1] beschrieben wird. Dieser Erfahrungsraum schließt die anderen, bisher erarbeiteten Erfahrungsräume nicht aus,

1 Mit Basistypik ist in der Dokumentarischen Methode jene Typik gemeint, die im Zentrum des Erkenntnisinteresses einer Studie steht und die den Ausgangspunkt bildet, für die Konstruktion der soziogenetischen Typologie (Bohnsack 2013b, S. 253; Bohnsack et al. 2019, S. 32). Die hier auf den regional-kulturräumlichen Erfahrungsraum Württemberg bezogene Typik wird zwar eher als Endpunkt einer soziogenetischen Analyse vorgestellt. Da aber mit der württembergisch-pietistischen Typik eine adaptive und relationierbare Zeitorientierung in den Blick gerät, die sowohl die Sozialstrukturkategorien Erwerbsstellung, Geschlecht und Alter zu durchdringen scheint, soll hier dennoch von der württembergisch-pietistischen Basistypik die Rede sein.

sondern lässt gerade Relationen zwischen ihnen erkennen. Der folgende religionsgeschichtliche Rückblick auf die pietistisch-kulturelle Prägung des württembergischen Kulturraums fördert dabei ein Konzept zutage, mit dem sich die Charakteristik der Zeitorientierung des württembergischen Erfahrungsraums auf den Begriff bringen lässt: Das utopische Bewusstsein der württembergisch-pietistischen Basistypik lässt sich als *Chiliasmus* charakterisieren und er tritt in Erscheinung als *revolutionär-endzeitlichen Orientierung*: Die Fälle der Basistypik wollen aus einer Gegenwart und aus der Geschichte »ausbrechen«, da sie sie als Weg in den Untergang deuten.

In Württemberg haben chiliastische Strömungen eine nennenswerte historische Tradition (vgl. Kapitel 6.1.3). Sie sind mit dem württembergischen Pietismus untrennbar verbunden und über diesen auch politisch und kulturell tradiert. Auf diese Weise haben sie kulturell-säkulare Gestalt angenommen und sich kulturräumlich verankert. Hinsichtlich des chiliastischen Zeiterlebens der Basistypik ist es daher naheliegend, auch die historisch gewachsene, pietistisch geprägte Kultur in Württemberg als Erfahrungsraum in Betracht zu ziehen. In diesem Zusammenhang lassen sich die religiösen Gemeinschaften, denen sich viele Fälle meines Samples zugehörig fühlen, und für die die Bezeichnung »Evangelikale« gerechtfertigt ist (Brecht 1996)[2] ist, als besondere, moderne Ausprägungen des württembergischen Pietismus begreifen. Sofern die Basistypik Fälle versammelt, die einen ausgewiesenen freikirchlich-evangelikalen Hintergrund haben (der häufig auch explizit und ausführlich nicht nur in den Vorgesprächen, sondern auch im Interview thematisiert wird), und sofern sich hinsichtlich des Zeiterlebens Parallelen zwischen den selbstausgewiesenen freikirchlich-evangelikalen und jenen Fällen sehen lassen, die keine Religiosität oder religionsgemeinschaftliche Selbstzuordnung anzeigen, ist der allgemeinere, auf die kulturräumlich-regionale Dimension verweisende Begriff des württembergisch-pietistischen Erfahrungsraums gerechtfertigt.

Die Analyse zeigt, dass chiliastische Formen des Zeitbewusstseins – in religiöser wie in säkularer Gestalt – auch im Rechtspopulismus zu finden sind und ferner, wie in einem solchen Zeitbewusstsein die AfD als Kairós

2 So wird die Genese der evangelikalen Bewegung im 20. Jahrhundert unter anderem auch als ein württembergisches Phänomen beschrieben, weil einerseits die separatistischen Bestrebungen der evangelikalen Bewegungen auf dem Terrain der Landeskirchen ausgetragen wurden und werden und andererseits weil sie in einen kirchengeschichtlichen Zusammenhang mit dem Pietismus gestellt wird (Breitschwerdt 2019, S. 15).

wahrgenommen wird: als Gelegenheitsfenster zum Ausbruch aus der historischen Zeit und für eine ganz neue Zukunft. Den chiliastischen AfD-Wähler*innen sind die »rechten Zeitverhältnisse« gekommen, um mit der AfD die historisch schlechte Gegenwart zu überwinden. Jedenfalls löst die AfD den Fällen der Basistypik Probleme in der Zeitdimension eines chiliastischen Krisenpanoramas: Sie präsentiert ihren Wähler*innen eine Utopie, in der eine ewige Normalität im Laufe der jüngeren Geschichte – vor allem seit den 1970er Jahren – abgebrochen zu sein scheint und in der die Zukunft vor allem dystopisch-katastrophisch erscheint. Die chiliastische Utopie der Basistypik stellt sich darin ein Ende der Geschichte und eine meta-historische Zukunft vor.

Da diese Typik die meisten Fälle der Samples einschließt und dabei einen Erfahrungsraum aufspannt, der die anderen bisher rekonstruierten Erfahrungsräume nicht ausschließt, wird der württembergisch-pietistische Erfahrungsraum als Basistypik behandelt. So lassen sich nun also nicht nur Prekäre, Selbständige und junge Angestellte in Bezug auf ihre spezifischen Zeitbilder gegeneinander kontrastieren. Es lässt sich vielmehr zeigen, welchen Einfluss die Einbindung in einen württembergisch-pietistischen Erfahrungsraum auf diese Relationen hat. So lässt sich im Sinne der Mehrdimensionalität der Typenbildung nach Bohnsack (Bohnsack 2017, S. 102–141) die Prägung durch den kulturellen Erfahrungsraum Württemberg im Hinblick auf die unterschiedlichen Stellungen im Erwerbsleben differenzieren (vgl. Abbildung 5).

Der folgende Rückgriff auf die religionsgeschichtliche Prägung Württembergs entdeckt im Pietismus also ein über ihn tradiertes Zeit- und Geschichtskonzept, das die Orientierung meiner Fälle auf den Begriff bringt. Selbst in der Abgrenzung zur Basistypik ist der Chiliasmus in Abstufungen als wesentliche Zeitorientierung noch zu entdecken. Einige der Fälle – Laura, Immanuel und Boris – stammen nicht aus Württemberg. Sie sind entweder später in ihrem Leben in diese Region gezogen oder waren dort nie wohnhaft (Laura). Anhand dieser kontrastiven Fälle lässt sich – jenseits der Stellung im Erwerbsleben – gerade die Basistypik spezifizieren (vgl. Kapitel 6.4): Einerseits wird gezeigt, dass sich chiliastische Zeitvorstellungen unterschiedlicher Ausprägung nicht auf AfD-Wähler*innen einer württembergisch-pietistischen Prägung beschränken; andererseits lässt sich daran präzisieren, worin gerade die württembergische Spezifik des AfD-Chiliasmus besteht.

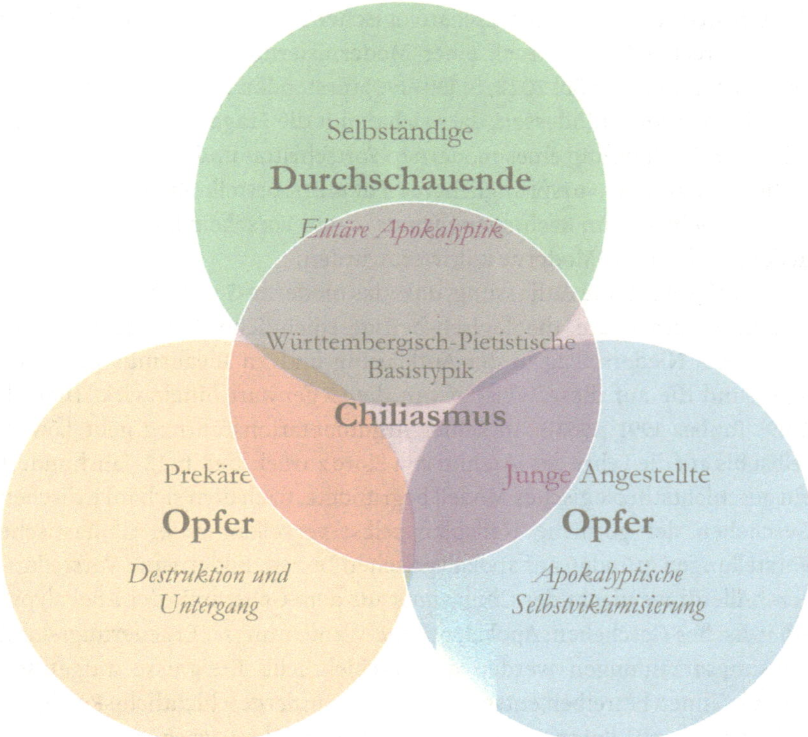

Abbildung 5: Erfahrungsräume und die chiliastische Basistypik
Quelle: Eigene Darstellung

6.1. Chiliasmus

6.1.1. Ein soziologisches Stereotyp?

Dass die christliche Eschatologie in das geschichtsphilosophische und politische Denken der Moderne hineinwirkt, wie es vor allem Löwith (1983), aber auch andere (Taubes 1991 [1963]; Hölscher 1989; Hobsbawm 1971 [1959]) gezeigt haben, und dass das Fortschrittsdenken der Moderne eine säkularisierte Form eines mit den letzten Dingen befassten eschatologischen »Futurismus« sei, bleibt für die sich als säkular begreifenden Gesellschaften dieser Moderne eine herausfordernde bis provokative Vorstellung. Blumenbergs (2012 [1966]) kritisches Beharren auf der relativen Unabhängigkeit der Moderne und seine Kritik an der Idee, dass die moderne, zukunftsgerichtete

Fortschrittsidee in christlich-eschatologischer Tradition wurzeln solle, kann als entsprechender Ausdruck einer Modernisierungshoffnung der Nachkriegsjahrzehnte (Knöbl 2022, S. 139–190) verstanden werden. Instruktiv an Löwiths Position ist indessen, dass sich damit die Frage aufwerfen lässt, ob mit einer Erschöpfung eines modernen Fortschritts- und Zukunftsdenkens nicht auch andere, »ursprünglichere« Zukunftsvorstellungen und Formen des Zeiterlebens – im Rechtspopulismus – zum Vorschein kommen, wie sie in der (Nachkriegs-)Moderne kultiviert wurden.

Löwith vertritt die Auffassung, dass das moderne Geschichtsverständnis eine unhintergehbare, theologisch-heilsgeschichtliche Voraussetzung hat, die bereits Niederschlag in der Aufklärung und im Idealismus gefunden habe, und die auf diese Weise bis in die Gegenwart hineinwirkt (Barash 2019; Taubes 1991 [1963]). In seiner Argumentationsführung geht Löwith selbst bis auf die Lehre des Joachim von Fiore zurück, der im 12. Jahrhundert ein geschichtstheologisches Modell begründete, nach dem sich im irdischen Geschehen der göttliche Heilsplan selbst vervollkommne. Chiliastische Vorstellungen gründen auf apokalyptischen Texten, Bildern und Vorstellungen.[3] Allerdings macht der Chiliasmus aus dem Geheimnis der Apokalypse ein irdisches Geschehen: Apokalyptische Vernichtungs-, Erneuerungs- und Erlösungserzählungen werden als geschichtliche Ereignisse aufgefasst. Chiliast*innen betreiben entsprechend eine »innergeschichtliche Reichgotteshoffnung« (Wallmann 1981, S. 246). Insbesondere Joachim begründet, nach Löwith, die bis in die Moderne prägende Vorstellung eines irdischen »tausendjährigen Reiches« (Töpfer 1964; Löwith 1983, S. 158–172). Sie charakterisiert die chiliastische Erwartung oder Lehre einer tausendjährigen Heilszeit »unter der Weltherrschaft des erhöhten Christus« (Böcher 1981, S. 723) – als letztes Stadium der irdischen Geschichte.

Der christlich-mittelalterlichen Welt war die »irdisch weitergedachte Eschatologie« (Wollgast 1996, S. 7) des Chiliasmus und dessen Vorstellung einer 1000-jährigen Herrschaftszeit Christi auf Erden allerdings weitgehend suspekt. Der Häresie-Verdacht, den der hochmittelalterliche Chiliasmus auf sich zog (Konrad 1981, S. 735),[4] hat insbesondere mit der Implikation zu tun,

3 Der im christlichen Mittelalter entstehende Chiliasmus gründet wesentlich auf der einschlägigen Stelle der Offenbarung des Johannes 20,1 bis 20,6 (vgl. List 1973).

4 List (1973) betont, dass Chiliasmus eine polemische Funktion der Diskreditierung hatte: »[D]er theologische Chiliasmusbegriff ist kein neutrales Erkenntnis-, sondern ein offiziöses Kampfinstrument, das entwickelt ist, um die Vertreter der genannten Lehre vom 1000jährigen künftigen Christusreich als Häretiker einzustufen und dogmatisch justiziabel zu machen.« (List 1973,

dass nach der chiliastischen Lehre eine innerweltlich-historische Entwicklung vorstellbar ist, nach der die unhistorisch-ewige Vollkommenheit der Kirche und der sozialen Ordnung der mittelalterlichen Welt in Zweifel gezogen werden konnte.

»[D]ie chiliastische Prophezeiung einer *innerweltlichen*, also *historischen* Ankunft eines Friedensreiches auf Erden [impliziert] eine radikale Strukturänderung der Welt und damit ein dem mittelalterlichen Kosmos diametral entgegengesetztes Zeitbewußtsein.« (Nassehi 2008 [1993], S. 278 Fn. 44 [Hervorheb. i. Orig.])

Das mit dem Chiliasmus verbundene Zeitbewusstsein formierte sich daher – nicht nur in christlichen Gesellschaften (Worsley 1957) – immer wieder in aufständischen Endzeitbewegungen (Cohn 1988). Unter dem Gesichtspunkt des mit dem Chiliasmus verbundenen proto-politischen Protests oder der Rebellion interessiert sich auch die Soziologie häufig für chiliastische oder millenarische Bewegungen (Hobsbawm 1971 [1959]). Als soziale Ursachen dafür, dass chiliastisch-endzeitliche Erlösungshoffnungen verfangen, werden häufig Deprivation, Isolation und Frustration unterdrückter Gruppen (Talmon 1962, S. 136–140) identifiziert. So wurde auch in der modernen Klassengesellschaft niedrige Statuslagen, chiliastische Religiosität und politischer Extremismus in Verbindung gebracht (Lipset 1959). Bis heute jedenfalls begründet der Chiliasmus säkulare Heilsentwürfe und futuristische Erlösungsfantasien. Für Rezai Dubiel (2016) perspektivieren moderne säkulare Formen des Chiliasmus »kollektive Identität mit Blick auf das Ende von Geschichte« und sie betten die Frage nach »Herrschaftslegitimation in diesen heilstheologischen Kontext« ein (Rezai Dubiel 2016, S. 15). Ein soziologischer Begriff des Chiliasmus greift entsprechend über religiöse, christlich-jüdische Endzeitvorstellungen und speziell ihre mittelalterlichen Manifestationen (vgl. Konrad 1981) hinaus.[5] Aus theologischer Sicht ist daher von einem »sociological stereotype« die Rede, nach dem Chiliasmus auf proto-politische, bzw. -revolutionäre Phänomene beschränkt

S. 10) Später wurden chiliastische Hoffnungen auch von der Reformation »in den Untergrund« gedrängt (Wallmann 1981, S. 247–248). Der wesentliche Einwand der Reformatoren war, dass der Chiliasmus »die wahre himmlische Hoffnung des Christen durch eine irdische Hoffnung ersetze« (Bauckham 1981, S. 739). Suspekt war den Reformatoren genau die auf die irdische Verwirklichung – und zwar *vor* der zweiten Wiederkehr Christi (Postmillenarismus) – gerichteten Erwartung einer tausendjährigen Heilszeit.

5 Auch List (1973) kritisiert die säkulare, politisch-soziologische Variante des Begriffs, nach der Chiliasmus zu einer beliebigen Bezeichnung endgeschichtlicher Zukunftsprojektion werde.

und als bloßer Agens sozialen Wandels betrachtet werde (McGinn 1979, S. 29–30). Im Hinblick auf die spezifische Formation des utopischen Bewusstseins der untersuchten AfD-Wähler*innen dieser Studie ermöglicht der Begriff des Chiliasmus jedoch drei wichtige Erkenntnisse. *Erstens* ist mit ihm die charakteristische Handlungsorientierungen der AfD-Wähler*innen auf den Begriff gebracht: eine Konfiguration eines Auserwählten-Selbstverständnisses, eines Opfer-Selbstbildes und einer meta-historischen Zukunftsvorstellung (vgl. Kapitel 6.2). *Zweitens* wurde der Begriff über die Spezifik des Samples dieser Studie gewonnen: Er steht in Verbindung mit einem kulturellen Erfahrungsraum, in dem bestimmte religionsgeschichtlich und kulturell tradierte Bezüge hergestellt werden (vgl. Kapitel 6.1). Und *drittens* erlaubt es der Begriff des Chiliasmus, mit Löwith, letztlich zu zeigen, dass Rechtspopulist*innen als Verarbeitung des Erfahrungsraums der Spätmoderne auf eine Zeitwahrnehmung und -deutung zurückgreifen, die älter ist und in einer anderen Tradition steht als die eingeübten Formen der Zeitkultur der Moderne.

6.1.2. Theodizee des Leidens der negativ Privilegierten

Nach chiliastischen Vorstellungen werden die Gerechten und Auserwählten ein Tausendjähriges Reich des Friedens mit Christus errichten. Zumindest für diejenigen, die sich für die Gerechten halten, gibt der Chiliasmus die Hoffnung auf eine privilegierte Zukunft frei – oder andersrum: Er verkörpert nicht nur die Hoffnung auf das Eingehen in das irdische, tausendjährige Friedensreich, sondern stellt die Möglichkeit bereit, sich schon hier und heute als zukünftige Privilegierte zu erfahren. Max Weber spricht – ohne expliziten Bezug auf den Chiliasmus – von einer »Theodizee des Leidens« (Weber 1988 [1920], S. 241–249) negativ Privilegierter (vgl. Weber 2009 [1921/22], S. 177–178; Lichtblau 2001). Damit beschreibt er die religiöse Rechtfertigung des Leidens von Beherrschten. Deren Erlösungsbedürfnis bilde den Ausgangspunkt für eine religiös geprägte Weltbetrachtung, der die Vorstellung einer in die Zukunft oder ins Jenseits projizierten ausgleichenden Gerechtigkeit nicht ausreicht und die daher zu einer positiven Neubewertung des Leidens in der Gegenwart führe:

»Nur unter der Voraussetzung, dass das Unglück selbst als eine privilegierte Voraussetzung für ein späteres – diesseitiges oder jenseitiges – Glück angesehen wird und mithin das Leiden selbst einen ihm ursprünglich völlig fremden positiven Wertakzent erhält, ist es deshalb sinnvoll, wenn Weber nicht nur von den ›positiv Privilegierten‹, sondern auch von den ›negativ Privilegierten‹ spricht. Denn im Rahmen einer solchen ›rationalen‹ Deutung des Unglücks sind sie es ja gerade, die dereinst die Ersten sein werden und die deshalb trotz bzw. gerade wegen ihrer miserablen Ausgangslage zugleich in einem umfassenden heilsgeschichtlichen Sinne ›privilegiert‹ sind.« (Lichtblau 2001, S. 281–282)

Diese »Auserwählten«-Vorstellung negativer Privilegierung ist auch ein Kernelement des Chiliasmus. Eine auf Gerechtigkeit und negative Privilegierung bezogene *sozialrevolutionäre* Bedeutung erhielt der Chiliasmus historisch besehen verstärkt ab dem 14. Jahrhundert (vgl. Konrad 1981): Er wurde zur prägenden Religiosität millenarischer Sekten, die häufig von Armen und Besitzlosen Zulauf erhielten (Cohn 1988).[6] Für sie atmete »Chiliastisches Zukunftsdenken […] gerade in Krisenzeiten und -situationen den Ton [sic!] einer unbeirrbaren Prophetie« (Wollgast 1996, S. 17).

Aus diesem Grund begreifen besonders Landauer (2003 [1907]), Bloch (1985 [1969]) und Mannheim (2015 [1929], S. 184–191) die revolutionären Chiliasmen des Thomas Müntzer (1489–1525) im Kontext der Bauernkriege und die Täuferbewegung zu Beginn des 16. Jahrhunderts als entscheidende historische Wegbereiter moderner sozialrevolutionärer Utopie (vgl. Saage 2013; Saage 2015, S. 37). Saage (2013; 2015, S. 37–56) zieht entlang des Auserwählten-Glaubens der negativ Privilegierten des sozialrevolutionären Chiliasmus jedoch die Grenze zwischen Utopie und Chiliasmus[7]:

---

6 »Nicht selten warfen sich bestimmte Teile des unterdrückten Volkes in die Arme millenarischer Propheten. Die tiefe Sehnsucht der Besitzlosen und Ausgebeuteten nach Verbesserung ihrer Lebensbedingungen verband sich dann mit Phantasien von einer in den Zustand der Unschuld zurückgekehrten Welt, der [sic] in einer letzten apokalyptischen Schlacht wiederhergestellt werden sollte. Es galt, die Bösen – identifiziert mit den Juden, dem Klerus oder den Reichen – zu vernichten, erst danach konnten die Heiligen, d.h. die betroffenen Armen, ihr Königreich, eine von Leid und Sünde gereinigte Welt, errichten. Von solchen Phantasievorstellungen getragen, nahmen nicht wenige Arme Wagnisse auf sich, die kaum noch etwas mit den üblichen, lokal begrenzten Bauern- und Handwerkeraufständen gemein hatten.« (Cohn 1988, S. 12–13) Hobsbawm (1971 [1959], S. 79) kritisierte an Cohns Darstellung, dass durchaus nicht alle revolutionären Bewegungen der mittelalterlichen Geschichte chiliastisch waren.

7 Saage (2013; 2015, S. 19–56) verteidigt den Utopie-Begriff gegenüber dem Chiliasmus zentral dadurch, dass er ersterem vor allem mit Thomas Morus eine inhärent säkular-politische Gestalt zurechnet: »Die Verortung des chiliastischen Revolutionärs Müntzers unter dem gemeinsamen Dach der Utopie, wie Thomas Morus sie verstand […], ist nur um den Preis zu haben, dass der utopische Fokus an seinen Rändern ausfranst und so für Forschungszwecke wertlos ist.« (Saage 2013, S. 182) Dagegen kritisiert Nitschke (2017) diese Exklusivität säkularen utopischen Denkens: »Wie sollte ein solches Denken möglich sein, wenn man Utopia ohne Christentum denken woll-

»Nicht Aufklärung über die von den Menschen selbst verschuldeten Ursachen deprivierter sozialer Verhältnisse ist die Stoßrichtung des apokalyptischen [bzw. chiliastischen; Anm. PR] Paradigmas, sondern die Mobilisierung von individuellen und kollektiven Ängsten vor der Strafe Gottes, die – abgesehen von der kleinen Elite der Frommen – die große Mehrheit des in Laster und Sünde verstrickten Menschen Geschlechts treffen wird.« (Saage 2002, S. 477)

Unabhängig von der Frage jedoch, ob Chiliasmus eine Utopie sei oder nicht, lässt sich mit dem Begriff charakterisieren, was die AfD-Wähler*innen dieser Studie vereint: Ihr vermeintlich »unverdientes Leiden« als Opfer von Ausgrenzung und Ablehnung und ihr Ungehört-Bleiben trotz ihrer apokalyptischen Katastrophenschau stellen sie sich letztlich als die Bedingung der Möglichkeit der privilegierten Voraussetzung für ein späteres Glück nach der erwarteten Katastrophe vor.

6.1.3. Württembergisch-pietistischer Chiliasmus

Chiliastische Endzeitvorstellungen wurden besonders im Pietismus, der bedeutendsten deutschen Erneuerungsbewegung des Protestantismus der frühen Neuzeit, kultiviert. Insbesondere in Württemberg bildete sich eine nennenswerte Tradition eines pietistischen Chiliasmus heraus (Groth 1984; Wallmann 1986; Brecht 1988; Kannenberg 2007; Fritz 2003; Kannenberg 2016). Dieser wurde vor allem durch die eschatologischen Überlegungen von Johann Albrecht Bengel (1687–1752) (Groth 1984, S. 61–88) und seiner Schüler auf den Weg gebracht. Es ist daher auch die Rede von einem »typisch schwäbischen Pietismus« (Wehling 2008, S. 171), der sich vermittels Bengel im württembergischen Raum herausbildete und Verbreitung fand. Bengels chiliastische Endzeiterwartung und seine konkrete Endzeit-Datierung sind von entscheidender Bedeutung für die Entwicklung des Pietismus in Württemberg im 19. Jahrhundert (Kannenberg 2007; Wallmann 2005, S. 213–225). Bengel berechnete noch im 18. Jahrhundert aus der Johannes-Offenbarung den Heilsplan Gottes voraus und terminierte den Beginn eines tausendjährigen göttlichen Friedensreiches auf Erden exakt auf den 18. Juni 1836.

---

te, also nur auf der Basis einer heidnischen (platonischen) Metaphysik, bei der eben nicht alle Menschen gleich sind?« (Nitschke 2017, S. 166)

Kannenberg (2007; 2016) zeigt, wie Bengel und seine Nachfolger dem württembergischen Pietismus eine chiliastische und – in politischer Hinsicht – separatistische Prägung mitgaben und wie sich der württembergische Pietismus in der ersten Hälfte des 19. Jahrhunderts als regelrechte chiliastische Bewegung formierte: Gerade in der Zeit vor 1836 war er eine »millenarische Bewegung, in der ein endzeitlicher Denkstil die Wahrnehmung und Kommunikation prägte« (Kannenberg 2007, S. 338).[8] Dabei tritt die politisch-innerweltliche Dimension des württembergisch-pietistischen Chiliasmus sichtbar in den Vordergrund. Dieser Denkstil speiste sich aus der dominanten Vorstellung, dass dem konkreten Hoffen auf das Kommen eines Friedensreiches ein Ansporn zur Aktivität mitgegeben ist, denn man durfte dem erwarteten Christus schließlich nicht untätig entgegen gehen (Kannenberg 2016, S. 55). Gerade in den ersten beiden Jahrzehnten des 19. Jahrhunderts war Württemberg in einer tiefgreifenden »religiösen Gärung« begriffen (Ehmer 2011, S. 86), die insbesondere mit dem Zusammentreffen der politischen Ereignisse und der chiliastischen Eschatologie Bengel'scher Prägung zu tun hatte. Unter dem Eindruck der napoleonischen Kriege und wiederkehrender Missernten zu Beginn des Jahrhunderts kam es zu Auswanderungswellen württembergischer Pietisten nach Jerusalem, Russland oder Nordamerika.

Nachdem das Datum 1836 ohne den erhofften Einbruch des Millenniums verstrich und sich Bengels Berechnungen endgültig als falsch herausstellten, wurden die millenarischen Hoffnungen reinterpretiert und neu organisiert (Kannenberg 2007, S. 187–259). Allerdings bildeten sich in Württemberg – und andernorts im Kaiserreich – schon um die Jahrhundertmitte neue chiliastische Bewegungen heraus. Im letzten Viertel des 19. Jahrhunderts flossen insbesondere auch die württembergischen pietistischen Gemeinden in der Gemeinschaftsbewegung, eine gesamtdeutsche neupietistische Fröm-

8 Darüber hinaus ist schon für das 18. Jahrhundert von einem pietistischen Separatismus in Württemberg die Rede, der insbesondere aus einer »institutionenfeindlichen Form der Frömmigkeit« (Wehling 2008, S. 170) entspringe: »Er stellte die hierarchisch-obrigkeitlichen Strukturen in Frage, indem er die persönliche Glaubensentscheidung und die individuelle Beziehung zu Gott in das Zentrum des Glaubenslebens stellte. Er gab dem kleinen Mann ein größeres Selbstwertgefühl, indem er die eigenständige Lektüre der Bibel und der Erbauungsschriften [...] zum zentralen Element der religiösen Unterweisung machte. Die individuelle Gewissensentscheidung erhielt im Pietismus einen besonderen Stellenwert: im Zweifelsfall gebühre dem Wort Gottes Vorrang vor den Anordnungen der Obrigkeit« (ebd., S. 169–170). Überhaupt attestiert Wehling (2008, S. 179) dem schwäbischen Pietismus eine »immanente« Tendenz zum Separatismus.

migkeitsbewegung, ein (Hölscher 1989, S. 80–89).[9] Ihre größte Konzentration erreichten die Gemeinschaften abermals in Württemberg (Hölscher 1989, S. 83). Die Gemeinschaftsbewegung führte die pietistisch-chiliastische Traditionen 18. Jahrhunderts weiter fort und pflegte die Utopie eines zukünftigen tausendjährigen Friedensreiches Christi auf Erden (ebd., S. 86).[10]

6.2. Chiliastische Utopie und meta-historische Zukunft

Chiliasmus ist mit dem württembergischen Pietismus religionsgeschichtlich untrennbar verbunden und über diesen auch kulturell tradiert. Über einen entsprechenden konjunktiven württembergisch-pietistischen Erfahrungsraum lässt sich so auch eine Verbindung der Fälle dieser Studie mit spezifisch endzeitlich-chiliastischen Zeit- und Auserwählten-Selbstbildern herstellen. Schließlich lassen sich die charakteristischen Zeitorientierungen und Selbstbilder der AfD-Wähler*innen dieser Studie als Chiliasmus auf den Begriff bringen. Darin unterscheiden sie sich selbstredend vom pietistischen Chiliasmus der Sattelzeit. Es fällt auf, dass die chiliastischen Zukunftsbilder, auf die die folgende Analyse von AfD-Wähler*innen stößt, weit weniger euphorisch und zukunftsgewiss ausfallen als die des württembergischen Pietismus des 19. Jahrhunderts. Der rechtspopulistische Chiliasmus mag in dieser Hinsicht zwar eine blasse Utopie sein. Aber er

9 Hölscher zeigt außerdem, dass der pietistische Chiliasmus der Gemeinschaftsbewegung in einer Verbindung mit der gleichzeitig stärker werdenden sozialistischen und sozialdemokratischen Bewegung steht: »Der pietistische Chiliasmus der Gemeinschaftsbewegung setzte sich […] zugleich in Analogie und in Widerspruch zur sozialistischen Zukunftshoffnung: Er betonte sowohl in seinem Optimismus, dass der gegenwärtige geschichtliche Äon in Kürze einem neuen Zustand der menschlichen Vollkommenheit Platz machen werde, die Nähe zum utopischen Sozialismus, als auch in der Ablehnung von dessen ›diesseitiger‹ Materialität die Distanz zu ihm.« (Hölscher 1989, S. 87).

10 Ende des 19. Jahrhunderts schloss sich der deutsche Pietismus im Gnadauer Verband für Gemeinschaftspflege und Evangelisation e. V. zusammen (Brecht 1996; Lange 1990). In Württemberg hielt sich der Pietismus im 20. Jahrhundert vor allem durch die 1959 gegründete pietistisch ausgerichtete Ludwig-Hofacker Vereinigung lebendig (Breitschwerdt 2019, S. 498–506), die seit 2011 ChristusBewegung »Lebendige Gemeinde« heißt und die in den späten 1960er Jahren wesentlich die pietistische Theologie-Ausbildung institutionalisierte durch die Gründung des Albrecht-Bengel-Hauses in Tübingen. Diese Institution versteht sich bis heute als Gegengewicht zum historisch-kritisch ausgerichteten Theologiestudium an der Universität. Darüber hinaus finden sich zahlreiche freikirchliche Zusammenschlüsse, die aus unterschiedlichen religiösen Gruppierungen pietistischer Prägung hervorgegangen sind.

gibt Aufschluss über das Wesen und den Charakter der temporalen Handlungsorientierungen der AfD-Wähler*innen und gibt damit zu verstehen, was der Rechtspopulismus mit dem Erfahrungsraum der Spätmoderne zu tun hat. Darin sind Utopien nicht nur als »erschöpfte« (Habermas 1985) oder blasse zu haben. Auch die fraglose Imagination einer privilegierten sozialen Selbstverortung im geschichtlichen Prozess wird immer poröser. Entsprechend umschließt der Chiliasmus der Basistypik gleichermaßen das in destruktiver Hoffnung vorgetragene Gelegenheitsfenster der Prekären-Typik, als auch die elitäre Apokalyptik der Selbständigen-Typik, deren Geheimnisschau der katastrophischen Geschichte zu einem politischen Geschehen wird. Sie haben darin Untergangserwartungen und Selbstverständnisse gemeinsam, letztlich privilegierte Profiteure dieser erwarteten Katastrophe zu sein. Mit diesen Endzeitvorstellungen verarbeiten sie also einen Erfahrungsraum der Spätmoderne und betreiben zugleich einen merkwürdigen Versuch der Selbstaufwertung.

Im Mittelpunkt der weiteren Analyse steht also nicht der Nachweis einer pietistischen Prägung von AfD-Wähler*innen, sondern es wird über den Bezug auf die religionsgeschichtlich-kulturellen Prägung des Erfahrungsraums Württemberg der in pietistischer Tradition stehende Begriff des Chiliasmus im Sinne einer revolutionär-endzeitlichen, meta-historischen Utopie auf das empirische Material bezogen. Mit Mannheims (2015 [1929], S. 184–191) wissenssoziologischem und »säkularem« (vgl. Heyer 2007, S. 247) Chiliasmus-Begriff lassen sich ihre impliziten Orientierungen und spezifischen Denk- und Erlebnisformen, Geschichtsbilder, Zeitvorstellungen und ihre habituellen Selbstbilder entsprechend als chiliastische Utopie auf den Begriff bringen. Schließlich beschreibt sein wissenssoziologisch-relationaler Utopie-Begriff (vgl. Kapitel 3.1) einerseits eine bestimmte zeitbezogene Art und Weise, einen *modus operandi* des Erlebens, Wahrnehmens und Bewertens und eine entsprechende Perspektive auf Zeit und Geschichte, die zu einer politischen Weltanschauung kondensiert. Andererseits versteht Mannheim Utopien als revolutionäre Weltanschauungen Beherrschter. Für die AfD-Wähler*innen gilt allerdings, dass ihre Endzeitphantasien keineswegs Ausdruck einer objektiven beherrschten Lage sind. Und es soll der Chiliasmus-Begriff auch nicht in polemischer Absicht verkürzt auf eskapistische Endzeitvorstellungen der untersuchten Fälle hinweisen (vgl. List 1973). Im Gegenteil: Es wird gerade anhand der vorherrschenden Selbstbilder der AfD-Wähler*innen gezeigt, in welcher Funktion die Endzeit- und Untergangs- und die meta-historischen Zukunftsvorstellungen aufgerufen werden. Ihr Chiliasmus ist nämlich auch mit einem Selbstbild »negativer Privilegierung« (vgl. Kapitel 6.1.2) verbunden: Sie wähnen sich durchgehend als unterdrückte und ausgegrenzte Minderheit. Dieses habituelle Selbstbild ist ein stabiler handlungsleitender Orientierungsrahmen der Fälle dieser Studie. Er liegt ihrem utopischem Interesse »an der Zerstörung und Umformung einer gegebenen Gesellschaft« (Mannheim 2015 [1929], S. 36) zugrunde. Zugleich ist dieses Selbstbild die Bedingung der Möglichkeit zur Kultivierung eines elitären Auserwählten-Selbstbildes schon in der Gegenwart.

Das Chiliastische im Zeiterleben ist zwar theoretisch und begrifflich (auch über seine religionsgeschichtlichen Ursprünge) zu bestimmen, aber es ist empirisch vor allem in den impliziten Denk- und Erlebnisformen zu entdecken.[11] Das Zeiterleben der Basistypik drückt sich in Orientierungen an einem Zukunftshorizont aus, der nur über revolutionär-endzeitlich aufgeladene Absagen an die historische Zeit und das Schlechte, das sie bringe, zu haben sei. Diese Orientierung ist durchdrungen von der Erwartung eines Endes dieser Zeit und des Hereinbrechens einer anderen Zukunft. Allerdings handelt es sich dabei nicht um eine konkrete Zukunftsvorstellung. Ihre Zukunftshorizonte entsprechen eher der symbolischen Vorstellung des chiliastischen Milleniums – einer »meta-historical future in which the world will be inhabited by a humanity liberated from all the limitations of human existence, redeemed from pain and transience, from fallibility and sin, thus becoming at once perfectly good and perfectly happy« (Talmon 1962, S. 130).

Als ursprünglich revolutionäre christliche Utopie (Wollgast 1996, S. 6) spannt der Chiliasmus also bis in die Moderne Projektionsflächen innerweltlicher politischer »Reichs«-phantasien auf und begründet politisch-säkulare Heilsentwürfe: Das ist am schwäbischen Pietismus der Sattelzeit zu sehen (vgl. Kapitel 6.1.3) und an der chiliastischen Motivik des historischen Faschismus und seiner »fascist temporalities« (vgl. Kapitel 2.3). Mit dem Begriff des Chiliasmus lassen sich also auch säkulare Utopien fassen, die nicht

11 Zur Rekonstruktion des chiliastischen Zeiterlebens von AfD-Wähler*innen wird sich an der aufmerksamen dokumentarischen Analyseeinstellung orientiert, die Mannheim bereits anmahnte: »Will man das Chiliastische in seiner wahren Substanz sich einigermaßen näherbringen und für die wissenschaftliche Erfassbarkeit zugänglich machen, so gilt es zunächst darauf zu achten, dass man nicht die Bilder, Symbole und Formen, in denen dieses Bewusstsein denkt, für das ›Chiliastische‹ selbst nimmt. […] Man muss also, […] eine lebendige, mitvergegenwärtigende Form des Forschens versuchen und sich stets fragen, ob in diesen Denk- und Erlebnisformen chiliastisches Bewusstsein im gegebenen Fall wirklich präsent ist.« (Mannheim 2015 [1929], S. 186–187)

im engeren Sinne theologisch sind, aber die grundlegenden Komponenten des Chiliasmus enthalten (Rezai Dubiel 2016, S. 18). Chiliasmus stellt sich von hier aus als eine »Geschichtsutopie« (Wollgast 1996, S. 9) dar, sofern er zum je bestehenden Gesellschaftszustand revolutionäre – und eben gerade keine evolutionär-chronologischen – Gegenbilder schafft (ebd., S. 11). Chiliast*innen sind im Kern also durch eine Hoffnung auf einen vollständigen und radikalen Wandel in der Welt getragen – allerdings nicht im Sinne optimistischer Zukunftshoffnungen oder nostalgischer Erinnerungen, sondern eines Harrens des Durchbruchs einer radikal neuen Zeit. Chiliast*innen halten sich bereit für einen Augenblick »zeugender Destruktion« (Mannheim 2015 [1929], S. 191). Die Rekonstruktion der Zeitorientierung der Prekaritäts-Typik hat hierauf bereits einen Blick freigegeben.

Damit zeigt Chiliasmus im Kern ein besonderes Verhältnis zur Geschichte an. Ein chiliastisches »historisches Zeiterleben« (Mannheim 2015 [1929], S. 182) ist charakterisiert durch ein besonderes Verhältnis zur Zukunft. »Chiliasmus geht immer auch auf Zukunft« (Wollgast 1996, S. 16), aber auf eine besondere Weise: »Millenarism is thus basically a merger between an historical and a non-historical conception of time.« (Talmon 1962, S. 130) Chiliast*innen stehen der geschichtlichen Zukunft, verstanden als Ergebnis eines kontinuierlichen Wandels, der sich aus der Vergangenheit über die Gegenwart hinweg in die kommende Zeit hinein fortsetzt, entgegen: »The transition from the present into the final future is not a gradual process of progressive approximations to the final goal. It is a sudden and revolutionary leap onto a totally different level of existence. « (ebd., S. 130) Damit stiften Chiliast*innen eine revolutionäre Verbindung zwischen einer Vergangenheit und einer meta-historischen (ebd., S. 131) oder eine »post-temporalen« (Hölscher 2020, S. 282) Zukunft.

Mit der Kennzeichnung des Erlebens und der Zeitorientierungen der Fälle der Basistypik ist also gemeint, dass sie mit *revolutionär-endzeitlichem Grundempfinden gegen die Zeit des historischen Werdens und die geschichtliche Zukunft der Welt stehen*. Das chiliastische Bewusstsein hat »alle Brücken zum Hier- und Jetzt-Werdenden abgebrochen« – es kündigt »alle Beziehungen zu jenem in unserer Mitte allmählich werdenden, alltäglichen und historischen Sein« (Mannheim 2015 [1929], S. 191). Die ihm erhoffte Zukunft ist entsprechend keine aus der Gegenwart heraus entwickelte oder chronologisch entstandene, sondern eine meta-historische, die in die Welt durchbrechen soll. Mit Chiliasmus lässt sich umgekehrt auch auf den Begriff bringen, was und wie die rechtspopulistisch Mobilisierten *nicht* sind: Sie sind nicht konservativ. »Konservativ erleben bedeutet«, nach Mannheim, »von jenen Erlebniszentren aus zu leben, deren Entstehungsursprung in vergangene Konstellationen des historischen Geschehens verankert ist« (Mannheim 1984, S. 125). Im konservativen Erleben ist die Vergangenheit in der Gegenwart immer bestmöglich aufgehoben. Konservativ-Sein ist nicht Chiliastisch-Sein, sofern letzteres weder an der Bewahrung der Gegenwart der Geschichte noch teleologisch orientiert ist. Das chiliastische Zeiterleben wähnt sich als außerhalb des »bloß Werdenden« und außerhalb der historischen Zeit stehend (Mannheim 2015 [1929], S. 190). Damit ist dem Chiliastischen ein spezifisch revolutionäres Moment eingeschrieben:

> »[...]; deshalb füllen nicht optimistische Zukunftshoffnung und romantische Erinnerung seine alltägliche Zeit aus, sondern es handelt sich hier um ein Harren, um ein Auf-dem-Sprung-Sein, weshalb sich auch die sonstige Zeit für ihn nicht differenziert. Das tausendjährige Reich ist von ihm nicht eigentlich gemeint, das Wichtige für ihn ist, dass es hier sei und jetzt sei und aus dem Irdischen entstehe als ein hier sich vollziehender Umschwung in ein andersartiges Sein;« (Mannheim 2015 [1929], S. 189)

Mannheim und andere heben im chiliastischen Bewusstsein das Revolutionäre hervor[12]: Es ist nicht durch ein konkretes Geschichtsbild geprägt, sondern durch die davorliegende Erwartung des Ausbruchs aus der Geschichte. Gleichwohl machen Chiliast*innen selbst keine Revolution:

> »Sie erwarten, dass diese von selbst geschieht durch göttliche Offenbarung, durch Verkündung von oben, durch ein Wunder – sie wird eben irgendwie passieren. Die Sache des Volkes ist es, sich vor der großen Wandlung zu versammeln, sich miteinander vorzubereiten, die Zeichen des kommenden Untergangs zu beobachten, den Propheten zu lauschen, die die Heraufkunft des großen Geschicks weissagen, bestimmte rituelle Vorkehrungen für den Moment der Entscheidung und des Wandels zu treffen, oder sich zu läutern, die Schlacke dieser schlechten Welt abzustreifen, um die neue in strahlender Reinheit betreten zu können.« (Hobsbawm 1971 [1959], S. 81)

Diese Gestalt einer elitären Sammlung von Auserwählten im Geiste eines sicher erwarteten apokalyptischen Endes der Geschichte finden wir auch in der Utopie der Basistypik. Sie umschließt gleichermaßen das in destruktiver Hoffnung vorgetragene Gelegenheitsfenster der Prekären-Typik, als auch die elitäre Apokalyptik der Selbständigen-Typik, deren Geheimnisschau der

12 Für Mannheim ist im Chiliasmus das Revolutionäre sogar reiner Selbstzweck: »Das Chiliastische will die Revolution in ihrer Selbstwertigkeit nicht als unvermeidliches Mittel zu einem rational festgelegten Ziele, sondern als einzig schaffendes Prinzip unmittelbarer Präsenz, als den ersehnten Durchbruch in die Welt.« (Mannheim 2015 [1929], S. 189)

katastrophischen Gegenwart sich als Ausdruck »negativer Privilegierung« per se verstehen lässt.

6.3. Die württembergisch-pietistische Basistypik

6.3.1. Rechtspopulistischer Chiliasmus

Das chiliastische Erleben der württembergischen Basistypik tritt in Gestalt eines revolutionär-endzeitlichen Grundempfindens auf, das gegen die geschichtlich gewordene Gegenwart gerichtet ist. Die chiliastischen Fälle der Basistypik verorten sich in einer Geschichte, die sie gleichzeitig zu beenden und zu überwinden trachten. Darin verbinden sie auf eine spezifische Weise Zukunft und Vergangenheit: Chiliastisches Zeiterleben hat einerseits mit dem emphatischen Erwarten eines baldigen Endes des gegenwärtigen Weltgeschehens zu tun. Die rechtspopulistischen Chiliast*innen der Basistypik blicken also nicht schwärmerisch-nostalgisch in die Vergangenheit (vgl. auch Kapitel 5.2.3). Sie sind vielmehr mit starken Behauptungen über die Zukunft unterwegs. Andererseits gilt für den revolutionären Chiliasmus auch: »Niemals malte sich der Wunsch nach Glück in eine leere und durchaus neue Zukunft hinein. Immer sollte auch bessere Vergangenheit hergestellt werden, freilich nicht eine eben vergangene, sondern die einer nachgeträumten schöneren Vorzeit.« (Bloch 1985 [1935], S. 140) Der Chiliasmus der AfD-Wähler*innen dieser Studie ist daher kein einfaches Sehnen nach Vergangenheit. Vielmehr lassen sie die Vorstellung einer besseren Vergangenheit »[...] aus der Zukunft sich wieder entgegengehen, aus der Zukunft des wiederhergestellten Paradieses. Damit eben beginnt der Mythos vom Tausendjährigen Reich, von einer glücklichen Endzeit, der die Geschichte zustrebt, vielmehr: die die Geschichte der Gerechten bereit hält [sic!].« (Bloch 1985 [1935], S. 140–141)

Der Chiliasmus der Basistypik verbindet die Orientierungsmuster der bisher rekonstruierten Typiken. Diese Verbindung lässt sich als »negative Privilegierung« auf den Begriff bringen: Vor dem Hintergrund ihrer elitären Selbstverständnisse und ihrer Opfer-Selbstbilder betreiben die chiliastischen AfD-Wähler*innen dieser Studie eine »Theodizee« – oder besser »Soziodizee« (Bourdieu 2011, S. 57; Bourdieu 2013, S. 285) – des Leidens als »negativ Privilegierte« (Lichtblau 2001). Ihr »unverdientes Leiden« als Opfer von Ausgrenzung und ihr Ungehört-Bleiben trotz ihres apokalyptischen Durchschauens der Katastrophe begreifen sie als die Bedingung der Möglichkeit der privilegierten Voraussetzung für ein späteres Glück nach der erwarteten Katastrophe. Sie stellen sich – zumindest für sich selbst – eine Zukunft der Gerechten und der Auserwählten vor.

Der Chiliasmus der Basistypik lässt sich vornehmlich, wenn auch nicht ausschließlich, im Zusammenhang mit den Themen Kindererziehung, Familie und Geschlechterrollen rekonstruieren. Hinter ihren Alltagstheorien über diese Themen tauchen chiliastische Zeitorientierungen auf. Sie verarbeiten die Differenzerfahrung, dass es andere Lebensentwürfe als ihre eigenen gibt, in einem chiliastischen Orientierungsrahmen. Darin weisen sie etwa zurück, dass der Fluchtpunkt ihrer Familienvorstellungen in einer prototypischen Figur von Hausfrau und Mutter in einem bundesrepublikanischen Rollenmodell der 1950er und 1960er Jahre aufgehe. So wird argumentiert, dass die Figur eines »Heimchen[s] am Herd« (Friedrich: 311) eine Erfindung politischer Gegner der AfD mit verleumderischer Absicht sei. Sie scheinen sich darin vor allem an einer Festlegung auf Vergangenheit zu stören. Von sich selbst glauben sie indessen, eine (ewige) Normalität zu verkörpern, die jedoch abgebrochen sei. Damit ist ein zweites, empirisch wiederkehrendes Motiv genannt: Die Fälle stellen sich einen Bruch in der Geschichte vor, den sie häufig in den 1970er Jahren verorten. Schon bei Gitti (vgl. Kapitel 5.2.3) war zu sehen, dass sie sich von der Vergangenheit unwiederbringlich abgeschnitten fühlt. Die Verortung des Zeitenbruchs in den 1970er Jahren steht als Motiv indessen in Übereinstimmung mit der Diagnose des Erfahrungsraums der Spätmoderne, der ebenfalls seit den 1970er Jahren eine moderne Zeiterfahrung zu verdrängen begann (vgl. Kapitel 2.3).

In der folgenden Analyse wird für die Rekonstruktion der Basistypik das Themenfeld Familie und Kindererziehung als tertium comparationis ins Zentrum gerückt. Damit lassen sich anschließend auch die Fälle jenseits des Erfahrungsraums der Basistypik in kontrastierender Absicht hinzuziehen, um zu zeigen, wo der Erfahrungsraum des württembergisch-pietistischen Chiliasmus möglicherweise endet und wo der rechtspopulistische Chiliasmus über die Basistypik hinaus zu finden ist.

6.3.1.1. *Harren des Durchbruchs ewiger Normalität*

Bei Friedrich und Hannelore lassen sich chiliastische Zeitorientierungen exemplarisch im Themenfeld Familie studieren. Hannelore beispielsweise thematisiert ausführlich den Wandel von Mutter- und Frauenrollen in der Familie, wobei sie ihre Biografie als Projektionsfolie heranzieht. Dabei ist zu sehen, wie sie sich nicht an das Bild einer besseren Vergangenheit klammert, sondern sich an eine Vorstellung ewiger Normalität orientiert:

HANNELORE: Ich sags ja bloß sowas, weshalb auch, äh, das System nicht mehr funktioniert. Man hat ja drum gekämpft, dass man nicht die Rolle hat, die Frau daheim und der Mann zuhause, das war aber früher auch schon nicht so. Meine Mutter hat gearbeitet, seine Mutter hat gearbeitet, die haben ihre Eltern gepflegt. Die waren aufm Feld, die waren, die, die haben auch rund um die Uhr gearbeitet, wie heute die Frau auch, nur eben andere Arbeit war das. Die haben erstens mal die ganze Mittel nicht gehabt, von Waschmaschine, Spülmaschine, dingens, die haben eine ganz andere Arbeitsfunktion gehabt. Die haben mehr getan wie manch eine wo heute im Büro sitzt und dann heimkommt und gut wars, ge. Und wird dafür hoch angesehen. Und da frag ich mich heut, die werden heut in eine, eine Spirale oder in einen, in einen einen Tre(unv.) reingewürgt, damit sie emanzipier/ wir waren schon immer (.) emanzipiert.

Zu Beginn der Sequenz entwirft Hannelore das Bild einer Krisenzeit der Gegenwart – »das System« funktioniere nicht mehr (Hannelore: 1301–1302) – und sie nimmt diese Proposition als Ausgangspunkt für die Elaboration der familienpolitischen Hintergründe für diese vermeintliche Krise. Die einleitende Bemerkung der Passage, dass »man ja drum gekämpft« habe, »dass man nicht die Rolle hat« (Hannelore: 1302), in der Frauen vornehmlich zuhause seien, bezieht sich, wie sich im weiteren Verlauf zeigt, thematisch auf einen Gleichstellungsprozess von Frauen und Müttern im Erwerbsarbeitsleben. Sie schließt dabei an Friedrich an, der schon am Beginn des Interviews diese Behauptung aufwirft. Mütter und Frauen, die sich der Kindererziehung annähmen, würde man entsprechend »abwürdigen« (Friedrich: 311).

Bemerkenswerterweise schließt Hannelore unmittelbar an die »System«-Behauptung mit einer Antithese an (Hannelore: 1303): Hannelore nimmt sich eine für nicht zutreffend gehaltene Annahme der Gleichstellungs- und Emanzipationsbewegung vor, der zufolge es früher weniger Emanzipation gegeben habe und Emanzipation ein linearer historischer Prozess sei. »Das« – gemeint ist eine exklusive Hausfrauen- und Mutterrolle der Frauen – »war aber früher auch schon nicht so« (Hannelore: 1303). Das heißt, Hannelore weist einen gleichstellungspolitischen und emanzipatorischen ›Kampf‹ darum, dass Frauen nicht gezwungen sein sollten, die Rolle von Hausfrauen einzunehmen, mit Hinweis darauf zurück, dass dies auch in der Vergangenheit kein gelebtes Modell gewesen sei. Diese

Vergangenheitsbehauptung bezieht Hannelore hier auf ihre und Friedrichs Eltern und ihre eigene biografische Erfahrung. Hannelore behauptet damit, dass der von ihr zum Thema gemachte gleichstellungspolitische Kampf gegen eine Vergangenheit gerichtet sei, die es nie gegeben habe. Schließlich hätten Frauen früher auch viel gearbeitet – wenn nicht sogar mehr »wie manch eine wo heute im Büro sitzt« (Hannelore: 1308–1309). Hannelores Antithese impliziert nicht nur eine Kritik an einer auf falschen Annahmen ruhenden vermeintlichen Fortschrittlichkeit gegenwärtiger Gleichstellung von Frauen auf dem Arbeitsmarkt; überhaupt zielt sie auf eine Dekonstruktion von Emanzipation als Fortschrittserzählung: »[...] die werden heut in eine, eine Spirale oder in einen, in einen einen Tre(unv.) reingewürgt, damit sie emanzipier/ wir waren schon immer (.) emanzipiert.« (Hannelore: 1310–1312)

Nicht nur setzt Hannelore Emanzipation mit Zwang und Gewalt gleich (»reingewürgt« [Hannelore: 1311]). Es spielt vor allem auch ihre spezifische Zeitperspektive eine Rolle: Emanzipation sei schlicht kein Fortschrittsprojekt, da wirkliche Emanzipation immer schon – auch in der Vergangenheit – gegeben gewesen sei: »wir waren schon immer (.) emanzipiert« (Hannelore: 1311–1312). Eine homologe Sequenz findet sich auch bei Kerstin, die im Zusammenhang mit ihrer Selbstständigkeit ihre Situation als früher »schon emanzipiert« (Kerstin: 135) beschreibt:

135 KERSTIN: Also ich HABE, ich war schon emanzipiert. Ich hab auch mal bei
136 [Versicherungsgesellschaft] einen Vortrag gehalten in Göttingen, über ne halbe
137 Stunde. Hab mich da zwei, drei Tage vorbereitet, weil mir das auch ungewöhnlich ist.
138 Die Frau im Außendienst. Also ich BIN/ dass man sich, natürlich, warum soll man/
139 Und dennoch bin ich aber auch gerne Mutter gewe/ oder gewesen, immer. Und hab
140 mich in meine Kinder, alle (.) Gefechte mit Schule und alles haben wir
141 durchgestanden. Ja. Also es ist (.) Es ist schön Mutter zu sein. Es ist natürlich auch
142 interessant trotzdem selbstständig durchzukommen und sein Geschäft zu machen.
143 Also (.) Bin jetzt 42 Jahre bei [Versicherungsgesellschaft] im 42ten Jahr. Ich musste
144 schon immer mein Geschäft bringen, sonst hätte sie mich irgendwann mal gesagt,
145 also es hat keinen Zweck, ge. Ja.

Kerstin präsentiert in dieser Passage zwar auch ihre liberale Sicht auf Gleichstellung und die Vereinbarkeit von Familie und Beruf: Sie habe sich selbst durchgekämpft und deshalb sei ihre berufliche Karriere und ihr Mutter-Dasein auch vereinbar gewesen. An keiner Stelle im Interview berichtet sie über ihren Mann, bzw. den Vater der Kinder. Im Fragebogen zu den soziodemografischen Merkmalen gibt Kerstin auch an, dass ihr eigenes und das Haushaltseinkommen mit 4.500 – 5.000 € identisch sei – dass sie also alleine für das Haushaltseinkommen aufkomme (vgl. Tabelle 1). Kerstin steht somit gerade nicht für ein männliches Alleinernährer-Modell, sondern sie hat in der Tat für die Zeit, von der sie spricht (seit »42 Jahre[n]« [Kerstin: 143]) eine ›untypisch‹ emanzipierte Biografie als weibliche Alleinernährerin. Insofern hat Kerstins Eingangsbehauptung »ich war schon emanzipiert« (Kerstin 135) – und zwar »im 42ten Jahr« nun (Kerstin 143) – eine biografische Entsprechung.

Ähnliches gilt für Hannelore. Auch wenn sich ihre Biografie von der Kerstins deutlich unterscheidet, begreift sie sich und ihre Generation als »schon immer emanzipiert« (Hannelore: 1311–1312) – schon bevor also von Emanzipation überhaupt die Rede gewesen sei, d. h. bevor Frauen also in eine ›unechte‹ Emanzipation hineingezwungen worden seien. Das Ende der oben zitierten Passage zeigt abschließend nochmal Hannelores Zeitorientierung und wie sie Vergangenheit und Gegenwart qualifiziert:

1312 HANNELORE: Ich hab noch nie irgendwie, äh, äh, ein Gefühl gehabt, pff, seit
1313 ich auf der Welt bin, jetzt, ich bin Baujahr, ja, Geburt sechzi, 1960 geboren. Wir sind,
1314 äh, Kindheit gut aufgewachsen, Schule gut aufgewachsen, Jugendlich, also da, da
1315 hats überhaupt nie {{gleichzeitig} Friedrich: Freiheiten} ja, wir haben alle Freiheit
1316 gehabt {{gleichzeitig} Friedrich: Wir haben mehr Freiheiten gehabt wie die Generation
1317 heut} in den 70er Jahren, wie unsere Kinder nachher {{gleichzeitig} Friedrich:
1318 Hundertprozentig} Ja.

Hier ist zu sehen, dass Hannelore einerseits zwar ein positives Vergangenheitsbewusstsein hat. Vergangenheit wird als Zeit der Freiheit (und der schon immerwährenden Emanzipation) erzählt. Andererseits konstatieren Hannelore und Friedrich am Ende der Passage einen Generationenbruch: Ihre eigenen Kinder seien schon in eine Welt geboren, die ihnen diese vorgeblichen Freiheiten nicht mehr gewähren würde. Sie sieht diesen Bruch »in den 70er Jahren« (Hannelore: 1317).

Hannelore breitet diese Freiheits-Proposition im weiteren Verlauf weiter aus. Sie erzählt, wie sie diese Freiheit der Vergangenheit konkret erfahren habe, nachdem sie mit Friedrich ihre Familie gegründet hat:

1320 HANNELORE: […] seit ich 18 bin, war, sind wir, sind wir
1321 zusammen. Das ist (..) Das ist heut ganz anders irgendwo, wie wie wie d/ wie die frei/
1322 oder man hat das einfach genossen. Man hat, man hat gelebt, aber hat dadurch,

1323 dass man frei WAR, auch viel erarbeiten oder schaffen können {{gleichzeitig}
1324 Friedrich: Ja, du hast da d'Energie hergekriegt} Und heut wird der Druck ausgesetzt.
1325 Ich, ich hab Kinder gehabt und ich konnt freiwillig entscheiden, ob ich arbeite. Ich
1326 konnt freiwillig sagen. Mir hat von, das hat der Kohl übrigens wie der [Name des
1327 Kindes] auf die Welt kam, das Gesetz gemacht, dass die Frau unterstütz werden, die
1328 Kinder erziehen. Und das hat uns, wir haben ein Haus bau/ äh gekauft, umgebaut.
1329 Ich hab aufgehört zu arbeiten, das Gehalt war nicht hoch, aber es hat halt gefehlt,
1330 logisch, und hab 600 Mark hat man damals gekriegt. Und für das, äh, Aushilfslohn
1331 war glaub ich auch 600 Mark, oder 4/ das war nicht 400 Euro, war 600 Mark. Und
1332 wenn man die Teilzeit genommen hat und die 600 Mark vom Staat, dann hab ich
1333 gleich viel gehabt, wie wenn ich arbeiten gegangen wäre. Wir konnten unsere
1334 Finanzierungen sicherstellen. Und ich konnt mich ganz beruhigt um die Kinder
1335 kümmern. Mir hat nix gefehlt. Und einfach selber zu entscheiden, zu sagen ich
1336 arbeite mehr, weil ichs kann, mein Kind macht da mit. Ich konnt das einschätzen, ich
1337 wusst genau, der wacht da morgens um sechse auf, da ist der fit, ich kann um achte
1338 ausm Haus. Aber das muss ich ja erstmal spüren, ich ka/ ich kann das doch vorher
1339 gar nicht sagen. Beim zweiten Kind musste ich acht Mal nachts aufstehen. Ich wär ja
1340 verrückt geworden, wenn ich morgens hätt ins Geschäft müssen. Ich war fertig
1341 morgens. Stehen Sie acht Mal auf nachts. Und dann sollen die Leut, da ist das Kind
1342 krank, die überlegen sich aber, scheiße, ich muss ins Geschäft, der muss in die Kita,
1343 da kann die nicht daheimbleiben. Die Frauen sind doch nicht ausgeruht. Die gehen
1344 ins Geschäft, die schickt, obwohls Kind krank ist, tun sies in Kindergarten, dadurch
1345 werden immer wieder die Krankheiten weitergegeben, weils eben, die könnens nicht
1346 ausheilen daheim richtig. Man hat nicht die Ruhe, die Zeit für die, {{gleichzeitig}
1347 Friedrich: Ja, es ist auch Schnelllebigkeit worden} und ich muss/ jede Familie muss
1348 doch selber merken auch, jetzt mit den Erziehungszeiten, find ich ja toll wenn der
1349 Mann auch daheimbleiben kann, und wenn man das einteilen kann, alles prima,
1350 aber das muss man doch, das muss man doch spüren, wie, wie, wie kriegen wirs am
1351 besten hin? Kann mein Mann das besser, kann meine Frau das besser, kann das/
1352 Wir haben uns super ergänzt, in ALLEM.

Hannelore erzählt ausführlich, wie sie nach der Geburt ihrer Kinder und dem Kauf eines Hauses zunächst aufgehört habe zu arbeiten und später in Teilzeit tätig war. Ziel sei es gewesen, dass sie sich »ganz beruhigt um die Kinder kümmern« (Hannelore: 1334–1335) habe wollen. Die Passage setzt sich aus zwei Teilen zusammen: Damals, in Hannelores jungen Erwachsenenjahren, habe es Freiheit gegeben, man habe »Energie« (Friedrich: 1324) für Familie und Kindererziehung gehabt; heute herrsche »schnelllebige« (Friedrich: 1347) Gehetztheit und »[r]uhe[loser]« (Hannelore: 1346) Zwang. Die bereits oben proponierte Freiheit sei ermöglicht worden durch eine konkrete familienpolitische Maßnahme, die auf die Regierung Kohl zurückgehe. Hannelore nimmt in der Passage Bezug auf das 1986 eingeführte »Erziehungsgeld«, für das formell beide Elternteile, unabhängig von einem bestehenden Arbeitsverhältnis, anspruchsberechtigt waren (Baronsky et al. 2012, S. 33).[13]

Hannelore und Friedrich setzten sich zur Wehr gegen ein Bild, mit dem sie diese Familienpolitik und diese familienpolitische Gestaltung von Erwerbs- und Erziehungs-, bzw. Care-Aufgaben abgewertet sehen. Noch im ersten Teil des Interviews – und damit lange bevor Hannelore von ihrer Familien-Vergangenheit berichten konnte – wartet Friedrich mit der propositionalen Figur der »Herd-Tussi« (Friedrich: 311) auf, die sie Sinnbild einer ungerechtfertigt empfundenen vermeintlichen Abwertung ihrer eigenen familiären Arbeitsteilung aufrufen:

FRIEDRICH:
307 Wenn solche Leute da sind, wie eine gescheite Oma und ein Opa, und sie kriegen die
308 Kinder noch im Rahmen der Generationenfolge mittags vernünftig und auch SICHER
309 untergebracht, was, bitte schön, ist daran schlecht. Und was muss die SPD, diese
310 Ausbund von Dummheit, solche Personen, die ihre Kinder noch selber erziehen, als
311 dumme Heimchen am Herd oder Herd-Tussi oder Herdprämie abwürdigen.

Friedrich wehrt sich mit hohem emotionalem Engagement gegen eine diffamierend gemeinte Bezeichnung von Frauen, die exklusiv für Care-Arbeit zuständig sind. Er ruft den bekannten Topos des »dumme[n] Heimchen[s] am Herd« (Friedrich: 311) auf, eine Abwertung, von der er sich förmlich angegriffen zeigt.[14] Mit »Heimchen am Herd« betitelte bereits 1966 der Spie-

13 In der Praxis führte die formelle Gleichberechtigung dieses Instrumentes jedoch dazu, dass in erster Linie Frauen Bezieherinnen des Erziehungsgeldes wurden: »Die formelle Offenheit und Geschlechtsneutralität des Erziehungsgeldes entpuppt sich jedoch rasch als nebensächlich, wenn bedacht wird, dass 600 DM im Monat schon 1986 nicht ausreichten, um ein volles Gehalt zu ersetzen oder den Lebensunterhalt zu bestreiten, erst recht nicht für eine Familie. Es war von daher in der Praxis das meist kleinere, wenn überhaupt vorhandene Einkommen der Frau, welches zugunsten des Erziehungsgeldbezuges geopfert wurde.« (Baronsky et al. 2012, S. 33).

14 Das hat auch damit zu tun, dass Friedrich die Kindererziehung und -versorgung als Sicherheitsfrage (Friedrich: 308) begreift. Darin ist Friedrich weder inhaltlich noch kritisch mit Rollenmodellen von Frauen in familiärer Arbeitsteilung befasst. Es fällt vielmehr auf, dass Friedrich eine eigene Definition des Begriffs der »Generationenfolge« mitführt: Für ihn meint »Generationenfolge« die Erziehungshilfe durch Großeltern und nicht, wie im eigentlichen Wortsinn, dass Kinder zu gegebener Zeit die Sorgearbeit für die alternden Eltern übernehmen. Vielmehr sollen dieser Proposition zufolge Großeltern bei Erwerbstätigkeit der Mutter einspringen und die Kinder »SICHER« (Friedrich: 308) verwahren.

gel die Besprechung der auf Deutsch erschienen Studie von Betty Friedan »Der Weiblichkeitswahn« (The Feminine Mystique, 1963) (Der Spiegel 1966).[15] Dieses »Heimchen am Herd« habe es Hannelore zufolge jedoch nie gegeben – auch nicht in der Vergangenheit. Dort sei man ja »schon immer emanzipiert« (Hannelore: 1311–1312) gewesen. Es zeigt sich damit noch deutlicher, wie Hannelore und Friedrich Vergangenheit und Gegenwart in Beziehung setzen: Eine Zeit der Freiheit und der wirklichen (immerwährenden) Emanzipation sei abgebrochen – und zwar seit sie ihr Lebensmodell als »Heimchen am Herd« (1966) diffamiert sehen, spätesten aber irgendwann »in den 70er Jahren« (Hannelore: 1317). Hannelore und Friedrich sehen sich explizit nicht als rückwärtsorientiert, sofern sie ihre Emanzipation als »schon immer«, als ewig begreifen. Wie wir sehen werden, hat den beiden ihre scheinbar abgebrochene, emanzipierte Lebensform damit auch noch eine Zukunft.

Expliziter noch macht Kerstin diese unterstellte Rückwärtsgewandtheit als negativen Horizont zum Thema. Kerstin und Hannelore haben in der Vergangenheit positive Erfahrungen mit Familiengründung und Selbstständigkeit gemacht. Wie zu sehen war, haben beide Frauen mehrere Kinder aufgezogen. Kerstin war dabei durchgehend selbstständig tätig. Hannelore hat gemeinsam mit ihrem Mann Friedrich, der selbstständig tätig war, die Kindererziehung übernommen und später dann in Teilzeit gearbeitet. In folgender Passage weist Kerstin explizit den vorgeblichen Vorwurf der Rückwärtsgewandtheit (Kerstin: 88) und der Rückständigkeit (Kerstin: 93) im Hinblick auf ihre (durch die AfD vertretene) familienpolitische Position zurück:

81 KERSTIN: Weil es bleibt den Leuten nichts anderes übrig. Die Frau muss wieder
82 arbeiten. WEIL sie nicht durchkommen. Und das ist halt fatal, gell. Und ich denke die
83 ersten drei Jahre, bis so ein Kind in den Kindergarten kommt, wär schon schön,
84 wenn das Kind bei der Mutter wär. Das ist schon ideal. So die ersten, bis zum
85 Kindergarten. Wenn's dann Kindergarten geht und die Mutter Teilzeit, find ich sogar
86 ideal. Weil sie bleibt dann eher im Beruf. Ist auch mal froh ohne Kind irgendwo zu
87 sein, ist auch mal schön. Ne (.). Haja. Und das vertritt halt die AfD. Und deswegen
88 wird sie dann als altmodisch (.), sie will wieder, wie heißts, rückwärtsgewandt, so wie
89 à la 50er Jahre. Ist ja Blödsinn. (leise) Das ist (.) Blödsinn. Sie wird halt überall
90 diffamiert. Und das ist traurig. Die Frau, die das so macht, soll das so machen, und

15 Als »Herdprämie« wurde auch das sogenannte »Betreuungsgeld« von 2013, eine Sozialleistung für Familien, die ihre Kinder ohne Inanspruchnahme öffentlicher Betreuungsangebote wie Kindertagesstätten zuhause versorgten, kritisiert.

die andere Frau, die eben zuhause bleiben kann, die soll es machen und da soll man nicht sagen, äh, äh/ Also ich find, da muss man WIRKLICH tolerant sein. Ja, aber die wo zuhause bleibt, die wird von den anderen Parteien als rückstand/ rückständig betrachtet.

Die Passage beginnt mit einer Widersprüchlichkeit: Kerstin ruft eine Proposition auf, die auch in vielen anderen Interviews zum Vorschein kommt: Die Behauptung, dass es »fatal« (Kerstin: 82) sei, dass Frauen heute vermeintlich gezwungen seien, lohnarbeiten zu müssen. Sie fordert stattdessen, dass »das Kind bei der Mutter wär« (Kerstin: 84). Dieses Plädoyer einer exklusiven Mutter-Rolle in Gegenüberstellung zur Erwerbsarbeit steht in Widerspruch zu Kerstins eigener Biografie. Schließlich behauptete sie vorher, dass sie als Selbständige Karriere und Mutter-Dasein habe verbinden können (und sie scheint auch alleine für das Haushaltseinkommen aufzukommen). Entsprechend schwenkt Kerstin in dieser Passage über zu der Forderung, dass Mütter doch nicht exklusive Erziehungsarbeit leisten sollten, sondern in »Teilzeit« (Kerstin: 85) arbeiten sollten und damit auch die »froh[e]« Gelegenheit hätten, »auch mal [...] ohne Kind irgendwo zu sein« (Kerstin: 86–87). Dieses Modell passt schwerlich zu Kerstins programmatischer Eingangsbehauptung, dass Frauen-Erwerbsarbeit per se »fatal« (Kerstin: 82) sei. Daran zeigt sich, dass die Passung zwischen Partei-Programmatik und Handlungsorientierung nicht über automatische biografische Entsprechungen hergestellt wird, sondern über die Art und Weise, wie Kerstin versteht, was die AfD propagiert. In anderen Worten: Nicht trotz, sondern *wegen* ihrer Erfahrung als selbständige Alleinernährerin (in einer Zeit, in der dies noch kein mehrheitliches Lebensmodell war), sieht sie sich von der AfD vertreten (Kerstin: 87). Die Passung zwischen ihrer Erfahrung und der AfD-Programmatik entsteht über ihre Zeitorientierung: Sie begreift sich als keinesfalls rückständig und rückwärtsgewandt bzw. vergangenheitsverhaftet (»so wie à la 50er Jahre« [Kerstin: 88–89]), sondern als schon seit über 40 Jahren (vgl. Kerstin: 143) quasi-emanzipiert. So wundert es nicht, dass am Ende der Sequenz die Problematik auf die vermeintliche »Diffamierung« (vgl. Kerstin: 90) von und fehlende »Toleranz« (vgl. Kerstin: 92) gegenüber der AfD verschoben wird. Es scheint ein Opfer-Selbstbild durch. Heute werde Kerstins Emanzipation, die sie von der AfD vertreten sieht, als »rückständig« (Kerstin: 93) abgewertet. Dagegen hält sie mit der AfD ein Zeitbild, in dem sie die ungebrochene Gültigkeit ihrer (beruflichen und familiären) Emanzipation in den 1970er Jahren (»im 42ten Jahr« [Kerstin: 143]) behaupten kann.

Zusammengefasst zeigt sich Hannelores und Kerstins konjunktive Zeitorientierung einerseits als vergangenheitsbewusst. Darin sind sie aber gerade nicht nostalgisch, sofern sie kein verklärt-schwärmerisches Verhältnis zur Vergangenheit haben. Vielmehr sehen sie in der Vergangenheit die Verwirklichung einer Normalität (von Emanzipation und Rollenmodellen), die zwar durch einen Zeitenbruch in den 1970er Jahren zu mehr Unfreiheit und zu mehr »Diffamierungen« geführt habe, die ihnen aber prinzipiell nicht verloren ist. Die Gesellschaft habe sich demnach historisch in eine für falsch gehaltene Richtung entwickelt und sich von der ewigen Normalität (und der darin garantierten Freiheit) entfernt.

Über Kerstins und Hannelores (und Friedrichs) Zukunftshorizont erfahren wir an dieser Stelle noch nichts. Es ist jedoch gleich zu sehen, dass sie der Wiederkehr und des Durchbruchs ihrer für ewig gehaltenen Normalität harren. Die vergangene Normalität sei zwar in den 1970er Jahren abgebrochen, aber die Normalität, die in dieser Vergangenheit stattgefunden habe, ist ihnen nicht verloren. Sie ist ihnen ewig und damit auch zukünftig. Ihre Zeitorientierung verbindet Vergangenheit und Gegenwart auf besondere Weise: Sie begreifen ihre Lebensweise als unveränderliche Normalität, die auch angesichts historischer Entwicklungen und Veränderungen nicht ›veraltet‹. Sie ist ihnen ewig aber in der historischen Zeit (seit den 1970er Jahren) abgebrochen. Friedrich pointiert diese Orientierung im Zusammenhang eines anderen Themas:

928 FRIEDRICH: Wir sind demokratisch gewählte Bürger, und ich war SPDler, CDUler und
929 jetzt bin ich bei der AfD gelandet, weil die anderen mich dahin getrieben haben. Nicht
930 ich habe mich verändert, die haben sich verändert. Ich bin immer noch gleich.

Friedrichs politische Überzeugungen gehen nicht mit gesellschaftlichem Wandel mit, sondern werden als unveränderlich proponiert – sie seien Episoden, Trends und, allgemeiner, zeitlicher und historischer Entwicklung nicht unterworfen. Wenn sie aber der Temporalität nicht unterworfen sind, dann hätten sie ihren Platz ebenso gut in der Vergangenheit wie in der Gegenwart und Zukunft.

Eine homologe Passage, die eine solche ewigkeitsorientierte Normalität ins Zentrum stellt, findet sich exemplarisch bei Albert. Auch für Albert verkörpert die AfD eine ewige Normalität:

1210 ALBERT: Und der Bürger
1211 aufm Land vor allem, auf [Region] auch, der sagt sie nee, da geh ich nicht mit. Ich
1212 finde die gut, was ICH gut finde und was JAHRELANG gut war, was auch Gott gut
1213 findet, denn es gibt noch viele auch Christen hier auch aufm Land auch, und ich finde
1214 nicht gut, was ihr da jetzt einführt. Gender (.) und so weiter. (..) Und ich finde nicht
1215 gut, wie ihr umgeht mit der AfD, in den Medien beispielsweise ein unfairer, ein
1216 unsachliche Umgang. Man muss doch alle Parteien einladen zu einer Talkshow und
1217 nicht immer bloß die gleichen. Sind immer bloß die Grünen und Linken hocken immer
1218 das gleiche erzählen. Man muss doch alle einladen. Und sachlich miteinander
1219 umgehen. Und, wenn die AfD immer fertig gemacht wird, das das, da geht der
1220 Schuss nach hinten los, da werden sie bloß mehr gewählt. (..) Und die Bereiche, die
1221 wir jetzt eben angesprochen haben, die ganzen Bereiche, die waren früher schon
1222 auch von der CDU vernünftig abgedeckt, und das hat sich geändert, und die haben
1223 sich entfernt. Mein Maßstab ist geblieben, und die AfD aber hat sie dem angenähert,
1224 als Partei. Da sage ich (klopft kurz auf den Tisch) unterstütze ich.

Albert Selbstbild als »Bürger aufm Land« (Albert: 1210–1211), bzw. »Christ[] hier auch aufm Land« (Albert: 1213) führt die Selbstzuschreibung einer Normalität verkörpernden Lebensweise mit. Er verkörpert damit weiterhin das, »was JAHRELANG gut war« (Albert: 1212). Auch Albert insinuiert einen plötzlichen Abbruch dieser »jahrelangen« Normalität: Plötzlich (»jetzt« [Albert: 1214]) würden Dinge wie »Gender« »ein[ge]führt« (Albert: 1214) und Parteien in Talkshows ungleich behandelt.

Homolog zu Friedrich verkörperte auch bei Albert die CDU diese abgebrochene Normalität in der Vergangenheit. Und auch hier zeigt sich, dass sich für Albert das politische Geschehen um einen immer gleichbleibenden, stabilen »Maßstab« (Albert: 1223) wandele, der selbst unverändert bleibe. Parteien und politische Positionen seien historischem Wandel unterlegen, nicht jedoch Alberts (in dem Fall gottgegebene) Normalität. Die AfD verkörpert ihm allerdings nicht nur die abgebrochene, ewige Normalität. Albert verhandelt diese ewige Normalität auch im Rahmen eines Orientierungsrahmens, in dem das Opfer-Selbstbild dominant ist: Diejenigen, die die normalen »Bürger aufm Land« (Albert: 1210–1211) in den Talkshows verträten, würden nur noch »unfair[]« (Albert: 1215) behandelt. Und »sachlich« (Albert: 1218) würde man mit Alberts Repräsentanten auch nicht umgehen, sondern sie »immer fertig« (Albert: 1219) machen. Es fällt auf, dass Albert mit der AfD im Kontext seiner Selbstviktimisierung auch eine Warnung verbindet: »[D]a geht der Schuss nach hinten los, da werden sie bloß mehr gewählt.« (Albert: 1219–1220) Darin dokumentiert sich eine chiliastische Orientierung: Die abgebrochene, ewige Normalität werde bald mit der AfD wieder durchbrechen – und für diejenigen, die Albert und seinesgleichen heute noch »fertig []machen« (Albert: 1219) würden, gehe der Schuss morgen nach hinten los.

6.3.1.2. *»Wir haben eine Zukunft, deshalb verändern wir uns nicht«*

Auch Hannelore und Friedrich haben eine solche Zukunftsgewissheit. Wie gezeigt wurde, behauptet Friedrich in Bezug auf seinen parteipolitischen Werdegang unverändert und »immer noch gleich« (Friedrich: 930) zu sein. Im Verlauf des Interviews komme ich auf diese Sequenz (Friedrich: 928–930) zurück und bitte Friedrich um eine Elaboration seiner Unveränderlichkeits-Behauptung. Daraufhin ergreift Hannelore umgehend das Wort, bevor sie von Friedrich in der aufgeworfenen Orientierung bestätigt wird:

959 INTERVIEWER: Sie haben ja gerade noch gesagt, sozusagen, ich habe mich nicht
960 verändert, die die anderen haben sich verändert, also die anderen Parteien oder die
961 ehemalige politische Heimat. Ähm, können Sie also können Sie da darüber noch
962 genauer was sagen, was irgendwie? Inwiefern, also, wir haben jetzt schon drüber
963 geredet. Aber wenn man es jetzt sozusagen raus, rausschält, wie hat sich das
964 verändert? Und zwar so weg von, von/

965 HANNELORE: Kann ich, kann ich sagen. Die haben keine Zukunft, wir haben eine
966 Zukunft. DIE Leut wo an der Regierung sind, heut, die haben alle keine Familie.
967 Entweder sind sie schwul oder haben sie keine Kinder. Was sind das für Frauen. Die
968 haben doch kein/ die haben doch keinen HALT daheim irgendwo.

969 FRIEDRICH: Frau Roth meinst du jetzt zum Beispiel

970 HANNELORE: Frau Roth, Frau Künast, Frau Merkel, Frau was weiß ich. Die sind alle
971 kei/ (.) Wir haben eine Zukunft. Deshalb verändern wir uns nicht.

972 FRIEDRICH: Wir haben auch keine Zukunft. Wir sterben bald, aber wir {{gleichzeitig}

973 HANNELORE: Ja, mit der Familie} leben dafür, dass unsere Kinder und deren Enkel,
974 wenn man vielleicht das Glück hat das noch zu erleben, äh, dass DIE eine Zukunft
975 haben. DES {{gleichzeitig} Hannelore: Des hat uns eigentlich} DES werf ich denen
976 vor, die Zukunftslosigkeit.

»Wir haben eine Zukunft« (Hannelore: 965–966), reklamiert Hannelore. Mit dieser Zukunftsreklamation antwortet sie an Friedrichs statt auf meine Frage, in der ich Friedrichs zuvor geäußerte Behauptung wieder aufgreife: »Nicht ich habe mich verändert, die haben sich verändert. Ich bin immer noch gleich.« (Friedrich 929–930) In der Frage ist eine Zukunfts-Proposition nicht enthalten. Ich interessiere mich eher für den Zusammenhang zwischen Vergangenheit und Gegenwart, den Friedrich als Unveränderlichkeit beschrieben hat. Dennoch beantwortet Hannelore meine Nachfrage mit Rekurs auf ihre Zukunftssicht. Damit wird deutlich, dass beide, Hannelore und Friedrich, ihre Unveränderlichkeit, ihre ewige Normalität und »schon immer«-Emanzipation in die Zukunft projizieren. Sie lassen sie, um es mit Bloch zu sagen, »aus der Zukunft sich wieder entgegengehen, aus der Zukunft des wiederhergestellten Paradieses« (Bloch 1985 [1935], S. 140).

Politikerinnen »der Regierung«, die »alle keine Familien« hätten (Hannelore: 966), hätten dementgegen keine Zukunft. Friedrich validiert Hannelores Zukunfts-Reklamation durch seinen exemplifizierenden Einwurf (Friedrich: 969). Die darauffolgende Aufzählung von Politikerinnen soll nicht nur validieren, dass die zukunftslose Kinderlosigkeit an höchster politischer Stelle repräsentiert sei; später im Interview, so war oben schon zu sehen, sprechen Friedrich und Hannelore dann von den politischen Gegner*innen, die »ja drum gekämpft« hätten, »dass man nicht die Rolle hat, die Frau daheim [zu sein]« (Hannelore: 1302–1303). Ihnen attestiert Hannelore hier nun also, »keine Zukunft« zu haben (Hannelore: 965). Und da sie keine Zukunft hätten, würden sie die Welt – mindestens aber die politische Gestaltung von Familienverhältnissen – umfassend ändern wollen.[16] Hannelore und

16 Zur Verbindung des Themas Familienpolitik und einer vermuteten politischen Anstrengung zur umfassenden »Umformung« der Gesellschaft findet sich eine homologe Passage bei Xaver. Er proponiert ein gesellschaftspolitisches Projekt der Umformung zum »Kommunismus«, das zentral an Familienverhältnissen ansetzte, um »Widerstände« gegen den geplanten Gesellschaftsentwurf frühzeitig zu unterbinden:

416 XAVER: Warum versucht man die Familienstrukturen aufzulösen,
417 warum versucht man christliches Gedankengut zu zerstören und so weiter. Warum
418 versucht man junge Menschen so aufwachsen zu lassen, dass sie möglichst
419 ungehemmt auch, ähm, und lautstark auf sie aufmerksam auf sie machen können.
420 Das sind / Wenn man sich mit dem Kommunismus zum Beispiel auseinandergesetzt
421 hat, da sind es alles, ähm, Mittel, äh, zum Beispiel/ oder werden als Mittel angewandt
422 oder als Mittel genannt, um eine Gesellschaft umzuformen, zum Beispiel zum
423 Sozialismus oder zum Kommunismus. Da werden genau diese Dinge angegangen,
424 da werden Widerstände beseitigt. Und die Widerstände, die dort man in diesen

Friedrich hingegen entwerfen sich selbst und ihre ewige, unveränderliche Normalität, die sie verkörpern, in eine Zukunft hinein: »Wir haben eine Zukunft.« (Hannelore: 971) Als seien sie dem zukunftslosen Projekt der Politik und der Geschichte seit den »70er Jahren« (Hannelore: 1317) nicht unterworfen, als ›veralteten‹ sie mit ihrer Normalität nicht, entwerfen sie sich als diejenigen, die auf eine Zukunft überhaupt noch zu hoffen hätten: »Deshalb verändern wir uns nicht.« (Hannelore: 971)

Auffällige Homologien zu dieser Orientierung finden sich bei Gitti, obgleich sich ihr Erfahrungshintergrund und ihre Existenzbedingung deutlich von Hannelore und Friedrich unterscheidet. Gitti ist seit langer Zeit alleinerziehend und erwerbslos. Sie gibt an, wegen ihrer beiden Kinder auf Erwerbsarbeit verzichtet zu haben, um sich auf Erziehung und Care-Arbeit konzentrieren zu können (Gitti: 180–190). Bei ihr zeigt sich noch deutlicher als bei Friedrich und Hannelore eine auf ihre Kinder bezogene Zukunftsorientierung, die aus ihrer Sicht politisch weitreichende Optionen legitimiert.

Gittis Familienvorstellung ist dabei weniger als bei Hannelore und Kerstin an einer ewigen Normalität orientiert, die zukünftig wieder durchbrechen werde. Doch ähnlich wie Kerstin schweben auch Gitti qua ihrer Lebenssituation und ihres Erfahrungshintergrundes insgesamt wenig traditionelle Familien- und Rollenvorstellungen vor – allerdings nicht im Sinne einer in der Zukunft wiederzuerwartenden Normalität. Gitti verbindet mit der AfD eine neuartige Gleichstellung von Erziehungs- und Erwerbsarbeit und damit die Einsetzung einer neuen Anerkennungsordnung für (allein-)erziehende Mütter. Gleichzeitig glaubt sie jedoch, ähnlich wie Friedrich (»Wir haben auch keine Zukunft. Wir sterben bald« [Friedrich: 972]) diese Zukunft selbst nicht mehr zu erleben. Homolog zu Friedrich und Hannelore geht Gittis Zukunftsorientierung über ihre individuelle Lebenszeit hinaus. Auch sie glaubt, nicht mehr lange zu leben. Sie erlitt ein Jahr vor dem Interview einen Herzinfarkt. In der folgenden Passage kommt sie thematisch auf diesen Infarkt zu sprechen, den Gitti auch als massiven Einschnitt erlebt. Gesundheitlich und kognitiv sei sie für eine Rückkehr ins Erwerbsleben nunmehr unfähig. Überhaupt ist sie der Ansicht, nicht mehr viel Lebenszeit übrig zu haben und zeichnet entsprechend für ihr

---

425 Systemen KENNT, die diesen Systemen im Weg stehen, bei der Entwicklung, was
426 man kritisch sieht, das ist dann zum Beispiel die Festigkeit einer normalen, normalen
427 jetzt wieder wie ich sage, Familie. Also (.) deswegen sind diese Strukturen möglichst aufzulösen

eigenes Leben ein Endzeitszenario. Darin repräsentiert ihr die AfD eine letzte »Chance« (Gitti: 303):

302 GITTI: Meine einzigste
303 Chance hier wirklich noch was zu machen, ist indem ich sag, politisch irgendwo
304 einsteigen, ja, damits wenigstens meinen Kindern gutgeht irgendwann. Mir, mir
305 selber wird's nicht mehr viel bringen. Ähm, Geldverdienen, okay, wird auch schwierig.
306 Da kann ich vielleicht noch bissl, ja, bissl was dazuverdienen, dass ich, ähm,
307 vielleicht nochmal mit meinem Sohn ans Meer komm, das war eigentlich mein
308 Traum, mein Lebensziel, was ich hatte. Also (5 Sec.) Also das wollt ich, ähm, das
309 das hab ich mir gesagt, vorm Ableben irgendwie nochmal, das ist so, ja. Ich sehs halt
310 nüchterner, wies ist, weil ich, ich weiß ja nicht wann der nächste kommt, ne, in der
311 Regel erleiden die alle einen zweiten, dritten Herzinfarkt und irgendwann biste halt
dabei, ne. Wo du nicht mehr aufstehst

Die Passage beginnt mit der Proposition einer letzten »Chance« (Gitti: 303), die aber nicht motiviert ist durch eine in Aussicht stehende Verbesserung Gittis eigener Lebensqualität, sondern – homolog zu Friedrich und Hannelore (»[...] aber wir [...] leben dafür, dass unsere Kinder und deren Enkel, wenn man vielleicht das Glück hat das noch zu erleben, äh, dass DIE eine Zukunft haben.« [Friedrich: 972–975]) – durch die zukünftige Lebensqualität ihrer Kinder: »[...] damits wenigstens meinen Kindern gutgeht irgendwann. Mir, mir selber wird's nicht mehr viel bringen« (Gitti: 303–305). Grundsätzlich zeigt sich hier ein wenig hoffnungsvoller Blick in die nahe Zukunft: Auf eine Rückkehr ins Erwerbsleben hat Gitti gesundheitsbedingt wenig Hoffnung und im Mittelpunkt steht eine »nüchterne[]« (Gitti: 310) Erwartung von Folgeinfarkten mit letztendlicher Todesfolge.

Die konjunktive Zeitorientierung, die bei Friedrich, Hannelore und Gitti aufscheint, befasst sich mit einer Zukunft, die über die je eigenen Lebensspannen hinausgreift. Hannelore und Friedrich sind sich sicher: Sie haben eine Zukunft – bzw. ihre Kinder werden eine Zukunft haben. Für Gitti ist diese Zukunft eine im Vergleich unsichere Angelegenheit: Aber es gibt die letzte »Chance« – die AfD als Kairós für eine Zukunft ihrer Kinder. Alle drei sind sie indessen nicht nostalgisch, d.h. die Vergangenheit wird nicht schwärmerisch erinnert oder wieder herbeigewünscht.

6.3.1.3. Untergangserwartung

Im chiliastischen Zeiterleben (von Friedrich, Hannelore, Kerstin und Gitti) spielt nicht nur das Bild einer für zukunftslos gehaltenen Politik und Geschichte eine Rolle; die entsprechenden Fälle halten sich nicht nur von dieser Geschichte unberührt und sie glauben darin mit ihrer Lebensführung nicht zu ›altern‹ oder aus der Zeit zu fallen. Geschichte wird durchaus als Verfall und Untergang gedeutet. Entsprechend der beiden Orientierungsrahmen der ›Opfer‹ und der ›Durchschauenden‹ (vgl. Kapitel 4), wird der Verfall und Untergang auch unterschiedlich gesehen.

Für Friedrich und Hannelore seien jene, die keine Zukunft hätten – die kinderlosen Politikerinnen – für den Untergang verantwortlich. Sie griffen künstlich verändernd in die Welt ein, gerade weil sie keine Zukunft vor sich hätten. Ihre Zukunftslosigkeit bedeute sogar den »Untergang Deutschlands« (Friedrich: 416). Friedrichs AfD-Engagement ist darin von einer ausgeprägten Orientierung an konkreten historischen Vorkommnissen motiviert. Er sieht sich als ›Durchschauender‹ des Geheimnisses der Geschichte und sieht darin Parallelen der Gegenwart und den Endstadien (»vor dem totalen Untergang« [420]) des NS- bzw. des SED-Regimes:

414 FRIEDRICH: Frau Merkel ist, ich wiederhole mich, obwohl ich sie
415 persönlich kenne, einer der wesentlichsten Gründe zur AfD zu gehen, weil ich mir
416 hundertprozentig sicher bin, dass diese Frau den Untergang Deutschlands zu
417 verantworten hat. Und man darf eins nie vergessen, der Adolf, der Drecksack, ja, der
418 größte Massenmörder aller Zeiten, an nei, stimmt nicht, der der Ding war noch, der
419 Stalin hat noch mehr auf dem Konto, ähm, aber der Adolf hat drei Monate vor dem
420 Niedergang und vor dem totalen Untergang Deutschlands mit Sicherheit noch geglaubt,
421 er sei auf dem richtigen Weg. Genauso wie der Honecker noch drei Wochen vor seinem
422 Abgang mit seiner Margot auch immer noch geglaubt hat, er hätt alles richtig gemacht.
423 Und das ist das, was die Leute so gefährlich macht. Diese unfassbare Borniertheit und
424 Beratungsresistenz gegenüber anderen Menschen, die es im Zweifelsfall auch gibt, die
425 es gut mit ihnen meinen. Die gibts. ZUHAUF. Ja. Und und wenn ich das angucke wie im
426 Bundestag, im im Parlament jetzt HEUT noch mit einer Engstirnigkeit und und und
427 Verhaftetheit an Parteigrenzen lebensnotwendige Überlegungen NICHT angestellt
428 werden, bloß weil man ideologischen Träumereien nachhängt, zum Beispiel, das ist
429 beängstigend.

Den bevorstehenden Untergang, den Friedrich vor sich sieht, ordnet er ein in eine Reihe historischer Beispiele, die sich durch ihre Untergangsblindheit ausgezeichnet hätten. Hier kommt der Orientierungsrahmen als ›Durchschauender‹ zum Tragen: Friedrich weiß Bescheid und erkennt, im Gegensatz zu den »ideologischen Träumer[]n« (Friedrich: 428) »im Parlament« (Friedrich: 426), welche »lebens«-bedrohliche (Friedrich: 427) Zeiten bereits angebrochen seien.

Solche endzeitlich-katastrophischen Zukunftserwartungen sind ein wesentlicher Bestandteil chiliastischer Zeitorientierung. Sie treten in unterschiedlicher Gestalt auf – bei Friedrich und Hannelore etwa in Form unspezifischer Zukunfts- und Untergangsbefürchtungen. Homolog zu jener Sequenz, in der Friedrich behauptet, dass Angela Merkel »den Untergang Deutschlands zu verantworten hat« (Friedrich: 416–417), appliziert er an anderer Stelle die Untergangsverantwortlichkeit auf die baden-württembergischen »Grünen«:

430 FRIEDRICH: Und wenn sie angucken, wie jetzt zum Beispiel Baden-
431 Württemberg Entwicklung genommen hat, vor, wann wars, kann man auch nachgucken,
432 ich will nichts Falsches sagen, aber 12, 13 Jahren war Baden-Württemberg noch an
433 erster oder zweiter Stelle in Deutschland, im Bildungsatlas, ja. So, und heute sind wir an
434 viertletzter {{gleichzeitig} Hannelore: Viertletzter} Stelle. Das haben unsere Kollegen von
435 den Grünen fertig gebracht in KÜRZESTER Zeit, weniger als eine Generation, ein
436 erfolgreiches Land in Grund und Boden zu wirtschaften. Und wenn die gehen, dann
437 werden Sie sagen, (klopft laut auf den Tisch) ihr habts uns nicht möglich gemacht, weil
438 ihr uns nicht durchregieren lassen habt. Das wird das Ergebnis sein. Und da können Sie
439 ein Ausrufezeichen setzen und rot umranden und ich mach eine Wette mit hundert Liter
440 Bier mit Ihnen, oder Getränk ihrer Wahl, ja, äh, dass das genauso kommen wird und ich
441 erinnere sie dran, es wird genau so kommen. Die setzen sich ab, wenn sie genügend
442 Unheil angerichtet haben und sagen dann bei ihrem, vor ihrem und nach ihrem Abgang,
443 die anderen sind schuld. Wenn man alles des gemacht hätte, was wir wollten und was
444 wir vorgehabt hätten, dann wären wir heute ganz oben. So wird es kommen. So haben
445 nämlich alle gemacht. Alle. Und die sind nicht anders.

An der Stelle proponiert Friedrich eine für zwingend und unausweichlich gehaltene geschichtliche Entwicklung, über deren Eintreten er so sicher ist, dass er sogar eine Wette einzugehen bereit ist. Die Zeitorientierung bleibt hier ausgesprochen dystopisch. Die »Grünen« (Friedrich: 435) würden in jedem Fall den wirtschaftlichen und bildungspolitischen Niedergang Baden-Württembergs zu verantworten haben. Die Konklusion der Passage enthält einen Hinweis auf Friedrichs Geschichtsbild: Friedrich ist sich ob des Niedergangs so sicher, weil es sich um ein scheinbar zyklisches historisches Muster handle: »Alle« (Friedrich: 445) – er betont dies an der Stelle durch mehrfache Wiederholung – hätten es so gemacht, wie Friedrich es von den »Grünen« erwartet. Damit meint er das NS- und das SED-Regime, wie aus der vorhergehenden Passage deutlich wird. Gemeint ist also, dass die »Grünen« den Untergang verantworten würden, aber bis zuletzt das Eingeständnis oder die Einsicht verweigerten, dafür verantwortlich zu sein und überhaupt die drohende Katastrophe leugneten. Friedrich ist sich dessen sehr sicher, denn der katastrophische Gang der Geschichte wiederhole sich.

Friedrichs und Hannelores politische Handlungsmotivation besteht darin, aus einer sicher zu erwartenden Wiederholung von Geschichte auszusteigen und stattdessen der abgebrochenen Normalität wieder zum Durchbruch zu verhelfen. Deshalb änderten sich Hannelore und Friedrich nicht, mit der Begründung, dass ihre Lebensweise – ihr Familienleben und ihre familiäre Arbeitsteilung – nicht nur zukunftsfähig, sondern die ewige Normalität sei. Hannelore geriert sich in der obigen Passage als Statthalterin einer Normalität, die nicht nur gegenwärtige, sondern auch zukünftige Normalität sei – keinesfalls aber nur vergangene Normalität. Zeitlich gesehen ist Hannelores und Friedrichs Normalität somit Ewigkeit. Ihr *Zeiterleben ist chiliastisch*, weil sie im historischen Werden der Welt und der Politik das Schlechte und Destruktive – den »Untergang Deutschlands« (Friedrich: 416) – am Werk sehen und weil sie deshalb des Durchbruchs ihrer ewigen Normalität harren, um aus der Zeit und Geschichte zu springen und dem historischen Werden der Welt ein Ende zu setzen.

Vom Handlungsmotiv des Aussteigens aus dem geschichtlichen Lauf der Dinge berichtet auch Xaver: Seine ausgesprochen katastrophische Zukunftsorientierung versinnbildlichend, erklärt er, die Gesellschaft bewege sich auf einen Wasserfall zu. Die AfD nimmt in dieser Szenerie die Funktion des einzigen Bootes ein, das nicht geradewegs auf den drohenden Wasserfall hinzu rudere und das den Aus- oder Umstieg aus dem zeitlichen Fluss, der geradewegs in den Untergang führe, ermögliche:

56 XAVER: Aber, ähm, es ist
57 ein bisschen ähnlich, wie wenn man das Gefühl hat, man sitzt in einem Boot, in
58 einem Fluss, und das Boot und andere Boote gibt es auch und, ähm, diese Boote,
59 die rudern jetzt alle auf diesen Wasserfall zu, und, ähm, dann überlegt man sich,
60 wohin steig ich denn jetzt um, nich. Und, äh, wenn ich seh, dass, dass in anderen
61 Booten auch Richtung Wasserfall gerudert werde, ist das für mich kein plausibler
62 Wechsel. Sondern ich werde gucken wer sitzt da im Boot und sagt okay, Leute, wir
63 müssen jetzt die andere Richtung einschlagen. So geht's nach unten, ja. Und, äh,
64 auch wenn einer sagt, du aber hast du gesehen, der sitzt auch noch im Boot, den
65 finde ich aber nicht so sympathisch, dann werd ich sagen, sorry, aber (lacht leicht
ironisch), das ist das einzige Boot was in die andere Richtung rudert, ja.

Dieses Bild, in dem Xaver sein historisches Zeitempfinden (»Gefühl« [Xaver: 57]) zum Ausdruck bringt, kann als charakteristisch für den Chiliasmus der württembergisch-pietistischen Basistypik angesehen werden. Eine Katastrophe stehe unmittelbar bevor. Die Katastrophengefahr könne aber erkannt werden. Die ›Durchschauenden‹ erkennen sie auch. Diese Erkenntnis mache dann aber einen Ausstieg aus der Geschichte unvermeidbar. Die AfD biete die Gelegenheit einer Sammlung von Auserwählten, die bereit sind für diesen Ausstieg. Dazu gehören mitunter »[un]sympathisch[e]« (Xaver: 65) Zeitgenoss*innen. In dem Bild Xavers insinuiert dies, dass, in Anbetracht der bevorstehenden Katastrophe, nicht nur über das politische Personal der AfD und ihres Umfelds – und womöglich über deren politische Biografien – hinweggesehen werden müsse, sondern gerade eine Auserwählten-Allianz zu schließen sei.

6.3.1.4. *Geschichte als Wiederkehr von Katastrophen*

Die Sicherheit, mit der Friedrich den Untergang erwartet, hängt, wie gesehen, mit einer Orientierung an einer bestimmten Lesart historischer Vorkommnisse zusammen, die das historisch-katastrophische Geschehen als zyklisch deutet. Ein solches Geschichtsbild findet sich in ausgeprägter Form auch bei Markus. Auch für ihn wiederholt sich Geschichte in dieser Gegenwart. Markus erzählt ausführlich von seiner Vergangenheit in einer süddeutschen Universitätsstadt, wo er sich »in den 70er Jahren […] in Kneipen rumgetrieben« (Markus: 29–30) habe, und dort in Kontakt mit jenem politisierten Milieu gekommen sei, von dem er später wiederholt im Interview behauptet, dass sie heute den Untergang herbeigeführt und die »Systemfrage« (Markus: 288, 417, 440, 554) gestellt hätten:

29 MARKUS: Ich geh jetzt nochmal zurück. Ich hab mich dann in den 70er
30 Jahren in [Ort] in den Kneipen rumgetrieben, im [Name einer Kneipe] (.) und so
31 weiter. Die GABs ja damals schon alle. [Name einer anderen Kneipe], nur in anderen
32 Ausführungen. Damals war das die Zeit, wo Discomusik, ja, ok. UND (.) wir hatten
33 dort, in der Zeit, ein ausgesucht gutes Publikum, in [Ort] war RICHTIG was los. Und
34 das war richtig gut. Und in dem [Name der erstgenannten Kneipe], es gab noch
35 einige andere, [Name] und so weiter, gab's einige, gab einige Kneipen, das war
36 bekannt, dass sich dort APO-Leute treffen. Die Außerparlamentarische Opposition,
37 die Vorgänger der Grünen, nichts anderes waren sie. Waren Marxisten-Leninisten.
38 Sympathisanten von der RAF. Ensslin. Claudia Roth. Äh (.) Trittin. Kommunistischer
39 Bund Westdeutschlands, Kretschmann. Auch KBW, ja. Alles diese Leute haben sich
40 früher alle irgendwann einmal, äh, in [Ort] getroffen. [Ort] war damals ein Zentrum (.)
41 dieser Leute. Und ab da hab ich mich politisch interessiert.

Homolog zu Friedrich und Hannelore verortet auch Markus den Beginn der gegenwärtigen Krise in den »70er Jahren« (Markus: 29–30). Er erinnert diese Zeit und das Kneipen-Geschehen in seiner Universitätsstadt zunächst jedoch als ausgesprochen positiv (»war RICHTIG was los. Und das war richtig gut« [Markus: 33–34]), obgleich er Ort und Zeit als Keimzelle jener Kräfte verortet, die ihm heute den Untergang zu verantworten hätten. In separatistischer Manier betont er im weiteren Verlauf zunächst lustvoll sein Anderssein: Äußerlich habe er damals den genannten linken Gruppierungen geähnelt, wobei er sich selbst als »stinknormalen Bürgerliche[n]« (Markus: 54) begreift.[17] Markus stilisiert sich zum Nonkonformisten: Mit den Linken

[17] 44 MARKUS: Und Sie müssen sich
45 vorstellen, ich hab damals lange Haare gehabt. Hab ausgesehen wie Keith Emerson
46 von Emerson, Lake and Palmer. Haben viele zu mir gesagt, ja, mit Perlonschnüre, ja,
47 schwarz-gold, so wie von den Doors, ja. Riders on the Storm. Das waren wir, ja. Und
48 dann haben die immer gedacht, der sieht eigentlich richtig (unv. ?pobisch?) aus, der
49 kommt bestimmt, der kommt bestimmt aus dem Umfeld, wo ich auch herkomme. Ja,
50 so so, wie soll ich sagen, so (..) grün angehaucht, links angehaucht, dieser
51 Drecksstaat, ja, dieser Mief. Das war ja der Mief der 68er Jahre, ja. Das ist bestimmt
52 ein Linker der auch Keine Macht für Niemand, das waren die Parolen die überall
53 rangeschmiert waren. Aber ich war ganz anders. Ich war nur vom Äußerlichen her.
54 Aber ich war ein stinknormaler Bürgerlicher. Allerdings der erste in meiner
55 Heimatgemeinde, der so lange Haare hatte, dass Leute meine Frau dadrauf

stimmte er innerlich nicht überein, mit seiner bürgerlich-arbeitssamen Herkunft tat er dies äußerlich nicht. Diese doppelte Abgrenzung macht Markus zum vollständigen Nonkonformisten. Die separatistische Differenzmarkierung pointiert er: »Man muss, wenn man so auftritt, nicht unbedingt links sein, ja. Man muss aber auch nicht ein Linker sein, um anders zu sein.« (Markus: 63–64)

Die nonkonformistische Orientierung erweist sich als wichtiges Element in einer chiliastischen Zeitorientierung, die sich Geschichte als verderbliches Geschehen wiederkehrender Katastrophen vorstellt, aus dem es auszubrechen gelte. In Rückgriff auf seine Erfahrung aus seiner Zeit in der Universitätsstadt in der 1970er Jahren behauptet Markus dann personelle Kontinuitäten aus der Vergangenheit hin zu Politiker*innen der »Grünen« heute, die damals schon »Apologeten« einer »[Apo]kalyps[e]« (Markus: 92) gewesen seien und es auch heute noch seien:

84 MARKUS: Die ham alles RADIKAL abgelehnt. Atomkraft nein danke war
85 schon damals. Ich erinnere mich an diese, an diese Sonne, an den Autos, R4, T2,
86 alles runtergekommene Kisten. Die sind schon früher so unterwegs gewesen. Also
87 das ist nichts Neues. Das heißt für mich ist das jetzt das dritte Mal, dass ich das
88 erlebe. Dass mir das dritte Mal der Weltuntergang untergejubelt wird. Greta in 12
89 Jahren ist Apokalypse. Dass das mit dem CO2 uns killen würde, und dass der Planet
90 doch eigentlich kurz vorm Kollaps stehen würde. Wenn wir nicht GANZ schnell
91 ALLES RADIKAL in die Tonne klopfen. Das kommt mir alles total bekannt vor. Nur
92 die Protagonisten sind andere. Auch die Apologeten, ja, dieser (unv. ?Kalypso?).
93 Aber DIE (.) sind im Kern die Gleichen. Die haben sich nicht geändert. Da ist
94 vielleicht unter Umständen bloß der Haarschnitt anders geworden, ja. Aber sie sind
95 im Kern immer noch wesensgleich.

Die Kontinuität, die Markus proponiert, besteht darin, dass jene, von denen er behauptet sie hätten schon damals »alles RADIKAL abgelehnt« (Markus:

56 angesprochen haben, ja. (im Dialekt) Wieso hat dein Junga so lange Hoo. (normal)
57 Hat aber nichts ausgemacht. Ich durfte trotzdem arbeiten. Ich hab in meinen Ferien
58 in meiner Gymnasialzeit sechs Jahre auf dem Bau g'schafft. Und nachdem ich das
59 erste Mal mit meine lange Haare dort war und g'schafft hab, hat der damalige
60 Unternehmer, der hat den [Name], das Bauunternehmen gehabt, zu einem Vater
61 gesagt, der Junge, der darf jederzeit kommen. Die waren mit dem zufrieden, egal wie
62 lang seine Haare waren. Okay, nur damit Sie mal so, wie das, ja, ok. Man muss, man
63 muss, wenn man so auftritt, nicht unbedingt links sein, ja. Man muss aber auch nicht
64 ein Linker sein, um anders zu sein.

84), auch heute einen baldigen »Weltuntergang« (Markus: 89) proklamierten – damals in Gestaltung von Atomkraftgegnern, heute in Gestalt von Klimaaktivist*innen. Markus behauptet im Kern, dass diese Weltuntergangsbehauptungen als (vorgeschobene) Rechtfertigung dafür dienten, dass »GANZ schnell ALLES RADIKAL« (Markus: 90–91) zu ändern sei. Jene, die also keine andere Zukunft vor sich sähen, um es mit Hannelore und Friedrich (vgl. Hannelore: 972) zu sagen, als den Weltuntergang, hätten schon früher umgehend »ALLES RADIKAL in die Tonne klopfen« (Markus: 91) wollen – bisherige Lebensformen also umfassend ändern wollen. Später expliziert Markus, was er hier mit »alles« meint – es ist die Rede von der »freiheitlich, demokratische[n] Grundordnung« (Markus: 334), die auf dem Spiel stehe und von den »Grünen« abgeschafft und angeblich durch ein »totalitäres« (Markus: 421, 450) System ersetzt werden solle.

Bemerkenswerterweise wirft Markus den benannten politischen Gruppierungen und dem politischen Personal vor, Propheten und »Apologeten« (Markus: 92) eines Untergangs zu sein – und zwar zum wiederholten Male im Laufe der Geschichte seit den 1970er Jahren. Gleichzeitig tritt Markus selbst als ausgewiesener Untergangs-»Apologet«, bzw. -Prophet auf. Konkret zeichnet sich das Zukunftsbild Markus' wie folgt: Das europäische Bankensystem werde demnächst kollabieren und es stehe ein großes »Chaos« (Markus: 299) bevor. Dieses Chaos werde das Gelegenheitsfenster für Linke und Grüne bieten, die sich (als falscher Messias) zum Retter in dieser Situation aufschwingen würden, dabei eigentlich jedoch das Ziel der Durchsetzung von totalitärer Diktatur und »Planwirtschaft« (Markus: 422) verfolgten:

409 MARKUS: Der Euro wird vernichtet werden. Und mit dem (.) wird ein Großteil allen
410 Vermögens, des Europa, vor allen Dingen Deutschland sich aufgebaut hat,
411 pulverisiert. Den Meisten da draußen ist das ÜBER-haupt nicht klar was da lauft. Die
412 haben von Tuten und Blasen KEINE Ahnung. Die WISSEN das nicht. Die denken,
413 das geht doch irgendwie schon. Haja, mir ham jetzt halt Schulden, aber Schulden,
414 pff, haja. Ist ja die EZB. Die drucken halt Gelder. Draghi hat ja gesagt, whatever it
415 takes, ja, we will do. (unv. ?System?) was ich meine. Das ist der erste Dominostein,
416 der fällt. Und mit diesem Dominostein wird im Zuge der Rekun/ der Restrukturierung
417 (.) die Sinnfrage und die Systemfrage gestellt. Und Sie dürfen sich SICHER sein, das
418 es nicht darum geht, dass wir weiterhin eine, eine freiheitliche libe/ eine freiheitliche,
419 bürgerliche, äh, Ordnung, Grundordnung haben, auch Demokratie genannt. Sondern
420 diese Systemfrage wird sich entscheiden (.), ah, ob wir auf diesem Schiff bleiben,
421 oder ob es unter Umständen nicht eine totalitäre (.) Form gibt, eine zentralistische
422 Planwirtschaft. Und ich habe so verdammt nochmal das Gefühl, dass wieder

irgendeiner aus der Ecke kriecht (.) und sagt Leute, ich bin hier. Und das ist die Befürchtung von vielen, ja. Der wird allerdings, hä, Ironie der Geschichte, der wird natürlich von den linken Medien immer auf der rechten Seite verortet, ja. Sprich dann (unv.) Kampf gegen rechts. Keinen Millimeter. Grönemeyer ist ja jetzt auch dabei, ja. (..) ICH vermute (.) und deswegen sag ichs nochmal, das kommt ned von der AfD. Das kommt von der anderen Seite. Das kommt von den Grünen. Die Grünen sind aus meinen Augen tief faschistis. Das waren sie schon immer. Wenn sie, wenn sie diese sogenannten sozialistischen Kulturrevolutionen anschauen, es hat ja schon ein paar gegeben, hat ja schon mit Stalin angefangen, ja. Es ging ja IMMER um das sozialistische, äh, äh, Modell. Das heißt Planwirtschaft, (.) Planwirtschaft, eine zentralistische Planwirtschaft ist einer, einer freien Marktordnung überlegen UND (.) das Kollektiv ist dem Individuum überlegen. Diese zwei Kernaussagen haben IMMER bei den Linken, bei den Sozialisten, ja, bei den internationalen Sozialisten immer, immer das Privileg gehabt. Die haben immer gesagt, das ist die Wahrheit. Und es gilt zu diesem System zu kommen. Es geht/ in Wahrheit GEHT es um das.
Also es wäre viel zu kurz gedacht und nur daran zu denken, dass es um, dass es um um den Untergang eines, eines Banksystems geht. Ne, es geht um die Systemfrage jetzt. Und das steht da dahinter.

Im Zentrum dieser Passage, in der Markus seine Zukunftserwartung ausbreitet, steht die Proposition einer bevorstehenden »Systemfrage« (Markus: 420, 440). Konkret meint Markus damit die Frage nach Erhalt oder Abschaffung einer »freiheitlich[], bürgerliche[n] [...] Grundordnung« (Markus: 419–420). Die erwartete Bankenkrise sei hierfür lediglich ein Auslöser. Die Passage zeigt sehr deutlich, mit welchem temporalen Orientierungsrahmen Markus operiert: Eine in naher Zukunft liegende Katastrophe (»Ende nächsten Jahres, Anfang zwei-einundzwanzig« [Markus: 295]) öffne ein Gelegenheitsfenster für jene politischen Kräfte, mit denen Markus bereits seit den 1970er Jahren bekannt sei. Damit wiederhole sich Geschichte – zumindest das, um was es »immer bei den Linken« (Markus: 434–435) gegangen sei: Sozialismus und Planwirtschaft.

Auf die zentrale Proposition der Passage (Markus: 416–423) schließt sich zunächst eine Sequenz an, die behauptet, dass sich »die Grüne[n]« (Markus: 428) in der Situation als falscher Messias anbiedern würden (Markus: 423–429). Die Anspielung auf die apokalyptische Figur des Antichristen wird in anderen Interviews noch expliziter ausgeführt.[18] Der falsche Messias wer-

18 Entsprechend referiert Bernd beispielsweise die Offenbarung und bringt explizit die Erwartung eines »antichristliche[n] Reich[es]« (Bernd: 1072) in Verbindung mit politischen Entwicklung der Gegenwart:

de allerdings nicht »auf der rechten Seite« (Markus: 425) zu erwarten sein, sondern »von den Grüne[n]« (Markus: 428) kommen.[19] Bevor die Passage mit einer Konklusion (Markus: 438–441) schließt, die den Orientierungsgehalt wiederholt – dass also eine Systemfrage bevorstehe –, folgt noch eine Sequenz, in der Markus erneut eine historische Zyklizität proponiert (Markus: 429–438). Entsprechend findet sich hier eine auffällige Häufung des Temporaladverbs »immer«: »immer« schon sei versucht worden, sozialistische Ideale wie »Planwirtschaft« (Markus: 433) und »Kulturrevolution« (Markus: 430) durchzusetzen.[20] Hier stellt sich eine Verbindung zu Markus' Erzählung

---

BERND: Und die Angst hab ich natürlich. Von meiner
1069 Prophetie aus der Bibel raus seh ich das, dass der Antichrist, sagt es dir vielleicht
1070 was
1071 INTERVIEWER: Ja
1072 BERND: So ein antichristliches Reich wird, so wird, ähnlich wie im Dritten Reich, und,
1073 äh, das liegt natürlich mit dem zusammen (unv.), dass man niemand kaufen und
1074 verkaufen kann, weil er nicht die Zahl des Namens hat, Offenbarung 13 und so. Ähm,
1075 das, da ich aus gewissen, äh, Wahrnehmungen, von von Bibel und Umwelt sehe,
1076 dass wir kurz vor der Zeit leben, hab ich eben Angst, dass man eben in die schlimme
1077 Zeit reinkommen vom Antichristen, wo ich nicht rein will, und dass es mir quasi noch
1078 reicht, wenn man so will, ähm, sieht man halt manche Strömungen

19 Bei Xaver findet sich eine homologe Sequenz. Er proponiert ein mediales Ablenkungsmanöver. Von der angeblichen Gefahr von links werde dadurch abgelenkt, dass stets und wiederkehrend auf eine Gefahr von rechts verwiesen werde:
396 XAVER: Und es kommt mir vor wie (.) wenn
397 wir in einem Raum sitzen (.) und dort sagen ganz viele Kandidaten, (mit verstellter
398 Stimme, Ruflaute mimend) da, die rechte Tür, die braune. DA musst du aufpassen.
399 DA kommt der Löwe durch, der böse Löwe. (normal) Durch diese rechte Tür. (leise)
400 Nich. Und währenddessen geht links eine auf. Vielleicht hat die auch
401 Regenbogenfarben. DA steckt der Drache schon längst seinen Kopf durch. Aber alle,
402 die da hingucken wollen. (mit verstellter Stimme, Ruflaute mimend) NEIN. Guckt da
403 hin. DA kommt der Löwe durch, immer durch die braune Tür. Immer rechts, ja.
404 (normal) So sieht mir das Verhalten hier aus. Das ist ne ganz einfache Formel, wie
405 man dann, sagma die (.) mit anderer (...) mit anderen Ansichten sofort versucht/ oder
406 auch auch in den Medien versucht sofort wieder alles umzulenken. Und immer das
407 ist böse. Immer DA ist die Gefahr, nich, und das ist n einfaches Prinzip, aber es
408 GREIFT ja auch n Stück weit

20 Sozialismus oder Kommunismus werden vielfach als konkrete Dystopie genannt. So etwa bei Xaver, der seine Endzeitorientierung nur in der Gestalt »Richtung DDR« bzw. »eine[r] Art Sozialismus« vorstellen kann:
369 XAVER: Wobei ich, wie gesagt, das Ende mir nicht so genau ausmalen kann. Aber ich
370 denke, es geht so ein bisschen in die Richtung DDR oder so, ähm, dass wir vielleicht
371 in einem (..) demokratischen Anzug doch stärker so eine Art Sozialismus haben oder
372 ein, ein System, was (..) sich selbst hochhalten kann, weil vielleicht durch

über seine Studienzeit in den 1970er Jahren her. Markus glaubt, dass jetzt zur Vollendung komme, was bereits in den 1970er Jahren begonnen habe. Seither hätten die gefürchteten politischen Gruppen immer wieder den Versuch unternommen, »die Sinnfrage und die Systemfrage« (Markus: 417) zu stellen. Markus ist sich angesichts dieses immer wiederkehrenden Musters gewiss, dass der Untergang bevorstehe. Er deutet Geschichte als Wiederholung von Systemstürzen:

MARKUS: Das sind to(.)ta(.)litäre Züge in Reinkultur. Und da gibt es nichts darüber zu diskutieren. Wenn das Mainstream ist, und sich das weiter verfestigt, führt das geradeaus in ein totalitäres System. Geradeaus. Und das machen, haben alle vorgeführt, ja. Das hat Stalin vorgeführt, das hat Mao Tse-tung vorgeführt, das haben am Schluss die Roten Khmer in Kambodscha vorgeführt, ja. Das haben wir alles schon GEHABT. (..) Und willst du nicht mein Kumpel sein, so hau ich dir die Fresse ein. Das war immer dasselbe. Es ist ja keine neue Erfindung was hier stattfindet. Herr Rhein, das ist nichts Neues. Das ist die Wiederholung. Es sind nur, es sind nur andere Parameter, ja. Aber es ist IMMER WIEDER dasselbe. Das was wir hier erleben, ist, ist ein Reload. Isch n Reload. Man muss sich darüber einfach einmal klar sein. Und das auf das Wesentliche runter, um was gehts eigentlich. (klopft parallel auf den Tisch) Es geht um die Systemfrage. Und jetzt simma wieder, wenn sie so möchten, in den 60er Jahren, in der APO-Zeit, ja.

Markus ist sich sicher: Es gehe »geradeaus in ein totalitäres System. Geradeaus.« (Markus: 546). Die Wiederholung von Geschichte ist die zentrale Proposition dieser Passage. Repetitiv wiederholt Markus sie: Was uns unmittelbar bevorstehe, habe es »schon GEHABT« (Markus: 549), es sei »immer dasselbe« und »keine neue Erfindung« (Markus: 550), beziehungsweise »nichts Neues« und lediglich eine »Wiederholung« (Markus: 551) oder ein »Reload« (Markus: 553). Dieses historische Muster, das er heraufbeschwört, gibt ihm Gewissheit, dass der Untergang unausweichlich sei. Markus geriert sich als ›Durchschauender‹, der die historischen Ablaufmuster erkannt habe und daher vor dem bevorstehenden »totalitären System« mit Gewissheit warnen könne. Dabei lässt sich auch der Widerspruch zwischen Markus' Vorwurf der Untergangs-Apologetik der benannten politisch linken Akteur*innen und seiner eigenen Untergangsszenerie nun so auflösen: Markus' Untergangsszenario ist das Ende der »freiheitlichen« kapitalisti-

---

entsprechende Gesetze alles andere verboten ist oder nicht mehr möglich gemacht wird

schen Gesellschaftsordnung. Das Untergangsszenario der anderen sei das Mittel zum Zweck der Einrichtung eines politischen Zwangsapparats. Dieses Szenario sei – seit den 70er Jahren – immer wieder beschworen worden. In seiner chiliastischen Orientierung reagiert Markus darauf seinerseits mit einer in bunten Farben ausgemalten Untergangsbefürchtung, denn er habe diese ›Strategie‹ durchschaut, weshalb er die ›wahre‹ Gefahr des Untergang erkannt habe.

Zusammengefasst tritt Markus hier förmlich als Anti-Apokalyptiker auf, sofern er sich die immer wieder ausgerufene Apokalypse der »Atomkraftgegner« [Markus: 82] damals und der Klimaaktivist*innen heute – zwischen beiden behauptet er eine Kontinuität – als negativen Gegenhorizont vornimmt: Damit verbunden sei die Forderung nach umfassenden und umgehenden Änderungen der Lebensweise und des status quo (er begreift dieses Szenario in hyperbolischer Drastik als Strategie zur Installation von Sozialismus, Totalitarismus und »Faschismus« [vgl. Markus: 429]). Insbesondere diese Forderung scheint Markus zu empören und er ruft dementgegen den drohenden Untergang der Welt, jedenfalls aber der »freiheitlich«-kapitalistischen Ordnung aus. Daran ist zu sehen, dass der Begriff des Chiliasmus zur Beschreibung der Orientierungen der in dieser Studie untersuchten Fälle besser geeignet ist, sofern sich damit die ihnen charakteristische, zwingende Vorstellung einer befristeten und bedrängten Zeit besser verstehen lässt, die sich gerade nicht durch radikalen Wandel (in Form klimabewussten Lebenswandels beispielsweise) loswerden oder gar aufschieben lässt (vgl. zur Auseinandersetzung mit dem Thema »Aufschub« der nächste Abschnitt 6.3.1.5).

Friedrich hat mit Markus gemeinsam, dass er zu denjenigen gehört, die die Geschichte durchschaut hätten und von ihren vermeintlichen Mustern auf die Gegenwart extrapolieren könne. So haben »es nämlich alle gemacht. Alle. Und die sind nicht anders.« (Friedrich: 445). Mit »die« meint er an der Stelle die »Grünen« (Friedrich: 435), beziehungsweise »Frau Merkel« (Friedrich 414), die vermeintlich beide gleichsam den »Untergang Deutschlands« (Friedrich: 416), beziehungsweise Baden-Württembergs (Friedrich 430–431) zu verantworten hätten. Auch Friedrich orientiert seine dystopische Zukunftserwartung an einer bestimmten Lesart historischer Ereignisse. Als Vorlage dienen ihm der NS-Staat sowie die DDR:

1704 FRIEDRICH: 40 Jahre Sozialismus in seinem Lauf, hält weder Ochs
1705 noch Esel auf. Paar Wochen vorm Niedergang. Das ist nicht normal. Und das, das

1706 fasziniert mich. Das fasziniert mich auch im negativen Sinne, das fasziniert mich im
1707 negativen Sinne, wie wie LANG solche totalitären Systeme, Horst Seehofer die
1708 Herrschaft des Unrechts, ge, wie lange solche totalitären Systeme sich halten
1709 können, und Leute, die ihre Familien verloren haben, Kinder, Vater, Bruder was, was
1710 weiß ich, Angehörige, wie die noch bis zum Niedergang mitgemacht haben. Das,
1711 das, das kann ich nicht nachvollziehen. Da suche ich heut immer wieder nach
1712 Erklärungen, ja. Und ich kenn mich wirklich in dem Zeitraum, jetzt nur lesetechnisch
1713 von von von 29 bis bis 45 gut aus, wie das funktioniert hat bis zum Schluss, dass die
1714 SO EIN Unrechtssystem so lange aufrechterhalten konnten, mir ein absolutes Rätsel,
1715 Mir ein VÖLLIGES Rätsel, das, dass da nicht rechtzeitig der Widerstand kam.

Friedrich konstruiert eine Geschichtstheorie, in der totalitäre Systeme kurz vor ihrem Zusammenbruch den bevorstehenden Untergang nicht wahrhaben wollten. Diese Geschichtsblindheit und dieses Leugnen »bis zum Schluss« (Friedrich: 1713) sei Friedrich »ein VÖLLIGES Rätsel« (Friedrich: 1715). Friedrich parallelisiert demnach die Gegenwart mit den Endstadien (»paar Wochen vorm Niedergang« [Friedrich: 1705]) des SED- und später auch des NS-Regimes. Und weil er dies erkennt, gelte es »rechtzeitig« (Friedrich: 1715) einen »Widerstand« (Friedrich: 1715) gegen ein auch heute dem Untergang geweihtes vermeintliches Regime zu organisieren.

Wir sehen zusammengefasst also bei Markus und Friedrich gleichsam nicht nur eine dystopische, sondern auch eine an eine konkrete Lesart historischer Ereignisse orientierte Zukunftserwartung: So wie in der Geschichte (des 20. Jahrhunderts) (Friedrich) oder der eigenen Biografie (Markus) wiederholen sich auch in der Gegenwart ein Endzeitszenario. Markus und Friedrich haben beide konkrete und lebedinge Vorstellungen von Untergang und Katastrophe, weil sie die geschichtlichen Muster erkannt und durchschaut hätten. Und bei beiden hat ihr »Widerstand« und ihr AfD-Engagement nicht den Charakter, den Untergang aufzuhalten oder eine bessere Welt zu versprechen. Im Gegenteil: Über eine Zukunft nach dem sicher erwarteten Untergang erfahren wir bei ihnen wenig. Friedrich und Hannelore behaupten zwar eine Zukunft zu haben (mindestens in Gestalt des Fortlebens ihrer Nachkommen). Bei Markus ist ein solcher Zukunftshorizont zunächst nicht erkennbar. Worum es ihnen aber geht, ist die Möglichkeit sich im Kontext ihrer Untergangsszenerie als privilegierte Elite der Zukunft – als Gerechte und Auserwählte – schon hier und heute zu stilisieren.

6.3.1.5. Endzeitliche Orientierung und Wachrufen

Entsprechend der lediglich blassen Zukunftshorizonte, die bisher bei den Fällen der Basistypik zu sehen waren, stellen sie ihr Eintreten für die AfD gelegentlich als Bremsen und Aufhalten der endzeitlichen Gegenwart oder als Widerstand gegen die Katastrophe vor. Ein Vergleich von Markus' Untergangsprophetie mit einer homologen, aber in explizit biblischer Semantik vorgetragenen Passage von Bernd macht deutlich, wie ihre rechtspopulistische Soziodizee – bzw. Theodizee – des Untergangs gestrickt ist. Im Zentrum steht das Motiv der negativen Privilegierung und das Wachrufen der Auserwählten.

Wie oben schon gezeigt, stellt Markus sich den bevorstehenden Untergang lebhaft vor, den er konkret mit einer erwarteten Bankenkrise in Zusammenhang bringt:

MARKUS: Und dann passiert genau das, vor was ich am meisten Angst hab. Dass RA-dikale Kräfte, und ich sags ausdrücklich, die NICHT von rechts kommen, sondern die von links kommen, die ausm grünen Milieu kommen, von den Gutmenschen, dass die versuchen, die Macht hier zu übernehmen, alleinig, totalitär, und den anderen, wie beim Farm der Tiere, die Schweine den Schafen erzählen, was Sache ist. Vor dem hab ich Angst, weil dann ist es (unv.), dann ist vorbei mit einer demokratischen, freiheitlichen Grundordnung. Das wars dann. Und zwar für lange Zeit. Nicht für immer, aber für lange Zeit. Weil das bedarf dann schon wieder einer ganz anderen Anstrengung, um die wieder weg zum bringen. Ich glaube nicht, dass, dass, ähm, wenn das mit der EZB kommt, dass es die gemäßigten Kräfte hier in dem Land, dies ja gibt, dass die, dass die dann das Ruder an sich reißen.

Markus behauptet das nahe Ende. Mit der vermeintlichen Übernahme der linken »RA-dikalen Kräfte« (Markus: 592–593) sei dann ein Endpunkt erreicht: »Das wars dann. Und zwar für lange Zeit.« (Markus: 598) Markus antizipiert also ein Ende, das nahezu nicht mehr abwendbar erscheint, denn sobald die Bankenkrise komme, hält er es für ausgemacht, dass es keine »gemäßigten Kräfte« (Markus: 601) sein werden, die die Welt danach auf den Weg bringen.

Markus sieht eine Unausweichlichkeit der Ereignisse und des Untergangs. Bemerkenswerterweise ist seine AfD-Wahl dennoch von der Sinnhaftigkeit des »Widerstands« gegen diese für sicher gehaltene Entwicklung motiviert. Markus gibt an, vor der AfD lange Zeit Nichtwähler gewesen zu sein und wesentlich wegen des Glaubens an eine Chance zum

Erhalt »eine[r] freiheitlich[], demokratische[n] Grundordnung« (Markus: 334) wieder gewählt zu haben:

MARKUS: ich hab mit der CDU NICHTS mehr zu tun. Und ich hab mal CDU gewÄHLT. (.) (mit hoher Stimme) Ganz am Anfang, ohne Witz, ja. (noch höher) JA. Geb ich zu. (normal) Ich hab, ich hab dann viele Jahre überhaupt nix mehr gewählt, weil mich NIEMAND mehr vertreten hat. Ich hab das Wählen wieder angefangen mit AfD.

INTERVIEWER: Wirklich wahr?

MARKUS: (mit hoher Stimme) JA. (normal) Weil es die einzige Kraft ist, wo ich gesagt hab, die VIELLEICHT, unter Umständen die Chance noch hat.

Zu Beginn der Sequenz stellt Markus heraus, dass er zwar früher einmal die CDU gewählt habe, heute jedoch »nichts mehr zu tun« habe mit der Partei. Mit der sprachlichen und stimmlichen Darstellung in der weiteren Elaboration (Markus: 566–567) stellt er eine Wahl der CDU als besonders abwegig dar. Nach einer längeren Zeit als Nichtwähler habe Markus dann erst mit und durch die AfD »wieder angefangen« (Markus: 586) zu wählen. Die Formulierung an der Stelle impliziert, dass er die AfD nicht nur einmalig gewählt hat.

Die entscheidende Proposition ist am Ende der Sequenz enthalten. Dort gibt Markus durch zwei konjunktivische Einschübe hintereinander (»VIELLEICHT, unter Umständen« [Markus: 572]) sowie den Partikel »noch« zu erkennen, dass er die AfD für die letzte mögliche Gelegenheit hält, um den erwarteten Untergang abzuwenden. Ähnlich ist bei Gitti von einer letzten »einzigste[n] Chance« (Gitti: 302–303) die Rede. In einer homologen Passage bei Markus findet sich ein Hinweis darauf, worin die hier behauptete letzte Chance liegt:

MARKUS: Ja, es gab da schon Fixpunkte. Und die hat mich interessiert, weil ich gedacht habe, das könnte vielleicht die neue (atmet tief ein) wertkonservative Kraft sein, die WENIGSTENS versucht, eine freiheitliche, demokratische Grundordnung zu erhalten. Da wäre ja schon viel gewonnen.

Die Chance bezieht Markus vordergründig auf den Erhalt einer »freiheitlich[], demokratische[n] Grundordnung« (Markus: 334). Und auch in dieser Sequenz betont Markus, dass es nur eine geringe Restchance gebe, denn es könnte »WENIGSTENS versucht« (Markus: 333) werden, diese Grundordnung zu erhalten. Im Grunde stehen die Zeichen jedoch schlecht. Vor dieser Sequenz gibt Markus einen Bekannten wieder, der ihm gegenüber bestätigend gesagt habe, dass »in dem Land [...] die Weichen auf Niedergang gestellt« (Markus: 323–324) seien. Die Orientierung von Markus stellt sich demnach so dar: Der Niedergang ist nahezu unausweichlich. Die AfD sei nur eine einzige, allerletzte Chance dem etwas entgegenzusetzen – allerdings mit geringen Erfolgsaussichten. Gerade jedoch die nahezu unausweichliche, katastrophische Orientierung motiviert wesentlich seine AfD-Wahl. Markus hätte angesichts der scheinbaren Unausweichlichkeit auch Nichtwähler bleiben können. Es scheint sich jedoch anders zu verhalten: Gerade eine gewisse unausweichliche Dringlichkeit in Anbetracht des drohenden Untergangs motiviert seine Wahl der AfD.

Dies lässt sich genauer durch das vergleichende Heranziehen einer homologen, aber in religiös-biblischer Semantik vorgetragenen Passage verstehen. Der evangelikal-freikirchliche Christ Bernd proponiert ebenfalls eine unausweichliche Erwartung von apokalyptischer Endzeit und Untergang. Dabei orientiert er sich konkret an biblischen Offenbarungstexten. Angesichts des prophezeiten und von ihnen erwarteten Endzeitgeschehens stellt sich sowohl bei Bernd als auch bei Markus allerdings die Frage, weshalb die sichere Erwartung der apokalyptischen Katastrophe – oder der Bankenkrise – in die politische Tat – die Wahl der AfD – umschlägt. Die Untergangs- oder Endzeitereignisse (und anschließend das Reich Gottes) kämen dieser Orientierung zufolge eigentlich von selbst und unvermeidlich – man bräuchte durch Aktion und politisches Handeln nicht zu bewirken, was ohnehin unvermeidlich erscheint.

Vordergründig zeigen Bernd und Markus hier weniger eine apokalyptische Orientierung, sondern eine Orientierung an einem Motiv, das als theologisch-eschatologische Figur des *Katechon* bekannt ist und als solches prominent in der politischen Theologie Carl Schmitts eine Rolle spielt (Manemann 2002, S. 173–190, 262–285; vgl. auch Nagel 2021, S. 109–139). Der Katechon hält das Ende und das Chaos auf, aber blockiert damit paradoxerweise zugleich das Kommen des Neuen und der Rettung.[21] Als Motiv bleibt

21 Manemann weist darauf hin, dass Katechontik nicht nur die Gegenkraft zur Apokalyptik sei, sondern bei Schmitt vor allem die Funktion einer politischen Ordnungsvorstellung – einer »apokalyptischen Reichstheologie« (Nagel 2021, S. 126–136) – zukommt. Katechontik heißt nämlich auch: Die Endzeit ist eine befristete Zeit – eine »Galgenfrist« – und damit ist Katechontik ein Ordnungsbegriff für die »Herrschaft des Vorletzten« (Manemann 2002, S. 178). Für Schmitt ist das Reich die staatlich-metaphysische Institution, die das Ende aufhält und damit die Bedin-

das Katechon hier zwar erhalten, aber beim genaueren Hinsehen zeigt sich bei Bernd und Markus doch eine chiliastische Motivik. Um also diesen vordergründig paradoxen Zusammenhang in der Handlungsorientierung Bernds und Markus' zu verstehen, hilft es sich zu vergegenwärtigen, dass ein wesentliches Merkmal des württembergisch-pietistischen Chiliasmus in der Sammlung der Frommen und im Wachen und Beten besteht. Mit dieser Haltung gehe man in eschatologischer Auslegung dem Millennium entgegen. Und so spricht der evangelikal-freikirchliche Christ Bernd zwar davon, dass die AfD ein Versuch sei, angesichts des Endzeitgeschehens »ein Stück aufhaltend zu sein« (Bernd: 391). Allerdings ist in derselben Passage auch zu sehen, dass er damit eigentlich meint, mit der AfD die Auserwählten wachzurufen:

288 BERND: Und das sind so verschiedene Punkte, die
389 auch die Bibel vorhersagt, dass genau in der Endzeit, in der sogenannten Zeit bevor
390 Jesus wiederkommt, dass das passieren wird, und das seh ich jetzt mit meinen
391 Augen, und da versuch ich ein Stück aufhaltend zu sein und zu sagen, Freunde, also
392 wie die Propheten, Jeremia oder wie sie geheißen haben die das Volk Israel
393 wachgerufen haben, so gehts doch nicht, haltet wieder zu Gott und so weiter, so
394 versuch ich natürlich mit meinen Möglichkeiten auch andere Menschen von Jesus zu
395 erzählen oder zu sagen, also Klimawandel ist für mich Klimaschwindel, oder oder
396 eben für die AfD zu sein, ähm, in gewissen Bereichen, äh, sie zu unterstützen und
397 sagen, jawohl, die Linie ist gut

Diese Passage zeigt, dass Bernds AfD-Wahl über die biblisch geoffenbarte Endzeit motiviert ist, beziehungsweise durch die Möglichkeit eines scheinbar katechontisch »aufhaltenden« (vgl. Bernd: 391) Eingreifens in dieses Geschehen. Es geht ihm aber weniger um das Aufhalten der Endzeit im Sinne ihrer Verhinderung, sondern im Zentrum steht eine Sammlung von From-

---

gung der Möglichkeit für Geschichte an sich (Nagel 2021, S. 133). Damit wird auch die Vorstellung installiert, dass politische Herrschaft die Konservierung der apokalyptischen Erwartung der Endzeit sei. Manemann (2002, S. S. 87–99) arbeitet vor allem heraus, dass in diesem Zeitdenken Schmitt eine große Nähe zur Konservativen Revolution hat, die ein apokalyptisches Zeitdenken festhalten und auf Dauer zu stellen trachteten. Insofern gibt dieses Fristdenken eine Parallele zu der Orientierung der hier untersuchten Rechtspopulist*innen zu erkennen (vgl. exemplarisch Markus im vorhergehenden Abschnitt 6.3.1.4), denn auch sie bemühen endzeitliche Gegenbilder zur breiten Gegenwart der Spätmoderne – vor allem zur Aufrechterhaltung der Vorstellung eines elitär-exklusiven Anspruchs auf Zukunft. Damit aber sind sie eben Chiliast*innen, denn der Katechon ist ihnen gerade abhandengekommen.

men und Auserwählten im Angesicht der befristeten Zeit und des nahen Endes. Hier kommt das elitäre Selbstbild und die Motivik der ›Durchschauens‹ ein weiteres Mal zum Vorschein: »Klimawandel ist für mich Klimaschwindel« (Bernd: 395).

An anderer Stelle thematisiert Bernd ebenfalls die Hoffnung auf eine katechontische Bremswirkung auf das unbedingt zu erwartende Endzeit-Geschehen, die er mit der AfD verbindet:

292 BERND: Ich nehms wahr in der Gesellschaft, und ich sehs von der Bibel her, dass es
293 verheißen ist, für unsre Seite, dass es so ist. Das heißt also, ähm, ich habe nicht viel
294 Hoffnung, dass sich so viel verändert, sagen wirs mal so. Aber ich versuch mein
295 Möglichstes noch zu tun, um irgendwo noch eine Bremse zu sein. Und, äh, das gibt
296 mir natürlich Kraft oder Halt oder so oder wie auch immer, ein Stück weit auch
297 einfach eine relative aufhaltende Kraft, sage ich jetzt mal, zu wählen, die, äh, das
298 Böse, das ich erwarte, dann doch nicht zu meiner Zeit kommt

»Relativ aufhaltend[]« (Bernd: 297) zu sein bedeutet, dass das erwartete »Böse« (Bernd: 298) nicht abgewendet oder aufgehalten werden kann. Entscheidend ist, dass Bernd in der oberen Passage die AfD-Wahl mit einer prophetischen Voraussage in Verbindung bringt (Bernd: 391–393). Er zeigt damit an, dass die Wahl der AfD seiner Sicht nach in Übereinstimmung mit dem Prophetischen steht: »da versuch ich ein Stück aufhaltend zu sein und zu sagen, Freunde, also wie die Propheten, Jeremia oder wie sie geheißen haben die das Volk Israel wachgerufen haben.« (Bernd: 391–393) Bernd betreibt mit der AfD also eine (elitäre) Sammlung der Auserwählten. »Bremsen« heißt entsprechend bei Bernd auch nicht die geoffenbarte Endzeit abzuwenden, sondern im Sinne des biblischen Motivs, auf das Bernd hier anspielt, »Wachrufen« oder »Wachhalten«. Dies bedeutet: Da die Endzeit ohnehin komme, sei man aufgerufen gerade in ihrer Erwartung wachsam zu bleiben und »für die AfD zu sein« (Bernd: 396).[22]

---

22 Das Motiv des Wachrufens ist im bekannten biblischen Gleichnis von den klugen und törichten Jungfrauen zu finden (Matthäus 25,1 – 25,13): „[1] Dann wird das Himmelreich gleichen zehn Jungfrauen, die ihre Lampen nahmen und gingen hinaus, dem Bräutigam entgegen. [2] Aber fünf von ihnen waren töricht und fünf waren klug. [3] Die törichten nahmen ihre Lampen, aber sie nahmen kein Öl mit. [4] Die klugen aber nahmen Öl mit in ihren Gefäßen, samt ihren Lampen. [5] Als nun der Bräutigam lange ausblieb, wurden sie alle schläfrig und schliefen ein. [6] Um Mitternacht aber erhob sich lautes Rufen: Siehe, der Bräutigam kommt! Geht hinaus, ihm entgegen! [7] Da standen diese Jungfrauen alle auf und machten ihre Lampen fertig. [8] Die törichten aber sprachen zu den klugen: Gebt uns von eurem Öl, denn unsre Lampen verlöschen. [9] Da antworteten die klu-

Diese Deutung erklärt auch Markus' AfD-Wahlmotivation im Angesicht eines scheinbar unausweichlichen – bei ihm vor allem in ›weltlichen‹ Begriffen vorgestellten – Untergangs-Geschehens. Entsprechend ist auch seine Klage über das Unwissen der »Meisten« (Markus: 411) darüber einzuordnen, dass eine große europäische Bankenkrise bevorstehe (vgl. Abschnitt 6.3.1.4): »Die haben von Tuten und Blasen KEINE Ahnung. Die WISSEN das nicht. Die denken, das geht doch irgendwie schon.« (Markus 412–413) Die »Meisten« seien also schlichtweg nicht hinreichend wachsam und begegneten dem Untergangs-Geschehen mit Gleichgültigkeit. Wachsamkeit im Auge der Apokalypse erklärt, weshalb Markus ohne konkrete positive Visionen darüber auskommt, wie die AfD den Untergang verhindern oder abwenden könnte und weshalb er dennoch – vom Nichtwähler zum Wähler geworden – die AfD unterstützt. Ähnlich wie in Xavers Wasserfall-Analogie (vgl. Abschnitt 6.3.1.3) zeichnet auch Markus die AfD als letzte Chance, nicht um das Unheil abzuwenden, sondern um die Durchschauenden und Auserwählten zu sammeln und wachzurufen. Der rechtspopulistische Chiliasmus lässt sich demnach als ein elitäres Projekt von Auserwählten charakterisieren.

6.3.1.6. *Zwischenfazit: Chiliastisches Zeiterleben der württembergisch-pietistischen Basistypik*

Das chiliastische im Zeiterleben der württembergisch-pietistischen Basistypik zeigt sich in Gestalt eines revolutionär-endzeitlichen Grundempfindens, mit dem sich die Fälle der Basistypik gegen eine sich scheinbar wiederholende, katastrophische Geschichte stellen. Ihre chiliastische Utopie besteht neben der Untergangs- und Katastrophenerwartung insbesondere auch darin, sich im Angesicht des Endes der Geschichte als negativ privilegierte Elite zu begreifen: Sie erkennen und durchschauen den Gang der Dinge, sie werden

gen und sprachen: Nein, sonst würde es für uns und euch nicht genug sein; geht aber zu den Händlern und kauft für euch selbst. [10] Und als sie hingingen zu kaufen, kam der Bräutigam; und die bereit waren, gingen mit ihm hinein zur Hochzeit, und die Tür wurde verschlossen. [11] Später kamen auch die andern Jungfrauen und sprachen: Herr, Herr, tu uns auf! [12] Er antwortete aber und sprach: Wahrlich, ich sage euch: Ich kenne euch nicht. [13] Darum wachet! Denn ihr wisst weder Tag noch Stunde.« Hölscher (1989, S. 87–88) weist darauf hin, dass dieses Gleichnis »von zentraler theologischer Bedeutung« für die adventistische Strömung innerhalb der pietistischen Gemeinschaftsbewegung war. Von hier aus spielte es vor allem für das Verständnis des revolutionären Attentismus der Sozialdemokratie des 19. und frühen 20. Jahrhunderts eine Rolle (vgl. Groh 1973; vgl. auch Hölscher 2020, S. 246).

jedoch abgelehnt und ausgegrenzt, begreifen sich mitunter als Opfer. Das privilegiert sie aber schon hier und heute in ihrem Zukunftsglauben: »Wir haben eine Zukunft. Deshalb verändern wir uns nicht«, pointiert Hannelore (971). Dahinter steht eine Zeitorientierung, in der ihre für unveränderlich und ewig gehaltene Normalität in der historischen Zeit nicht ›veraltet‹. Dies hat vor allem damit zu tun, dass den Fällen der Basistypik die Zeit seit den 1970er Jahren in eine Krise geraten ist. Dort verorten sie einen Zeitenbruch. Seither laufe die Geschichte ungebremst – und in vermeintlicher Wiederholung historischer Vorbilder – einem Untergang entgegen.

Ihre Verortung des Zeitenbruchs in den 1970er Jahren ist, wie in Kapitel 2.3 herausgearbeitet wurde, kein Zufall. In den 70er Jahren des 20. Jahrhunderts lösen sich die modernen Temporalitäts-Koordinaten auf und es begann eine Umstellung, die die spätmoderne Gegenwarts- und Zeitkultur bis heute prägt und wovon der moderne Rechtspopulismus ein Ausdruck ist. Insofern handelt es sich empirisch nicht um rein individuelle Lebensgeschichten, die in den 1970er Jahren entscheidende Wendepunkte konstatieren. Vielmehr sind diese Narrationen in der Matrix des Erfahrungsraums der Spätmoderne – einer »Matrix der objektiven Beziehungen«, wie es Bourdieu nennt, ohne die eine Lebensgeschichte soziologisch nicht zu verstehen wäre (Bourdieu 1990 [1986], S. 80) – zu verorten und ohne diese nicht zu verstehen. Ihr biografischer Bruch ist demnach Ausdruck eines historischen Bruchs. Sie reflektieren eine fundamentale Erfahrung der Entkoppelung von Zeit und Sinn.

Die Chiliast*innen der Basistypik sind daher gerade nicht nostalgisch einer Vergangenheit verhaftet. Sie sehen keine andere Option, als aus der historischen Zeit auszusteigen. Die AfD bietet ihnen die kairologische Gelegenheit, eine letzte »Chance« (Gitti, Markus) einer elitären Sammlung der Auserwählten. Ihr Blick ist daher in eine Zukunft gerichtet. Einerseits scheint ihnen die AfD-Wahl eine säkulare Art des Betens und Versammelns von Gerechten und negativ Privilegierten zu sein – ein elitäres Projekt von Auserwählten. Andererseits hängt die chiliastische Tat der AfD-Wahl mit einer zögerlichen Bereitschaft zum Ausbrechen aus der historischen Zeit zusammen und sie operiert mit merklich blassen Zukünften. Schließlich bleibt der rechtspopulistische Chiliasmus in der breiten Gegenwart gefangen, aus der er auszubrechen trachtet.

6.3.2. Dekadenz

Die blassen Zukünfte der württembergisch-chiliastischen AfD-Wähler*innen haben damit zu tun, dass sie Gegenbilder zu jener breiten Gegenwart sind, aus der sie nicht entkommen. Dennoch sind die rechtspopulistischen Chiliast*innen mit einer meta-historischen Zeit befasst, die sie sich als echte Zukunft nur so vorstellen können, dass sie sie selbst nicht mehr erleben werden. Diese Zukunft ist eine Zukunft jenseits der eigenen Lebensspanne. Gitti sowie Friedrich und Hannelore, zwei sozialstrukturell heterogene Fälle, stellen sich vor allem eine Zukunft ihrer Kinder vor und glauben auch, dass die AfD hierfür eine wichtige Rolle spielen werde.

Die Untergangs- und Endzeiterzählungen meiner Fälle sind daher mitnichten nur ein restaurativ-konformistisches Projekt zum Erhalt der kapitalistischen Gesellschaftsordnung und des eigenen saturierten Lebens darin, wie sich bei der Analyse des Falles Markus (vgl. Abschnitt 6.3.1.5) vermuten ließe. Erstens: Auch weniger privilegierte Fälle wie Gitti, die relativ zu den Selbständigen nicht von dieser Gesellschaftsordnung profitieren, orientieren sich chiliastisch. Sie will den Untergang und die Zerstörung, um sich darauf aufbauend eine Zukunft für ihre Kinder vorstellen zu können. Zweitens: Der Chiliasmus meiner Fälle drückt sich gerade über eine anti-materialistisch vorgetragene Dekadenzkritik aus. Es gibt eine ausgeprägte Ablehnung von materiellem Wohlstand und eine Orientierung an Verzichtslosigkeit. In dieser Hinsicht trägt die Basistypik Elemente einer »innerweltlichen Askese« (Weber 1988 [1920], S. 84–163) in sich.[23] Ihre Orientierung an Mühe und Verzicht ist verkoppelt mit einem Bewährungs- und Erwählungsglauben, allerdings im chiliastischen Sinne einer Zukunft nach dem Untergang. Damit lässt sich erneut zeigen, dass sich mit Chiliasmus die rechtspopulistische historische Zeitorientierung, bzw. Utopie der AfD-Wähler*innen auf den Begriff bringen lässt.

Die chiliastische Utopie der württembergisch-pietistischen Basistypik dokumentiert sich ferner also im Themenfeld Kindererziehung. Sie nimmt hier die Form von Dekadenzdeutungen an und empirisch taucht sie in Gestalt positiver Orientierungen an Mühe und Verzicht und negativer Orientierungen an verwerflichem Wohlstand auf. Die Dekadenzmotivik charakterisiert den Chiliasmus der Basistypik, sofern diese Orientierungen

23 Weber (1988 [1920], S. 84) behandelt den Pietismus analog zum Calvinismus als »geschichtlichen Träger des asketischen Protestantismus«.

bei allen sozialen Lagerungen darin – bei den prekären wie bei den gutsituierten Selbständigen – zu finden sind. Bei den nicht-württembergischen Kontrastfällen hingegen kommt sie nicht vor, wie in Kapitel 6.4 anschließend gezeigt wird. Die sozial unterschiedlich gelagerten Fälle kommen in ihren chiliastischen Zukunftsorientierungen nicht nur darin überein, dass die historische Zeit eine schlechte Zeit sei und dem Verfall anheimfalle. Mehr noch: Dekadenzdeutungen sind Ausdruck eines chiliastischen Zeiterlebens, da sie eine ausgeprägte Opposition zu materiellem Wohlstand zum Ausdruck bringen. Dekadenz gilt diesem Typus als Ausdruck einer ›diesseitigen‹ Materialität, die schon dem pietistischen Chiliasmus des 19. Jahrhunderts suspekt war: »nicht materielle Besserstellung der Menschen […], sondern das heilige, sündenfreie Leben« (Hölscher 1989, S. 87) war der pietistischen Gemeinschaftsbewegung von Bedeutung.[24]

Dekadenz ist ein bekanntes Motiv rechter und konservativ-revolutionärer Geschichts- und Gesellschaftsdeutung (Kronau 2019; Quent 2019; Kauffmann et al. 2005; Pflüger 1994)[25] und der modernen christlichen Rechten (Fritz 2021). Das zentrale Motiv sind Verfalls- und Untergangsphantasien (Kronau 2019, S. 52). Dekadenz, Apokalypse und die heroische Tat der Neuaufrichtung werden darin als zentrale Geschichtsvorstellungen verbunden (Lenk 2005, S. 50). Auf dem Spiel stehe stets eine Entscheidung zwischen Untergang und Rettung. Entsprechend endzeitliche Untergangs-Horizonte finden sich bei den Fällen der Basistypik – »heroische« Rettungserwartungen hingegen nicht. Es geht, wie mehrfach herausgearbeitet, vielmehr um die chiliastisch-elitäre Sammlung der Auserwählten.

Orientierungen an Mühe und Verzicht und eine negative Orientierung an verwerflichem Wohlstand treten nahezu ausschließlich im Themenfeld Familie und Kindererziehung auf. Die Fälle der Basistypik thematisieren darin auch ihre vermeintliche Stigmatisierung und Ausgrenzung im Kontext ihrer

24 Hölscher zeigt, wie der pietistische Chiliasmus des 19. Jahrhunderts daher in Widerspruch zu sozialistischen Zukunftshoffnungen stand: »Der pietistische Chiliasmus der Gemeinschaftsbewegung setzte sich […] zugleich in Analogie und in Widerspruch zur sozialistischen Zukunftshoffnung: Er betonte sowohl in seinem Optimismus, dass der gegenwärtige geschichtliche Äon in Kürze einem neuen Zustand der menschlichen Vollkommenheit Platz machen werde, die Nähe zum utopischen Sozialismus, als auch in der Ablehnung von dessen ›diesseitiger‹ Materialität die Distanz zu ihm.« (Hölscher 1989, S. 87)

25 Griffin glaubt sogar, dass sich darauf ein ideologischer Kern des Faschismus bezieht, nämlich im Bestreben oder »utopischen Antrieb, das Problem der Dekadenz zu lösen« (Duisburger Institut für Sprach- und Sozialforschung 2004).

Erfahrungen mit und Vorstellungen von Kindererziehung und Familienmodellen. Sie verarbeiten diese Erfahrungen als Dekadenz. Damit sind sie starken Deutungen über gesellschaftlichen Verfall verhaftet. Die Rekonstruktion der chiliastischen Dekadenz-Orientierungen der Basistypik zeigt letztlich, dass aufgrund des darin zum Ausdruck kommenden historischen Zeitbewusstseins weniger die Vorstellungen einer besseren Vergangenheit im Mittelpunkt stehen, wie im Zusammenhang mit rechter Dekadenzmotivik gelegentlich behauptet (Kronau 2019, S. 51; Lenk 2005, S. 53). Auf dem Spiel steht ihnen vielmehr das Kommende. Hierfür gelte es wachsam zu sein und die Erwählten zu sammeln. Dafür wählen sie die AfD. Das chiliastische Dekadenz-Bewusstsein ist deshalb kairologisch. Die Fälle der Basistypik harren des Endes der dekadenten Zeit, der auf Anhäufung materiellen Reichtums gerichteten Orientierungen, des schlechten Werdens und des Durchbruchs einer neuen Zeit. Das chiliastische Dekadenz-Bewusstsein, so lässt sich mit Mannheim ausdrücken,

»[…] kündigt alle Beziehungen zu jenem in unserer Mitte allmählich werdenden, alltäglichen und historischen Sein. In jedem Augenblick geneigt, in Welt-, Werk-, und Kulturfeindschaft umzuschlagen, sieht es in allen Werken vorweggenommenes Ergebnis, allzu frühzeitige Beruhigung der viel wichtigeren, auf einen Kairos ausgerichteten Bereitschaft.« (Mannheim 2015 [1929], S. 191)

6.3.2.1. *Erziehung als Mühe und Entbehrung*

Ausgeprägte Orientierungen an Verzicht und Mühe scheinen besonders im Themenfeld Kindererziehung auf. Der evangelikal-freikirchliche Christ Albert etwa, der selbst drei Kinder hat, bezieht sich ausgiebig und positiv auf die Familienpolitik der AfD. In folgender Passage elaboriert er seine familienpolitischen Vorstellungen, wobei eine wiederkehrende Orientierung zum Vorschein kommt, die Erziehung als Mühe rahmt. Dabei ist zu sehen, wie sich eine Orientierung an Mühe mit einer Zukunftsorientierung verbindet: Der positive Horizont in folgender Passage ist, dass Erziehungsmühe auf die »Zukunft unserer Gesellschaft« (Albert: 187–188) gerichtet sei.

172 ALBERT: Und da hat
173 die AfD aus meiner Sicht recht. In der Familienpolitik, wo sie sagen, wir wollen dahin
174 zurück. Weil Kinder, die vernünftig heranwachsen, die wissen, ich bin von meinen
175 beiden Eltern geliebt, wo Vater und Mutter zu Hause sind und Zeit haben für die
176 Kinder und sich, (.) sag ich mal, die Mühe machen, Kinder zu ERZIEHEN. Nicht bloß
177 in die Kita schicken, und nicht bloß zur Oma schicken und dann den ganzen Tag weg

178 sind, so, und sich die MÜHE machen, Kinder zu erziehen. Meine Schwiegermutter
179 hat zwölf Kinder erzogen. Und die sind jetzt alle vernünftig. Die sind jetzt alle über 18
180 (.) und die sind alle FÄHIG im Sozialstaat hier zu arbeiten. Und wir sind alle fähig,
181 einer Arbeit nachzugehen und Steuern zu zahlen. !ZWÖLF! Personen. Meine
182 Schwiegermutter bekommt dafür fast nichts. Sie bekommt ne Rente, bisschen, ja.
183 Aber das wird in unserer Gesellschaft VIEL zu wenig honoriert. Dass man Frauen
184 finanziell auch begünstigt, unterstützt oder zumindest im Nachhinein ihnen was
185 zukommen lässt, wenn einer sagt wir honorieren das, dass du für unsere
186 Gesellschaft einen Beitrag geleistet, ein, zwei drei, vier, fünf Kinder, ja wenns bloß
187 zwei sind, ist egal, aber du hast einen Beitrag geleistet für die Zukunft unserer
188 Gesellschaft, nämlich du hast Kinder erzogen, die fähig sind, unser Land
189 weiterzuführen. Und nicht bloß unter der Brücke zu liegen oder irgendwie als als
190 Drogenjunkie oder sonstig/ Wir sind wirklich FÄHIG. Haben gelernt, was heißt/
191 einfach gewisse Tugenden gelernt. Sie wissen, wie man sich verhält. Wie muss sich/
192 sind fleißig, sie sind gewillt, sie sind normal, sie sie können dem einfach dem (.) Sie
193 DIENEN dieser Gesellschaft.

Albert evaluiert die familienpolitische Programmatik der AfD positiv. Mit dem Beginn der Elaboration (Albert: 174) proponiert er auch den Zweck und das Ziel richtiger Erziehungsarbeit: Das »vernünftige [H]eranwachsen« (Albert: 174) der Kinder wird in Abhängigkeit von der »Mühe« (Albert: 176) der Erziehung gedeutet. Zu dieser Mühe gehöre das Zuhausebleiben von Vater und Mutter (allerdings ist vom Zuhausebleiben des Vaters bei Albert später nicht mehr die Rede). Die Passage thematisiert im Weiteren ausschließlich die häuslichen Erziehungsaufgaben der Mutter. Alberts negativer Gegenhorizont ist ein »bloß[es]« (Albert: 176, 177) »in die Kita [S]chicken« (Albert: 177) der Kinder, bzw. das Einspannen der Großeltern. Das Adverb »bloß« steht hier in auffälligem Kontrast zu der Wiederholung des zentralen Orientierungsgehaltes: Richtige Kindererziehung habe »MÜHE« (Albert: 178) zu bedeuten. Gleichsam als sei Erziehung ohne Mühe keine Erziehung.

Diese Orientierungsfigur findet sich auch bei Friedrich, der ebenfalls Kindererziehung als mühevolle Angelegenheit verhandelt: Kindererziehung »ist ja auch Mühe, um eigene Kinder großzuziehen, das ist eine Mühe, und wie viel schlaflose Nächte, weiß man nur selber, wenn man Kinder gekriegt, hat, ja« (Friedrich: 282–284). Die beiden – wohlgemerkt – vollerwerbstätigen Väter Friedrich und Albert suggerieren, dass Erziehung unter Einbeziehung von Großeltern und vor allem Betreuungseinrichtungen keine Mühe sei. Friedrich echauffiert sich gar darüber, dass die Scheu vor der Mühe »das Schäbigste und Niederträchtigste überhaupt« (Friedrich: 280–281) sei.

Es zeigt sich, dass Kindererziehung hier in erster Linie unter einer mit Mühe charakterisierten Orientierung verhandelt wird. Pädagogische Zielsetzungen oder Aspekte von Bindung und Zuwendung finden hingegen keine Erwähnung. Was Kindererziehung im Kern für Albert und Friedrich ausmacht, ist die Tatsache, dass sie mühevoll sein soll. Worum es ihnen dabei geht, zeigt ein Blick auf die Exemplifizierungssequenz, die Albert seiner Proposition »Mühe« folgen lässt (Albert: 178–182): Alberts Schwiegermutter habe sich »Mühe« gemacht und zwölf Kinder aufgezogen. Das Ziel mühevoller Erziehungsarbeit – und nur eine solche verdient für Albert Erziehung genannt zu werden – sei nämlich die Hervorbringung von »fähige[n]« (Albert: 180), »vernünftig[en]« (Albert: 179) und »fleißig[en]« (Albert: 192) Steuerzahler*innen. Andernfalls drohten »unter der Brücke« (Albert: 189) liegende »Drogenjunkie[s]« (Albert: 190) herauszukommen, wie Albert in überzeichnet-stereotypisierter Drastik behauptet. Mühe bedeutet aus dieser Sicht also Zukunft – mit ihr assoziiert sind die »fähige[n]« (Albert: 180), »vernünftig[en]« (Albert: 179) und »fleißig[en]« (Albert: 192) Steuerzahler*innen von morgen.

Eine homologe Passage findet sich auch bei Gitti. Anders als Albert und Friedrich ist Gitti erwerbslos und alleinerziehend. Trotz heterologer sozialer Lagerung operiert sie ebenfalls mit dem Orientierungsmuster Erziehungsmühe. Wir konnten allerdings bereits sehen, dass Gitti eine Aufwertung von Erziehungsarbeit (von Alleinerziehenden), und damit eine ex post Anerkennung ihrer Lebensleistung fordert (vgl. Kapitel 5.2.2). Ihre Ideen von prinzipieller Gleichstellung von Erwerbsarbeit und Erziehungsarbeit gehen zwar deutlich über Alberts Forderung hinaus, Müttern »zumindest im Nachhinein [...] was zukommen« (Albert: 184–185) zu lassen. Doch auch ihre Gleichstellungsforderung von Erziehung und Erwerbsarbeit führt im Hintergrund eine Orientierung an Erziehungsarbeit als Mühe und Entbehrung mit:

179 GITTI: Also, wir Eltern sollen die Kinder
180 nicht erziehen, wir sollen sie abgeben, andere Leute sollen sie für uns erziehen. Und
181 ich hab immer gesagt, nee, ich hab darunter gelitten. Ich fand das schlimm. Meine
182 Mutter war immer weg, mein Vater auch. Da hast nen Schlüssel um den Hals, da ist
183 der Schlüssel mal abgebrochener, na haste noch (.) nicht mal rein können. Dann
184 haste hinterher noch Prügel kassiert, dafür, dass das Stück kaputt war. Ah, ich hab
185 mir immer gesagt, nee, das möchte ich nicht. Ich habe deswegen darauf verzichtet,
186 mitunter drauf verzichtet, arbeiten zu gehen. Hinzu kam, dass für meine Kinder keine
187 Betreuung gab, schlichtweg, keine Betreuung. Bei ihm haben sie gesagt, zu

kompliziert. Er ist ein Einzelgänger, Außenseiter, ADS et cetera, der gehört hier nicht her. Na, also wo willste das Kind unterbringen in so nem Kaff wie hier. Gibt's nix. Ja, folglich dessen konnte ich und nicht arbeiten gehen.

Der Beginn der Passage erinnert an Kerstin, die eine homologe programmatisch-pauschale Behauptung darüber wiedergibt, dass es nicht gewünscht sei, dass Eltern ihre Kinder erzögen, (bzw. dass es »fatal« [Kerstin: 82] sei, dass Frauen erwerbsarbeiten müssten [vgl. Abschnitt 6.3.1.1; auch Fn. 120). Es fällt auf, dass Gitti bei dieser Behauptung ohne Temporaladverb auskommt. Das bedeutet, dass der von ihr in Anlehnung an die AfD-Programmatik behauptete Zusammenhang[26] zeitlich nicht verortet wird. Das zeigt sich auch daran, dass sie sich als Kind selbst schon als Opfer dieses vermeintlichen Zwangs zur Fremdbetreuung begreift. Zur Exemplifizierung wählt Gitti eine dramatisierende Sprache, um die Folgen der erwerbsarbeitsbedingten Abwesenheit ihrer Eltern darzustellen: Es ist von Leid (Gitti: 181) und »Prügel« (Gitti: 184) die Rede. Sie sei selbst Opfer eines Systems geworden, in dem Eltern ihre »Kinder nicht erziehen [sollen]« (Gitti: 179–180), weil, wie sie es interpretiert, die Eltern zur Erwerbsarbeit gezwungen gewesen seien. Gitti präsentiert sich jedoch nicht nur als Opfer. Sie habe vor dem Hintergrund dieser Erfahrungen später schließlich auch »immer gesagt, nee, das möchte ich nicht« (Gitti: 185). Mit ihrem erwerbslosen Alleinerziehenden-Modell stellt sie sich damit gegen einen vermeintlichen Zwang zur Fremdbetreuung und -erziehung, unter dem sie als Kind selbst gelitten habe. Sie präsentiert sich damit auch als Nonkonformistin. Sie wolle, anders als ihre eigenen Eltern und vor allem anders, als man es gemeinhin »soll[]« (Gitti: 180) für ihre Kinder zuhause sein.

Gitti geht an dieser Stelle bemerkenswerterweise nicht auf die Konsequenz ein, die diese zum Nonkonformismus stilisierte Entscheidung (trotz der infrastrukturell schwierigen Unterbringung von Lennard [Gitti: 190] handelt es sich um einen selbstgewählten und eben nonkonformistischen

26 Im Grundsatzprogramm der AfD heißt es dazu etwa: »Diskriminierung der Vollzeit-Mütter stoppen [...] Die aktuelle Familienpolitik in Deutschland wird bestimmt durch das politische Leitbild der voll erwerbstätigen Frau, so dass die Anzahl außerfamiliär betreuter Kleinkinder stetig ansteigt.« (Alternative für Deutschland 2016, S. 43) Im Wahlprogramm für die Bundestagswahl 2017 – die zum Zeitpunkt der Interviews die zurückliegende Wahl war – ist weniger drastisch die Rede davon, dass »familiennahe Betreuung« gewürdigt werden solle: »Der Staat muss dafür die elterliche Betreuung genauso finanziell unterstützen wie Kitas und Tagesmütter« (Alternative für Deutschland 2017, S. 39).

Verzicht) bedeutet: Eine Situation als Alleinerziehende, die von Erwerbstätigkeit absieht und daher von Sozialleistungen zu leben hat. Ihre materielle Deprivation spielt für Gittis Opfer-Selbstbild hier und auch insgesamt im Interview kaum eine Rolle. Es geht bei ihrem selbstgewählten Verzicht auf Erwerbseinkommen demnach um etwas Anderes. Gitti erzählt weiter, wie sie ihr »Einzelgänger, Außenseiter, ADS«- (Gitti: 188) Kind zu einem fähigen Lebensretter erzogen habe:

190 GITTI: Jetzt, leider, letztes Jahr, ne,
191 wars, war das dann so schlimm, das war das erste Jahr wo ich gesagt hab,
192 Menschenskinder, jetzt ist er so groß, jetzt kannste an DEIN Leben denken, und na.
193 Und dann kam dieser scheiß Infarkt, ne. {{gleichzeitig} Lennard: Ja} Aber ich habe
194 dich so toll groß gekriegt, muss man wirklich sagen, weil nicht mal die, die
195 Förderschule wollte ihn und so, also es war, warn richtig harter Kampf, ne, also, ihn
196 so weit zu kriegen, das waren viele Tränen, viel Kampf (lacht müde). Ständig zur
197 Schule antraben müssen. Aber er hat nen Abschluss gemacht und ich finds toll. Und
198 hätte er nicht reagiert, ja, hätte er jetzt nicht normal reagiert, würde ich heute hier gar
199 nicht sitzen. Ja ist so. Weil (.) mir gings schlecht, Schmerzen gehabt wollt einfach
200 zum Arzt, konnt mich nicht anziehen, und er kennt mich, bin da eigentlich, eigentlich
201 diesbezüglich bin ich schon ne Sau (.) ne (beide lachen) Solangs geht, krabbel ich
202 und mach. Aber an dem Tag, ich konnt einfach nicht mehr, und dann hat er gesagt,
203 Mama, egal, weißt was, egal was ist, ich ruf jetzt nen Sanka. Er hat die Schwester
204 noch zuvor gefragt, die sagte, ne, warte mal, ich komm. Und er so, nix da, ich ruf
205 jetzt, na. Es hätt nicht später sein dürfen, ne. {{gleichzeitig} Lennard: (leise) N-Ja} Ja.
206 Ist doch so. Da bin ich dir auch ewig dankbar. Das ist

Kurz vor ihrem Infarkt war Gitti der Ansicht, »jetzt kannste an DEIN Leben denken« (Gitti: 192). Sie beschreibt ihre Kindererziehung als Aufopferung und Bewährung; sie habe ihr Leben in den Dienst von Lennard gestellt. Dieser Überleitungssequenz kommt im Weiteren noch die Funktion einer Exemplifizierung des nun folgenden Orientierungsgehaltes zu. Nachdem Gitti also von ihrem Infarkt berichtet, folgt eine Sequenz, in der der homologe Orientierungsgehalt Erziehung als Mühe aufscheint. Die Erziehung von Lennard sei ein »richtig harter Kampf« (Gitti: 195) gewesen, verbunden mit »viele[n] Tränen, viel Kampf« (Gitti: 196). Insgesamt sieht Gitti ihre Erziehungsarbeit als Verzicht und Mühe – allerdings mit dem erfolgreichen Ergebnis, Lennard »toll groß gekriegt« (Gitti: 194) zu haben. Diesen Zusammenhang stiftet die sich hieran anschließende Exemplifizierungs-Sequenz. Die Konjunktion »und« (Gitti: 197) schlägt die Brücke zwischen der vorher proponierten Erziehungs-Mühe und Lennards Reaktionsschnelligkeit während des Infarkts. Weil Gitti die Mühen und den Verzicht auf sich genommen habe – und Lennard auch nicht »ab[ge]geben« und von »andere[n] Leute[n]« (Gitti: 180) erziehen habe lassen –, sei Lennard letztlich auch in der Lage gewesen, ihr Leben zu retten. Mit dieser Dramaturgie in ihrer Erzählung, die mit der programmatischen Behauptung über die Fremdbetreuung von Kindern begann (Gitti: 179–180), insinuiert Gitti, dass sie, hätte sie Lennard »ab[ge]geben«, nicht mehr am Leben wäre: »hätte er jetzt nicht normal reagiert, würde ich heute hier gar nicht sitzen« (Gitti: 198–199).

Zusammengefasst liefert Gitti zu Alberts programmatischen Behauptungen einen Erfahrungsbericht. Sie erzählt von ihrer Kindererziehung als mühevolle und entbehrungsreiche Angelegenheit – und homolog zu Albert hängt diese Mühe und Entbehrung einerseits mit der Hervorbringung »vernünftig[er]« (Albert: 174, 179) Personen zusammen, andererseits mit der Bedingung der Möglichkeit von Zukunft.[27] Schließlich glaubt Gitti »heute

27 Auch Kerstin berichtet von ihrer Erziehungsarbeit. Unter anderen materiellen Voraussetzungen als Albert und Gitti (Kerstin gibt – zur Erinnerung – ein monatliches Haushaltseinkommen von 4.500 bis 5.000 € an, Albert 3.500 bis 4.000 € und Gitti lediglich 500 bis 1000 €; vgl. Tabelle 1), wartet Kerstin nicht mit einer Orientierung an Mühe und Verzicht auf. Als gutverdienende heimarbeitende Selbständige konnte sich Kerstin »Kindermädchen« (Kerstin: 73) leisten. Entsprechend positive Erinnerungen (»Ich hab's scho ideal g'habt« [Kerstin: 79–80]) von der Zeit ihrer Kindererziehung hat sie auch:

68 KERSTIN: Und die Kinder müssen in die Kita. Und das wird so
69 gefördert alles, von den anderen Parteien, wie, wie früher in der DDR. Original DDR.
70 Da sind die Kinder auch in die Kinderkrippe gekommen, weil die Mutter arbeitete.
71 Und da, aus dieser Sache/ Ich hab auch immer gearbeitet. Also ich war immer
72 selbstständig und als meine Kinder geboren worden sind, hab ich auch überlegt wie
73 ich das mach. Und ich hatte dann die Mittel ein Kinder-(.)-Mädchen zu bekommen,
74 stundenweise. Es waren junge Mädchen, 17, 18. Und die sind ins Haus gekommen
75 und haben dann auf meine Zwei aufgepasst. So hab ich das gemanagt, ge. Und ich
76 fand das gut. Ich hab sie nicht weggegeben. Sie waren hier zuhause. Und das
77 Kindermädchen war jetzt nicht so/ Wenn man das Kind weggibt, dann weiß man
78 nicht, was da los ist. Aber so, ich arbeite ja immer zuhause. Also ich hab immer
79 zuhause gearbeitet. Als ich meine Kinder und mein Büro zuhause. Ich hab's scho
80 ideal g'habt, das muss ich dazusagen.

Trotz der Tatsache, dass sich Kerstins Erfahrungen und materielle Lebensbedingung wesentlich von Gittis unterscheiden, und sie auch in einer darüber hinaus privilegierten Situation ihre Kinder zuhause großziehen konnte, stellt auch sie die AfD-bezogene pauschal-programmatische Behauptung auf, heute sei es »wie früher in der DDR« (Kerstin: 69). Kerstin schwebt vor, dass es alle so machen sollten wie sie: Heimarbeit und bestenfalls Karriere verbinden. Darin bedient sie das Dekadenz-Motiv der mühevollen Erziehung nicht – immerhin scheint Kerstins Kindererziehungszeit ausgesprochen privilegiert abgelaufen zu sein. Dass Kerstin als auch Gitti und die anderen dennoch gleichsam bei der Familienprogrammatik der AfD landen, hat also nicht

hier gar nicht sitzen« (Gitti: 198–199) zu können, hätte sich die Erziehungsmühe nicht ausgezahlt und hätte Lennard im Krisenmoment nicht richtig reagiert.

6.3.2.2. Dekadenz als Verarbeitung eines viktimisierten Nonkonformismus

Bei Gitti finden sich – weiterhin im Themenfeld Erziehung und Familie – ausgeprägte negative Orientierungen an Materialismus und Konsumorientierung. Gittis Bericht über ihre Kindheitserfahrung, in der die erwerbsarbeitsbedingte Abwesenheit ihrer Eltern negative Erinnerungen hinterlassen haben, sind wir bereits begegnet (Gitti: 179–206). Sie kommt darauf an späterer Stelle im Interview noch einmal zurück. Hinzu tritt dort eine Kritik an Konsumorientierung, die im weiteren Verlauf der Passage bis zur positiven Besetzung der eigenen Armut zugespitzt wird. Zunächst beginnt die Passage mit einer pauschalen Kritik an Materialismus:

753 GITTI: Die Mütter sind müde, sind fertig,
754 die Väter sind fertig, vom Arbeiten, ja, es bleibt doch nichts mehr. (..) Wie soll Familie
755 gelebt und gepflegt werden? Dann haben die/ dann zählt nur noch das Äußere. Ich
756 sehs bei anderen Familien, ja. D/ Oft, ich brauch nen neuen Fernseher, ich brauch
757 ein neues Auto, ich geh ins Fitnessstudio. Die Kinder bleiben mehr sich selbst
758 überlassen, dadurch. (.) Familie wird nicht mehr gelebt in Deutschland. (6 Sec.)

Gitti ruft hier eine unter den AfD-Wähler*innen wiederkehrende Argumentationsfigur auf: Statt sich um ihre Kinder zu kümmern, gingen beide Elternteile arbeiten, weil sie einem Materialismus und Konsumismus nachhingen – und dies habe schädliche Auswirkungen auf Erziehung, Sozialisation, Kindeswohl und Familienleben. Die Folge einer Fokussierung aufs »Äußere« (Gitti: 755) sei die Vernachlässigung von Kindern: »Die Kinder bleiben mehr sich selbst überlassen, dadurch« (Gitti: 757–758). An der Stelle scheint nochmals der Orientierungsgehalt Erziehung als Mühe auf: Impliziert wird, dass man der mühevollen Erziehungsarbeit nicht mehr

---

mit strukturidentischen Erfahrungen zu tun, sondern mit der Art, wie sie das Wesen der Zeit erleben: Für Gitti, Albert, Friedrich und Hannelore bedeutet Mühe in Erziehungsangelegenheiten Zukunft; mühelose Fremdbetreuung oder gar Kinderlosigkeit bedeute Zukunftslosigkeit und Verfall. Kerstin will mit ihrem (real durchaus emanzipierten) Lebensmodell nicht als aus der Zeit gefallen begriffen werden und wähnt hinter staatlicher Infrastruktur zur Kinderbetreuung daher einen sozialistischen Zwangsapparat.

nachkomme und stattdessen arbeiten gehe, um sich Konsum und das »Äußere« leisten zu können. Die Sequenz schließt mit einer programmatisch-pauschalen Behauptung, der zufolge »Familie […] nicht mehr gelebt« werde (Gitti: 758).

Daraufhin lenke ich das weitere Gespräch wieder auf Gittis Lebenserfahrung und frage nach Gittis, von ihr selbst früher im Interview als »Traum« (Gitti: 260, 761) bezeichnetem Lebensziel einer Familiengründung. Gitti wiederholt daraufhin zunächst die Erzählung über ihre eigene Kindheitserfahrung (Gitti: 180–186) und wie ihre Eltern nicht zuhause waren. Sie überträgt diese Erfahrung auf ihre eigenen Kinder. Diese sollten weder »Angst« vor Gewalt (Gitti: 766) noch »Leid« (Gitti: 181) erfahren – und deshalb sei Gitti zuhause geblieben und nicht arbeiten gegangen. Hinzu tritt nun allerdings eine positive Orientierung an Verzicht, beziehungsweise eine negative Orientierung an Konsumismus und Überfluss:

763 GITTI: Genau. Genau. Das/ Ich wollt haben, dass es meinen Kindern besser geht. Ich
764 habe gesagt, ich möchte da sein für meine Kinder und nicht heimkommen, dass die
765 heimkommen, da ist keiner und haben dann Probleme, ne, so kaputtes Schloss oder
766 dies oder das und dann Angst, oh, Mama, Hilfe, ne, reiß dir den Kopp ab. Und so,
767 äh, von dem her gesehen konnten meine Kinder wirklich relaxter aufwachsen, ja. (..)
768 {{gleichzeitig} Interviewer: Ja} Obwohl wir arm waren im Prinzip, von dem her
769 gesehen, ja. Aber, ähm, sie wussten, sie haben immer jemand da, es ist ein
770 Ansprechpartner da. Einer der, der, wenn's brennt, immer sofort kommt und da ist, ja.

Die Passage dokumentiert Gittis ausgeprägte Orientierung an Verzicht, die auch bei anderen Fällen der Basistypik verbreitet ist.[28] Sie pointiert den

28 Eine homologe Orientierung an Verzicht im Themenfeld Kindererziehung findet sich exemplarisch auch bei Bernd. Er stammt nach eigener Erzählung aus einem »großen Familien Clan oder Verbund« (Bernd: 470) – Bernd selbst hat »14 Geschwister« (Bernd: 464) und »fünf eigene Kinder« (Bernd: 470) sowie ein Pflegekind. In folgender Passage nimmt er positiv Bezug auf diese kinderreichen Familienstrukturen mit explizit positiver Orientierung an Verzicht. Verzicht bedinge ein »gutes soziales Lernverhalten« (Bernd: 488–489) und innerfamiliäre Solidarität. Die Konklusion (»Wir ham das quasi gut gelernt, zu verzichten, zu teilen.« [Bernd: 505–506]) rahmt die Passage und expliziert nochmals den zentralen Orientierungsgehalt der Stelle:
484 BERND: Ja, genau, so die eine Seite. Man hilft sich
485 gegenseitig, is ja klar, das war jetzt zum Beispiel, hab ich ein paar, äh, Glas oder so
486 zum Beispiel an den Gewächshäusern (unv.) und mein anderer Bruder ist Elektriker,
487 der guckt mir hier nach dem Elektrischen und so weiter und so fort. Man hilft sich
488 bissle gegenseitig. Das ist so die eine Seite. Wir haben ein gutes soziales

Zusammenhang zwischen Verzicht auf Erwerbsarbeit als Voraussetzung für die richtige Bedingung von Care-Arbeit und Kindererziehung durch eine positiv-asketische Besetzung der eigenen »Armut«: »von dem her gesehen konnten meine Kinder wirklich relaxter aufwachsen [...] Obwohl wir arm waren im Prinzip.« (Gitti: 767–768) Der Anglizismus »relaxt« steht in seiner Saloppheit in eigentümlicher Spannung zur Feststellung der Armut, in der Gitti und ihre Kinder aufgewachsen sind. Mit »relaxed« ist nämlich nicht im wörtlichen Übersetzungssinn »entspannt« gemeint, sondern auch zwanglos, gelöst, locker (Schmude 1996, S. 1178). Sie benutzt dieses Wort später im Interview nochmals in einem anderen Zusammenhang. Dort berichtet sie über ihren früheren Marihuana-Konsum.[29]

---

489 Lernverhalten gehabt. Also das was andere mit einem Kind, mit zwei Kindern, mit
490 Klassenkameraden üben müssen, und was weiß ich. Die ham natürlich nicht gelernt
491 zu verzichten. Wenns ja eins oder zwei Kinder waren, oder so, da hat man mehr oder
492 weniger immer das gekriegt was man will. Grad unser Pflegekind, da sind die Eltern,
493 äh, die Opa und Oma so reich. JEDES MAL, weiß nicht, zum Geburtstag 100 Euro
494 von jeder Seite. Meine anderen sind natürlich neidisch auf den, dann kriegt er ein
495 neues Fahrrad mit 400 Euro, dann sag ich zu der, Opa, so gehts doch nicht, das
496 kann man doch nicht machen, Zweiklassengesellschaft in meiner Familie (lacht kurz),
497 so und dann versuchen wir das ein bissle zu machen. Was mein Bub hier immer
498 erzählt mit seinen Klassenkameraden, der eine kriegt schon, zu 14, ich weiß nicht,
499 ÜBER 10.000 Euro kriegt, wenn nicht gar, oder oder oder mit 18 ein Auto geschenkt
500 kriegen, oder oder oder irgendsolche Sachen. Dann denk ich au. Weißt, dass die na
501 ganz anders (unv.) sind, Schule oder oder mit anderen Klassenkameraden, weißt.
502 Wegen 50 Euro Taschengeld, da lachen die ja oder so ähnlich, gell. Und uns ist es
503 noch was wert. Also, die müssen was anderes lernen, wollt ich damit sagen.
504 [Auslassung 12 Sec.: Bernd spricht kurz mit seiner Frau über
505 die Schlafenszeit des jüngsten Sohnes] Genau, das ist das eine. Wir ham das quasi
506 gut gelernt, zu verzichten, zu teilen.

Hervorzuheben ist, dass diese Orientierung für Bernd einschließt, dass entsprechend verzichtsmotivierte familiäre Solidarität nur unter Bedingungen vieler Kinder, beziehungsweise vieler Geschwister eingeübt werden könne. Ein oder zwei Kinder genügten nicht: »Wenns ja eins oder zwei Kinder waren, oder so, da hat man mehr oder weniger immer das gekriegt was man will.« (Bernd: 491–492) In der Schule sei Bernd selbst mit »Klassenkameraden« in Kontakt gekommen, die »nicht gelernt [haben] zu verzichten« (Bernd: 490–491) – und diese Erfahrung machten analog nun auch seine eigenen Kinder. Bernds positive Orientierung an Verzicht spielt sich vor dem positiven Horizont ›familiäre Solidarität‹ ab.

29 GITTI: Ich hatte die Phasen, da hast du wirklich, bist du morgens aufgestanden, gleich
1323 erst mal, ne, einen geraucht. Ja, ja, ich, ich hab ordentlich viel geraucht und andere
1324 Leute, und ich hab gute Quellen gehabt, günstige Quellen. Ähm, ja, dann haste nur
1325 noch gechillt, ja, nichts anderes mehr. Du hast gute Musik gehört, bist vielleicht
1326 draußen spazieren gewesen, hast noch n Liter Wein dabei gehabt, oder zwei
1327 Literpulle, so ne billige, ne {{gleichzeitig} Lennard: Aah, die kenn ich}. Irgendwo, ähm,

Damit verweist dieser Anglizismus zugleich auf Gittis Geschichte und ihre aktive Zeit in der Ökologie- und Friedensbewegung in den 1970er und 1980er Jahre (vgl. Kapitel 5.2.3). Vor diesem Hintergrund ist Gittis Ablehnung von Materialismus und Konsumismus und ihr Absehen von Erwerbsarbeit einzuordnen. Gitti kultiviert im Kern einen *viktimisierten Nonkonformismus.* So beschreibt sie etwa: »Ich bin viel gereist früher« (Gitti: 879) und daher »normalerweise relativ tol/ tolerant« (Gitti: 879):

880 GITTI: Hab viele Menschen kennengelernt, äh-f, ja, hab mich mit Hare-Krishna Leuten
881 unterhalten und verstanden und allem, ge, wie gesagt. Ich hab SO viele Sachen
882 durch, äh, das denkt kein Mensch, ne. Also, es hat schon ziemlich weit gereicht, ne.
883 Nicht nur arme Leute, auch reiche Leute. Das ging bis zum Haus Windsor und so, in
884 England da. Sämtliche Schichten kennengelernt. Es war interessant, aber ich wollte
885 mein Leben leben. Ich wollt mich da nie beeinflussen lassen. Weder vom Geld noch
886 sonst was. Geht nicht. Ja. Und deswegen hab ich das so durchgezogen, ne. (zu
887 Lennard) Du, mit deinem Handy immer

Gitti erzählt hier von ihrer Jugend und ihren jungen Erwachsenenjahren, ihren vielen Reisen und ihrer Weltkenntnis. Sie lenkt den Fokus aber nicht auf die Orte, die sie besucht habe, sondern auf ihre Bekanntschaften quer durch die Sozialstruktur: »Nicht nur arme Leute, auch reiche Leute« (Gitti: 883) habe sie kennengelernt, »[s]ämtliche Schichten« (Gitti: 884) sogar. Und weiter betont sie, dass sie sich »vom Geld« »nie beeinflussen« (Gitti: 885) habe wollen. Auch in diesem Bericht dokumentiert sich demnach Gittis negative Orientierung an Konsumismus und verwerflichem Wohlstand. So schießt die Passage nicht zufällig mit einem Kommentar Richtung Lennard, der nebenher gerade mit seinem Smartphone beschäftigt ist: »Du, mit deinem Handy immer.« (Gitti: 887). Der vorausgehende Satz »deswegen hab ich das so

1328 ja, und irgendwann kam irgendwann die Phase, boah ist das alles langweilig, ej, alles
1329 öd und och, scheiße, ne. Und dann konnt ich nicht mehr stillsitzen, ne. Dann hab ich
1330 geraucht und die anderen alle gechillt und ich so meine Wohnung durchgeputzt oder
1331 so, na, Bad und so. Hä, wat machtn deine Mutter. Ach, die putzt das Bad, dat is
1332 immer so, ne, hat meine Tochter früher gemeint (lacht). Ja, ich konnt mich/ ich hab
1333 gelernt mich auch zu beschäftigen damit. Das musst du lernen, da musst du deinen,
1334 sozusagen, deinen Schweinehund überwinden, und nicht nur zum Relaxen und
1335 entspannen das rauchen, sondern wirklich sagen, ok, ich zieh jetzt einen und dann
1336 mach ich weiter, arbeit ich, ne. Geht alles, wenn man möchte.

durchgezogen« (Gitti: 886) rekapituliert nochmals Gittis Erzählung über ihren Verzicht auf Erwerbsarbeit zugunsten ihrer Kindererziehung.

Nach diesem Bericht frage ich Gitti, wann sich diese Begegnungen und diese Reisen abgespielt haben und ich frage allgemeiner nach ihrem weiteren Bildungsweg und Werdegang. Gitti erzählt von ihrem unsteten Erwerbsleben. Vor allem aber präsentiert sie ihren *viktimisierten und antiautoritären Nonkonformismus*. Sie habe sich schon früher etwa gegen ihre Arbeitgeber »aufgelehnt« (Gitti: 896):

893 GITTI: Ich hab, ähm, Näherin gelernt. Ich wollte eigentlich immer was mit Tieren
894 machen. Pferdewirt oder Bereiter, Tierpfleger. Hat alles nicht geklappt, ja, man hat
895 mich immer irgendwo unterdrückt und ach du mit deinen Tieren und so, ne. Ich hab
896 mich schon immer irgendwo aufgelehnt gegen dieses Normalsein, gegen, ich will
897 nicht so wie andere und überhaupt, ne. Und mit Zwang schon gar nicht, also, sobald
898 man versucht hat, mich irgendwie zu zwingen, hab ich komplett alles eingestellt, ja.
899 Also ich hab dann wirklich gesagt, nö, mach ich nicht, ne. Dann pflegste halt oder
900 sonst was, ne. Ich hab meine eigene Meinung durchgesetzt, ja, wie ich gemerkt hab,
901 auch beim Arbeitgeber, es ist der letzte Arsch, dann hab ich ihm das auch ins
902 Gesicht gesagt im Prinzip, ne. Nachm zweiten, dritten Mal wars bei mir vorbei. Dann
903 hab ich gesagt, ok, dann dann geh ich halt, ne.

Die Passage präzisiert Gittis negative Orientierung an Wohlstand. Sie macht offenkundig, dass dahinter ein Selbstbild steht, nach dem sie sich nicht nur nicht »vom Geld« beeinflussen lassen wolle (vgl. Gitti: 885). Sondern vielmehr kultiviert sie ein nonkonformistisches Selbstbild, um eine »[A]auf[]lehn[ung] gegen dieses Normalsein« (Gitti: 896). Damit verknüpft sich zudem ein ausgeprägtes Opfer-Selbstbild: Gitti glaubt »immer irgendwo unterdrückt« (Gitti: 895) worden zu sein und sich dagegen nonkonformistisch aufgelehnt zu haben. Sie trägt diesen viktimisierten Nonkonformismus im Gestus einer antiautoritären Emanzipation vor: Gegen Vorgesetzte und Arbeitgeber habe sie nicht zurückgesteckt.

Gittis nonkonformistisches und viktimisiertes Selbstbild steht also in Zusammenhang mit ihrer negativen Orientierung an Wohlstand und Konsumismus. Ihre ausgeprägte Orientierung an Verzicht und die Ablehnung eines auf das »Äußere« (Gitti: 755) gerichteten Konsumismus dokumentiert sich sogar in einer affektiven Ablehnung, die letztlich dazu führt, dass Gitti sich von ihrer eigenen Tochter distanziert habe. In folgender Szene schildert Gitti, wie sie sich nach ihrem Infarkt deshalb von ihrer Tochter »getrennt« (Gitti: 935) habe:

928 GITTI: Ich war
929 jetzt zum zweiten Mal klinisch tot. Ich war schon mal früh, als Kind, da war für mich
930 schon mal die Welt anders. Im Gegensatz zu anderen Menschen. Und das hat sich
931 jetzt eben nochmal manifestiert, also nochmal viel stärker alles, ja. Ich bin
932 aufgewacht, das erste Gedanke so, ich will leben. (..) Das war das Allererste. Und
933 dann mein Sohn und meine Katzen. Ha, mein Sohn ist da, hurra. Dann hab ich ihn
934 gefragt, und, was machen die Katzen. Alles gut? (..) Ich hab mich dann von meiner
935 Tochter schon getrennt, noch im Intensiv/ auf der Intensivstation im Prinzip. Mhm (.)
936 weil sie arrogant ist, sie hat früher alles bekommen, wurde verwöhnt, und geht im
937 Prinzip über Leichen. Sie hat immer ein Strahlen und ein Lächeln. Ich weiß nicht wie
938 viele Selfies am Tag et cetera, na, es ist nichts Natürliches. Ich kenn es, ich seh es,
939 ich weiß es, ich weiß (.) alles, ne. Und (.) sie hat mit ihm rumgestritten, wo ich wieder
940 zu mir kam. Mein Sohn so, kommt so ans Bett und sagt, du Mama, ich geh jetzt raus,
941 damit du zur Ruhe kommst, ne. Etwas später so, als ich wieder dann bei mir war, hab
942 ich gesagt, du [Name der Tochter], ich ertrag deine Art nicht mehr, deine Arroganz,
943 deine, deine/ dieses raffgierige, sie ist nur am Raffen. Sie möchte am liebsten viel
944 haben, ja, viel (unv.) viel dies, viel jenes, also Konsum. Sie ist sehr auf Konsum. Ja,
945 und (.) ich hab auch gemerkt, sie hat nicht das, das Herz am richtigen Platz, ne. Ich
946 hätte mir gerne mal gewünscht, dass sie so wie er ans Bett kommt und mir was
947 Nettes sagt oder so. Aber NEE, sie hat mir nur ans Ohr geflüstert, ach übrigens, du
948 verlierst deine Wohnung. Kurz drauf, du wirst lernen müssen, mit Minimalismus zu
949 leben. Da hats mir fast/ ich sag ja, ich war, das war die Aufwachphase, ne, vom
950 Koma. Da hats mir schon fast die Schuhe ausgezogen, wenn ich welche angehabt
951 hätte, na. DAS war der Moment, wo ich gemerkt hab, ich muss aufstehen, ich muss
952 kämpfen, ge, ich muss, ne, hoch. Und, ich glaub deswegen bin ich auch so HIER
953 wieder, ne.

Die gesamte Passage ist dramaturgisch gerahmt vom Topos einer ›Wiederauferstehung‹: Gitti erzählt davon, wie sie nach ihrem Infarkt, bzw. nach ihrer Operation aufgewacht sei und wie sie sich im Aufwachprozess von ihrer Tochter »getrennt« (Gitti: 935) habe. Sie nimmt eingangs noch Bezug auf ein Ereignis aus ihrer Kindheit, das weder hier noch an anderer Stelle im Interview expliziert wird. Die Sequenz insinuiert, dass Gitti bereits als Kind ein erstes »Mal klinisch tot« (Gitti: 929) gewesen sein müsse. Gitti klärt nicht auf, worauf sie damit Bezug nimmt, aber sie ruft ein weiteres Mal ihr viktimisiertes nonkonformistisches Selbstbild auf: Bereits früher sei »schon mal die Welt anders« (Gitti: 930) für sie gewesen, und dieses Anders-Sein und »[i]m Gegensatz zu anderen Menschen«- (Gitti: 930) Stehen habe sich nun für Gitti wiederholt und durch den Infarkt »manifestiert« (Gitti: 931).

Ein zweites Mal also sei sie dem klinischen Tod entronnen. Die Passage schließt, dem Topos einer ›Wiederauferstehung‹ entsprechend, mit einem

»kämpf[erischen]« (Gitti: 952) Gestus: Nach dem »klinischen Tod« und der Trennung von ihrer Tochter habe sie »gemerkt« (Gitti: 951): »ich muss kämpfen, ge, ich muss, ne, hoch. Und, ich glaub deswegen bin ich auch so HIER« (Gitti: 952). Ihrer Tochter schreibt sie – ausgesprochen affektgeladen – Attribute zu, die in Übereinstimmung stehen mit ihrer negativen Orientierung an Überfluss und verwerflichem Materialismus: Arroganz (Gitti: 936, 942) und Verwöhntheit (Gitti: 936), eine schon zuvor als negativ gesetzte Orientierung aufs »Äußere« (Gitti: 755) (»Sie hat immer ein Strahlen und ein Lächeln. Ich weiß nicht wie viele Selfies am Tag.« [Gitti: 937–938]), außerdem Konsumismus (Gitti: 944) und »Raffgier« (Gitti: 943). Quer durch Gittis eigene Familie verläuft damit eine Spaltung zwischen dem heftig abgewerteten materialistischen Teil der Gesellschaft und jenen, die sich aufopferungs- und verzichtsvoll in den Dienst der Familie stellten. Ihr viktimisierter und asketischer Nonkonformismus, ihr Selbstbild des Andersseins und »[i]m Gegensatz zu anderen Menschen«- (Gitti: 930) Stehen führen sogar dazu, dass sie sich von jenem Teil in ihrer Familie separiert, der ihr die »anderen Menschen« und deren dekadente Lebensform repräsentiert. Sie trennt sich von ihrer Tochter – und damit auch von einem materialistischen Prinzip, gegen das sie schon früher in ihrem Leben aufbegehrte.

Die dramaturgische Rahmung der Passage – Auferstehung und Neuordnung der Familienverhältnisse – steht in Übereinstimmung mit einer Orientierung, die wir in Kapitel 5.2 als »Destruktion und Neuordnung« bezeichnet haben und es dokumentiert zudem ein chiliastisches Zeiterleben: Nach der schweren Krankheit und Gittis ›Wiederauferstehung‹ ordnet sie ihre Familienverhältnisse neu und distanziert sich von ihrer eigenen Tochter, der sie Attribute von Dekadenz zuschreibt. Gitti hält um jeden Preis – mindestens um den des Familienfriedens – fest an einem nonkonformistisch-separatistischen Prinzip, was zur Folge hat, dass sie zwar beständig als Opfer (von Armut und Entsolidarisierung) dasteht; es ist aber zugleich auch das Festhalten an einem Prinzip negativer Privilegierung. Allerdings ist Gittis Auserwählten-Selbstbild in diesem Zusammenhang gebrochener als das der anderen Fälle: Gitti hat, im Gegensatz zu den anderen, ihre Familie zerrüttet und lebt in materieller Armut – Erfahrungen, die etwa Albert, Friedrich und die Anderen nicht teilen.

6.3.2.3. Verwerflicher Wohlstand

Bei Albert taucht die Dekadenz-Motivik ebenfalls im Kontext des Themas Kindererziehung auf und einher mit ihr gehen endzeitliche Untergangserwartungen. Auch Albert ruft die verbreitete Argumentationsfigur auf, wonach Erwerbsarbeit von Frauen und Müttern das Resultat eines Strebens nach Wohlstand sei und es auf Kosten des Kindeswohls betrieben werde: »heute wird auf Kosten der Kinder dann versucht Wohlstand zu generieren.« (Albert: 301) Unmittelbar vor Beginn der Passage spricht Albert vom familienpolitischen Programm der AfD, die er in der ersten Person Plural vorträgt. Damit beginnt auch die folgende Passage:

ALBERT: [W]ir lassen der Frau die Wahl. Und die daheimbleiben wollen für die Kinder, die werden unterstützt. Es gibt noch genug, die wollen auch arbeiten. Aber ich denke es gibt viele, ich weiß es aus eigenen Gesprächen, es gibt viele, die würden gerne bei den Kindern zuhause bleiben, aber sie trauen sich nicht. (flüsternd mit verstellter Stimme) Ja, was sagt'n da die Gesellschaf/ ha, was sagen denn die Nachbarn. Ha, man muss doch was für sich da/ man muss was schaffen. (normal) Dann wurd meine Frau gefragt, wann schaffstn du wieder, wann schaffstn du wieder. Dann sag, sag ich zu, sagt meine Frau, ja, ich bin bei den Kindern, solange sie KLEIN, sind, und ich fang langsam wieder an zu arbeiten, einmal die Woche, zweimal, aber solange sie klein sind, möchte ich bei ihnen sein. Mein Jüngster ist jetzt sieben. Und wenn sie das Gröbste durch haben, dann werden wir gucken. Aber heute wird auf Kosten der Kinder dann versucht Wohlstand zu generieren oder halt n Haus abgezahlt. Klar, heute kosten die Häuser halt eine halbe Million, ge. Das ist das nächste Problem. Heute stellt sich vielmehr die Frage, bin ich bereit, ein Haus zu bauen? Kann ich mir nicht leisten (.) 400.000 Euro, äh, abzuzahlen? Ja, dann müssen beide Elternteile halt arbeiten. WENN beide Elternteile arbeiten !MÜSSEN!, dann sind die Kinder den ganzen Tag fremd betreut. Dann sind die Kinder den ganzen Tag nicht bei der Mutter. Das ist ne Grundsatzentscheidungen, ne Prioritätenfrage. Klar, die einen Nachbaren würden sagen, ja klar muss man bauen oder muss zumindest ne Wohnung kaufen, Eigenheim haben. Man muss es haben. Und sie werden das/ die Meisten, denk ich, werden das auch HÖHER ansiedeln als die Frage, ja und die Kinder? Denken wir, dass die Kinder eine Mutter brauchen oder reicht des in der Kita, wenn sie verschiedene Erzieherinnen haben, jeden Tag eine andere. Also diese, diese Frage haben sich bei uns, glaube ich, da haben sich Prioritäten verschoben. Es ist schön, Eigenheim zu haben. Es ist auch ein schön, ein Auto zu haben und ich denk, manche Frauen sind auch beruflich qualifiziert, sicherlich, haben auch Freude am Beruf. Ich bin auch froh, wenn meine Frau arbeitet, ein Stück weit und dann auch außen, ähm, außerhalb von von Zuhause ihrer Tätigkeit nachgeht. Es ist für sie auch ne schöne Abwechslung zum zum Alltag, hier mit den Kindern und dem Haushalt.

Die Passage beginnt erneut mit einer Opfer-Selbsterzählung. In Sachen Care- und Erwerbsarbeit von Frauen stehe eine Mehrheit gegen eine Minderheit. »[N]och genug« (Albert: 291) Frauen würden nach Alberts Ansicht Erwerbsarbeit nachgehen wollen; ihnen gegenüber stünden die »[V]iele[n]« (Albert: 292), die »gerne bei den Kindern zuhause bleiben« (Albert: 292–293) »würden« – wohlgemerkt im Konjunktiv, denn Albert suggeriert nicht, dass etwa eine schweigende Mehrheit lieber zuhause bei den Kindern bliebe – schließlich gebe es ja noch »genug« (Albert: 291) der Andern, sie blieben also in der Mehrheit. Vielmehr suggeriert Albert, dass die auf die häusliche Mutterrolle sich konzentrierenden Frauen als stigmatisierte Minderheit behandelt würden – obgleich es sich nicht um eine kleine Zahl an Frauen handle (vgl. Albert: 292). Diese »trauen« (Albert: 293) sich jedoch nicht, ihren Wunsch »bei den Kindern zuhause [zu] bleiben« (Albert: 292–293) auch nur zu äußern. Schon die offene Mitteilung eines solchen Wunsches, so suggeriert Albert, hätte negative Konsequenzen. Albert schlägt sogar einen gemimten Flüsterton an (vgl. Albert: 294) womit er transportiert, dass der Wunsch nach Haus- und Erziehungsarbeit inzwischen nur hinter vorgehaltener Hand artikuliert werden dürfe. Albert betreibt (Selbst-)Viktimisierung: Frauen, die keinem Beruf nachgehen wollten, erlebten Ablehnung und Stigmatisierung.

Albert elaboriert weiter, indem er das schwäbische Narrativ des fleißigen Häuslebauers aufruft: Als Hausfrau und Mutter würde man von Nachbar*innen und Gesellschaft stigmatisiert, sofern man der hegemonialen Vorstellung über Fleiß und Immobilienbesitz nicht entspreche (Albert: 295). Das schwäbische Narrativ wird hier als negativer Gegenhorizont behandelt. Albert exemplifiziert, dass seine Frau entsprechende Situationen der Stigmatisierung oder Verächtlichmachung bereits persönlich erlebt habe. Mit der negativen Besetzung des schwäbischen Narrativs betreibt Albert nicht nur Selbstviktimisierung, sondern er stilisiert sich auch dagegen als Nonkonformist: Er (und seine Frau) gehörten zu den wenigen, die sich dem hegemonialen ›schaffe, schaffe, Häusle baue‹ widersetzten und dafür stigmatisiert würden. Es wird deutlich, wie stark Alberts *negative Orientierung am schwäbischen Narrativ* ist, denn schon die im Kern unverdächtige Nachfrage der Nachbarn danach, wann Alberts Frau wieder arbeiten gehen würde, wird als Anzeichen für den zentralen Missstand gedeutet, der direkt im Anschluss proponiert wird: »heute wird auf Kosten der Kinder dann versucht Wohlstand zu generieren.« (Albert: 301)

Albert konstruiert eine kausale Verbindung zwischen Immobilienkauf, Erwerbsarbeit beider Elternteile und »[F]remd« (Albert: 306) -Betreuung der Kinder. Die Betonung des Verbs müssen (Albert: »WENN beide Elternteile arbeiten !MÜSSEN!« [Albert: 305]) in diesem Zusammenhang ist ironisch gemeint, denn wenig später behauptet Albert, dass Wohlstand – Immobilien- und Autobesitz – eine »Entscheidung[s]«- (Albert: 307) und »Prioritätenfrage« (Albert: 308) sei. Die schwäbischen Nachbar*innen Alberts entschieden sich demnach für Wohlstand und das »HÖHER [A]nsiedeln« (Albert: 310) von Eigenheim und gegen eine gute Kinderbetreuung.

Das Dekadenz-Motiv, das sich hier insbesondere in der selbstviktimisierenden Abgrenzung zum schwäbischen Narrativ schärft, hat mit Alberts Zukunftsvision zu tun. Es war bereits zu sehen, dass Albert Kindererziehung als Mühe deutet (vgl. Abschnitt 6.3.2.1), verbunden mit der Behauptung, dass nur Mühe Zukunft – personifiziert in Gestalt der »fähige[n]« (Albert: 180), »vernünftig[en]« (Albert: 179) und »fleißig[en]« (Albert: 192) Steuerzahler*innen von morgen – bedeuten könne. Dekadenz bedeute Zukunftslosigkeit: Albert ruft das Stereotyp vom wohnungslosen Drogenabhängigen auf (Albert: 189–193) als Resultat von zu viel »[F]remd« (Albert: 306) -Betreuung. Diese stereotypisierte Drastik ist als Konnex zu einem Untergangs-Orientierungsmuster zu verstehen, denn Wohlstand wird nicht nur als Ergebnis falscher Prioritätensetzung gedeutet, sondern als Ursache gravierender gesellschaftlicher Folgeprobleme.

Zusammengefasst verhandeln Albert und Gitti das Thema Kindererziehung in erster Linie an der Schnittstelle von Orientierungen an verwerflichem Wohlstand und endzeitlichen Untergangserwartungen. Das Dekadenz-Motiv verbindet sich bei beiden mit Opfer-Selbstbildern und mit Selbstverständnissen als Nonkonformisten. Dekadenz bedeute Zukunftslosigkeit – sie positionieren sich jedoch jenseits der Dekadenz, erleben darin Ausgrenzung und Stigmatisierung, aber vermögen auf eine Zukunft zu hoffen. Darin ist ihre Dekadenz-Motivik chiliastisch, sofern sie sich hier und heute als asketisch Auserwählte und negativ Privilegierte stilisieren, die auf eine Zukunft nach dem Untergang hoffen können.

Eine solche chiliastische Geschichtsdeutung bleibt bei Albert implizit und bei Gitti biografisch gebrochen. Bei Friedrich und Markus hingegen tritt sie markant auf. Der Verlauf der Geschichte lasse nur noch einen revolutionären Sprung aus der Geschichte zu und nur die Erwählten werden das Hereinbrechen der ewigen Normalität zu erwarten haben.

6.3.2.4. »Knick in der Gesellschaft«, Dekadenz und Verfall

Der Konnex zwischen Kindererziehung und Dekadenz, zwischen Orientierungen an Mühe und Verzicht sowie Endzeit- und Untergangserwartung, tritt bei Friedrich und Hannelore noch deutlicher hervor. Zu Beginn der Darstellung der württembergisch-pietistischen Basistypik sind wir bereits Friedrichs dystopischer »Zukunftslosigkeit« begegnet (vgl. Abschnitt 6.3.1.2). Zur Erinnerung: Im Zusammenhang damit, dass Friedrich und Hannelore, anders als viele Politikerinnen in ihren Augen, Kinder hätten, behaupten sie: »Die haben keine Zukunft, wir haben eine Zukunft« (Hannelore: 965–966) – und weiter: »Wir haben eine Zukunft. Deshalb verändern wir uns nicht.« (Hannelore: 971) Dabei schränkt Friedrich ein:

972 FRIEDRICH: Wir haben auch keine Zukunft. Wir sterben bald, aber wir {{gleichzeitig}
973 Hannelore: Ja, mit der Familie} leben dafür, dass unsere Kinder und deren Enkel,
974 wenn man vielleicht das Glück hat das noch zu erleben, äh, dass DIE eine Zukunft
975 haben. DES {{gleichzeitig} Hannelore: Des hat uns eigentlich} DES werf ich denen
976 vor, die Zukunftslosigkeit.

Friedrich differenziert die Zukunftsbehauptung Hannelores und er legt damit zugleich offen, welchen Zukunftsbegriff die beiden haben: Mit Zukunft meinen sie nicht die vor ihnen liegende Lebensspanne. Zukunft bedeutet ihnen also nicht etwa materielle Besserstellung oder Versorgungssicherheit im Alter. Ihr Zukunftsbegriff ist abstrakter als dies. Der Vorwurf der »Zukunftslosigkeit« hat mit einem Zeithorizont zu tun, der auf kommende Generationen gerichtet ist. Friedrichs Vorwurf ist gewissermaßen gegen eine »breite Gegenwart« gewendet (vgl. Kapitel 2). Sie ist ihm repräsentiert von der gegenwärtigen Politik und dem politischen Personal. Friedrich und Hannelore hingegen orientieren sich an einem Zukunftsbild, das ihr individuelles Leben transzendiert.

Die aufgeworfene Zukunftsfrage wird auch bei Friedrich und Hannelore als Angelegenheit richtiger Erziehungsarbeit verhandelt. Sie behaupten verwerfliches Wohlstandsstreben auf Kosten des Kindeswohls. Im Zentrum folgender Passage steht exemplarisch die bereits bekannte Argumentationsfigur, die eine Verbindung zwischen Erwerbsarbeit und Defiziten in der Kindererziehung stiftet:

268 FRIEDRICH: Gucken sie bei uns rum, Kinder unter Leistungsdruck, Kinder, die
269 man im Kita abgibt. Kinder, die, wenn sie irgendwo {{gleichzeitig} Hannelore: die man

270 morgens schon aus dem Bett rauszieht} am Spielplatz, ja, ausm Bett rausreißt, damit
271 man in die Arbeit fahren kann. Warum? Weil man meint, man muss mit aller Gewalt,
a,
272 einen hohen Lebensstandard haben, und lässt (klopft parallel bei jedem Wort auf den
273 Tisch) das ohne Scham und ohne Würde an denen kleinen Bürgern aus. Und das
274 akzeptiere ich nicht. {{gleichzeitig} Hannelore: Oder gar keine Kinder dann} Ja.

Friedrich und Hannelore sind – deutlicher noch als Albert und Gitti – explizit keinen leistungschauvinistischen Einstellungen verhaftet. Im Gegenteil: Friedrich grenzt sich hier explizit gegen »Leistungsdruck« (Friedrich: 268) und übertriebenen Arbeitsfleiß ab. Wie schon bei den Anderen reproduziert auch Friedrich die entsprechenden programmatischen Sätze: »man meint, man muss mit aller Gewalt, a, einen hohen Lebensstandard haben« (Friedrich: 271–272). Nicht nur seien die unmittelbar Leidtragenden davon die Kinder. Schlimmer noch: Eine Folge von Leistungsdruck und Wohlstandsstreben sei auch, dass mitunter »gar keine Kinder dann« (Hannelore: 274) geboren würden. Anders als bei Albert und Bernd verbirgt sich dahinter gerade kein explizit christlich-religiöses Motiv, wie die kommende Passage verdeutlichen wird (Friedrich: 142–145). Vielmehr scheint sich die chiliastische Orientierung auf Zukunft und Untergang als konjunktive Orientierung demgegenüber verselbständigt zu haben.

Friedrich und Hannelore datieren den Beginn der zukunftslosen Gegenwart: Wieder werden die 1970er Jahre genannt. Thematisch rufen sie die zweite Frauenbewegung und ihre im Slogan »Mein Bauch gehört mir« vorgetragenen Selbstbestimmungsforderungen auf:

132 FRIEDRICH: Ich weiß nicht
133 wann sie, sie wissens vielleicht, sie können es aber nachgucken, als im {{gleichzeitig}
134 Hannelore: 70er Jahre} Stern, und es war in den Siebzigerjahren, obs 72 oder 75 war,
135 weiß ich nicht mehr, als im Stern das Titelbild kam ‚Mein Bauch gehört MIR', na. Und
136 die Frauenbewegung damals sich gebrüstet haben, sie könnten, das war ja nicht mehr
137 wie entweder eine Auflehnung oder schlicht und einfach ein dummer Ausspruch, äh,
138 wenn jemand sagt, als Frau, mein Bauch gehört MIR, dann hat sie erstens mal die eine
139 Hälfte des, der Menschheit noch nicht richtig verstanden. Ja, wenn sie schwanger wird,
140 dann ist das ein großes Glück, dass sie schwanger werden kann und ein gesundes
141 Kind, wenn sie eins kriegt, bekommt, ja. Dann muss ich das erstmal schätzen lernen/
142 und ich bin kein Christ, ge, ich bin aus dem Idiotenhaufen ausgetreten, ge, also nicht
143 dass es da falsch rüberkommt, es hat nichts mit Christentum zu tun, ähm, oder
144 Christlich-Sein zu tun. Im Übrigen sind zwei Drittel von denen, die angeblich so
145 christlich sind, nichts anderes als falsche Fufziger, aber das ist ein anderes Thema.

Friedrich verortet den Anfang der gegenwärtigen dekadenten, zukunftslosen Missstände gesellschaftshistorisch in den 1970er Jahren. Er assoziiert die zweite Frauenbewegung mit einer gesellschaftlichen Zäsur. Friedrich wertet sie als »dumme[s]« (Friedrich: 137) Aufbegehren (»Auflehnung« [Friedrich: 137]) ab. Mehr noch: Sie repräsentiert für ihn jene gesellschaftshistorische Entwicklung, die er sich als mutwillige Abbiegung vorstellt, die die Geschichte seither genommen habe und in deren Folge Friedrichs und Hannelores ewige Normalität abgebrochen (aber aus ihrer Sicht nicht verschwunden) sei.

Daran schließt jene Sequenz an, in der Friedrich, erneut in abwertender Sprache, seinen Kirchenaustritt erklärt und damit jede christlich-religiöse Motivik hinter seiner Echauffiertheit zurückweist (Friedrich: 142–145). Friedrich kommt ohne Impuls von außen auf diese Erklärung. Er antizipiert lediglich, dass ich ihm dieses Motiv unterstellen könnte (was auch die zwei Mal wiederholte rhetorische Fragefloskel »ge« [Friedrich: 142] verdeutlicht). Er will in der Sache keinesfalls in seinem Motiv falsch verstanden werden: »also nicht dass es da falsch rüberkommt, es hat nichts mit Christentum zu tun« (Friedrich: 142–143). Mit den Abwertungen (»Idiotenhaufen« [Friedrich: 142]); »falsche Fufziger« [Friedrich: 145]) markiert er sehr emphatisch diese Abgrenzung. Er zeigt sich in der Mitteilung seiner Orientierungen also sehr bemüht. Sie werden zwar in Bezug auf das Thema Familienpolitik vorgetragen, aber Friedrich proponiert ein spezifisches Geschichts- und Zukunftsbild.

Friedrich kehrt in der folgenden Sequenz zurück zum Slogan »Mein Bauch gehört mir«. Nun allerdings schlägt er unmittelbar eine Brücke zu den Themen Demografie, Pflege und Migration. Es ist zu sehen, wie sich Friedrichs und Hannelores chiliastische Zeitorientierung – Abbruch der ewigen Normalität in den 1970er Jahren und Erwartung ihres erneuten Durchbrechens – mit der Orientierung am Motiv des verwerflichen Wohlstands verknüpft:

146 FRIEDRICH: Aber 72, 75, ›Mein Bauch gehört mir‹, und da habe ich damals noch als
147 relativ junger Mensch gesagt, okay, dann gehört euch, wenn ihr alt seid, auch euer
148 Arsch, also euer Hintern, für das Tonband jetzt. Ähm, nur die Konsequenz, ja, dass sie
149 sagen ich will in die Toskana fahren, ich will Rotwein in mich reinpumpen können, ich
150 will ein freies Leben führen. Ich will mir von niemand was sagen lassen, aber am
151 SCHLUSS dann herzugehen und zu sagen, so und jetzt hole ich fremde Menschen ins
152 Land, die mir den Hintern putzen, wenn der alt und tattrig und unwohlriechend
153 geworden ist, da gehört schon ein großes Stück Frechheit dazu. Ja, weil, wenn jemand,

154 WENN jemand (.) Verantwortung für sich und seine Kinder übernimmt, dann gibt er
die
155 Verantwortung auch an ganze andere, an andere künftige Generationen weiter und
156 macht es sich nicht so einfach wie diese Elemente, die dort krakeelt haben und die
157 Meinungsführerschaft übernommen. Das hat mich kolossal gestört. Und es stört mich
158 auch heute noch {{gleichzeitig} Hannelore: das war also der Knick in der Gesellschaft},
159 und es stört mich/ ha?

160 HANNELORE: Das war der Knick in der Gesellschaft, sind keine Kinder nachgekommen,
161 gell

162 FRIEDRICH: Das war ein Ereignis mit weitreichenden Auswirkungen, von denen damals
163 der Großteil der Menschen überhaupt nicht begriffen hat, was für Konsequenzen des
164 tatsächlich über die Jahrzehnte haben wird, so.

Friedrich und Hannelore stellen sich ein plötzliches, »[e]reignis[haftes]« (Friedrich: 162) und zäsurartiges Übel vor, das in die Geschichte hereingebrochen sei – vornehmlich dadurch, dass Frauen ein »freies« (Friedrich: 150), d. h. zukunftsloses (im Sinne von verantwortungslos gegenüber »künftige[n] Generationen« [Friedrich: 155]) und dekadentes Leben zu führen begannen: »Das war der Knick in der Gesellschaft« (Hannelore: 160). Mit der Rede vom »Knick der Gesellschaft« rufen sie zwar vordergründig den Topos »Pillenknick« auf. Zwischen Hannelore und Friedrich wird dieser Topos jedoch auch als Bild für gesellschaftliche Entwicklung insgesamt verhandelt, denn Friedrich führt die von Hannelore eingebrachte Figur des »Knick[s]« (Hannelore: 158) weiter und generalisiert: »Das war ein Ereignis mit weitreichenden Auswirkungen.« (Friedrich: 162) Dies unterstreicht nicht nur noch einmal die Vorstellung vom ereignishaft-plötzlichen Hereinbrechen eines Übels heraus, sondern zeigt auch an, wie sich Friedrich und Hannelore Geschichte vorstellen: Als *»Knick« in der gesellschaftlichen Entwicklung*, als Abbruch, der eine Umkehr und Rückkehr – ein Zurückdrehen der Zeit – aus dem Horizont rückt. Seither befinde sich Geschichte in einem *Prozess des Verfalls*. Chiliastisch an ihrem Zeiterleben ist also, dass ihnen das historische Werden der Gesellschaft seit den 1970er Jahren ein schlechtes und geradehin katastrophisches ist. Hinter diesen historischen Punkt führt aus ihrer Sicht kein Weg mehr *zurück*, sondern einzig ein Sprung aus der Geschichte.

Mit »72, 75« (Friedrich: 176) begann für Friedrich und Hannelore ereignishaft-zäsurartig eine Entwicklung des gesellschaftlichen Niedergangs. Diese Erzählung taucht etwas später nochmal auf. Dort wiederholt Friedrich erneut alle Orientierungsgehalte der bisher analysierten Passagen. Proponiert wird erneut Erziehung als Mühe (Friedrich: 282–284). An der Stelle tritt zusätzlich aber noch eine entsprechend dystopische Zukunftsorientierung auf:

280 FRIEDRICH: Und wenn man dann hergeht, und das finde ich das Schäbigste und
281 Niederträchtigste überhaupt, hab ich vorher schon gesagt, wenn man dann hergeht und
282 selber zu FEIN ist, zu pinkelig, zu, zu größenwahnsinnig, ist ja auch Mühe, um eigene
283 Kinder großzuziehen, das ist eine Mühe, und wie viel schlaflose Nächte, weiß man nur
284 selber, wenn man Kinder gekriegt, hat, ja. Und wenn man dann alt ist und hilfsbedürftig,
285 dann herzugehen und zu sagen, und jetzt hole ich welche, hunderttausendfach, und die
286 sollen unser Sozialsystem retten. Ja geht's noch verlogener. Und genau diese, diese (.)
287 Erlebnisse und auch eigene, ja, da braucht man nicht schlau sein dazu, man muss nur
288 die Augen aufmachen, dann sieht man, wohin die Gesellschaft auch treibt.

Friedrich verhandelt unter hohem emotionalem Engagement und nahezu persönlicher Unversöhnlichkeit, was er als Auslöser dessen sieht, »wohin die Gesellschaft« (Friedrich: 288) treibe. In dieser Passage fällt mehr noch als zuvor das pejorative Vokabular auf. Thematisch geht es dabei um den Zusammenhang eines dekadenten Lebenswandels und der Zerstörung des »Sozialsystems« (Friedrich: 286). Auch bei Albert ist der Sozialstaat die Chiffre für Zukunft und beide, Albert und Friedrich, stellen eine Verbindung zwischen Erziehung als Mühe, Sozialstaat und Zukunft her.

In der Konklusion der Passage zeigt sich daher einmal mehr das innerweltlich-asketische Auserwählten-Selbstbild: Unter einer abschließenden Orientierung an Erfahrenheit (Friedrich: 286–287) – aber auch in Betonung der eigenen »Mühe[n]« (Friedrich: 282) und »schlaflosen Nächte« (Friedrich: 283) – gewinnt Friedrich eine Sicherheit über den weiteren Gang der Dinge, darüber »wohin die Gesellschaft auch treibt« (Friedrich: 288). Wie schon Xaver und Markus wiederholt Friedrich, dass über den Verlauf der Geschichte Bescheid gewusst werden könne – sofern man sie durchschaue: Immerhin brauche man »nicht schlau sein dazu« (Friedrich: 287) sondern lediglich »die Augen auf[zu]machen« (Friedrich: 288).

6.3.2.5. »Après moi la déluge«

Auch Markus gehört zu den ›Durchschauenden‹ der Geschichte. Bei ihm tritt das chiliastische Motiv des Wachrufens und Sammelns der Auserwählten im Harren auf einen Untergang und eine Zeitenwende noch deutlicher hervor. Entsprechend findet sich auch bei ihm eine homologe Verbindung von Erfahrenheit, verwerflichem Wohlstand und Endzeitorientierung. Markus verwendet dafür explizit den Begriff »Dekadenz«:

385 MARKUS: Diese zwei Dinge, die Dekadenz, das poli/ damit gehend das, äh, äh, das
386 politische (.) Nicht-Interesse, auch sich nicht darum kümmern, sondern, getreu dem
387 Spruch, wer war das, glaub Obi, ich (.) mach (.) mein (.) Ding. Und genau das ist
388 denen ihre Lebenseinstellung, ihre Philosophie.

INTERVIEWER: Wessen?

MARKUS: Da, da, da Masse. Des Souveräns. Des Volkes.

Markus operiert, das zeigt seine Antwort auf meine Nachfrage, mit einem dichotomen Gesellschaftsbild, bei dem er sich, erneut, als Teil einer durchschauenden Minderheit einer dekadenten Mehrheit gegenübersieht. Bei Markus geht es bei der Vokabel »Dekadenz« (Markus: 385) weniger um Überfluss und Konsumismus oder Erziehungsmühen, sondern um Zukunftslosigkeit: Im Zentrum steht bei ihm ein generelles »politische[s] Nicht-Interesse« (Markus: 386) der »Masse«, bzw. »des Volkes« (Markus: 390). Dahinter steht der elitäre Auserwähltenglaube der Durchschauenden (vgl. Kapitel 4.1). Wenig später elaboriert Markus weiter, dass »den Meisten da draußen [...] das ÜBER-haupt nicht klar« (Markus: 411) sei, dass die Abwicklung des Euros unmittelbar bevorstehe. Im Vergleich mit dem evangelikal-freikirchlichen Christen Bernd war bereits zu sehen (vgl. Abschnitt 6.3.1.5), dass hinter diesem elitären Gestus das eschatologische Motiv des ›Wachrufens‹ steht.

Mit dieser Differenzierung seiner Dekadenz-Proposition elaboriert Markus, was er ferner darunter versteht: Ahnungslosigkeit, Unwissen, Naivität (»Haja, mir ham jetzt halt Schulden, aber Schulden, pff, haja.« [Markus: 413–414]) in Anbetracht einer drohenden Katastrophe. Homolog zu Friedrich echauffiert sich Markus über die damit verbundene Zukunftslosigkeit, die er auch als »Egoismus« (Markus: 390–404) eng führt – und die er ebenfalls aus dem Themenfeld Kinder und Nachkommen heraus behauptet:

390 MARKUS: Ich (.) mach (.) mein (.)
391 Ding. Ich (.) mir (.) meiner (.) mich. Und Dekadenz, Dekadenz hat auch einen, einen,
392 wie soll ich sagen, auch einen Anteil von (5 Sek) von (4 Sek.) einen Anteil von
393 Eigensinn. (..) Von Egoismus (.) in sich. Und dieser Egoismus zeigt sich bei uns im
394 täglichen Leben. Es wird scho, es wird scho, es wird scho ausgehe. Mir wirds scho
395 no nauslange. Ich hab das so oft gehört. Da könnt ich aus der Haut fahren. Wie kann
396 man denn einen solchen Unsinn behaupten. Die Leute haben Kinder. Ich hab denen
397 dann nur eine Frag, hast du keine Kinder. Ha doch. Aber die ham des gar nicht
398 geschnallt was ich ihnen da damit sagen wollte. Ich wollte ihnen die Brücke bauen,
399 dass sie nachdenken, was hab ich denn gerade GSAGT. Und die Kinder, das waren
400 zum Teil, weil schon, die hatten schon, äh, Urenkel. Also in der ZWEITEN
401 Generation. Ok? Und sagen, MIR wirds scho auslange. Das bedeutet doch nichts
402 anderes, äh, après moi la déluge. Wie kann man (.) nur so (.) daherreden. Und das
403 ist das. Das ist doch ein Zeichen von (..) a, von Dekadenz und von Egoismus par
404 excellence. Und das lehne ich total ab. Und das ist auch das Schlimme, in diesem
405 Land, und DAS hat ALLES da dazu geführt, dass in diesem politischen Berlin diese
406 Dinge (.) so gelaufen sind, WIE sie gelaufen sind. Ein waches Volk, ein wehrfähiges
407 Volk hätte sowas nicht zugelassen.

Markus proponiert einen Zusammenhang zwischen Egoismus und Zukunftslosigkeit. Wie Friedrich operiert auch Markus mit einem Zukunftsbild, das über die individuelle Lebensspanne hinausreicht. Mit der Egoismus- und Dekadenz-Motivik artikuliert Markus ein Unbehagen an einer breiten Gegenwart –, er rechnet sie der Lebensführung und der Einstellung der »Masse« (Markus: 390) zu, die sich »egoistisch« und gleichgültig gegenüber den eigenen Nachkommen zeige und sich an das Ende der Geschichte stelle: Nach mir die Sintflut (»après moi la déluge [Markus: 402]) und »Mir wirds scho no nauslange« (für mich wird es schon noch ausreichen) (Markus: 394–395).

In Abschnitt 6.3.1.5 war bereits zu sehen, dass Markus' gerade in Anbetracht einer Endzeiterwartung eine »Erweckung« und damit eine Sammlung von Auserwählten betreibt – »eben für die AfD zu sein« (Bernd: 396), wie es der evangelikal-freikirchliche Christ Bernd formuliert. Markus ruft das Wachsamkeits-Motiv an dieser Stelle (Markus: 406) wieder auf. Die AfD gilt ihm als letzte Chance nicht um das Unheil abzuwenden, aber um im Angesicht der Endzeit wachzurufen und die Auserwählten zu sammeln. Entsprechend will Markus den »Leuten, die Kinder haben« (vgl. Markus: 396) eine »Brücke bauen« (Markus: 398): Sie sollten also ebenso wie Markus ›durchschauen‹, dass sie ihren Kindern und »Urenkeln« (Markus: 400) ansonsten keine Zukunft böten.

Damit lässt sich Markus' Dekadenz-Proposition nicht nur als Deutungsmuster eines für übertrieben gehaltenes Wohlstandsstrebens verstehen. Sie ist Ausdruck einer besonderen chiliastischen Zukunfts- bzw. Untergangsorientierung. Markus erscheint die zukunftslose, breite Gegenwart als gefährlich und er lehnt sie ab. Bei jeder*m der*die sich darin einrichte, könne Markus »aus der Haut fahren« (Markus: 395). Er begreift sich als ›Durchschauender‹ dieser Zeit und die vorgeblich Dekadenten und Saturierten, die nicht »geschnallt« (Markus: 398) hätten, was Markus ihnen mit dem Hinweis auf die eigenen Kinder und Nachkommen für »Brücke[n] bauen« (Markus: 398) wollte, verkörpern für ihn nicht nur einen materialistisch-konsumorientierten Lebensstil, sondern sie erscheinen ihm als Träger*innen einer Gegenwartszeit, die Markus in seiner rhetorischen Drastik und in religiöser Semantik zu überwinden trachtet. Die sozialen und politischen Verhältnisse begreift er darin als Zeitkrise. Erst in dieser zeitlichen Einfärbung seines Gesellschaftsbildes wird die AfD als Problemlösung angerufen – schließlich ist Markus sogar vom langjährigen Nichtwähler zum AfD-Wähler geworden.

6.3.3. Zusammenfassung

Die temporalen Handlungsorientierungen der württembergisch-pietistisch geprägten AfD-Wähler*innen der Basistypik lassen sich als *rechtspopulistischer Chiliasmus* beschreiben. Der Begriff gibt zu verstehen, was der Rechtspopulismus mit der Krise der spätmodernen Temporalität zu tun hat. Er bezeichnet die revolutionär-endzeitliche Orientierung der AfD-Wähler*innen, die gegen die Geschichte – die Geschichte der Gegenwart seit den 1970er Jahren – und die breite Gegenwart gerichtet ist. Die Fälle der Basistypik harren des Endes dieser schlechten Zeit. Allerdings nicht in dem Sinne, dass sie die Zeit zurückdrehen wollten. Sie haben keine einfachen restaurativen Phantasien, da in ihrem Geschichtsbild die gute, »normale« Vergangenheit – seit den 1970er Jahren – abgebrochen ist. Ein »Knick« (Hannelore: 160) scheidet sie vom Früher. Aber sie glauben mitunter daran, dass sie eine Zukunft haben, sofern sie aus der breiten, dekadenten Gegenwart ausgebrochen sein würden. Diesen Ausbruch jedoch vermögen sie sich nicht anders als durch ein apokalyptisches Szenario, durch ein katastrophisches Ereignis in Form eines bevorstehenden (und notwendigen) Untergangs und eines Endes der Geschichte vorzustellen. Dieses reden sie herbei, damit ihnen der Sprung aus den Bahnen der verderblichen Geschichte gelinge.

Die individuell-biografischen Verortungen des Zeitenbruchs in den 1970er Jahren sind indessen kein empirischer Zufall, sondern sie sind Ausdruck des Erfahrungsraums der Spätmoderne und wie er als »kulturelles Zeitregime« (Assmann 2013) die (Nachkriegs-)Moderne seit den 1970er Jahren sukzessive abgelöst hat. Darin prägt sich eine kollektive Erfahrung einer Entkoppelung von Zeit und Sinn und des Abhandenkommens bedeutungsvoller Zukunft aus. Die chiliastischen Rechtspopulist*innen dieser Studie verarbeiten diesen Wandel im kollektiven Erfahrungshausalt der Gesellschaft. Sie erleben darin, dass ihre heteronormativ-familialistische, patriarchal-weiße und erwerbsgesellschaftssozialisierte Identität, die sie als ewige Normalität markieren, droht einer Vergangenheit anheimzufallen. Sie erfahren und deuten diese »Bedrohung« im temporalen Sinne und erleben sich als in einer spätmodernen breiten Gegenwart gefangen. Der als dekadent, kinderlos und konsumorientiert abgewerteten »Masse« (Markus: 390), den Nicht-Wachen und den Nicht-Durchschauenden attestieren sie eine Zukunftslosigkeit. Die Chiliast*innen selbst hingegen ertragen diese breite Gegenwart, indem sie sich lebhaft ihren baldigen Untergang imaginieren und obsessiv mit ihren Untergangsphantasien befassen. Schlimmer nämlich als die Katastrophe selbst wäre es, wenn sie nie käme.

In Anbetracht des ersehnten Zeitenendes sammeln sich die elitären Chiliast*innen; sie sind demnach die Letzten (oder die Ersten), die (noch) eine Zukunft haben. Zumindest für diejenigen, die sich in der breiten, zukunftslosen und verderblich-katastrophischen Gegenwart für die Gerechten, die ›Durchschauenden‹ und Auserwählten halten, gibt der Chiliasmus die Hoffnung auf eine privilegierte Zukunft frei. Er verkörpert nicht nur die Hoffnung auf diese meta-historische Zukunft – auf das Eingehen in das irdische, tausendjährige Friedensreich –, sondern stellt die Möglichkeit bereit, sich schon hier und heute als zukünftige Privilegierte zu erfahren, zumal häufiger von der Zukunft der Kinder und Nachkommen und gerade nicht einer Zukunft die eigene Lebensspanne betreffend die Rede ist. Sie glauben sich wissend und wachsam und harren – wie die klugen Jungfrauen im neutestamentarischen Gleichnis (Matthäus 25,1–13) – vorbereitet einer Zeitenwende.

Mit dem Begriff Chiliasmus lässt sich also charakterisieren, was die AfD-Wähler*innen dieser Studie vereint: Ihr »unverdientes Leiden« als Opfer von Ausgrenzung und Ablehnung und ihr Ungehört-Bleiben trotz ihrer apokalyptischen Katastrophenschau und ihres »Durchschauens« stellen sie sich letztlich als die Bedingung der Möglichkeit der privilegierten Voraussetzung für ein späteres Glück nach der erwarteten Katastrophe vor

– für den Sprung aus der breiten Gegenwart und eine Zukunft danach. Mit dieser Zukunft meinen sie allerdings nicht notwendigerweise die vor ihnen liegende Lebensspanne; und es geht auch nicht um die Vorstellung einer zukünftigen materiellen Besserstellung oder Versorgungssicherheit im Alter. Ihr chiliastischer Zukunftsbegriff ist abstrakter und »meta-historischer« (vgl. Kapitel 6.2). Daher verhandeln sie Zukunft häufig auch als die Zukunft der nächsten Generation: Eine Zeit, die sie selbst nicht mehr miterleben werden, die ihnen aber in der Vorstellung unbedingt eine andere Zeit sein muss und keinesfalls die Fortsetzung des Jetzt, der breiten Gegenwart und schon gar nicht die Fortsetzung der Gesellschaftsgeschichte seit den 1970er Jahren.

Württembergisch-pietistische Basistypik	
Orientierungsschema (Alltagstheorie)	Dekadenz; Untergang
Orientierungsrahmen (mentales Selbstbild)	Auserwählte; elitär; negative Privilegierung
Orientierungsrahmen im weiten Sinne	Chiliasmus

Tabelle 6: Württembergisch-pietistische Basistypik
Quelle: Eigene Darstellung

Dekadenz ist eine spezifische Ausdrucksform chiliastischen Zeiterlebens der Basistypik. Sie konnte nicht nur als negative Orientierung an Überfluss und verwerflichem Wohlstand und positiver Orientierung an Mühe und Verzicht bei gleichzeitiger endzeitlicher Motivik rekonstruiert werden. Dekadenz, so wurde gezeigt, drückt auch eine elitäre, nonkonformistische Selbstbehauptung gegen eine breite Gegenwart aus, die ihre Innenseite in einem Selbstbild des innerweltlich-asketischen Auserwähltseins hat.

Der Basistypik repräsentiert die AfD einen kairologischen Moment: In Anbetracht von vorgestellter Endzeit und unausweichlichem Untergang, in Erwartung und Vorbereitung einer Zeit nach dem Untergang ist die AfD die »letzte Chance« zur entscheidenden Tat. Zumindest zeigt die Analyse, dass die Utopie, d. h. die temporale Komponente der Handlungsorientierungen der Fälle ausschlaggebend ist für ihre rechtspopulistische Mobilisierung. Die AfD-Wähler*innen entdecken sich eher als Zeitgenoss*innen denn als Volksgenoss*innen, denn vor allem in der zeitlichen Einfärbung ihrer Gesellschafts-, bzw. Geschichtsbilder wird die AfD als Problemlösung angerufen.

6.4. Chiliastische Utopie jenseits der Basistypik

Für die württembergisch-pietistisch geprägten Fälle der Basistypik ließ sich ein besonderer Orientierungsrahmen rekonstruieren. Der ihnen entsprechende Chiliasmus setzt sich zusammen aus einem nonkonformistischen Auserwählten-Selbstbild und – zumeist im Themenfeld Familie und Kinder vorgetragenen – Dekadenz- und Untergangstheorien. Das damit verbundene asketische negative Privilegierten-Selbstbild ist indessen nicht bei allen Fällen des Samples zu entdecken. Ein Blick auf weitere Fälle jenseits der Basistypik erlaubt also eine Differenzierung der chiliastischen Orientierung und zeigt die Mehrdimensionalität der chiliastischen Orientierung auf. Denn nicht alle Fälle sind in Lebenslagen und konjunktiven Erfahrungswelten verortet, für die ein Auserwählten-Selbstbild und Dekadenztheorien prägend sind. Das gilt einerseits für die prekären Fälle Gertrud und Boris, und andererseits für die beiden jungen Angestellten Immanuel und Laura.

Für sie alle lassen sich Abstufungen des Chiliastischen zeigen, die entweder damit zu tun haben, dass Dekadenzorientierungen nicht auftauchen, oder dass sie sich nicht als auserwählte Elite begreifen (Gertrud, Boris, Laura). Auch im Hinblick auf ihre Geschichtsvorstellungen unterscheiden sie sich von der württembergisch-pietistischen Basistypik: Sie sehen entweder der Zukunft ohne Untergangsphantasien positiv entgegen (Immanuel) oder sind mit Zukunft kaum befasst (Laura). Auf diese Weise lassen sich nochmals Differenzierungen des Chiliastischen vornehmen. Das hat beispielsweise damit zu tun, dass in prekären Erfahrungsräumen andere, mitunter destruktivere Orientierungen dominant werden, die weniger Anschluss an Dekadenztheorien und Auserwählten-Selbstbilder haben. Dass dies nicht automatisch so sein muss, zeigte sich bei Gitti, die in dieser Hinsicht interessanterweise trotz ihrer prekären Lebenslage Teil der Basistypik ist. Chiliastisch sind Gertrud und Boris dennoch, insofern auch sie den Ausbruch aus der breiten Gegenwart ihrer mitunter aussichtlosen Prekarität nicht anders zu haben glauben als durch die Phantasie der Zerstörung des Ganzen.

6.4.1. Destruktiver Chiliasmus (Gertrud)

Die prekären Fälle dieser Studie sind ausgesprochen destruktiv orientiert. Mit der AfD assoziieren sie die Brandbeschleunigung des für notwendig und alternativlose erachteten Untergangs. In dieser Phantasie artikuliert sich eine Hoffnung auf das Ende des Immergleichen und auf eine bessere, aber eben ganz neue Zeit. Dies haben wir bereits bei den prekären Fällen Gitti, Gertrud und Boris sehen können (vgl. Kapitel 5.2). Die 57-jährige Gertrud, die Opfer eines schweren fremdverursachten Verkehrsunfalls wurde, nimmt eine interessante Zwischenstellung zwischen einer württembergisch-pietistischen Ausprägung eines chiliastischen Orientierungsrahmens und einer eher destruktiven Variante ein. So ruft Gertrud einige der bereits bekannten Topoi auf – sie bekommen bei Gertrud jedoch eine andere Bedeutung. Sie assoziiert beispielsweise – homolog zu den Fällen der württembergisch-pietistischen Basistypik – ihre AfD-Affinität mit Normalität:

309 GERTRUD: Man kann ja nicht dann die Menschen nochmal wählen, das geht gar
310 nicht. Und das haben jetzt EINIGE Leute gesagt. Ich habe jetzt auch (unv.) nochmal
311 grad am See drüben oder (zieht kurz Atemluft scharf durch die Zähne ein) mit
312 Menschen mal gesprochen. Man kommt ja immer ins Gespräch mit den Tieren und
313 so und das sind aber ganz normale Menschen. Das sind ja nicht, was immer dann so
314 in die rechte Ecke oder so, überhaupt nicht. Es sind ganz normale Menschen, wo aus
315 der Mitte, nette, sympathische, freundliche Menschen, gutsituierte alle, also, äh, es
316 ist nicht irgendwie eine Gruppe.

In der Passage scheint es, als ob Gertrud nicht missverstanden werden wolle: Sie betont, dass sie mit ihrer AfD-Entscheidung nicht allein dastehe. Und zugleich hebt sie hervor, dass ihre AfD-Affinität (und ihr Destruktivismus) nicht mal in erster Linie mit ihrer materiellen Notlage zu tun habe. Schließlich wählten auch bessersituierte und »normale Menschen« (Gertrud: 314–315), die AfD – und mit diesen macht sich Gertrud gemein. Dass es sich bei den AfD-Wähler*innen also nicht »irgendwie [um] eine Gruppe« (Gertrud: 316) handle, damit meint Gertrud also, dass AfD-Wähler*innen nicht etwa eine homogene (materielle) Interessenslage verbinden würde. Was sie verbinde, so Gertrud, sei ein Vertrauensverslust und ein Unbehagen mit Politik. Bei Gertrud sind dafür die gesundheitlichen Folgen ihrer Unfallschäden und ihre materielle Abhängigkeit von Sozialleistungen ausschlaggebend. Die daraus erwachsene Frustration (sie spricht selbst wiederholt von »Enttäuschung«) spielt eine wichtige Rolle für ihre AfD-Affinität:

299 GERTRUD: Es ist wirklich schwer, wen könnte man da wählen, wenn man so im
300 Stich gelassen wird, ähm, wenn man eigentlich, äh, die Versprechen, den

301 Versprechungen glaubt, die Menschen gewählt hat und die werden nachher nicht
302 eingelöst und man steht dann so da und, äh, dann würd ich schon sagen und ich,
303 ähm, würde es auch nochmal tun. Ich steh jetzt nicht hinter der AfD, aber es ist
304 einfach, ähm, wie so viele andere auch sagen, äh, die einzige Möglichkeit den
305 anderen (.) was, so gesagt wird, ein Tritt in Arsch oder einen Weckruf oder so (.) zu
306 verpassen, weil, äh, diese Situation dann/ das/ unmöglich sind.

Gertrud fühlt sich »im Stich gelassen« (Gertrud: 299–300) und von politischen Versprechungen enttäuscht. Sie hat starke Erwartungen an die Politik in der Verantwortungsübernahme für ihre Misere und sie positioniert sich demgegenüber als Opfer (vgl. Kapitel 4.2). In dieser Situation ist ihr Verhältnis zur AfD jedoch ambivalent: Sie stehe nicht hinter der Partei, würde sie aber erneut wählen. Bemerkenswerterweise ruft Gertrud ebenso wie die Fälle der Basistypik den Topos des »Wachrufens« (»Weckruf« [Gertrud: 305]) auf. Und homolog zu Gitti und Markus spricht auch Gertrud von der AfD als der »einzige[n] Möglichkeit« (Gertrud: 304), die es für diesen »Weckruf« noch gäbe. Zugleich wird der Unterschied zu den Vergleichsfällen deutlich: Gertruds »Weckruf« (Gertrud: 305) ist zugleich ein »Tritt in [den] Arsch« (Gertrud: 305). Das heißt, Gertrud will nicht die Auserwählten und Durchschauenden wachrufen. Vielmehr richtet sie eine Frustration und einen Zorn gegen die Politik. Ihr Weckruf ist ein Warnruf. In ihrer Enttäuschung und in ihrem Opfer-Selbstbild scheint sie es ernst zu meinen. Hinter Gertruds AfD-Wahl steht entsprechend auch eine andere Orientierung: Sie ist keine negativ Privilegierte, sondern Opfer – ohne Aussicht auf Verbesserung ihrer Lage.

Neben ihrer Erfahrung mit den nicht übernommenen Gesundheitsleistungen in der Folge ihres Unfalls behandelt Gertrud noch eine weitere Erfahrungsstrecke sehr engagiert. In folgender Passage nimmt sie Bezug auf eine Begebenheit, in der sie und ihr Lebensgefährte Opfer von Kriminalität und Erpressung geworden seien. Ausgesprochen drastisch schildert Gertrud, wie sie einem unregulierten und unsanktioniert gebliebenen Gewalttreiben von sogenannten »Clans« (Gertrud: 152) ausgesetzt gewesen seien. Es habe auf sie und ihren Lebensgefährten in dessen Mehrparteienhaus einen »Überfall da in der Wohnung« (Gertrud: 152) durch einen benachbarten »Clanführer« (Gertrud: 157) gegeben. Dabei sei es nahezu zu einem »Blutbad« (Gertrud: 157, 173, 564) gekommen. Außerdem habe der Vermieter des Hauses gemeinsame Sache mit diesem »Clan« (Gertrud: 152) gemacht und zusätzlich »Erpresserbriefe« (Gertrud: 204) mit unbegründeten Nebenkostenforderungen an den Lebensgefährten Gertruds geschickt. Die örtliche Polizei und Kommunalverwaltung hätten Gertrud jedoch nicht geholfen. Sie ist der Ansicht, dass ein »Geklüngel [...] de[r] Höherwertigen« (Gertrud: 424–425), geheime Machenschaften im Hintergrund daran schuld seien, dass Gertrud im Stich gelassen worden sei und beinahe Opfer eines »Blutbades« geworden sei. Da sie als Hilfe und Erlösung von nirgendwo zu erwarten habe, wolle sie mit ihrer AfD-Wahl auch nicht mehr nur protestieren:

422 GERTRUD: Wir wissen, dass ist nicht alles in Ordnung, aber der Vermieter ist ja da der
423 Schwager, da können wir ja nix tun. Und das ist der Punkt. Und dass ist dieses, ja,
424 dieses, so oft, also man merkt dann dieses Geklüngel mit den sogenannten
425 Höherwertigen, das funktioniert dann. Das habe ich so oft erfahren. Und das hat mich
426 auch so enttäuscht und deswegen hab ich/ ich wüsst jetzt auch gar nicht, wenn ich (.)
427 nächstes Mal wählen sollte. Muss ich ehrlich sagen, Herr Rhein, weil das ist (.)
428 schwierig. Diese Enttäuschung. Also wenn die Enttäuschung mal da ist, ist das
429 Vertrauen weg. Es ist nicht nur (.) es ist glaub schon weiter, nicht nur, jetzt geb ich
430 euch einen Denkzettel, mach mal. Also bei mir ist eher schon weiter

Gertruds Enttäuschung und ihr Gefühl allein gelassen zu sein ist bereits Zerstörungs- und Untergangwunsch: Ihre AfD-Wahl sei kein »Denkzettel« (Gertrud: 430) mehr, sie sei »eher schon weiter« (Gertrud: 430). Sie will, wie sie an anderer Stelle auch formuliert (vgl. Kapitel 5.2.2), dass

507 GERTRUD: [...] alles kaputtgeht, das müsste mal denen eine Lehre sein oder so kanns nicht mehr
508 weitergehen. Dann muss sich alles neu ordnen oder so. Schon so krasse Gedanken
509 irgendwie. Das System müsste, was ich eigentlich wiederum befürchte, hab ich
510 schon dann gedacht bei der Wahl, nicht jetzt, äh, ich geb mal ein bisschen eine
511 Retourkutsche, war schon ganz ganz hart. Also richtig, äh, das MUSS jetzt
512 kaputtgehen, es muss eine Neuordnung her, es muss, ähm, ich denk das ist auch bei
513 VIELEN (..) Köpfen drin, die (...) die stillschweigend die AfD wählen

Im Moment einer ausgesprochen affektiven Zerstörungs- und Untergangsphantasie stellt sich Gertrud wieder in eine Reihe mit »VIELEN« (Gertrud: 513), denen es genauso gehen müsse wie ihr. Sie glaubt also in ihrem zerstörerischen Affekt mit anderen Menschen übereinzukommen, die, wie oben zu sehen war, »ganz normale Menschen« (Gertrud: 314) seien und mitunter eine ganz andere, nämlich eine »gutsituierte« (Gertrud: 315) Lebenssituation hätten.

Gertrud habe nach dem überfallartigen Vorfall indessen Kontakt mit dem Bundestagsabgeordneten ihres Wahlkreises aufgenommen und dadurch sei die Situation tatsächlich besser geworden. Darauf nimmt der Beginn folgender Passage Bezug.[30] Allerdings bestärkt sie diese positive Erfahrung eher darin, dass das System, das beständig enttäusche und in dem Menschen allein gelassen würden, zerstört werden müsse. Und so geht Gertrud vom Bericht darüber, dass es für sie und ihren Lebensgefährten letztlich gut ausgegangen sei, bruchlos zu pauschalen Krisendiagnosen über:

465 GERTRUD: Und wenn du das sagst und die
466 Menschen, die eigentlich für Gesetz und Ordnung sind, dich dann nicht mehr
467 vertreten. Wen sollst dann noch wählen. Und deswegen habe ich ja gesagt, ich fand
468 das vom Herrn [Name des Abgeordneten] richtig toll, der hat auch angerufen. Und
469 das fehlt vielen Menschen, das sie wissen, jemand ist überhaupt da, in dieser Zeit,
470 wo sich alles um sowieso alles ändert und und und viele nicht mehr mitkommen. Es
471 ist auch sehr schwer, dass man noch durchblickt. Und ich glaube (.), es werden
472 schwere Zeiten kommen. Ich glaube, was ich erlebt habe, Herr Rhein, es wird/ also
473 ich hab/ ich hoffe es nicht, aber ich glaube es schon, dass diese bestens Zeiten
474 vorbei sind, dass die Demokratie irgendwann zerbricht, an diesen ganzen
475 Herausforderungen wo jetzt noch kommen und wenn die das nicht richtig den
476 Menschen, die Menschen nicht richtig mitnehmen und, also sei es Digitalisierung sei
477 es, äh, Migration, was ja eh schon immer jetzt immer als Problem angegeben wird
478 und, äh, es (unv.)/ es sind diese (.)/ da wird nichts geregelt. Es gibt diese
479 Regelungen nicht, also es gibt dann so kleine Gesetze, aber es gibt diese Regelung
480 nicht, und die Menschen wissen gar nicht mehr, was ist Sache, was geht, was geht
481 nicht und, ähm, ja.

Während Gertrud kurz zuvor noch zu berichten weiß, dass es »richtig toll« (Gertud: 468) gewesen sei, dass durch das vermeintliche Einwirken des Bundestagsabgeordneten ihre Situation besser wurde, schwenkt Gertrud postwendend auf eine pauschale Diagnose düsterer Gegenwarts- und noch düsterer Zukunftserwartungen ein. Ausgangspunkt ist, dass Gertrud von ihrem Opfer-Selbstbild extrapoliert. Ihr und »vielen Menschen« (Gertrud: 469) fehlte es an Beistand. Es seien bereits gesetzlose und ungeordnete (vgl. Gertrud: 466) Zeiten angebrochen. Sie blickt auf die Gegenwart als einer »Zeit« (Gertrud: 469), in der sich »alles ändert« und ohnehin niemand mehr »mitkomm[t]« (Gertrud: 470). In der Konklusion der Passage wiederholt sie

30 Teile der folgenden beiden zitierten Passagen von Gertrud (472–483) wurden bereits in 5.2.1 besprochen.

diese Behauptung: »die Menschen wissen gar nicht mehr, was ist Sache, was geht, was geht nicht« (Gertrud: 480–481). Aus dieser Gegenwartsdiagnose erwächst ein dystopisches Zukunftsbild: »Es ist auch sehr schwer, dass man noch durchblickt. Und ich glaube (.), es werden schwere Zeiten kommen.« (Gertrud: 471–472) Erneut: Gertrud verfügt über kein ›Klassenbewusstsein‹ – sie lenkt den Blick nicht auf ihre prekäre Lage und die Spezifik dessen, was sie »erlebt habe« (Gertrud: 472). Sie will mit der AfD auch nicht gegen ihre prekäre Lage politisch aktiv werden oder protestieren. Vielmehr macht sie sich mit »vielen Menschen« (Gertrud: 469) gemein – auch mit »gutsituierten« (vgl. Gertrud: 315). Mit ihnen gemeinsam habe sie, so glaubt sie, dass sie alle von einer schlechten Gegenwart und einer katastrophische Zukunft bedroht seien. Ein apokalyptisches Zeitbild und ihre katastrophische Zukunftserwartung, zusammen mit der Tatsache, dass sie sich darin nicht alleine wähnt, mobilisiert sie zur AfD.

Aber anders als bei der chiliastischen Basistypik, begreift Gertrud die AfD weniger als elitäres Projekt von Auserwählten, sondern als destruktive Kraft und als Brandbeschleunigerin. Vor dem erwarteten »Chaos« (Gertrud: 483) und dem Untergang hat sie allerdings »Angst« (Gertrud: 481–487):

481 GERTRUD: Also ich habe schon Angst, das ist meine Angst, dass alles mal
482 so/ Es wäre schon schlimm, wenn die AfD alles übernehmen würde oder so, als
483 stärkste Partei, für mich jetzt. Ich hab da schon Angst, dass dann Chaos oder, nicht/
484 Es gibt auch GUTE Menschen, sagen viele bei der AfD. Das glaube ich sehr gerne.
485 Ich will auch nicht verallgemeinern. Aber ich hätt jetzt schon Angst (.), wenn die
486 übernehmen würde. Aber ich hab auch Angst, dass die anderen total versagen, dass
487 das nicht/ das sollten sie mal besser machen, ein bisschen, ja, genau. (5 Sec.)

Gertrud hat also ein durchaus ambivalentes Verhältnis zur AfD: Sie würde sie wiederholt wählen, verbindet mit ihr allerdings schlimme gesellschaftliche Konsequenzen. Allerdings seien »die besten Zeiten« (Gertrud: 473) ohnehin schon vorbei. Wiederholt formuliert Gertrud derlei paradoxe Ambivalenzen: »[...] es werden schwere Zeiten kommen. [...] ich hoffe es nicht, aber ich glaube es schon, dass diese bestens Zeiten vorbei sind, dass die Demokratie irgendwann zerbricht« (Gertrud: 471–474). An anderer Stelle heißt es dann homolog: »Weil (..) schlimmer kanns nicht sein [...]. Und ich glaub auch, dass die AfD das alles noch schlimmer macht, äh, weil sie da ist. Es ist gut, dass sie da ist« (Gertrud: 364–366). Gertud sieht in der AfD demnach ein erlösendes Destruktionspotential: Sie befindet also auch für gut, dass mit der AfD eine zerstörerische Kraft da sei, eine Partei, die die schlimme Zeit, die schlimmer nicht sein könne (Gertrud: 364), weiter verschlimmere. Gertrud geht es mit der AfD weder um eine echte politische Bewältigung ihrer persönlichen oder der vermeintlich aufziehenden Probleme (»[...] wenn ich so in die Zukunft, wüsst ich jetzt nicht, was, wer was regeln könnte. Auch nicht von den Etablierten. Genauso wenig wie von der AfD.« [Gertrud: 831–833]), noch wähle sie die Partei »nur aus Protest« (Gertrud: 1763). Gertrud steht jenseits von Protest und Problembewältigung: Es geht ihr um eine Zerstörung des Ganzen als Bedingung der Möglichkeit zum Ausbruch aus der verderbten Zeit.

Gertruds fast obsessives Verlangen nach dem Untergang des Ganzen machte ihr »richtig nachher Angst« (Gertrud: 505). Dennoch zeigt sich hier abschließend nochmal, worin der Unterschied von Gertruds destruktivem Chiliasmus zum Chiliasmus der Basistypik besteht: Gertrud erfolgt mit ihrer AfD-Affinität kein elitäres Projekt der Sammlung von Auserwählten. Auch ist ihr eine Dekadenzdeutung fremd. Bei Gertrud schlägt eher ihre prekäre Lebenslage durch und formt sich zu einem destruktiven Chiliasmus. Die AfD ist ihr eher ein Brandbeschleuniger denn eine Sammlung von Auserwählten. Sie will sehr explizit diese Gegenwart durch den Untergang des Ganzen überwinden.

6.4.2. Kein Licht am Ende des Tunnels (Boris)

Mit Gertrud hat Boris eine prekäre Lebenslage gemeinsam. Auch Boris' Biografie ist gekennzeichnet von zurückliegenden Enttäuschungen. Beide sehen sich als Opfer systemischer Missstände und ihre Zukunftshorizonte sind hoffnungslos. Doch anders als Gertrud ist Boris darin weniger destruktiv veranlagt. Gleichwohl verbindet er mit der AfD in einer Phase der vollständigen Verdunkelung seiner Zukunft eine Hoffnung auf ein »Licht am Ende des Tunnels« (Boris: 239; vgl. Kapitel 5.2).

Boris ist in Sowjetrussland geboren und aufgewachsen und hat dort ein Studium der Geschichtswissenschaften abgeschlossen (»Und das natürlich in Russland war bissle, ein bisschen ideologisch gefärbt« [Boris: 8]). Danach arbeitete er im pädagogischen Bereich (»als Lehrer« [Boris: 30]). Er kam erst 1991 mit Frau und einem Sohn im Kleinkindalter nach Deutschland. Auf diese Zeit bezieht sich die folgende Erzählung, in der Boris ebenfalls das Thema ›Kindererziehung‹ verhandelt. Am Beispiel dieser Erzählung über eine frühe Phase seiner Migrationsgeschichte legt sich Boris' Zeiterleben als Erfahrung von systemischer De-Qualifizierung und enttäuschter Hoffnung offen.

Im Gegensatz zu den dekadenzorientierten Fällen der Basistypik blieb Boris nichts anderes übrig als seinen Sohn im Kleinkindalter in eine Pflegefamilie zu geben, um sich auf seine Ausbildung zu konzentrieren:

BORIS: (5 sec.) Und i/ ich kam auch nach Deutschland mit dreijährige Kind wo wir beide studiert haben, oder nicht studiert, äh, äh, Sprache ge/ Wir geben dem wie ein, pf, Tagesmutter, wie ein Welpen praktisch geben wir ab, den Jungen. Der hats schon irgendwo schwierig gehabt. Wo (...) Er war damals um die drei Jahre oder sowas, hat angefangen, äh-äääh, erst zu reden, oder er ist (.) Und dann plötzlich bei ihm war die Phase, wo er in Pflegefamilie war, er konnte nix, äh, wie ein Hund. Dem sagst du essen (klopft auf den Tisch), okay, ja, nein, und hab ich festgestellt, Russisch durfte er damals in der Familie nicht, weil er kam zu mir, hat mich an die Backe gepackt und hat gesagt, Deutsch schwätzen. Da wahrscheinlich Kinder haben mit ihm so gemacht.

Boris erzählt zunächst, wie er nach seiner Übersiedelung nach Deutschland gemeinsam mit seiner Frau Deutschkurse belegt hatte und in dieser Zeit häufig den gemeinsamen Sohn im Kleinkindalter bei einer »Tagesmutter« (Boris: 610) oder womöglich länger am Stück bei einer »Pflegefamilie« (Boris: 613) abgegeben habe. Gleichwohl bewertet Boris dies negativ. Zwei Mal vergleicht er sein Kind mit einem Hund: Er habe es »wie ein Welpen praktisch« (Boris: 610) abgegeben und später habe sich sein Sohn »wie ein Hund« (Boris: 613) verhalten: Er habe Schwierigkeiten beim Spracherwerb gehabt, denn in der Pflegefamilie durfte er nur Deutsch sprechen. Boris erzählt, wie er aufgrund dieser Erfahrung festgestellt habe, dass er sein Kind nicht vernachlässigen dürfe:

BORIS: JA. Weil er war auch bissl so/ man/ russisch durfte er nicht reden, Deutsch konnte er noch nicht und, z-uch, und dann, sch-psch, plötzlich war mir klar, ich muss meinem Kind mehr Zeit geben oder, äh, widmen damit es irgendwo besser geht.

Boris erlebte also, dass er seine Deutschkurse und sein Bildungs- und Integrationsbestreben auf Kosten gemeinsamer Zeit mit seinem Kind betrieb. Er habe erfahren, dass die Entwicklung seines Kindes unter seiner Abwesenheit litt und er daher seinem »Kind mehr Zeit geben oder, äh, widmen [muss; Anm. PR] damit es irgendwo besser geht« (Boris: 621). Dennoch habe er die Hoffnung auf Integration und Aufstieg gehegt: Durch das intensive Deutschlernen erhoffte er sich, eine »Ausbildung« und einen »Job« (Boris:

625) zu bekommen, denn seine Ausbildung und seine pädagogische Berufserfahrung wurden von den Einbürgerungsbehörden hier nicht anerkannt:

31 BORIS: [...] die haben mir hier eingestuft als
32 mittlere, als Erzieher oder sowas. Hab ich auch mal Widerspruch einlegen müssen
[...]
37 Und muss man
38 richtig die pädagogisch Diplom dafür haben, dass du arbeiten. Sogar als Erzieher in
39 Jugendclub und so, da kannst du nicht/ Und hier wurde eingestuft als so irgendwo
40 ein Hoppla-Hoppla-Verein ist.

Boris erzählt wiederholt, wie er in Deutschland diese Dequalifizierung erlebte. Aus diesem Grund musste er sich neben den Sprachkursen auch beruflich umorientieren. Er reflektiert diese »schwierigen Zeiten« (Boris: 624). Er war zu der Zeit allerdings von der Hoffnung getragen, dass sich der Weg lohnen werde. Im Anschluss an die Erzählung über die Vernachlässigung seines Sohnes berichtet Boris:

624 BORIS: Es waren schwierige Zeiten. Ich hab das auch gedacht, gehen wir durch,
625 dadurch bekommst du deinen Job, äh, Ausbildung, kriegst du deinen Job und so
626 weiter. Wenn ich das gewusst hätte, hätte ich damals (unv.) gesagt (unv.), pf-uch (..)
627 pfeife es auf alles, geh ich irgendwo Schreiner lernen, da ist es mein lebens-lang für
628 sechzig Jahre. Aber ich hab immer die Hoffnung gehabt, okay, meine Fähigkeiten
629 werden irgendwie gebraucht.

Boris' aufgeschobene Hoffnungen auf Verbesserung seiner Lebenssituation gingen also einher mit einer zwischenzeitlichen Vernachlässigung seines Kindes. Boris bewertet die Tatsache, dass er sein Kind wegen seiner Integrations-, Aus- und Weiterbildungsbestrebungen zwischenzeitlich bei der Pflegefamilie untergebracht hat, im Nachhinein ausdrücklich negativ. Er tut dies im Kontext einer Rückschau, in der sich die Hoffnungen, die er in dieser Zeit hegte, nicht erfüllt haben. Es ist daher zu bemerken, dass die Passage über die Unterbringungen seines Sohns in der Pflegefamilie exemplifizierenden Charakter hat: Er drückt damit aus, welche Opfer auch seine Familie erbracht habe für eine Hoffnung auf eine bessere Zukunft, die sich nun nicht erfüllte. Hätte er dies vorher gewusst, hätte er einen anderen Weg eingeschlagen (Boris: 627–628). Er ruft damit ein Themenfeld auf, das wir bei der württembergisch-pietistischen Basistypik gesehen haben, bei denen vor allem eine falsche Kindererziehung außer Haus kritisiert wird.

Boris orientiert sich darin aber nicht an Dekadenz. Er handelte vielmehr in der Hoffnung auf eine bessere Zukunft, auch wenn er diese enttäuschte Hoffnung im Nachhinein zu bereuen scheint. Es waren »schwierige Zeiten« aber mit offenem Zukunftshorizont: »Ich hab das auch gedacht, gehen wir durch, dadurch [...] kriegst du deinen Job und so weiter.« (Boris: 625–626) Diese Hoffnungen wurden massiv enttäuscht. 2014 verlor Boris seinen Job als kaufmännischer Angestellter und hat seither nicht mehr Fuß fassen können im Erwerbsleben:

73 BORIS: Ich hab jahrelang so von einem Job, das war 2014, wo ich praktisch (..) Job
74 verloren habe. Ja gut, wir haben Abfindung gemacht und so weiter. Hach, seit dem
75 irgendwo finde ich keinen Weg.

Zum Zeitpunkt des Interviews war Boris ohne Arbeit und verfügt über keine Zukunftsaussichten mehr:

110 BORIS: Und jetzt bin ich
111 wieder in so einer Situation, weil ich bin wieder arbeitslos und weiß ich nicht wie da
112 weitergeht.

Boris blickt auf eine Frustrations-Geschichte zurück, in der seine Zukunftshoffnungen von damals enttäuscht wurden. Nach dem Jobverlust gelang ihm keine dauerhafte Rückkehr mehr ins Erwerbsleben. Durch die nur kurzfristigen Krankenvertretungen und Engagements bei Zeitarbeitsfirmen verdunkelte sich auch zunehmend sein Zukunftshorizont:

79 BORIS Dann hab ich,
80 ähm, letztes Jahr gute Job gefunden praktisch. Aber es war wieder irgendwo
81 Krankenvertretung. Man hat einen Vertrag für halbes Jahr. Was heißt das, durch
82 Zeitarbeitsfirmen hat gesagt, okay, du arbeitest halbes Jahr, und dann ist es halbes
83 Jahr vergangen, sage wie geht das noch halbes Jahr, bis die Frau wieder kam. Und
84 jetzt arbeitet sie wieder. Natürlich da sind, pff (..) Umstände die man (.) nicht so
85 richtig, äh, aufnimmt oder (.) man kann nicht planen. Man weiß es nicht, was mit dir
86 in einer Woche passiert, in zwei Wochen passiert

Boris erlebt Zukunftsunsicherheit schon für einen Zeitraum von zwei Wochen. Auch seine Weiterbildungsanstrengungen blieben fruchtlos. Nach langer Zeit der Erwerbslosigkeit bezweifelt Boris den Sinn von Weiterbildungsmaßnahmen, wie das Lernen von Sprachen – auch in Eigenregie –, um sich für den Berufswiedereinstieg zu qualifizieren. Er sieht weder Möglichkeiten in Eigenverantwortung noch über Maßnahmen des Jobcenters seine Chance zu erhöhen. Sein Zukunftshorizont hat sich vollständig verdunkelt:

236 BORIS: Ich hab die viele kaufmännische Kursen gemacht, ich hab (unv.)
237 gemacht, Englisch und (.) lernst du Sprachen. Hab ich sogar versucht selber bissl
238 Chinesisch so, und so. WOZU DENN. Man sagt okay (macht ein kurzes fauchendes
239 Kehlengeräusch) (4 Sec.) Ich sehe nicht Licht am Ende des Tunnels. Wenn mir sagt,
240 okay, du gehst in diese Richtung, halte durch. Da kommst du zu Erfolg. Ich weiß,
241 dass jemand sich verantwortlich, äh, für sein Leben. Äh, ab und zu läuft nicht, was
242 man denkt und okay sagt, das und das hast du selber verbockt. Okay. Aber ab und
243 zu, ich weiß es, wenn ich mal, äh, frage, pfff, warum werde ich nicht übernommen,
244 warum das und jenes. Nein nein, sie haben tolle Leistung gemacht und so weiter,
245 aber wir haben anders entschieden.

Boris gelangt zu der Überzeugung, dass er seinen Zustand nicht selbst verursacht habe. Er habe es nicht »selber verbockt« (Boris: 242). Er erfährt die Hürden des Wiedereinstiegs in den Beruf als willkürlich: trotz bezeugter »tolle[r] Leistung« (Boris: 244) werde er nicht übernommen oder schaffe den Sprung nicht zurück ins Erwerbsleben. Daher verfügt er über keine Zukunftsaussichten mehr. Er sehe kein »Licht am Ende des Tunnels« (Boris: 239). Mit der AfD sucht er nach »Antworten auf [s]eine Lebenssituation« (Boris: 118). Er identifiziert sich nicht mit ihr, aber auf dem Arbeitsamt knüpfte er vermutlich im Austausch mit anderen Arbeitssuchenden entsprechende Kontakte:

112 BORIS: Pf-u, ehrlich gesagt, mit der Partei AfD, äh-f, äh, ja ich kenne viele Leute
113 durch Kontakte in [Ort] war ich ständig bei Arbeitsamt in [Ort] und, äh, sind die
114 Kontakte entstanden. Weil i/ i/ ich wollte irgendwo andere Meinung hören was in die
115 Zeitung ist oder (4 Sec.) Ob die Meinungen okay sind oder nicht okay, das weiß ich
116 noch nicht. Weil, wie gesagt, das ist (.) jetzt (.) äh (4 Sec.) pfff, im Moment ist es
117 schwierig zu entscheiden. (..) Weil (..) ehrlich gesagt, im Moment, ich führe, finde
118 weniger Parteien, di-ie Antworten auf meine Lebenssituation geben.

Ein so ausgeprägtes Auserwählten- oder negatives Privilegierten-Selbstbild wie den Fällen der Basistypik ist Boris ebenso wenig eigen wie der hoffnungsvolle Destruktivismus von Gertrud. Gleichwohl zeigt Boris Anzeichen für eine chiliastische Utopie: Er deutet an, dass er mit der AfD nach »Antworten« (Boris: 118), »andere[n] Meinung[en]« (Boris: 114) und »Kontakte[n]« (Boris: 113) suche. Wie schon in Kapitel 4.2.2 genauer gezeigt, scheint Boris noch auf der Suche nach Anschluss und Gemeinschaft zu sein. Dabei nähert er sich der AfD an, die ihm nicht nur »Antworten auf [s]eine Lebenssituation« (Boris 118) in Aussicht stellt, sondern auch eine Hoffnung auf ein »Licht am Ende des Tunnels«. Der Fall Boris zeigt, homolog zu Gertrud, wie die AfD in einer Lebensgeschichte, die geprägt ist von Dequalifizierung und enttäuschten Aufstiegshoffnungen, relevant wird und wie sie gerade im Moment der verdunkelten Zukunftsaussichten zur politischen Option wird. Boris war lange vor seiner AfD-Wahl Nichtwähler und er hat erst nach seinem Jobverlust 2014 wieder gewählt, und zwar die AfD.[31]

6.4.3. Erschöpfter Fortschritt (Immanuel)

Immanuel gehört, anders als Gertrud und Boris, zu den gutsituierten Fällen meines Samples. Er wurde nicht zur württembergisch-pietistischen Basistypik gezählt, weil er sich selbst auffällig direkt diesem Erfahrungsraum nicht zurechnet: Immanuel berichtet, dass er in einer norddeutschen Stadt aufgewachsen und erst 2008 aus beruflichen Gründen nach Württemberg gezogen sei. Er thematisiert kulturelle oder mentalitätsbezogene Unterschiede, die er zwischen seiner Herkunftsregion und der Region, in der er jetzt ansässig ist, wahrnimmt:

31 Boris erzählt auf Nachfrage knapp von seiner Wahlgeschichte in Deutschland nach seiner Übersiedlung. Nach einer ersten Phase, in der Boris irgendwann gar nicht mehr gewählt habe, habe er dann nach seinem Jobverlust die AfD gewählt. Er gibt dort auch nochmal den Hinweis, dass die AfD-Wahl mit seinem Gefühl des Abgehängtseins zu tun hat:
374 INTERVIEWER: Weil sie gesagt haben,
375 dann waren sie hier und dann haben sie erstmal CDU lange gewählt {{gleichzeitig}
376 Ja ja} unter Kohl. Dann SPD, und so weiter, hatten Sie ja gesagt. Und dann, hab ich
377 Sie richtig verstanden, dass Sie gesagt haben, dann war irgendwann/
378 BORIS: Da war später, äh, sagen, okay, wozu denn?
379 INTERVIEWER: Und dann haben Sie nicht mehr gewählt?
380 BORIS: Nein. Nicht mehr gewählt praktisch.
381 INTERVIEWER: Ja. Und jetzt wieder die AfD {{gleichzeitig} Ja, gut} gefunden,
382 sozusagen?
383 BORIS: Ja gut, ab und zu (.) suche ich mal Kontakt, ab und zu mach ich da Kreuzchen.
384 Mhm (..) Ja. Okay, aber, wie gesagt, das bleibt/ ich es, ich bin auch nicht so fest
385 überzeugt, weil ich noch keine feste Ergebnisse sehe. (..) Ich bin auf der Suche
386 praktisch. Es ist/ Sie können sie mir nicht ankreiden, das ist irgendwo/ aber was die
387 alte Parteien (klopft auf den Tisch) Ich finde keine Lösung praktisch, können die mir
388 anbieten. Und wie gesagt, die ganze Lebenssituationen (atmet tief aus) Und vor
389 allem, pff, ich hab noch nicht so-oo gesellschaftlich sich abgehängt gefühlt.

169 IMMANUEL: Also ich bin ja gebürtiger [norddeutsche Stadt]. Ähm, bin da 18 Jahre
170 aufgewachsen und auch zur Schule gegangen, und jetzt hab ich so Baden-
171 Württemberg und [norddeutsche Stadt], also ich finde beide Kulturen schon ganz gut
172 mitbekommen, und ich finds immer ganz interessant zu sehen, wie [Einwohner der
173 norddeutschen Stadt] schon anders als Baden-Württemberger sind.

Den mentalitätsbezogenen Unterschied zwischen seiner norddeutschen Herkunftsregion und Baden-Württemberg, den Immanuel hier herausstreicht, bezeugt seine Selbstpositionierung: Er rechnet sich selbst dem Erfahrungsraum der württembergischen Basistypik nicht zu, sofern er diesen als »ander[e]« (Immanuel: 173) »Kultur[]« (Immanuel: 171) kennzeichnet. Er sieht sich selbst als geprägt von seiner Herkunfts-»Kultur« und diese Prägung unterscheidet ihn von Menschen aus dem Umfeld seines jetzigen Wohnorts. Homolog zu den Fällen der Basistypik ruft jedoch auch Immanuel, obwohl selbst kinderlos, das AfD-typische Thema Kindererziehung und Familienleben auf. Darin dokumentiert sich seine Zeitorientierung:

623 IMMANUEL: Also ich finde das ganz interessant, so als
624 Beispiel, ein konkretes. Meine Geschwister, die haben ja schon Kinder, und dann
625 lesen die halt Bücher über Erziehung. Da krieg ich das so brühwarm mit, dass (.) was
626 jetzt aktuell ist, war vor fünf Jahren nicht aktuell. Also das wandelt sich. Und dann
627 habe ich mich schon die Gedanken gemacht, okay, theoretisch wenn ich vier Kinder
628 hab, müsste ich jedes Kind unterschiedlich erziehen, weil aktuell der Stand der
629 Wissenschaft, ähm, sagt jetzt etwas anderes als vor fünf Jahren. Und dann könnt
630 ichs eigentlich gleich sein lassen, weil ich wüsste eigentlich schon, dass beim ersten
631 Kind, dass ich mein zweites schon anders erziehe. Also mache ich das beim ersten
632 eigentlich schon falsch. Das war so ein Gedankengang. Also, das ist so ein Beispiel,
633 wie sich das halt wandelt.

Die Sequenz zeigt Immanuels ausgeprägt negative Orientierung an Fortschritt: Er problematisiert dies unter dem Begriff »Wandel« (vgl. Immanuel: 632). Jede (Erziehungs-)Entscheidung sei im Kontinuum wandelnder gesellschaftlicher Maßstäbe bereits eine veraltete, eine eingeholte und damit »falsch[e]« Entscheidung. Immanuel problematisiert den Fluss der Zeit, d. h. die (zu) schnelle Abfolge von scheinbar einander widersprechenden moralischen Maßstäben. Diese Problematisierung von Zeit kleidet Immanuel wenig später in die Semantik von Beschleunigung:

641 IMMANUEL: Ich find unsere Gesellschaft wandelt sich ja extrem schnell. Und Werte
642 ändern sich. Ähm (.) hmf, ja, Ansichten, Meinungen (.) und das, da kann man kaum

643 noch Schritt halten so. Also, hab ich auch schon im Gespräch mit Kollegen erfahren
644 und, oder ein Kollege, mit dem ich viel sprech, der fragt sich schon auch, wem kann
645 ich eigentlich Glauben schenken. Also weil sich Dinge verändern, die er aus seiner
646 Kindheit kennt, die sind jetzt plötzlich irgendwie anders, was er so sieht, und (.) fühlt
647 sich da so ein bisschen/ Das war mein Eindruck von ihm, dass er sich echt so ein
648 bisschen verloren fühlt schon fast. Also, ff, weil sich so viel so ändert. Es ist ja auch
649 enorm viel, was, was in unserer Zeit passiert und vor allem in welchem Tempo, das
650 war ja früher anders.

Immanuel problematisiert in dieser Passage die Geschwindigkeit gesellschaftlicher Veränderungen, das heißt die Veränderungsrate moralischer Maßstäbe. Er präsentiert damit letztlich eine dem Chiliasmus der Basistypik ganz ähnliche historische Zeitsicht, denn er beklagt einen Verlust oder Abbruch von Normalität, wie wir dies etwa bei Friedrich und Hannelore gesehen haben. Bei den Fällen der Basistypik hingegen waren Beschleunigungs-Semantiken nicht zu finden. Immanuel problematisiert damit ein Orientierungsproblem: Menschen fühlten sich »schon fast« ein »bisschen verloren« (Immanuel: 648). Darüber hinaus bringe dieser beschleunigte Wandel ein hohes Maß an Zukunftsunsicherheit mit sich:

665 IMMANUEL: Ja, also diese Geschwindigkeit, wenn man kaum noch Schritt
666 halten kann. (..) Ja (..) Also {{gleichzeitig} Du meinst/ ja, tschuldigung} Also in
667 technischer Hinsicht, aber auch gesellschaftliche Veränderung. Also, ja, wie sich eine
668 Stadt auch verändert, wie sich Firmen verändern. Also Daimler ist halt nicht mehr so
669 dieser (.) schwäbische Autobauer, der so Auto baut für die 50 Jahre halten, mit
670 denen man locker ne halbe Millionen Kilometer fahren kann. Das ist halt auch nicht
671 mehr so. Das ist vielleicht auch für manche Kollegen bei uns. Also, das hört man
672 immer wieder im Gespräch so raus, dass sie vielleicht auch ein bisschen resigniert
673 sind. Und wenn sie so erzählen von früher.

Anhand des technischen Fortschritts elaboriert Immanuel, was er am historischen Wandel für problematisch hält. Darin sei alles so schnell geworden und die Veränderungsraten hätten ein so hohes Tempo erreicht, dass selbst die Autos nicht mehr dauerhaft verlässlich funktionierten. Und so wie auf das Automobil keine 50 Jahre mehr Verlass sei, so sei auch die Gesellschaft keine 50 Jahre mehr in die Zukunft hinein verlässlich. Immanuel behauptet, dass in dieser Zukunftsunsicherheit seine »Kollegen« (Immanuel: 671) resignierten. Er selbst hingegen zeigt sich furchtlos und zukunftsgewiss:

688 IMMANUEL: Also ich hab nicht so wirklich Furcht, mich mich nervt, sag ich mal, mehr,
689 also dieses technische Schnickschnack. Also mal bei der Technik zu bleiben und
690 auch der Automobilindustrie. Ich finde, wir haben einfach diesen Zenit überschritten,
691 wo das Auto uns einen Nutzen bietet, das heißt von A nach B zu kommen.
[...]
707 Und das ist so, dieser tatsächliche Nutzen für den Menschen, der ist nicht mehr so
708 gegeben. Ich glaube, dadurch kommen sehr, sehr viele Probleme, also auch
709 individuell für einen psychisch, biologisch kommen da Probleme auf einen so, die
710 man gar nicht so einschätzen kann. Und deswegen bin ich eigentlich jemanden, der
711 Versuch da (.) hmf, auszuweichen kann man nicht. Darum gehts ja auch nicht. Also
712 ich will ja die neue Technik nutzen, aber in einem gewissen Maße, dass sie auch
713 sinnvoll ist. Und ich habe oft den Eindruck, dass die Technik uns weniger (.), ähm,
714 wie gesagt, es gibt ja irgendwo ein Wert, der schwer festzulegen ist, aber wo der
715 Nutzen einfach dann zum unnützen übergeht. Also ich brauch keine adaptive
716 Innenraumbeleuchtung für mein Auto, die ich in verschiedenen Farbvarianten
717 anpassen kann, was unsere Autos aktuell können. Das finden auch Leute toll. Ich
718 nicht. Ich denke mir so, ich will von A nach B kommen. Da ist mir
719 Innenraumbeleuchtung nun wirklich egal. So als Beispiel. Andere findens gut, das ist
720 ja auch legitim. Wir sind ja auch darauf angewiesen, dass Leute unsere Autos
721 kaufen, davon überzeugt sind. Aber für mich persönlich ist es halt so (.)
722 Schnickschnack, sag ich jetzt mal. Genau, und also fürchten tu ich mich jetzt nicht
723 so. Also (.) ja, ich versuche halt (.) so für mich zu prüfen, okay, was ist so der Weg,
724 den ich da gehen kann, in einer Welt, die sich wandelt und ich will mich auch nicht
725 irgendwie der Zukunft verschließen oder dem Neuen verschließen. Also man kann ja
726 nicht stehenbleiben und ewig irgendwie an den Dingen festhalten.

Immanuel glaubt, dass der technische Fortschritt an sein Ende gekommen sei: »wir haben einfach diesen Zenit überschritten« (Immanuel: 690). Nun komme nur noch »Schnickschnack« (Immanuel: 689, 722) heraus, denn das essenzielle Grundbedürfnis der Mobilität sei technologisch bereits erfüllt. Immanuels Fortschrittskritik besteht also darin, dass die technische Entwicklung nur noch unnütze Luxusprodukte hervorbringe. Trotzdem – oder gerade wegen dieser Fortschrittskritik – hat Immanuel kein pessimistisches oder gar dystopisches Zukunftsbild. Im Gegenteil: Er betont wiederholt, dass er keine Angst vor der Zukunft habe, sich ihr nicht »verschließen« (Immanuel: 725) wolle. Der Fortschritt habe sich erschöpft – von Geschichte und Fortschritt sei also keine Zukunft zu erwarten. Er und »seine« AfD wollten die Zeit nicht zurückdrehen, sondern eine Antwort auf das Problem des erschöpfen Fortschritts und der daher nicht mehr verlässlichen Zukunft finden.

Die Zukunft, die Immanuel also im Sinn hat, stellt sich damit als eine meta-historische dar. In folgender Passage spricht Immanuel von Menschen, die er aus dem Umfeld der AfD kenne. Er betont deren politische Gestaltungsansprüche und weist explizit Orientierungen an Rückwärtsgewandtheit als Unterstellungen zurück:

748 IMMANUEL: Ja. Ja ich denke auch, also dieses, hmf, wenn ich mit Leuten so sprech,
749 ich seh da jetzt nicht so diese verbitterten, ähm, Menschen, die sagen, oh, wir
750 müssen an dem Alten festhalten und keine Bewegung und zurück zu dem, was wir
751 vor 20 Jahren hatten. Das ist ja auch utopisch. Ich sehe da einfach viel mehr Leute,
752 die auch aktiv gestalten wollen. Und wenn ich mir auch anschaue, wie viele von
753 denen, die ja tatsächlich da auch im, in der Öffentlichkeit stehen, was die
754 RISKIEREN. Also, ich mein, werden, die werden aus irgendwelchen Gremien
755 rausgeschmissen, verlieren teilweise vielleicht sogar ihren Beruf. Ähm, der Kollege
756 von der AfD da aus Heidelberg war's, ähm, der wurde auch schon also physisch
757 angegangen, hat er gesagt. Ja, dem wird alles durchleuchtet, und das wird im
758 Internet auf irgendwelchen Portalen gepostet. Und dann finde ich so, die Leute
759 setzen was aufs Spiel, um sich für was, für eine Gestaltung der Gesellschaft
760 einzusetzen. Und das muss man ja auch anerkennen. Ähm, und das hat irgendwie
761 nichts mit Angst zu tun, sondern die wollen was gestalten. Und da habe ich wirklich
762 Respekt davor. Also aktiv was gestalten, so. Und da gehts nicht darum, wir kopieren
763 jetzt was vor 30 Jahren war, da versuchen wir zurückzukommen, sondern wir stehen
764 vor neuen Herausforderungen, politisch gesehen, äh, wirtschaftlich gesehen. Und
765 darauf müssen wir reagieren und, ja, wie können wir das aktiv gestalten. Das finde
766 ich eigentlich gut und das ist auch so mein Ansinnen. Also nicht dieses, was ihnen
767 auch vorgeworfen wird, diese Rückwärtsgewandt oder ewig Gestrige.

Immanuel präsentiert sich hier emphatisch zukunftszugewandt. Dass er und die Menschen aus der AfD, von denen Immanuel hier spricht – und mit denen er sich gemein macht (es ist wiederholt von »wir« (Immanuel: 762–765) die Rede –, »Angst« (Immanuel: 761) hätten oder die Vergangenheit »kopieren« (Immanuel: 762) wollten, das weist Immanuel als Unterstellung zurück.[32] Vielmehr gelte ihnen sein »Respekt« (Immanuel: 762). Zumal sie

32 Eine homologe Äußerung haben wir bereits bei Kerstin gesehen (vgl. Abschnitt 6.3.1.1):
87 KERSTIN: Und deswegen
88 wird sie dann als altmodisch (.), sie will wieder, wie heißts, rückwärtsgewandt, so wie
89 à la 50er Jahre. Ist ja Blödsinn. (leise) Das ist (.) Blödsinn. Sie wird halt überall
90 diffamiert. Und das ist traurig.
Auch Kerstin weist die Unterstellung der »altmodisch[en]« (Kerstin: 89) Vergangenheits-»Kopie« (vgl. Immanuel: 762) im Zusammenhang mit der AfD zurück und sie erlebt eine solche als »[D]if-

wegen ihres ›Zukunftsengagements‹ Opfer von »Durchleuchtungen« (vgl. Immanuel: 757) und Job- und Postenverlusten (vgl. Immanuel 754–755) seien. Dieses Opfer-Narrativ steht bei Immanuel im Mittelpunkt (vgl. Kapitel 4.2.1).

Insofern lässt sich an Immanuel eine bemerkenswerte Beobachtung machen: Trotz der Tatsache, dass er sich selbst dem württembergisch-pietistischen Erfahrungsraum nicht zurechnet, lässt sich sein utopisches Bewusstsein als chiliastisch charakterisieren: Er stellt sich eine meta-historische Zukunft jenseits einer erschöpften Fortschrittsgeschichte vor und er sieht sich und seinesgleichen als Opfer und Elite gleichermaßen. Was Immanuel indessen vom Chiliasmus der Basistypik unterscheidet ist, dass ihm jegliche Vorstellung von Endzeitlichkeit, von Katastrophe oder Untergang fehlt. Er tritt nahezu positiv zukunftszugewandt auf. Die Rede von politisch-gesellschaftlich zu bewältigenden »Herausforderungen« (Immanuel: 764), die gestaltend anzunehmen Immanuel der AfD zuschreibt, ist in den Fällen der Basistypik kein zweites Mal so zu finden.

6.4.4. »…mich provoziert des Hier und Jetzt eigentlich mehr als die Zukunft« – Auserwählten-Selbstviktimisierung ohne Zukunft (Laura)

Laura unterscheidet sich von allen anderen Fällen des Samples insbesondere darin, dass sie am wenigsten Zukunftsfragen mit ihrer AfD-Wahl in Verbindung bringt. Mehr noch als Immanuel, den wir auch nicht der württembergisch-pietistischen Basistypik zurechnen, hat Laura keinerlei biografische Verbindungen mit einem württembergisch-pietistischen Erfahrungsraum. Sie ist in einem anderen Bundesland geboren und aufgewachsen und nach ihrem Studium der Zahnmedizin in eine norddeutsche Großstadt gezogen, wo sie seither als angestellte Zahnärztin tätig ist. Wo aber Immanuel noch eine Form chiliastischer Zukunftserwartung hegt, da ist bei Laura nahezu kein Zukunftsbild auszumachen. Bei ihr dominiert eine vulgär-apokalyptische Selbstviktimisierung (vgl. 5.1.3.1.). Ihr geht es vornehmlich um das Offenkundigmachen ihrer scheinbaren Ausgrenzung

---

famier[ung]« (Kerstin: 90). Kerstin operiert über eine Vorstellung einer ewigen Normalität, die die AfD verkörpere und weswegen sie nicht »altmodisch« sein könne. Ähnlich sieht das auch Immanuel. Auch er würde gerne einem ewigen Maßstab zur Geltung verhelfen, schließlich wandle sich die Gesellschaft »ja extrem schnell« (Immanuel: 641).

in einer für katastrophisch gehaltenen Gegenwart. Im Zentrum steht ihr habituelles Opfer-Selbstbild. Laura wertet – ähnlich wie bei Immanuel – Erfahrungen und Vorkommnisse im sozialen Nahbereich im Freundes- und Kolleg*innenkreis als bedrohliche Anzeichen der katastrophischen Zustände der Zeit. Dementsprechend zieht sich das Zerwürfnis mit ihrer Freundin wie ein roter Faden durch das Interview und Laura eskaliert diese Erfahrung bis zur selbstviktimisierenden Behauptung über die Wiederkehr von Zuständen, die sie mit dem Nationalsozialismus vergleicht. Laura markiert obsessiv die Schlechtigkeit der gegenwärtigen Zeit, ohne daran eine Zukunftserwartung zu knüpfen

In folgender Passage lässt sich exemplarisch zeigen, wie bei ihr das Orientierungsschema einer gespaltenen Gesellschaft und das habituelle Selbstbild als Opfer und ausgegrenzte Minderheit zusammenwirken. Die AfD fungiert für Laura darin als Problemlösung, weil sie ihr zuvorderst als Kanal einer affektiv aufgeladenen – und in historischer Semantik eskalierten – aufgestauten Frustration mit Familie und Freund*innen dient. Dabei thematisiert sie explizit ihre Zeitorientierung: Mehr als um die Zukunft geht es ihr um ihr viktimisiertes Selbstbild. Bei genauerem Hinsehen handelt es sich allerdings um ein Opfer-Selbstbild der Auserwählten:

876 LAURA: [W]as mich am meisten aufregt, is
877 JETZT. Das Hier und JETZT. Ich mach mir ja gar nicht so viel Gedanken über die
878 Zukunft. Ich mach mir Gedanken über das Hier und Jetzt, und die Menschen, die
879 verlogen sind und die Menschen, die sich nicht mit Politik auseinandersetzen und die
880 Menschen, die sich nicht gegenseitig zuhören und die Menschen, die ausgegrenzt
881 werden, weil, ich seh den Menschen echt als nicht so gutes Wesen an und ich hab
882 des Gefühl, es wiederholen sich Dinge in unserer Geschichte und es wiederholen
883 sich ganz stark Dinge der Ausgrenzung. Was früher passiert ist, dass, dass (leise)
884 Juden ausgegrenzt worden sind, ja (...) diffamiert worden sind, degradiert, dass man
885 mit ihnen nicht mehr geredet hat. Und jetzt passiert wieder was, wo du mit Menschen
886 nicht mehr redest, wo du sie ausgrenzt, des sin so Strömungen in der Gesellschaf /
887 also ich seh des mehr so gesellschaftlich. Und des find ich gefährlich. Also mich
888 provoziert des Hier und Jetzt eigentlich mehr als die Zukunft. Also, wenn ich jetzt
889 sag, ähm, warum wähl ich die AfD und so weiter und so fort, weil die sich kritisch
890 damit auseinandersetzt, dann interessiert mich mehr die Zukunft, was passiert. Aber,
891 warum ich überhaupt (.) politisch geworden bin und diese AfD gewählt hab, is mehr
892 des, dass ich die Leute unterstützen will, die was ansprechen und die, ähm, gegen
893 diese Ausgrenzung auch irgendwie kämpfen. Ich will nich so n Fisch in der Masse
894 sein, weißt du? Ich will (...) JA, ich will dass jeder offen seine Meinung sagen kann,
895 des find ich total wichtig in unserer Gesellschaft. Und des regt mich viel mehr auf als

896 / auf, als diese ganzen politischen Themen eigentlich. Also wenn ich jetzt nur die
897 Politik betrachte, und die ganzen Probleme, dann denk ich mehr an meine Kinder,
898 so, und was in 10, 15 Jahren passiert. Aber wenn ich (...) wenn ich das Hier und Jetzt
899 betrachte, dann isses mehr das was mich so aufregt, dass die Leute, ähm, ich kann
900 nicht mehr klar denken (lacht), dass die Leute, ähm, halt so ausgegrenzt werden.
901 Und das find ich was ganz Schreckliches und auch was Gefährliches. Weil wir das
902 schon mal hatten (...) Was n krasser Vergleich is.

Im Kern verhandelt Laura die AfD vornehmlich als Problemlösung für die gegenwärtige, als schlecht markierte Zeit. Laura »provoziert des Hier und Jetzt [...] mehr als die Zukunft« (Laura: 888). Mit dieser Proposition beginnt auch die Passage (Laura: 876–878). Laura stellt explizit ihren Fokus auf die Gegenwart heraus, indem sie Zukunft als Horizont für ihre politische Orientierung zurückstellt: »Ich mach mir ja gar nicht so viel Gedanken über die Zukunft. Ich mach mir Gedanken über das Hier und Jetzt« (Laura: 878–881). Darauf folgt ein kurzer Rekurs auf alle zuvor im Interview dargestellten Begebenheiten, die in erster Linie Lauras Erfahrungen mit ihrer besten Freundin und ihrer Familie betreffen (Laura: 882–886). An dieser Stelle wird sodann das habituelle Selbstbild als ausgegrenzte Minderheit aufgerufen, das in der Passage mehrfach vorkommt (Laura: 880, 886, 893, 900). Laura elaboriert ihre historische Deutung: In der Gegenwart wiederholten sich Ausgrenzungen wie in der Zeit des Nationalsozialismus. Diese historische Parallelisierung verhandelt Laura ausführlicher bereits früher im Interview (Laura: 159–207). Hier, wie schon zuvor, erfüllt diese explizite Parallelisierung die Funktion, die gegenwärtige Zeit als katastrophische Zeit offenkundig zu machen. Die Gegenwart, um die es Laura wesentlich geht, sei in ihrer Bedrohlichkeit nur mit dem Nationalsozialismus zu vergleichen: »Und jetzt passiert wieder was, wo du mit Menschen nicht mehr redest, wo du sie ausgrenzt, des sin so Strömungen in der Gesellschaf / also ich seh des mehr so gesellschaftlich. Und des find ich gefährlich. Also mich provoziert des Hier und Jetzt eigentlich mehr als die Zukunft.« (Laura: 885–888)

Laura wurde von einer Nichtwählerin zur Wählerin, weil ihr die AfD die Möglichkeit bereitstellt, beispiellos apokalyptische Markierungen vorzunehmen. Aber die damit zusammenhängende übersteigerte Opfererzählung, die Laura durchweg aufbietet, ist auch distinguiert – und so ist auch der Gestus, mit der sie die AfD als Sprachrohr in den Dienst nimmt: »warum ich überhaupt (.) politisch geworden bin und diese AfD gewählt hab, is mehr des, dass ich die Leute unterstützen will, die was ansprechen und die, ähm, gegen diese Ausgrenzung auch irgendwie kämpfen« (Laura: 891–893). Sie wiederholt diese – durchaus affektgeladene – Motivation anschließend nochmal: »des [die »Ausgrenzung«; Anm. PR] regt mich viel mehr auf [...] als diese ganzen politischen Themen eigentlich« (Laura: 895–869).[33] Das Offenkundigmachen der schlechten Zeit und ihrer vermeintlichen Bedrohtheit darin bekommen vor dem Hintergrund des fast heroischen Bildes, das sie sich von der AfD macht (»Leute [...] die [...] gegen diese Ausgrenzung irgendwie kämpfen.« [Laura: 892–893]) letztlich auch einen elitär-auserwählten Charakter.

Wie bereits im Kapitel 4.2.1. und im Abschnitt 5.1.3.1 gezeigt, fühlt sich Laura letztlich unmittelbar und real bedroht. Mit dieser Selbstviktimisierung ist sie obsessiv befasst. Sie geriert sich daher auch nicht als Durchschauende. Und sie ist auch nicht negativ privilegiert, weil sie die Zukunft kaum interessiert. Aber ihre vorgebliche Stigmatisierung und Bedrohung macht sie zu einer Auserwählten und in dieses ›Auserwählten-Projekt‹ der AfD schreibt sie sich auch ein.

6.5. Fazit

Die Konstruktion des rechtspopulistischen Chiliasmus der württembergisch-pietistischen Basistypik besteht aus einer Konfiguration elitärer Auserwählten- und Opfer-Selbstbilder, die sich mit meta-historischen Zukunftsvorstellungen verbinden (Kapitel 6.3
). Diese Konfiguration wird als Verarbeitung einer spätmodernen breiten Gegenwart gedeutet. Durch die Heranziehung der Fälle Gertrud, Boris, Immanuel und Laura sollte das zentrale Analyseergebnis dieses Kapitels, der rechtspopulistische Chiliasmus, abschließend nochmals kontrastiv geschärft werden. Bei diesen Fällen, die zum Teil nicht dem württembergisch-pietistischen Erfahrungsraum zuzurechnen sind, ließ sich zeigen, dass sich

33 Kurz nach dieser Passage fasst Laura diesen Zusammenhang auf eine Verständnisnachfrage hin nochmal knapp zusammen:

909 LAURA: Also dass ich politisch geworden bin, hat mehr was damit zu tun, dass ich
910 die Strömungen in der Gesellschaft beobachtet hab, die mir missfallen haben. Und
911 die Ausgrenzung beobachtet hab. Einfach mal ganz objektiv gesehen, was mit
912 Menschen gemacht worden ist, die ne andere Meinung haben, das hat mich sehr an
913 früher erinnert, ans Dritte Reich. Is mir halt sehr unangenehm aufgestoßen.

die Elemente der rechtspopulistischen chiliastischen Utopie mitunter auch anders konfigurieren, d. h. dass sie mitunter nur teilweise erhalten sind. Gertrud und Boris etwa fehlt das charakteristische Auserwählten-Selbstbild der Basistypik. Ihre AfD-Affinität ist kein elitäres Projekt und auch keine Sammlung von Auserwählten. Beiden sind beispielsweise ein Dekadenzdeutungen fremd. Bei ihnen schlägt vor allem der Erfahrungsraum ihrer prekären Lebenslage durch und bei Gertrud prägt sich deshalb eine vor allem hoffnungsvoll-*destruktive Orientierung aus*. Gertrud will den Untergang des Ganzen. Die AfD ist aus ihrer Sicht eher ein Brandbeschleuniger, denn eine Sammlung von Auserwählten. Andersrum fehlt Laura jegliche Zukunftsvorstellung: Bei ihrer AfD-Affinität kommt vor allem eine Auserwählten-Viktimisierung zum Tragen. Laura harrt mit der AfD nicht des Durchbruchs einer neuen Ordnung. Sie ist ihr lediglich die politische Artikulation eines expressiv-emotionalen Defiziterlebens. Ein elitärer Auserwählten-Glaube in Verbindung mit einer obsessiven Selbstviktimisierung existieren im rechtspopulistischen Wähler*innen-Spektrum also auch ohne entsprechende Geschichts- und Zukunftsbilder. Immanuel verfügt, im Gegensatz zu Laura, über eine meta-historische Erwartung einer Zukunft, die die Vergangenheit keinesfalls kopiere und die den erschöpften Fortschritt in der Geschichte überwinde. Zudem sieht er sich und seinesgleichen als Opfer und Elite gleichermaßen. Zwar sieht Immanuel dieser Zukunft fast ohne Vorstellungen über Endzeitlichkeit, Katastrophe und Untergang entgegen. Damit verfügt Immanuel jedoch über all jene Elemente, die auch das utopische Bewusstsein der württembergisch-pietistischen Basistypik kennzeichnen. Allerdings rechnet sich Immanuel gerade explizit diesem Erfahrungsraum selbst nicht zu. Dass sich sein utopisches Bewusstsein dennoch als chiliastisch kennzeichnen lässt gibt abschließend zu erwarten, dass womöglich ein als chiliastisch zu kennzeichnendes Zeit- und Gesellschaftsbild auch über die spezifischen Limitationen des Samples dieser Studie hinaus unter AfD-Wähler*innen zu finden sein würde.

7. Fazit: Rechtspopulistische Demokratiebedrohung in der Spätmoderne

> »Wer vom Weltuntergang erzählt, will eigentlich von der Welt und vom Menschen heute reden, von dessen Schuld, Fehlbarkeit und Unmenschlichkeit, aber auch von Mitleidsfähigkeit und seltener Größe. Autorinnen und Autoren, die sich des Themas annehmen, sprechen – sogar noch in jener egoistischen Verkrümmung, in der man sich selbst den Auserwählten zurechnet – von Gerechtigkeit und Ungerechtigkeit und schließlich von möglicher oder unmöglicher Rettung. Weltuntergangsszenarien erzählen deshalb oft einerseits vom Neubeginn, d. h. davon, wie es anders und besser sein könnte, aber auch davon, wie sich Fehler wiederholen. Erzählungen vom Ende, die Rettung ausschließen, sind als impliziter Aufruf zu lesen, es nicht zu schnell so weit kommen zu lassen. Wer vom Weltuntergang erzählt, gerät automatisch in Opposition zu dem, der ihn einfach nur fatalistisch kommen sieht. Die Zukunftserzählungen verweisen immer auf die Gegenwart, speisen sich aus dieser.«
>
> *(Reuter 2020, S. 82–83)*

Die AfD-Wähler*innen dieser Studie sind obsessiv mit Endzeitvorstellungen, Untergangsphantasien und Selbstviktimisierungen befasst. Und sie wähnen sich darin – »in egoistischer Verkrümmung« (Reuter 2020, S. 83) – als die Auserwählten. Dies ist das Ergebnis einer empirischen Untersuchung, die im Zentrum der kollektiven Handlungsorientierungen von AfD-Wähler*innen ein endzeitliches Zeitbewusstsein entdeckt. AfD-Wähler*innen sind allerdings keine bloßen Weltuntergangs-Fatalist*innen – die Kombination aus elitären Selbstbildern und eschatologischen Endzeitphantasien, die mit dem Begriff des *Chiliasmus* auf den Begriff gebracht wurde, macht sie bedeutend problematischer und bedrohlicher als dies.

Mit ihrer chiliastischen Utopie verarbeiten sie biografische Erfahrungen, und diese Erfahrungen sind für sie insbesondere in temporaler Hinsicht problematisch geworden. Allerdings nicht in der Weise, dass sie eine kollektive

»Verlustwut« (Reckwitz 2021; Reckwitz 2022) über abhandengekommene soziale Stabilitäten, Wachstums-, Fortschritts- und Wohlstandsversprechen (deren Kehrseite die Angst vor sozialen Abstiegen wäre) in die Arme einer rechtspopulistischen Partei getrieben hätte. Es verhält sich vielmehr andersherum: Sie deuten und beschreiben Vergangenheit als Verlust und die Gegenwart als Gefahr, weil die Zukunft verschlossen und bedrohlich erscheint. Die sinnstiftende Verbindung, die sie zwischen diesen Zeithorizonten herstellen, ist paradox: Einerseits beschreiben sie einen historischen Bruch und eine Zeitenwende, die sie häufig – nicht zufällig – auf die 1970er Jahre datieren und die das Ende einer »Normalität« gebracht hätten. Andererseits behaupten sie dagegen von sich Statthalter*innen dieser Normalität zu sein und sie haben deren ungebrochene Kontinuität vor Augen: »Nicht ich habe mich verändert, die haben sich verändert. Ich bin immer noch gleich« (Friedrich 929–930). Sie stellen sich und ihre »normale« Lebensführung und Identität außerhalb einer Geschichte, die sie für verderblich erachten und sie als Prozess des Abfalls von einer Normalität auffassen, deren Ewigkeit sie selbst repräsentieren. Zeit und Geschichte sind ihnen aus den Fugen geraten. Ihre weißen, ethnisch-homogen-deutschen und auf die heterosexuell-patriarchale Kleinfamilie hin projizierten Identitätsprivilegien, die in der Erwerbsgesellschaft der Nachkriegsmoderne kulturell als historisch notwendig und richtig vorgestellt und als »normal« fixiert wurden (Lessenich 2022) – und dies über viel längere Zeit hinweg blieben, als ihre Rede vom plötzlichen Abbruch geschichtlicher Normalität glauben machen will –, werden vom Rechtspopulismus zwar als bedroht, aber nicht als verloren und schon gar nicht als nicht zukunftsfähig gedeutet und repräsentiert. Im Gegenteil: Die chiliastische Utopie der AfD-Wähler*innen ist auf Zukunft gerichtet und speist sich von einer Vorstellung einer Wiederkehr der ewigen Normalität, die sie zu repräsentieren glauben. Dann allerdings unter anderen Vorzeichen. Dann würden die Auserwählten das Ruder übernehmen.

Mit ihren Weltuntergangserzählungen betreiben sie also eine ausgiebige Selbst*viktimisierung* und eine elitäre Selbst*aufwertung* zugleich. Es ist dies eine apokalyptische Figur, die eine Geschichte hat, die über das 20. Jahrhundert hinausreicht (Vondung 1988), dort aber besonders in nationalistischen, faschistischen (Esposito und Reichardt 2015; Doering-Manteuffel 2017) und Konservativ Revolutionären Diskursen (Manemann 2002; Breuer 1995) eine Tradition hat. Und sie wurde in dieser Arbeit im utopischen Bewusstsein von AfD-Wähler*innen entdeckt. Mehr als gegen einen Verlust von Vergangenem begehren sie damit gegen den Verlust von Zukunft auf – gegen das Erleben, dass die eigene kulturelle Lebensform und ihre Identität, mit ihren Normalitätsannahmen und Privilegien, keine Zukunft habe. In dem Sinne gilt: Schlimmer als ihre herbeigeredete Katastrophe selbst wäre es, wenn sie nie käme. Und doch braucht sie nicht eigentlich einzutreten. Was nämlich mit der Rede vom bevorstehenden Untergang schon erreicht ist, ist dies: Die Zeit der Gegenwart wird unter Spannung gesetzt, es wird ihr eine ultimative Dringlichkeit verliehen. Der »Ernstfall« (Schmitt 1932) ist ausgerufen. Von hier aus aber ist »Rettung«, d. h. Zukunft für die eigene proklamierte ewige Normalität wieder möglich.

Die chiliastische Utopie der Fälle dieser Studie hat mit einem kollektiven Erleben von Bedrohung durch Zukunftsverlust zu tun. Diese geteilte Erfahrung ist jedoch keine exklusive Erfindung von Rechtspopulist*innen. Sie ist – auch bei ihnen – Teil und besonderer Ausdruck eines kulturellen Erfahrungsraums, in dem sich ein gesellschaftlich-kollektives Erleben von Zukunft und Vergangenheit neu konfiguriert. Eine moderne, fortschrittsintegrierte und sinnhaft-zusammenhängende und auf Zukunft hin orientierte, kollektive Geschichtserfahrung erodiert und wird von einer Zeitkultur überlagert, in der Zeit ihren instrumentellen Charakter eines auf die Zukunft hin gerichteten Mediums verliert. Zukunft wird als zunehmend bedrohlich kontingent und verschlossen erfahren; sie wird als »Müllhalde« der ökologischen, ökonomischen und sozialen Nebenfolgen der Gegenwart (Neckel 1988, S. 480) gefürchtet. Ihr gegenüber breitet sich eine »präsentische« (Hartog 2015) oder »breite« Gegenwart aus. Darin bekommt Zeit die kulturelle Signatur von Singularität (Reckwitz 2017) und Augenblicklichkeit (Tomlinson 2007) und wird in ihrer Ereignisförmigkeit sozial aufgewertet und darin mitunter immer weniger als Durchgang in eine Zukunft erfahren.

Die Ergebnisse dieser Studie verweisen auf diesen kollektiven Erfahrungsraum der spätmodernen Gegenwart aus dem zunehmend die Erfahrung einer politisch-gesellschaftlichen Gestaltbarkeit von Zukunft zu verschwinden scheint. Die untersuchten AfD-Wähler*innen deuten und erleben dies in der Form, dass Geschichte (history) eine fatal falsche Abbiegung genommen habe – und sie reagieren mit einer lebendigen Endzeit-Geschichte (story). Mit ihrer »egoistisch verkrümmten« Obsession mit Untergängen und Neuanfängen zeigen die Chiliast*innen dieser Studie, dass sie sich jeglicher demokratisch-gesellschaftlichen Verhandlung über Zukunft verweigern.

7.1. Ergebnisse

Die zentrale Herausforderung dieser Arbeit bestand darin, dass ihr induktives, empirisches und auf theoretischem Sampling aufbauendes Forschungsdesign immer wieder neue Fährten gelegt hat, die mit Theorie und Forschungsstand immer wieder neu zu verstehen waren. Im Zuge der vergleichenden Auswertung des Interviewmaterials trat letztlich die Bedeutung des utopischen Bewusstseins der AfD-Wähler*innen immer deutlicher hervor und die Vermutung, mit der die Forschung gestartet wurde, dass nämlich relative Deprivation, Angst und ein Verlusterleben das Phänomen AfD erklären können müssten, geriet immer mehr in den Hintergrund. Diese Erklärungen werden weiterhin nicht für falsch gehalten, doch die genaue Rekonstruktion der Weltanschauung von AfD-Wähler*innen mittels der Dokumentarischen Methode hat vor allem distinkte Zeitwahrnehmungen und – damit zusammenhängend – habituelle Selbstbilder zutage gefördert, die die bisherigen Erklärungen des Rechtspopulismus neu diskutieren lassen.

Für die Entdeckung des konjunktiven Zeiterlebens wurde der Begriff der »Utopie« aus der Wissenssoziologie Mannheims (2015 [1929]) herangezogen (Kapitel 3). Damit ließ sich theoretisch besser begreifen, wie und warum die untersuchten AfD-Wähler*innen Vergangenheit und Gegenwart im Panorama eines kollektiven Zukunftsverlustes problematisieren und – abhängig von ihren spezifischen Erfahrungsräumen – in ihrem »Aktionswillen« nicht nur auf die AfD, sondern darüber hinaus auch auf ebendiese Zukunft gerichtet sind. Der Utopie-Begriff erscheint in diesem Zusammenhang zunächst paradox: Er kennzeichnet eine Zeitorientierung, die gegen eine gerade in ihren Utopien als erschöpft (Habermas 1985) beschriebene Gegenwart gerichtet ist. Ausgerechnet die vermeintlich nostalgischen Rechtspopulist*innen werden damit plötzlich als Träger*innen eines utopischen Bewusstseins beschrieben.

Mit diesem Begriff sollte nicht nur die Weltanschauung von AfD-Wähler*innen als eine neben anderen in der spätmodernen Gegenwartsgesellschaft rekonstruiert werden. Wie in Kapitel 3 gezeigt, sollte mit Mannheim – entgegen der Kritik von Horkheimer (1987) an dessen Wissenssoziologie – ein empirischer Beitrag zu einer kritischen Theorie dieser Spätmoderne entwickelt werden. Immerhin hat gerade seine geschichtsphilosophisch sparsame und empirietaugliche Wissenssoziologie empirisch entdecken lassen, dass die teleologischen geschichtsphilosophischen Prämissen, deren Fehlen Horkheimer Mannheim vorwirft, in der Spätmoderne gerade problematisch bzw. überlagert worden sind. Die kulturelle Vorstellung eines zusammenhängenden Geschichtsverlaufs und ein Fortschrittsdenken, wie sie in den Modernisierungstheorien wie auch im kollektiven Erfahrungsschatz der Nachkriegsjahrzehnte nochmal aufblühten, kommen im spätmodernen Erfahrungsraum zunehmen abhanden – und damit auch ein gesellschaftlicher Konsens über die Welt und die historisch privilegierte Stellung darin (Kapitel 2). Mit Mannheims Instrumentarium ließ sich durch die Formen des rechtspopulistischen utopischen Bewusstseins der untersuchten AfD-Wähler*innen hindurch dieses Abhandenkommen auch als die spätmoderne Hintergrundstruktur für die rechtspopulistischen Demokratiebedrohungen der Gegenwart entdecken. Sie lässt sich als kollektiver Erfahrungsraum auf den Begriff bringen. Erfahrungsräume sind theoretische Konstrukte, die spezifische, kollektive Erfahrungen zum Ausdruck bringen und klassifizieren. Die Spätmoderne stellt in temporaler Hinsicht einen solchen gesellschaftlichen Erfahrungsraum dar und darin unterscheidet sie sich grundsätzlich von der Temporalität des Erfahrungsraums der (Nachkriegs-)Moderne. Damit ist gemeint, dass sie je unterschiedliche kulturelle »Zeitregime« (Assmann 2013) auszeichnen, die gesellschaftliche Zeitverhältnisse und vor allem Erfahrungen und Erwartungen von Menschen in Gesellschaft prägen. In Deutungen, Handeln und Fühlen von Menschen gehen gesellschaftliche Zeitverhältnisse ein (Rüsen 2003). In der Moderne stehen hierfür die »Zeitsemantiken« (Luhmann 1980b) ›Geschichte‹ und ›Fortschritt‹ an zentraler Stelle. Sie bringen nicht nur die beispiellose kulturelle Aufwertung der Gegenwart gegenüber der Vergangenheit zum Ausdruck, sondern auch, wie Zeit erlebt und historische Selbstverortungen darin vorgenommen werden. In der Nachkriegsmoderne schwingt sich eine fortschrittsorientierte und teleologische Zeitvorstellung noch einmal zur kulturell dominanten Temporalität auf und prägt einen gesellschaftlichen Erfahrungsraum. Wachstum, Fortschritt und die Imagination, an einer privilegierten Gegenwart teilzuhaben im Vervollkommnungsgeschehen des geschichtlichen Prozesses, prägen eine kollektive Zeiterfahrung bis heute:

»Jeder Mensch ist Kind seiner Zeit, der gesellschaftliche Verhältnisse, in denen er lebt und die ihn geprägt haben. Praktisch alle heute lebenden Bürger und Bürgerinnen der reichen Gesellschaften denken und handeln daher auf die eine oder andere Weise im Horizont der Wachstumserfahrung: Aufgewachsen mit der Selbstverständlichkeit bestimmter individueller und kollektiver Möglichkeitsräume, sozialisiert im Sinne gesicherter Mindeststandards und begründeter Fortschrittserwartungen, in sämtlichen Lebensbereichen konfrontiert mit einem System der Bedürfnisproduktion, das keine Stoppregeln und keine Sättigungsgrenzen kennt, sondern von der Eröffnung immer neuer Optionen lebt.« (Lessenich 2022, S. 90–91)

Die sukzessive aber merkliche Überlagerung und Konfrontation dieser kollektiven Form des Fortschrittserlebens und der fraglosen Wachstumserwartung durch und mit anderen Formen des Zeiterlebens kennzeichnet den spätmodernen Erfahrungsraum. In der »Epoche nach dem Boom« (Doering-Manteuffel und Raphael 2012; Doering-Manteuffel et al. 2016; Esposito 2017b) stellt sich ein Wandel kollektiver Erfahrungswelten ein:

»Nicht Aufbruch, Fortschritt und Machbarkeitsglaube, sondern no future, ›innerweltlichere Eschatologie‹, die Ahnung, es könne für eine Umkehr bereits zu spät sein, und das Gefühl verlorener Agency waren [und sind; Anm. PR] Charakteristika jenes Zukunftsverständnisses, das in den 1970er und 1980er Jahren in den Vordergrund trat.« (Esposito 2016, S. 410)

Diese neuen Erfahrungswelten sind Resultat einer Transformation spätmoderner Sozialstrukturen (Reckwitz 2017), die von einem kulturellen Wertewandel (Inglehart 1977) untermauert sind. Insbesondere dessen Tempo wurde als Signum der Spätmoderne aufgefasst (Rosa 2005). Das Verhältnis zwischen Geschwindigkeit sozialen Wandels und Generationenwechsel schlage um und erreiche das Ausmaß eines intragenerationalen Wandlungstempos. Gegenwart – die Zeit, in der Erfahrung und Erwartung in Übereinstimmung gebracht werden können – schrumpfe bereits für Mitglieder einer Generation zusammen und in kultureller, moralischer und alltagspraktischer Orientierung lassen sich die Abstimmung von Erfahrung und Erwartung in immer kürzeren Abständen neu justieren (Rosa 2012, S. 193–194). In der Spätmoderne werde in der Folge die Gegenwart nur noch als geschrumpfte (Lübbe 1998; Lübbe 2000; Lübbe 2003b) oder präsentische (Hartog 2015) Zeit zwischen immer kurzlebigeren und kürzeren Erfahrungsräumen und komplexeren und dunkel-bedrohlichen Zukünften erlebt.

Ab einem bestimmten Punkt in der empirischen Analyse verdichtete sich die Annahme, dass diese Zeitkultur, die wahlweise als »breite«, »singularisierte«, »geschrumpfte« oder »präsentische« Gegenwart beschrieben wird, mit den utopischen Elementen der Handlungsorientierungen der AfD-Wähler*innen zu tun hat, wie überhaupt eine Verbindung zum Rechtspopulismus besteht. Genauer: Die kollektiven Fortschrittserzählungen und Wachstumsversprechen – die immer flankiert waren von einem kulturellen Geschichtsverständnis, in dem eine privilegierte Selbstaufwertung im modernen Vervollkommnungsprozess der Geschichte imaginierbar war – verschwinden in der Spätmoderne nicht; sie bleiben prägend, aber sie verlieren zusehends ihre Selbstverständlichkeit. Diese »Pluritemporalität« (Landwehr 2014, S. 25–29) zeichnet den Erfahrungsraum der Spätmoderne aus. Und in der Gegenwart scheint sich diese Überlagerungserfahrung – als »Verlustwut« – zuzuspitzen. So kann man auch die Ergebnisse der empirischen Untersuchungen von Norris und Inglehart (2019; Inglehart und Norris 2016) verstehen. Sie zeigen, dass eine treibende Kraft hinter dem rechtspopulistischen Aufschwung in der Tat ein beschleunigt erlebter Wertewandel ist (Kapitel 2). Sie zeigen, dass Rechtspopulismus mit einer Angst (älterer Kohorten) vor einem Verdrängtwerden und ›Aus-der-Zeit-Fallen‹ zu tun hat. Die nostalgische »Verlustwut«, die Reckwitz (2017) als Phänomen kulturalisierter Klassenkonflikte ungleichzeitiger Mittelklassen zur Erklärung des Rechtspopulismus konstatiert, zeigt sich aus dieser Perspektive als intergenerationales Ressentiment eines wütenden Aufbegehrens gegen den Verlust der einst privilegierten und hegemonialen Stellung einer bestimmten Lebensführung im historischen und intergenerationalen Geschichtsprozess. Doch die vorliegende Untersuchung kann bei den AfD-Wähler*innen nichts Nostalgisches finden. Jedenfalls erschöpft sich ihre Weltanschauung nicht in spießiger, mitunter wütender Vergangeheitssehnsucht. Ihre »Verlustwut« ist bedrohlicher und erst mit dem Begriff der chiliastischen Utopie lässt sich die Bedeutung und Tragweite für die Demokratie angemessener bemessen.

7.2. Negativ Privilegiert in der Endzeit: Rechtspopulistischer Chiliasmus

Die Studie beruht auf ausführlichen, narrativen Interviews mit AfD-Wähler*innen, die durch eine Strategie theoretischen Samplings gewonnen wurden. Dabei ergab sich ein Schwerpunkt von Fällen aus Württemberg. Insofern vermag die Arbeit nur über einen (regional) begrenzten Phänomenausschnitt zu sprechen. Es wurde aber versucht, gerade dieser Limitation Rechnung zu tragen und sie fruchtbar zu machen, indem nach einem entsprechenden konjunktiven Erfahrungszusammenhang gesucht wurde. Das Ergebnis ist, dass der religionsgeschichtlich mit dieser Region verbundene, pietistisch tradierte Chiliasmus die konjunktive Zeitorientierung der Fälle dieser Studie auf den Begriff und damit die Empirie zum Sprechen bringt (Kapitel 6). Mit dem Begriff der chiliastischen Utopie ließ sich die Weltanschauung der untersuchten AfD-Wähler*innen genauer untersuchen, verstehen und auf die relevanten Aspekte hin zuspitzen. Immerhin hat sich schnell gezeigt, dass nicht materielle Not und soziale Ängste bei ihnen im Vordergrund stehen und sie als Motivunterstellung von den Befragten zum Teil brüsk zurückgewiesen wurden (Rhein 2022).

In der rechtspopulistischen chiliastischen Utopie der Fälle diese Studie konfigurieren sich also vielmehr nonkonforme Elite- und Opfer-Selbstbilder und (mitunter revolutionäre) meta-historische Zukunftserwartungen. Zu diesem Ergebnis kommt die empirische Analyse, die entsprechende Selbstbilder und Zeitorientierungen von AfD-Wähler*innen zutage gefördert und typisiert hat: Erstens, eine *vulgär-apokalyptische Zeitsicht* im Zusammenhang mit einem *viktimisierenden Selbstbild als ausgegrenzte und verfolgte Minderheit*; zweitens, eine *elitäre Apokalyptik*, in der sich die entsprechenden Fälle als *abgelehnte nonkonforme Elite mit Geheimwissen* über das katastrophische Wesen der Zeit begreifen; und drittens, ein auf *Destruktion und Untergang* hin orientiertes Selbstbild von *Opfern von Entsolidarisierung*. Als zentrales Charakteristikum der Basistypik ließ sich darüber hinaus eine *Dekadenzmotivik* und ein ausgeprägter nonkonformistischer Elitismus entdecken: Die Dekadenzbehauptungen der Fälle, die für einen württembergisch-pietistischen Erfahrungsraum als typisch angesehen werden, ruhen demnach ihrerseits auf einem innerweltlich-asketischen und elitären Auserwählten-Selbstbild.

Die AfD-Wähler*innen dieser Studie machen sich also eine Sinnkonstruktion zu eigen, die, mit Max Weber gesprochen, einer »Theodizee« , bzw. »Soziodizee« (Bourdieu 2011, S. 57; Bourdieu 2013, S. 285) des Leidens »negativ Privilegierter« (Lichtblau 2001; Weber 2009 [1921/22], S. 177–178) entspricht: Ihr »unverdientes Leiden« – ihr vorgebliches Abgelehnt- und Ausgegrenztwerden und das Ungehört-Bleiben in ihrer mitunter apokalyptischen Katastrophenschau – kommt als Erwartung der privilegierten Voraussetzung für ein späteres Glück nach der erwarteten Katastrophe daher. Ihre konjunktive Orientierung reflektiert also mehr als eine Abstiegsangst, denn sie lebt davon, dass darin auch ein Selbstbild als negativ Privilegierte kultiviert wird. Ihr empfundenes Ausgegrenzt- und Stigmatisiertsein konstruieren sie als Bedingung der Möglichkeit für eine spätere Privilegierung. Wohlgemerkt: Für ein noch kommendes Elitedasein. Sie temporalisieren also ihre negative Privilegierung, d. h. sie erzeugen mit ihrer viktimisierenden Selbstdeutung zugleich ein exklusives Privileg, das aber auf eine bestimmte Geschichts- und Zukunftsvorstellung zugeschnitten ist – eine (mitunter revolutionäre) meta-historische Zukunftserwartung. Die Gegenwart deuten sie in apokalyptisch-endzeitlichen Begriffen und Bildern und in dekadenten Niedergangszenarien und darin steckt die Konstruktion eines besonderen Sinnhorizonts. Ihre chiliastische Orientierung ist eben mehr als eine Katastrophenerwartung und ist mehr als ein geschichtliches Krisenbewusstsein:

»Über Katastrophen geht die Geschichte hinweg, Krisen bergen die Hoffnung des Umschwungs zum Guten. Apokalypsen [und Chiliasmus; Anm. PR] bezeichnen die Endzeit, werden von Propheten verkündet, trennen Gut und Böse und deren Anhänger radikal, rufen zum letzten Gefecht auf. Die Welt danach ist ganz neu und anders, nicht nur reformiert.« (Weymann 2008, S. 15)

Die Geschichte ist den AfD-Wähler*innen dieser Studie auf die falsche Bahn geraten: Liberalisierung und Individualisierung, Globalisierung und Migration, Emanzipation und Klimabewegung sind ihnen untrügliche Anzeichen einer aus den Fugen geratenen Geschichte. In Anbetracht von vorgestellter Endzeit und unausweichlichem Untergang, in Erwartung und Vorbereitung einer Zeit nach dem Untergang ist ihnen die AfD Kairós, die »letzte Chance« zur »entscheidenden Tat«: Die Krisenverdichtung der Gegenwart fassen sie als historisch günstigen Augenblick auf, in den hinein sie nunmehr ohne Rücksicht auf – im doppelten Sinne zu verstehende – Verluste [!] ihre narzisstischen Kränkungen über Privilegien- und Identitätsverluste artikulieren können. Schließlich würden sich die Krisen jetzt so verdichten, dass das Ruder herumgerissen werden müsse und keine demokratischen und pluralistischen »Befindlichkeiten« mehr berücksichtigt werden könnten.[1] Die Zeit

1 Dieser Autoritarismus entspricht nur in abgewandelter Form einer »konformistischen Rebellion«, die als Kern des autoritären Syndroms aufgefasst wird (Adorno 1973, S. 46–53; 328–331; Weyand 2001; Adorno 2019): Identifikation mit einer Kollektivmacht und ihren Normen (Adorno 1973, S. 48) und destruktive Rebellion gegen Duldung von Abweichungen und Missachtung konventionalistischer Unterwürfigkeit. Im ambivalenten Verhältnis zwischen autoritärer Unterwerfung und destruktiver Rebellion begehre der autoritäre Charakter gegen die gesellschaftliche Ordnung auf eine Weise auf, die es ihm erlaubt, zugleich die Identifikation mit ihr aufrechtzuerhalten. Konformistische Rebellion wird auch in Zusammenhang mit Rechtspopulismus und der AfD gebracht (Henkelmann et al. 2020). Kumkar (2018) findet in seiner habitushermeneutischen Analyse von Anhänger*innen der Tea-Party-Bewegung Merkmale, die er als »conformist rebellion« (Kumkar 2018, S. 18, 129) beschreibt. Die konformistische Rebellion der autoritären Populist*innen stehe im Zeichen einer rigiden Unterwerfung unter eine konventionalistisch vorgestellte Autorität und einer Aggression gegen Abweichler*innen: »Die Durchschnittsbürger wollen überprüfen, ob die Unterwerfung sich auch gelohnt hat, ob der Staat oder die anderen Autori-

sei »reif«, die rechten – i.S.v. richtigen und günstigen – Zeitverhältnisse gekommen.

Die Beschränktheit des konkret realisierten Samples diese Studie erlaubt zwar nur eine limitierte Relationierung zwischen den typisierten Erfahrungsräumen. Aber die als chiliastisch charakterisierte Verbindung von Endzeitbildern und Opferselbstbilden ist handlungsleitend – und »erklärt« in diesem Sinne den Rechtspopulismus –, weil sie für die unterschiedlichen Erfahrungshintergründe der untersuchen Fälle »funktioniert«: Die privilegierten Selbständigen, die Prekären und die Jungen, die noch eine Aufstiegsbiografie vor sich haben, betreiben allesamt, aus unterschiedlichen Gründen und Erfahrungen heraus diese spezifisch temporalisierte Selbstviktimisierung und -elitisierung. Inwieweit das Chiliastische indessen »typisch« ist für die regional-kulturelle Prägung des württembergisch-pietistischen Kulturraums, kann ebenso wenig abschließend geklärt werden wie die Annahme, dass sich eine chiliastische Motivik auch als charakteristisch für AfD-Wähler*innen überhaupt erweise. Hier sind noch weitere Untersuchungen anzustellen, die sich von der Frage leiten lassen könnten, in welcher Gestalt sich chiliastische Utopien auch bei anderen AfD-Wähler*innen jenseits eines Bezugs auf den württembergisch-pietistischen Kulturraum entdecken ließen und mit welchen Erfahrungszusammenhängen sie in Verbindung stehen. Dennoch lassen die Ergebnisse dieser Studie erwarten, dass chiliastische Utopien auch über die württembergische Spezifik meines Samples hinaus im Rechtspopulismus zu finden sein dürften. Immerhin kommt die Analyse auf Grundlage der gezielten Berücksichtigung auch anderer Fälle, die keinen biografischen Bezug zu Württemberg haben, zu diesem Ergebnis (Kapitel 6.4). Tatsächlich zeigen diese Fälle, dass

täten sich an ihre Versprechen halten. Die populistischen Revolten mit dem Stimmzettel oder die gewalttätigen Attacken gegen Ausländer und Asylanten tragen den Stempel der konformistischen Rebellion.« (Claussen 1994, S. 20–21)

Sofern die chiliastischen AfD-Wähler*innen keine Orientierung an Konventionalismus zeigen, sondern, im Gegenteil, das Konventionelle als einen bedrohlichen »Mainstream« ablehnen, und sofern sie sich auch nicht als einer konventionalistischen Norm Unterworfene zeigen, sondern als abgelehnte Minderheit oder auserwählte Elite begreifen, lassen sie sich nicht ohne weiteres als konformistische Rebellen begreifen. Gibt die konformistische Rebellion »dem isoliert agierenden Gesellschaftsmitglied das Gefühl, Mitglied einer Elite und der Mehrheit zugleich zu sein« (Claussen 1994, S. 19), so sehen sich die Chiliast*innen dieser Studie gerade als abgelehnt-auserwählte Minderheit und Elite. Sie haben gerade keine aggressiven Reflexe gegen Abweichungen von der Konvention. Ihnen ist das Falsche konventionell geworden und besonders darin besteht ihre Krisendiagnose.

Elemente der rechtspopulistischen chiliastischen Utopie auch bei ihnen zu finden sind, wenn auch nicht so ausgeprägt und auch nicht so konfiguriert wie in der württembergischen Basistypik: Als Ineinander eines elitären Auserwählten-Selbstbildes, eines Opfer-Selbstbildes und einer meta-historischen Zukunftsvorstellung. Insofern wagt die vorliegende Arbeit auch die vorsichtige Behauptung, ein über das konkret realisierte Sample dieser Studie hinaus verallgemeinerbares Ergebnis zutage gefördert zu haben und damit einen empirisch fundierten Beitrag zu einer kritischen Theorie der Spätmoderne liefern zu können: AfD-Affinität, bzw. die dahinterliegenden rechtspopulistischen Orientierungen, lassen sich als *chiliastische Utopie* kennzeichnen. Gerade weil alle Fälle dieser Studie ein – unterschiedlich schattiertes und aus unterschiedlichen Erfahrungshintergründen heraus entstehendes Selbstbild eint, eine von der Welt abgelehnte elitäre Minderheit zu sein, und weil sie – mehr oder weniger – ihre negative Privilegierung temporalisieren, verarbeiten sie mit ihrer chiliastischen Utopie gesellschaftliche Zeitverhältnisse.

Eine chiliastische Orientierung hat mit konservativer Nostalgie ebenso wenig zu tun wie mit Angst und Pessimismus. Die empirischen Ergebnissen dieser Studie passen nicht zu der Erwartung, dass sich im Rechtspopulismus zwar autoritär-illiberale, aber vornehmlich angstmotivierte, restaurativ-wiederherstellende Konservative versammeln würden (Jörke und Selk 2017, S. 74). Die vielfältigen Diagnosen, die Rechtspopulismus als Ergebnis einer »Angstgesellschaft« oder von »politics of fear« (Wodak 2015; Furedi 2005) beschreiben, spiegeln sich in den Analyseergebnissen dieser Arbeit nicht wider. Solche Beschreibungen führen zugegebenermaßen durchaus eine hohe Plausibilität mit. Einige Studien haben jedoch gezeigt, dass Angst weder zu einer signifikanten Wähler*innen-Mobilisierung durch die Parteien geführt hat (Flemming 2020) noch dass Ängste für die rechtspopulistischen Mobilisierungen ausschlaggebend sind (Droste 2019; Lübke 2019; Delhey und Lübke 2019). Dies entspricht auch den Ergebnissen meiner Analyse. Angst ließ sich als konjunktive Erfahrung oder Gefühlslage der untersuchten AfD-Wähler*innen nicht rekonstruieren. Zwar mangelt es ihnen in ihrer Opfer-Selbstdarstellung häufig nicht an Drastik. Aber Sorgen und Ängste haben darin keine hervorgehobene Bedeutung. Dies hat womöglich damit zu tun, dass sich Rechtspopulismus bei genauerem Hinsehen weniger als Resultat einer angsterfüllten Krisenzeit, sondern als Verarbeitungswut der narzisstischen Kränkung in der Spätmoderne darstellt. Die teilweise obsessiven Destruktions- und apokalyptischen Untergangsphantasien der Fälle dieser

Studie erfüllen schließlich auch eine andere Funktion: Sie wollen die Gegenwart mindestens imaginär unter Spannung setzen und ihr eine besondere Dringlichkeit verleihen. Damit konstruieren sie eine Vorstellung, dass sie eine Geschichte, in der ihre Lebensform morgen nicht mehr privilegierte Normalität sein könnte, als Auserwählte überwinden werden.

Chiliast*innen wollen die historische Zeit entsprechend nicht bewahren, sie wollen sie überwinden. Schließlich begreifen sie die Gegenwart – und ihre Geschichte seit etwa den 1970er Jahren – bereits als schlimmste Zeit. Sie sind in dem Sinne auch nicht konservativ-reaktionär, wie Mark Lilla (2018) Reaktionäre als nostalgische Revolutionäre der Spätmoderne auffasst. Lillas Prototyp hat viel gemeinsam mit den Chiliast*innen in dieser Studie: Beide, der Reaktionär und der Chiliast, sind nicht konservativ, sofern sie sich quer zur Geschichte stellen (Lilla 2018, S. 20). Dennoch: Im Unterschied zum modernen Revolutionär, der sich in den Fluss der Geschichte und des Fortschritts gestellt sieht, sehen die spätmodernen Reaktionäre und die Chiliast*innen beide gleichsam nicht, wie sie sich die Zukunft vorstellen sollen und wie sie in der Gegenwart handeln sollen (ebd., S. 25). Der entscheidende Unterschied zum spätmodernen Reaktionär besteht darin, dass die Chiliast*innen meiner Studie keine Nostalgiker*innen sind. Den spätmodernen Reaktionär zeichne seine militante Nostalgie aus (ebd., S. 20), so Lilla. Darin sei er die spätmoderne Variante des modernen Revolutionärs, denn er lasse sich von einem Bild eines verlorengeglaubten »heartlands« (Taggart 2000) leiten, einer rückwärtsgewandten Utopie einer romantisierten, idealen Welt.

Auch Chiliast*innen sind revolutionär (Hobsbawm 1971 [1959], S. 23–24), doch nostalgisch sind sie nicht. Nostalgie wurde in einer Reihe von Studien und Zeitdiagnosen zwar auch mit rechtspopulistischen Orientierungen in Verbindung gebracht (vgl. Einleitung und Abschnitt 2.3.2.2). Ihnen zufolge sei das Kennzeichen der Gegenwart, dass nicht mehr die Zukunft, sondern die Vergangenheit als verheißungsvoller Ort erscheint – ja die Gegenwart sogar vergangenheitsüberflutet sei (Gumbrecht 2010, S. 16). Während die Moderne ihren Blick noch hoffnungsvoll in die Zukunft wandte und ihre Hoffnungen in den Begriff des Fortschritts legte, scheint in der Spätmoderne die Sinnhaftigkeit von Geschichte erloschen und gleichzeitig dringt Vergangenheit immer stärker in die breite, zukunftsscheue Gegenwart ein. Was hier geschieht, wird auch als »Kontinentalverschiebung« im modernen Zeitregime qualifiziert: »Während die Zukunft an Strahlkraft verloren hat, macht sich die Vergangenheit immer stärker in unserem Bewusstsein breit.«

(Assmann 2013, S. 13) Nach Reckwitz (2021, S. 97) greife gerade das »Regime des Neuen« der spätmodernen Gesellschaft der Singularitäten paradoxerweise immer wieder auf Altes zurück. So bringt auch diese Zeitdiagnose den Rechtspopulismus auf die Formel, dass Pessimismus und Zukunftsangst und eine Konjunktur von Nostalgie hinter rechtspopulistischer Ansprechbarkeit stehen müssen (Reckwitz 2019, S. 11–15; vgl. auch Bauman 2017). Rechte Weltbilder richteten sich auf die Vergangenheit und schlössen damit an eine »globale Nostalgie-Epidemie« (Boym 2001, nach Bauman 2017, S. 10) an. Reckwitz glaubt, dass der rechte Populismus »eine nostalgische Politik [formuliert], die einen vergangenen Zustand – den souveränen Nationalstaat, die regulierte Industriegesellschaft, die kulturelle Homogenität – zurückersehnt« (Reckwitz 2019, S. 285).

Die Analyse der vorliegenden Studie konnte Nostalgie im Sinne einer noch so militanten, im Kern aber schwärmerischen Rückwärtsgewandtheit nicht als zentrales Weltanschauungselement der chiliastischen AfD-Wähler*innen entdecken. Hier muss man genauer unterscheiden: Den Fällen dieser Studie ist eine ihnen zweifellos gute Zeit der Vergangenheit abgebrochen. Häufig wird dieser Bruch irgendwann in den 1970er Jahren verortet; hier habe die Zeit die vernünftigen Bahnen der Geschichte verlassen. Nun aber ist die zentrale Motivation hinter ihrer AfD-Wahl nicht die Restitution eines Gestern, sondern das Verlassen der Bahnen einer verderblichen Geschichte, von der sie nichts als Unheil erwarten. Manche hoffen damit auf einen Durchbruch und die Wiederkehr einer ewigen Normalität, andere brauchen nicht mehr als eine diffuse Hoffnung auf einen Neuanfang nach einem Untergang. Darin ist ihre AfD-Wahl nicht nur Nostalgie-Protest als vielmehr eine bereits weit gediehene Ablehnung der gesellschaftlichen und politischen Verhältnisse der Gegenwart.

Denn ihr – unterschiedlich schattiertes – Selbstbild, eine von der Welt abgelehnte elitäre Minderheit zu sein, und die Temporalisierung ihrer negativen Privilegierung, die sie vornehmen, ist von demokratischer Konsens- und Kompromissbereitschaft und von einer demokratisch-pluralistische Gestaltung sozialer Verhältnisse bereits sehr weit entfernt. Sie wählen die AfD, weil sie aus ihrer Sicht dazu beiträgt, die Gegenwart zu beenden. Ihre Anhänger*innen vergewissern sich zumindest mit der AfD über den vermeintlichen Ernst der Lage. Demnach ist auch anzunehmen, dass rechtspopulistische Akteur*innen umso erfolgreicher sind, je destruktiver und provokativer sie sich in den Parlamenten und darüber hinaus gebärden. Indem sich ihre Wähler*innen in die zugrundeliegende Erzählung des apokalyptischen Ernstfalls einreihen, gewinnen sie eine Aussicht auf Erlösung und Privilegierung. Sie harren eines Sprungs aus der Geschichte und der Gegenwart, des Durchbruchs einer neuen Zeit oder einer abgebrochen geglaubten ewigen Normalität. Ihre Zerfallsdiagnosen lassen die Gesellschaft als nicht reformier- oder restaurierbar erscheinen. Sie glauben auch nicht, dass sie in ein altes Stadium zurückzuführen sei: Die gute Vergangenheit ist ihnen durch einen »Knick«, der irgendwann – und, wie zu sehen war, nicht zufällig – in den 1970er Jahren stattgefunden habe, aus dem Horizont gerückt. Diese individualbiografischen Verortungen einer Zeitenwende in den 1970er Jahren stehen in Einklang mit dem Beginn der »Epoche nach dem Boom« und sind insofern nicht als empirischer Zufall aufzufassen. Vielmehr reflektieren ihre biografischen Narrationen die Matrix der Geschichte (Bourdieu 1990 [1986], S. 80) der Spätmoderne. Sie sind ohne den Erfahrungsraum der Spätmoderne nicht zu verstehen. Ihr biografischer Bruch ist demnach Ausdruck eines historischen Bruchs. Sie reflektieren eine fundamentale Erfahrung der Entkoppelung von Zeit und Sinn.

7.3. Rechtspopulismus in der Spätmoderne: Eine Bedrohung der Demokratie

Mit ihrem Chiliasmus verarbeiten Rechtspopulist*innen einen Erfahrungsraum der Spätmoderne, der die (Nachkriegs-)Moderne sukzessive zu überlagern und zu verdrängen begann. Er ist im Unterschied zur Zeitkultur der Moderne nicht mehr von einem kulturell vorherrschenden Geschichtsbild der modernen Vervollkommnung und des Fortschritts geprägt und er integriert in dem Sinne nicht mehr unproblematisch Wachstumserwartungen und die damit in Verbindung stehenden kulturellen Lebensführungen, Identitäten und Privilegien. Diese Vorstellungen prägten über lange Zeit die soziale Praxis in der Politik, der kapitalistische Wirtschaft, der modernen Wissenschaft und Technik. Diese sozialen Felder waren inhärent fortschrittsorientiert. Obgleich immer wieder gebrochen und kritisiert, schwang sich die fortschrittsteleologische Geschichtsvorstellung auch nach dem Zweiten Weltkrieg in den westlich-kapitalistischen Industriegesellschaften erneut zur bestimmenden Zeitkultur empor (Knöbl 2022, S. 140). Die soziale Nachkriegs-Moderne war bestimmt durch eine kollektive Zeiterfahrung, in der soziale Positionen und Identitäten einerseits als (notwendige) Resultate der Geschichte, und andererseits als Durchgang in eine (bessere) Zukunft erlebt werden konnten. Diese Möglichkeit eines privilegierten kollektiven Selbsterlebens in temporaler Hinsicht wird mit dem Erfahrungsraum der Spätmoderne zunehmend überlagert und verdrängt. Die kollektive Erfahrung von und mit Zeit verändert sich: Zukunft scheint darin weder als Versprechen noch Ressource für die Gegenwart und immer weniger als offener Horizont für Möglichkeiten mehr erlebt zu werden, sondern als eine gefahrenvolle Anhäufung von ökonomischen (Streeck 2015), ökologischen (Beck 1986) und sozialen Nebenfolgen unseres gegenwärtigen Lebens (Horn 2020). Im spätmodernen Erfahrungsrum erscheint »die Realisierung von Handlungen unmöglich, da sie ohne Projektion eines Handlungsziels in die Zukunft nicht auskommen können. Die breite Gegenwart bietet Spiel für Ansätze von Bewegungen in die Zukunft und die Vergangenheit, doch sie scheinen alle zurückgebogen zu werden« (Gumbrecht 2010, S. 17) Zwischen ihrer blockierten Zukunft und einer omnipräsenten Vergangenheit verändert sich die spätmoderne Gegenwart. Sie verliert ihren klassisch-modernen Charakter des Eingespanntseins zwischen Vergangenheit und Zukunft. In ihr wird Zeit zunehmend weniger als Agens von Veränderungen erlebt. Die Wahrnehmung geschichtlicher Ziel- und Richtungslosigkeit macht sich breit: »Die Bewegung wird ziellos und kontingent, ja erratisch; sie verliert ihren temporalen, sachlichen und politischen Richtungsindex« (Rosa 2012, S. 218). Die Diagnosen einer präsentischen, breiten Gegenwart und das Erleben einer Richtungslosigkeit des historischen und politischen Geschehens drücken im Kern aus, dass »die Beziehung zwischen den Zeithorizonten, für die die Moderne das Bild einer Linie geprägt hatte, heute gestört ist« (Schauer 2023, S. 242). Damit geht auch der kollektive Sinn für und die Erwartung von historischen Abläufen zunehmend verloren. Dass Geschichte an ihr Ende gekommen sei, ist die ausdrucksstarke Selbstbeschreibung dieser spätmodernen Gegenwartsgesellschaft.

Weshalb aber hat der Rechtspopulismus – abgesehen von »erste[n] große[n] Welle[n]« in den 1970er und 1990er Jahren (Priester 2012, S. 3) – in der letzten Dekade eine auffällige Konjunktur? Die empirisch abgeleitete These dieser Arbeit, dass der Rechtspopulismus Phänomen einer spätmodernen Zeitkrise sei, muss erklären können, wie diese jüngere Konjunktur mit dem Erfahrungsraum der Spätmoderne zusammenhängt. Die Konjunktur des Rechtspopulismus lässt sich so mit einer Verdichtung eines ökonomisch induzierten Krisengeschehens seit 2008 in Verbindung bringen (Bieling 2018;

Ther 2019, Demirović 2013). In Europa haben demnach Verwerfungen im gemeinsamen Wirtschaft- und Währungsraum im Zuge der Eurokrise und in der Folge die ökonomische Stagnation und Rezession populistisch-nationalistische Kräfte gestärkt (Manow 2018). Aus dieser Perspektive begreift man den Rechtspopulismus als Phänomen einer *Krisenzeit*. Die Ergebnisse dieser Arbeit legen jedoch nahe, ihn vielmehr als Phänomen einer *Zeitkrise* in *Krisenzeiten* zu begreifen (vgl. Kapitel 1).

Durch das verdichtete Krisengeschehen der letzten Dekade(n) hat sich der spätmoderne Erfahrungsraum und seine Temporalität immer stärker erfahrbar gemacht. Der Blick zurück auf das frühe 21. Jahrhundert zeigt so eine Zeit der Aneinanderreihung von Krisen in immer kürzeren Abständen, die aufeinander folgen und sich in ihren Effekten und Auswirkungen zu einem großen Krisenstau aufzubäumen scheinen. Schließlich sind die Folgen der vorherigen noch nicht ausgestanden, da steht auch schon die nächste vor der Tür: Finanz-, Klima-, Migrations-, Identitäts-, Corona-, Ukraine-Krise. Inzwischen ist von »Polykrisen« die Rede (Tooze 2022). An der Entstehung und Entwicklung der AfD lässt sich der Zusammenhang zwischen Polykrise, Zeitkrise und dem Rechtspopulismus in der jüngeren Gegenwartsgeschichte illustrieren. Gegründet wurde sie als Partei von Professoren (sic!) und Euroskeptiker*innen (Bebnowski und Förster 2014) in unmittelbarer Folge der vielschichtigen Krise der Europäischen Währungsunion und der heftigen Anpassungskrisen der Volkswirtschaften an den Verlust der Währungssouveränität. Seither hat die Partei nicht nur einen erheblichen Wandel in ihrer Wähler*innen-Struktur durchgemacht.[2] Auch in ihrer inhaltlichen

2 Die Untersuchungen, die häufig zu einem frühen Zeitpunkt der Parteigeschichte stattfanden, legen nahe, dass sich die Wähler*innenschaft der AfD im Zeitverlauf »proletarisierte«. Kroh und Fetz (2016) stellten schon früh fest, dass sich 2014 die Bildungs- und Berufsgruppen noch relativ gleichmäßig unter den Wähler*innen der AfD fanden. Erst 2015 und 2016 wurde eine deutlichere Kontur erkennbar: »Die Partei gewann im Zeitverlauf vor allem Männer, Bürger*innen der neuen Bundesländer, Personen mit geringer und mittlerer Bildung, Arbeiter*innen, Arbeitslose, junge Personen unter 30 und ehemalige Nichtwählende.« (Kroh und Fetz 2016, S. 719) Hövermann und Groß (2016) stießen ebenfalls schon zu einem frühen Zeitpunkt auf einen solchen Wandel der Wähler*innenschaft im Zeitverlauf. 2014 sei die AfD noch eine Partei der Besserverdienenden der Mittel- und Oberschicht gewesen, wohingegen sich 2016 die Wähler*innen verstärkt aus unteren Schichten rekrutierten (Hövermann und Groß 2016, S. 172). Bieber et al. (2018) kommen zu einem differenzierteren Ergebnis: Die sozialstrukturelle Bewegung der AfD-Wähler*innenschaft ging hin zu einer deutlichen Überrepräsentation von Vollerwerbstätigen, Arbeiter*innen und formal niedrig Gebildeten. Celik et al. (2020) sehen eine Rückentwicklung der Wähler*innenschaft zu Bessergestellten.

und personellen Ausrichtung durchschritt die Partei mehrere Stadien, die gemeinhin als Radikalisierungen beschrieben werden (Bauer und Fiedler 2021, S. 15–85; Funke 2020, S. 19–20; Häusler 2018, S. 10–12). Man kann sie als erstaunliche Anpassung an das Polykrisen-Geschehen und erfolgreiche Konstruktion von wechselnden, neuen Skandalon begreifen: Eurokrise, Verschärfung der Migrationssituation im Jahr 2015, Klimapolitik, Fridays for Future, Energie- und Mobilitätswende bis zur Corona-Pandemie, zum Ukraine-Krieg und seinen Inflations- und Energiepreis-Folgen: Der AfD gelang es stets anhand dieser Themen dystopische Zukünfte zu konstruieren und die Befürchtung zu ventilieren, dass in der spätmodernen Gegenwart das bestehende politische System nicht willens oder in der Lage sei für eine Zukunft (Deutschlands) zu sorgen. Diese Konstruktion zieht sich wie ein basso continuo durch die Geschichte der AfD.

Stets gelingt es ihr, sich selbst als Kairós und Lösung in diesem Dystopie-Szenario zu inszenieren. Neupert-Doppler (2021) zeigt, wie ihr dies im Falle des öko-politischen Programms Green New Deal der Europäischen Union gelingt. Indem sie gegen die konkrete Dystopie des Klimawandels die Dystopie einer »Ökodiktatur« setzt, bietet sie sich als kairologische Lösung zur Überwindung der Zukunftskrise an: »Das Hier und Jetzt wird als die letzte günstige Gelegenheit beschworen, als ein Kairós der Klimaskeptiker, um einen Green Deal abzuwenden.« (ebd., S. 116) Die vorliegende Analyse hat gezeigt, dass ihre chiliastischen Wähler*innen obsessiv mit solchen dystopischen Vorstellungen befasst sind, und in diesem Panorama mit einem Glauben an das kairologische Moment der Erlösung und ihrer späteren Privilegierung unterwegs sind. Dass diese Konstruktion verfängt, hat mit dem Erfahrungsraum der Spätmoderne insgesamt zu tun: Die AfD verspricht ihren Wähler*innen die Lösung einer krisenhaft und zukunftslos erlebten Zeit der Spätmoderne. Dieses kollektive Zeiterleben kennzeichnet den Erfahrungsraum der Spätmoderne insgesamt. Allerdings wirkt er sich nicht uniform auf die Handlungsorientierungen ihrer Gesellschaftsmitglieder aus, sondern abhängig von bestimmten konjunktiven Erfahrungen, die darin gemacht werden. Entsprechend ihrer unterschiedlichen gesellschaftlichen Stellung erfahren die hier untersuchten AfD-Wähler*innen Ausgrenzung, Stigmatisierung und/oder (darin) elitäre Selbstaufwertungen im Panorama eines kulturellen Zeiterlebens, das als spätmodern charakterisiert wird. Allerdings verschärft sich bei ihnen dieses Zeiterleben und verbindet sich auf eigentümliche Weise mit ihren Selbstbildern. In diesem Zusammenhang zeigt sich die empirische Bedeutung der Einbeziehung von

Fällen auch jüngeren Alters in dieser Studie, denn an ihnen lässt sich zeigen, dass der Erfahrungsraum der Spätmoderne sich nicht nur nicht uniform auf die Handlungsorientierungen von Menschen auswirkt, sondern in seiner Wirkung v.a. nicht auf bestimmte Geburtskohorten beschränkt ist. Sofern sich auch bei den Jüngeren strukturähnliche Orientierungsmuster und Selbstbilder finden lassen wie bei den älteren Fällen, lässt sich zeigen, dass es sich beim chiliastischen Kairósbewusstseins der Rechtspopulist*innen nicht nur um eine Verarbeitungsform einer Verlustwut älterer Generationen handelt, sondern um ein umfassenderes soziales Phänomen der Spätmoderne, das sich in unserer Gegenwartsgesellschaft – in Zeiten der Polykrise – zuspitzt. Denn eine kollektive Erfahrung, dass Politik eine bedrohlich-dystopische Zukunft nicht zu beherrschen vermag, kommt in den diversen Formen des klimapolitischen Aktivismus von Fridays for Future bis Last Generation vermutlich ebenso zum Vorschein, wie bei den Fällen dieser Studie, die den Verlust der kulturellen Hegemonie der heterosexuellen Kleinfamilie und deutsch-weißer Identitäten beklagen und Befürchtungen sozialer Verwerfungen, Finanzkrisen, sogenannter Öko- oder Coronadiktaturen etc. heraufbeschwören. Der Unterschied besteht darin, dass die AfD, anders als Fridays for Future oder andere Klimabewegungen, eine kairologische Dystopie entwickelt: Die Zukunft von Fridays for Futur – ihr befürchtetes Klimaszenario – darf nicht eintreten. Die Zukunft der AfD und ihrer Wähler*innen hingegen ist eine dystopisch-endzeitliche Chimäre, mit der sich letztlich doch noch Hoffnung auf eine elitäre Privilegierung in der Zukunft hegen lässt.

Jedenfalls verarbeiten AfD-Wähler*innen die Zeiterfahrung der Spätmoderne nicht so, wie häufig kolportiert wird: Ihr Chiliasmus fügt sich nicht so eindeutig in die Diagnose einer auf Nostalgie und auf Retro-Kultur hin orientierten Spätmoderne. Ihr utopisches Bewusstsein ist mit (radikalem) Konservatismus, mit restaurativem Geist oder Rückwärts- und Vergangenheitsorientierung unzureichend beschrieben. Denn im Kern sind sie elitäre und egoistisch verkrümmte Propheten des Niedergangs (Reuter 2020, S. 82). Mehr als auf ein ›tausendjähriges Reich‹ hoffen sie womöglich »ihr vergleichsweise luxuriöses Leben und ihre saturierten Überzeugungen bis in alle Ewigkeit weiter fortführen zu können, wenn sie dabei nur nicht durch den Pöbel, der nicht der eigenen Façon entspricht, gestört werden. Mag der doch sehen, wo er bleibt!« (ebd., S. 24).

In dieser Hinsicht lässt sich anhand der Orientierungen der Rechtspopulist*innen einerseits sehen, dass eine Fortschritts- und Wachstumslogik in den subjektiven Vorstellungs- und Erfahrungswelten gesellschaftlicher Individuen der Spätmoderne tief verankert geblieben ist. Und womöglich kennzeichnet die Spätmoderne insgesamt gerade nicht eine Kurzfristigkeit der Zeithorizonte, sondern eine ungebrochene Vorstellung von endloser, ewiger Zeit (Lessenich 2022, S. 100–101). Aber die chiliastische Orientierung der Rechtspopulist*innen ist andererseits Ausdruck einer Verlustwut gegenüber der spätmodernen Erfahrung und Feststellung, dass diese Logik ein Ende habe. Allerdings nimmt diese Verlustwut nicht die Form eines restaurativen Festhaltens an Zeitvorstellungen der fortschritts-, wachstums- und normalitätsfixierten Nachkriegsmoderne an. Im Kern spielt sich im Rechtspopulismus eher eine nihilistische Verlustwut (Brown 2019) ohne Zukunftsaussicht ab. Außer ihrer trotzig-obstinaten elitären Selbstaufwertung bleibt ihre Utopie blass. Sie ist im Kern fatalistisch und apokalyptisch: »It has only revenge, no way out, no futurity« (Brown 2019, S. 178).

Damit muss unser kollektives Verständnis des und unser Umgang mit dem Rechtspopulismus auf den Prüfstand gestellt werden. Er ist keine Light-Version rechter Demokratiebedrohung (Kohlstruck 2008, S. 211), denn rechtspopulistische Wähler*innen weisen die für die Demokratie wesentliche Übereinkunft gemeinsamer Zukunftsaushandlung (vgl. Straßheim und Ulbricht 2015) zurück. Gesellschaftliche Zeitordnungen sind Entfaltungsraum für gesellschaftliche Ordnungs- und Normalitätsvorstellungen, sie sind Begrenzungsraum für Visionen und Utopien; sie stecken Erwartungshorizonte in der Zukunft und die Geltungsbereiche von Erfahrungsräumen in der Vergangenheit ab; sie wirken als sozial strukturierende Wissens- und Kommunikationsstruktur. Damit sind sie Gegenstand politischer und sozialer Auseinandersetzungen und sie kommen insbesondere als programmatische Geschichtsbilder und implizite Zukunftsentwürfe in politischer Kommunikation und politischen Programmen von Parteien und Bewegungen vor. Allerdings scheint der Glaube an den dafür notwendigen Modernismus und die Gestaltbarkeit von Welt und Zukunft, die lange Zeit in politische Kommunikation eingeschrieben waren (vgl. Seefried 2022), zunehmend unglaubwürdiger geworden zu sein (vgl. Kapitel 2).

In der Spätmoderne, so Schauer (2023), verliert der Mensch seine Welt: Im Panorama ihrer Zeitkultur geht das Bewusstsein dafür verloren, dass die Welt gemeinsam mit anderen gestaltet werden kann. »Statt mit anderen über die gemeinsame Zukunft zu beraten, lässt sich der Mensch ohne Welt auf einen prinzipiell unabschließbaren Prozess der Selbstoptimierung ein.« (Schauer 2023, S. 16) Die chiliastischen Rechtspopulist*innen sind eine besonders drastische Erscheinungsform dieser Gegenwart: Mit ihrer elitär-narzisstischen Selbstaufwertung negativer Privilegierung betreiben sie eine krude Form von Selbstoptimierung und verweigern darin schon die Vorstellung, eine gemeinsame Zukunft mit anderen überhaupt haben zu können. Darin verabschieden sie sich aus der Demokratie. Sofern sie nämlich eine kollektive Erfahrung eines Zeitverlustes eint und ihr Chiliasmus eine Verarbeitungsform dieser Erfahrung ist, ist das, was sich im Rechtspopulismus ereignet, weniger eine Sache von nostalgisch-ewiggestrigen Opfern einer (Poly-)Krisenzeit, sondern eine anti-politische Verweigerung und Destruktion der liberalen Demokratie in toto (Hochuli et al. 2022) und demokratischer Verhandlung über Zukunft überhaupt. Am Rechtspopulismus lässt sich exemplarisch zeigen, dass Routinen sozialer Konfliktnewältigung in der Spätmoderne in eine Krise geraten. Rechtspopulist*innen lehnen mitunter sozialpartnerschaftliche und politische Institutionalisierung sozialer Konflikte ab. Sie bieten demgegenüber keine Lösungen und keine »Alternativen« an und ihr konzeptloser Destruktivismus ist deshalb so erfolgreich, weil sie in der Erfahrung übereinkommen, dass die politischen Verhältnisse nicht mehr zeitgemäß sind. Statt sich in der Politik, der Zivilgesellschaft oder den Gewerkschaften darauf zu fokussieren, wie die vermeintlichen Opfer, die Enttäuschten und Frustrierten für die Demokratie zurückzugewinnen seien, sollte man die Sache ernster nehmen: Am Ende geht es um die Verteidigung der Demokratie, mehr noch: um die Verteidigung demokratischer Zukünfte gegen diejenigen, die sich eine Zukunft (nur noch) ohne sie vorstellen können.

Dank

Kommt eine (weitere) Studie über den sogenannten Rechtspopulismus zur rechten Zeit? Forschungen zu Themen, die für bestimmte Zeit mediale und gesellschaftliche Aktualität genießen, haben nicht selten das Problem, eine Weile von einer akademischen Aufmerksamkeitswelle zu profitieren, aber erst viel später, wenn sich die Aufmerksamkeitskonjunktur abgekühlt hat, in Buchform zu erscheinen. So auch im Falle meiner Arbeit. Entstanden zwischen 2019 und 2023 im Tübinger Promotionskolleg »Rechtspopulistische Sozialpolitik und exkludierende Solidarität«, ist im Laufe der Entstehung des vorliegenden Buches, nicht zuletzt wegen des großen Pandemieereignisses, das öffentliche und akademische Interesse am Thema zurückgegangen. Leider. Denn das Phänomen, das es untersucht, ist nicht aus der Welt – noch weniger das, was ihm zugrunde liegt. So hoffe ich, dass diese Studie doch noch zur rechten Zeit kommt.

Nicht nur die Tatsache, dass diese Studie in Zeiten einer sich abkühlenden Aufmerksamkeitskonjunktur in Coronazeiten fertiggestellt werden musste, auch ihr Gegenstand selbst, die Menschen mit ihren zum Teil erschreckenden Weltanschauungen, die in dieser Studie zur Sprache kommen, und die vor allem unter Pandemiebedingungen besonders zahlreichen einsamen und isolierten Schreibtischstunden erforderten Durchhaltevermögen und Resilienz. Sie hätte ich ohne die vielfältigen Unterstützungen und Motivationen, die mir auf dem Weg zuteil wurden, niemals von selbst aufzubringen vermocht. Ich hatte zwar das Glück, einen Gutteil meines empirischen Materials noch vor Ausbruch der Corona-Pandemie generiert zu haben. Aber die Folgezeit der Lock- und Teil-Lockdowns und des Wegbrechens der kollegialen Begegnungen und Austausche im Alltag machten das ohnehin häufig einsame Schreiben dieses Buches nicht einfacher. Vor allem dem lesefreudigen und offenherzigen Matthias Möhring-Hesse danke ich viele Stunden intensive Beratung über Kapitelentwürfe in allen Stadien und eine interessierte Begleitung der Arbeit, ohne die ich mich in den vielen Umwegen und Sackgassen verloren hätte. Und ohne Jörg Strübing wäre insbesondere die Empirie dieser Arbeit nie auf diese Weise entstanden. Ihm danke ich nicht nur seine stets motivierende Bereitschaft eine Forschungsarbeit durch hilfreiche Hinweise über die methodischen und methodologischen Fallstricken und Chancen zu betreuen, die es wagte, auch abseits seiner besonderen Expertise in der Grounded Theory unterwegs zu sein. Auch hat er, und dafür danke ich ihm sehr, den Kontakt zum Campus Verlag hergestellt.

Viele Teile meiner Arbeit in unterschiedlichen Reifegraden habe ich zu unterschiedlichen Zeitpunkten in unterschiedlichen Kontexten diskutieren dürfen. Mein besonderer Dank gilt dabei der langjährigen Begleitung und den kollegialen Austauschen im Rahmen meines Tübinger Promotionskollegs, der Forschungswerkstatt von Jörg Strübing und dem Doktorand*innen-Kolleg von Stephan Lessenich. Viele Diskussionen in diesen Kontexten, nicht nur über meine eigenen Texte, sind auf vielfältige Weise in mein Buch eingeflossen.

Ermöglicht hat die Arbeit insbesondere die Hans-Böckler-Stiftung, die das Tübinger Promotionskolleg mit den nötigen Mitteln ausstattete, um eine Promotionsarbeit insbesondere auch über die schwierige Zeit der Corona-Pandemie hindurch zu bestreiten und fertigzustellen. Aus dem Kreise des Kollegs möchte ich besonders Hans-Jürgen Bieling, Floris Biskamp und Tobias Kaphegyi hervorheben, die immer interessierte Rückmeldungen und wertvolle Anregungen für mich parat hatten. Den Weg zur Verteidigung mitbegleitet haben Manuela Wannenmacher, Renate Baumgartner, Nora Naib Majani und Lara Ledwa. Letzterer danke ich nicht nur die wichtige Endredaktion meines Manuskriptes sondern auch das Selbstvertrauen, den Text auch fertigzustellen. Ohne ihre Freundschaften hätte ich den Weg nicht zu Ende gehen können.

Insbesondere aber gebührt Matthias Monecke ein Dank von Herzen, der durch seine unvergleichliche Geduld und sein ungebrochenes Interesse an meiner Arbeit außergewöhnliche emotionale, freundschaftliche und inhaltliche Unterstützung geleistet hat. Ihm schuldet das Buch Unschätzbares.

Literatur

Adam, Barbara (1990): *Time and social theory*. Cambridge: Polity Press.

Adam, Barbara (1995): *Timewatch. The Social Analysis of Time*. Cambridge: Polity Press.

Adam, Barbara (1998): *Timescapes of modernity. The environment and invisible hazards*. London, New York: Routledge.

Adam, Barbara (2005): *Das Diktat der Uhr. Zeitformen, Zeitkonflikte, Zeitperspektiven*. Frankfurt am Main: Suhrkamp.

Adorno, Theodor W. (1973): *Studien zum autoritären Charakter*. Frankfurt am Main: Suhrkamp.

Adorno, Theodor W. (2019 [1967]): *Aspekte des neuen Rechtsradikalismus. Ein Vortrag*. Berlin: Suhrkamp.

Adorno, Theodor W. (2019): *Bemerkungen zu ›The Authoritarian Personality‹. Und weitere Texte*. Berlin: Suhrkamp.

AfD TV (2021): *»Deutschland. Aber normal«*. YouTube. Online verfügbar unter https://www.youtube.com/watch?v=XHNlw2tuuDk, zuletzt geprüft am 03.12.2021.

Alternative für Deutschland (2016): *Grundsatzprogramm für Deutschland*. Download unter: https://www.afd.de/grundsatzprogramm/#6 (zuletzt geprüft am 16. März 2022).

Alternative für Deutschland (2017): *Programm für Deutschland*. Wahlprogramm der Alternative für Deutschland für die Wahl zum Deutschen Bundestag am 24. September 2017.

Altreiter, Carina; Flecker, Jörg; Papouschek, Ulrike (2019): *Umkämpfte Solidaritäten. Spaltungslinien in der Gegenwartsgesellschaft*. Wien: Promedia.

Amlinger, Carolin; Nachtwey, Oliver (2022): *Gekränkte Freiheit. Aspekte des libertären Autoritarismus*. Berlin: Suhrkamp.

Anhut, Reimund; Heitmeyer, Wilhelm (2000): »Desintegration, Konflikt und Ethnisierung. Eine Problemanalyse und theoretische Rahmenkonzeption«, in: Wilhelm Heitmeyer; Reimund Anhut (Hg.): *Bedrohte Stadtgesellschaft. Soziale Desintegrationsprozesse und ethnisch-kulturelle Konfliktkonstellationen*. Weinheim: Juventa, S. 17–75.

Anhut, Reimund; Heitmeyer, Wilhelm (2005): »Desintegration, Anerkennungsbilanzen und die Rolle sozialer Vergleichsprozesse für unterschiedliche Verarbeitungsmuster«, in: Wilhelm Heitmeyer; Peter Imbusch (Hg.): *Integrationspotenziale einer modernen Gesellschaft*. Wiesbaden: VS Verlag für Sozialwissenschaften, S. 75–100.

Applebaum, Anne (2021): *Die Verlockung des Autoritären. Warum antidemokratische Herrschaft so populär geworden ist*. München: Siedler.

Arzheimer, Kai (2014): »Die Wahl extremistischer Parteien«, in: Jürgen W. Falter; Harald Schoen (Hg.): *Handbuch Wahlforschung*. Wiesbaden: Springer VS, S. 523–561.

Assmann, Aleida (2013): *Ist die Zeit aus den Fugen? Aufstieg und Fall des Zeitregimes der Moderne*. München: Hanser.

Bachtin, Michail (2017 [1973]): *Chronotopos*. Frankfurt am Main: Suhrkamp.

Baden-Württemberg Stiftung (Hg.) (2019): *Demokratie-Monitoring Baden-Württemberg 2016/2017. Studien zu Demokratie und Partizipation*. Wiesbaden: Springer VS.

Barash, Jeffrey Andrew (2019): »Messianism and Secularization: The Political Ambiguity of Karl Löwith's Reflection on History«, in: Galili Shaḥar; Felix Steilen (Hg.): *Karl Löwith. Welt, Geschichte und Deutung*. Göttingen: Wallstein Verlag, S. 37–50.

Barboza, Amalia (2010): »Das utopische Bewusstsein in zwei Frankfurter Soziologien: Wissenssoziologie versus Kritische Theorie«, in: Felicia Herrschaft; Klaus Lichtblau (Hg.): *Soziologie in Frankfurt. Eine Zwischenbilanz*. Wiesbaden: VS Verl. für Sozialwiss, S. 161–178.

Baronsky, Alexandra; Gerlach, Irene; Schneider, Ann Kristin (2012): »Väter in der Familienpolitik«, *Aus Politik und Zeitgeschichte*, Jg. 62 (40), S. 31–36.

Bauckham, Richard (1981): »Chiliasmus IV«, in: *Theologische Realenzyklopädie. Band 7*. Berlin, New York: De Gruyter, S. 737–745.

Bauer, Katja; Fiedler, Maria (2021): *Die Methode AfD. Der Kampf der Rechten: im Parlament, auf der Straße – und gegen sich selbst*. Stuttgart: Klett Cotta.

Bauman, Zygmunt (2005): *Moderne und Ambivalenz. Das Ende der Eindeutigkeit*. Hamburg: Hamburger Edition.

Bauman, Zygmunt (2017): *Retrotopia*. Berlin: Suhrkamp.

Bebnowski, David; Förster, Lisa (2014): Wettbewerbspopulismus. Die Alternative für Deutschland und die Rolle der Ökonomen, *OBS-Arbeitspapier 14*. Online verfügbar unter https://www.otto-brenner-stiftung.de/fileadmin/user_data/stiftung/02_Wissenschaftsportal/03_Publikationen/AP14_AfD_BebnowskiFoerster_2014_05_13.pdf, zuletzt geprüft am 02.12.2021.

Beck, Ulrich (1983): »Jenseits von Stand und Klasse?«, in: Reinhard Kreckel (Hg.): *Soziale Ungleichheiten*. Göttingen: Schwartz, S. 35–74.

Beck, Ulrich (1986): *Risikogesellschaft. Auf dem Weg in eine andere Moderne*. Frankfurt am Main: Suhrkamp.

Beck, Ulrich (2011): »Das Zeitalter des ›eigenen Lebens‹. Individualisierung als ›paradoxe Sozialstruktur‹ und andere offene Fragen«, *Aus Politik und Zeitgeschichte*, Jg. 29, S. 3–6.

Beck, Ulrich; Beck-Gernsheim, Elisabeth (1994): »Individualisierung in modernen Gesellschaften – Perspektiven und Kontroversen einer subjektorientierten Soziologie«, in: Ulrich Beck; Elisabeth Beck-Gernsheim (Hg.): *Riskante Freiheiten. Individualisierung in modernen Gesellschaften*. Frankfurt am Main: Suhrkamp, S. 10–25.

Becker, Tobias; Stach, Sabine (2021): »Nostalgie. Historische Annäherungen an ein modernes Unbehagen«, *Zeithistorische Forschungen/Studies in Contemporary History*, Jg. 18, S. 7–20.

Bednarz, Liane (2018): *Die Angstprediger. Wie rechte Christen Gesellschaft und Kirchen unterwandern*. München: Droemer Knaur.

Bell, Daniel (Hg.) (1963): *The Radical Right*. New Brunswick, NJ: Transaction Publisher.

Benjamin, Walter (2010): *Über den Begriff der Geschichte. Walter Benjamin Werke und Nachlaß. Kritische Gesamtausgabe*, Bd. 19. Berlin: Suhrkamp.

Berger, Peter L.; Luckmann, Thomas (2021 [1966]): *Die gesellschaftliche Konstruktion der Wirklichkeit. Eine Theorie der Wissenssoziologie*. Frankfurt am Main: Fischer Taschenbuch.

Bergmann, Knut; Diermeier, Matthias; Niehues, Judith (2017): »Die AfD. Eine Partei der sich ausgeliefert fühlenden Durchschnittsverdiener?«, *Zeitschrift für Parlamentsfragen*, Jg. 48 (1), S. 57–75.

Bergmann, Werner (1981a): *Die Zeitstrukturen sozialer Systeme. Eine systemtheoretische Analyse. Eine systemtheoretische Analyse*. Berlin: Duncker und Humblot.

Bergmann, Werner (1981b): »Zeit, Handlung und Sozialität bei G.H. Mead«, *Zeitschrift für Soziologie*, Jg. 10 (4), S. 351–363.

Betz, Gregor J.; Bosančić, Saša (Hg.) (2021): *Apokalyptische Zeiten. Endzeit- und Katastrophenwissen gesellschaftlicher Zukünfte*. Weinheim, Basel: Beltz Juventa.

Betz, Hans-Georg (1994): *Radical right wing populism in Western Europe*. New York: St. Martin's Press.

Betz, Hans-Georg; Johnson, Carol (2004): »Against the current—stemming the tide. The nostalgic ideology of the contemporary radical populist right«, *Journal of Political Ideologies*, Jg. 9 (3), S. 311–327.

Betzelt, Sigrid; Bode, Ingo (2018): »Einleitung: Angst im neuen Wohlfahrtsstaat«, in: Sigrid Betzelt; Ingo Bode (Hg.): *Angst im neuen Wohlfahrtsstaat. Kritische Blicke auf ein diffuses Phänomen*. Baden-Baden: Nomos, S. 9–28.

Bieber, Ina; Roßteutscher, Sigrid; Scherer, Philipp (2018): »Die Metamorphosen der AfD-Wählerschaft: Von einer euroskeptischen Protestpartei zu einer (r)echten Alternative?«, *Politische Vierteljahresschrift*, Jg. 59 (3), S. 433–461.

Bieling, Hans-Jürgen (2017): »Austieg des Rechtspopulismus im heutigen Europa – Umrisse einer gesellschaftstheoretischen Erklärung«, *WSI-Mitteilungen*, Jg. 8, S. 557–565.

Bieling, Hans-Jürgen (2018): »Jenseits der (neo-)liberal-kosmopolitischen Hegemonie? Die »Doppelkrise« der transatlantischen Globalisierungspolitik«, *Zeitschrift für Internationale Beziehungen*, Jg. 25 (2), S. 164–180.

Biskamp, Floris (2019): »Ökonomie ist kulturell, Kultur ist ökonomisch«, *PROKLA. Zeitschrift für kritische Sozialwissenschaft*, Jg. 49 (196), S. 463–476.

Biskamp, Floris (2020): »Die Arbeiter_innen, der Autoritarismus und die AfD. Einige Daten aus Runde 9 des European Social Survey«, *Asketismus und Bummelei – Blog von Floris Biskamp*. Online verfügbar unter http://blog.florisbiskamp.com/2020/02/02/die-arbeiter_innen-der-autoritarismus-und-die-afd/ (zuletzt geprüft am 11. Juni 2021).

Bispinck, Reinhard (2014): »Reallöhne: Nur Tarifbeschäftigte im Plus«, *Böckler Impuls* 4. Online verfügbar unter https://www.boeckler.de/de/boeckler-impuls-realloehne-nur-tarifbeschaeftigte-im-plus-7105.htm (zuletzt geprüft am 18. Dezember 2021).

Bloch, Ernst (1973): *Das Prinzip Hoffnung. Zweiter Band*. Frankfurt am Main: Suhrkamp.

Bloch, Ernst (1985 [1935]): *Erbschaft dieser Zeit*. Frankfurt am Main: Suhrkamp.

Bloch, Ernst (1985 [1969]): *Thomas Münzer als Theologe der Revolution*. Frankfurt am Main: Suhrkamp.

Blumenberg, Hans (1964): »›Säkularisation‹. Kritik einer Kategorie historischer Illegitimität.«, in: Helmut Kuhn; Franz Wiedmann (Hg.): *Die Philosophie und die Frage nach dem Fortschritt*. München: Verlag Anton Fustet, S. 240–265.

Blumenberg, Hans (2012 [1966]): *Die Legitimität der Neuzeit*. Frankfurt am Main: Suhrkamp.

Blumer, Herbert (1958): »Race Prejudice as a Sense of Group Position«, *The Pacific Sociological Review*, Jg. 1 (1), S. 3–7.

Böcher, Otto (1981): »Chiliasmus I«, in: *Theologische Realenzyklopädie. Band 7*. Berlin, New York: De Gruyter, S. 723–729.

Böhle, Fritz; Lessenich, Stephan (2018): »Arbeit und Sozialpolitik«, in: Fritz Böhle; Gerd Günter Voß; Günther Wachtler (Hg.): *Handbuch Arbeitssoziologie*. Wiesbaden, Germany: Springer VS, S. 701–743.

Bohmann, Ulf; Laux, Henning; Rosa, Hartmut (2018): »Desynchronisation und Populismus«, *Kölner Zeitschrift für Soziologie und Sozialpsychologie*, Jg. 70, S. 195–226.

Bohnsack, Ralf (1989): *Generation, Milieu und Geschlecht. Ergebnisse aus Gruppendiskussionen mit Jugendlichen*. Wiesbaden: VS Verlag für Sozialwissenschaften.

Bohnsack, Ralf (2003): »Dokumentarische Methode und sozialwissenschaftliche Hermeneutik«, *Zeitschrift für Erziehungswissenschaft*, Jg. 6 (4), S. 550–570.

Bohnsack, Ralf (2009): »Gruppendiskussion«, in: Uwe Flick; Ernst von von Kardorff; Ines Steinke (Hg.): *Qualitative Forschung. Ein Handbuch*. Reinbek bei Hamburg: Rowohlt, S. 369–384.

Bohnsack, Ralf (2010a): »Die Mehrdimensionalität der Typenbildung und ihre Aspekthaftigkeit«, in: Jutta Ecarius; Burkhard Schäffer (Hg.): *Typenbildung und Theoriegenerierung. Methoden und Methodologien qualitativer Bildungs- und Biographieforschung*. Opladen: Verlag Barbara Budrich, S. 47–72.

Bohnsack, Ralf (2010b): *Rekonstruktive Sozialforschung. Einführung in qualitative Methoden*. Opladen: Verlag Barbara Budrich.

Bohnsack, Ralf (2012): »Orientierungsschemata, Orientierungsrahmen und Habitus. Elementare Kategorien der Dokumentarischen Methode mit Beispielen aus der Bildungsmilieuforschung«, in: Karin Schittenhelm (Hg.): *Qualitative Bildungs- und Arbeitsmarktforschung. Grundlagen, Perspektiven, Methoden*. Wiesbaden: Springer VS, S. 119–153.

Bohnsack, Ralf (2013a): »Dokumentarische Methode und die Logik der Praxis«, in: Alexander Lenger; Christian Schneickert; Florian Schumacher (Hg.): *Pierre Bourdieus Konzeption des Habitus. Grundlagen, Zugänge, Forschungsperspektiven*. Wiesbaden: Springer VS, S. 173–200.

Bohnsack, Ralf (2013b): »Typenbildung, Generalisierung und komparative Analyse: Grundprinzipien der dokumentarischen Methode«, in: Ralf Bohnsack; Iris Nentwig-Gesemann; Arnd-Michael Nohl (Hg.): *Die dokumentarische Methode und ihre Forschungspraxis*. Wiesbaden: VS Verlag für Sozialwissenschaften, S. 241–270.

Bohnsack, Ralf (2014): *Rekonstruktive Sozialforschung. Einführung in qualitative Methoden*. Opladen u.a.: verlag Barbara Budrich.

Bohnsack, Ralf (2017): *Praxeologische Wissenssoziologie*. Opladen, Toronto: Verlag Barbara Budrich.

Bohnsack, Ralf (2018): »Orientierungsmuster«, in: Ralf Bohnsack; Winfried Marotzki; Michael Meuser (Hg.): *Hauptbegriffe qualitativer Sozialforschung*. Opladen, Farmington Hills, MI: Verlag Barbara Budrich, S. 183–184.

Bohnsack, Ralf; Hoffmann, Nora F.; Nentwig-Gesemann, Iris (2019): »Typenbildung und Dokumentarische Methode«, *Jahrbuch Dokumentarische Methode* (1), S. 17–50.

Bohnsack, Ralf; Nohl, Arnd-Michael (2013): »Exemplarische Textinterpretation: Die Sequenzanalyse der dokumentarischen Methode«, in: Ralf Bohnsack; Iris Nentwig-Gesemann; Arnd-Michael Nohl (Hg.): *Die dokumentarische Methode und ihre Forschungspraxis*. Wiesbaden: VS Verlag für Sozialwissenschaften, S. 325–329.

Bohnsack, Ralf; Przyborski, Aglaja; Schäffer, Burkhard (Hg.) (2010): *Das Gruppendiskussionsverfahren in der Forschungspraxis*. Opladen u.a.: Verlag Barbara Budrich.

Bornschier, Simon (2010): *Cleavage politics and the populist right. The new cultural conflict in Western Europe*. Philadelphia: Temple University Press.

Bornschier, Simon (2018): »Globalization, Cleavages, and the Radical Right«, in: Jens Rydgren (Hg.): *The Oxford handbook of the radical right*. New York: Oxford University Press, S. 212–238.

Bornschier, Simon; Kriesi, Hanspeter (2013): »The populist right, the working class, and the changing face of class politics«, in: Jens Rydgren (Hg.): *Class politics and the radical right*. London: Routledge, S. 10–29.

Bose, Sophie; Köster, Jakob; Lütten, John (2018): »Rechtspopulistische Gewerkschaftsaktive: Gesellschaftsbilder und Einstellungsmuster aktiver Gewerkschaftsmitglieder«, in: Karina Becker; Klaus Dörre; Peter Reif-Spirek (Hg.): *Arbeiterbewegung von rechts? Ungleichheit – Verteilungskämpfe – populistische Revolte*. Frankfurt, New York: Campus, S. 211–226.

Bourdieu, Pierre (1974): *Zur Soziologie der symbolischen Formen*. Frankfurt am Main: Suhrkamp.

Bourdieu, Pierre (1976): *Entwurf einer Theorie der Praxis auf der ethnologischen Grundlage der kabylischen Gesellschaft*. Frankfurt am Main: Suhrkamp.

Bourdieu, Pierre (1987 [1979]): *Die feinen Unterschiede. Kritik der gesellschaftlichen Urteilskraft*. Frankfurt am Main: Suhrkamp.

Bourdieu, Pierre (1987): *Sozialer Sinn. Kritik der theoretischen Vernunft*. Frankfurt am Main: Suhrkamp.

Bourdieu, Pierre (1990 [1986]): »Die biografische Illusion«, *BIOS Zeitschrift für Biographieforschung und Oral History* (1), S. 75–81.

Bourdieu, Pierre (1991): *Sozialer Raum und »Klassen.«*. Frankfurt am Main: Suhrkamp.

Bourdieu, Pierre (2005): »Ökonomisches Kapitel – Kulturelles Kapital – Soziales Kapital«, in: *Die verborgenen Mechanismen der Macht. Schriften zu Politik und Kultur 1*. Hamburg: VSA-Verlag, S. 49–79.

Bourdieu, Pierre (2011): »Genese und Struktur des religiösen Feldes«, in: Franz Schultheis; Stephan Egger (Hg.): *Religion. Schriften zur Kultursoziologie 5*. Berlin: Suhrkamp, S. 30–91.

Bourdieu, Pierre (2013): *Über den Staat. Vorlesungen am Collège de France 1989–1992*. Berlin: Suhrkamp.

Boym, Svetlana (2001): *The future of nostalgia*. New York, NY: Basic Books.

Brecht, Martin (1988): »Chiliasmus in Württemberg im 17. Jahrhundert«, *Pietismus und Neuzeit* 14, Jg. 14, S. 25–49.

Brecht, Martin (1996): »Pietismus«, in: *Theologische Realenzyklopädie. Band 26*. Berlin, New York: De Gruyter, S. 606–631.

Breitschwerdt, Jörg (2019): *Theologisch konservativ. Studien zur Genese und Anliegen der evangelikalen Bewegung in Deutschland*. Göttingen: Vandenhoeck & Ruprecht.

Breuer, Stefan (1995): *Anatomie der konservativen Revolution*. Darmstadt: wbg.

Brown, Wendy (2019): In the Ruins of Neoliberalism. The Rise of Antidemocratic Politics in the West. New York: Columbia University Press.

Bude, Heinz (2014): *Gesellschaft der Angst*. Hamburg: Hamburger Edition.

Burgoon, Brian; van Noort, Sam; Rooduijn, Matthijs; Underhill, Geoffrey (2019): »Positional Deprivation and Support for Radical Right and Radical Left Parties«, *Economic Policy*, Jg. 34 (97), S. 49–93.

Cabarello, Claudio (2014): »Nichtwahl«, in: Jürgen W. Falter; Harald Schoen (Hg.): *Handbuch Wahlforschung*. Wiesbaden: Springer VS, S. 437–488.

Castel, Robert (2000): *Die Metamorphosen der sozialen Frage. Eine Chronik der Lohnarbeit*. Konstanz: UVK.

Castel, Robert (2011): *Die Krise der Arbeit. Neue Unsicherheiten und die Zukunft des Individuums*. Hamburg: Hamburger Edition.

Castel, Robert; Dörre, Klaus (2009): *Prekarität, Abstieg, Ausgrenzung. Die soziale Frage am Beginn des 21. Jahrhunderts*. Frankfurt am Main: Campus.

Celik, Kazim; Decker, Oliver; Brähler, Elmar (2020): »Rechtsextremismus für die breite Gesellschaft? Der Wandel der AfD-Wählerschaft von 2014 bis 2020«, in: Oliver Decker; Elmar Brähler (Hg.): *Autoritäre Dynamiken. Alte Ressentiments – neue Radikalität: Leipziger Autoritarismus Studie 2020*. Gießen: Psychosozial-Verlag, S. 149–178.

Claussen, Detlev (1994): *Was heißt Rassismus?* Darmstadt: wbg.

Cohn, Norman (1988): *Das neue irdische Paradies. Revolutionärer Millenarismus und mystischer Anarchismus im mittelalterlichen Europa*. Reinbek bei Hamburg: Rowohlt.

Cramer, Katherine Jean (2016): *The Politics of Resentment. Rural consciousness in Wisconsin and the rise of Scott Walker*. Chicago, London: University of Chicago Press.

Crouch, Colin (2015): *Postdemokratie*. Frankfurt am Main: Suhrkamp.

Crouch, Colin (2021): *Postdemokratie revisited*. Berlin: Suhrkamp.

Dahrendorf, Ralf (1997): »An der Schwelle zum autoritären Jahrhundert. Die Globalisierung und ihre sozialen Folgen werden zur nächsten Herausforderung einer Politik der Freiheit«, *Die Zeit*, 14. November 1997, S. 14–15.

Damm, Christoph (2016): Dokumentation eigener Forschungsarbeit. Methodologie der Dokumentarischen Methode und qualitative Interpretation von Transkripten mit MAXQDA. Download unter: https://www.academia.edu/26620425/Methodologie_der_Dokumentarischen_Methode_und_qualitative_Interpretation_ von_Transkripten_mit_MAXQDA_Entwurf_ (zuletzt geprüft am 22. November 2021).

Davis, James A. (1959): »A Formal Interpretation of the Theory of Relative Deprivation«, *Sociometry*, Jg. 22 (4), S. 280–296.

Decker, Oliver; Brähler, Elmar (2006): *Vom Rand zur Mitte. Rechtsextreme Einstellungen und ihre Einflussfaktoren in Deutschland*. Berlin: Friedrich-Ebert-Stiftung Forum Berlin.

Decker, Oliver; Kiess, Johannes; Brähler, Elmar; Baldauf, Johannes (Hg.) (2015): *Rechtsextremismus der Mitte und sekundärer Autoritarismus*. Gießen: Psychosozial-Verlag.

Decker, Oliver; Kiess, Johannes; Schuler, Julia; Handke, Barbara; Brähler, Elmar (2018): »Die Leipziger Autoritarismus-Studie 2018: Methode, Ergebnisse und Langzeitverlauf«, in: Oliver Decker; Elmar Brähler (Hg.): *Flucht ins Autoritäre. Rechtsextreme Dynamiken in der Mitte der Gesellschaft*. Gießen: Psychosozial-Verlag, S. 65–116.

DGS/BDS (2014): Ethik-Kodex der Deutschen Gesellschaft für Soziologie und des Berufsverbandes deutscher Soziologinnen und Soziologen. Online verfügbar unter: https://soziologie.de/dgs/ethik/ethik-kodex (zuletzt geprüft am 25. März 2022).

Delhey, Jan; Lübke, Christiane (2019): »Sorgen und Ängste in soziologischen Gegenwartsdiagnosen. Eine kritische Bestandsaufnahme«, in: Christiane Lübke; Jan Delhey (Hg.): *Diagnose Angstgesellschaft? Was wir wirklich über die Gefühlslage der Menschen wissen*. Bielefeld: transcript, S. 9–28.

Demirović, Alex (2013): »Multiple Krise, autoritäre Demokratie und radikaldemokratische Erneuerung«, *PROKLA. Zeitschrift für kritische Sozialwissenschaft*, Jg. 43.

Der Spiegel (1966): »Heimchen am Herd«, *Der Spiegel*, S. 118–121.

Detje, Richard; Menz, Wolfgang; Nies, Sarah; Sauer, Dieter (2011): *Krise ohne Konflikt? Interessen- und Handlungsorientierungen im Betrieb – die Sicht von Betroffenen*. Hamburg: VSA-Verlag.

Detje, Richard; Menz, Wolfgang; Nies, Sarah; Sauer, Dieter; Bischoff, Joachim (2013): *Krisenerfahrungen und politische Orientierungen. Der Blick von unten auf Betrieb, Gewerkschaft und Staat*. Hamburg: VSA-Verlag.

Dietl, Stefan (2018): *Die AfD und die soziale Frage. Zwischen Marktradikalismus und »völkischem Antikapitalismus«*. Münster: Unrast.

Dimbath, Oliver (2016): *Soziologische Zeitdiagnostik. Generation – Gesellschaft – Prozess*. Paderborn: Wilhelm Fink.

Dimbath, Oliver; Ernst-Heidenreich, Michael; Roche, Matthias (2018): »Praxis und Theorie des Theoretical Sampling. Methodologische Überlegungen zum Verfahren einer verlaufsorientierten Fallauswahl«, *Forum Qualitative Sozialforschung / Forum: Qualitative Social Research*, Jg. 19 (3). Online verfügbar unter http://dx.doi.org/10.17169/fqs-19.3.2810 (zuletzt geprüft am 21. November 2021).

Doering-Manteuffel, Anselm (2017): »Die Ordnung der Zeit im nationalsozialistischen Herrschaftssystem«, in: Lucian Hölscher (Hg.): *Die Zukunft des 20. Jahrhunderts. Dimensionen einer historischen Zukunftsforschung*. Frankfurt am Main, New York: Campus, S. 101–120.

Doering-Manteuffel, Anselm; Raphael, Lutz (2012): *Nach dem Boom. Perspektiven auf die Zeitgeschichte seit 1970*. Göttingen: Vandenhoeck & Ruprecht.

Doering-Manteuffel, Anselm; Raphael, Lutz; Schlemmer, Thomas (Hg.) (2016): *Vorgeschichte der Gegenwart. Dimensionen des Strukturbruchs nach dem Boom.* Göttingen: Vandenhoeck & Ruprecht.

Dörre, Klaus (2006): »Prekäre Arbeit und soziale Desintegration«, *Aus Politik und Zeitgeschichte*, Jg. 56 (40–41), S. 7–14.

Dörre, Klaus; Bose, Sophie; Lütten, John; Köster, Jakob (2018): »Arbeiterbewegung von rechts? Motive und Grenzen einer imaginären Revolte«, *Berliner Journal für Soziologie*, Jg. 28 (1–2), S. 55–89.

Dörre, Klaus; Happ, Anja; Matuschek, Ingo (Hg.) (2013): *Das Gesellschaftsbild der LohnarbeiterInnen. Soziologische Untersuchungen in ost- und westdeutschen Industriebetrieben.* Hamburg: VSA-Verlag.

Dreher, Jochen (2018): »Einleitung zu ›Das Gesellschaftsbild des Arbeiters‹«, in: Heinrich Popitz; Hans P. Bahrdt; Ernst A. Jüres (Hg.): *Das Gesellschaftsbild des Arbeiters. Soziologische Untersuchungen in der Hüttenindustrie.* Wiesbaden: Springer, S. IX–XIX.

Dreitzel, Hans Peter (1962): »Selbstbild und Gesellschaftsbild Wissenssoziologische Überlegungen zum Image-Begriff«, *European Journal of Sociology*, Jg. 3 (2), S. 181–228.

Droste, Luigi (2019): »Treiben Sorgen und Ängste den »populistischen Zeitgeist«? Eine Untersuchung von Erscheinungsformen, Verbreitung und Determinanten populistischer Einstellungen«, in: Christiane Lübke; Jan Delhey (Hg.): *Diagnose Angstgesellschaft? Was wir wirklich über die Gefühlslage der Menschen wissen.* Bielefeld: transcript, S. 223–253.

Dubiel, Helmut (1975): »Ideologiekritik versus Wissenssoziologie: Die Kritik der Mannheimschen Wissenssoziologie in der Kritischen Theorie«, *Archiv für Rechts- und Sozialphilosophie*, Jg. 61, S. 223–238.

Duisburger Institut für Sprach- und Sozialforschung (2004): Der umstrittene Begriff des Faschismus. Interview mit Roger Griffin. Duisburger Institut für Sprach- und Sozialforschung, 2004. Online verfügbar unter https://www.diss-duisburg.de/2004/12/der-umstrittene-begriff-des-faschismus/ (zuletzt geprüft am 25. März 2022).

Dux, Günter (2017 [1989]): *Die Zeit in der Geschichte. Ihre Entwicklungslogik vom Mythos zur Weltzeit.* Wiesbaden: Springer Fachmedien.

Ecarius, Jutta; Schäffer, Burkhard (2010): »Typenbildung und Theoriegenerierung«, in: Jutta Ecarius; Burkhard Schäffer (Hg.): *Typenbildung und Theoriegenerierung. Methoden und Methodologien qualitativer Bildungs- und Biographieforschung.* Opladen: Verlag Barbara Budrich, S. 7–14.

Ehmer, Hermann (2011): »Die Aneignung des württembergischen Pietismus durch die Erweckungsbewegung«, in: Albrecht Beutel; Reinhold Rieger (Hg.): *Religiöse Erfahrung und wissenschaftliche Theologie. Festschrift für Ulrich Köpf zum 70. Geburtstag.* Tübingen: Mohr Siebeck, S. 81–100.

Elias, Norbert (2014): *Über die Zeit.* Frankfurt am Main: Suhrkamp.

Eribon, Didier (2016): *Rückkehr nach Reims.* Berlin: Suhrkamp.

Eribon, Didier (2017): *Gesellschaft als Urteil. Klassen, Identiäten, Wege.* Frankfurt am Main: Suhrkamp.

ESMA (2020): Fast Track Peer Review on the Application of Guidlines on the Enforcement of Financial Information (ESMA/2014/1293) by BAFIN and FREP in the Context of Wirecard. European Securities and Market Authority, 3. November 2020. Online verfügbar unter https://www.esma.europa.eu/sites/default/files/library/esma42-111-5349_fast_track_peer_review_report_-_wirecard.pdf (zuletzt geprüft am 07. November 2021).

Esposito, Fernando (2016): »Von no future bis Posthistoire. Der Wandel des temporalen Imaginariums nach dem Boom«, in: Anselm Doering-Manteuffel; Lutz Raphael; Thomas Schlemmer (Hg.): *Vorgeschichte der Gegenwart. Dimensionen des Strukturbruchs nach dem Boom*. Göttingen: Vandenhoeck & Ruprecht, S. 393–423.

Esposito, Fernando (2017a): »Zeitenwandel. Transformation geschichtlicher Zeitlichkeit nach dem Boom – eine Einführung«, in: Fernando Esposito (Hg.): *Zeitenwandel. Transformationen geschichtlicher Zeitlichkeit nach dem Boom*. Göttingen: Vandenhoeck & Ruprecht, S. 7–62.

Esposito, Fernando (Hg.) (2017b): *Zeitenwandel. Transformationen geschichtlicher Zeitlichkeit nach dem Boom*. Göttingen: Vandenhoeck & Ruprecht.

Esposito, Fernando; Gumbrecht, Hans Ulrich (2017): »Posthistoire Then. Ein Gespräch mit Hans Ulrich Gumbrecht über ›unsere breite Gegenwart‹«, in: Fernando Esposito (Hg.): *Zeitenwandel. Transformationen geschichtlicher Zeitlichkeit nach dem Boom*. Göttingen: Vandenhoeck & Ruprecht, S. 255–277.

Esposito, Fernando; Reichardt, Sven (2015): »Revolution and Eternity. Introductory Remarks on Fascist Temporalities«, *Journal of Modern European History*, Jg. 13 (1), S. 24–43.

Esses, Victoria M.; Jackson, Lynne M.; Armstrong, Tamara L. (1998): »Intergroup Competition and Attitudes Toward Immigrants and Immigration. An Instrumental Model of Group Conflict«, *Journal of Social Issues*, Jg. 54 (4), S. 699–724.

Eversberg, Dennis (2014): *Dividuell aktiviert. Wie Arbeitsmarktpolitik Subjektivitäten produziert*. Frankfurt am Main: Campus.

Eversberg, Dennis (2016): »Destabilisierte Zukunft. Veränderungen im sozialen Feld des Arbeitsmarktes seit 1970 und ihre Auswirkungen auf die Erwartungshorizonte der jungen Generation«, in: Anselm Doering-Manteuffel; Lutz Raphael; Thomas Schlemmer (Hg.): *Vorgeschichte der Gegenwart. Dimensionen des Strukturbruchs nach dem Boom*. Göttingen: Vandenhoeck & Ruprecht, S. 451–474.

Faber, Richard; Unger, Frank (Hg.) (2008): *Populismus in Geschichte und Gegenwart*. Würzburg: Königshausen & Neumann.

Falter, Jürgen W. (1994): *Wer wählt rechts? Die Wähler und Anhänger rechtsextremistischer Parteien im vereinigten Deutschland*. München: Beck.

Festinger, Leon (1954): »A Theory of Social Comparison Processes«, *Human Relations*, Jg. 7 (2), S. 117–140.

Fisher, Mark (2013): *Kapitalistischer Realismus ohne Alternative? Eine Flugschrift ; mit einem Nachwort zur deutschen Ausgabe*. Hamburg: VSA-Verlag.

Flemming, Felix (2020): *Die Ängste der Wähler. Entstehungsbedingungen von Angsterleben und seine Folgen für die Wählermobilisierung im Bundestagswahlkampf 2017*. Wiesbaden: Springer Fachmedien Wiesbaden GmbH.

Franz, Julia; Griese, Birgit (2010): »Dokumentarische Methode und Narrationsstrukturanalyse – ein Vergleich«, in: Birgit Griese (Hg.): *Subjekt – Identität – Person? Reflexionen zur Biographieforschung*. Wiesbaden: VS Verlag für Sozialwiss, S. 271–316.

Fried, Johannes (2013): *Das Mittelalter. Geschichte und Kultur*. München: Beck.

Friedrich, Sebastian (2017): *Die AfD. Analysen – Hintergründe – Kontroversen*. Berlin: Bertz + Fischer.

Fritz, Eberhard (2003): *Radikaler Pietismus in Württemberg. Religiöse Ideale im Konflikt mit gesellschaftlichen Realitäten*. Epfendorf/Neckar: bibliotheca academica Verlag.

Fritz, Martin (2021): »Im Bann der Dekadenz. Theologische Grundmotive der christlichen Rechten in Deutschland«, in: Johann Hinrich Claussen; Martin Fritz; Andreas Kubik; Rochus Leonhardt; Arnulf von Scheliha (Hg.): *Christentum von rechts. Theologische Erkundungen und Kritik*. Tübingen: Mohr Siebeck, S. 9–63.

Fuchs-Heinritz, Werner; König, Alexandra (2014): *Pierre Bourdieu. Eine Einführung*. Konstanz: UVK.

Fukuyama, Francis (1989): »The End of History?«, *The National Interest* (16), S. 3–18.

Fukuyama, Francis (1992): *The end of history and the last man*. New York: Free Press.

Funke, Hajo (2020): *Die Höcke-AfD. Vom gärigen Haufen zur rechtsextremen »Flügel«-Partei: eine Flugschrift*. Hamburg: VSA-Verlag.

Furedi, Frank (2005): *Politics of fear. Beyond left and right*. London: Continuum.

Geiger, Theodor (1930): »Panik im Mittelstand«, *Die Arbeit*, S. 637–654.

Geiger, Theodor (1932): *Die soziale Schichtung des deutschen Volkes. soziographischer Versuch auf statistischer Grundlage*. Stuttgart: Enke.

Geiger, Theodor (1949): *Die Klassengesellschaft im Schmelztiegel*. Köln, Hagen: Gustav Kiepenheuer.

Geiselberger, Heinrich (Hg.) (2017): *Die große Regression. Eine internationale Debatte über die geistige Situation der Zeit*. Berlin: Suhrkamp.

Gertenbach, Lars (2013): »Geschichte, Zeit und sozialer Wandel. Konturen eines poststrukturalistischen Geschichtsdenkens«, in: Stephan Moebius; Andreas Reckwitz (Hg.): *Poststrukturalistische Sozialwissenschaften*. Frankfurt am Main: Suhrkamp, S. 208–225.

Gest, Justin; Reny, Tyler; Mayer, Jeremy (2018): »Roots of the Radical Right. Nostalgic Deprivation in the United States and Britain«, *Comparative Political Studies*, Jg. 51 (13), S. 1694–1719.

Giddens, Anthony (1992): *Kritische Theorie der Spätmoderne*. Wien: Passagen-Verlag.

Gidron, Noam; Hall, Peter A. (2017): »The politics of social status: economic and cultural roots of the populist right«, *The British Journal of Sociology*, Jg. 68 (1), S. 57–84.

Girtler, Roland (1992): *Methoden der qualitativen Sozialforschung. Anleitung zur Feldarbeit*. Wien: Böhlau.

Girtler, Roland (2001): *Methoden der Feldforschung*. Stuttgart, Köln: UTB, Böhlau.

Glaser, Barney G. (1965): »The Constant Comparative Method of Qualitative Analysis«, *Social Problems*, Jg. 12 (4), S. 436–445.

Glaser, Barney G.; Strauss, Anselm L. (2009 [1967]): *The discovery of grounded theory. Strategies for qualitative research*. New Brunswick, London: Aldine.

Glaser, Eliane (2018): *Anti-Politics. On the Demonization of Ideology, Authority and the State*. Erscheinungsort nicht ermittelbar: Watkins Media.

Götz, Norbert (1997): »Modernisierungsverlierer oder Gegner der reflexiven Moderne?«, *Zeitschrift für Soziologie*, Jg. 26 (6), S. 393–413.

Griffin, Roger (2007): *Modernism and fascism. The Sense of a Beginning under Mussolini and Hitler*. Houndmills, Basingstoke, Hampshire: Palgrave Macmillan.

Griffin, Roger (2015): »Fixing Solutions: Fascist Temporalities as Remedies for Liquid Modernity«, *Journal of Modern European History*, Jg. 13 (1), S. 5–23.

Groh, Dieter (1973): *Negative Integration und revolutionärer Attentismus. Die deutsche Sozialdemokratie am Vorabend des Ersten Weltkrieges*. Berlin: Propyläen.

Groh-Samberg, Olaf (2014): »Arbeitermilieus in der Ära der Deindustrialisierung. Alte Benachteiligungen, gebrochene Flugbahnen, neue Ausgrenzungen«, in: Helmut Bremer; Andrea Lange-Vester (Hg.): *Soziale Milieus und Wandel der Sozialstruktur. Die gesellschaftlichen Herausforderungen und die Strategien der sozialen Gruppen*. Wiesbaden: Springer VS, S. 241–265.

Groth, Friedhelm (1984): *Die »Wiederbringung aller Dinge« im württembergischen Pietismus: theologiegeschichtliche Studien zum eschatologischen Heilsuniversalismus Württembergischer Pietisten des 18. Jahrhunderts*. Göttingen: Vandenhoeck & Ruprecht.

Gumbrecht, Hans Ulrich (2010): *Unsere breite Gegenwart*. Berlin: Suhrkamp.

Gumbrecht, Hans Ulrich (2012): »Vom Wandel der Chronotypen: Ein mögliches Nachwort«, in: Klaus Birnstiel; Erik Schilling (Hg.): *Literatur und Theorie seit der Postmoderne*. Stuttgart: S. Hirzel Verlag, S. 229–236.

Gurr, Ted Robert (1970): *Why men rebel*. Princeton, NJ: University Press.

Güttler, Peter O. (2000): *Sozialpsychologie. Soziale Einstellungen, Vorurteile, Einstellungsänderungen*. München: Oldenbourg.

Habermas, Jürgen (1985): »Die Neue Unübersichtlichkeit. Die Krise des Wohlfahrtsstaates und die Erschöpfung utopischer Energien«, *Merkur*, Jg. 29, S. 1–14.

Hadler, Markus (2004): »Modernisierungsverlier und -gewinner. Ihre Anteile, Wahrnehmungen und Einstellungen in einem 30 Staaten umfassenden Vergleich«, *SWS-Rundschau*, Jg. 44 (1), S. 7–32.

Hambauer, Verena; Mays, Anja (2018): »Wer wählt die AfD? – Ein Vergleich der Sozialstruktur, politischen Einstellungen und Einstellungen zu Flüchtlingen zwischen AfD-WählerInnen und der WählerInnen der anderen Parteien«, *Zeitschrift für Vergleichende Politikwissenschaft*, Jg. 12 (1), S. 133–154.

Harm, Volker (2001): »Zur Herausbildung Der Deutschen Futurumschreibung Mit Werden Infinitiv«, *Zeitschrift für Dialektologie und Linguistik*, Jg. 68 (3), S. 288–307.

Hartog, François (2015): *Regimes of historicity. Presentism and experiences of time*. New York: Columbia University Press.

Häusler, Alexander (2018): »Die AfD: Partei des völkisch-autoritären Populismus«, in: Alexander Häusler (Hg.): *Völkisch-autoritärer Populismus. Der Rechtsruck in Deutschland und die AfD*. Hamburg: VSA-Verlag, S. 9–19.

Heitmeyer, Wilhelm (1994): »Das Desintegrations-Theorem. Ein Erklärungsansatz zu fremdenfeindlich motivierter, rechtsextremistischer Gewalt und zur Lähmung gesellschaftlicher Institutionen«, in: Wilhelm Heitmeyer (Hg.): *Das Gewalt-Dilemma. Gesellschaftliche Reaktionen auf fremdenfeindliche Gewalt und Rechtsextremismus*. Frankfurt am Main: Suhrkamp, S. 29–72.

Heitmeyer, Wilhelm (2001): »Autoritärer Kapitalismus, Demokratieentleerung und Rechtspopulismus. Eine Analyse von Entwicklungstendezen«, in: Dietmar Loch; Wilhelm Heitmeyer (Hg.): *Schattenseiten der Globalisierung. Rechtsradikalismus, Rechtspopulismus und separatistischer Regionalismus in westlichen Demokratien*. Frankfurt am Main: Suhrkamp, S. 497–534.

Heitmeyer, Wilhelm (Hg.) (2002): *Deutsche Zustände. Folge 1*. Frankfurt am Main: Suhrkamp.

Heitmeyer, Wilhelm (Hg.) (2012): *Deutsche Zustände. Folge 10*. Frankfurt am Main: Suhrkamp.

Heitmeyer, Wilhelm (2018): *Autoritäre Versuchungen. Signaturen der Bedrohung I*. Berlin: Suhrkamp.

Helfferich, Cornelia (2011): *Die Qualität qualitativer Daten. Manual für die Durchführung qualitativer Interviews*. Wiesbaden: VS Verlag für Sozialwissenschaften.

Henkelmann, Katrin; Jäckel, Christian; Stahl, Andreas; Wünsch, Niklas; Zopes, Benedikt (Hg.) (2020): *Konformistische Rebellen. Zur Aktualität des autoritären Charakters*. Berlin: Verbrecher Verlag.

Hertel, Florian R.; Esche, Frederike (2019): »Die rechte Mitte? Zur Rolle objektiver Position und subjektiver Verunsicherung für die Identifikation mit rechten Parteien«, in: Christiane Lübke; Jan Delhey (Hg.): *Diagnose Angstgesellschaft? Was wir wirklich über die Gefühlslage der Menschen wissen*. Bielefeld: transcript, S. 255–285.

Heyder, Aribert; Gaßner, Anna (2012): »Anomia, Deprivation und Wertorientierung zur Vorhersage rechtsextremistischer Einstellungen. Eine empirische Studie mit Repräsentativdaten aus Deutschland.«, *Österreichische Zeitschrift für Politikwissenschaft*, Jg. 41 (3), S. 277–298.

Heyer, Andreas (2007): »Ursprung und Gehalt des Utopiebegriffs von Karl Mannheim«, *UTOPIE kreativ* (197), S. 241–251.

Hezel, Lukas J. (2017): »›Was gibt es zu verlieren, wo es kein Morgen gibt?‹. Chronopolitik und Radikalisierung in der Jugendrevolte 1980/1981 und bei den Autonomen«, in: Fernando Esposito (Hg.): *Zeitenwandel. Transformationen geschichtlicher Zeitlichkeit nach dem Boom*. Göttingen: Vandenhoeck & Ruprecht, S. 119–152.

Hilmer, Richard; Kohlrausch, Bettina; Müller-Hilmer, Rita; Gagné, Jérémie (2017): Einstellung und soziale Lebenslage. Eine Spurensuche nach Gründen für rechtspopulistische Orientierung, auch unter Gewerkschaftsmitgliedern, Working Paper Forschungsförderung 044. Online verfügbar unter https://www.boeckler.de/de/faust-detail.htm?sync_id=HBS-006633 (zuletzt geprüft am 25. März 2022).

Hobsbawm, Eric J. (1971 [1959]): *Sozialrebellen. Archaische Sozialbewegungen im 19. und 20. Jahrhundert*. Neuwied, Berlin: Luchterhand.

Hochschild, Arlie Russell (2016): *Strangers in their own land. Anger and mourning on the American right*. New York, London: The New Press.

Hochuli, Alex; Hoare, George; Cunliffe, Philip (2022): Das Ende des Endes der Geschichte. Post-Politik, Anti-Politik und der Zerfall der liberalen Demokratie. Wien: Promedia.

Hölscher, Lucian (1989): *Weltgericht oder Revolution. Protestantische und sozialistische Zukunftsvorstellungen im deutschen Kaiserreich*. Stuttgart: Klett-Cotta.

Hölscher, Lucian (1999): *Die Entdeckung der Zukunft*. Frankfurt am Main: Fischer-Taschenbuch-Verlag.

Hölscher, Lucian (2020): *Die Entdeckung der Zukunft*. Göttingen: Wallstein Verlag.

Horkheimer, Max (1987): »Ein neuer Ideologiebegriff?«, in: Alfred Schmidt und Gunzelin Schmid Noerr (Hg.): *Max Horkheimer Gesammelte Schriften. Band 2: Philosophische Frühschriften 1922–1932*. Frankfurt am Main: Fischer, S. 271–294.

Horkheimer, Max (1988): »Traditionelle und kritische Theorie«, in: Alfred Schmidt; Max Horkheimer (Hg.): *Max Horkheimer Gesammelte Schriften. Band 4: Schriften 1936–1941*. Frankfurt am Main: Fischer, S. 162–216.

Horkheimer, Max; Adorno, Theodor W. (1988 [1947]): *Dialektik der Aufklärung. Philosophische Fragmente*. Frankfurt am Main: Fischer-Taschenbuch-Verlag.

Horn, Eva (2020): *Zukunft als Katastrophe*. Frankfurt am Main: Fischer.

Hövermann, Andreas; Groß, Eva (2016): »Menschenfeindlicher und rechtsextremer – Die Veränderungen der Einstellungen unter AfD-Sympathisanten zwichen 2014 und 2016«, in: Ralf Melzer (Hg.): *Gespaltene Mitte – Feindselige Zustände. Rechtsextreme Einstellungen in Deutschland 2016*. Bonn: Dietz, S. 167–184.

Husserl, Edmund (2013 [1928]): Zur Phänomenologie des inneren Zeitbewußtseins. Mit den Texten aus der Erstausgabe und dem Nachlaß. Hamburg: Felix Meiner Verlag.

Inglehart, Ronald (1977): *The silent revolution. Changing values and political styles among Western publics*. Princeton, New Jersey: Princeton University Press.

Inglehart, Ronald; Norris, Pippa (2016): »Trump, Brexit, and the Rise of Populism: Economic Have-Nots and Cultural Backlash«, *Harvard Kennedy School, HKS Working Paper Nr. RWP16-026*, online verfügbar unter https://www.hks.harvard.edu/publications/trump-brexit-and-rise-populism-economic-have-nots-and-cultural-backlash (zuletzt geprüft am 25. März 2022).

Jaster, Daniel (2020): »Protest and the experience of time: Action as synchronizing temporalities«, *Time & Society*, Jg. 29 (3), S. 750–771.

Jeggle, Utz (2014): *Das Fremde im Eigenen. Beiträge zur Anthropologie des Alltags*. Tübingen: Tübinger Vereinigung für Volkskunde.

Jörke, Dirk; Nachtwey, Oliver (2017): »Die rechtspopulistische Hydraulik der Sozialdemokratie. Zur politischen Soziologie alter und neuer Arbeiterparteien«, in: Dirk Jörke; Oliver Nachtwey (Hg.): *Das Volk gegen die (liberale) Demokratie*. Baden-Baden: Nomos, S. 161–186.

Jörke, Dirk; Selk, Veith (2017): *Theorien des Populismus zur Einführung*: Junius.

Jörke, Dirk; Selk, Veith (2018): »Populismus in Zeiten des postdemokratischen Liberalismus. Für eine Theorie des Populismus ohne Moralisierung«, *Soziopolis*, online verfügbar unter: https://www.soziopolis.de/populismus-in-zeiten-des-postdemokratischen-liberalismus.html (Zugriff am 23. Januar 2023).

Jung, Thomas (1989): Vom Ende der Geschichte. Rekonstruktionen zum Posthistoire in kritischer Absicht. Münster: Waxmann.

Kannenberg, Michael (2007): *Verschleierte Uhrtafeln. Endzeiterwartungen im württembergischen Pietismus zwischen 1818 und 1848*. Göttingen: Vandenhoeck & Ruprecht.

Kannenberg, Michael (2016): »Jerusalemsehnsucht und andere Endzeitvorstellungen im württembergischen popularen Pietismus«, in: Christine Absmeier; Annemarie Röder (Hg.): *Flucht vor der Reformation. Täufer, Schwenckfelder und Pietisten zwischen dem deutschen Südwesten und dem östlichen Europa*. Stuttgart: Baden-Württemberg Haus der Heimat, S. 54–65.

Kauffmann, Heiko; Kellershohn, Helmut; Paul, Jobst (Hg.) (2005): *Völkische Bande. Dekadenz und Wiedergeburt – Analysen rechter Ideologie*. Münster: Unrast.

Kelly, Duncan (2017): »Populism and the History of Popular Sovereignty«, in: Cristóbal Rovira Kaltwasser; Paul A. Taggart; Paulina Ochoa Espejo; Pierre Ostiguy (Hg.): *The Oxford handbook of populism*. Oxford, New York: Oxford University Press.

King, Gary; Rosen, Ori; Tanner, Martin; Wagner, Alexander F. (2008): »Ordinary Economic Voting Behavior in the Extraordinary Election of Adolf Hitler«, *The Journal of Economic History*, Jg. 68 (4), S. 951–996.

Kirchmeier, Christian (2012): »Semantik«, in: Oliver Jahraus; Armin Nassehi; Mario Grizelj; Irmhild Saake; Christian Kirchmeier; Julian Müller (Hg.): *Luhmann-Handbuch. Leben – Werk – Wirkung*. Stuttgart: Metzler, S. 115–117.

Kleemann, Frank; Krähnke, Uwe; Matuschek, Ingo (2013): *Interpretative Sozialforschung. Eine Einführung in die Praxis des Interpretierens*. Wiesbaden: Springer VS.

Klein, Anna; Müller, Michael (2016): »Demokratische Mitte oder Bad Civil Society?«, in: Ralf Melzer (Hg.): *Gespaltene Mitte – Feindselige Zustände. Rechtsextreme Einstellungen in Deutschland 2016*. Bonn: Dietz, S. 185–201.

Klönne, Arno (1989): »Aufstand der Modernisierungsopfer«, *Blätter für deutsche und internationale Politik*, Jg. 34 (5), S. 545–548.

Knöbl, Wolfgang (2022): Die Soziologie vor der Geschichte. Zur Kritik der Sozialtheorie. Berlin: Suhrkamp.

Knoblauch, Hubert; Kahl, Antje (2018): »Transkription«, in: Ralf Bohnsack; Michael Meuser; Alexander Geimer (Hg.): *Hauptbegriffe qualitativer Sozialforschung*. Stuttgart u.a.: UTB, Verlag Barbara Budrich, S. 233–235.

Kohlrausch, Bettina (2018): »Abstiegsängste in Deutschland. Ausmaß und Ursachen in Zeiten des erstarkenden Rechtspopulismus«, *Hans Böckler Stiftung, Working Paper Forschungsförderung* 058, Februar 2018.

Kohlstruck, Michael (2008): »Rechtspopulismus und Rechtsextremismus. Graduelle oder qualitative Unterschiede?«, in: Richard Faber; Frank Unger (Hg.): *Populismus in Geschichte und Gegenwart*. Würzburg: Königshausen & Neumann, S. 211–228.

Konrad, Robert (1981): »Chiliasmus III«, in: *Theologische Realenzyklopädie. Band 7*. Berlin, New York: De Gruyter, S. 734–737.

Koppetsch, Cornelia (2013): *Die Wiederkehr der Konformität. Streifzüge durch die gefährdete Mitte*. Frankfurt, New York: Campus.

Koppetsch, Cornelia (2017): »Rechtspopulismus, Etablierte und Außenseiter. Emotionale Dynamiken sozialer Deklassierung«, in: Dirk Jörke; Oliver Nachtwey (Hg.): *Das Volk gegen die (liberale) Demokratie*. Baden-Baden: Nomos, S. 208–232.

Koppetsch, Cornelia (2018a): »Rechtspopulismus als Klassenkampf? Soziale Deklassierung und politische Mobilisierung«, *WSI-Mitteilungen*, Jg. 71 (5), S. 382–391.

Koppetsch, Cornelia (2018b): »Soziologiekolumne: Eine Welle der Nostalgie. Die akademische Mittelschicht und die illiberale Gesellschaft«, *Merkur*, Jg. 72 (832), S. 51–58.

Koppetsch, Cornelia (2019): *Die Gesellschaft des Zorns. Rechtspopulismus im globalen Zeitalter*. Bielefeld: transcript.

Koselleck, Reinhart (1989): *Vergangene Zukunft. Zur Semantik geschichtlicher Zeiten*. Frankfurt am Main: Suhrkamp.

Koselleck, Reinhart (2003): *Zeitschichten. Studien zur Historik*. Frankfurt am Main: Suhrkamp.

Koselleck, Reinhart (2010): *Begriffsgeschichten. Studien zur Semantik und Pragmatik der politischen und sozialen Sprache*. Frankfurt am Main: Suhrkamp.

Kraemer, Klaus (2010): »Abstiegsängste in Wohlstandslagen«, in: Nicole Burzan; Peter A. Berger (Hg.): *Dynamiken (in) der gesellschaftlichen Mitte:* VS Verlag für Sozialwissenschaften, S. 201–230.

Krastev, Ivan; Holmes, Stephen (2019): *Das Licht, das erlosch. Eine Abrechnung*. Berlin: Ullstein.

Kraushaar, Wolfgang (2012): *Der Griff nach der Notbremse. Nahaufnahmen des Protests*. Berlin: Wagenbach.

Krebs, Hans-Peter; Lipietz, Alain (Hg.) (1998): *Nach dem Ende des »Goldenen Zeitalters«. Regulation und Transformation kapitalistischer Gesellschaften*. Berlin: Argument.

Kreitz, Robert (2010): »Zur Beziehung von Fall und Typus«, in: Jutta Ecarius; Burkhard Schäffer (Hg.): *Typenbildung und Theoriegenerierung. Methoden und Methodologien qualitativer Bildungs- und Biographieforschung*. Opladen: Verlag Barbara Budrich, S. 115–126.

Kroh, Martin; Fetz, Karolina (2016): »Das Profil der AfD-AnhängerInnen hat sich seit Gründung der Partei deutlich verändert«, *DIW Wochenbericht* (34), S. 711–719.

Kronau, Felix (2019): »Dekadenz«, in: Bente Gießelmann; Robin Richterich; Benjamin Kerst (Hg.): *Handwörterbuch rechtsextremer Kampfbegriffe*. Frankfurt a.M.: Wochenschau Verlag, S. 49–57.

Kruse, Jan (2015): *Qualitative Interviewforschung. Ein integrativer Ansatz*. Weinheim, Basel: Beltz Juventa.

Kuhs, Joachim Hans; Münz, Volker; Schmitt, Holger (2020): *Mut zur Wahrheit. Warum die AfD für Christen mehr als eine Alternative ist*. Bad Schussenried: GHV.

Kumkar, Nils-Christian (2018): *The Tea Party, Occupy Wall Street, and the great recession*. Cham: Palgrave Macmillan.

Kunze, Klarissa Theresa (2008): *Der Mythos von der Chancengleichheit. Wie der Habitus die berufliche und soziale Laufbahn bestimmt*. München: Akademische Verlagsgemeinschaft München.

Küsters, Ivonne (2009): *Narrative Interviews. Grundlagen und Anwendungen*. Wiesbaden: VS Verlag für Sozialwissenschaften / GWV Fachverlage GmbH Wiesbaden.

Laclau, Ernesto (2005): *On populist reason*. London, New York: Verso.

Lanczkowski, Günter (2010): »Apokalyptik/Apokalypsen«, in: *Theologische Realenzyklopädie Online: Anselm von Laon – Aristoteles/Aristotelismus:* De Gruyter, S. 189–191.

Landauer, Gustav (2003 [1907]): *Die Revolution*. Münster: Unrast.

Landwehr, Achim (2014): »Alte Zeiten, neue Zeiten. Aussichten auf die Zeit-Geschichte«, in: Achim Landwehr (Hg.): *Frühe Neue Zeiten. Zeitwissen zwischen Reformation und Revolution*. s.l.: transcript Verlag, S. 9–40.

Lange, Dieter (1990): *Eine Bewegung bricht sich Bahn. Die deutschen Gemeinschaften im ausgehenden 19. und beginnenden 20. Jahrhundert und ihre Stellung zu Kirche, Theologie und Pfingstbewegung*. Gießen: Brunnen-Verlag.

Lantermann, Ernst-Dieter (2016): *Die radikalisierte Gesellschaft. Von der Logik des Fanatismus*. München: Blessing.

Latour, Bruno (2008 [1991]): *Wir sind nie modern gewesen. Versuch einer symmetrischen Anthropologie*. Frankfurt am Main: Suhrkamp.

Leanza, Matthias (2011): »Die Geschichte des Kommenden. Zur Historizität der Zukunft im Anschluss an Luhmann und Foucault«, *Behemoth*, Jg. 4 (2), S. 10–25.

Lengfeld, Holger (2017): »Die ›Alternative für Deutschland‹: eine Partei für Modernisierungsverlierer?«, *Kölner Zeitschrift für Soziologie und Sozialpsychologie*, Jg. 69 (2), S. 209–232.

Lengfeld, Holger (2018): »Der ›Kleine Mann‹ und die AfD: Was steckt dahinter?«, *Kölner Zeitschrift für Soziologie und Sozialpsychologie*, Jg. 70 (2), S. 295–310.

Lengfeld, Holger (2019): »Abstiegsangst in Deutschland auf historischem Tiefstand. Ergebnisse der Auswertung des Sozio-oekonomischen Panels 1991–2016«, in: Christiane Lübke; Jan Delhey (Hg.): *Diagnose Angstgesellschaft? Was wir wirklich über die Gefühlslage der Menschen wissen*. Bielefeld: transcript, S. 59–75.

Lengfeld, Holger; Hirschle, Jochen (2009): »Die Angst der Mittelschicht vor dem sozialen Abstieg. Eine Längsschnittanalyse 1984–2007«, *Zeitschrift für Soziologie*, Jg. 38 (5), S. 379–398.

Lengfeld, Holger; Ordemann, Jessica (2017): »Der Fall der Abstiegsangst, oder. Die mittlere Mittelschicht als sensibles Zentrum der Gesellschaft. Eine Trendanalyse 1984–2014«, *Zeitschrift für Soziologie*, Jg. 46 (3), S. 67.

Lenk, Kurt (2005): »Das Problem der Dekadenz seit Georges Sorel«, in: Heiko Kauffmann; Helmut Kellershohn; Jobst Paul (Hg.): *Völkische Bande. Dekadenz und Wiedergeburt – Analysen rechter Ideologie*. Münster: Unrast, S. 49–63.

Lessenich, Stephan (2008): *Die Neuerfindung des Sozialen. Der Sozialstaat im flexiblen Kapitalismus*. Bielefeld: transcript.

Lessenich, Stephan (2019): »Kritische Theorie des Wohlfahrtsstaats«, in: Uwe H. Bittlingmayer; Alex Demirović; Tatjana Freytag (Hg.): *Handbuch Kritische Theorie*. Wiesbaden: Springer Fachmedien Wiesbaden, S. 873–891.

Lessenich, Stephan (2022): Nicht mehr normal. Gesellschaft am Rande des Nervenzusammenbruchs. Berlin: Hanser Berlin.

Lichtblau, Klaus (2001): »Ressentiment, negative Privilegierung, Parias«, in: Hans Gerhard Kippenberg; Martin Riesebrodt (Hg.): *Max Webers »Religionssystematik«*. Tübingen: Mohr Siebeck, S. 279–296.

Lichtblau, Klaus (2007): »Karl Mannheim und das Problem der historischen Zeit«, in: Bálint Balla; Vera Sparschuh; Anton Sterbling (Hg.): *Karl Mannheim. Leben, Werk, Wirkung und Bedeutung für die Osteuropaforschung*. Hamburg: Krämer, S. 11–19.

Lilla, Mark (2018): *Der Glanz der Vergangenheit. Über den Geist der Reaktion*. Zürich: NZZ Libro.

Lipset, Seymour Martin (1955): »The Radical Right: A Problem for American Democracy«, *The British Journal of Sociology*, Jg. 6 (2), S. 176.

Lipset, Seymour Martin (1959): »Democracy and Working-Class Authoritarianism«, *American Sociological Review*, Jg. 24 (4), S. 482–501.

Lipset, Seymour Martin (1962): *Soziologie der Demokratie*. Neuwied, Berlin: Luchterhand.

List, Günther (1973): *Chiliastische Utopie und radikale Reformation. Die Erneuerung der Idee vom tausendjährigen Reich im 16. Jahrhundert*. München: Wilhelm Fink.

Loch, Dietmar; Heitmeyer, Wilhelm (Hg.) (2001): *Schattenseiten der Globalisierung. Rechtsradikalismus, Rechtspopulismus und separatistischer Regionalismus in westlichen Demokratien*. Frankfurt am Main: Suhrkamp.

Loos, Peter (1998): *Mitglieder und Sympathisanten rechtsextremer Parteien. Das Selbstverständnis von Anhängern der Partei »Die Republikaner«*. Wiesbaden: Deutscher Universitätsverlag.

Lorenzen, Jule-Marie; Neumann, Denis; Seehaus, Alexandra; Trappmann, Vera (2018): »Rechtspopulismus und Lebenslagen: Das junge Prekariat und die AfD«, in: Karina Becker; Klaus Dörre; Peter Reif-Spirek (Hg.): *Arbeiterbewegung von rechts? Ungleichheit – Verteilungskämpfe – populistische Revolte*. Frankfurt, New York: Campus, S. 137–156.

Löwith, Karl (1983): *Weltgeschichte und Heilsgeschehen. Zur Kritik der Geschichtsphilosophie*. Stuttgart: Metzler.

Lübbe, Hermann (1998): »Gegenwartschrumpfung«, in: Klaus Backhaus; Holger Bonus (Hg.): *Die Beschleunigungsfalle oder der Triumph der Schildkröte*. Stuttgart: Schäffer-Poeschel, S. 129–164.

Lübbe, Hermann (2000): »Gegenwartsschrumpfung, Zeit-Erfahrungen in einer dynamischen Zivilisation«, in: Hermann Fechtrup; Friedbert Schulze; Thomas Sternberg (Hg.): *Zwischen Anfang und Ende. Nachdenken über Zeit, Hoffnung und Geschichte; ein Symposium (Münster, Mai 1999)*. Münster, Hamburg, London: Lit, S. 71–80.

Lübbe, Hermann (2003a): »Einleitung«, in: Hermann Lübbe (Hg.): *Im Zug der Zeit. Verkürzter Aufenthalt in der Gegenwart*. Berlin u.a.: Springer, S. 1–24.

Lübbe, Hermann (2003b): »Nachwort«, in: Hermann Lübbe (Hg.): *Im Zug der Zeit. Verkürzter Aufenthalt in der Gegenwart*. Berlin u.a.: Springer, S. 397–437.

Lübke, Christiane (2019): »Leben wir in einer Angstgesellschaft? Die Verbreitung von persönlichen und gesellschaftsbezogenen Sorgen in Deutschland«, in: Christiane Lübke; Jan Delhey (Hg.): *Diagnose Angstgesellschaft? Was wir wirklich über die Gefühlslage der Menschen wissen*. Bielefeld: transcript, S. 29–58.

Luhmann, Niklas (1975): »Weltzeit und Systemgeschichte«, in: *Soziologische Aufklärung 2. Aufsätze zur Theorie der Gesellschaft*. Opladen: Westdeutscher Verlag, S. 103–133.

Luhmann, Niklas (1980a): *Gesellschaftsstruktur und Semantik. Studien zur Wissenssoziologie der modernen Gesellschaft. Band 1*. Frankfurt am Main: Suhrkamp.

Luhmann, Niklas (1980b): »Temporalisierung von Komplexität: Zur Semantik neuzeitlicher Zeitbegriffe«, in: *Gesellschaftsstruktur und Semantik. Studien zur Wissenssoziologie der modernen Gesellschaft. Band 1*. Frankfurt am Main: Suhrkamp, S. 235–300.

Luhmann, Niklas (1984): *Soziale Systeme. Grundriß einer allgemeinen Theorie*. Frankfurt am Main: Suhrkamp.

Lutz, Burkart (1989): *Der kurze Traum immerwährender Prosperität. Eine Neuinterpretation der industriell-kapitalistischen Entwicklung im Europa des 20. Jahrhunderts*. Frankfurt am Main: Campus.

Lux, Thomas (2018a): »Die AfD und die unteren Statuslagen. Eine Forschungsnotiz zu Holger Lengfelds Studie ›Die ›Alternative für Deutschland‹: eine Partei für Modernisierungsverlierer?‹«, *Kölner Zeitschrift für Soziologie und Sozialpsychologie*, Jg. 70 (2), S. 255–273.

Lux, Thomas (2018b): »Revolte der Abgehängten? Zum Verhältnis von Rechtspopulismus und sozialer Gerechtigkeit«, *WSI-Blog*, online verfügbar unter https://www.wsi.de/de/blog-17857-17870.htm (zuletzt geprüft am 25. März 2022).

Lux, Thomas (2022): »Die AfD-Wahlabsicht aus ungleichheitssoziologischer Perspektive«, *Soziale Welt*, Jg. 73, S. 67–104.

Maier, Christian; Koselleck, Reinhart (1975): »Fortschritt«, in: Otto Brunner; Werner Conze; Reinhart Koselleck (Hg.): *Geschichtliche Grundbegriffe. Historisches Lexikon zur politisch-sozialen Sprache in Deutschland. Bd. 2*. Stuttgart: Klett-Cotta, S. 351–423.

Manemann, Jürgen (2002): *Carl Schmitt und die politische Theologie. Politischer Anti-Monotheismus*. Münster: Aschendorff.

Mannheim, Karl (1970 [1928]): »Das Problem der Generationen«, in: Kurt H. Wolff (Hg.): *Karl Mannheim. Wissenssoziologie. Auswahl aus dem Werk*. Berlin, Neuwied: Luchterhand, S. 509–565.

Mannheim, Karl (1980): *Strukturen des Denkens*. Frankfurt am Main: Suhrkamp.

Mannheim, Karl (1984): *Konservatismus. Ein Beitrag zur Soziologie des Wissens*. Frankfurt am Main: Suhrkamp.

Mannheim, Karl (2004): »Beiträge zur Theorie der Weltanschauungsinterpretation«, in: Jörg Strübing; Bernt Schnettler (Hg.): *Methodologie interpretativer Sozialforschung. Klassische Grundlagentexte*. Konstanz: UVK, S. 103–153.

Mannheim, Karl (2015 [1929]): *Ideologie und Utopie*. Frankfurt am Main: Vittorio Klostermann.

Manow, Philip (2018): *Die politische Ökonomie des Populismus*. Berlin: Suhrkamp.

Mansel, Jürgen; Endrikat, Kirsten; Hüpping, Sandra (2006): »Krisenfolgen. Soziale Abstiegsängste fördern feindselige Mentalitäten«, in: Wilhelm Heitmeyer (Hg.): *Deutsche Zustände. Folge 4*. Frankfurt am Main: Suhrkamp, S. 39–66.

Marchart, Oliver (2013): *Die Prekarisierungsgesellschaft*. Bielefeld: transcript.

Marshall, Thomas Humphrey (Hg.) (1992 [1950]): *Bürgerrechte und soziale Klassen. Zur Soziologie des Wohlfahrtsstaates*. Frankfurt am Main: Campus.

Martineau, Jonathan (2015): *Time, capitalism and alienation. A socio-historical inquiry into the making of modern time*. Leiden: Brill.

Marx, Karl (1960 [1852]): »Der achtzehnte Brumaire des Louis Bonaparte«, *MEW* Bd. 8, S. 111–207.

Maschke, Sabine; Schittenhelm, Karin (2005): »Integratives qualitatives Forschungshandeln. Kombinierte Anwendungsformen der dokumentarischen Methode in den Sozial- und Erziehungswissenschaften«, *Zeitschrift für Soziologie der Erziehung und Sozialisation*, Jg. 25 (3), S. 325–335.

McGinn, Bernard (1979): *Visions of the end. Apocalyptic traditions in the Middle Ages*. New York: Columbia University Press.

McIntosh, Christopher (2020): »The Trump administration's politics of time: The temporal dynamics that enable Trump's interests to determine American foreign policy«, *Time & Society*, Jg. 29 (2), S. 362–391.

Meadows, Donella H.; Meadows, Dennis L.; Randers, Jørgen; Behrens, William W. (1972): *The Limits to Growth. A report for the Club of Rome's project on the predicament of mankind*. New York: Universe Books.

Menz, Wolfgang; Nies, Sarah (2019): »Fragile Sicherheiten und Legitimationsprobleme – Rechtspopulismus aus arbeitssoziologischer Perspektive«, *WSI-Mitteilungen*, Jg. 72 (3), S. 177–184.

Miller, Karen (2004): »The Question of Time in Postone's Time, Labor and Social Domination«, *Historical Materialism*, Jg. 12 (3), S. 209–237.

Minkenberg, Michael (2018): »Was ist Rechtspopulismus?«, *Politische Vierteljahresschrift*, Jg. 59 (2), S. 337–352.

Misoch, Sabina (2019): *Qualitative Interviews*. Berlin: De Gruyter Oldenbourg.

Moffitt, Benjamin (2016): *The Global Rise of Populism. Performance, Political Style, and Representation*. Palo Alto: Stanford University Press.

Möller, Kolja (2020): *Volksaufstand & Katzenjammer. Zur Geschichte des Populismus*. Berlin: Verlag Klaus Wagenbach.

Moore, Wilbert E. (1963): *Man, Time, and Society*. New York: John Wiley & Sons.

Morse, Janice M. (2007): »Sampling in grounded theory«, in: Antony Bryant; Kathy Charmaz (Hg.): *The SAGE handbook of grounded theory*. Los Angeles: Sage, S. 229–244.

Morse, Janice M.; Clark, Lauren (2019): »The Nuances of Grounded Theory Sampling and the Pivotal Role of Theoretical Sampling«, in: Antony Bryant; Kathy Charmaz (Hg.): *The Sage handbook of current developments in grounded theory*. Los Angeles u.a.: Sage, S. 145–166.

Mudde, Cas; Kaltwasser, Cristóbal Rovira (2019): *Populismus. Eine sehr kurze Einführung*. Bonn: Dietz.

Mughan, A.; Bean, C.; McAllister, I. (2003): »Economic globalization, job insecurity and the populist reaction«, *Electoral Studies*, Jg. 22 (4), S. 617–633.

Mullis, Daniel; Miggelbrink, Judith (Hg.) (2022): *Lokal extrem Rechts. Analysen alltäglicher Vergesellschaftungen*. Bielefeld: transcript Verl.

Nachtwey, Oliver (2016): *Die Abstiegsgesellschaft. Über das Aufbegehren in der regressiven Moderne*. Berlin: Suhrkamp.

Nachtwey, Oliver; Heumann, Maurits (2019): »Regressive Rebellen und autoritäre Innovatoren: Typen des neuen Autoritarismus«, in: Klaus Dörre; Hartmut Rosa; Karina Becker; Sophie Bose; Benjamin Seyd (Hg.): *Große Transformation? Zur Zukunft moderner Gesellschaften*. Wiesbaden: Springer VS, S. 435–453.

Nagel, Alexander-Kenneth (2021): *Corona und andere Weltuntergänge. Apokalyptische Krisenhermeneutik in der modernen Gesellschaft*. Bielefeld: transcript.

Nassehi, Armin (2008 [1993]): *Die Zeit der Gesellschaft. Auf dem Weg zu einer soziologischen Theorie der Zeit*. Wiesbaden: VS Verlag für Sozialwissenschaften.

Nassehi, Armin (2011): *Gesellschaft der Gegenwarten*. Berlin: Suhrkamp.

Nassehi, Armin (2012): »Zeit«, in: Oliver Jahraus; Armin Nassehi; Mario Grizelj; Irmhild Saake; Christian Kirchmeier; Julian Müller (Hg.): *Luhmann-Handbuch. Leben – Werk – Wirkung*. Stuttgart: Metzler, S. 127–128.

Neckel, Sighard (1988): »Entzauberung der Zukunft. Zur Geschichte und Theorie sozialer Zeitperspektiven«, in: Rainer Zoll (Hg.): *Zerstörung und Wiederaneignung von Zeit*. Frankfurt am Main: Suhrkamp, S. 464–486.

Nentwig-Gesemann, Iris (2010): »Das Gruppendiskussionsverfahren«, in: Karin Bock; Ingrid Miethe; Bettina Ritter (Hg.): *Handbuch qualitative Methoden in der sozialen Arbeit*. Opladen: Verlag Barbara Budrich, S. 259–268.

Nentwig-Gesemann, Iris (2013): »Die Typenbildung der dokumentarischen Methode«, in: Ralf Bohnsack; Iris Nentwig-Gesemann; Arnd-Michael Nohl (Hg.): *Die dokumentarische Methode und ihre Forschungspraxis*. Wiesbaden: VS Verlag für Sozialwissenschaften, S. 295–323.

Nestler, Christian; Rohgalf, Jan (2014): »Eine deutsche Angst – Erfolgreiche Parteien rechts von der Union«, *Zeitschrift für Politik*, Jg. 61 (4), S. 389–413.

Neupert-Doppler, Alexander (2020): *Die Gelegenheit ergreifen. Eine politische Philosophie des Kairós*. Wien, Berlin: mandelbaum.

Neupert-Doppler, Alexander (2021): »Green Deal als ›Ende der freien Gesellschaft‹? Zur dystopischen Gegenmobilisierung der AfD«, *PROKLA*, Jg. 51 (1), S. 115–130.

Niedermayer, Oskar; Hofrichter, Jürgen (2016): »Die Wählerschaft der AfD: Wer ist sie, woher kommt sie und wie weit rechts steht sie?«, *Zeitschrift für Parlamentsfragen*, Jg. 47 (2), S. 267–285.

Niethammer, Lutz (1989): *Posthistoire. Ist die Geschichte zu Ende?* Reinbek bei Hamburg: Rowohlt.

Nitschke, Peter (2017): »Die kritische Referenz der Utopie – oder: Wie sinnvoll ist die Abgrenzung zum Chiliasmus?«, in: Alexander Amberger; Thomas Möbius (Hg.): *Auf Utopias Spuren*. Wiesbaden: Springer Fachmedien Wiesbaden, S. 161–174.

Nohl, Arnd-Michael (2005): »Dokumentarische Interpretation narrativer Interviews«, *Bildungsforschung* (2), o. S.

Nohl, Arnd-Michael (2006): *Bildung und Spontaneität. Phasen biographischer Wandlungsprozesse in drei Lebensaltern; empirische Rekonstruktionen und pragmatistische Reflexionen*. Opladen: Verlag Barbara Budrich.

Nohl, Arnd-Michael (2013a): »Komparative Analyse: Forschungspraxis und Methodologie dokumentarischer Methode«, in: Ralf Bohnsack; Iris Nentwig-Gesemann; Arnd-Michael Nohl (Hg.): *Die dokumentarische Methode und ihre Forschungspraxis*. Wiesbaden: VS Verlag für Sozialwissenschaften, S. 255–276.

Nohl, Arnd-Michael (2013b): *Relationale Typenbildung und Mehrebenenvergleich. Neue Wege der dokumentarischen Methode*. Wiesbaden: Springer Fachmedien Wiesbaden.

Nohl, Arnd-Michael (2016): »Innovationen in der dokumentarischen Interpretation narrativer Interviews«, *Sozialer Sinn*, Jg. 17 (2), S. 329–335.

Nohl, Arnd-Michael (2017): *Interview und Dokumentarische Methode. Anleitungen für die Forschungspraxis*. Wiesbaden: Springer VS.

Norris, Pippa; Inglehart, Ronald (2019): *Cultural backlash. Trump, Brexit, and authoritarian populism*. New York: Cambridge University Press.

Nowotny, Helga (1989): *Eigenzeit. Entstehung und Strukturierung eines Zeitgefühls*. Frankfurt am Main: Suhrkamp.

Oesch, Daniel (2006): *Redrawing the class map. Stratification and institutions in Britain, Germany, Sweden, and Switzerland*. Houndmills, Basingstoke, Hampshire, New York: Palgrave Macmillan.

Oesch, Daniel; Rennwald, Line (2018): »Electoral competition in Europe's new tripolar political space: Class voting for the left, centre-right and radical right«, *European Journal of Political Research*, Jg. 57 (4), S. 783–807.

Oevermann, Ulrich (2001): »Zur Analyse der Struktur von sozialen Deutungsmustern«, *Sozialer Sinn* (2), S. 3–33.

Ogle, Vanessa (2015): *The global transformation of time. 1870–1950*. Cambridge, Massachusetts, London: Harvard University Press.

Ogle, Vanessa (2019): »Time, Temporality and the History of Capitalism«, *Past & Present*, Jg. 243 (1), S. 312–327.

Olson, James M.; Herman, C. P.; Zanna, Mark P. (Hg.) (1986): *Relative Deprivation and Social Comparison. The Ontario Symposium, Volume 4*. Hillsdale, London: Lawrence Erlbaum Associates.

Opratko, Benjamin (2017): »Rechtspopulismus als Krisenbearbeitung. Anmerkungen zum Aufstieg von AfD und FPÖ«, *PROKLA*, Jg. 47 (186), S. 123–130.

Panizza, Francisco (Hg.) (2005): *Populism and the mirror of democracy*. London: Verso.

Pettigrew, Thomas F. (2002): »Summing up: Relative Deprivation as a KEy Social Psychological Concept«, in: Iain Walker; Heather Jean Smith (Hg.): *Relative deprivation. Specification, development, and integration*. Cambridge: Cambridge University Press, S. 351–374.

Pettigrew, Thomas F.; Christ, Oliver; Wagner, Ulrich; Meertens, Roel W.; van Dick, Rolf; Zick, Andreas (2008): »Relative Deprivation and Intergroup Prejudice«, *Journal of Social Issues*, Jg. 64 (2), S. 385–401.

Pfahl-Traughber, Armin (2019): *Die AfD und der Rechtsextremismus. Eine Analyse aus politikwissenschaftlicher Perspektive*. Wiesbaden: Springer Fachmedien Wiesbaden.

Pflüger, Friedbert (1994): *Deutschland driftet. Die konservative Revolution entdeckt ihre Kinder*. Düsseldorf: Econ-Verlag.

Pickel, Susanne (2017): »Nichts als Frust und Angst vor der Zukunft?«, in: Christoph Bieber; Andreas Blätte; Karl-Rudolf Korte; Niko Switek (Hg.): *Regieren in der Einwanderungsgesellschaft*. Wiesbaden: Springer Fachmedien Wiesbaden, S. 99–107.

Pickel, Susanne (2019): »Die Wahl der AfD. Frustration, Deprivation, Angst oder Wertekonflikt?«, in: Karl-Rudolf Korte; Jan Schoofs (Hg.): *Die Bundestagswahl 2017. Analysen der Wahl-, Parteien-, Kommunikations- und Regierungsforschung*. Wiesbaden: Springer VS, S. 145–175.

Pokorny, Sabine (2018): »Von A wie Angst bis Z wue Zuversicht. Eine repräsentative Untersuchung zu Emotionen und politischen Einstellungen in Deutschland nach der Bundestagswahl 2017«, *KAS – Analysen & Argumente* 302, online verfügbar unter https://www.kas.de/de/analysen-und-argumente/detail/-/content/von-a-wie-angst-bis-z-wie-zuversicht1 (zuletzt geprüft am 25. März 2022).

Popitz, Heinrich; Bahrdt, Hans P.; Jüres, Ernst A.; Kesting, Hanno (1961): *Das Gesellschaftsbild des Arbeiters. Soziologische Untersuchungen in der Hüttenindustrie*. Tübingen: Mohr-Siebeck.

Popper, Karl Raimund (1997): »Utopie und Gewalt«, in: *Vermutungen und Widerlegungen. Teilbd. 2. Widerlegungen*. Tübingen: Mohr Siebeck, S. 515–527.

Postone, Moishe (1993): *Time, labor, and social domination. A reinterpretation of Marx's critical theory*. Cambridge: Cambridge Univ. Press.

Power, Séamus A. (2018): »The Deprivation-Protest Paradox. How the Perception of Unfair Economic Inequality Leads to Civic Unrest«, *Current Anthropology*, Jg. 59 (6), S. 765–789.

Priester, Karin (2011): »Definitionen und Typologien des Populismus«, *Soziale Welt*, Jg. 62 (5–6), S. 185–198.

Priester, Karin (2012): »Wesensmerkmale des Populismus«, *Aus Politik und Zeitgeschichte*, Jg. 62 (5–6), 3–9.

PROKLA-Redaktion (2016): »Der globale Kapitalismus im Ausnahmezustand«, *PROKLA*, Jg. 46 (185), S. 507–542.

Przyborski, Aglaja (2004): *Gesprächsanalyse und dokumentarische Methode. Qualitative Auswertung von Gesprächen, Gruppendiskussionen und anderen Diskursen*. Wiesbaden: VS Verlag für Sozialwissenschaften.

Przyborski, Aglaja; Wohlrab-Sahr, Monika (2014): *Qualitative Sozialforschung. Ein Arbeitsbuch*. München: De Gruyter Oldenbourg.

Pühringer, Stephan; Beyer, Karl M.; Kronberger, Dominik (2021): »Soziale Rhetorik, neoliberale Praxis. Eine Analyse der Wirtschafts- und Sozialpolitik der AfD«, *OBS-Arbeitspapier* 52, 2021.

Quent, Matthias (2019): *Deutschland rechts außen. Wie die Rechten nach der Macht greifen und wie wir sie stoppen können*. München: Piper.

Reckwitz, Andreas (2017): *Die Gesellschaft der Singularitäten. Zum Strukturwandel der Moderne*. Berlin: Suhrkamp.

Reckwitz, Andreas (2019): *Das Ende der Illusionen. Politik, Ökonomie und Kultur in der Spätmoderne*. Berlin: Suhrkamp.

Reckwitz, Andreas (2021): »Auf dem Weg zu einer Soziologie des Verlusts«, *Soziopolis*, online verfügbar unter: https://www.soziopolis.de/auf-dem-weg-zu-einer-soziologie-des-verlusts.html (Zugriff am 23. Januar 2023).

Reckwitz, Andreas (2022): »Alles wird besser, alles wird mehr? Das war einmal. Die moderne Gesellschaft lebt von positiven Zukunftserwartungen. Doch was passiert, wenn diese Versprechen nicht mehr gehalten werden können?«, *Der Spiegel 17.9.2022*, 38/2022, S. 78–81.

Reckwitz, Andreas; Rosa, Hartmut (2021): *Spätmoderne in der Krise. Was leistet die Gesellschaftstheorie?* Berlin: Suhrkamp.

Rhein, Philipp (2022a): »Negativ privilegiert statt deklassiert«, *Sozialer Sinn*, Jg. 23, S. 49–71.

Rhein, Philipp (2022b): »Nicht-Populistische Populisten. Eine Untersuchung zur Praxis der AfD-Wahl«, *Soziale Welt*, Jg. 73, S. 105–133.

Reitz, Tilman; Jörke, Dirk (2021): »The reshaping of political representation in post-growth capitalism: A paradigmatic analysis of green and right-wing populist parties«, *Anthropological Theory*, Jg. 21 (3), S. 287–314.

Reuter, Ingo (2020): *Weltuntergänge. Vom Sinn der Endzeit-Erzählungen*. Stuttgart: Reclam.

Rezai Dubiel, Jasmin Marjam (2016): *Kritik des Chiliasmus. Geschichtsphilosophie und kollektive Identität in der Literatur der Moderne*. Paderborn: Wilhelm Fink.

Rhodes, James M. (1980): *The Hitler movement. A modern millenarian revolution*. Stanford: Hoover Institution Press.

Rippl, Susanne; Baier, Dirk (2005): »Das Deprivationskonzept in der Rechtsextremismusforschung«, *Kölner Zeitschrift für Soziologie und Sozialpsychologie*, Jg. 57 (4), S. 644–666.

Rippl, Susanne; Seipel, Christian (2018): »Modernisierungsverlierer, Cultural Backlash, Postdemokratie«, *Kölner Zeitschrift für Soziologie und Sozialpsychologie*, Jg. 70 (2), S. 237–254.

Rohbeck, Johannes (2015): *Geschichtsphilosophie zur Einführung*. Hamburg: Junius.

Rooduijn, Matthijs; Burgoon, Brian (2018): »The Paradox of Well-being. Do Unfavorable Socioeconomic and Sociocultural Contexts Deepen or Dampen Radical Left and Right Voting Among the Less Well-Off?«, *Comparative Political Studies*, Jg. 51 (13), S. 1720–1753.

Rosa, Hartmut (2005): *Beschleunigung. Die Veränderung der Zeitstrukturen in der Moderne*. Frankfurt am Main: Suhrkamp.

Rosa, Hartmut (2012): *Weltbeziehungen im Zeitalter der Beschleunigung. Umrisse einer neuen Gesellschaftskritik*. Berlin: Suhrkamp.

Rosanvallon, Pierre (2020): *Das Jahrhundert des Populismus. Geschichte, Theorie, Kritik*. Hamburg: Hamburger Edition.

Runciman, W. G. (1961): »Problems of Research on Relative Deprivation«, *European Journal of Sociology*, Jg. 2 (2), S. 315–323.

Runciman, Walter Garrison (1966): *Relative deprivation and social justice. A study of attitudes to social inequality in twentieth-century England*. London: Routledge & Kegan Paul.

Rüsen, Jörn (1994): *Historische Orientierung. Über die Arbeit des Geschichtsbewusstseins, sich in der Zeit zurechtzufinden*. Köln, Wien, Weimar: Böhlau.

Rüsen, Jörn (2003): »Die Kultur der Zeit. Versuch einer Typologie temporaler Sinnbildung«, in: Jörn Rüsen (Hg.): *Zeit deuten. Perspektiven – Epochen – Paradigmen*. Bielefeld: transcript Verlag, 11–53.

Rydgren, Jens (2007): »The Sociology of the Radical Right«, *Annual Review of Sociology*, Jg. 33, S. 241–262.

Rydgren, Jens (Hg.) (2013): *Class politics and the radical right*. London: Routledge.

Saage, Richard (2002): »Utopie II«, in: *Theologische Realenzyklopädie. Band 34*. Berlin, New York: De Gruyter, S. 473–479.

Saage, Richard (2003): *Utopische Profile 4: Widersprüche und Synthesen des 20. Jahrhunderts*. Berlin: Lit.

Saage, Richard (2004): »Wie zukunftsfähig ist der klassische Utopiebegriff?«, *UTOPIE kreativ* (165/166), S. 617–636.

Saage, Richard (2013): »Ist der Chiliasmus eine Utopie? Das Problem der Systemüberwindung in der Frühen Neuzeit bei Morus und Müntzer«, *Das Mittelalter*, Jg. 18 (2), S. 167–182.

Saage, Richard (2015): *Auf den Spuren Utopias. Stationen des utopischen Denkens von der Frühen Neuzeit bis zur Gegenwart*. Berlin, Münster: Lit.

Sander, Hannes (2013): Die dokumentarische Methode und MaxQDA: Zwei ungleiche Freunde? hsander.net. Download unter: https://www.hsander.net/wordpress/2013/10/10/die-dokumentarische-methode-und-maxqda-zwei-ungleiche-freunde/ (zuletzt geprüft am 22. November 2021).

Sarasin, Philipp (2021): *1977. Eine kurze Geschichte der Gegenwart*. Berlin: Suhrkamp.

Sauer, Dieter; Stöger, Ursula; Bischoff, Joachim; Detje, Richard; Müller, Bernhard (2018): *Rechtspopulismus und Gewerkschaften. Eine arbeitsweltliche Spurensuche*. Hamburg: VSA-Verlag.

Schacht, Konrad (1990): »Gesellschaftliche Modernisierung, Wertewandel und rechtsextremistische Orientierungen«, in: Kurt Bodewig; Rainer Hesels; Dieter Mahlberg (Hg.): *Die schleichende Gefahr. Rechtsextremismus heute*. Essen: Klartext, S. 77–91.

Schäfer, Armin; Zürn, Michael (2021): *Die demokratische Regression. Die politischen Ursachen des autoritären Populismus*. Berlin: Suhrkamp.

Schauer, Alexandra (2023): Mensch ohne Welt. Eine Soziologie spätmoderner Vergesellschaftung. Berlin: Suhrkamp.

Schelsky, Helmut (1954): *Wandlungen der deutschen Familie in der Gegenwart. Darstellung und Deutung einer empirisch-soziologischen Tatbestandsaufnahme*. Stuttgart: Enke.

Scheuch, Erwin K.; Klingemann, Hans-Dieter (1967): »Theorie des Rechtsradikalismus in westlichen Industriegesellschaften«, *Hamburger Jahrbuch für Wirtschafts- und Gesellschaftspolitik*, Jg. 12, S. 10–29.

Schimank, Uwe; Mau, Steffen; Groh-Samberg, Olaf (2014): *Statusarbeit unter Druck? Zur Lebensführung der Mittelschichten*. Weinheim: Beltz Juventa.

Schipper, Bernd U. (2008): »Apokalyptik und Apokalypse – Ein religionsgeschichtlicher Überblick«, in: Alexander-Kenneth Nagel; Bernd U. Schipper; Ansgar Weymann (Hg.): *Apokalypse. Zur Soziologie und Geschichte religiöser Krisenrhetorik*. Frankfurt am Main: Campus, S. 73–98.

Schmitt, Carl (1932): *Der Begriff des Politischen*. München, Leipzig: Duncker & Humblot.

Schmitt-Beck, Rüdiger; van Deth, Jan W.; Staudt, Alexander (2019): »Die AfD nach der rechtspopulistischen Wende. Wählerunterstützung am Beispiel Baden-Württembergs«, in: Baden-Württemberg Stiftung (Hg.): *Demokratie-Monitoring Baden-Württemberg 2016/2017. Studien zu Demokratie und Partizipation*. Wiesbaden: Springer VS, S. 15–51.

Schmude, Regina (Hg.) (1996): *Anglizismen-Wörterbuch. Band 3 P-Z*. Berlin: De Gruyter.

Schneickert, Christian (2018): »Soziale Milieus, Habitus- und Lebensführungstypen in Deutschland«, *Zeitschrift für Kultur- und Kollektivwissenschaft*, Jg. 4 (2), S. 185–206.

Schoeck, Helmut (1950): »Die Zeitlichkeit bei Karl Mannheim«, *Archiv für Rechts- und Sozialphilosophie*, Jg. 38 (3), S. 371–382.

Schölderle, Thomas (2017): *Geschichte der Utopie. Eine Einführung*. Köln u.a.: Böhlau.

Schöneck, Nadine M.; Mau, Steffen; Schupp, Jürgen (2011): »Gefühlte Unsicherheit: Deprivationsängste und Abstiegssorgen der Bevölkerung in Deutschland«, *SOEPapers* 428 (2011). DIW Berlin.

Schroeder, Wolfgang; Greef, Samuel; Elsen, Jennifer ten; Heller, Lukas (2020): Bedrängte Zivilgesellschaft von rechts. Interventionsversuche und Reaktionsmuster. Otto Brenner Stiftung, OBS-Arbeitsheft 102, 2020.

Schütz, Alfred (1971): »Wissenschaftliche Interpretation und Alltagsverständnis Menschlichen Handelns«, in: Alfred Schutz; Aron Gurwitsch; Richard Grathoff (Hg.): *Das Problem der sozialen Wirklichkeit*. Den Haag: Nijhoff, S. 3–54.

Schütze, Fritz (1976): »Zur Hervorlockung und Analyse von Erzählungen thematisch relevanter Geschichten im Rahmen sozio-logischer Feldforschung: dargestellt an einem Projekt zur Erforschung von kommunalen Machtstruktu-ren«, in: Arbeitsgruppe Bielefelder Soziologen (Hg.): *Kommunikative Sozialforschung: Alltagswissen und Alltagshandeln, Gemeindemachtforschung, Polizei, politische Erwachsenenbildung*. München: Fink, S. 159–260.

Schütze, Fritz (1983): »Biographieforschung und narratives Interview«, *Neue Praxis*, Jg. 13 (3), S. 283–293.

Seefried, Elke (Hg.) (2022): Politische Zukünfte im 20. Jahrhundert. Parteien, Bewegungen, Umbrüche. Frankfurt, New York: Campus Verlag.

Sekuler, Todd (2014): »Täuschung und Ent-Täuschung: zu Fragen der Selbstpräsentation in der ethnografischen Forschung«, in: Petra Narimani; Rosaline M'Bayo (Hg.): *Forschungsethik in der qualitativen Forschung. Reflexivität, Perspektiven, Positionen*. Wiesbaden: Springer VS, S. 77–95.

Selk, Veith (2019): »Unsicherheit und Angst in der liberalen Demokratie. Populismus und die Furcht in der Postdemokratie«, *Erwachsenenbildung*, Jg. 65, S. 107–110.

Sennett, Richard (1998): *Der flexible Mensch. Die Kultur des neuen Kapitalismus*. Berlin: Berling Verlag.

Sewell, W. H. (2008): »The temporalities of capitalism«, *Socio-Economic Review*, Jg. 6 (3), S. 517–537.

Sitzer, Peter; Heitmeyer, Wilhelm (2007): »Rechtsextremistische Gewalt von Jugendlichen«, *Aus Politik und Zeitgeschichte*, Jg. 37, S. 3–10.

Sommer, Bernd (2010): *Prekarisierung und Ressentiments. Soziale Unsicherheit und rechtsextreme Einstellungen in Deutschland*. Wiesbaden: VS Verlag für Sozialwissenschaften.

Sorokin, Pitirim A.; Merton, Robert K. (1937): »Social Time: A Methodological and Functional Analysis«, *American Journal of Sociology*, Jg. 42 (5), S. 615–629.

Spier, Tim (2010): *Modernisierungsverlierer?* Wiesbaden: VS Verlag für Sozialwissenschaften.

Staab, Vogel; Vogel, Berthold (2014): »Laufbahn (trajectoire)«, in: Gerhard Fröhlich; Boike Rehbein (Hg.): *Bourdieu-Handbuch. Leben – Werk – Wirkung*. Stuttgart, Weimar: Metzler, S. 163–165.

Steenblock, Volker (1994): »Das ›Ende der Geschichte‹. Zur Karriere von Begriff und Denkvorstellung im 20. Jahrhundert«, *Archiv für Begriffsgeschichte*, Jg. 37, S. 333–351.

Steenvoorden, Eefje; Harteveld, Eelco (2017): »The appeal of nostalgia. The influence of societal pessimism on support for populist radical right parties«, *West European Politics*, Jg. 41 (1), S. 28–52.

Sthamer, Evelyn (2018): »Die AfD-Wahl als Antwort auf Statusängste?«, *Zeitschrift für Sozialreform*, Jg. 64 (4), S. 563–591.

Stöss, Richard (2010): *Rechtsextremismus im Wandel*. Berlin: Friedrich-Ebert-Stiftung Forum Berlin.

Straßheim, Holger; Ulbricht, Tom (Hg.) (2015): Zeit der Politik. Demokratisches Regieren in einer beschleunigten Welt. Berlin: Nomos.

Streeck, Wolfgang (2015): *Gekaufte Zeit. Die vertagte Krise des demokratischen Kapitalismus*. Berlin: Suhrkamp.

Strübing, Jörg (2018a): *Qualitative Sozialforschung. Eine komprimierte Einführung*. Berlin, Boston: De Gruyter Oldenbourg.

Strübing, Jörg (2018b): »Theoretisches Sampling«, in: Ralf Bohnsack; Michael Meuser; Alexander Geimer (Hg.): *Hauptbegriffe qualitativer Sozialforschung*. Stuttgart, Opladen, Toronto: UTB, Verlag Barbara Budrich, S. 227–230.

Strübing, Jörg (2021): *Grounded Theory. Zur sozialtheoretischen und epistemologischen Fundierung eines pragmatistischen Forschungsstils*. Wiesbaden: Springer VS.

Strübing, Jörg; Hirschauer, Stefan; Ayaß, Ruth; Krähnke, Uwe; Scheffer, Thomas (2018): »Gütekriterien qualitativer Sozialforschung. Ein Diskussionsanstoß«, *Zeitschrift für Soziologie*, Jg. 47 (2), S. 83–100.

Strübing, Jörg; Schnettler, Bernt (Hg.) (2004): *Methodologie interpretativer Sozialforschung. Klassische Grundlagentexte*. Konstanz: UVK.

Stuth, Stefan; Schels, Brigitte; Promberger, Markus; Jahn, Kerstin; Allmendinger, Jutta (2018): »Prekarität in Deutschland?!«, *Discussion Paper* P 2018–004. Wissenschaftszentrum Berlin für Sozialforschung.

Taggart, Paul A. (2000): *Populism*. Buckingham: Open University Press.

Tajfel, Henri (1979): »Individuals and groups in social psychology*«, *British Journal of Social and Clinical Psychology*, Jg. 18 (2), S. 183–190.

Talmon, Yonina (1962): »Pursuit of the Millennium: the relation between religious and social change«, *European Journal of Sociology*, Jg. 3 (1), S. 125–148.

Taubes, Jacob (1991 [1963]): *Abendländische Eschatologie*. München: Matthes & Seitz.

Ther, Philipp (2019): *Das andere Ende der Geschichte. Über die große Transformation*. Berlin: Suhrkamp.

Thompson, Edward P. (1967): »Time, Work-Discipline, and Industrial Capitalism«, *Past & Present* (38), S. 56–97.

Tomlinson, John (2007): *The culture of speed. The coming of immediacy*. Los Angeles: SAGE Publublications.

Tooze, Adam (2022): »Polycrisis – Thinking On The Tightrope«, Adam Tooze Blog, online verfügbar unter https://adamtooze.com/2022/10/29/chartbook-165-polycrisis-thinking-on-the-tightrope/ (Zugriff am 25. Februar 2023).

Töpfer, Bernhard (1964): *Das kommende Reich des Friedens: Zur Entwicklung chiliastischer Zukunftshoffnungen im Hochmittelalter*. Berlin: Akademie-Verlag.

Truschkat, Inga; Kaiser-Belz Manuela; Volkmann, Vera (2011): »Theoretisches Sampling in Qualifikationsarbeiten: Die Grounded-Theory-Methodologie zwischen Programmatik und Forschungspraxis«, in: Günter Mey; Katja Mruck (Hg.): *Grounded Theory Reader.* 2. aktualisierte und erw. Aufl. Wiesbaden: VS Verlag für Sozialwissenschaften, S. 353–379.

Tutić, Andreas; Hermanni, Hagen von (2018): »Sozioökonomischer Status, Deprivation und die Affinität zur AfD – Eine Forschungsnotiz«, *Kölner Zeitschrift für Soziologie und Sozialpsychologie,* Jg. 70 (2), S. 275–294.

Ulbricht, Christian (2020): »Forschungsnotiz: Modernisierungsverlierer – eine Begriffsgeschichte«, *Zeitschrift für Soziologie,* Jg. 49 (4), S. 265–272.

Unger, Hella von (2014): »Forschungsethik in der qualitativen Forschung: Grundsätze, Debatten und offene Fragen«, in: Petra Narimani; Rosaline M'Bayo (Hg.): *Forschungsethik in der qualitativen Forschung. Reflexivität, Perspektiven, Positionen*. Wiesbaden: Springer VS, S. 15–39.

Vanneman, Reeve D.; Pettigrew, Thomas F. (1972): »Race and Relative Deprivation in the Urban United States«, *Race,* Jg. 13 (4), S. 461–486.

Vester, Michael (2002): »Das relationale Paradigma und die politische Soziologie sozialer Klassen«, in: Uwe H. Bittlingmayer; Rolf Eickelpasch; Jens Kastner; Claudia Rademacher (Hg.): *Theorie als Kampf? Zur politischen Soziologie Pierre Bourdieus.* Wiesbaden.: VS Verlag für Sozialwissenschaften, S. 61–122.

Vester, Michael (2017): Der Kampf um soziale Gerechtigkeit. Der Rechtspopulismus und die Potentiale politischer Mobilisierung, online verfügbar unter https://nrw.rosalux.de/publikation/id/14744/der-kampf-um-soziale-gerechtigkeit (zuletzt geprüft am 25. März 2022).

Vester, Michael; Oertzen, Peter von; Geiling, Heiko; Hermann, Thomas; Müller, Dagmar (2001): *Soziale Milieus im gesellschaftlichen Strukturwandel. Zwischen Integration und Ausgrenzung*. Frankfurt am Main: Suhrkamp.

Virchow, Fabian; Häusler, Alexander (2018): »Vom Lob der Krise – Krisenvorstellungen und Krisenpolitik rechtsaußen«, in: Jochen Roose; Moritz Sommer; Franziska Scholl (Hg.): *Europas Zivilgesellschaft in der Wirtschafts- und Finanzkrise. Protest, Resilienz und Kämpfe um Deutungshoheit.* Wiesbaden, Germany: Springer VS, S. 163–179.

Virilio, Paul (2015): *Rasender Stillstand. Essay*. Frankfurt am Main: Fischer.

Voegelin, Eric (1996 [1938]): *Die politischen Religionen*. München, Paderborn: Wilhelm Fink.

Vondung, Klaus (1988): *Die Apokalypse in Deutschland*. München: dtv.

Vondung, Klaus (2013): *Deutsche Wege zur Erlösung. Formen des Religiösen im Nationalsozialismus*. München, Paderborn: Fink.

Vondung, Klaus (2018): *Apokalypse ohne Ende*. Heidelberg: Universitätsverlag Winter.

Vostal, Filip (2019): »Slowing down modernity: A critique«, *Time & Society*, Jg. 28 (3), S. 1039–1060.

Vries, Catherine de; Hoffmann, Isabell (2018): *The Power of the Past. How Nostalgia Shapes European Public Opinion*. Gütersloh: Bertelsmann Stiftung (eupinions #2018/2).

Vries, Catherine de; Hoffmann, Isabell (2020): *The Optimism Gap. Personal Complacency versus Societal Pessimism in European Public Opinion*. Gütersloh: Bertelsmann Stiftung (eupinions #2020/1).

Wagner, Peter M. (1997): *NPD-Hochburgen in Baden-Württemberg. Erklärungsfaktoren für die Wahlerfolge einer rechtsextremistischen Partei in ländlichen Regionen 1972–1994*. Berlin: Duncker & Humblot.

Walker, Iain; Pettigrew, Thomas F. (1984): »Relative deprivation theory. An overview and conceptual critique«, *British Journal of Social Psychology*, Jg. 23 (4), S. 301–310.

Walker, Iain; Smith, Heather Jean (Hg.) (2002): *Relative deprivation. Specification, development, and integration*. Cambridge: Cambridge University Press.

Wallmann, Johannes (1981): »Pietismus und Chiliasmus: Zur Kontroverse um Philipp Jakob Speners ›Hoffnung besserer Zeiten‹«, *Zeitschrift für Theologie und Kirche*, Jg. 78 (2), S. 235–266.

Wallmann, Johannes (1986): *Philipp Jakob Spener und die Anfänge des Pietismus*. Tübingen: Mohr.

Wallmann, Johannes (2005): *Der Pietismus*. Göttingen: UTB.

Weber, Max (1988 [1920]): *Gesammelte Aufsätze zur Religionssoziologie I*. Tübingen: UTB.

Weber, Max (2009 [1921/22]): *Wirtschaft und Gesellschaft. Grundriss der verstehenden Soziologie*. Tübingen: Mohr-Siebeck.

Wehling, Rosemarie (2008): »Pietismus in Württemberg«, in: Dieter Langewiesche; Reinhold Weber (Hg.): *Der deutsche Südwesten. Regionale Traditionen und historische Identitäten; Hans-Georg Wehling zum Siebzigsten*. Stuttgart: Kohlhammer, S. 167–183.

Weiß, Anja (2006): »Vergleichende Forschung zu hochqualifizierten Migrantinnen und Migranten. Lässt sich eine Klassenlage mittels qualitativer Interviews rekonstruieren?«, *Forum Qualitative Sozialforschung / Forum: Qualitative Social Research*, Jg. 7 (3), o. S.

Wernet, Andreas (2009): *Einführung in die Interpretationstechnik der objektiven Hermeneutik*. Wiesbaden: VS Verlag für Sozialwissenschaften.

Weßels, Bernhard (2019): »Wahlverhalten sozialer Gruppen«, in: Sigrid Roßteutscher; Rüdiger Schmitt-Beck; Harald Schoen; Bernhard Weßels; Christof Wolf (Hg.): *Zwischen Polarisierung und Beharrung: Die Bundestagswahl 2017*. Baden-Baden: Nomos, S. 189–206.

Weyand, Jan (2001): *Adornos kritische Theorie des Subjekts*. Lüneburg: zu Klampen.

Weymann, Ansgar (2008): »Gesellschaft und Apokalypse«, in: Alexander-Kenneth Nagel; Bernd U. Schipper; Ansgar Weymann (Hg.): *Apokalypse. Zur Soziologie und Geschichte religiöser Krisenrhetorik*. Frankfurt am Main: Campus, S. 13–48.

Whyte, William H. (2002 [1956]): *The Organization Man*. Philadelphia: University of Pennsylvania Press.

Winkler, Jürgen R. (1996): »Bausteine einer allgemeinen Theorie des Rechtsextremismus. Zur Stellung und Integration von Persönlichkeits- und Umweltfaktoren«, in: Jürgen W. Falter; Hans-Gerd Jaschke; Jürgen R. Winkler (Hg.): *Rechtsextremismus. Ergebnisse und Perspektiven der Forschung*. Opladen: Westdeutscher Verlag, S. 25–48.

Wirz, Dominique (2018): »Persuasion Through Emotion? An Experimental Test of the Emotion-Eliciting Nature of Populist Communication«, *International Journal of Communication*, Jg. 12, S. 1114–1138.

Wodak, Ruth (2015): *The politics of fear. What right-wing populist discourses mean*. Los Angeles, London: Sage.

Wolf, Carina; Schlüter, Elmar; Schmidt, Peter (2006): »Relative Deprivation. Riskante Vergleiche treffen schwache Gruppen«, in: Wilhelm Heitmeyer (Hg.): *Deutsche Zustände. Folge* 4. Frankfurt am Main: Suhrkamp, S. 67–86.

Wolff, Stephan (2009): »Wege ins Feld und ihre Varianten«, in: Uwe Flick; Ernst von von Kardorff; Ines Steinke (Hg.): *Qualitative Forschung. Ein Handbuch*. Reinbek bei Hamburg: rowohlts enzyklopädie im Rowohlt Taschenbuch Verlag, S. 334–349.

Wolfrum, Edgar (2006): *Die geglückte Demokratie. Geschichte der Bundesrepublik Deutschland von ihren Anfängen bis zur Gegenwart*. Stuttgart: Klett-Cotta.

Wollgast, Siegfried (1996): »Chiliasmus und Geschichtsbild im Deutschland des 17. Jahrhunderts«, *Sitzungsberichte der Leibniz-Sozietät der Wissenschaften zu Berlin*, Jg. 11 (3), S. 5–39.

Worsley, Peter (1957): *Trumpets shall sound. A Study of ›Cargo‹ Cults in Melanesia*. London: MacGibbon & Kee.

Yergin, Daniel; Stanislaw, Joseph (1999): *Staat oder Markt. Die Schlüsselfrage unseres Jahrhunderts*. Frankfurt am Main: Campus.

Zick, Andreas (1997): *Vorurteile und Rassismus. Eine sozialpsychologische Analyse*. Münster u.a.: Waxmann.

Zoll, Rainer (1988): »Zeiterfahrung und Gesellschaftsform«, in: Rainer Zoll (Hg.): *Zerstörung und Wiederaneignung von Zeit*. Frankfurt am Main: Suhrkamp, S. 72–88.

Abbildungen

Tabellen